国家文化产业资金支持媒体融合重大项目

应用型智能会计系列教材

ACCOUNTING INFORMATION SYSTEM
Chapter of Supply Chain (Yonyou Seentao U8+V15.0)

会计信息系统
——供应链篇（用友新道U8+V15.0版）

宋红尔 闫兴旭 刘阳 主编

东北财经大学出版社
Dongbei University of Finance & Economics Press

大连

图书在版编目（CIP）数据

会计信息系统：供应链篇（用友新道U8+V15.0版）/宋红尔，闫兴旭，刘阳主编．—大连：东北财经大学出版社，2024.12.—（应用型智能会计系列教材）．—ISBN 978-7-5654-5445-5

Ⅰ.F232

中国版本图书馆CIP数据核字第2024Y192M3号

东北财经大学出版社出版

（大连市黑石礁尖山街217号　邮政编码　116025）

网　　　址：http://www.dufep.cn

读者信箱：dufep@dufe.edu.cn

大连图腾彩色印刷有限公司印刷　东北财经大学出版社发行

幅面尺寸：185mm×260mm　字数：576千字　印张：24　插页：1

2024年12月第1版　　　　　　　2024年12月第1次印刷

责任编辑：包利华　　　　　　　　　责任校对：刘贤恩

封面设计：原　皓　　　　　　　　　版式设计：原　皓

定价：59.00元

前言

2021年12月30日，财政部印发了《会计信息化发展规划（2021—2025年）》（财会〔2021〕36号）。该规划明确提出："各单位要加强复合型会计信息化人才培养，高等院校要适当增加会计信息化课程内容的比重，加大会计信息化人才培养力度。"党的二十大报告明确提出"加快建设数字中国"的重大战略部署。企业会计工作也应顺应时代潮流，向信息化、数字化方向转型。在此背景下，我们编写了这套会计信息系统教材。

本套教材由四部教材构成。按照应用能力层次，第一部为财务篇（书名：《会计信息系统——财务篇》）；第二部为供应链篇（书名：《会计信息系统——供应链篇》，即本教材）；第三部为业财一体信息化应用（书名：《会计信息系统——业财融合篇》）；第四部为综合实训（书名：《会计信息化综合实训》）。

与同类教材相比，本教材更加注重应用性，具有如下鲜明特色：

1. 以一个商业企业完整案例贯通全书。本教材以用友新道U8+V15.0版软件为蓝本，以虚拟的辽宁恒通商贸有限公司2025年1月份的48笔经济业务为背景，较为详细地介绍了该公司系统实施、供应链管理以及系统期末处理等信息化工作内容。

2. 业财一体信息化应用。一方面，通过阅读本教材，读者基本能够掌握总账、应收款管理、应付款管理、采购管理、销售管理、库存管理及存货核算等7个子系统，实现财务系统与业务系统的一体化应用；另一方面，本教材全部实验资料按照账套主管、财务经理、会计、出纳、销售员、采购员、库管员等7个岗位分工设计，通过学习本教材，读者基本能够实现多岗位一体化应用。

3. 重视数据表分析。用友新道U8+V15.0版的运行离不开数据库的支撑。我们在会计信息系统中操作的所有数据全部存于"UFDATA"、"UFMeta"、"UFSystem"和"UTU"这四个数据库的数据表中。作者从上述数据库的几千个数据表中整理出常见的数据表约110个，供读者进一步学习和研究。在会计实务中，数据表对于系统二次开发、信息系统审计、数据集成与分析、数据挖掘等都有非常重要的作用。

4. 教学做一体化。对教材中几乎所有的知识点设计了相应的实验资料。读者根据实验资料在会计信息系统中进行操作处理，可掌握会计信息系统的基本功能和基本流程。

5. 紧跟时代步伐。一方面，根据最新的财税政策及会计准则编写教材实验资料；另一方面，将会计信息系统在实际应用中的最新研究成果纳入教材，以更好地解决会计信息系统滞后于国家财税政策和会计实务的问题。

6. 融入课程思政。本教材提供了"素养提升"教学设计表供任课教师授课时参考，任课教师可以用手机扫描右方二维码获取，或登录东北财经大学出版社网站（www.dufep.cn）下载使用。同时，在教材每章的最后设置了"素养提升点睛"模块，供读者参考。

"素养提升"
教学设计表

7. 教学资源丰富。本教材的配套资源包括：①教案、电子课件等教学文件；②全部实验的操作过程微视频，读者可通过微信扫描教材中的二维码进行收看学习；③教材正文的初始账套、结果账套。

限于篇幅，本教材业务编排较为紧凑，建议读者严格按照经济业务发生日期进行处理。

本教材由宋红尔、闫兴旭、刘阳任主编，吴爽、冉祥梅、左继男任副主编，参与编写的还有杨柳、马照月、胡海燕、李晗、吴刚五位老师。宋红尔负责拟定全书大纲及所有原始凭证的制作，并对全书进行总纂、修改和定稿。

本教材在编写过程中参考了国内相关著述、教材和论文，在此对有关作者表示衷心的感谢。作为校企合作单位，辽宁华瑞会计师事务所对本教材给予了大力支持，在此也一并表示感谢。

本教材的出版得到了2022年辽宁省一流本科课程"会计信息化"（课程编号：LNLGKC202218）、辽宁理工学院2024年第二批教学改革研究项目"OBE视域下ADDIE教学模式在'会计信息化'课程中的应用研究"（项目编号：LGJG202430）、辽宁理工学院"用友新道·智能财务产业学院"的资助。

虽然编者对会计信息系统应用一直在关注、追踪、学习，但因水平有限，对某些问题的认识和理解也不一定完全准确，书中难免有错误和不当之处，竭诚欢迎广大读者不吝指正。您的批评和建议将是本教材再次修订的重要依据。联系方式：

E-mail: songhonger@163.com

教师QQ群：233163238（会计信息化教学与研究）

宋红尔

2024年12月于辽宁锦州

目 录

1 第1章 系统实施

1.1 概述

会计信息系统（Acounting Information System，AIS）是基于现代信息技术手段，利用计算机对会计信息进行采集、存储、处理及传递，完成会计工作并与其他企业管理活动有机结合的系统。本书主要介绍用友新道U8+V15.0版会计信息系统。本章主要包括以下内容：

第一，系统管理。主要是对账套、操作员、角色等进行集中管理。系统管理的使用对象为企业的信息管理人员（即系统管理员admin）、安全管理人员（即安全管理员sadmin）、管理员用户或账套主管。系统管理主要包括以下功能：①对账套统一管理，包括建立、修改、备份〔（自动备份和手工备份（输出）〕和引入；②对操作员及其功能级权限实行统一管理，包括用户、角色和权限设置；③系统任务管理，包括查看当前运行任务、清除指定任务、清退站点、清除单据锁定等。

第二，基础设置。主要进行系统日常使用前的基础性工作，包括：①添加部门档案、客户档案及会计科目等各种档案信息；②设置业务参数；③单据格式设置和单据编号设置；④数据权限控制设置。虽然在操作层面本部分并不复杂，但是有些信息一旦被参照使用，将不能修改或删除，读者需准确处理。

第三，系统初始化。主要包括：应付款管理系统初始化、应收款管理系统初始化、采购管理系统初始化、库存管理系统初始化、存货核算系统初始化和总账系统初始化。

本章总体流程如图1-1所示。

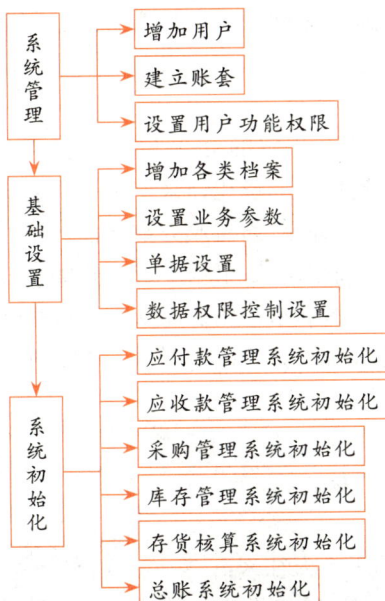

图1-1　本章总体流程

1.2　案例背景资料

1.企业基本情况

（1）公司注册资料

公司注册名称：辽宁恒通商贸有限公司（简称辽宁恒通）

公司统一社会信用代码：91210105206917583A

公司注册地址及电话：辽宁省沈阳市皇姑区人民路369号，电话：024-82681359

公司邮箱地址：hengtong@163.com

公司注册资本：人民币1 500万元

公司法定代表人：李成喜（兼任公司总经理）

公司经营范围：主要从事服装、手表、皮具等的批发和零售。

（2）公司银行资料

①基本存款账户

中国工商银行沈阳皇姑支行，账号：2107 0240 1589 0035 666

②一般存款账户

中国银行沈阳皇姑支行（人民币户），账号：2107 3817 6532 3431 951

中国银行沈阳皇姑支行（美元户），账号：2107 3817 6532 3431 982

（3）公司税务资料

主管税务机关：国家税务总局沈阳市皇姑区税务局，纳税人识别号同公司统一社会信用代码，缴款账户：国家金库沈阳市皇姑区支库，账号：2107 9245 3812 7058 769。

2.会计信息系统

公司于2025年1月启用用友新道U8+V15.0版的会计信息系统，具体包括以下子系统：总账、应收款管理、应付款管理、采购管理、销售管理、库存管理以及存货核算系统。

3.会计核算要求

（1）会计凭证基本规定

录入或生成"记账凭证"均由指定的会计人员操作，含有"库存现金"和"银行存款"科目的记账凭证均需出纳签字。记账凭证采用单一的复式记账凭证格式。对已记账凭证的修改，采用红字冲销法。为保证财务与业务数据的一致性，能在业务系统生成的记账凭证不得在总账系统直接录入。根据原始单据生成记账凭证时，除收付款核销及特别规定外不采用合并制单。出库单与入库单原始凭证以软件系统生成的为准。无特别要求，在业务发生当日，收到发票并支付款项的业务使用现付功能处理，开出发票同时收到款项的业务使用现结功能处理。

（2）非往来科目辅助核算要求

日记账：库存现金、银行存款。

银行账：银行存款。

个人往来：其他应收款/职工个人往来。

项目核算：交易性金融资产、债权投资和其他权益工具投资，以及这三个总账科目的明细科目。

（3）往来科目辅助核算要求

往来科目的辅助账类型及受控系统见表1-1。

表1-1   往来科目辅助核算一览表

科目编码	科目名称	辅助账类型	受控系统	备注
112101	应收票据/人民币	客户往来	应收系统	
112102	应收票据/美元	客户往来	应收系统	
112201	应收账款/人民币	客户往来	应收系统	
112202	应收账款/美元	客户往来	应收系统	
112203	应收账款/资产处置应收款	客户往来		固定资产处置业务
1123	预付账款	供应商往来	应付系统	
1531	长期应收款	客户往来		具有融资性质的分期收款业务
2201	应付票据	供应商往来	应付系统	
220201	应付账款/一般应付账款	供应商往来	应付系统	
220202	应付账款/暂估应付账款	供应商往来		
220203	应付账款/受托代销	供应商往来		收取手续费方式的受托代销业务
220301	预收账款/一般人民币预收账款	客户往来	应收系统	
220302	预收账款/一般美元预收账款	客户往来	应收系统	
220303	预收账款/销售定金	客户往来		销售定金业务
220304	预收账款/附条件销售款	客户往来		无法估计退货率的附退回条件销售业务
224105	其他应付款/应付售后回购款	供应商往来		售后回购业务
2314	受托代销商品款	供应商往来		受托代销业务

（4）货币资金业务的处理

公司采用的结算方式包括现金结算、支票、托收承付、委托收款、银行汇票、商业汇票、电汇等。收、付款业务由财务部门根据有关凭证进行处理，在系统中没有对应结算方式时，其结算方式为"其他"。

（5）坏账损失的处理

公司除应收账款外，其他预付及应收款项不计提坏账准备。期末按应收账款余额的0.5%计提坏账准备。

（6）存货业务的处理

公司存货主要包括服装、手表、皮具及应税劳务等，按存货分类进行存放及核算。各类存货按照实际成本核算，采用永续盘存制；发出存货成本采用"先进先出法"按仓库进行核算，采购入库存货对方科目全部使用"在途物资"科目，受托代销入库存货对方科目使用"受托代销商品款"科目，委托代销成本核算方式按发出商品核算。同一批出库或入库业务生成一张凭证；采购、销售必有订单，订单号为合同编号，到货必有到货单，发货必有发货单，存货按业务发生日期逐笔记账并制单，暂估业务除外。

除发生非合理损耗的采购业务外，存货核算系统制单时不允许勾选"已结算采购入库单自动选择全部结算单上单据（包括入库单、发票、付款单），非本月采购入库单按蓝字报销单制单"选项。

（7）税费的处理

公司为增值税一般纳税人，增值税税率为13%，按月缴纳，按当期应交增值税的7%

计算城市维护建设税、3%计算教育费附加、2%计算地方教育附加；企业所得税采用资产负债表债务法，企业所得税的计税依据为应纳税所得额，税率为25%，按月预计，按季预缴，全年汇算清缴。缴纳税费按银行开具的原始凭证编制记账凭证。

（8）财产清查的处理

公司每月月末对存货进行清查，每年年末对固定资产进行清查。根据盘点结果编制"盘点单"，并与账面数据进行比较，由库存管理员审核后进行处理。

（9）利润分配

根据《中华人民共和国公司法》及公司章程，公司税后利润按以下顺序分配：①弥补亏损；②按10%提取法定盈余公积；③按30%向投资者分配利润。

（10）损益类账户的结转

每月月末将各损益类账户余额转入"本年利润"账户，结转时按收入和支出分别生成记账凭证。

1.3　系统管理

1.3.1　增加用户

【实验资料】

辽宁恒通的U8系统共有7位用户，见表1-2。

表 1-2　　　　　　　　　软件应用操作员/用户（UA_User）

编号 （cUser_Id）	姓名 （cUser_Name）	用户类型	认证方式	口令	所属部门	角色	职务
A01	李成喜	普通用户	用户+口令（传统）		行政部	账套主管	总经理
W01	王钰茹	普通用户	用户+口令（传统）		财务部	普通员工	财务经理
W02	赵凯杰	普通用户	用户+口令（传统）		财务部	普通员工	会计
W03	贺青春	普通用户	用户+口令（传统）		财务部	普通员工	出纳
X01	刘晓洺	普通用户	用户+口令（传统）		销售部	普通员工	销售员
G01	张宏亮	普通用户	用户+口令（传统）		采购部	普通员工	采购员
C01	李泽伟	普通用户	用户+口令（传统）		仓储部	普通员工	库管员

说明：表1-2中"UA_User"为操作员的数据表名，"cUser_Id"为操作员编号在数据表中的字段名称。

【实验过程】

（1）由系统管理员（admin）登录系统管理。单击"开始→所有程序→新道U8+→系统管理"菜单，打开"U8［系统管理］"窗口。在该窗口，执行"系统→注册"命令，打开"登录"窗口，如图1-2所示。单击"登录"按钮，进入系统管理窗口。

增加用户

图1-2　系统管理登录窗口

> **提示**
>
> 如果系统桌面存在"系统管理"图标，双击该图标也可登录系统管理。

（2）增加操作员。在系统管理窗口，执行"权限"菜单下的"用户"命令，打开"用户管理"窗口，单击"增加"，根据表1-2增加7位用户，结果如图1-3所示。

用户编码	用户全名	部门	Email地址	手机号	用户类型	认证方式	状态	创建时间
A01	李成喜	行政部			普通用户	用户+口令（传统）	启用	2025-01-01 15:17:05
admin	admin				管理员用户	用户+口令（传统）	启用	
C01	李泽伟	仓储部			普通用户	用户+口令（传统）	启用	2025-01-01 15:19:17
demo	demo				普通用户	用户+口令（传统）	启用	
G01	张宏亮	采购部			普通用户	用户+口令（传统）	启用	2025-01-01 15:18:58
SYSTEM	SYSTEM				普通用户	用户+口令（传统）	启用	
UFSOFT	UFSOFT				普通用户	用户+口令（传统）	启用	
W01	王钰茹	财务部			普通用户	用户+口令（传统）	启用	2025-01-01 15:17:36
W02	赵凯杰	财务部			普通用户	用户+口令（传统）	启用	2025-01-01 15:17:56
W03	贺青春	财务部			普通用户	用户+口令（传统）	启用	2025-01-01 15:18:18
X01	刘晓洺	销售部			普通用户	用户+口令（传统）	启用	2025-01-01 15:18:40

图1-3　"用户管理"窗口

1.3.2　建立账套

【实验资料】

根据表1-3建立辽宁恒通商贸有限公司的账套。

表 1-3 建账向导

建账向导	参数设置
账套信息	账套号：001；账套名称：辽宁恒通商贸有限公司；启用会计期：2025年1月
单位信息	单位名称：辽宁恒通商贸有限公司；单位简称：辽宁恒通；单位地址：辽宁省沈阳市皇姑区人民路369号；法定代表人：李成喜；邮政编码：110000；联系电话/传真：024-82681359；电子邮件：hengtong@163.com；税号：912101052206917583A
核算类型	本币代码：RMB；本币名称：人民币；企业类型：商业；行业性质：2007年新会计准则科目；账套主管：李成喜
基础信息	对存货、客户、供应商进行分类，有外币核算业务
编码方案	科目编码级次：4-2-2-2-2；客户分类编码级次：2-2-2；供应商分类编码级次：2-2-2；存货分类编码级次：2-2-2；部门编码级次：2-2-2；收发类别编码级次：1-2-2
数据精度	采用系统默认精度
系统启用	总账、应收款管理、应付款管理、销售管理、采购管理、库存管理、存货核算

━━━━━━━━━━ 【实验过程】

（1）在"U8［系统管理］"窗口，执行"账套→建立"命令，打开"建账方式"对话框，如图1-4所示。

建立账套

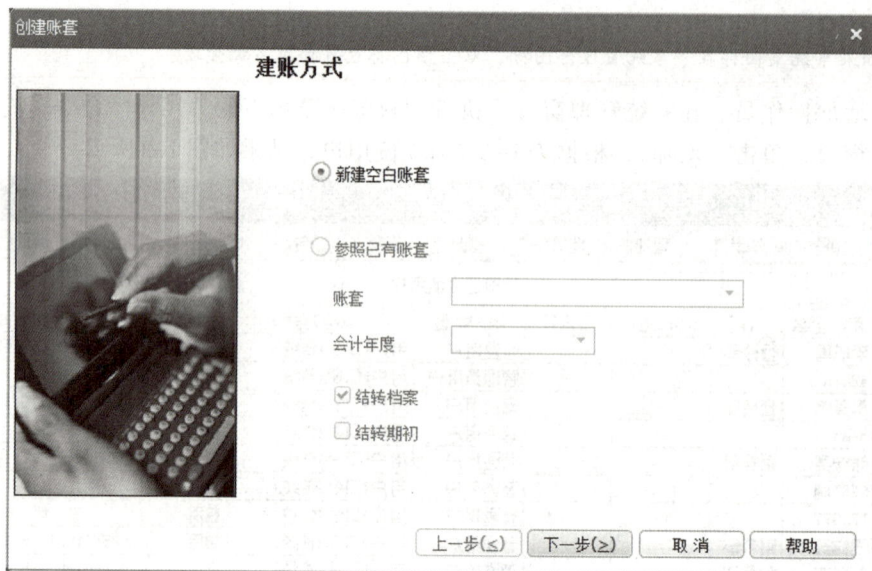

图1-4 创建账套——建账方式

（2）单击"下一步"，打开"账套信息"对话框。"账套名称"输入"辽宁恒通商贸有限公司"，"启用会计期"设置为2025年1月，其他项默认，结果如图1-5所示。

（3）单击"下一步"，打开"单位信息"对话框，根据资料输入相关信息，结果如图1-6所示。

（4）单击"下一步"，打开"核算类型"对话框，"企业类型"选择"商业"，"行业性质"选择"2007年新会计准则科目"，"账套主管"选择"［A01］李成喜"，其他项默认，结果如图1-7所示。

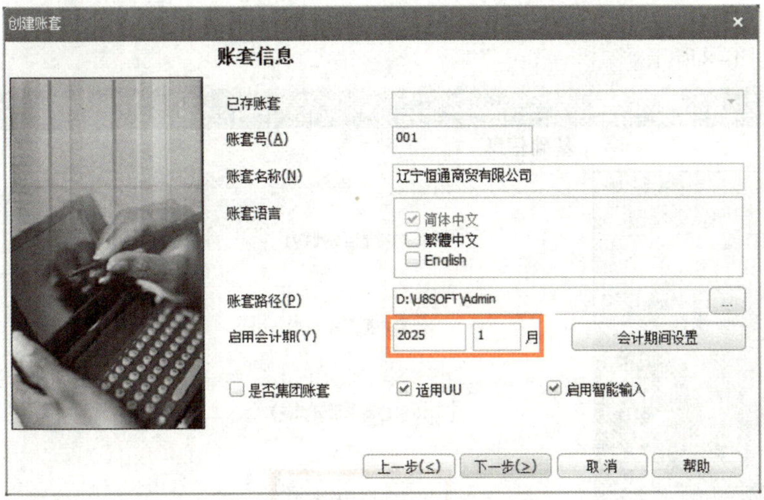

图1-5　创建账套——账套信息

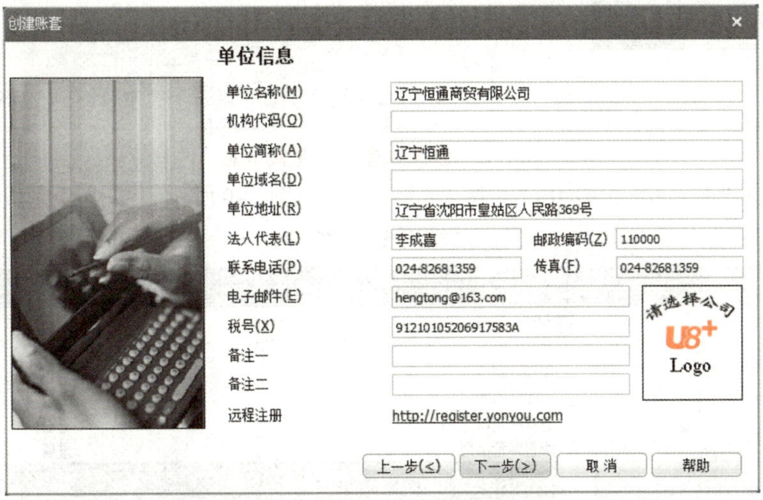

图1-6　创建账套——单位信息

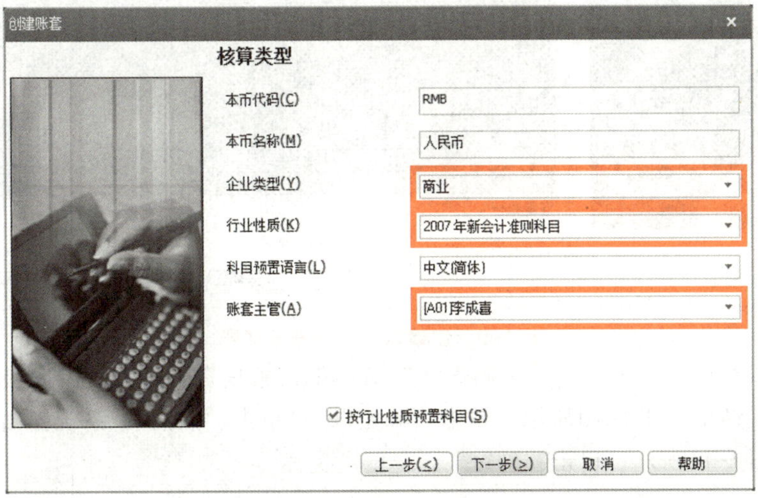

图1-7　创建账套——核算类型

（5）单击"下一步"，打开"基础信息"对话框，勾选"有无外币核算"，其他项默认，结果如图1-8所示。

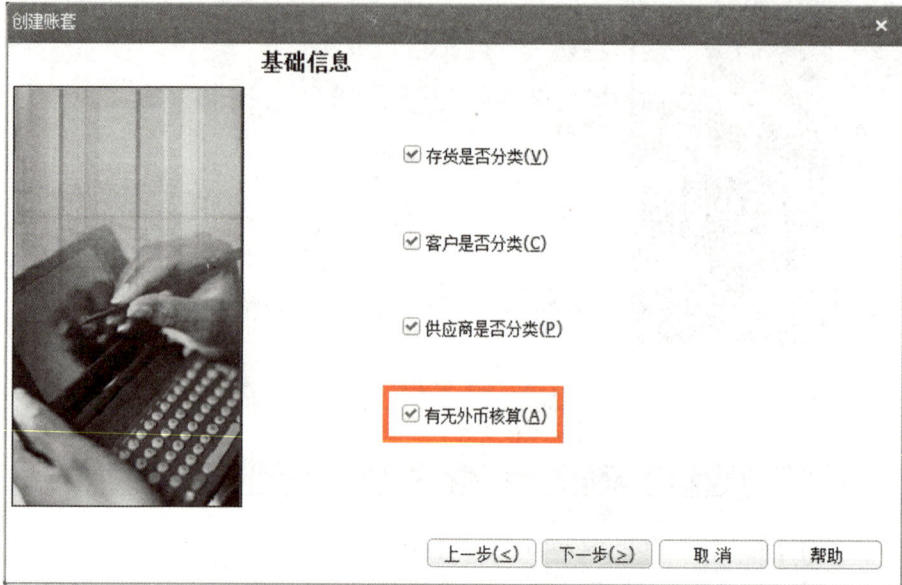

图1-8　创建账套——基础信息

（6）单击"下一步"，打开"开始"对话框，如图1-9所示，单击"完成"，系统提示"可以创建账套了么?"，单击"是"，系统开始建账。

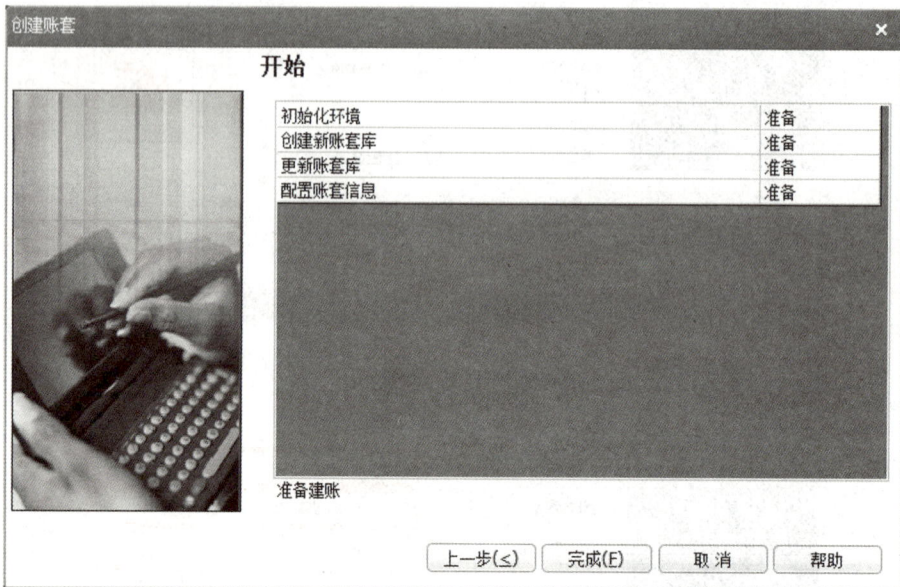

图1-9　创建账套——开始建账

（7）建账结束，系统弹出"编码方案"对话框，根据资料对相关编码级次进行调整，其他项默认，结果如图1-10所示。单击"确定"，再单击"取消"，系统弹出"数据精度"对话框，如图1-11所示，单击"确定"。

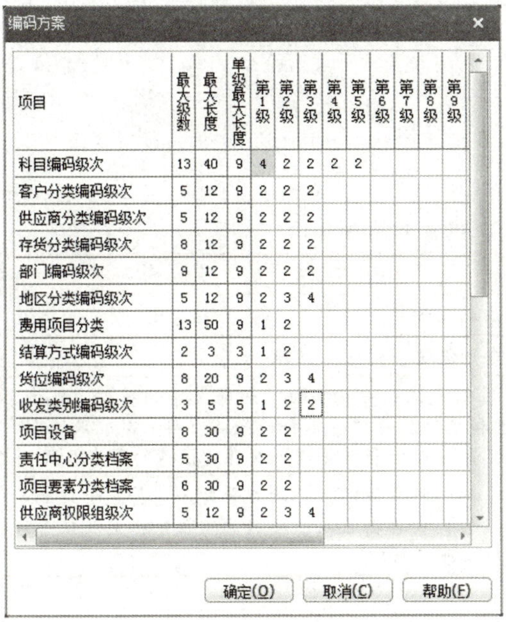

图1-10　编码方案

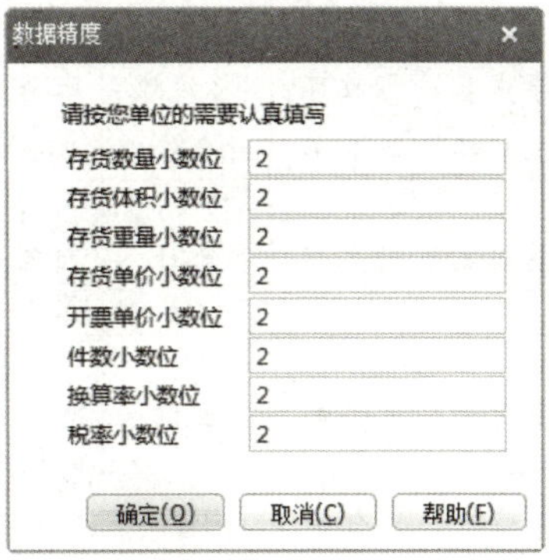

图1-11　数据精度

（8）数据精度设置完毕，系统弹出"创建账套"对话框，单击"是"，打开"系统启用"窗口。根据表1-3启用总账等7个子系统，结果如图1-12所示。退出该窗口。

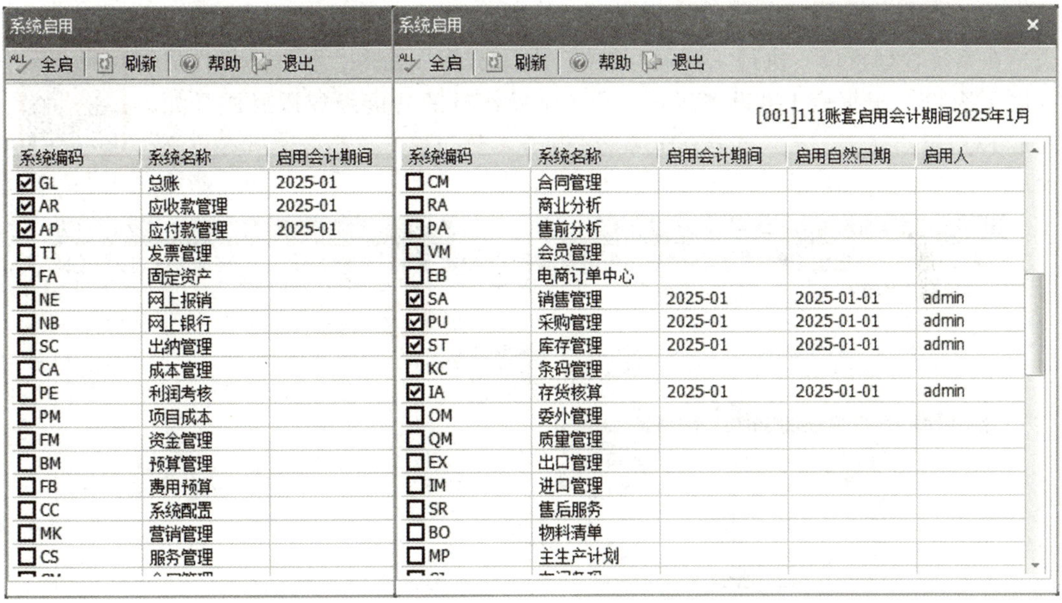

图1-12　系统启用

提示

　　启用系统有两种方法：一种是由系统管理员（admin）在建立账套时直接启用；另一种是由账套主管在企业应用平台的基本信息中启用。

1.3.3　设置用户功能权限

根据表1-4设置操作员权限。

表 1-4　　　　　软件系统操作员及权限分工（UA_HoldAuth）

编码	姓名	隶属部门	职务	权限分工
A01	李成喜	行政部	总经理	账套主管（信息化基础工作）
W01	王钰茹	财务部	财务经理	总账的审核凭证、查询凭证、对账、结账
W02	赵凯杰	财务部	会计	公用目录、总账（填制凭证、查询凭证、记账、常用凭证、账表、期末）、应收款管理和应付款管理［不含选择收（付）款、收（付）款单据录入、销售定金转出和票据管理］及存货核算的所有权限
W03	贺青春	财务部	出纳	总账的出纳签字及出纳的所有权限；应收款管理和应付款管理的选择收（付）款、收（付）款单据录入、票据管理权限；应收款管理的销售定金转出、应收冲应付权限
X01	刘晓洺	销售部	销售员	销售管理的所有权限
G01	张宏亮	采购部	采购员	采购管理的所有权限
C01	李泽伟	仓储部	库管员	公共单据、库存管理的所有权限

【实验过程】

　　在系统管理窗口，执行"权限"菜单下的"权限"命令，打开"操作员权限"窗口，根据表1-4设置王钰茹等6位操作员的功能级权限，结果如图1-13所示。注意，李成喜是001账套的账套主管，拥有该账套的所有功能权限，无须再为其设置权限。

设置用户功能权限

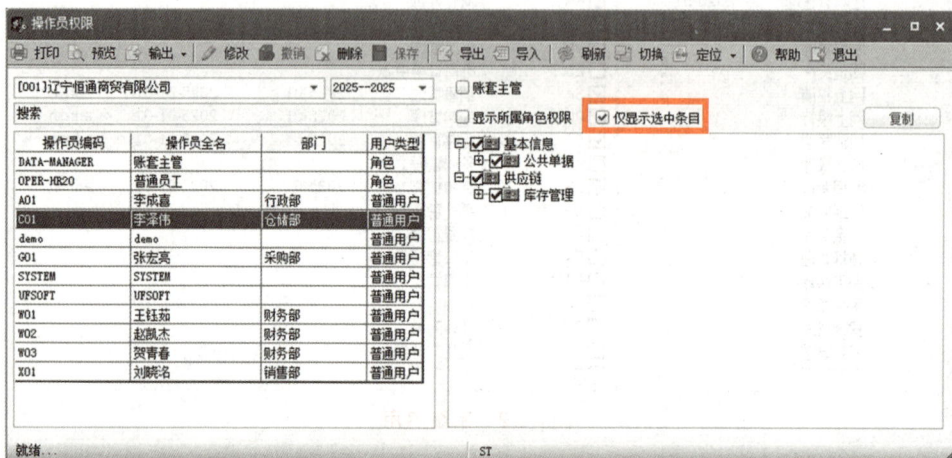

图1-13　"操作员权限"窗口

1.4　基础设置

　　由账套主管李成喜（A01）登录企业应用平台。在U8企业应用平台，依次单击"开始→所有程序→新道U8+→企业应用平台"菜单，打开"登录"窗口。在"操作员"栏输入"A01"，"账套"栏选择"［001］（default）辽宁恒通商贸有限公司"，将"操作日期"改为"2025-01-01"，如图1-14所示。单击"登录"按钮，进入企业应用平台。

图1-14　企业应用平台登录窗口

如果系统桌面存在"企业应用平台"图标，双击该图标也可打开登录窗口。

1.4.1　设置基础档案

1.机构人员

（1）设置部门档案。

━━━━━━━━━━【实验资料】

部门档案见表1-5。

表 1-5　　　　　　　　　部门档案（Department）

部门编码（cDepCode）	部门名称（cDepName）
01	行政部
02	财务部
03	销售部
04	采购部
05	仓储部

━━━━━━━━━━【实验过程】

在U8企业应用平台，依次单击"基础设置→基础档案→机构人员→机构→部门档案"菜单，打开"部门档案"窗口。单击工具栏的"增加"按钮，根据表1-5逐个添加部门档案信息，添加完毕单击"刷新"，结果如图1-15所示。关闭该窗口。

设置部门档案

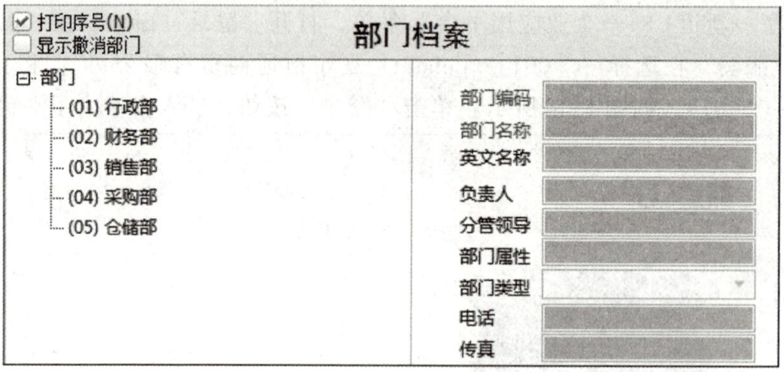

图1-15　部门档案

（2）设置人员类别。

正式工的人员类别见表1-6。

表 1-6　　　　　　　　　　　正式工的人员类别（HR_CT000）

档案编码（ccodeID）	档案名称（vsimpleName）
1011	企业管理人员
1012	销售人员
1013	采购人员

【实验过程】

在U8企业应用平台，依次单击"基础设置→基础档案→机构人员→人员→人员类别"菜单，打开"人员类别"窗口。根据实验资料，单击左侧的"正式工"，单击工具栏的"增加"按钮，根据表1-6逐个添加正式工的人员类别信息，结果如图1-16所示。退出该窗口。

设置人员类别

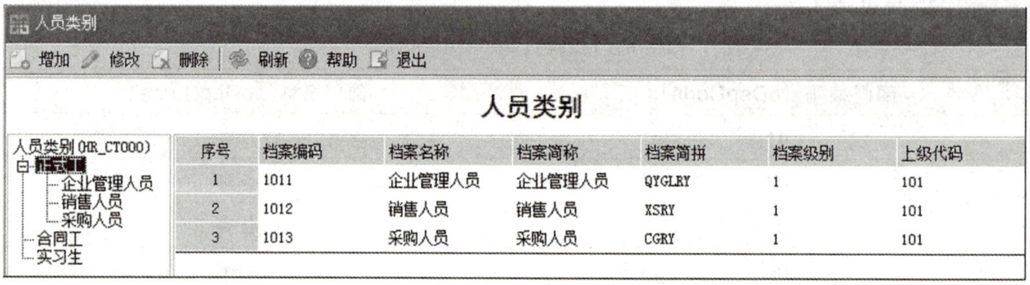

图1-16　人员类别

（3）设置人员档案。

【实验资料】

人员档案见表1-7。

表 1-7　人员档案（Person）

人员编码（cPersonCode）	人员姓名（cPersonName）	性别	雇佣状态	人员类别	行政部门（cDepName）	是否业务员	是否操作员
A01	李成喜	男	在职	企业管理人员	行政部	是	是
W01	王钰茹	女	在职	企业管理人员	财务部	是	是
W02	赵凯杰	男	在职	企业管理人员	财务部	是	是
W03	贺青春	女	在职	企业管理人员	财务部	是	是
X01	刘晓洺	男	在职	销售人员	销售部	是	是
X02	何丽平	女	在职	销售人员	销售部	是	
G01	张宏亮	男	在职	采购人员	采购部	是	是
G02	徐晓辉	男	在职	采购人员	采购部	是	
C01	李泽伟	女	在职	企业管理人员	仓储部	是	是

【实验过程】

在U8企业应用平台，依次单击“基础设置→基础档案→机构人员→人员→人员档案”菜单，打开“人员档案”窗口。单击工具栏的“增加”按钮，弹出人员档案录入界面，根据表1-7录入档案信息，单击“保存”按钮。若该人员已在系统管理中设置为操作员，则系统弹出“人员信息已改，是否同步修改操作员的相关信息？”提示框，单击“否”按钮，系统保存该人员信息。人员档案全部录入完毕退出该界面，返回“人员档案”窗口，结果如图1-17所示。

设置人员档案

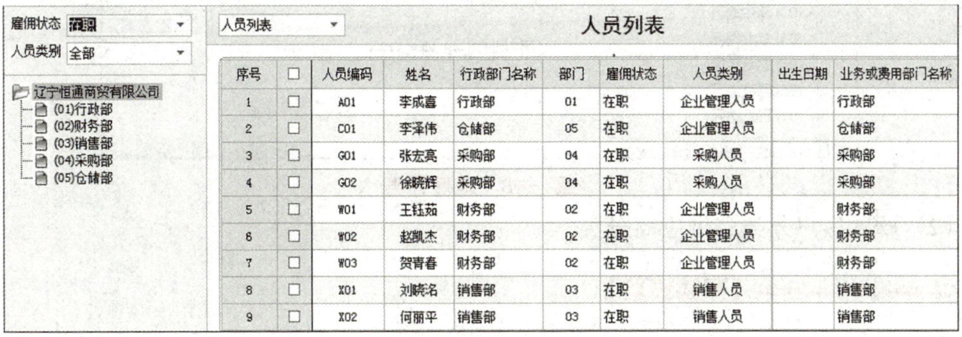

序号	☐	人员编码	姓名	行政部门名称	部门	雇佣状态	人员类别	出生日期	业务或费用部门名称
1	☐	A01	李成喜	行政部	01	在职	企业管理人员		行政部
2	☐	C01	李泽伟	仓储部	05	在职	企业管理人员		仓储部
3	☐	G01	张宏亮	采购部	04	在职	采购人员		采购部
4	☐	G02	徐晓辉	采购部	04	在职	采购人员		采购部
5	☐	W01	王钰茹	财务部	02	在职	企业管理人员		财务部
6	☐	W02	赵凯杰	财务部	02	在职	企业管理人员		财务部
7	☐	W03	贺青春	财务部	02	在职	企业管理人员		财务部
8	☐	X01	刘晓洺	销售部	03	在职	销售人员		销售部
9	☐	X02	何丽平	销售部	03	在职	销售人员		销售部

图1-17　人员档案

2.客商信息

（1）设置地区分类。

【实验资料】

地区分类见表1-8。

表 1-8　地区分类（DistrictClass）

分类编码（cDCCode）	分类名称（cDCName）
01	华东地区
02	华南地区

分类编码（cDCCode）	分类名称（cDCName）
03	华中地区
04	华北地区
05	东北地区
06	西南地区
07	西北地区

【实验过程】

在 U8 企业应用平台，依次单击"基础设置→基础档案→客商信息→地区分类"菜单，打开"地区分类"窗口。单击工具栏的"增加"按钮，根据表1-8，"分类编码"输入"01"，"分类名称"输入"华东地区"，单击"保存"按钮，逐个添加地区分类信息，结果如图1-18所示。退出该窗口。

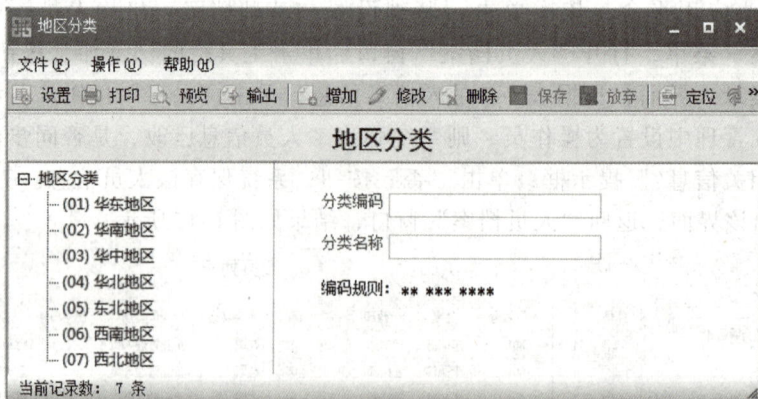

设置地区分类

图1-18　地区分类

（2）设置客户分类、供应商分类。

【实验资料】

供应商分类及客户分类见表1-9。

表 1-9　　　　　　　供应商分类及客户分类（VendorClass/CustomerClass）

类别名称	分类编码	分类名称
供应商	01	服装商
	02	手表商
	03	皮具商
	08	综合类
	09	共同类
客户	01	一般类
	09	共同类

在 U8 企业应用平台，依次单击"基础设置→基础档案→客商信息→供应商分类"菜单，打开"供应商分类"窗口。单击工具栏的"增加"按钮，根据表 1-9，"分类编码"输入"01"，"分类名称"输入"服装商"，单击"保存"按钮。单击"增加"按钮，继续添加剩余供应商分类信息，结果如图 1-19 所示。退出该窗口。

设置客商分类

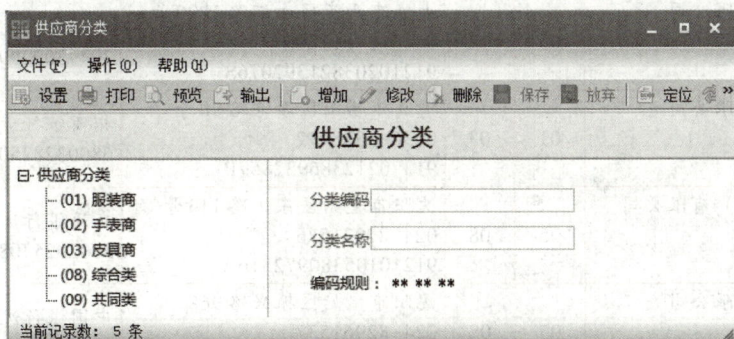

图1-19　供应商分类

按此方法，执行"客商信息→客户分类"命令，打开"客户分类"窗口，根据表 1-9 逐个添加客户分类信息，结果如图 1-20 所示。

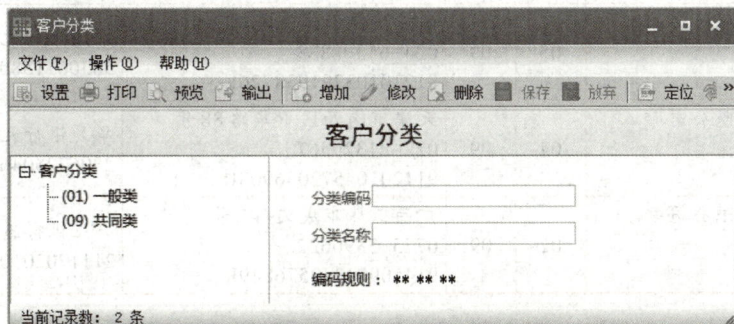

图1-20　客户分类

（3）设置供应商档案。

【实验资料】

供应商档案见表 1-10。

表 1-10　　　　　　　　　　　　　　供应商档案（Vendor）

供应商名称（cVenName） 供应商编码（cVenCode） 供应商简称（cVenAbbName）	所属 地区	所属 分类	地址（cVenAddress） 电话（cVenPhone） 税号（cVenRegCode）	开户银行（cVenBank） 账号（cVenAccount）
湖南百盛服装有限公司 编码：101 简称：湖南百盛	03	01	长沙市开福区林夕路100号 0731-8266319 91430105276531895L	中国银行长沙开福支行 1012093710651047815
北京嘉伟服装有限公司 编码：102 简称：北京嘉伟	04	01	北京市宣武区长丰路六段5号 010-30453221 91110104759695583N	招商银行北京宣武分行 2590739805061504276

供应商名称（cVenName）供应商编码（cVenCode）供应商简称（cVenAbbName）	所属地区	所属分类	地址（cVenAddress）电话（cVenPhone）税号（cVenRegCode）	开户银行（cVenBank）账号（cVenAccount）
上海恒久表业有限公司 编码：201 简称：上海恒久	01	02	上海市静安区花园路甲7号 021-28386699 91310106896543287T	中国银行上海静安支行 9517205720902010400
大连博伦表业有限公司 编码：202 简称：大连博伦	05	02	大连市西岗区古塔路1029号 0411-87691203 91210203821392076S	交通银行大连西岗支行 30413092992856025 25
山东顺达皮具有限公司 编码：301 简称：山东顺达	01	03	青岛市崂山区李沧路90号 0536-5328912 91370212386932857P	招商银行青岛崂山支行 6800328250237723819
润家贸易（中国）有限公司 编码：801 简称：润家贸易	05	08	沈阳市皇姑区东风路113号 024-87921576 91210105380972316W	交通银行沈阳皇姑支行 3602025308746041967
沈阳通达物流有限公司 编码：809 简称：沈阳通达	05	08	沈阳市皇姑区振兴路968号 024-82961537 91210105357948262A	中国银行沈阳皇姑支行 8201141631 08091001
沈阳喜来商贸有限公司 编码：901 简称：沈阳喜来	05	09	沈阳市沈河区万春路66号 024-65507283 91210103282819034X	华夏银行沈阳万春支行 5830626920062662115
沈阳金泰商贸有限公司 编码：902 简称：沈阳金泰	05	09	沈阳市铁西区百花路2号 024-65308833 91210103291938726E	中国银行沈阳百花支行 5830611580626927622
天津惠阳商贸有限公司 编码：903 简称：天津惠阳	04	09	天津市南开区中华路88号 022-81329367 91120104572036908U	华夏银行天津南开支行 2806725046208670931
广西玉宝商贸有限公司 编码：904 简称：广西玉宝	02	09	广西玉林市成文路7号 0775-3890622 91450904342576849K	兴业银行玉林市东门支行 2111702010422009265

【实验过程】

在 U8 企业应用平台，依次单击"基础设置→基础档案→客商信息→供应商档案"菜单，打开"供应商档案"窗口。单击工具栏的"增加"按钮，根据表1-10逐个添加供应商档案，结果如图1-21所示。

设置供应商档案

图1-21 供应商档案

（4）设置客户档案。

───── 【实验资料】

客户档案见表1-11。

表 1-11 客户档案（Customer）

客户名称（cCusName） 客户编码（cCusCode） 客户简称（cCusAbbName）	所属 地区	所属 分类	地址（cCusAddress） 电话（cCusPhone） 税号（cCusRegCode）	开户银行（cCusBank） 账号（cCusAccount）
北京汇鑫百货有限公司 编码：101 简称：北京汇鑫	04	01	北京市顺义区常庄路992号 010-86218025 91110113578732690F	中国银行北京顺义常庄支行 2700322598914536398
广州华丰超市有限公司 编码：102 简称：广州华丰	02	01	广州市北市区向阳路7号 020-52396012 91440100613815327V	中国工商银行广州向阳支行 2692006083025562331
上海乐淘贸易有限公司 编码：103 简称：上海乐淘	01	01	上海市闵行区北京路1号 021-65431789 91310112203203919R	交通银行闵行区北京路支行 8059209375023168063
大福贸易（中国）有限公司 编码：104 简称：大福贸易	05	01	长春市绿园区大顺路6号 0431-3819395 91220106558728329N	中国建设银行长春绿园支行 2798372568980102952
零散客户 编码：109	05	01		
沈阳喜来商贸有限公司 编码：901 简称：沈阳喜来	05	09	沈阳市沈河区万春路66号 024-65507283 91210103282819034X	华夏银行沈阳万春支行 5830626920062662115
沈阳金泰商贸有限公司 编码：902 简称：沈阳金泰	05	09	沈阳市铁西区百花路2号 024-65308833 91210103291938726E	中国银行沈阳百花支行 5830611580626927622
天津惠阳商贸有限公司 编码：903 简称：天津惠阳	04	09	天津市南开区中华路88号 022-81329367 91120104572036908U	华夏银行天津南开支行 2806725046208670931
广西玉宝商贸有限公司 编码：904 简称：广西玉宝	02	09	广西玉林市成文路7号 0775-3890622 91450904342576849K	兴业银行玉林市东门支行 2111702010422009265

───── 【实验过程】

在U8企业应用平台，依次单击"基础设置→基础档案→客商信息→客户档案"菜单，打开"客户档案"窗口。单击工具栏的"增加"按钮，根据表1-11逐个添加客户档案，结果如图1-22所示。

设置客户档案

图1-22 客户档案

序号	选择	客户编码	客户名称	客户简称	地区名称	地址	电话	纳税人登记号
1		101	北京汇鑫百货有限公司	北京汇鑫	华北地区	北京市顺义区常庄路992号	010-86218025	91110113578732690F
2		102	广州华丰超市有限公司	广州华丰	华南地区	广州市北市区向阳路7号	020-52396012	91440100613815327V
3		103	上海乐海贸易有限公司	上海乐海	华东地区	上海市岗行区北京路1号	021-65431789	91310112203203919R
4		104	大福贸易（中国）有限公司	大福贸易	东北地区	长春市绿园区大顺路6号	0431-3819395	91220106558728329N
5		109	零散客户	零散客户	东北地区			
6		901	沈阳喜来商贸有限公司	沈阳喜来	东北地区	沈阳市沈河区万春路66号	024-65507283	91210103282819034X
7		902	沈阳金泰商贸有限公司	沈阳金泰	东北地区	沈阳市铁西区百花路2号	024-65308833	91210103291938726E
8		903	天津惠阳商贸有限公司	天津惠阳	华北地区	天津市南开区中华路88号	022-81329367	91120104572036908U
9		904	广西玉宝商贸有限公司	广西玉宝	华南地区	广西玉林市成文路7号	0775-3890622	91450904342576849K

3.存货

（1）设置存货分类。

【实验资料】

存货分类见表1-12。

表 1-12　　　　　存货分类（InventoryClass）

一级分类		二级分类	
编码（cInvCCode）	名称（cInvCName）	编码（cInvCCode）	名称（cInvCName）
01	商品	0101	服装
		0102	手表
		0103	皮具
02	应税劳务		

【实验过程】

在U8企业应用平台，依次单击"基础设置→基础档案→存货→存货分类"菜单，打开"存货分类"窗口。单击工具栏的"增加"按钮，根据表1-12逐个添加存货分类信息，结果如图1-23所示。

设置存货分类

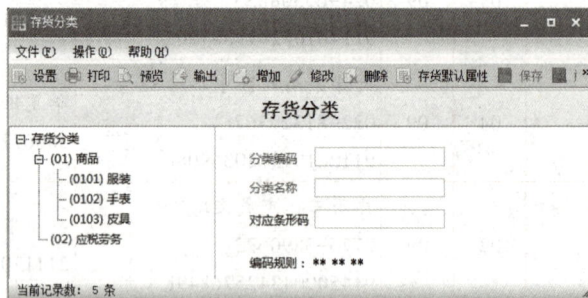

图1-23 存货分类

（2）设置计量单位。

【实验资料】

计量单位组及具体的计量单位见表1-13。

表 1-13　　　　　　　　　　　　　　计量单位组及计量单位

计量单位组（ComputationGroup）			计量单位（ComputationUnit）	
编码 （cGroupCode）	名称 （cGroupName）	类别 （iGroupType）	编码 （cComunitCode）	名称 （cComUnitName）
01	自然单位组	无换算率	0101	件
			0102	条
			0103	套
			0104	只
			0105	对
			0106	个
			0107	台
			0108	千米
			0109	次

【实验过程】

在 U8 企业应用平台，依次单击"基础设置→基础档案→存货→计量单位"菜单，打开"计量单位"窗口。单击工具栏的"分组"按钮，打开"计量单位组"窗口，根据表 1-13 添加计量单位组，结果如图 1-24 所示。退出该窗口。

设置计量单位

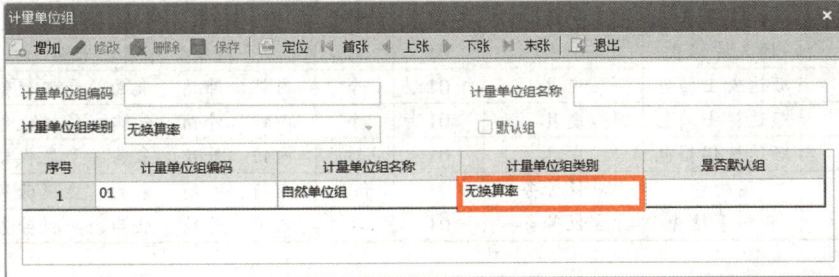

图1-24　计量单位组

在"计量单位"窗口，单击工具栏的"单位"按钮，打开"计量单位"窗口，根据表 1-13 添加计量单位信息，添加完毕退出"计量单位"窗口，结果如图 1-25 所示。退出该窗口。

图1-25　计量单位

（3）设置存货档案。

【实验资料】

存货档案见表1-14。

表 1-14　　存货档案（Inventory）

存货编码（cInvCode）	存货名称（cInvName）	存货分类编码（cInvCCode）	计量单位组	计量单位	存货属性	税率（%）
1101	百盛男夹克	服装	01	件	内销、外销、采购	13
1102	百盛休闲裤	服装	01	条	内销、外销、采购	13
1103	百盛牛仔裤	服装	01	条	内销、外销、采购	13
1104	百盛男套装	服装	01	套	内销、外销、采购	13
1151	嘉伟女风衣	服装	01	件	内销、外销、采购	13
1152	嘉伟男风衣	服装	01	件	内销、外销、采购	13
1153	嘉伟羽绒服	服装	01	件	内销、外销、采购	13
1154	嘉伟儿童套装	服装	01	套	内销、外销、采购	13
1201	博伦女表	手表	01	只	内销、外销、采购	13
1202	博伦男表	手表	01	只	内销、外销、采购	13
1203	博伦情侣表	手表	01	对	内销、外销、采购	13
1251	恒久女表	手表	01	只	内销、外销、采购	13
1252	恒久男表	手表	01	只	内销、外销、采购	13
1253	恒久情侣表	手表	01	对	内销、外销、采购	13
1301	顺达女士箱包	皮具	01	个	内销、外销、采购、受托代销	13
1302	顺达男士箱包	皮具	01	个	内销、外销、采购、受托代销	13
1303	顺达情侣箱包	皮具	01	对	内销、外销、采购、受托代销	13
2001	运输费	应税劳务	01	千米	内销、外销、采购、应税劳务	9
2002	代销手续费	应税劳务	01	次	内销、外销、采购、应税劳务	6

【实验过程】

在U8企业应用平台，依次单击“基础设置→基础档案→存货→存货档案”菜单，打开“存货档案”窗口。单击工具栏的“增加”按钮，打开“增加存货档案”窗口，根据表1-14添加存货档案信息，结果如图1-26所示。退出该窗口。

设置存货档案

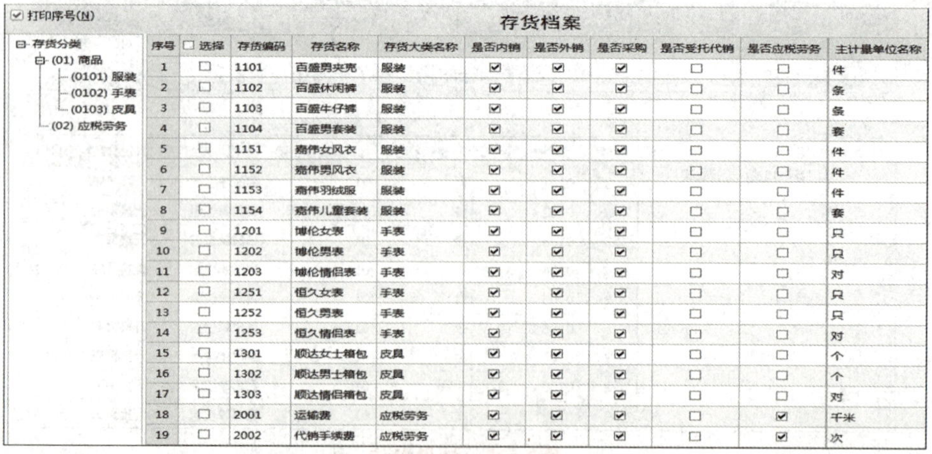

序号	☐ 选择	存货编码	存货名称	存货大类名称	是否内销	是否外销	是否采购	是否受托代销	是否应税劳务	主计量单位名称
1	☐	1101	百盛男夹克	服装	☑	☑	☑	☐	☐	件
2	☐	1102	百盛休闲裤	服装	☑	☑	☑	☐	☐	条
3	☐	1103	百盛牛仔裤	服装	☑	☑	☑	☐	☐	条
4	☐	1104	百盛男套装	服装	☑	☑	☑	☐	☐	套
5	☐	1151	嘉伟女风衣	服装	☑	☑	☑	☐	☐	件
6	☐	1152	嘉伟男风衣	服装	☑	☑	☑	☐	☐	件
7	☐	1153	嘉伟羽绒服	服装	☑	☑	☑	☐	☐	件
8	☐	1154	嘉伟儿童套装	服装	☑	☑	☑	☐	☐	套
9	☐	1201	博伦女表	手表	☑	☑	☑	☐	☐	只
10	☐	1202	博伦男表	手表	☑	☑	☑	☐	☐	只
11	☐	1203	博伦情侣表	手表	☑	☑	☑	☐	☐	对
12	☐	1251	恒久女表	手表	☑	☑	☑	☐	☐	只
13	☐	1252	恒久男表	手表	☑	☑	☑	☐	☐	只
14	☐	1253	恒久情侣表	手表	☑	☑	☑	☐	☐	对
15	☐	1301	顺达女士箱包	皮具	☑	☑	☑	☐	☐	个
16	☐	1302	顺达男士箱包	皮具	☑	☑	☑	☐	☐	个
17	☐	1303	顺达情侣箱包	皮具	☑	☑	☑	☐	☐	对
18	☐	2001	运输费	应税劳务	☑	☑	☑	☐	☑	千米
19	☐	2002	代销手续费	应税劳务	☑	☑	☑	☐	☑	次

图1-26　存货档案

4.财务

(1)维护会计科目。

【实验资料】

①指定会计科目。

指定"1001库存现金"为现金科目、"1002银行存款"为银行科目。

②增加会计科目。

会计科目表见表1-15。

表1-15
会计科目表(code)

科目编码(ccode)	科目名称(ccode_name)	辅助账类型
100201	中国工商银行	日记账 银行账
10020101	沈阳皇姑支行	日记账 银行账
100202	中国银行	日记账 银行账
10020201	沈阳皇姑支行	日记账 银行账
1002020101	人民币	日记账 银行账
1002020102	美元	日记账 银行账
101201	银行汇票存款	
101202	存出投资款	
110101	成本	项目核算,数量核算:股(份)
110102	公允价值变动	项目核算
112101	人民币	客户往来,应收系统受控
112102	美元	客户往来,应收系统受控
112201	人民币	客户往来,应收系统受控
112202	美元	客户往来,应收系统受控
112203	资产处置应收款	客户往来,应收系统不受控
122101	职工个人往来	个人往来
150101	成本	项目核算,数量核算:份
150102	利息调整	项目核算
150301	成本	项目核算,数量核算:股(份)
150302	公允价值变动	项目核算
170101	专利权	
170102	商标权	
170103	土地使用权	
190101	待处理流动资产损溢	
190102	待处理固定资产损溢	
220201	一般应付账款	供应商往来,应付系统受控
220202	暂估应付账款	供应商往来,应付系统不受控
220203	受托代销	供应商往来,应付系统不受控
220301	一般人民币预收账款	客户往来,应收系统受控
220302	一般美元预收账款	客户往来,应收系统受控

科目编码（ccode）	科目名称（ccode_name）	辅助账类型
220303	销售定金	客户往来，应收系统不受控
220304	附条件销售款	客户往来，应收系统不受控
221101	工资	
221102	社会保险费	
22110201	基本医疗保险费	
22110202	工伤保险费	
22110203	生育保险费	
221103	设定提存计划	
22110301	基本养老保险费	
22110302	失业保险费	
221104	住房公积金	
221105	工会经费	
221106	职工教育经费	
221107	职工福利费	
221108	非货币性福利	
222101	应交增值税	
22210101	进项税额（注：借方）	
22210105	转出未交增值税（注：借方）	
22210106	销项税额	
22210108	进项税额转出	
22210109	转出多交增值税	
222102	未交增值税	
222103	待抵扣进项税额	
222104	应交企业所得税	
222105	应交个人所得税	
222106	应交城市维护建设税	
222107	应交教育费附加	
222108	应交地方教育附加	
224101	代扣医疗保险	
224102	代扣养老保险	
224103	代扣失业保险	
224104	代扣住房公积金	
224105	应付售后回购款	供应商往来，应付系统不受控
410401	提取法定盈余公积	
410402	提取任意盈余公积	
410409	未分配利润	
605101	受托代销手续费	
660101	折旧费	部门核算
660102	职工薪酬	部门核算
660103	水电费	部门核算
660104	差旅费	部门核算

科目编码（ccode）	科目名称（ccode_name）	辅助账类型
660105	办公费	部门核算
660106	业务招待费	部门核算
660107	运输费	
660108	广告宣传费	
660109	委托代销手续费	
660201	折旧费	部门核算
660202	职工薪酬	部门核算
660203	水电费	部门核算
660204	差旅费	部门核算
660205	办公费	部门核算
660206	业务招待费	部门核算
660207	修理费	
660208	无形资产摊销	
660209	存货盘点	
660301	利息支出	
660302	汇兑损益	
660303	手续费及工本费	
660304	现金折扣	
6702	信用减值损失（注：支出）	
680101	当期所得税费用	
680102	递延所得税费用	

③修改会计科目。

修改会计科目"应收票据"辅助核算为"客户往来"，受控于"应收系统"；

修改会计科目"长期应收款"辅助核算为"客户往来"，不受控于"应收系统"；

修改会计科目"应付票据"和"预付账款"辅助核算为"供应商往来"，受控于"应付系统"；

将"1501持有至到期投资"和"1503可供出售金融资产"的科目名称分别改为"债权投资"和"其他权益工具投资"；

将"交易性金融资产"、"债权投资"和"其他权益工具投资"设置为项目核算；

将"1321代理业务资产"的科目名称改为"受托代销商品"；

将"2314代理业务负债"的科目名称改为"受托代销商品款"，辅助核算类型为"供应商往来"且应付系统不受控；

将"6403营业税金及附加"的科目名称改为"税金及附加"。

──────── 【实验过程】

①指定科目。在U8企业应用平台，依次单击"基础设置→基础档案→财务→会计科目"菜单，打开"会计科目"窗口。单击"指定科目"按钮，打开"指定科目"对话框。根据实验资料，单击" > "按钮将"1001库存现金"添加到已选科目区，如图1-27所示。

维护会计科目

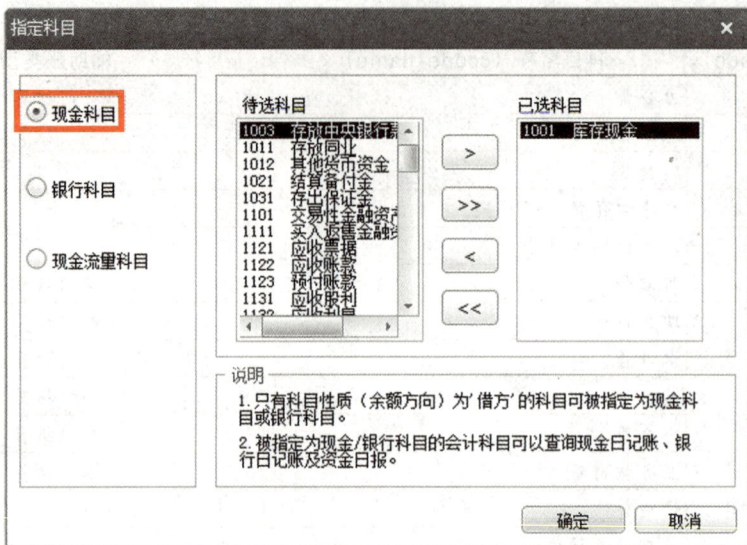

图1-27 指定科目

单击该窗口左侧的"银行科目",再单击"⟩"按钮将"1002银行存款"添加到已选科目区。单击"确定"按钮完成指定科目并返回"会计科目"窗口。

②增加会计科目。在"会计科目"窗口,单击"增加",根据表1-15添加会计科目。

③修改会计科目。在"会计科目"窗口,双击要修改的会计科目,单击"修改",根据资料修改相关会计科目。

(2)设置凭证类别。

━━━━━【实验资料】

辽宁恒通采用通用记账凭证格式。

━━━━━【实验过程】

在U8企业应用平台,依次单击"基础设置→基础档案→财务→凭证类别"菜单,打开"凭证类别预置"窗口,系统默认第一种凭证类别——记账凭证,单击"确定",系统打开"凭证类别"窗口,单击"退出"按钮。

设置凭证类别

(3)设置外币核算。

━━━━━【实验资料】

①定义外币。币符:USD;币名:美元;汇率小数位:4位;浮动汇率;假定2025年1月1日的记账汇率为7.0800,其他项默认。

②修改会计科目。设置"1002020102银行存款/中国银行/沈阳皇姑支行/美元"、"112102应收票据/美元"、"112202应收账款/美元"和"220302预收账款/一般美元预收账款"有美元外币核算。

━━━━ 【实验过程】

①在 U8 企业应用平台，依次单击"基础设置→基础档案→财务→外币设置"菜单，打开"外币设置"窗口。根据实验资料设置外币，结果如图 1-28 所示。

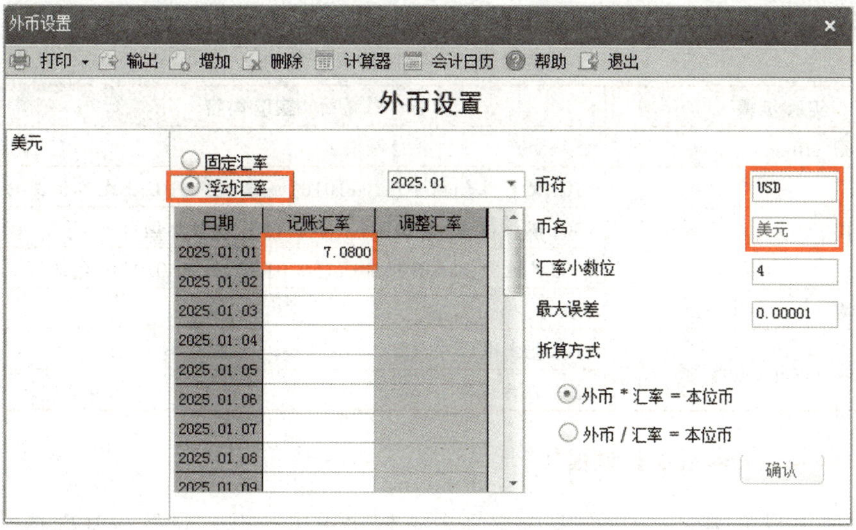

设置外币核算

图1-28　外币设置

②在 U8 企业应用平台，依次单击"基础设置→基础档案→财务→会计科目"菜单，打开"会计科目"窗口，找到"1002020102 银行存款/中国银行/沈阳皇姑支行/美元"科目，双击该科目，打开"会计科目_修改"窗口，单击窗口下方的"修改"，勾选"币种核算"，如图 1-29 所示，单击"确定"。关闭该窗口。

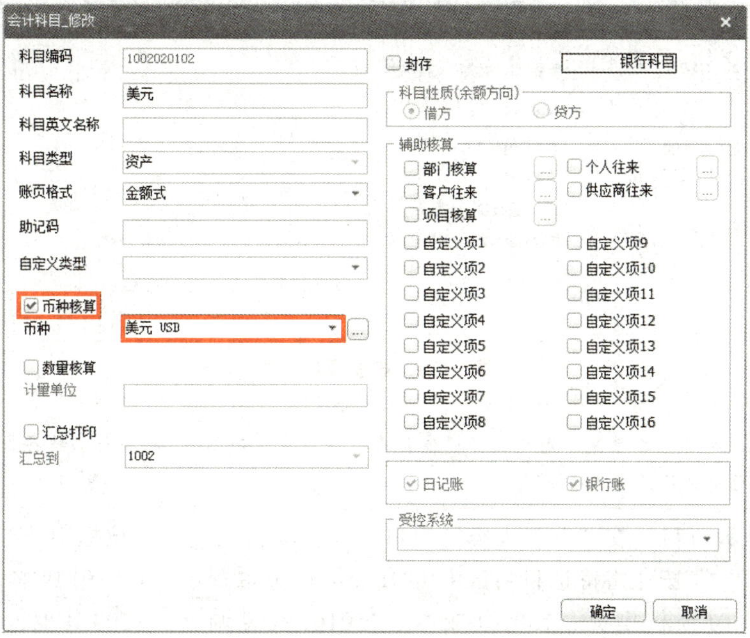

图1-29　修改会计科目

按此方法依次为"112102应收票据/美元"、"112202应收账款/美元"和"220302预收账款/一般美元预收账款"设置美元外币核算。

（4）设置项目目录。

【实验资料】

根据表1-16逐步设置"金融资产"项目目录。

表1-16   "金融资产"项目目录设置

实验步骤	实验内容	
①项目大类（fitem）	金融资产（注：普通项目）	
②核算科目	1101交易性金融资产、110101成本、110102公允价值变动	
	1501债权投资、150101成本、150102利息调整	
	1503其他权益工具投资、150301成本、150302公允价值变动	
③项目分类（fitemss00class）	1 股票	2 债券
④项目目录（fitemss00）	11 东旭光电	
	12 京东方A	

【实验过程】

①增加项目大类。在U8企业应用平台，依次单击"基础设置→基础档案→财务→项目大类"菜单，打开"项目大类"窗口。单击"增加"按钮，打开"项目大类定义_增加"窗口，在"新项目大类名称"栏输入"金融资产"，如图1-30所示，单击"下一步"，到"定义项目级次"界面，再单击"下一步"，到"定义项目栏目"界面，单击"完成"按钮，项目大类添加完毕。

设置项目目录

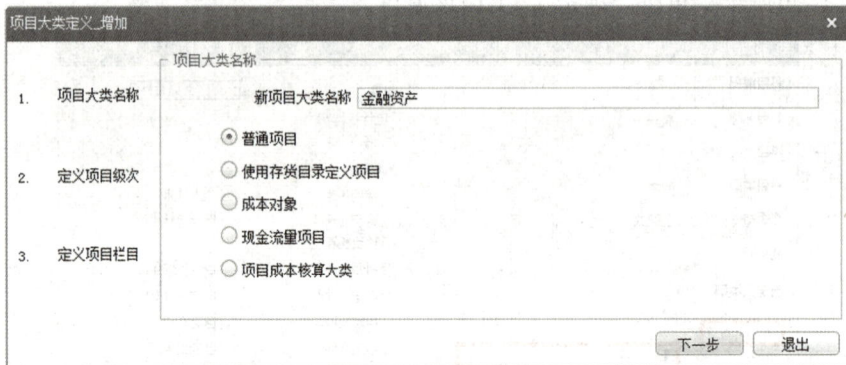

图1-30 增加项目大类

提示

如果启用了存货核算系统，则可选择"使用存货目录定义项目"，系统自动将存货分类设置为项目分类，并将存货目录设置为项目目录。

②指定核算科目。在"项目大类"窗口，在"项目大类"下拉框中选择"金融资产"大类，点击"▷"按钮将待选科目区的1101交易性金融资产、110101成本、110102公允价值变动、1501债权投资、150101成本、150102利息调整、1503其他权益工具投资、150301成本、150302公允价值变动移动到已选科目区，如图1-31所示。

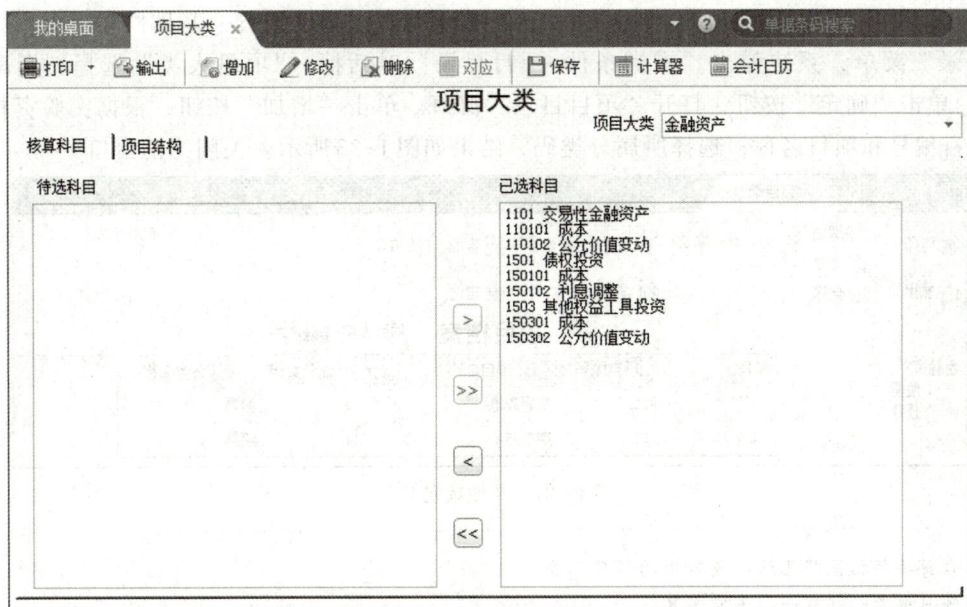

图1-31　指定核算科目

③增加项目分类。在U8企业应用平台，依次单击"基础设置→基础档案→财务→项目分类"菜单，打开"项目分类"窗口。在"项目大类"下拉框中选择"金融资产"大类。单击"增加"按钮，根据实验资料，"分类编码"栏输入"1"，"分类名称"栏输入"股票"，单击"保存"按钮。再增加第二个项目分类，结果如图1-32所示。

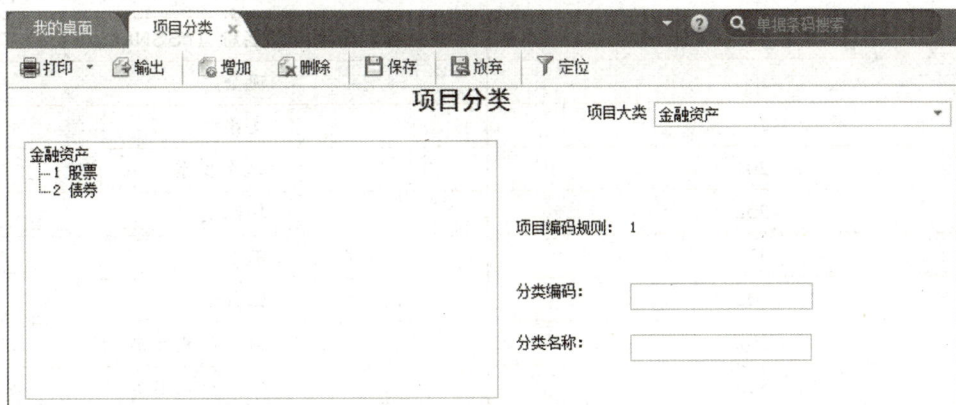

图1-32　增加项目分类

④增加项目目录。在U8企业应用平台，依次单击"基础设置→基础档案→财务→项目目录"菜单，系统弹出"查询条件-项目目录"对话框，"项目大类"选择"金融资产"，单击"确定"按钮，打开"项目目录"窗口。单击"增加"按钮，根据实验资料输入项目编号和项目名称，选择所属分类码，结果如图1-33所示。关闭当前窗口。

图1-33　增加项目目录

> **提示**
>
> 在每年年初应将已结算或不用的项目删除。
>
> 项目编号必须唯一，不能重复。
>
> 不同的项目可使用相同的所属分类码。
>
> "定义取数关系"定义光标所在现金流量项目的对应科目及方向。定义好后，当凭证中录入该科目及方向时，在现金流量录入界面中自动获取对应的现金流量项目。

5.收付结算

（1）设置结算方式。

【实验资料】

常用结算方式见表1-17。

表 1-17　　　　　　　　　　常用结算方式（SettleStyle）

结算方式编码（cSScode）	结算方式名称（cSSName）
1	现金
2	支票
201	现金支票
202	转账支票
3	汇票
301	银行汇票
302	商业承兑汇票
303	银行承兑汇票
4	汇兑
401	电汇
402	信汇
5	委托收款
6	托收承付
9	其他

在 U8 企业应用平台，依次单击"基础设置→基础档案→收付结算→结算方式"菜单，打开"结算方式"窗口。单击"增加"按钮，根据表1-17添加结算方式信息，结果如图1-34所示。关闭该窗口。

设置结算方式

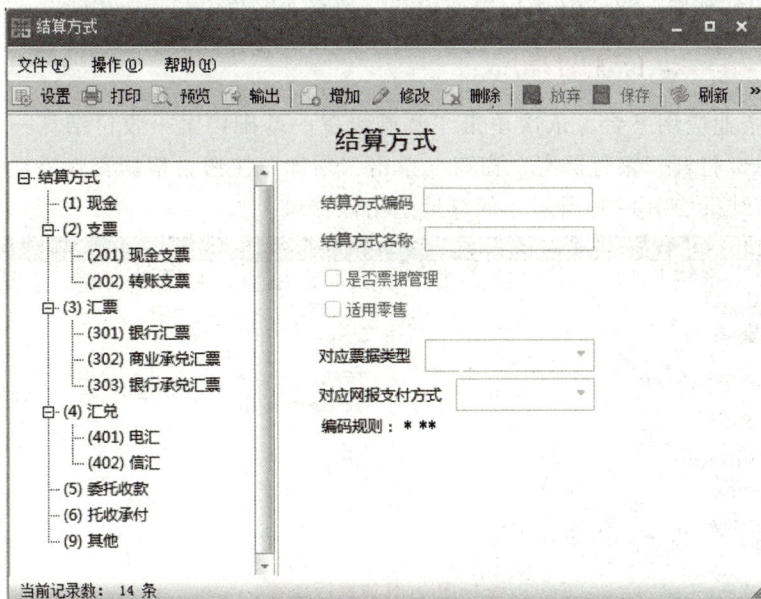

图1-34　结算方式

（2）设置付款条件。

【实验资料】

付款条件见表1-18。

表 1-18　　　　　　　　付款条件（PayCondition）

编码 （cPayCode）	信用天数 （iPayCreDays）	优惠天数1	优惠率1	优惠天数2	优惠率2	优惠天数3	优惠率3
01	30	10	4	20	2	30	0
02	30	10	3	20	1.5	30	0

【实验过程】

在 U8 企业应用平台，依次单击"基础设置→基础档案→收付结算→付款条件"菜单，打开"付款条件"窗口。单击"增加"按钮，根据表1-18添加付款条件信息，结果如图1-35所示。关闭该窗口。

设置付款条件

序号	付款条件编码	付款条件名称	信用天数	优惠天数1	优惠率1	优惠天数2	优惠率2	优惠天数3	优惠率3	优惠天数4	优惠率4
1	01	4/10,2/20,n/30	30	10	4.0000	20	2.0000	30	0.0000	0	0.0000
2	02	3/10,1.5/20,n/30	30	10	3.0000	20	1.5000	30	0.0000	0	0.0000

图1-35　付款条件

（3）设置银行档案。

【实验资料】

① 增加银行档案。银行编码为"05"，银行名称为"锦州银行"，账号（企业账户、个人账户）长度为19位（均定长），录入时自动带出的长度为15位。

② 修改银行档案。将"01中国工商银行"的企业账户定长设为19。

【实验过程】

①在U8企业应用平台，依次单击"基础设置→基础档案→收付结算→银行档案"菜单，打开"银行档案"窗口。单击"增加"按钮，根据资料添加银行档案信息，结果如图1-36所示，保存后退出该窗口。

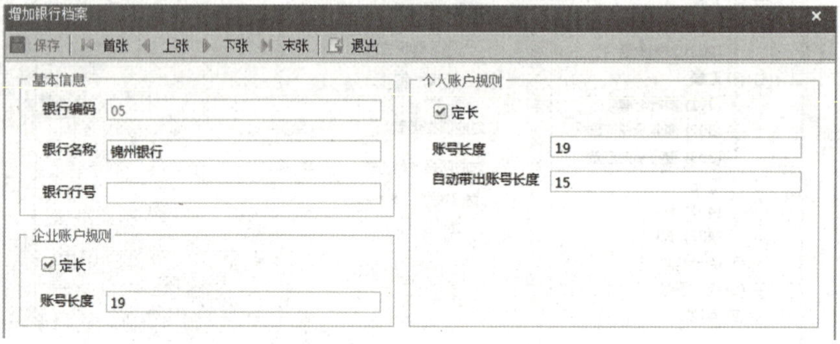

设置银行档案

图1-36　增加银行档案

②在"银行档案"窗口，双击中国工商银行那一行，将企业账号长度改为"19"，保存后退出该窗口。

（4）设置本单位开户银行。

【实验资料】

根据表1-19设置开户银行信息。

表1-19　　　　　　　　　　　　本单位开户银行（Bank）

编码 （cBCode）	银行账号 （cBAccount）	开户银行 （cBName）	币种 （cCurrencyName）	所属银行 （cBCode）
01	2107024015890035666	中国工商银行沈阳皇姑支行	人民币	01
02	2107381765323431951	中国银行沈阳皇姑支行 机构号：10423 联行号：8002	人民币	00002
03	2107381765323431982	中国银行沈阳皇姑支行 机构号：10423 联行号：8002	美元	00002

【实验过程】

在U8企业应用平台，依次单击"基础设置→基础档案→收付结算→本单位开户银行"菜单，打开"本单位开户银行"窗口。单击"增加"按钮，

设置本单位开户银行

根据表1-19添加开户银行信息,结果如图1-37所示。退出该窗口。

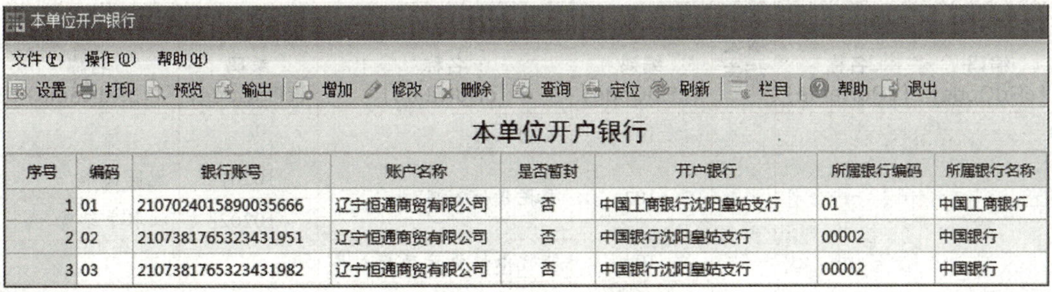

图1-37 本单位开户银行

6.业务档案

(1)仓库档案。

【实验资料】

仓库档案见表1-20。

表1-20　　　　　　　　　　仓库档案(Warehouse)

仓库编码 (cWhCode)	仓库名称 (cWhName)	计价方式 (cWhValueStyle)	备注
01	服装仓	先进先出法	
02	手表仓	先进先出法	
03	皮具仓	先进先出法	受托代销
09	废旧品仓	先进先出法	以旧换新

【实验过程】

在U8企业应用平台,依次单击"基础设置"页签中的"基础档案→业务→仓库档案"菜单,打开"仓库档案"窗口,单击"增加"按钮,根据表1-20添加仓库档案,其他项默认,结果如图1-38所示。关闭该窗口。

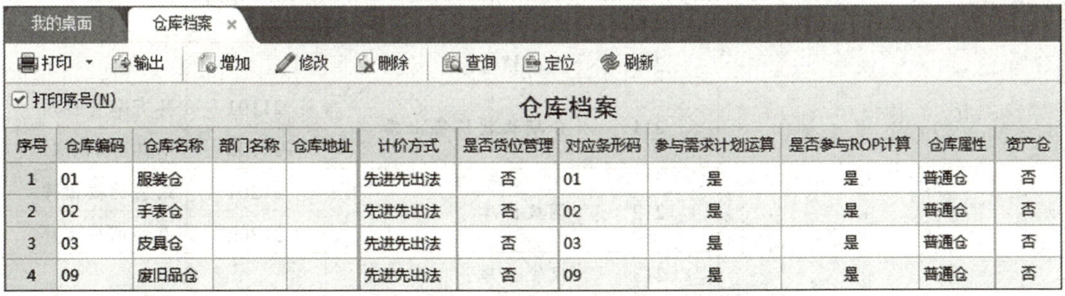

图1-38 仓库档案

(2)收发类别。

【实验资料】

收发类别见表1-21。

表 1-21   收发类别（Rd_Style）

一级类别		收发标志	二级类别		三级类别	
编码（cRdCode）	名称（cRdName）		编码（cRdCode）	名称（cRdName）	编码（cRdCode）	名称（cRdName）
1	入库	收	101	采购入库		
			102	受托代销入库	10201	视同买断
					10202	收取手续费
			104	非货币性资产交换入库		
			105	债务重组入库		
			106	以旧换新入库		
			107	售后回购入库		
			109	盘盈入库		
			110	直运采购		
			112	调拨入库	11202	内部调拨入库
			113	代管入库		
			119	其他入库		
2	出库	发	201	销售出库		
			202	委托代销出库		
			203	受托代销出库	20301	视同买断
					20302	收取手续费
			204	非货币性资产交换出库		
			205	债务重组出库		
			206	以旧换新出库		
			207	售后回购出库		
			208	附退回条件销售出库	20801	可以估计退货率
					20802	无法估计退货率
			209	盘亏出库		
			210	直运销售		
			211	分期收款销售出库	21101	具有融资性质
					21102	不具有融资性质
			212	调拨出库	21201	销售调拨出库
					21202	内部调拨出库
			213	代管出库		
			219	其他出库		

━━━━━━━━━━ 【实验过程】 ━━━━━━━━━━

在 U8 企业应用平台，依次单击"基础设置"页签中的"基础档案→业务→收发类别"菜单，打开"收发类别"窗口，单击"增加"按钮，根据表 1-21 添加收发类别信息，结果如图 1-39 所示。退出该窗口。

收发类别

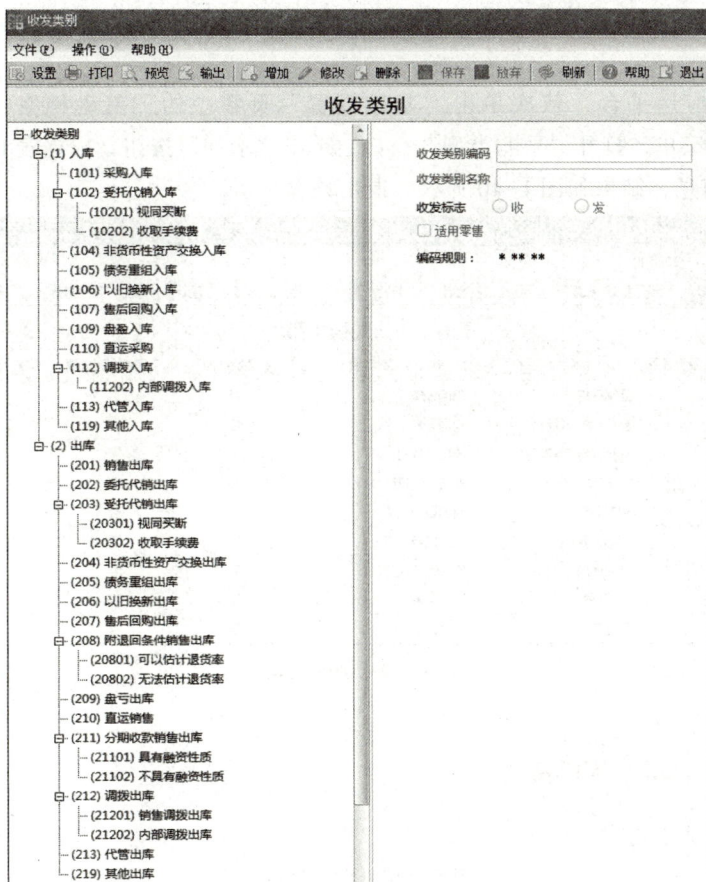

图1-39　收发类别

（3）采购类型。

【实验资料】

采购类型见表1-22。

表1-22　　　　　　　　　　采购类型（PurchaseType）

采购类型编码（cPTCode）	采购类型名称（cPTName）	入库类别
01	正常采购	101采购入库
02	受托代销（买断）	10201视同买断
03	受托代销（手续费）	10202收取手续费
05	非货币性资产交换	104非货币性资产交换入库
06	债务重组	105债务重组入库
07	以旧换新	106以旧换新入库
08	售后回购	107售后回购入库
12	直运采购	110直运采购
13	代管采购	113代管入库

【实验过程】

在U8企业应用平台，依次单击“基础设置”页签中的“基础档案→业务→采购类型”菜单，打开“采购类型”窗口，单击“增加”按钮，根据表1-22添加采购类型信息，结果如图1-40所示。退出该窗口。

采购类型

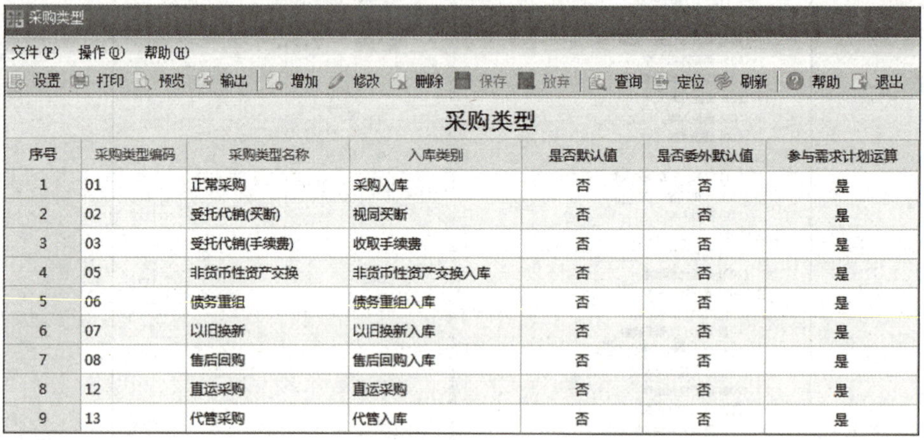

文件(F) 操作(O) 帮助(H)

设置 打印 预览 输出 增加 修改 删除 保存 放弃 查询 定位 刷新 帮助 退出

采购类型

序号	采购类型编码	采购类型名称	入库类别	是否默认值	是否委外默认值	参与需求计划运算
1	01	正常采购	采购入库	否	否	是
2	02	受托代销(买断)	视同买断	否	否	是
3	03	受托代销(手续费)	收取手续费	否	否	是
4	05	非货币性资产交换	非货币性资产交换入库	否	否	是
5	06	债务重组	债务重组入库	否	否	是
6	07	以旧换新	以旧换新入库	否	否	是
7	08	售后回购	售后回购入库	否	否	是
8	12	直运采购	直运采购	否	否	是
9	13	代管采购	代管入库	否	否	是

图1-40　采购类型

（4）销售类型。

【实验资料】

销售类型见表1-23。

表1-23　销售类型（SaleType）

销售类型编码（cSTCode）	销售类型名称（cSTName）	出库类别
01	正常销售	201销售出库
02	委托代销	202委托代销出库
03	销售受托代销货物（买断）	20301视同买断
04	销售受托代销货物（手续费）	20302收取手续费
05	非货币性资产交换	204非货币性资产交换出库
06	债务重组	205债务重组出库
07	以旧换新	206以旧换新出库
08	售后回购	207售后回购出库
09	附退回条件销售（可以估计退货率）	20801可以估计退货率
10	附退回条件销售（无法估计退货率）	20802无法估计退货率
11	分期收款（具有融资性质）	21101具有融资性质
12	分期收款（不具有融资性质）	21102不具有融资性质
13	直运销售	210直运销售
14	销售调拨	21201销售调拨出库
15	销售代管货物	213代管出库

在 U8 企业应用平台，依次单击"基础设置"页签中的"基础档案→业务→销售类型"菜单，打开"销售类型"窗口，单击"增加"按钮，根据表1-23添加销售类型信息，结果如图1-41所示。添加完毕退出该窗口。

销售类型

序号	销售类型编码	销售类型名称	出库类别	是否默认值	参与需求计划运算
1	01	正常销售	销售出库	否	是
2	02	委托代销	委托代销出库	否	是
3	03	销售受托代销货物(买断)	视同买断	否	是
4	04	销售受托代销货物(手续费)	收取手续费	否	是
5	05	非货币性资产交换	非货币性资产交换出库	否	是
6	06	债务重组	债务重组出库	否	是
7	07	以旧换新	以旧换新出库	否	是
8	08	售后回购	售后回购出库	否	是
9	09	附退回条件销售(可以估计退货率)	可以估计退货率	否	是
10	10	附退回条件销售(无法估计退货率)	无法估计退货率	否	是
11	11	分期收款(具有融资性质)	具有融资性质	否	是
12	12	分期收款(不具有融资性质)	不具有融资性质	否	是
13	13	直运销售	直运销售	否	是
14	14	销售调拨	销售调拨出库	否	是
15	15	销售代管货物	代管出库	否	是

图1-41 销售类型

（5）费用项目及分类。

【实验资料】

费用项目及分类见表1-24。

表 1-24　　　　　　　　　　　　费用项目及分类

费用项目（ExpenseItem）			费用项目分类（ExpItemClass）	
费用项目编码 (cExpCode)	费用项目名称 (cExpName)	方向 (Direction)	费用项目分类编码 (cExpCCode)	费用项目分类名称 (cExpCName)
01	代销手续费	支出	1	日常费用
02	运输费	支出	1	日常费用

【实验过程】

① 在 U8 企业应用平台，依次单击"基础设置"页签中的"基础档案→业务→费用项目分类"菜单，打开"费用项目分类"窗口，单击"增加"按钮，根据表1-24添加费用项目分类信息。添加完毕退出该窗口。

② 在 U8 企业应用平台，依次单击"基础设置"页签中的"基础档案→业务→费用项目"菜单，打开"费用项目"窗口，单击"增加"按钮，根据表1-24添加费用项目信息，结果如图1-42所示。添加完毕退出该窗口。

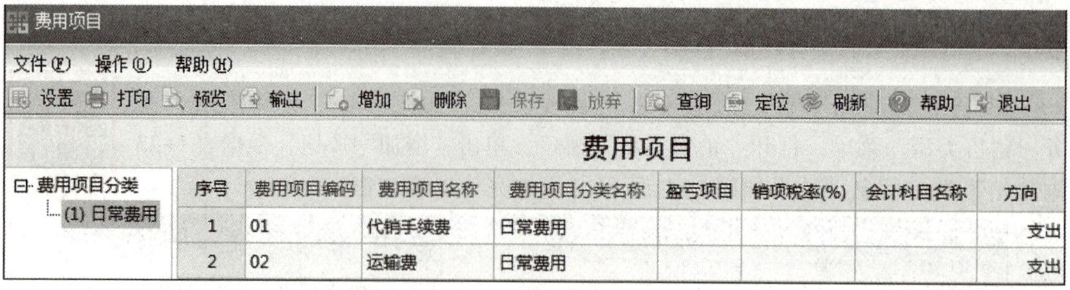

费用项目

文件(F) 操作(O) 帮助(H)

设置 打印 预览 输出 增加 删除 保存 放弃 查询 定位 刷新 帮助 退出

费用项目

费用项目分类
(1) 日常费用

序号	费用项目编码	费用项目名称	费用项目分类名称	盈亏项目	销项税率(%)	会计科目名称	方向
1	01	代销手续费	日常费用				支出
2	02	运输费	日常费用				支出

图1-42 费用项目

（6）非合理损耗类型。

【实验资料】

非合理损耗类型见表1-25。

表 1-25 非合理损耗类型（Wastage）

非合理损耗类型编码（CWSTCode）	非合理损耗类型名称（CWSTName）	是否默认值（bDefault）
01	运输部门责任	否
02	保险公司责任	否
03	员工个人责任	否

【实验过程】

在U8企业应用平台，依次单击“基础设置”页签中的“基础档案→业务→非合理损耗类型”菜单，打开“非合理损耗类型”窗口，单击“增加”按钮，根据表1-25添加非合理损耗类型信息，结果如图1-43所示。添加完毕退出该窗口。

非合理损耗类型

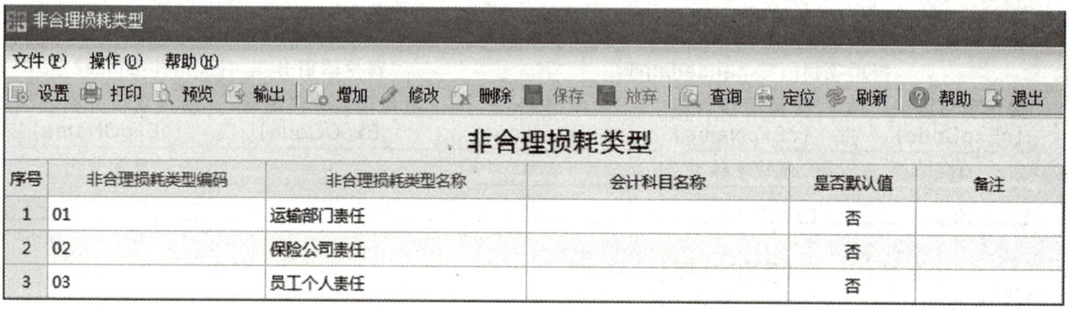

非合理损耗类型

文件(F) 操作(O) 帮助(H)

设置 打印 预览 输出 增加 修改 删除 保存 放弃 查询 定位 刷新 帮助 退出

非合理损耗类型

序号	非合理损耗类型编码	非合理损耗类型名称	会计科目名称	是否默认值	备注
1	01	运输部门责任		否	
2	02	保险公司责任		否	
3	03	员工个人责任		否	

图1-43 非合理损耗类型

1.4.2 设置业务参数

【实验资料】

各系统参数见表1-26。

表 1-26 系统参数（AccInformation）

系统	选项卡	参数设置
总账	凭证	取消"制单序时控制"
	权限	勾选"出纳凭证必须经由出纳签字"
	其他	外币核算的汇率方式：浮动汇率 部门、个人及项目的排序方式均为"按编码排序"
应收款管理	常规	应收单据审核日期：单据日期 坏账处理方式：应收余额百分比法 勾选"自动计算现金折扣"
	凭证	受控科目制单方式：明细到单据 凭证合并规则：票据号
应付款管理	常规	应付单据审核日期：单据日期 勾选"自动计算现金折扣"
	凭证	受控科目制单方式：明细到单据 凭证合并规则：票据号
销售管理	业务控制	勾选"有零售日报业务" 勾选"有委托代销业务" 勾选"有分期收款业务" 勾选"有直运销售业务"
采购管理	业务及权限控制	勾选"启用受托代销" 为皮具类存货档案勾选"受托代销"存货属性
库存管理	通用设置	勾选"采购入库审核时改现存量" 勾选"销售出库审核时改现存量" 勾选"其它出入库审核时改现存量"
	专用设置	勾选"超采购到货单入库" 勾选"超发货单出库" 自动带出单价的单据：其他出库单、盘点单
存货核算	控制方式	勾选"单据审核后才能记账" 勾选"结算单价与暂估单价不一致是否调整出库成本"

【实验过程】

①在 U8 企业应用平台，依次单击"基础设置"页签中的"业务参数→财务会计→总账"菜单，打开"选项"窗口，单击窗口下方的"编辑"按钮，根据表 1-26 进行总账系统选项设置，如图 1-44 所示。设置完毕关闭该窗口。按此方法完成其他系统的参数设置。

设置业务参数

　　　　　　　　　第 1 章　系统实施

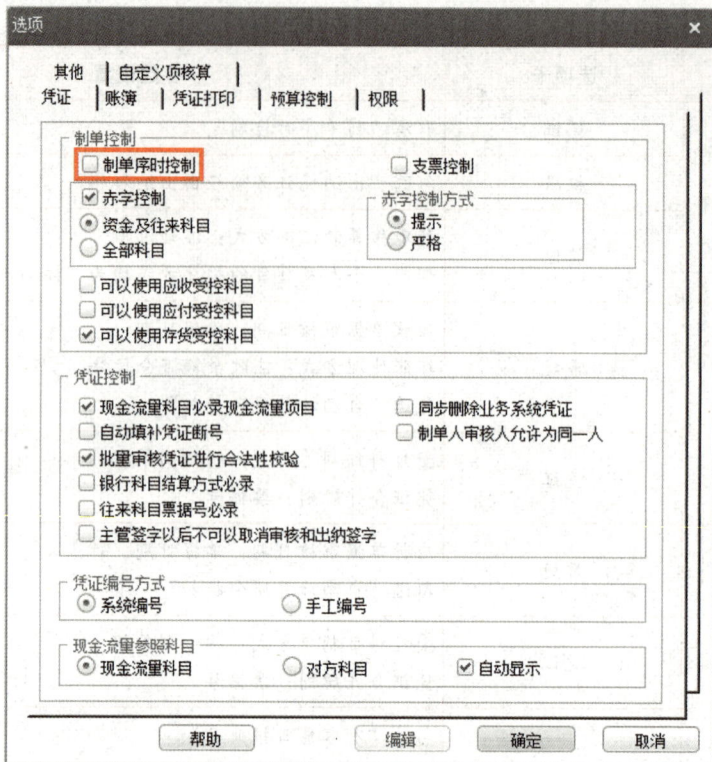

图1-44 总账系统选项设置

②根据表1-26，到存货档案为受托代销的存货（顺达女士箱包、顺达男士箱包、顺达情侣箱包）勾选"受托代销"存货属性。

> **提示**
>
> 关于销售管理系统的"销售生成出库单"参数与库存管理系统的"库存生成销售出库单"参数：
>
> ①两者的设置是互斥关系。即当勾选销售管理系统的"销售生成出库单"参数时，库存管理系统的"库存生成销售出库单"参数自动取消勾选。反之，当勾选库存管理系统的"库存生成销售出库单"参数时，销售管理系统的"销售生成出库单"参数自动取消勾选。
>
> ②两者生成销售出库单的方式不同。当勾选销售管理系统的"销售生成出库单"参数时，销售出库单根据已审核的发货单自动生成。该销售出库单处于未审核状态，但出库数量不可修改。当勾选库存管理系统的"库存生成销售出库单"参数时，销售出库单需手工参照已审核的发货单生成。此时，出库数量可以修改，常见于分批出库业务。

1.4.3 单据设置

1.单据格式设置

【实验资料】

（1）为销售订单表头增加"必有定金"、"定金比例（%）"、"定金原币金额"、"定金本币金额"、"定金累计实收原币金额"和"定金累计实收本币金额"项目；

（2）为应收收款单表头增加"订单号"项目；

（3）为委托代销结算单表头增加"发票号"项目；

（4）为费用支出单表头增加"费用供货商名称"和"单据流向"项目；

（5）为到货单表体增加"拒收数量"和"已拒收数量"项目；

（6）为销售专用发票表体增加"退补标志"项目，将其表体"数量"项目改为非必输项；

（7）修改销售订单、发货单、销售专用发票表头的"汇率"项目，取消勾选"禁止编辑"。

【实验过程】

在 U8 企业应用平台，依次单击"基础设置→单据设置→单据格式设置"菜单，打开"单据格式设置"窗口。在窗口左侧的销售管理中找到"销售订单"，根据资料为其表头项目增加"必有定金"、"定金比例（%）"、"定金原币金额"、"定金本币金额"、"定金累计实收原币金额"和"定金累计实收本币金额"等6个项目，结果如图1-45所示。按此方法完成其他单据的格式设置。

单据格式设置

图1-45　单据格式设置

2.单据编号设置

【实验资料】

（1）将销售专用发票、销售普通发票、销售零售日报、采购专用发票、采购普通发票的编号方式设置为"完全手工编号"；

（2）将销售发货单、委托结算单、委托发货单、销售订单、采购到货单、采购订单、其他入库单、其他出库单、销售出库单、调拨单、采购入库单的编号方式设置为"手工改动，重号时自动重取"。

【实验过程】

在 U8 企业应用平台，依次单击"基础设置→单据设置→单据编号设置"菜单，打开"单据编号设置"窗口。在窗口左侧的销售管理中找到销售专用发票，单击" "按钮，勾选"完全手工编号"，单击"保存"，结果如图1-46所示。按此方法完成其他单据的编号设置。

单据编号设置

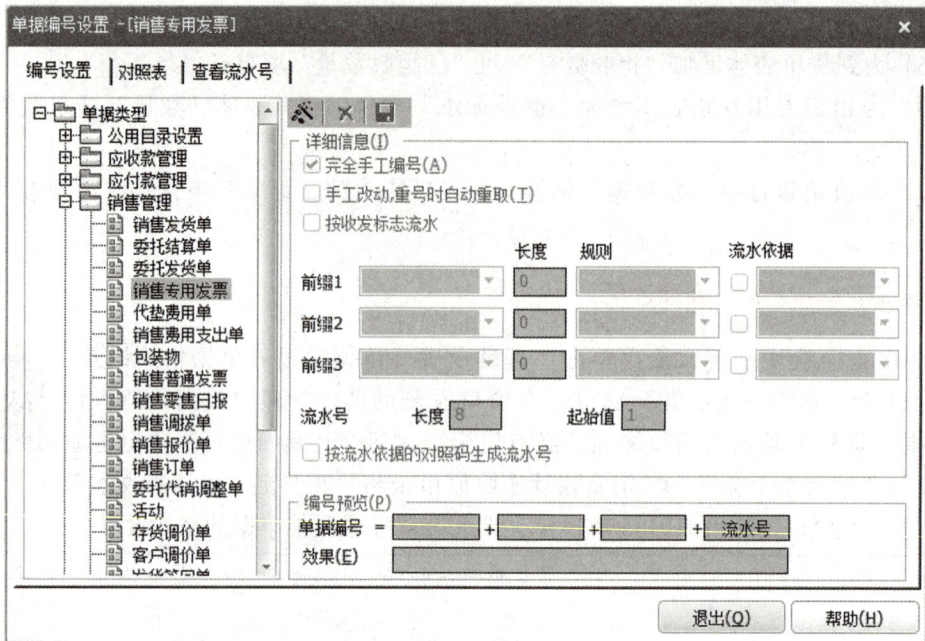

图1-46 单据编号设置

1.4.4 数据权限控制设置

【实验资料】

取消对所有"记录级""字段级"业务对象的权限控制。

【实验过程】

在U8企业应用平台，依次单击"系统服务→权限→数据权限控制设置"菜单，打开"数据权限控制设置"窗口。在"记录级"选项卡，单击窗口右下方的"全消"按钮。在"字段级"选项卡，单击窗口右下方的"全消"按钮。单击"确定"，系统自动关闭该窗口。

数据权限控制设置

1.5 系统初始化

2025年1月1日，由李成喜（A01）登录企业应用平台，完成本节任务。

1.5.1 应付款管理系统初始化

1.初始设置

【实验资料】

（1）设置基本科目。

基本科目见表1-27。

表 1-27　　　　　　　　　　　基本科目（Ap_InputCode）

基础科目种类 （cNote_f）	科目编码 （cApCode）	科目名称	币种 （cApCodeName）
应付科目	220201	应付账款/一般应付账款	人民币
预付科目	1123	预付账款	人民币
采购科目	1402	在途物资	人民币
税金科目	22210101	应交税费/应交增值税/进项税额	人民币
汇兑损益科目	660302	财务费用/汇兑损益	人民币
商业承兑科目	2201	应付票据	人民币
银行承兑科目	2201	应付票据	人民币
票据利息科目	660301	财务费用/利息支出	人民币
现金折扣科目	660304	财务费用/现金折扣	人民币
固定资产采购科目	1601	固定资产	人民币

（2）应付对方科目设置。

对方科目见表1-28。

表 1-28　　　　　　　　　　　对方科目（AP_OppCodeSet）

采购类型编码 （cSaPuTypeCode）	采购类型名称	采购科目编码 （cPuCode）	采购科目名称
02	受托代销（买断）	2314	受托代销商品款
03	受托代销（手续费）	220203	应付账款/受托代销
08	售后回购	224105	其他应付款/应付售后回购款

（3）设置结算方式科目。

结算方式科目见表1-29。

表 1-29　　　　　　　　　　　结算方式科目（Ap_SStyleCode）

结算方式 （cSettleStyle）	币种 （cexch_name）	本单位账号 （cBAccount）	科目编码 （cCode）	科目名称
现金	人民币	2107024015890035666	1001	库存现金
现金支票	人民币	2107024015890035666	10020101	沈阳皇姑支行
转账支票	人民币	2107024015890035666	10020101	沈阳皇姑支行
转账支票	美元	2107381765323431982	1002020102	美元
银行汇票	人民币	2107024015890035666	101201	银行汇票存款
电汇	人民币	2107024015890035666	10020101	沈阳皇姑支行
电汇	美元	2107381765323431982	1002020102	美元
信汇	人民币	2107024015890035666	10020101	沈阳皇姑支行
委托收款	人民币	2107024015890035666	10020101	沈阳皇姑支行
托收承付	人民币	2107024015890035666	10020101	沈阳皇姑支行
其他	人民币	2107024015890035666	10020101	沈阳皇姑支行

────── 【实验过程】 ──────

（1）在U8企业应用平台，依次单击"业务工作→财务会计→应付款管理→设置→科目设置→基本科目"菜单，打开"应付基本科目"窗口。单击工具栏的"增行"按钮，根据表1-27进行基本科目设置，结果如图1-47所示。

应付系统初始设置

图1-47　基本科目设置

（2）在应付款管理系统，依次单击"设置→科目设置→对方科目"菜单，打开"应付对方科目"窗口。单击工具栏的"增行"按钮，根据表1-28进行对方科目设置，结果如图1-48所示。

图1-48　应付对方科目设置

（3）在应付款管理系统，依次单击"设置→科目设置→结算科目"菜单，打开"应付结算科目"窗口。单击工具栏的"增行"按钮，根据表1-29进行结算方式科目设置，结果如图1-49所示。

图1-49　结算方式科目设置

2.录入期初余额

【实验资料】

根据表1-30录入期初应付账款对应的采购专用发票，业务员为采购部张宏亮。

表1-30　　　　　　　　　　　应付账款期初余额

发票号	开票日期	供应商	科目	存货编码	数量	原币单价（元）	价税合计（元）
14035890	2024-12-15	天津惠阳	220201	1201	17 000	3 450.00	66 274 500.00

在应付款管理系统，依次单击"期初余额→期初余额"菜单，系统弹出"期初余额-查询"对话框，单击"确定"，打开"期初余额"窗口，单击工具栏的"增加"，根据表1-30填制期初采购专用发票，结果如图1-50所示。

录入应付系统
期初余额

● 已审核	采购专用发票	↺ ◄◄ ◄ ► ►► Q 单据号/条码

发票号 14035890 开票日期 * 2024-12-15 订单号

供应商 * 天津惠阳 付款条件 科目 220201

币种 * 人民币 汇率 1 部门 采购部

业务员 张宏亮 项目 备注

税率 13.00

插行	删行	批改	显示格式 ▼	排序定位						
	存货编码	存货名称	规格型号	主计量	税率(%)	数量	原币单价	原币金额	原币税额	原币价税合计	科目
1	1201	博伦女表		只	13.000000	17000.00	3450.000	58650000.00	7624500.00	66274500.00	220201
2											

图1-50　期初采购专用发票

1.5.2　应收款管理系统初始化

1.初始设置

【实验资料】

（1）基本科目设置。

基本科目见表1-31。

表1-31

基本科目（Ap_InputCode）

基础科目种类 （cNote_f）	科目编码 （cArCode）	科目名称	币种 （cArCodeName）
应收科目	112201	应收账款/人民币	人民币
应收科目	112202	应收账款/美元	美元
预收科目	220301	预收账款/一般人民币预收账款	人民币
预收科目	220302	预收账款/一般美元预收账款	美元
出口销售收入科目	6001	主营业务收入	人民币
汇兑损益科目	660302	财务费用/汇兑损益	人民币
商业承兑科目	112101	应收票据/人民币	人民币
商业承兑科目	112102	应收票据/美元	美元
银行承兑科目	112101	应收票据/人民币	人民币
银行承兑科目	112102	应收票据/美元	美元
票据利息科目	660301	财务费用/利息支出	人民币
票据费用科目	660301	财务费用/利息支出	人民币
收支费用科目	660105	销售费用/办公费	人民币
现金折扣科目	6001	主营业务收入	人民币
税金科目	22210106	应交税费/应交增值税/销项税额	人民币
销售收入科目	6001	主营业务收入	人民币
销售退回科目	6001	主营业务收入	人民币
销售定金科目	220303	预收账款/销售定金	人民币

（2）对方科目设置。

对方科目见表1-32。

表1-32　　　　　　　　　　　　对方科目（AP_OppCodeSet）

销售类型编码 （cSaPuTypeCode）	销售类型名称	销售收入科目编码 （cSaIncomeCode）	销售收入科目名称
04	销售受托代销货物（手续费）	220203	应付账款/受托代销
08	售后回购	224105	其他应付款/应付售后回购款
10	附退回条件销售（无法估计退货率）	220304	预收账款/附条件销售款

（3）结算方式科目设置。

结算方式科目见表1-33。

表1-33　　　　　　　　　　　　结算方式科目（Ap_SStyleCode）

结算方式 （cSettleStyle）	币种 （cexch_name）	本单位账号 （cBAccount）	科目编码 （cCode）	科目名称
现金	人民币	2107024015890035666	1001	库存现金
现金支票	人民币	2107024015890035666	10020101	沈阳皇姑支行
转账支票	人民币	2107024015890035666	10020101	沈阳皇姑支行
转账支票	美元	2107381765323431982	1002020102	美元
银行汇票	人民币	2107024015890035666	10020101	沈阳皇姑支行
电汇	人民币	2107024015890035666	10020101	沈阳皇姑支行
电汇	美元	2107381765323431982	1002020102	美元
信汇	人民币	2107024015890035666	10020101	沈阳皇姑支行
委托收款	人民币	2107024015890035666	10020101	沈阳皇姑支行
托收承付	人民币	2107024015890035666	10020101	沈阳皇姑支行
其他	人民币	2107024015890035666	10020101	沈阳皇姑支行

（4）坏账准备设置。

根据表1-34进行坏账准备设置。

表1-34　　　　　　　　　　　　坏账准备设置（Ar_BadPara）

提取比率 （nJtRate）	坏账准备期初余额 （nQcYe）	坏账准备科目编码 （cHzCode）	坏账准备 科目名称	对方科目编码 （cDyCode）	对方科目名称
0.500%	3 390	1231	坏账准备	6702	信用减值损失

【实验过程】

（1）在U8企业应用平台，依次单击"业务工作→财务会计→应收款管理→设置→科目设置→基本科目"菜单，打开"应收基本科目"窗口。单击工具栏的"增行"按钮，根据表1-31进行基本科目设置，结果如图1-51所示。

应收系统初始设置

（2）在应收款管理系统，依次单击"设置→科目设置→对方科目"菜单，打开"应收对方科目"窗口。单击工具栏的"增行"按钮，根据表1-32进行对方科目设置，结果如图1-52所示。

（3）在应收款管理系统，依次单击"设置→科目设置→结算科目"菜单，打开"应收结算科目"窗口。单击工具栏的"增行"按钮，根据表1-33进行结算方式科目设置，结果如图1-53所示。

基本科目

基本科目种类	科目	币种
应收科目	112201	人民币
应收科目	112202	美元
预收科目	220301	人民币
预收科目	220302	美元
出口销售收入科目	6001	人民币
汇兑损益科目	660302	人民币
商业承兑科目	112101	人民币
商业承兑科目	112102	美元
银行承兑科目	112101	人民币
银行承兑科目	112102	美元
票据利息科目	660301	人民币
票据费用科目	660301	人民币
收支费用科目	660105	人民币
现金折扣科目	6001	人民币
税金科目	22210106	人民币
销售收入科目	6001	人民币
销售退回科目	6001	人民币
销售定金科目	220303	人民币

图1-51　基本科目设置

应收对方科目

序号	存货编码	存货分类编码	客户编码	客户分类编码	销售类型编码	销售类型名称	地区编码	销售收入科目编码	销售收入科目名称
1					04	销售受托代销货物(手续费)		220203	受托代销
2					08	售后回购		224105	应付售后回购款
3					10	附退回条件销售(无法估计退货率)		220304	附条件销售款

图1-52　应收对方科目设置

结算方式科目

结算方式	币　种	本单位账号	科　目
1 现金	人民币	2107024015890035666	1001
201 现金支票	人民币	2107024015890035666	10020101
202 转账支票	人民币	2107024015890035666	10020101
202 转账支票	美元	2107381765323431982	1002020102
301 银行汇票	人民币	2107024015890035666	10020101
401 电汇	人民币	2107024015890035666	10020101
401 电汇	美元	2107381765323431982	1002020102
402 信汇	人民币	2107024015890035666	10020101
5 委托收款	人民币	2107024015890035666	10020101
6 托收承付	人民币	2107024015890035666	10020101
9 其他	人民币	2107024015890035666	10020101

图1-53　结算方式科目设置

（4）在应收款管理系统，依次单击"设置→初始设置"菜单，打开"初始设置"窗口。单击窗口左侧的"坏账准备设置"，根据表1-34进行坏账准备设置，结果如图1-54所示。

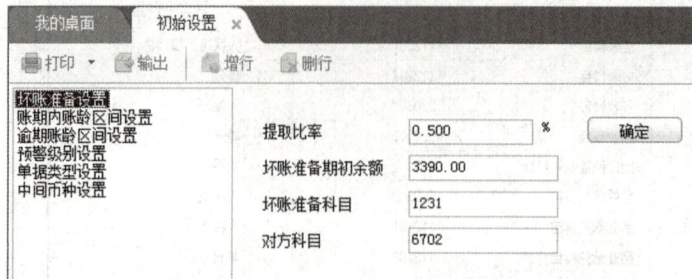

图1-54 坏账准备设置

2.录入期初余额

【实验资料】

（1）根据表1-35录入期初应收账款对应的销售专用发票，业务员为销售部刘晓泓。

表 1-35　　　　　　　　　　　应收账款期初余额

开票日期	发票号	客户	科目	存货编码	数量	无税单价（元）	价税合计（元）
2024-12-17	21323501	广西玉宝	112201	1103	1 200	500.00	678 000.00

（2）根据表1-36录入期初应收票据，承兑银行为交通银行，业务员为销售部刘晓泓。

表 1-36　　　　　　　　　　　应收票据期初余额

单据类型	票据编号	开票单位	票据面值	科目	签发日期	收到日期	到期日
银行承兑汇票	35978808	上海乐淘	97 000.00	112101	2024-12-20	2024-12-23	2025-06-20

【实验过程】

在应收款管理系统，依次单击"期初余额→期初余额"菜单，系统弹出"期初余额-查询"对话框，单击"确定"按钮，打开"期初余额"窗口。单击工具栏的"增加"，根据表1-35填制期初销售专用发票，根据表1-36填制期初应收票据，结果如图1-55、图1-56所示。

录入应收系统
期初余额

图1-55 期初销售专用发票

期初票据

票据编号 *	35978808	开票单位 *	上海乐淘
承兑银行	交通银行	背书单位	
票据面值 *	97000.00	票据余额 *	97000.00
面值利率	0.00000000	科目	112101
签发日期 *	2024-12-20	收到日期 *	2024-12-23
到期日 *	2025-06-20	部门	销售部
业务员	刘晓名	项目	
摘要		币种	人民币　汇率 1.000000

图1-56　期初应收票据

1.5.3　采购管理系统初始化

【实验资料】

（1）录入期初采购入库单。

2024年12月27日，采购部张宏亮从湖南百盛购入男夹克等商品，如图1-57所示，商品全部验收合格并已入库，合同约定2025年1月15日开具增值税专用发票。采购类型为“正常采购”。

入库单

供应商：湖南百盛　　2024 年 12 月 27 日　　单号：RK12089

验收仓库	存货编码	存货名称	单位	数量		单价	金额
				应收	实收		
服装仓	1101	百盛男夹克	件	10 000	10 000	298.00	2 980 000.00
服装仓	1102	百盛休闲裤	条	15 000	15 000	199.00	2 985 000.00
服装仓	1104	百盛男套装	套	20 000	20 000	328.00	6 560 000.00
		合计					12 525 000.00

部门经理：略　会计：略　仓库：略　经办人：略

图1-57　入库单

（2）采购系统期初记账。

【实验过程】

（1）在U8企业应用平台，依次单击“业务工作→供应链→采购管理→采购入库→采购入库单”菜单，打开“采购入库单”窗口。单击“增加”，根据图1-57填制期初采购入库单，录入完毕单击“保存”，结果如图1-58所示。关闭该窗口。

采购管理系统初始化

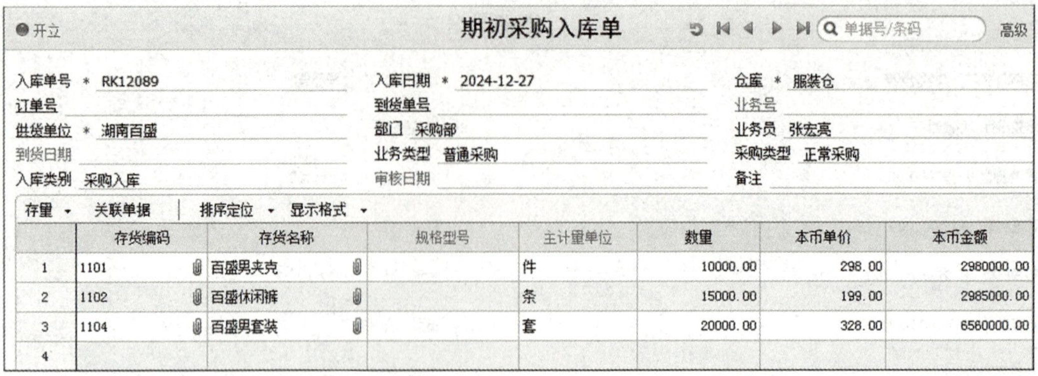

图1-58　期初采购入库单

（2）在"采购管理"子系统，依次单击"设置→采购期初记账"菜单，系统弹出"期初记账"对话框，如图1-59所示。单击"记账"，系统提示"期初记账完毕！"，单击"确定"。退出该窗口。

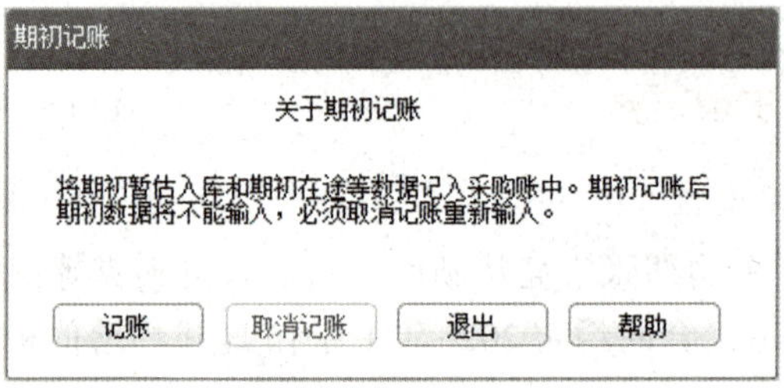

图1-59　"期初记账"对话框

1.5.4　库存管理系统初始化

━━━━━━ 【实验资料】

根据表1-37录入库存管理系统期初数据，入库类别为"采购入库"，部门为"采购部"。

表 1-37　　　　　　　　　　库存商品期初结存

仓库名称	存货编码及名称	数量	单位	单价（元）	金额（元）	存货科目
服装仓	1101百盛男夹克	10 000	件	298.00	2 980 000.00	1405库存商品
	1102百盛休闲裤	15 000	条	199.00	2 985 000.00	1405库存商品
	1103百盛牛仔裤	8 000	条	120.00	960 000.00	1405库存商品
	1104百盛男套装	20 000	套	328.00	6 560 000.00	1405库存商品
	1151嘉伟女风衣	16 000	件	498.00	7 968 000.00	1405库存商品
	1152嘉伟男风衣	20 000	件	648.00	12 960 000.00	1405库存商品
	1153嘉伟羽绒服	9 000	件	590.00	5 310 000.00	1405库存商品
	小 计	98 000			39 723 000.00	
手表仓	1201博伦女表	17 000	只	3 450.00	58 650 000.00	1405库存商品
	1202博伦男表	10 000	只	2 835.00	28 350 000.00	1405库存商品
	1203博伦情侣表	5 000	对	6 666.00	33 330 000.00	1405库存商品
	1251恒久女表	6 300	只	2 900.00	18 270 000.00	1405库存商品
	1252恒久男表	3 000	只	5 555.00	16 665 000.00	1405库存商品
	1253恒久情侣表	12 000	对	8 888.00	106 656 000.00	1405库存商品
	小 计	53 300			261 921 000.00	
	合 计	151 300			301 644 000.00	

（1）在U8企业应用平台，依次单击"业务工作→供应链→库存管理→设置→期初结存"菜单，打开"库存期初数据录入"窗口。在窗口右上方选择"服装仓"，单击工具栏的"修改"按钮，根据表1-37录入服装仓的期初库存，录入完毕单击"保存"，再单击"批审"，结果如图1-60所示。

库存管理系统初始化

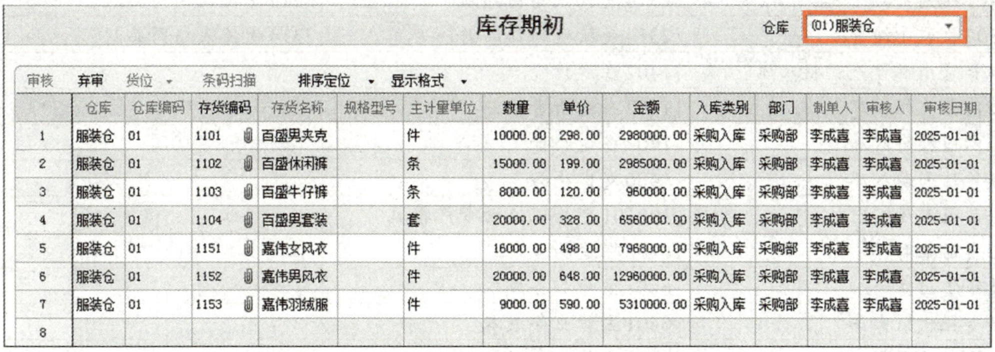

图1-60　期初库存——服装仓

（2）将"库存期初数据录入"窗口右上角的仓库改为"手表仓"，单击工具栏的"修改"按钮，根据表1-37录入手表仓的期初库存，录入完毕保存并批审，结果如图1-61所示。

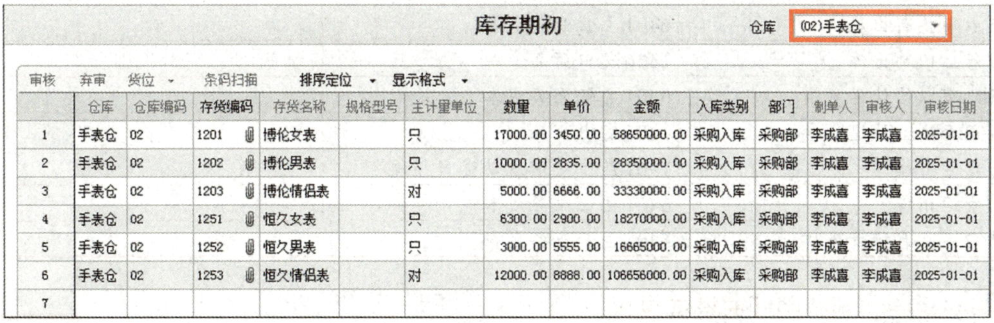

图1-61　期初库存——手表仓

提示

库存管理系统的期初结存数据可从存货核算系统取数。

1.5.5　存货核算系统初始化

1.设置科目

【实验资料】

（1）存货科目设置。

存货科目见表1-38。

表1-38　　　　　　　　　　　存货科目（IA_HeadSet）

存货分类编码 （cInvCCode）	存货科目编码 （cInvHead）	分期收款发出商品科目编码 （cOutHead）	委托代销发出商品科目编码 （cEnDispHead）	直运科目编码 （czyHead）
0101	1405	1406	1406	1402
0102	1405	1406	1406	1402
0103	1321			

（2）对方科目设置。

对方科目见表1-39。

表1-39　　　　　　　　　　　　　对方科目（IA_OppHead）

收发类别编码 （cRdCode）	对方科目编码 （cOppHead）	暂估科目编码 （cEstHead）
101采购入库	1402在途物资	220202暂估应付账款
10201视同买断	2314受托代销商品款	2314受托代销商品款
10202收取手续费	2314受托代销商品款	2314受托代销商品款
104非货币性资产交换入库	1402在途物资	
105债务重组入库	1402在途物资	
106以旧换新入库	1402在途物资	
107售后回购入库	1406发出商品	
109盘盈入库	190101待处理流动资产损溢	
110直运采购	1402在途物资	
201销售出库	6401主营业务成本	
202委托代销出库	6401主营业务成本	
20301视同买断	6401主营业务成本	
20302收取手续费	2314受托代销商品款	
204非货币性资产交换出库	6401主营业务成本	
205债务重组出库	6401主营业务成本	
206以旧换新出库	6401主营业务成本	
207售后回购出库	1406发出商品	
20801可以估计退货率	6401主营业务成本	
20802无法估计退货率	1406发出商品	
209盘亏出库	190101待处理流动资产损溢	
210直运销售	6401主营业务成本	
21102不具有融资性质	6401主营业务成本	

──────── 【实验过程】

（1）在U8企业应用平台，依次单击"业务工作→供应链→存货核算→设置→存货科目"菜单，打开"存货科目"窗口。单击"增行"按钮，根据表1-38录入存货科目，录入完毕单击"保存"，结果如图1-62所示。

存货核算系统
科目设置

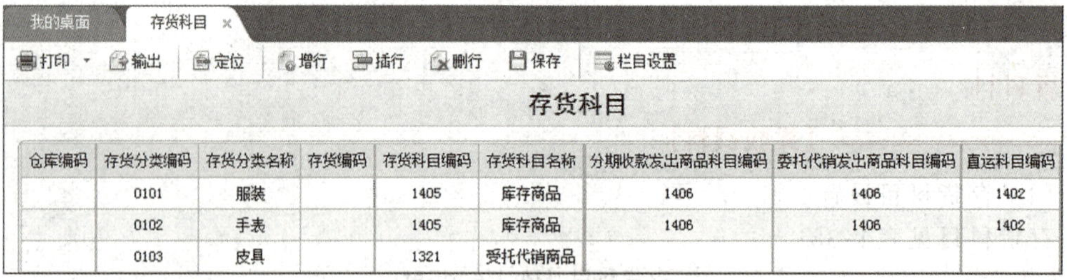

图1-62　存货科目设置

（2）在存货核算系统，依次单击"设置→对方科目"菜单，打开"对方科目"窗口。单击"增行"按钮，根据表1-39录入对方科目，录入完毕单击"保存"，结果如图1-63所示。

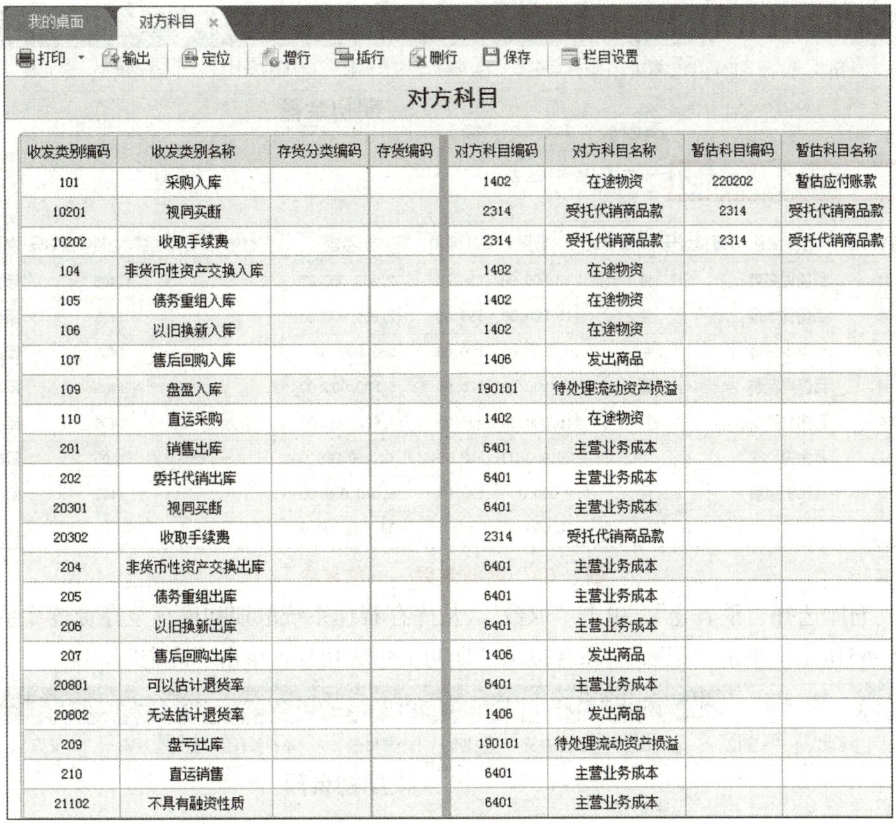

图1-63 对方科目设置

此功能用于设置本系统中生成凭证所需要的存货对方科目（即收发类别）所对应的会计科目，因此用户在制单之前应先在本系统中将存货对方科目设置正确、完整，否则无法生成科目完整的凭证。

直运采购发票制单时，借方科目取用户在存货科目设置中设置的直运科目。

直运销售发票制单时，贷方科目取用户在存货科目设置中设置的直运科目。

发出商品发货单制单时，借方科目取发出商品对应的科目，贷方科目取存货对应的科目。

发出商品发票制单时，借方科目取收发类别对应的科目，贷方科目取发出商品对应的科目。

2.录入期初余额并记账

【实验资料】

期初余额与库存管理系统期初结存数据一致，从库存管理系统取数至存货核算系统。

【实验过程】

（1）在U8企业应用平台，依次单击"业务工作→供应链→存货核算→设置→期初余额"菜单，打开"期初余额"窗口。仓库选择"服装仓"，单击"取数"按钮，从库存管理系统取期初库存至存货核算系统，结果如图1-64所示。

录入存货核算系统
期初余额并记账

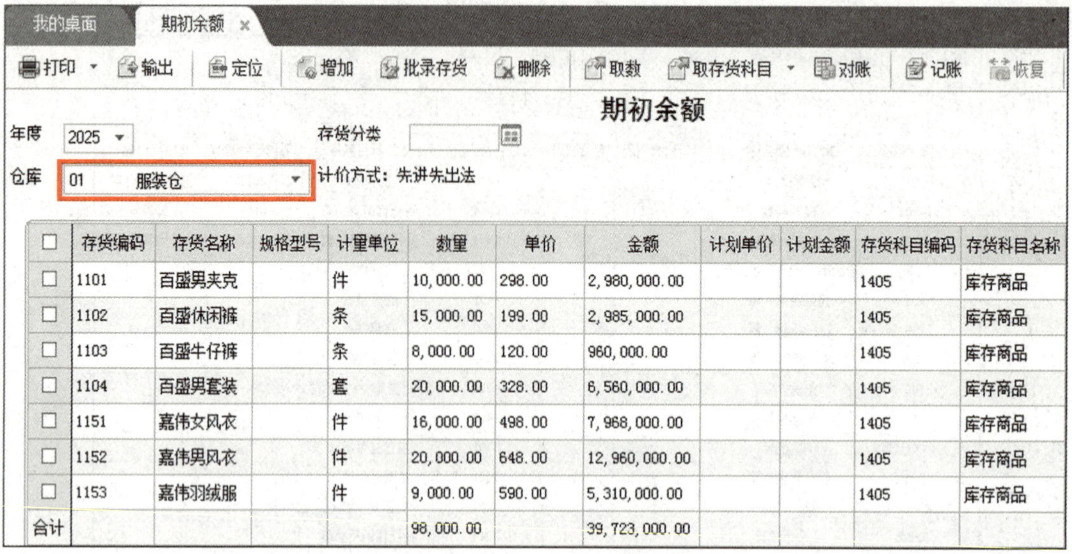

我的桌面 期初余额

打印 输出 定位 增加 批录存货 删除 取数 取存货科目 对账 记账 恢复

期初余额

年度 2025 存货分类

仓库 01 服装仓 计价方式：先进先出法

存货编码	存货名称	规格型号	计量单位	数量	单价	金额	计划单价	计划金额	存货科目编码	存货科目名称
1101	百盛男夹克		件	10,000.00	298.00	2,980,000.00			1405	库存商品
1102	百盛休闲裤		条	15,000.00	199.00	2,985,000.00			1405	库存商品
1103	百盛牛仔裤		条	8,000.00	120.00	960,000.00			1405	库存商品
1104	百盛男套装		套	20,000.00	328.00	6,560,000.00			1405	库存商品
1151	嘉伟女风衣		件	16,000.00	498.00	7,968,000.00			1405	库存商品
1152	嘉伟男风衣		件	20,000.00	648.00	12,960,000.00			1405	库存商品
1153	嘉伟羽绒服		件	9,000.00	590.00	5,310,000.00			1405	库存商品
合计				98,000.00		39,723,000.00				

图1-64　期初余额——服装仓

（2）仓库选择“手表仓”，单击“取数”，从库存管理系统取期初库存至存货核算系统，结果如图1-65所示。单击“记账”，系统提示“期初记账成功!”，单击“确定”。

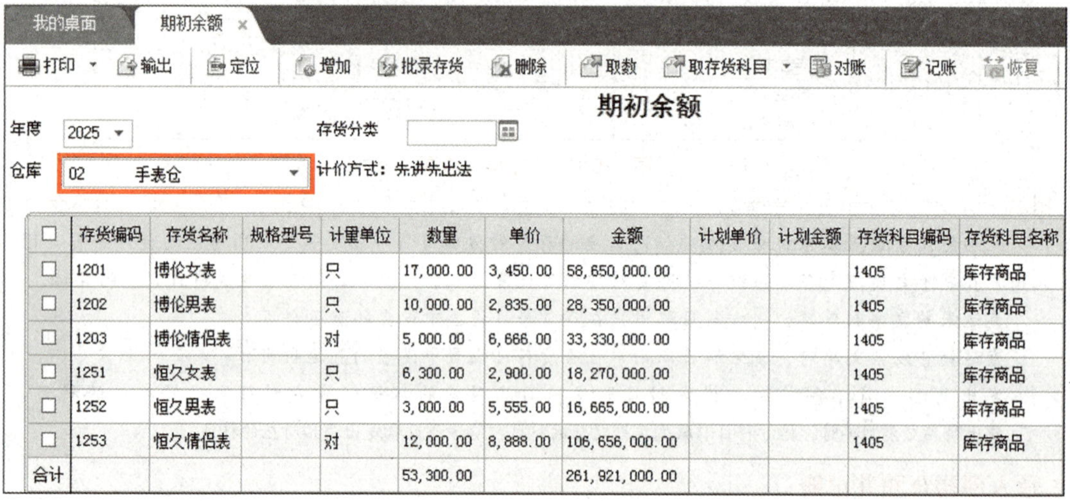

我的桌面 期初余额

打印 输出 定位 增加 批录存货 删除 取数 取存货科目 对账 记账 恢复

期初余额

年度 2025 存货分类

仓库 02 手表仓 计价方式：先进先出法

存货编码	存货名称	规格型号	计量单位	数量	单价	金额	计划单价	计划金额	存货科目编码	存货科目名称
1201	博伦女表		只	17,000.00	3,450.00	58,650,000.00			1405	库存商品
1202	博伦男表		只	10,000.00	2,835.00	28,350,000.00			1405	库存商品
1203	博伦情侣表		对	5,000.00	6,666.00	33,330,000.00			1405	库存商品
1251	恒久女表		只	6,300.00	2,900.00	18,270,000.00			1405	库存商品
1252	恒久男表		只	3,000.00	5,555.00	16,665,000.00			1405	库存商品
1253	恒久情侣表		对	12,000.00	8,888.00	106,656,000.00			1405	库存商品
合计				53,300.00		261,921,000.00				

图1-65　期初余额——手表仓

提示

由于本案例启用了分期收款业务和委托代销业务，系统要求对“设置”菜单下的期初分期收款发出商品和期初委托代销发出商品进行“取数”操作，否则存货核算系统不允许期初记账。

期初数据录入完毕，必须期初记账。即使没有期初数据，也必须进行期初记账。

期初记账后，系统选项“核算方式”“暂估方式”将不能修改。

3.跌价准备设置

【实验资料】

设置第一大类存货的跌价准备科目为“1471存货跌价准备”，计提费用科目为“6701资产减值损失”。

在 U8 企业应用平台，依次单击"业务工作→供应链→存货核算→跌价准备→跌价准备设置"菜单，打开"跌价准备设置"窗口。单击"增加"按钮，设置第一大类存货的跌价准备科目和计提费用科目，结果如图1-66所示。

存货分类编码	存货分类名称	存货编码	存货名称	计量单位	可变现价格	跌价准备科目编码	跌价准备科目名称	计提费用科目编码	计提费用科目名称
01	商品					1471	存货跌价准备	6701	资产减值损失

图1-66 跌价准备设置

1.5.6 总账系统初始化

【实验资料】

根据表1-40录入总账系统期初余额。

表 1-40　　　　　　　　　　总账系统期初余额

科目	方向	受控系统	金额（元）
库存现金	借		8 532.00
银行存款/中国工商银行/沈阳皇姑支行	借		86 080 345.00
银行存款/中国银行/沈阳皇姑支行/人民币	借		69 613 501.00
银行存款/中国银行/沈阳皇姑支行/美元	借		6 018 000.00 USD 850 000.00
交易性金融资产/成本	借		230 000.00 （东旭光电，20 000股）
应收票据/人民币	借	应收系统	97 000.00
应收账款/人民币	借	应收系统	678 000.00
坏账准备	贷		3 390.00
库存商品	借		301 644 000.00
其他权益工具投资/成本	借		240 000.00 （京东方A，80 000股）
固定资产	借		21 890 300.00
累计折旧	贷		1 785 153.68
短期借款	贷		5 000 000.00
应付账款/一般应付账款	贷	应付系统	66 274 500.00
应付账款/暂估应付账款	贷		12 525 000.00 2024-12-27，湖南百盛 采购部，张宏亮
应付职工薪酬/工资	贷		38 952.69

科目	方向	受控系统	金额（元）
应付职工薪酬/社会保险费/基本医疗保险费	贷		1 641.60
应付职工薪酬/社会保险费/工伤保险费	贷		102.60
应付职工薪酬/社会保险费/生育保险费	贷		174.42
应付职工薪酬/设定提存计划/基本养老保险费	贷		2 462.40
应付职工薪酬/设定提存计划/失业保险费	贷		410.40
应付职工薪酬/住房公积金	贷		2 052.00
应付职工薪酬/工会经费	贷		867.99
应交税费/未交增值税	贷		461 502.40
应交税费/应交企业所得税	贷		363 128.50
应交税费/应交个人所得税	贷		137.56
应交税费/应交城市维护建设税	贷		32 305.17
应交税费/应交教育费附加	贷		13 845.07
应交税费/应交地方教育附加	贷		9 230.05
其他应付款/代扣医疗保险	贷		410.40
其他应付款/代扣养老保险	贷		1 641.60
其他应付款/代扣失业保险	贷		205.20
其他应付款/代扣住房公积金	贷		2 052.00
长期借款	贷		50 000 000.00
实收资本	贷		15 000 000.00
盈余公积	贷		2 341 905.00
利润分配/未分配利润	贷		332 638 607.27

【实验过程】

录入总账系统
期初余额

（1）引入受控系统科目期初余额。在U8企业应用平台，依次单击"业务工作→财务会计→总账→期初→期初余额"菜单，打开"期初余额录入"窗口。找到"应收票据/人民币"科目，双击该科目，系统打开"辅助期初余额"窗口，单击"往来明细"，打开"期初往来明细"窗口。单击"引入收付期初"，系统提示"确定要引入期初吗？"，单击"是"，系统从应收系统引入"上海乐淘"的期初往来明细，结果如图1-67所示。单击"汇总"，系统弹出如图1-68所示的对话框，单击"是"，单击"确定"。依次退出"期初往来明细"窗口、"辅助期初余额"窗口。

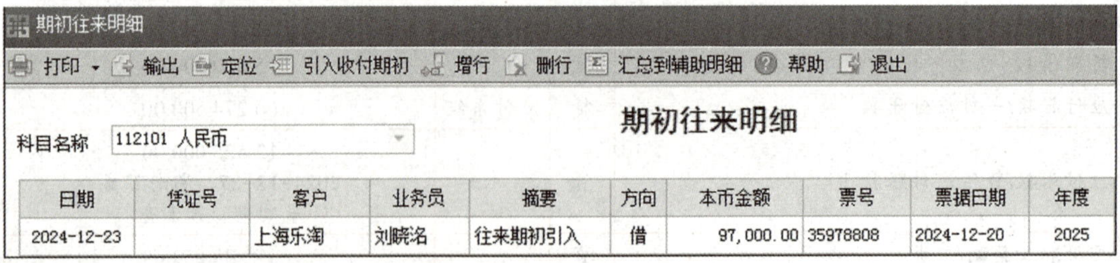

图1-67 期初往来明细

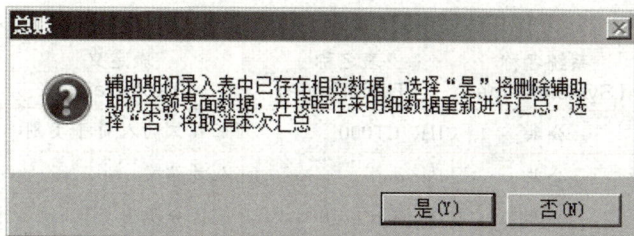

图1-68　总账汇总提示

按此方法引入"应收账款/人民币"和"应付账款/一般应付账款"的期初余额。

（2）直接录入总账系统期初余额。在"期初余额录入"窗口，双击每个末级会计科目的"期初余额"栏，根据表1-40手工录入该科目的期初余额。

录入完毕，单击工具栏的"试算"按钮，结果如图1-69所示。单击"确定"，退出"期初余额录入"窗口。

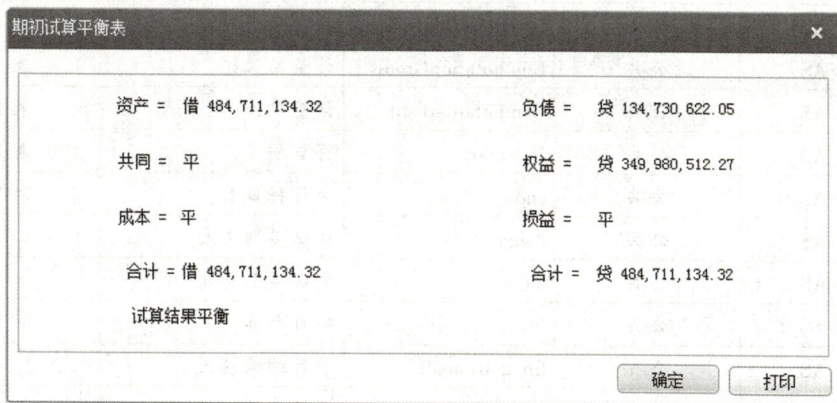

资产 ＝ 借 484,711,134.32	负债 ＝ 贷 134,730,622.05
共同 ＝ 平	权益 ＝ 贷 349,980,512.27
成本 ＝ 平	损益 ＝ 平
合计 ＝ 借 484,711,134.32	合计 ＝ 贷 484,711,134.32

试算结果平衡

图1-69　期初试算平衡表

提示

灰色单元格对应会计科目的期初余额无须录入。部分设置辅助核算但不受控于应收或应付系统的会计科目，双击该科目到"辅助期初余额"窗口或"期初往来明细"窗口录入期初余额。

1.6　本章常见数据表

本章常见数据表见表1-41。

表1-41　　　　　　　　　　　　　　　　本章常见数据表

序号	系统编码 （SystemID）	系统名称 （SystemName）	表名称 （TableName）	表定义 （TableDefine）	备注
1	AS	公共	UA_User	软件应用操作员/用户	表1-2
2	AS	公共	UA_Account	本单位信息	
3	AS	公共	UA_HoldAuth	操作员权限分工表	表1-4
4	AS	公共	GradeDef_Lang	编码方案名称	
5	AS	公共	GradeDef_Base	编码方案	
6	AS	公共	Department	部门档案	表1-5

序号	系统编码 （SystemID）	系统名称 （SystemName）	表名称 （TableName）	表定义 （TableDefine）	备注
7	AS	公共	HR_CT000	正式工的人员子类别	表1-6
8	AS	公共	Person	人员档案	表1-7
9	AS	公共	DistrictClass	地区分类	表1-8
10	AS	公共	VendorClass	供应商分类	表1-9
11	AS	公共	Vendor	供应商档案	表1-10
12	AS	公共	VendorBank	供应商开户银行	
13	AS	公共	CustomerClass	客户分类	表1-9
14	AS	公共	Customer	客户档案	表1-11
15	AS	公共	CustomerBank	客户开户银行	
16	AS	公共	InventoryClass	存货分类	表1-12
17	AS	公共	ComputationGroup	计量单位组	表1-13
18	AS	公共	ComputationUnit	计量单位	表1-13
19	AS	公共	Inventory	存货档案	表1-14
20	AS	公共	code	会计科目表	表1-15
21	AS	公共	dsign	凭证类别主表	
22	AS	公共	dsigns	凭证类别子表	
23	AS	公共	fitem	项目大类	表1-16
24	AS	公共	fitemstrumode	项目结构模版	
25	AS	公共	fitemss00class	项目分类	表1-16
26	AS	公共	fitemss00	项目目录	表1-16
27	AS	公共	exch	外币币种及汇率	
28	AS	公共	foreigncurrency	币种档案	
29	AS	公共	SettleStyle	常用结算方式	表1-17
30	AS	公共	PayCondition	付款条件	表1-18
31	AS	公共	AA_Bank	银行档案	
32	AS	公共	Bank	本单位开户银行	表1-19
33	AS	公共	Warehouse	仓库档案	表1-20
34	AS	公共	Rd_Style	收发类别	表1-21
35	AS	公共	PurchaseType	采购类型	表1-22
36	AS	公共	SaleType	销售类型	表1-23
37	AS	公共	ExpenseItem	费用项目	表1-24
38	AS	公共	ExpItemClass	费用项目分类	表1-24
39	AS	公共	ShippingChoice	发运方式档案	
40	AS	公共	Wastage	非合理损耗类型	表1-25
41	AS	公共	AccInformation	系统参数	表1-26

序号	系统编码 （SystemID）	系统名称 （SystemName）	表名称 （TableName）	表定义 （TableDefine）	备注
42	RP	应收应付	Ap_InputCode	基本科目	表1-27、表1-31
43	RP	应收应付	AP_OppCodeSet	对方科目	表1-28、表1-32
44	RP	应收应付	Ap_SStyleCode	结算方式科目	表1-29、表1-33
45	AR	应收	Ar_BadPara	坏账准备设置	表1-34
46	IA	存货核算	IA_DecReadyHead	跌价准备科目	
47	ST	库存管理	rdrecord34	期初结存主表	
48	ST	库存管理	rdrecords34	期初结存子表	
49	IA	存货核算	IA_HeadSet	存货科目	表1-38
50	IA	存货核算	IA_OppHead	对方科目	表1-39

━━━ 【素养提升点睛】

━━━ 【复习思考题】

1.简述账套主管与系统管理员的区别与联系。

2.举例说明系统参数对后续日常业务处理的重要影响。

3.试述应收系统、应付系统与存货核算系统中科目设置的关系。

4.简述存货核算系统期初记账的作用。

5.简述收发类别、采购类型与销售类型在供应链管理系统中的重要作用。

6.简述单据格式设置的重要性。

7.简述总账系统与供应链管理系统集成使用时的对账关系。

8.简述库存管理系统与存货核算系统的关系。

2 第2章 一般采购业务

2.1 概述

供应链管理系统的采购业务具有单据多、系统多、岗位多以及处理流程复杂等特点。参与采购业务处理的岗位有采购管理系统操作员、库存管理系统操作员、存货核算系统操作员以及应付系统操作员,其中,后两个岗位一般由一人完成。采购业务常用单据见表2-1。

表2-1 采购业务常用单据

序号	单据名称	处理系统	操作员
1	采购订单	采购管理	G01 张宏亮
2	到货单	采购管理	G01 张宏亮
3	退货单	采购管理	G01 张宏亮
4	到货拒收单	采购管理	G01 张宏亮
5	采购入库单	库存管理	C01 李泽伟
6	采购专用发票	采购管理	G01 张宏亮
7	应付单	应付款管理	W02 赵凯杰
8	采购结算单	采购管理	G01 张宏亮
9	收付款单	应付款管理	W03 贺青春
10	商业汇票	应付款管理	W03 贺青春

采购管理系统各单据的表头均有"业务类型"栏,且为必输栏。系统提供五种业务类型:普通采购、直运采购、固定资产、代管采购和受托代销。本章只涉及"普通采购"业务类型。围绕表2-1所列单据,普通采购业务主要包含以下业务处理环节:

1. 采购订货

企业与供应商之间为了达成货物交易,通常需要签订购销合同,以明确双方的权利、义务。在供应链管理系统,根据购销合同填制采购订单。除此以外,采购订单还有以下几种取得方式:①参照请购单、销售订单等生成;②批量生单;③齐套生单;④配额生单。已审核未关闭的采购订单可以参照生成到货单、入库单、采购发票等。

2. 采购到货

采购到货是采购订货和采购入库的中间环节。此时,参照采购订单生成到货单。已审核的到货单可以参照生成退货单、到货拒收单和采购入库单。系统提供根据采购订单批量生成到货单的功能。

3. 采购退货

对于入库后的退货业务,需生成采购退货单。采购退货单是到货单的红字单据,它可参照采购订单、原到货单生成。已审核的采购退货单可以参照生成负向的采购入库单。

4.到货拒收

对于已到货但尚未入库的商品，如果质检出不合格品，可通过到货拒收单处理。到货拒收单只能参照已审核的到货单生成。一张到货单，允许多次进行拒收处理。如果在到货时能够直接确定是否拒收，可将拒收数量填入到货单的"拒收数量"栏，参照到货单的拒收数量生成到货拒收单；如果不能够确定是否拒收，则不录入拒收数量，参照到货单（到货数量−已入库数量）生成到货拒收单。

5.采购入库

对于质检合格的货物，应办理入库手续。采购入库单参照到货单签收的实收数量生成，它可以参照生成采购专用发票。对于入库后的退货业务，可参照采购退货单生成负向的采购入库单。

6.采购发票

供应商应根据合同约定开具增值税专用发票，它是确认采购成本的直接依据，也是支付货款的直接依据。采购发票可以参照采购订单、采购入库单生成，也可以拷贝其他采购发票生成。系统提供了根据采购入库单批量生成采购发票的功能。采购专用发票保存后自动传递至应付系统，并在应付系统审核。

根据现行的增值税政策，交通运输业执行9%的税率，开具增值税专用发票。此时，系统中的"运费发票"功能不可用，应使用采购专用发票处理运费业务。若运输劳务由货物供应商同时提供，则填制发票时，表头的"供应商""代垫单位"均为货物供应商。若运输劳务由第三方运输单位提供，则填制发票时，表头的"供应商""代垫单位"均为运输单位。若运输劳务由第三方运输单位提供，但是合同约定由货物供应商先行垫付，则填制发票时，"供应商"填运输单位，"代垫单位"填货物供应商。

7.应付单

除采购发票外，非采购业务形成的应付账款均通过应付单处理。销售管理系统的销售费用支出单的"单据流向"可以是应付单。

应付单实质上是一张记账凭证，表头反映贷方信息，表体反映借方信息：

借：××××（表体项目中的"科目"）
　　贷：应付系统受控科目（表头项目中的"科目"，必须是受控科目）

若应付单表体信息不输入，则保存单据时系统会自动形成一条方向相反、金额相等的记录，但该记录可修改。

采购发票和应付单统称为应付单据，均在应付系统审核。已审核的应付单据不允许修改或删除。不能在已结账月份进行审核处理或弃审处理。应付单据的后续处理，如生成凭证、核销处理、选择付款、转账处理等，都是基于该单据已经审核。也就是说，如果应付单据未经审核，这些后续操作都不能做。

如果已审核的应付单据已做过前述后续处理，则该应付单据不能弃审、修改或删除。但是，系统对所有的处理都提供了逆向操作功能，通过逆向操作把后续处理全部取消，此时该应付单据可弃审、修改或删除。

8.采购结算

采购结算也称采购报账，是采购业务中十分重要的环节，是指采购核算人员根据采购发票、采购入库单核算采购入库成本的过程。这里的采购结算与采购付款无关。

如果没有完成采购期初记账，则不能进行采购结算。月末结账后，将不能再进行该月的采购结算处理，只能在下个月做。如果采购结算确实应在已结账月份处理，那么应先取消该月的月末结账，然后再做采购结算。采购结算不限制业务发生日期，可以进行跨月采购结算。

采购结算的结果是生成采购结算单。通过删除采购结算单能够实现取消采购结算的操作，但是以下两种情况不允许取消结算：①结算的采购入库单已在存货核算系统记账；②先暂估再结算的入库单，已在存货核算系统做结算成本处理。

（1）发票、商品是否在同一个月收到。

①采购发票和商品同在一个月收到。

若发票数量等于入库单数量，且没有应税劳务发生，则采购发票可参照入库单生成，此时可直接单击采购发票工具栏的"结算"按钮，完成采购结算。

若发票数量不等于入库单数量，则采购发票参照采购订单生成，此时应到"采购结算"菜单下进行手工结算。如果同时还有应税劳务发生，手工结算前应先进行费用分摊处理。

②本月收到商品，下月收到发票。

本月收到商品时做暂估入库处理，下月收到发票时，进行结算成本处理，根据系统参数设置情况，可进行月初回冲、单到回冲（本书采用）或单到补差处理。

a.月初回冲。暂估入库月份的下月，存货系统自动生成与暂估的采购入库单相同但方向相反的"红字回冲单"，将其生成记账凭证。收到增值税专用发票后，参照生成采购发票，并与暂估的采购入库单进行采购结算。到存货系统进行结算成本处理，自动生成"蓝字回冲单"，将其生成记账凭证。

b.单到回冲。暂估入库月份的下月不做处理。收到增值税专用发票后，参照生成采购发票，并与暂估的采购入库单进行采购结算。到应付系统审核发票后对其生成凭证。到存货系统进行结算成本处理，自动生成"红字回冲单""蓝字回冲单"，将其生成记账凭证。

c.单到补差。暂估入库月份的下月不做处理。收到增值税专用发票后，参照生成采购发票，并与暂估的采购入库单进行采购结算。到应付系统审核发票后对其生成凭证。到存货系统进行结算成本处理，自动生成"入库调整单"（如果发票金额与暂估金额相等，则不生成入库调整单，但结算成本处理应正常做），将其生成记账凭证。

③本月收到发票，下月收到商品。

本月先对采购发票进行审核、制单，即做在途物资处理。下月收到商品时进行正常的手工采购结算即可。

（2）应税劳务的处理。

如果收到货物采购发票的同时收到应税劳务（如运输费）的采购发票，在手工采购结算前应先进行费用分摊处理。

应税劳务的采购发票也可以单独进行费用折扣结算。该发票可以与已结算、未结算或部分结算的入库单同时结算，也可以与存货直接结算。可以将一张或多张应税劳务发票分摊到多个仓库多张入库单的多个存货上。一张入库单可以多次分摊应税劳务。

（3）发票数量不等于入库单数量的处理。

企业购进货物在运输途中发生的短缺或溢余，应分别情况进行处理。

发生的溢余按不含税的价款记入"待处理财产损溢"科目的贷方,查明原因后进行转销,此时待处理财产溢余的处理一般不考虑增值税的问题。

发生的短缺和毁损,即发票数量大于入库单数量,应根据造成短缺或毁损的原因分别处理,不能全部计入外购材料的采购成本。对于定额内的合理损耗,计入材料的采购成本。对于非合理损耗,进一步分两种情况:

① 能确定由供应单位、运输单位、保险公司或其他过失人赔偿的,应向有关单位或责任人索赔,自"在途物资"科目转入"应付账款"或"其他应收款"科目。

② 尚待查明原因和需要报经批准才能转销处理的损失,应将损失从"在途物资"科目转入"待处理财产损溢"科目,查明原因后再分别处理:

a.供货单位少发货。此时,只对实收部分的存货进行采购结算。少发货部分的发票金额做在途物资处理,待实际收到少发部分的存货,再进行采购结算。

b.属于自然灾害或意外事故造成的损失,应按扣除残料价值和保险公司赔偿后的净损失,从"待处理财产损溢"科目转入"营业外支出——非常损失"科目。

c.应由运输单位、保险公司或其他过失人负责赔偿的,将损失从"待处理财产损溢"科目转入"其他应收款"科目。

d.属于无法收回的其他损失,报经批准后,将其从"待处理财产损溢"科目转入"管理费用"科目。

在上述c和d两种情况下,短缺和毁损的材料所负担的增值税进项税额随同"待处理财产损溢"科目一并转入对方科目。

9.正常单据记账

正常单据记账是指将采购入库单等单据的存货信息登记到存货明细账。如果单据没有记账,将不能进行后续的生成凭证处理。

入库成本按入库单上的单价、金额记账。当入库单没有成本时,系统将根据存货核算系统选项中"入库单成本选择"的设置方式进行处理:如果选择"手工输入"(本书即采用这种设置方式),系统将不允许记账;如果选择其他方式,如"上次入库成本",系统将参照上次入库成本进行记账。如果记账前采购入库单已部分结算,则该采购入库单将分为结算和暂估两部分记入明细账。

10.存货核算系统生成凭证

"生成凭证"是存货核算系统的专门制作记账凭证的平台。对本月已记账单据生成记账凭证,所生成凭证自动传递至总账系统。一张单据必须所有要核算成本的记录全部记账且金额不为空,才能生成凭证。

涉及非合理损耗业务的采购发票,在应付系统审核凭证,但不在应付系统制单。到存货核算系统制单,勾选"已结算采购入库单自动选择全部结算单上单据(包括入库单、发票、付款单),非本月采购入库单按蓝字报销单制单"选项,通过采购结算单生成凭证。

如果在"存货核算→科目设置"下没有设置存货科目和对方科目,则所生成的凭证没有科目和辅助项信息。此时,须手工录入科目、辅助项信息,否则系统将不允许保存凭证。

11.支付货款

(1)收到发票同时支付货款。

若收到发票的同时支付货款(商业汇票除外),则可以直接单击采购发票工具栏的

"现付"按钮，完成款项支付。该功能支持全额现付和部分现付。"现付"自动生成未审核、未核销的付款单，现付的发票审核后自动完成核销处理。已审核的发票不能再进行现付处理。

在普通采购业务中，"现付"与"采购结算"之间没有先后顺序。但是，在受托代销业务中，必须先"受托代销结算"才可以"现付"。

（2）支付前欠货款——付款单。

如果支付前欠货款（商业汇票除外），到应付系统的"付款单据录入"或"选择付款"中处理。如果启用了付款申请业务，则点击工具栏的"生单"按钮可参照生成付款单。

系统通过付款单表体的款项类型来区分不同的款项用途：应付款、预付款、其他费用。不同款项类型的后续业务处理不尽相同。若一张付款单具有不同的用途款项，应在表体分行处理。三种款项类型的用途如下：

a.应付款。该类型的付款单用于冲销应付账款，表体对应的科目为受控科目。

b.预付款。该类型的付款单用于形成预付账款，表体对应的科目为受控科目。

c.其他费用。该类型的付款单表体对应的科目为非受控科目。

付款单审核即对付款单据登记应付明细账，并在单据填写审核日期、审核人的过程。系统将单据日期作为审核日期，将当前操作员作为审核人。系统提供三种审核方式：自动批审、批量审核、单张审核。付款单审核后才能进行后续处理，如核销、红票对冲等。

只有款项类型为"应付款"和"预付款"的付款单才可以与采购发票、应付单进行核销处理。

应付、预付用途的收款单可与应付、预付用途的付款单进行"红票对冲"操作。

应付、预付用途的收款单可与应付、预付用途的付款单或红字应付单据进行核销操作。

如果付款单已做过后续处理，如审核、制单、核销、预付冲应付、红票对冲等，则该付款单不能修改或删除。但是，系统对所有的处理都提供了逆向操作功能，通过逆向操作把后续处理全部取消，此时该付款单即可修改或删除。

（3）支付前欠货款——选择付款。

选择付款功能可以实现一次对单个或多个供应商的单笔或多笔款项的付款核销处理。选择付款后系统自动生成已审核、已核销的付款单，该付款单的制单人、审核人和核销人均为同一人。该功能也可以处理有现金折扣的付款业务。如果只支付某单据的部分金额，可手工输入"付款金额"。

（4）商业汇票。

不管是收到发票的同时支付货款，还是偿还前欠货款。凡是通过商业汇票付款的，必须到应付系统的"票据管理"中处理。

①出票。

如果应付系统参数选择"应付票据直接生成付款单"，则商业汇票保存完毕，系统自动生成一张未审核、未核销的付款单，可对该付款单进行后续处理。该付款单的后续处理与手工填制的付款单相同。如果启用付款申请业务，在票据录入界面，点击"生单"按钮，可参照已经审核的付款申请单生成票据。

如果商业汇票出票作为预付款，则保存票据后到"付款单据录入"中，找到该汇票自动生成的付款单，将表体的"款项类型"改为"预付款"即可。

②计息。

对于带息商业汇票，通过"计息"功能自动计算票据利息，计算结果可修改。计息日期应大于已经结账月、小于等于当前业务月日期。

③结算。

这里的"结算"是指商业汇票到期日，付款人向持票人支付票款的行为。

在票据列表界面或票据填制界面，单击"删除"或"修改"按钮，可对商业汇票进行修改或删除。但以下几种情况不能修改或删除：

a.票据自动生成的付款单已经进行核销、转账等后续处理；

b.出票日期所在月份已经结账的票据；

c.已经进行计息、结算、转出等处理的票据。

12.核销处理

通过核销功能可将付款单与发票或应付单相关联，冲减本期应付，减少企业债务。款项类型为应付款或预付款的付款单均可进行核销。未审核的或者原币余额为零的单据记录均不显示在收付款单、被核销单据列表中。红字单据整条记录金额、余额均正数显示，单据类型为收款单。

若付款单数额等于原有单据数额，付款单与原有单据完全核销；若付款单数额大于原有单据数额，部分核销原有单据，部分形成预付款；若付款单数额小于原有单据数额，原有单据仅得到部分核销。

13.转账处理

（1）应付冲应付。

应付冲应付也称并账，指将应付款在供应商、部门、业务员、项目和合同之间进行转移，实现应付业务的调整。以下情况可能需要使用该功能：①操作性错误，如所填制的应付单据供应商选择错误且无法修改。②实际工作需要，如债权债务转移、部门合并、分管某供应商的业务员离职等。每一笔应付款的并账金额应大于零、小于等于其原币余额。

（2）预付冲应付。

预付冲应付就是将预付款与应付款进行勾对。每一笔预付款、应付款的转账金额不能大于其自身余额。预付款的转账金额合计应等于应付款的转账金额合计，且不能超过两者金额的较小者。红字预付款也可冲销红字应付款，此时"预付款"页签中的"类型"应为收款单。蓝字预付款冲销蓝字应付款与红字预付款冲销红字应付款不能同时进行。预付款与应付款之间也可通过"核销"进行勾对。

（3）应付冲应收。

应付冲应收是用某客户的应收账款，冲抵某供应商的应付款项。系统通过该功能将应付款业务在客户和供应商之间进行转账，实现应付款业务的调整。

（4）红票对冲。

红票对冲就是用某供应商的红字发票与其蓝字发票进行冲抵。系统提供两种对冲方式：手工对冲和自动对冲。如果红字单据中有对应单据号，则可使用自动对冲，否则应使用手工对冲。对冲金额合计不能大于红票金额。红票对冲同样应遵循核销规则。

14.应付款管理系统生成凭证

"生成凭证"是应付系统专门的制作记账凭证的平台，包括以下11种制单类型：发票制单、应付单制单、收付款单制单、核销制单、票据处理制单、汇兑损益制单、应付冲应付制单、预付冲应付制单、应付冲应收制单、红票对冲制单、现结制单。

系统默认将登录日期作为制单日期。制单日期应大于等于所选单据的最大日期，但小于等于系统当前日期。如果应付系统与总账系统集成使用，制单日期应该满足总账制单要求。

15.取消操作

以下8种操作类型可以取消：核销、选择付款、汇兑损益、票据处理、应付冲应付、应付冲应收、预付冲应付和红票对冲。如果某操作类型已经生成凭证，在取消操作前，应先到"单据查询→凭证查询"中将该记账凭证删除，再进行取消操作。

取消选择付款，则核销处理被自动取消，同时选择付款生成的付款单也一并删除，应付单据恢复原状。

以下情况不允许取消票据处理：①票据日期所在月份已经结账；②票据计息和票据结算后又进行了其他处理；③票据转出后所生成的应付单已经进行了核销等处理。

如果转账处理（应付冲应付、预付冲应付等）发生月份已经结账，则不能被恢复。

本章总体流程如图2-1所示。

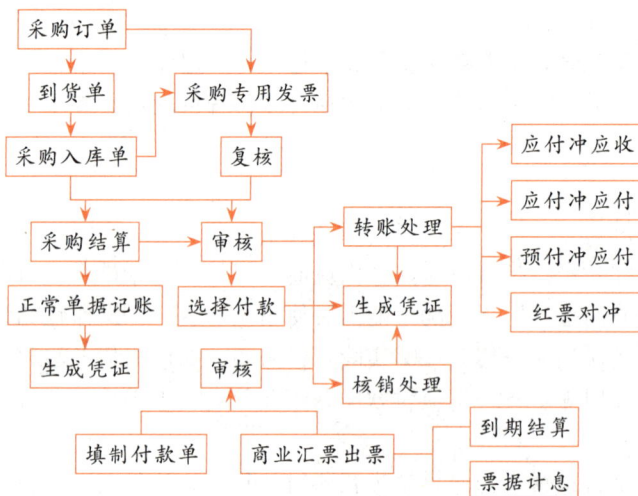

图2-1　本章总体流程

2.2　普通采购业务

2.2.1　典型采购业务

【实验资料】

2025年1月1日，采购部张宏亮与北京嘉伟服装有限公司（简称北京嘉伟）签订购销合同。

相关凭证如图2-2至图2-5所示。

购销合同

合同编号：CG01001

卖方：北京嘉伟服装有限公司
买方：辽宁恒通商贸有限公司

　　为保护买卖双方的合法权益，根据《中华人民共和国民法典》的有关规定，买卖双方经友好协商，一致同意签订本合同，并共同遵守合同约定。
　　一、货物的名称、数量及金额：

货物名称	规格型号	计量单位	数量	单价（不含税）	金额（不含税）	税率	税额
嘉伟女风衣		件	1 000	518.00	518 000.00	13%	67 340.00
嘉伟羽绒服		件	1 200	668.00	801 600.00	13%	104 208.00
嘉伟男风衣		件	1 300	580.00	754 000.00	13%	98 020.00
合　计					¥2 073 600.00		¥269 568.00

　　二、合同总金额：人民币贰佰叁拾肆万叁仟壹佰陆拾捌元整（¥2 343 168.00）。
　　三、签订合同当日，卖方交付货物并开具增值税专用发票，买方以电汇方式支付全部货款。
　　四、交货地点：辽宁恒通商贸有限公司。
　　五、发运方式与运输费用承担方式：由卖方发货，运输费用由卖方承担。
　　卖　方：北京嘉伟服装有限公司　　　　买　方：辽宁恒通商贸有限公司
　　授权代表：赵　芳　　　　　　　　　　授权代表：张宏亮
　　日　期：2025年1月1日　　　　　　　日　期：2025年1月1日

图2-2　购销合同

入库单

供应商：北京嘉伟　　　　　2025 年 1 月 1 日　　　　　单号：RK01001

验收仓库	存货编码	存货名称	单位	应收	实收	单价	金额
服装仓	1151	嘉伟女风衣	件	1 000	1 000		
服装仓	1153	嘉伟羽绒服	件	1 200	1 200		
服装仓	1152	嘉伟男风衣	件	1 300	1 300		
合　计							

部门经理：略　　　　合计：略　　　　仓库：略　　　　经办人：略

图2-3　入库单

电子发票（增值税专用发票）

发票号码：25112000000069861152
开票日期：2025 年 01 月 01 日

购买方信息	名称：辽宁恒通商贸有限公司 统一社会信用代码/纳税人识别号：912101052069175 83A	销售方信息	名称：北京嘉伟服装有限公司 统一社会信用代码/纳税人识别号：91110104759695583N

项目名称	规格型号	单位	数量	单价	金额	税率/征收率	税额
*服装*嘉伟女风衣		件	1 000	518.00	518 000.00	13%	67 340.00
*服装*嘉伟羽绒服		件	1 200	668.00	801 600.00	13%	104 208.00
*服装*嘉伟男风衣		件	1 300	580.00	754 000.00	13%	98 020.00
合　计					¥2 073 600.00		¥269 568.00

价税合计（大写）	⊗贰佰叁拾肆万叁仟壹佰陆拾捌元整	（小写）¥2 343 168.00

备注	购买方开户银行：中国工商银行沈阳皇姑支行　　银行账号：2107024015890035666 销售方开户银行：招商银行北京宣武分行　　　　银行账号：2590739805061504276

开票人：岂俏

图2-4　增值税专用发票

中国工商银行　电汇凭证（回单）　1　36257058

委托日期 2025年1月1日

☑普通　□加急

汇款人	全称	辽宁恒通商贸有限公司	收款人	全称	北京嘉伟服装有限公司
	账号	2107024015890035666		账号	2590739805061504276
	开户银行	中国工商银行沈阳皇姑支行		开户银行	招商银行北京宣武分行

金额	人民币（大写）	贰佰叁拾肆万叁仟壹佰陆拾捌元整	亿	千	百	十	万	千	百	十	元	角	分
				¥	2	3	4	3	1	6	8	0	0

支付密码

附加信息及用途：货款

复核　　记账

此联为汇出行给汇款人的回单

图2-5　电汇付款凭证

【实验过程概览】

本业务的操作过程概览见表2-2。

表2-2　　　　　　　　　　　　　实验过程概览

序号	操作日期	操作员	系统	操作内容
1	2025-01-01	G01张宏亮	采购管理	填制采购订单
2	2025-01-01	G01张宏亮	采购管理	参照采购订单生成到货单
3	2025-01-01	C01李泽伟	库存管理	参照到货单生成采购入库单
4	2025-01-01	G01张宏亮	采购管理	参照采购入库单生成采购专用发票（现付）
5	2025-01-01	W02赵凯杰	应付款管理	采购发票审核并生成凭证
6	2025-01-01	W02赵凯杰	存货核算	正常单据记账，生成凭证

【实验过程】

1.填制采购订单

2025年1月1日，由张宏亮（G01）登录企业应用平台。

（1）在U8企业应用平台，依次单击"业务工作→供应链→采购管理→采购订货→采购订单"菜单，打开"采购订单"窗口。单击工具栏的"增加"按钮，根据图2-2填制采购订单。

典型采购业务

①填制表头信息。修改表头的"订单编号"（即合同编号）为"CG01001"，"采购类型"为"正常采购"，"供应商"为"北京嘉伟"，"业务员"为"张宏亮"，其他项默认。

> **提示**
>
> 当一张单据需要同时选择"部门"和"业务员"信息时，可直接选择"业务员"，则系统自动将该业务员所在"部门"的信息带出。

②填制表体信息。在第1行，选择"存货编码"为"1151"（嘉伟女风衣），输入"数量"为"1000"，"原币单价"为"518"，"计划到货日期"为当日；按此方法录入第2行、第3行的货物信息。

（2）单击工具栏的"保存"按钮，保存该单据。单击工具栏的"审核"按钮，审核该订单，结果如图2-6所示。关闭并退出“采购订单”窗口。

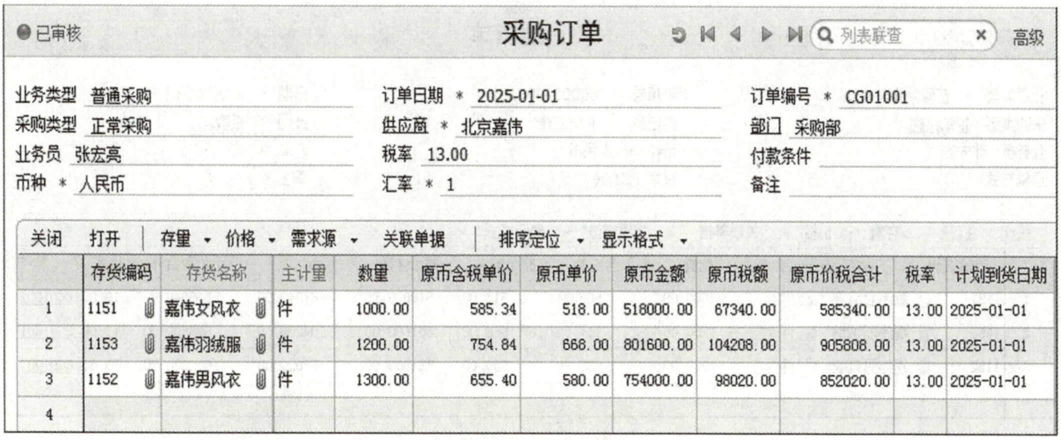

已审核　采购订单　列表联查　高级

业务类型	普通采购	订单日期 *	2025-01-01	订单编号 *	CG01001
采购类型	正常采购	供应商 *	北京嘉伟	部门	采购部
业务员	张宏高	税率	13.00	付款条件	
币种 *	人民币	汇率 *	1	备注	

关闭　打开　存量　价格　需求源　关联单据　排序定位　显示格式

	存货编码	存货名称	主计量	数量	原币含税单价	原币单价	原币金额	原币税额	原币价税合计	税率	计划到货日期
1	1151	嘉伟女风衣	件	1000.00	585.34	518.00	518000.00	67340.00	585340.00	13.00	2025-01-01
2	1153	嘉伟羽绒服	件	1200.00	754.84	668.00	801600.00	104208.00	905808.00	13.00	2025-01-01
3	1152	嘉伟男风衣	件	1300.00	655.40	580.00	754000.00	98020.00	852020.00	13.00	2025-01-01
4											

图2-6　采购订单

说明：为了完整显示关键信息，本教材对部分单据或窗口的单元格所在列进行了隐藏。下同。

2.参照采购订单生成到货单

说明：若无特别提示，本步骤无须重新登录，仍由上一步操作员完成。下同。

在“采购管理”子系统，依次单击“采购到货→到货单”菜单，打开“到货单”窗口。执行工具栏的“增加→采购订单”命令，系统弹出“查询条件-单据列表过滤”对话框，单击“确定”按钮，系统弹出“拷贝并执行”窗口。单击“到货单拷贝订单表头列表”中CG01001号订单最左侧的“选择”栏，选中该订单，如图2-7所示。单击“确定”按钮，系统返回“到货单”窗口，生成一张到货单。

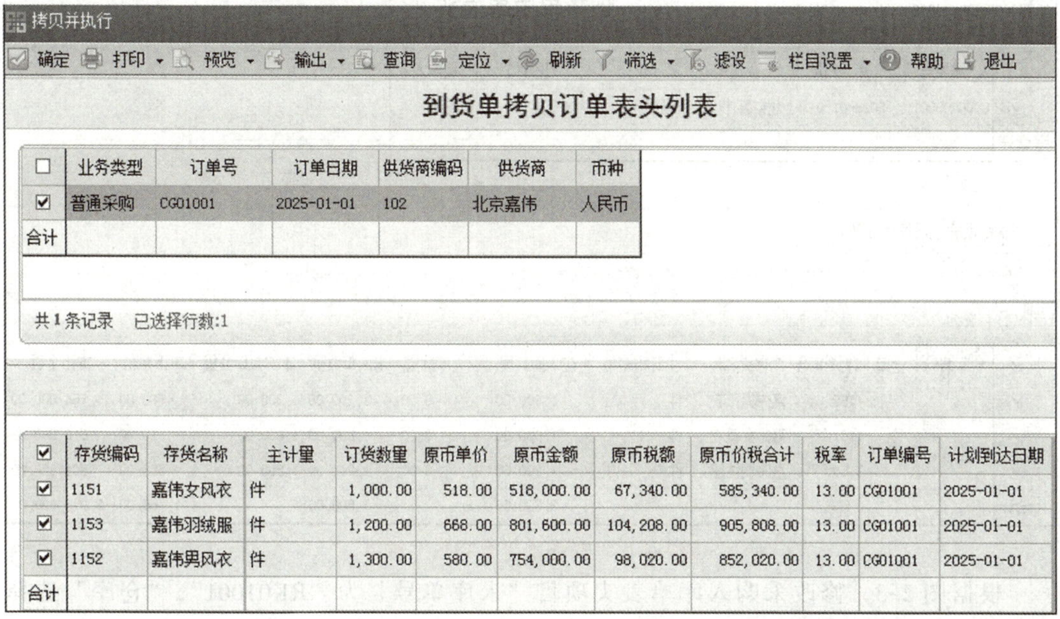

拷贝并执行

确定　打印　预览　输出　查询　定位　刷新　筛选　滤设　栏目设置　帮助　退出

到货单拷贝订单表头列表

☐	业务类型	订单号	订单日期	供货商编码	供货商	币种
☑	普通采购	CG01001	2025-01-01	102	北京嘉伟	人民币
合计						

共1条记录　已选择行数:1

☑	存货编码	存货名称	主计量	订货数量	原币单价	原币金额	原币税额	原币价税合计	税率	订单编号	计划到达日期
☑	1151	嘉伟女风衣	件	1,000.00	518.00	518,000.00	67,340.00	585,340.00	13.00	CG01001	2025-01-01
☑	1153	嘉伟羽绒服	件	1,200.00	668.00	801,600.00	104,208.00	905,808.00	13.00	CG01001	2025-01-01
☑	1152	嘉伟男风衣	件	1,300.00	580.00	754,000.00	98,020.00	852,020.00	13.00	CG01001	2025-01-01
合计											

图2-7　“拷贝并执行”窗口

单击工具栏的“保存”按钮，保存该单据。单击工具栏的“审核”按钮，审核该单据，结果如图2-8所示。关闭并退出该窗口。

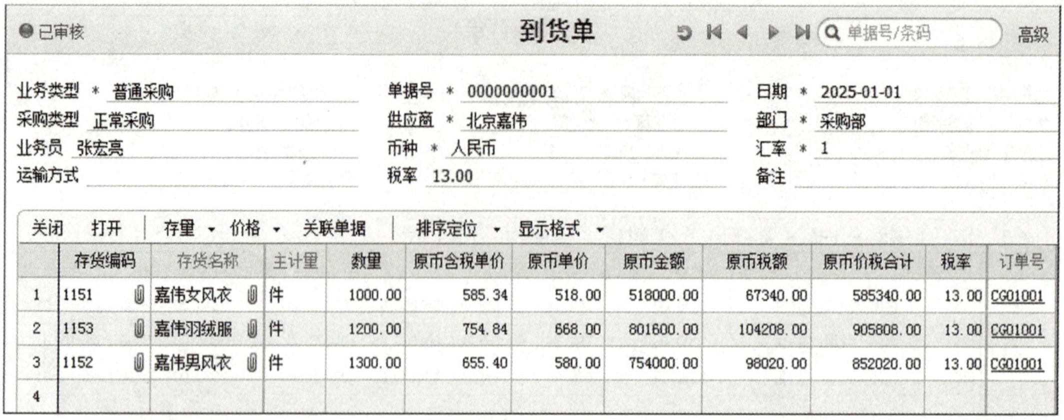

图2-8　到货单

3.参照到货单生成采购入库单

2025年1月1日，由李泽伟（C01）登录企业应用平台。在U8企业应用平台，依次单击"业务工作→供应链→库存管理→采购入库→采购入库单"菜单，系统打开"采购入库单"窗口。执行工具栏的"增加→采购→采购到货单"命令，系统弹出"查询条件–采购到货单列表"对话框，单击"确定"按钮，系统打开"到货单生单列表"窗口。单击要选择的到货单所对应的"选择"栏（即上一步骤完成的到货单），如图2-9所示，再单击工具栏的"确定"按钮，系统返回"采购入库单"窗口。

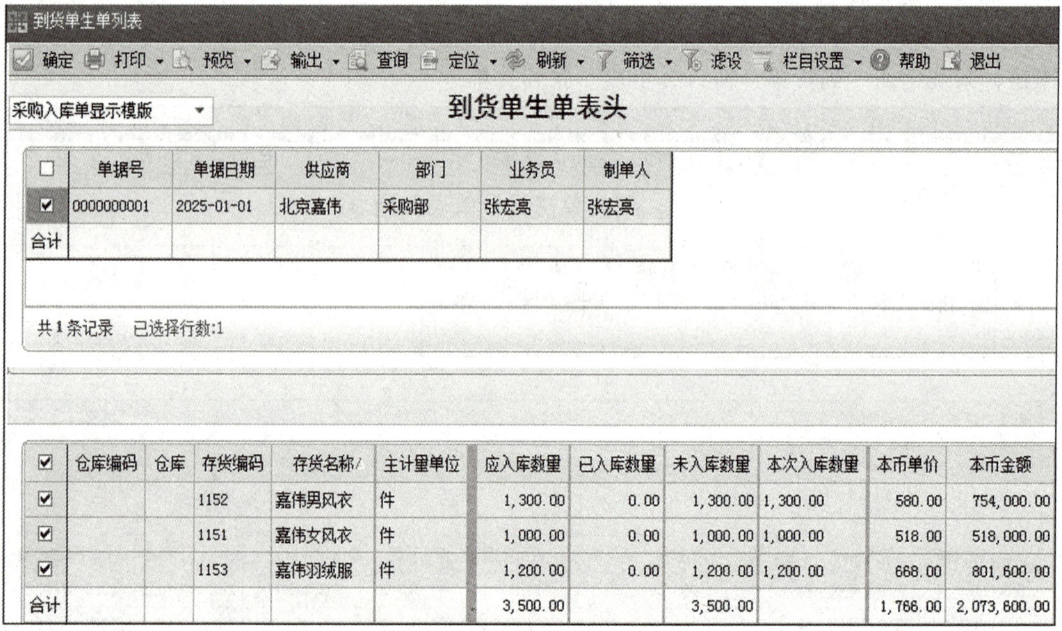

图2-9　"到货单生单列表"窗口

根据图2-3，修改采购入库单表头项目"入库单号"为"RK01001"，"仓库"选择"服装仓"，其他项默认。单击工具栏的"保存"按钮，再单击"审核"按钮，系统提示"该单据审核成功！"，单击"确定"按钮，结果如图2-10所示。关闭并退出该窗口。

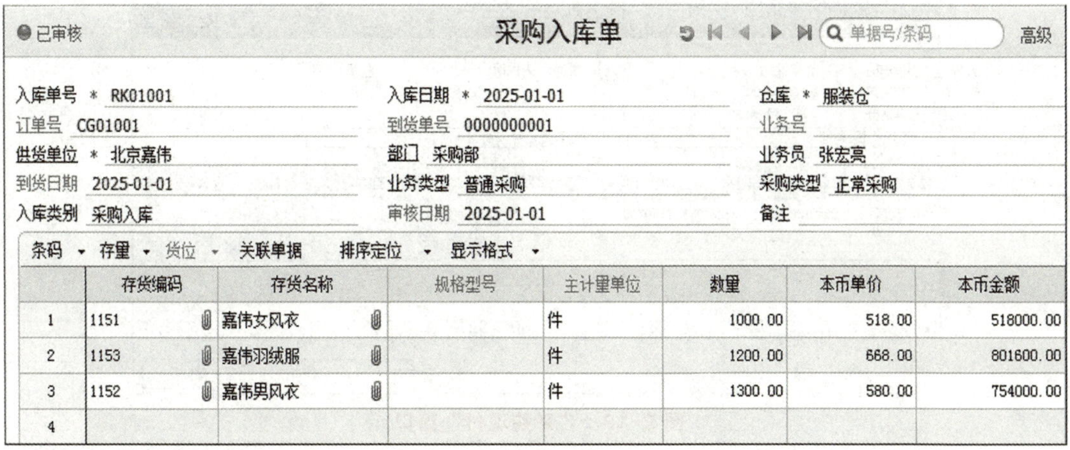

●已审核　　采购入库单

入库单号 * RK01001	入库日期 * 2025-01-01	仓库 * 服装仓
订单号 CG01001	到货单号 0000000001	业务号
供货单位 * 北京嘉伟	部门 采购部	业务员 张宏亮
到货日期 2025-01-01	业务类型 普通采购	采购类型 正常采购
入库类别 采购入库	审核日期 2025-01-01	备注

	存货编码	存货名称	规格型号	主计量单位	数量	本币单价	本币金额
1	1151	嘉伟女风衣		件	1000.00	518.00	518000.00
2	1153	嘉伟羽绒服		件	1200.00	668.00	801600.00
3	1152	嘉伟男风衣		件	1300.00	580.00	754000.00
4							

图2-10　采购入库单

4.参照采购入库单生成采购专用发票（现付）

2025年1月1日，由张宏亮（G01）登录企业应用平台。

（1）在U8企业应用平台，依次单击“业务工作→供应链→采购管理→采购发票→专用采购发票”菜单，打开“专用发票”窗口。执行工具栏的“增加→入库单”命令，系统弹出“查询条件-单据列表过滤”对话框，单击“确定”按钮。在“拷贝并执行”窗口，单击选择RK01001号采购入库单对应的“选择”栏，如图2-11所示，然后单击工具栏的“确定”按钮，返回“专用发票”窗口。根据图2-4修改表头项目“发票号”为“69861152”**（为了提高工作效率，本教材所有电子发票的发票号仅输入其后8位，下同）**，其他项默认。依次单击工具栏的“保存”“复核”按钮。

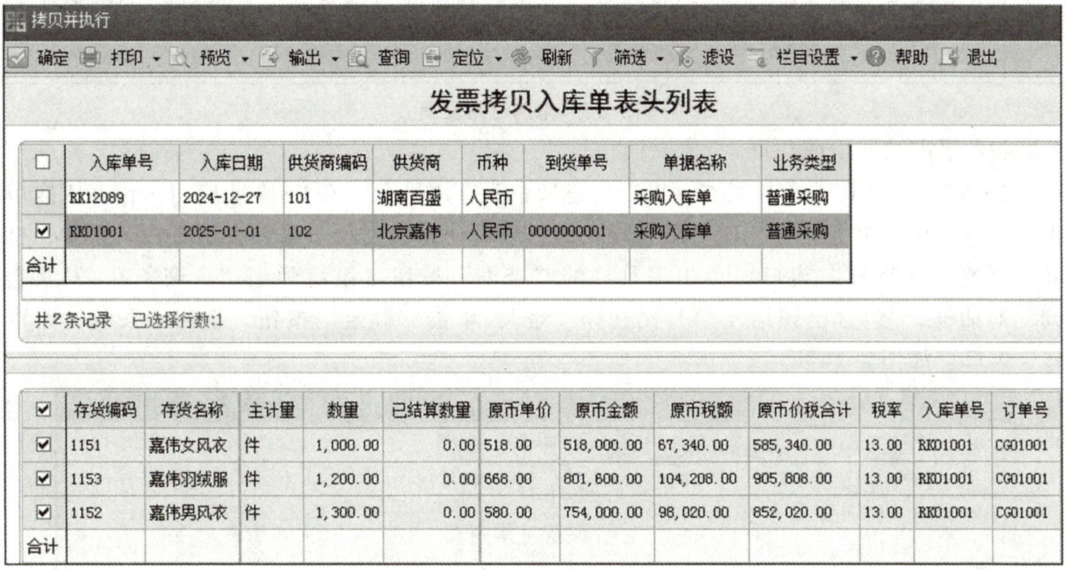

发票拷贝入库单表头列表

☐	入库单号	入库日期	供货商编码	供货商	币种	到货单号	单据名称	业务类型
☐	RK12089	2024-12-27	101	湖南百盛	人民币		采购入库单	普通采购
☑	RK01001	2025-01-01	102	北京嘉伟	人民币	0000000001	采购入库单	普通采购
合计								

共2条记录　已选择行数:1

☑	存货编码	存货名称	主计量	数量	已结算数量	原币单价	原币金额	原币税额	原币价税合计	税率	入库单号	订单号
☑	1151	嘉伟女风衣	件	1,000.00	0.00	518.00	518,000.00	67,340.00	585,340.00	13.00	RK01001	CG01001
☑	1153	嘉伟羽绒服	件	1,200.00	0.00	668.00	801,600.00	104,208.00	905,808.00	13.00	RK01001	CG01001
☑	1152	嘉伟男风衣	件	1,300.00	0.00	580.00	754,000.00	98,020.00	852,020.00	13.00	RK01001	CG01001
合计												

图2-11　“拷贝并执行”窗口

（2）现付。单击工具栏的“现付”按钮，打开“采购现付”窗口。根据图2-5的电汇凭证回单，“结算方式”选择“电汇”，“原币金额”输入“2343168”，“票据号”输入“36257058”，结果如图2-12所示。单击“确定”按钮。

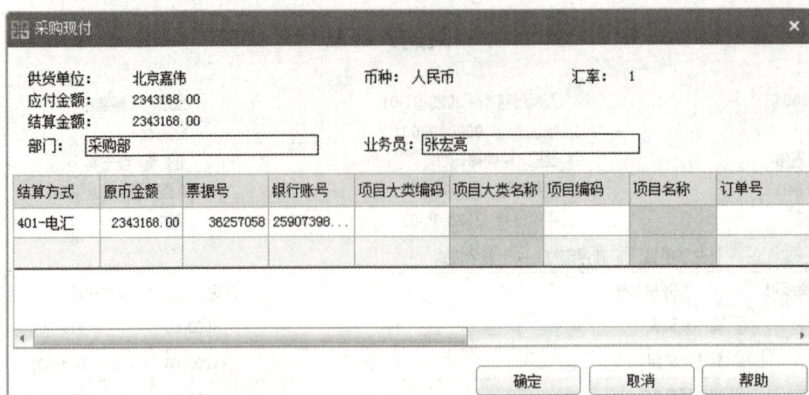

图 2-12 "采购现付"窗口

（3）结算后关闭。单击工具栏的"结算"按钮，完成采购专用发票结算处理。结果如图 2-13 所示。关闭并退出该窗口。

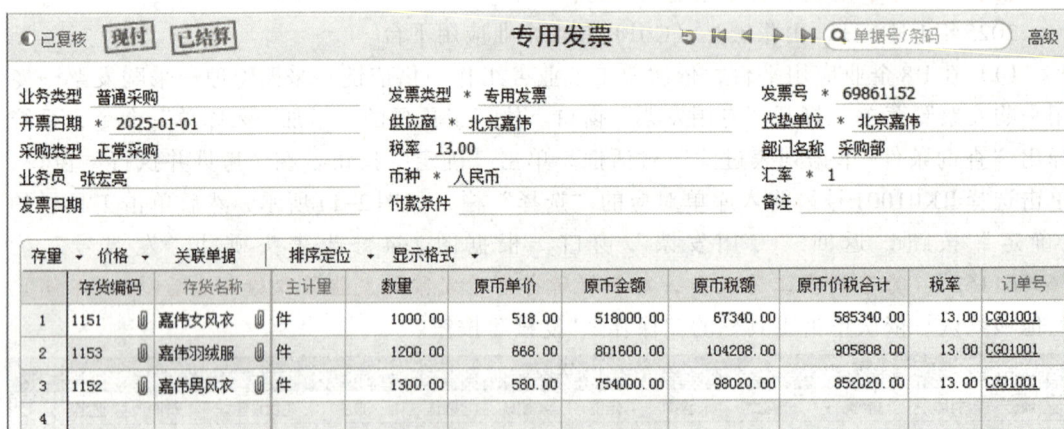

图 2-13 采购专用发票

5.采购发票审核并生成凭证

2025年1月1日，由赵凯杰（W02）登录企业应用平台。在 U8 企业应用平台，依次单击"业务工作→财务会计→应付款管理→应付处理→采购发票→采购发票审核"菜单，打开"采购发票审核"窗口。单击工具栏的"查询"按钮，系统弹出"查询条件-发票查询"对话框，"包含已现结发票"栏选择"是"，单击"确定"按钮，返回"采购发票审核"窗口，如图 2-14 所示。

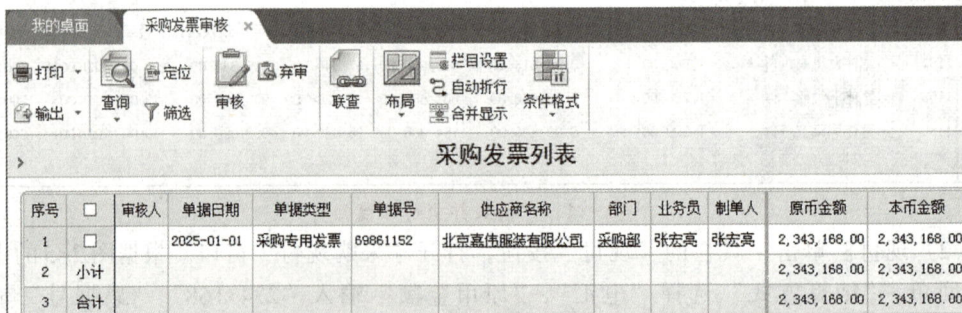

图 2-14 采购发票审核

双击"69861152"单据号，打开要审核的发票，单击工具栏的"审核"按钮，系统提示"是否立即制单?"，单击"是"，系统自动打开"填制凭证"窗口，单击工具栏的"保存"按钮。关闭并退出已打开的窗口。

借：在途物资	2 073 600.00
应交税费/应交增值税/进项税额	269 568.00
贷：银行存款/中国工商银行/沈阳皇姑支行	2 343 168.00

说明：为了节省篇幅，系统自动生成或手工填制的记账凭证均以会计分录的形式呈现。

6.正常单据记账，生成凭证

（1）正常单据记账。在供应链的"存货核算"子系统，依次执行"记账→正常单据记账"命令，系统打开"未记账单据一览表"窗口，单击窗口左下角的"查询"按钮，系统显示未记账单据，如图2-15所示。单击入库单RK01001的"选择"栏或者单击工具栏的"全选"按钮，再单击工具栏的"记账"按钮，系统弹出信息框提示记账成功，单击其"确定"按钮，完成记账工作。关闭并退出当前窗口。

正常单据记账列表

	日期	单据号	存货编码	存货名称	单据类型	仓库名称	收发类别	数量	单价	金额	供应商简称
☐	2025-01-01	RK01001	1151	嘉伟女风衣	采购入库单	服装仓	采购入库	1,000.00	518.00	518,000.00	北京嘉伟
☐	2025-01-01	RK01001	1153	嘉伟羽绒服	采购入库单	服装仓	采购入库	1,200.00	668.00	801,600.00	北京嘉伟
☐	2025-01-01	RK01001	1152	嘉伟男风衣	采购入库单	服装仓	采购入库	1,300.00	580.00	754,000.00	北京嘉伟
小计								3,500.00		2,073,600.00	

图2-15　正常单据记账列表

（2）生成凭证。在"存货核算"子系统，依次单击"凭证处理→生成凭证"菜单，系统打开"生成凭证"窗口。单击工具栏的"选单"按钮，系统弹出"查询条件-生成凭证查询条件"对话框，单击"确定"按钮，系统打开"选择单据"窗口，如图2-16所示。

未生成凭证单据一览表

已结算采购入库单自动选择全部结算单上单据(包括入库单、发票、付款单)，非本月采购入库单按蓝字报销制单

选择	记账日期	单据日期	单据类型	单据号	仓库	收发类别	记账人	部门	部门编码	业务类型	计价方式	摘要	供应商
	2025-01-01	2025-01-01	采购入库单	RK01001	服装仓	采购入库	赵凯杰	采购部	04	普通采购	先进先出法	采购入库单	北京嘉伟

图2-16　"选择单据"窗口

单击工具栏的"全选"按钮，选中已记账的采购入库单，再单击工具栏的"确定"按钮，系统自动关闭"选择单据"窗口并返回"生成凭证"窗口，如图2-17所示。单击工具栏的"合并制单"按钮，系统打开"填制凭证"窗口并自动生成凭证。单击工具栏的"保存"按钮，保存此凭证。关闭并退出窗口。

| 凭证类别 | 记 记账凭证 | | | | | | | | | | | | |

选择	单据类型	业务类型	单据号	摘要	科目类型	科目编码	科目名称	借方金额	贷方金额	借方数量	贷方数量	科目方向	存货编码
1	采购入库单	普通采购	RKO1001	采购入库单	存货	1405	库存商品	518,000.00		1,000.00		1	1151
					对方	1402	在途物资		518,000.00		1,000.00	2	1151
					存货	1405	库存商品	801,600.00		1,200.00		1	1153
					对方	1402	在途物资		801,600.00		1,200.00	2	1153
					存货	1405	库存商品	754,000.00		1,300.00		1	1152
					对方	1402	在途物资		754,000.00		1,300.00	2	1152
合计								2,073,600.00	2,073,600.00				

图2-17　"生成凭证"窗口

借：库存商品　　　　　　　　　　　　　　　　2 073 600.00

　　贷：在途物资　　　　　　　　　　　　　　　　　　2 073 600.00

2.2.2　买方垫付运费的采购业务

【实验资料】

2025年1月1日，采购部徐晓辉与大连博伦表业有限公司（简称大连博伦）签订购销合同。

2025年1月2日，收到大连博伦发来的货物及增值税专用发票，全部验收合格并办理入库。（按数量分摊）

2025年1月3日，支付大连博伦货款及代垫运费。（付款单）

相关凭证如图2-18至图2-22所示。

购销合同

合同编号：CG01002

卖方：大连博伦表业有限公司

买方：辽宁恒通商贸有限公司

　　为保护买卖双方的合法权益，根据《中华人民共和国民法典》的有关规定，买卖双方经友好协商，一致同意签订本合同，并共同遵守合同约定。

一、货物的名称、数量及金额：

货物名称	规格型号	计量单位	数量	单价（不含税）	金额（不含税）	税率	税额
博伦男表		只	500	2 850.00	1 425 000.00	13%	185 250.00
博伦情侣表		对	450	6 688.00	3 009 600.00	13%	391 248.00
合　计					¥4 434 600.00		¥576 498.00

二、合同总金额：人民币伍佰零壹万壹仟零玖拾捌元整（¥5 011 098.00）。

三、卖方于1月2日交付货物并开具增值税专用发票，买方于1月3日以转账支票方式支付全部货款。

四、交货地点：大连博伦表业有限公司。

五、发运方式与运输费用承担方式：由卖方发货，运输费用由买方承担，卖方先行垫付。

卖　方：大连博伦表业有限公司　　　　　　买　方：辽宁恒通商贸有限公司

授权代表：李昌达　　　　　　　　　　　　授权代表：徐晓辉

日　　期：2025年1月1日　　　　　　　　日　　期：2025年1月1日

图2-18　购销合同

入库单

供应商：大连博伦			2025 年 1 月 2 日			单号：RK01002	

验收仓库	存货编码	存货名称	单位	数量		单价	金额
				验收	实收		
手表仓	1202	博伦男表	只	500	500		
手表仓	1203	博伦情侣表	对	450	450		
合 计							

部门经理：略　　　会计：略　　　仓库：略　　　经办人：略

图2-19　入库单

电子发票（增值税专用发票）

发票号码：25212000000062163891
开票日期：2025 年 01 月 02 日

购买方信息	名称：辽宁恒通商贸有限公司 统一社会信用代码/纳税人识别号：91210105206917583A	销售方信息	名称：大连博伦表业有限公司 统一社会信用代码/纳税人识别号：91210203821392076S

项目名称	规格型号	单位	数量	单价	金额	税率/征收率	税额
*手表*博伦男表		只	500	2 850.00	1 425 000.00	13%	185 250.00
*手表*博伦情侣表		对	450	6 688.00	3 009 600.00	13%	391 248.00
合 计					¥4 434 600.00		¥576 498.00

价税合计（大写）	⊗ 伍佰零壹万壹仟零玖拾捌元整	（小写）¥5 011 098.00

备注	购买方开户银行：中国工商银行沈阳皇姑支行　　银行账号：2107024015890035666 销售方开户银行：交通银行大连西岗支行　　银行账号：3041309299285602525

开票人：巴春鹏

图2-20　增值税专用发票

电子发票（增值税专用发票）

货物运输服务

发票号码：25212000000017208220
开票日期：2025 年 01 月 02 日

购买方信息	名称：辽宁恒通商贸有限公司 统一社会信用代码/纳税人识别号：91210105206917583A	销售方信息	名称：沈阳通达物流有限公司 统一社会信用代码/纳税人识别号：91210105357948262A

项目名称	规格型号	单位	数量	单价	金额	税率/征收率	税额
*运输服务*运输费		千米	400	2.50	1 000.00	9%	90.00
合 计					¥1 000.00		¥90.00

运输工具种类	运输工具牌号	起运地	到达地	运输货物名称
公路运输	辽A59655	大连	沈阳	手表

价税合计（大写）	⊗ 壹仟零玖拾元整	（小写）¥1 090.00

备注	购买方开户银行：中国工商银行沈阳皇姑支行　　银行账号：2107024015890035666 销售方开户银行：中国银行沈阳皇姑支行　　银行账号：820114163108091001

开票人：解冰

图2-21　运费增值税专用发票

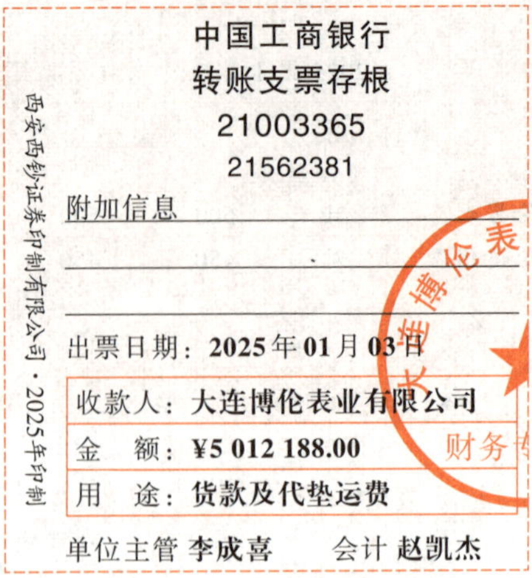
中国工商银行
转账支票存根
21003365
21562381
附加信息
出票日期：2025年01月03日
收款人：大连博伦表业有限公司
金 额：¥5 012 188.00
用 途：货款及代垫运费
单位主管 李成喜 会计 赵凯杰
西安西钞证券印制有限公司·2025年印制

图2-22 转账支票存根

【实验过程概览】

本业务的操作过程概览见表2-3。

表 2-3 实验过程概览

序号	操作日期	操作员	系统	操作内容
1	2025-01-01	G01张宏亮	采购管理	填制采购订单
2	2025-01-02	G01张宏亮	采购管理	参照采购订单生成到货单
3	2025-01-02	C01李泽伟	库存管理	参照到货单生成采购入库单
4	2025-01-02	G01张宏亮	采购管理	参照采购入库单生成采购专用发票
5	2025-01-02	G01张宏亮	采购管理	填制运费专用发票
6	2025-01-02	G01张宏亮	采购管理	手工结算
7	2025-01-02	W02赵凯杰	应付款管理	采购发票审核，生成凭证
8	2025-01-02	W02赵凯杰	存货核算	正常单据记账，生成凭证
9	2025-01-03	W03贺青春	应付款管理	付款单据录入
10	2025-01-03	W02赵凯杰	应付款管理	付款单据审核、手工核销和生成凭证

【实验过程】

买方垫付运费的采购业务

1.填制采购订单

2025年1月1日，由张宏亮（G01）登录企业应用平台。

（1）在U8企业应用平台，依次单击“业务工作→供应链→采购管理→采购订货→采购订单”菜单，打开“采购订单”窗口。单击工具栏的“增加”按钮，根据图2-18填制采购订单。

① 填制表头信息。修改表头的“订单编号”为“CG01002”，“供应商”为“大连博伦”，“业务员”为“徐晓辉”，“采购类型”为“正常采购”，其他项默认。

② 填制表体信息。在第1行，选择“存货编码”为1202（博伦男表），输入“数量”为“500”，“原币单价”为“2850”，“计划到货日期”为“2025-01-02”。按此方法录入

第2行的货物信息。

（2）单击工具栏的“保存”按钮，保存该单据。单击工具栏的“审核”按钮，审核该订单，结果如图2-23所示。关闭并退出“采购订单”窗口。

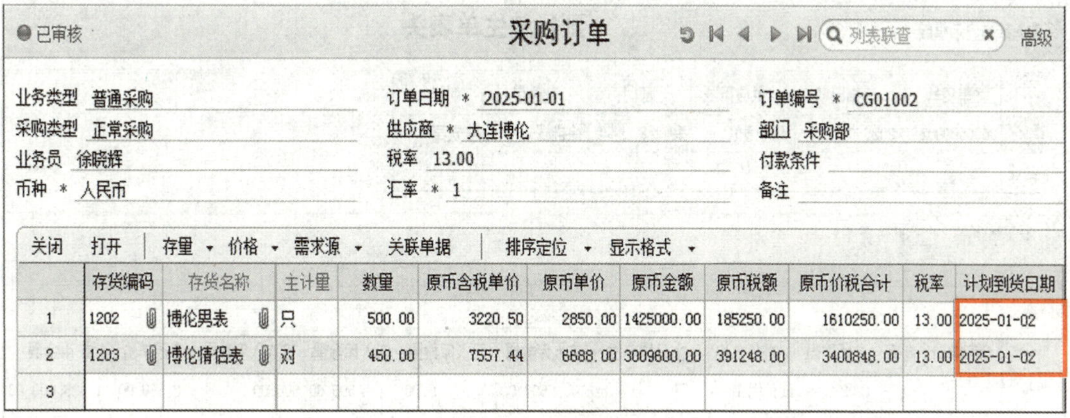

●已审核　采购订单　列表联查　高级

业务类型 普通采购　订单日期 * 2025-01-01　订单编号 * CG01002
采购类型 正常采购　供应商 * 大连博伦　部门 采购部
业务员 徐晓辉　税率 13.00　付款条件
币种 * 人民币　汇率 * 1　备注

关闭　打开　存量　价格　需求源　关联单据　排序定位　显示格式

	存货编码	存货名称	主计量	数量	原币含税单价	原币单价	原币金额	原币税额	原币价税合计	税率	计划到货日期
1	1202	博伦男表	只	500.00	3220.50	2850.00	1425000.00	185250.00	1610250.00	13.00	2025-01-02
2	1203	博伦情侣表	对	450.00	7557.44	6688.00	3009600.00	391248.00	3400848.00	13.00	2025-01-02
3											

图2-23　采购订单

2.参照采购订单生成到货单

2025年1月2日，由张宏亮（G01）登录企业应用平台。在“采购管理”子系统，依次单击“采购到货→到货单”菜单，打开“到货单”窗口。执行工具栏的“增加→采购订单”命令，系统弹出“查询条件-单据列表过滤”对话框，单击“确定”按钮，系统弹出“拷贝并执行”窗口。单击“到货单拷贝订单表头列表”中CG01002号订单最左侧的“选择”栏，选中该订单，单击“确定”按钮。系统返回“到货单”窗口，生成一张到货单。单击工具栏的“保存”按钮，保存该单据。单击工具栏的“审核”按钮，审核该单据，结果如图2-24所示。关闭并退出该窗口。

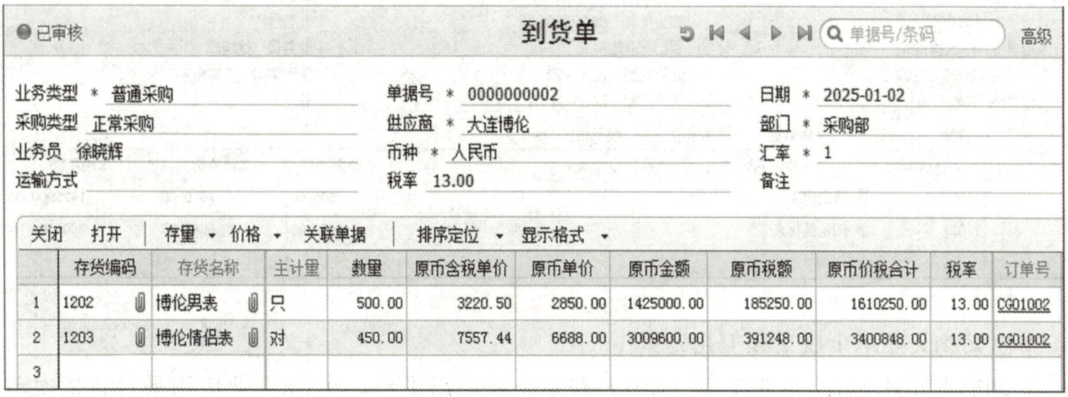

●已审核　到货单　单据号/条码　高级

业务类型 * 普通采购　单据号 * 0000000002　日期 * 2025-01-02
采购类型 正常采购　供应商 * 大连博伦　部门 * 采购部
业务员 徐晓辉　币种 * 人民币　汇率 * 1
运输方式　税率 13.00　备注

关闭　打开　存量　价格　关联单据　排序定位　显示格式

	存货编码	存货名称	主计量	数量	原币含税单价	原币单价	原币金额	原币税额	原币价税合计	税率	订单号
1	1202	博伦男表	只	500.00	3220.50	2850.00	1425000.00	185250.00	1610250.00	13.00	CG01002
2	1203	博伦情侣表	对	450.00	7557.44	6688.00	3009600.00	391248.00	3400848.00	13.00	CG01002
3											

图2-24　到货单

3.参照到货单生成采购入库单

2025年1月2日，由李泽伟（C01）登录企业应用平台。在U8企业应用平台，依次单击“业务工作→供应链→库存管理→采购入库→采购入库单”菜单，系统打开“采购入库单”窗口。执行工具栏的“增加→采购→采购到货单”命令，系统弹出“查询条件-采购到货单列表”对话框，单击“确定”按钮，系统打开“到货单生单列表”窗口。单击要选择的到货单所对应的“选择”栏（即上一步骤完成的到货单），如图2-25所示，再单击工具栏的"确定"按钮，系统返回"采购入库单"窗口。

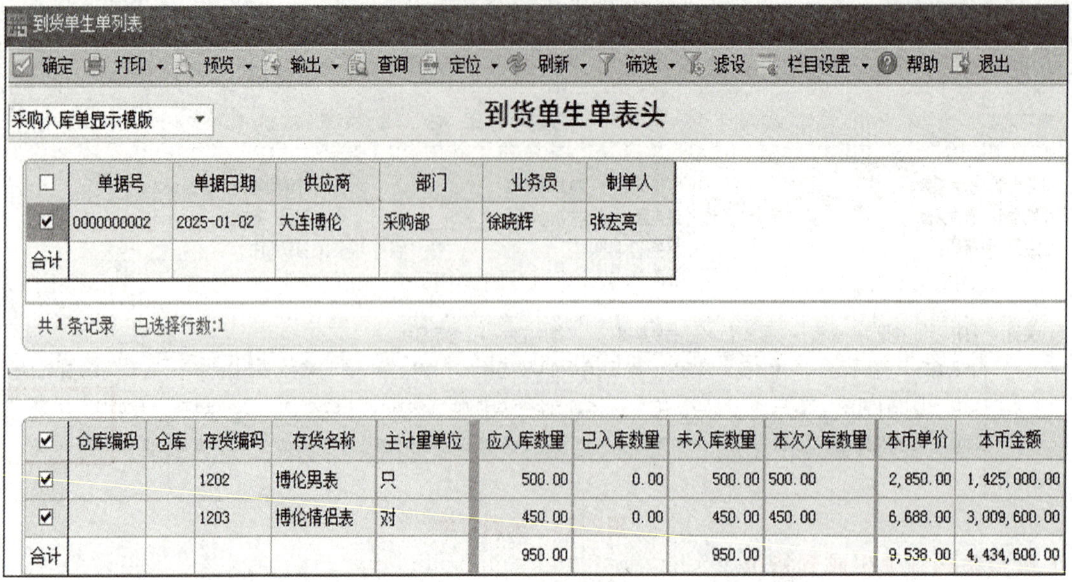

图2-25 "到货单生单列表"窗口

　　根据图2-19，修改采购入库单表头项目"入库单号"为"RK01002"，"仓库"选择"手表仓"，其他项默认。单击工具栏的"保存"按钮，保存该单据。再单击工具栏的"审核"按钮，系统提示"该单据审核成功！"，单击"确定"按钮，该单据审核通过，结果如图2-26所示。关闭并退出该窗口。

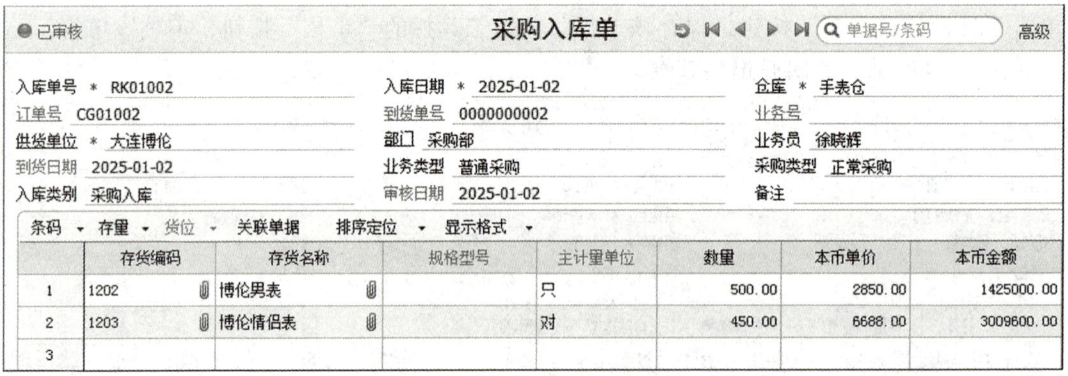

图2-26 采购入库单

4.参照采购入库单生成采购专用发票

　　2025年1月2日，由张宏亮（G01）登录企业应用平台。在U8企业应用平台，依次单击"业务工作→供应链→采购管理→采购发票→采购专用发票"菜单，打开"专用发票"窗口。执行工具栏的"增加→入库单"命令，系统弹出"查询条件-单据列表过滤"对话框，单击"确定"按钮。在"拷贝并执行"窗口，单击选择RK01002号采购入库单对应的"选择"栏，如图2-27所示，然后单击工具栏的"确定"按钮，返回"专用发票"窗口。根据图2-20，修改表头项目"发票号"为"62163891"，其他项默认。依次单击工具栏的"保存""复核"按钮，如图2-28所示。

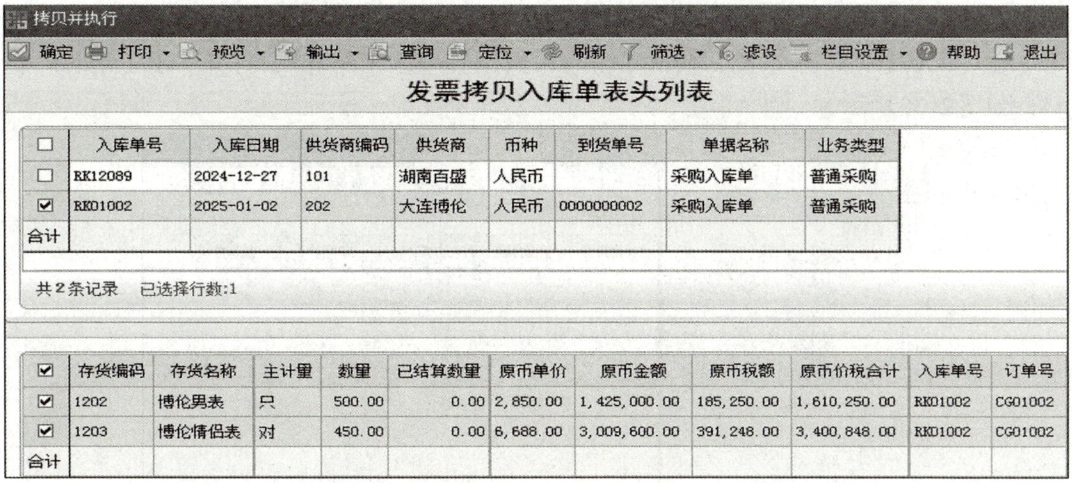

图2-27 "拷贝并执行"窗口

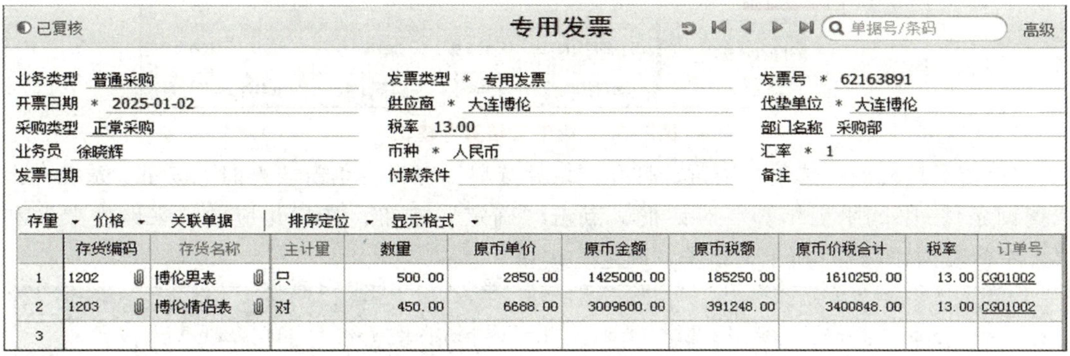

图2-28 采购专用发票

5.填制运费专用发票

在U8企业应用平台，依次单击"业务工作→供应链→采购管理→采购发票→采购专用发票"菜单，打开"专用发票"窗口。单击工具栏的"增加"按钮，根据图2-21输入发票号为"17208220"，供应商为"沈阳通达"，代垫单位为"大连博伦"，采购类型为"正常采购"，部门为"采购部"，业务员为"徐晓辉"，税率为"9%"。表体的存货名称为"运输费"，数量为"500"，单价为"2"，原币金额为"1000"。依次单击"保存""复核"，结果如图2-29所示。关闭并退出"专用发票"窗口。

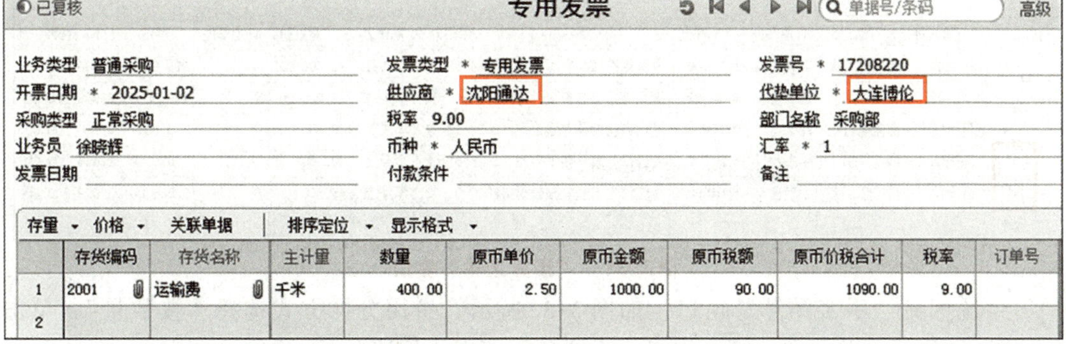

图2-29 采购专用发票

6.手工结算

在"采购管理"子系统，依次单击"采购结算→手工结算"，打开"手工结算"窗口，如图2-30所示。

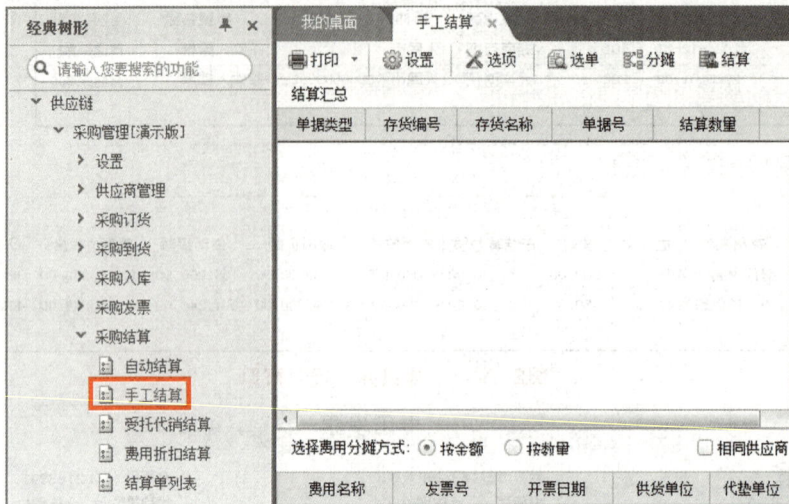

图2-30 "手工结算"窗口

单击工具栏的"选单"按钮，打开"结算选单"窗口。单击"查询"按钮，系统弹出"查询条件-采购手工结算"对话框，点击"确定"按钮，选择相应的"采购发票"和"入库单"，如图2-31所示，单击"确定"按钮。

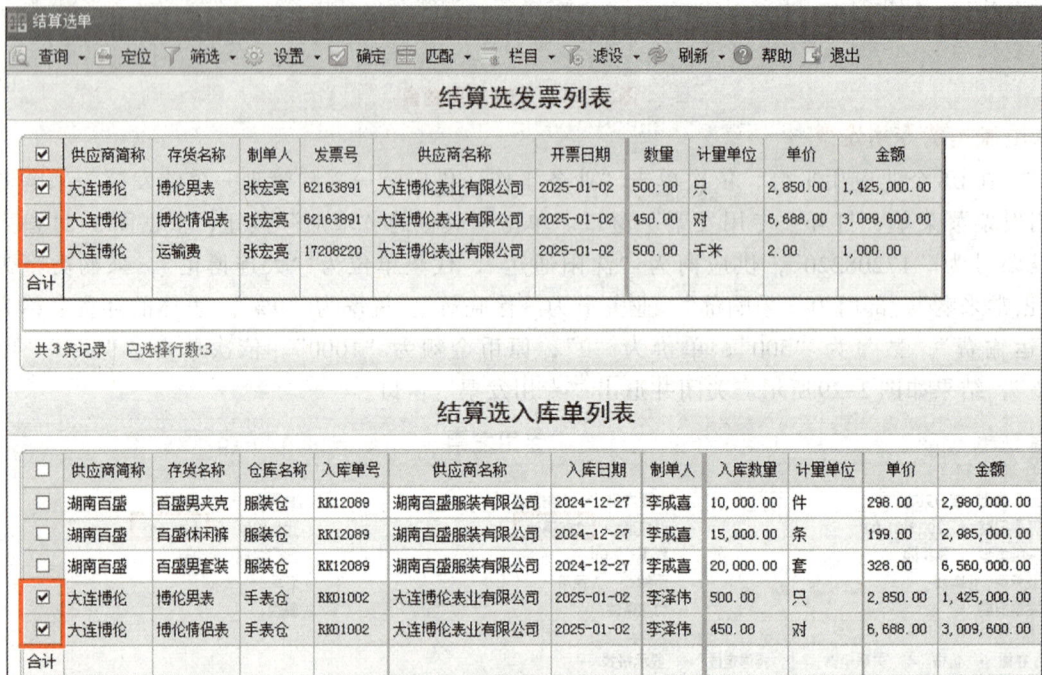

结算选发票列表

	供应商简称	存货名称	制单人	发票号	供应商名称	开票日期	数量	计量单位	单价	金额
✓	大连博伦	博伦男表	张宏亮	62163891	大连博伦表业有限公司	2025-01-02	500.00	只	2,850.00	1,425,000.00
✓	大连博伦	博伦情侣表	张宏亮	62163891	大连博伦表业有限公司	2025-01-02	450.00	对	6,688.00	3,009,600.00
✓	大连博伦	运输费	张宏亮	17208220	大连博伦表业有限公司	2025-01-02	500.00	千米	2.00	1,000.00
合计										

共3条记录 已选择行数:3

结算选入库单列表

	供应商简称	存货名称	仓库名称	入库单号	供应商名称	入库日期	制单人	入库数量	计量单位	单价	金额
☐	湖南百盛	百盛男夹克	服装仓	RK12089	湖南百盛服装有限公司	2024-12-27	李成喜	10,000.00	件	298.00	2,980,000.00
☐	湖南百盛	百盛休闲裤	服装仓	RK12089	湖南百盛服装有限公司	2024-12-27	李成喜	15,000.00	条	199.00	2,985,000.00
☐	湖南百盛	百盛男套装	服装仓	RK12089	湖南百盛服装有限公司	2024-12-27	李成喜	20,000.00	套	328.00	6,560,000.00
✓	大连博伦	博伦男表	手表仓	RK01002	大连博伦表业有限公司	2025-01-02	李泽伟	500.00	只	2,850.00	1,425,000.00
✓	大连博伦	博伦情侣表	手表仓	RK01002	大连博伦表业有限公司	2025-01-02	李泽伟	450.00	对	6,688.00	3,009,600.00
合计											

图2-31 "结算选单"窗口

系统回到"手工结算"窗口，如图2-32所示，费用分摊方式选择"按数量"，单击"分摊"按钮，再单击"结算"按钮，系统显示"完成结算"，如图2-33所示。

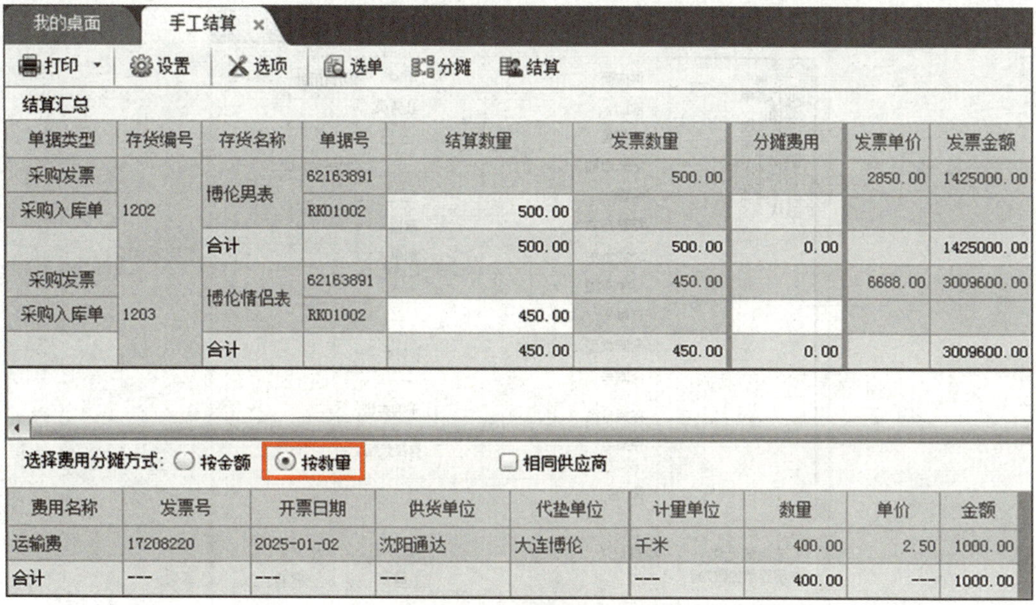

图2-32 "手工结算"窗口

单据类型	存货编号	存货名称	单据号	结算数量	发票数量	分摊费用	发票单价	发票金额
采购发票		博伦男表	62163891		500.00		2850.00	1425000.00
采购入库单	1202		RK01002	500.00				
		合计		500.00	500.00	0.00		1425000.00
采购发票		博伦情侣表	62163891		450.00		6688.00	3009600.00
采购入库单	1203		RK01002	450.00				
		合计		450.00	450.00	0.00		3009600.00

选择费用分摊方式：○按金额 ⦿按数量　□相同供应商

费用名称	发票号	开票日期	供货单位	代垫单位	计量单位	数量	单价	金额
运输费	17208220	2025-01-02	沈阳通达	大连博伦	千米	400.00	2.50	1000.00
合计	---	---	---	---	---	400.00	---	1000.00

图2-33 完成结算

7.采购发票审核，生成凭证

2025年1月2日，由赵凯杰（W02）登录企业应用平台。

（1）采购发票审核。在U8企业应用平台，依次单击"业务工作→财务会计→应付款管理→应付处理→采购发票→采购发票审核"菜单，打开"采购发票审核"窗口。单击工具栏的"查询"按钮，系统弹出"查询条件-发票查询"对话框，单击"确定"按钮，返回"采购发票审核"窗口，如图2-34所示。单击"选择"栏，或单击"全选"按钮，再单击"审核"按钮，系统完成审核并给出审核报告，单击"确定"按钮后退出。

采购发票列表

序号	□	审核人	单据日期	单据类型	单据号	供应商名称	部门	业务员	制单人	原币金额	本币金额
1	□		2025-01-02	采购专用发票	17208220	大连博伦表业有限公司	采购部	徐晓辉	张宏亮	1,090.00	1,090.00
2	□		2025-01-02	采购专用发票	62163891	大连博伦表业有限公司	采购部	徐晓辉	张宏亮	5,011,098.00	5,011,098.00
3	小计										5,012,188.00	5,012,188.00
4	合计									5,012,188.00	5,012,188.00

图2-34 采购发票审核

（2）生成凭证。在应付款管理系统，依次单击"凭证处理→生成凭证"菜单，系统弹出"制单查询"对话框，如图2-35所示。单击"确定"按钮，打开"生成凭证"窗口，如图2-36所示。依次单击"合并""制单"按钮，生成一张记账凭证，单击"保存"按钮。关闭当前已打开的窗口。

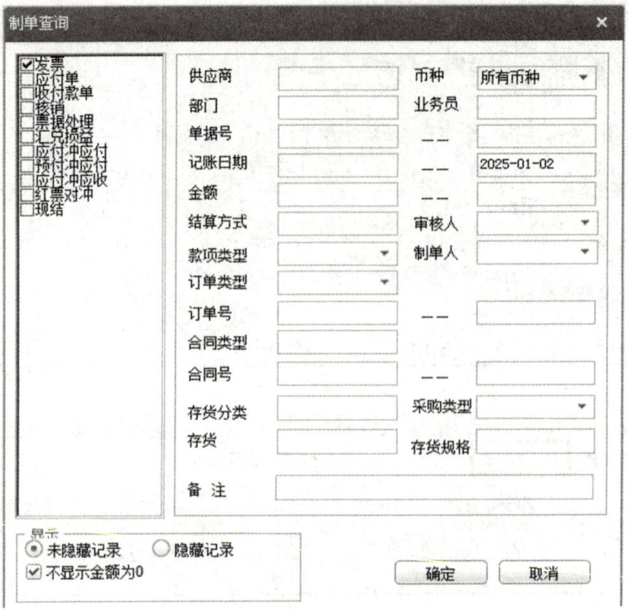

图2-35　"制单查询"对话框

发票列表

	凭证类别	记账凭证		制单日期	2025-01-02				共 2 条

选择标志	凭证类别	单据类型	单据号	日期	供应商编码	供应商名称	部门	业务员	金额
	记账凭证	采购专用发票	17208220	2025-01-02	202	大连博伦表业有限公司	采购部	徐晓辉	1,090.00
	记账凭证	采购专用发票	62163891	2025-01-02	202	大连博伦表业有限公司	采购部	徐晓辉	5,011,098.00

图2-36　"生成凭证"窗口

借：在途物资　　　　　　　　　　　　　　　4 435 600.00
　　应交税费/应交增值税/进项税额　　　　　 576 588.00
　　贷：应付账款/一般应付账款（大连博伦）　　　　 1 090.00
　　　　应付账款/一般应付账款（大连博伦）　　　 5 011 098.00

8.正常单据记账，生成凭证

（1）正常单据记账。在供应链的"存货核算"子系统，依次单击"记账→正常单据记账"菜单，系统打开"未记账单据一览表"窗口，单击窗口左下角的"查询"按钮，系统显示未记账单据，如图2-37所示。单击入库单RK01002的"选择"栏，或单击工具栏的"全选"按钮，再单击工具栏的"记账"按钮，系统弹出信息框提示记账成功，单击其"确定"按钮，完成记账工作，关闭并退出该窗口。

正常单据记账列表

	日期	单据号	存货编码	存货名称	单据类型	仓库名称	收发类别	数量	单价	金额
☐	2025-01-02	RK01002	1202	博伦男表	采购入库单	手表仓	采购入库	500.00	2,851.05	1,425,526.32
☐	2025-01-02	RK01002	1203	博伦情侣表	采购入库单	手表仓	采购入库	450.00	6,689.05	3,010,073.68
小计								950.00		4,435,600.00

图2-37　正常单据记账列表

（2）生成凭证。在"存货核算"子系统，依次单击"凭证处理→生成凭证"菜单，系统打开"生成凭证"窗口。单击工具栏的"选单"按钮，系统弹出"查询条件-生成凭证查询条件"对话框，单击"确定"按钮，系统打开"选择单据"窗口。单击工具栏的"全选"按钮，选中已记账的采购入库单，再单击工具栏的"确定"按钮，系统自动关闭"选择单据"窗口并返回"生成凭证"窗口，如图2-38所示。

选择	单据类型	业务类型	单据号	摘要	科目类型	科目编码	科目名称	借方金额	贷方金额	借方数量	贷方数量	科目方向	存货编码
1	采购入库单	普通采购	RKD1002	采购入库单	存货	1405	库存商品	1,425,526.32		500.00		1	1202
					对方	1402	在途物资		1,425,526.32		500.00	2	1202
					存货	1405	库存商品	3,010,073.68		450.00		1	1203
					对方	1402	在途物资		3,010,073.68		450.00	2	1203
合计								4,435,600.00	4,435,600.00				

图2-38 "生成凭证"窗口

单击工具栏的"合并制单"按钮，系统打开"填制凭证"窗口并自动生成凭证。单击工具栏的"保存"按钮，保存此凭证。关闭并退出窗口。

借：库存商品　　　　　　　　　　　　　　　　　　　　　　4 435 600.00
　　贷：在途物资　　　　　　　　　　　　　　　　　　　　　　　　　4 435 600.00

9.付款单据录入

2025年1月3日，由贺青春（W03）登录企业应用平台。在U8企业应用平台，依次单击"业务工作→财务会计→应付款管理→付款处理→付款单据录入"菜单，打开"付款单据录入"窗口，根据图2-22填制付款单，填制完毕单击"保存"按钮，结果如图2-39所示。

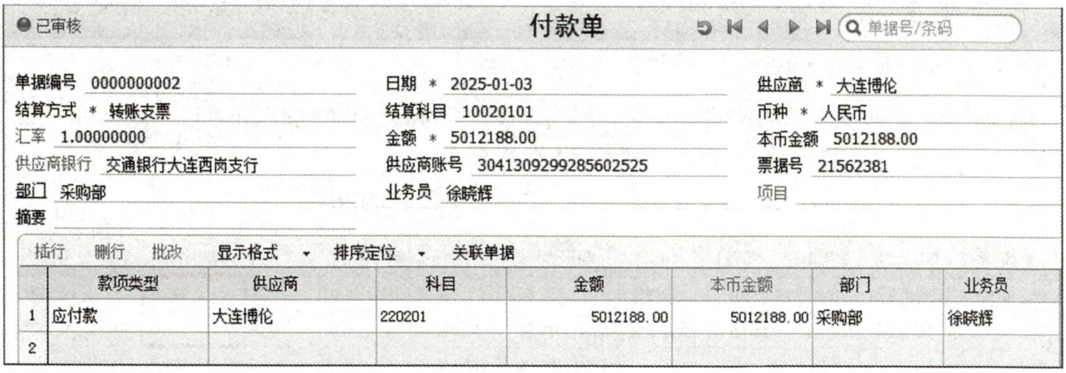

	款项类型	供应商	科目	金额	本币金额	部门	业务员
1	应付款	大连博伦	220201	5012188.00	5012188.00	采购部	徐晓辉
2							

图2-39 付款单

10.付款单据审核、手工核销和生成凭证

2025年1月3日，由赵凯杰（W02）登录企业应用平台。

（1）付款单据审核。在U8企业应用平台，依次单击"业务工作→财务会计→应付款管理→付款处理→付款单据审核"菜单，打开"付款单据审核"窗口。单击窗口左下角的"查询"按钮，选中3日支付大连博伦货款的付款单并审核，如图2-40所示。审核完毕关闭该窗口。

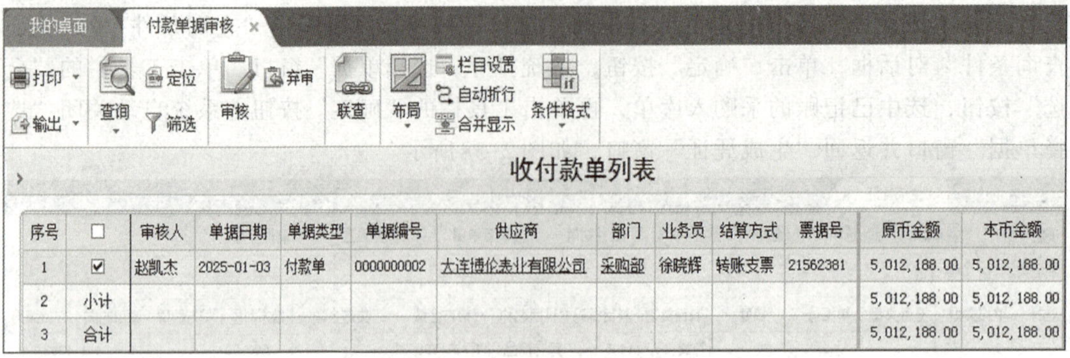

图2-40　付款单据审核

（2）手工核销。在应付款管理系统，依次单击"核销处理→手工核销"菜单，系统弹出"核销条件"对话框，选择供应商"大连博伦表业有限公司"，即供应商编码202，如图2-41所示。单击"确定"，打开"手工核销"窗口，采购专用发票的本次结算金额分别输入"1090""5011098"，如图2-42所示，单击"确认"，退出当前窗口。

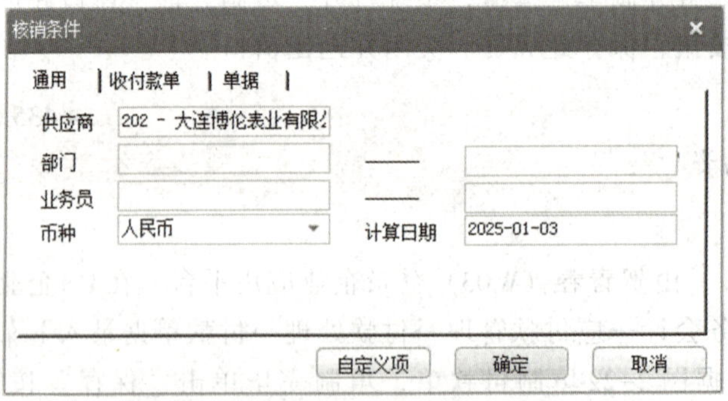

图2-41　"核销条件"对话框

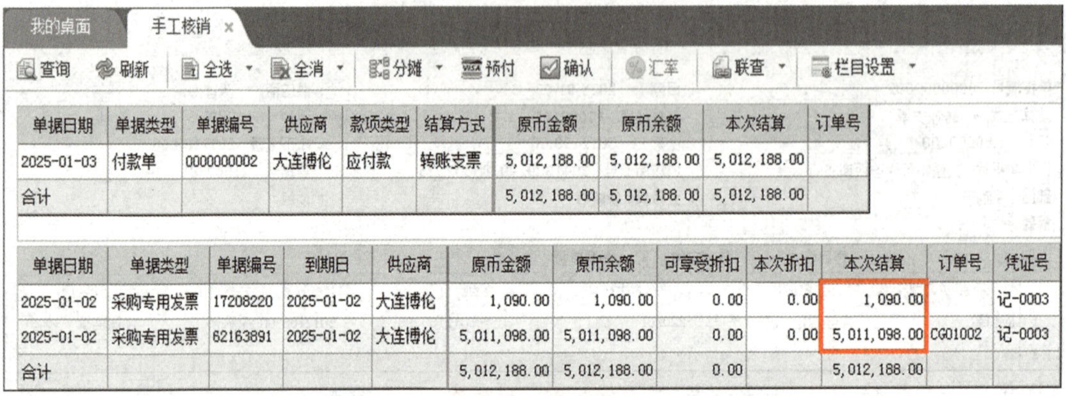

图2-42　"手工核销"窗口

（3）生成凭证。在应付款管理系统，依次单击"凭证处理→生成凭证"菜单，系统弹出"制单查询"对话框，选中"收付款单""核销"，如图2-43所示，单击"确定"，打开"生成凭证"窗口，如图2-44所示。依次单击"合并""制单"按钮，生成一张记账凭证，单击"保存"按钮。

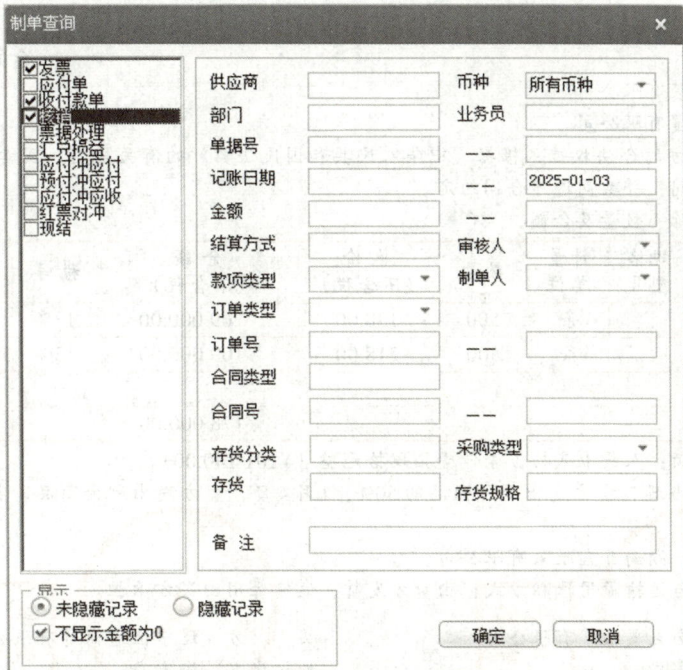

图2-43 "制单查询"对话框

图2-44 "生成凭证"窗口

借：应付账款/一般应付账款（大连博伦）　　　　　　　　　　　　1 090.00

　　应付账款/一般应付账款（大连博伦）　　　　　　　　　　　5 011 098.00

贷：银行存款/中国工商银行/沈阳皇姑支行　　　　　　　　　　5 012 188.00

2.2.3　分批入库的采购业务

──────────【实验资料】

2025年1月3日，采购部张宏亮与湖南百盛服装有限公司（简称湖南百盛）签订购销合同。当日，我公司收到第一批货物。

2025年1月4日，我公司收到第二批货物，全部办理入库，取得对方开具的增值税专用发票。我公司通过电汇方式支付全部货款。

相关凭证如图2-45至图2-49所示。

购销合同

合同编号：CG01003

卖方：湖南百盛服装有限公司

买方：辽宁恒通商贸有限公司

为保护买卖双方的合法权益，根据《中华人民共和国民法典》的有关规定，买卖双方经友好协商，一致同意签订本合同，并共同遵守合同约定。

一、货物的名称、数量及金额：

货物名称	规格型号	计量单位	数量	单价（不含税）	金额（不含税）	税率	税额
百盛牛仔裤		条	500	138.00	69 000.00	13%	8 970.00
百盛休闲裤		条	500	218.00	109 000.00	13%	14 170.00
合 计					¥178 000.00		¥23 140.00

二、合同总金额：人民币贰拾万壹仟壹佰肆拾元整（¥201 140.00）。

三、签订合同当日，卖方发出两种商品的50%，1月4日，卖方发出剩余商品，买方以电汇方式支付全部尾款。

四、交货地点：湖南百盛服装有限公司。

五、发运方式与运输费用承担方式：由卖方发货，运输费用由买方承担。

卖　　方：湖南百盛服装有限公司　　　　　买　　方：辽宁恒通商贸有限公司

授权代表：王志广　　　　　　　　　　　　授权代表：张宏亮

日　　期：2025年1月3日　　　　　　　　日　　期：2025年1月3日

图2-45　购销合同

入库单

供应商：湖南百盛　　　　　2025 年 1 月 3 日　　　　　单号：RK01003

验收仓库	存货编码	存货名称	单位	数量 应收	数量 实收	单价	金额
服装仓	1103	百盛牛仔裤	条	250	250		
服装仓	1102	百盛休闲裤	条	250	250		
合 计							

部门经理：略　　　　会计：略　　　　仓库：略　　　　经办人：略

图2-46　入库单

入库单

供应商：湖南百盛　　　　　2025 年 1 月 4 日　　　　　单号：RK01004

验收仓库	存货编码	存货名称	单位	数量 应收	数量 实收	单价	金额
服装仓	1103	百盛牛仔裤	条	250	250		
服装仓	1102	百盛休闲裤	条	250	250		
合 计							

部门经理：略　　　　会计：略　　　　仓库：略　　　　经办人：略

图2-47　入库单

电子发票（增值税专用发票）

发票号码：25432000000083051433
开票日期：2025 年 01 月 04 日

购买方信息	名称：辽宁恒通商贸有限公司 统一社会信用代码/纳税人识别号：91210105206917583A	销售方信息	名称：湖南百盛服装有限公司 统一社会信用代码/纳税人识别号：91430105276531895L

项目名称	规格型号	单位	数量	单价	金额	税率/征收率	税额
*服装*百盛牛仔裤		条	500	138.00	69 000.00	13%	8 970.00
*服装*百盛休闲裤		条	500	218.00	109 000.00	13%	14 170.00
合　计					¥178 000.00		¥23 140.00

价税合计（大写）	⊗ 贰拾万壹仟壹佰肆拾元整	（小写）¥201 140.00

备注	购买方开户银行：中国工商银行沈阳皇姑支行　　银行账号：2107024015890035666 销售方开户银行：中国银行长沙开福支行　　　　银行账号：1012093710651047815

开票人：温艳

图2-48　增值税专用发票

中国工商银行　电汇凭证（回单）　1　36257059

☑普通　□加急　　　委托日期 2025 年 1 月 4 日

汇款人	全　称	辽宁恒通商贸有限公司	收款人	全　称	湖南百盛服装有限公司
	账　号	2107024015890035666		账　号	1012093710651047815
	开户银行	中国工商银行沈阳皇姑支行		开户银行	中国银行长沙开福支行

金额	人民币（大写）	贰拾万壹仟壹佰肆拾元整	亿	千	百	十	万	千	百	十	元	角	分
					¥	2	0	1	1	4	0	0	0

转讫（7）

支付密码

附加信息及用途：货款

复核　　记账

此联为汇出行给汇款人的回单

图2-49　电汇付款凭证

【实验过程概览】

本业务的操作过程概览见表2-4。

表 2-4　　　　　　　　　　　　　　实验过程概览

序号	操作日期	操作员	系统	操作内容
1	2025-01-03	G01 张宏亮	采购管理	填制采购订单
2	2025-01-03	G01 张宏亮	采购管理	参照采购订单生成第一批货物的到货单
3	2025-01-03	C01 李泽伟	库存管理	参照到货单生成第一批货物的采购入库单
4	2025-01-04	G01 张宏亮	采购管理	参照采购订单生成第二批货物的到货单
5	2025-01-04	C01 李泽伟	库存管理	参照到货单生成第二批货物的采购入库单
6	2025-01-04	G01 张宏亮	采购管理	参照采购入库单生成采购专用发票（现付）
7	2025-01-04	W02 赵凯杰	应付款管理	采购发票审核并生成凭证
8	2025-01-04	W02 赵凯杰	存货核算	正常单据记账，生成凭证

【实验过程】

1.填制采购订单

2025年1月3日，由张宏亮（G01）登录企业应用平台。

（1）在U8企业应用平台，依次单击"业务工作→供应链→采购管理→采购订货→采购订单"菜单，打开"采购订单"窗口。单击工具栏的"增加"按钮，根据图2-45填制采购订单。

① 填制表头信息。修改表头的"订单编号"（即合同编号）为"CG01003"，"供应商"为"湖南百盛"，"业务员"为"张宏亮"，"采购类型"为"正常采购"，其他项默认。

② 填制表体信息。在第1行，选择"存货编码"为"1103"（百盛牛仔裤），输入"数量"为"250"，"原币单价"为"138"，"计划到货日期"为当日；按此方法录入第2行、第3行、第4行的货物信息（第3行、第4行的计划到货日期为1月4日）。

（2）单击工具栏的"保存"按钮，保存该单据。单击工具栏的"审核"按钮，审核该订单，结果如图2-50所示。关闭并退出该窗口。

	存货编码	存货名称	主计量	数量	原币含税单价	原币单价	原币金额	原币税额	原币价税合计	税率	计划到货日期
1	1103	百盛牛仔裤	条	250.00	155.94	138.00	34500.00	4485.00	38985.00	13.00	2025-01-03
2	1102	百盛休闲裤	条	250.00	246.34	218.00	54500.00	7085.00	61585.00	13.00	2025-01-03
3	1103	百盛牛仔裤	条	250.00	155.94	138.00	34500.00	4485.00	38985.00	13.00	2025-01-04
4	1102	百盛休闲裤	条	250.00	246.34	218.00	54500.00	7085.00	61585.00	13.00	2025-01-04
5											

（采购订单表头信息：业务类型 普通采购；订单日期 2025-01-03；订单编号 CG01003；采购类型 正常采购；供应商 湖南百盛；部门 采购部；业务员 张宏亮；税率 13.00；付款条件；币种 人民币；汇率 1；备注）

图2-50 采购订单

2.参照采购订单生成第一批货物的到货单

在"采购管理"子系统，依次单击"采购到货→到货单"菜单，打开"到货单"窗口。执行工具栏的"增加→采购订单"命令，系统弹出"查询条件-单据列表过滤"对话框，单击"确定"按钮，系统弹出"拷贝并执行"窗口。单击"到货单拷贝订单表头列表"中订单号"CG01003"最左侧的"选择"栏，然后选中窗口下方的前两行，如图2-51所示，单击"确定"按钮，系统返回"到货单"窗口，生成一张到货单。单击工具栏的"保存"按钮，保存该单据。单击工具栏的"审核"按钮，审核该单据，结果如图2-52所示，关闭并退出该窗口。

3.参照到货单生成第一批货物的采购入库单

2025年1月3日，由李泽伟（C01）登录企业应用平台。在U8企业应用平台，依次单击"业务工作→供应链→库存管理→采购入库→采购入库单"菜单，系统打开"采购入库单"窗口。执行工具栏的"增加→采购→采购到货单"命令，系统弹出"查询条件-采购到货单列表"对话框，单击"确定"按钮，系统打开"到货单生单列表"窗口。单击要选择的到货单所对应的"选择"栏（即上一步骤完成的到货单），如图2-53所示，再单击工具栏的"确定"按钮，系统返回"采购入库单"窗口。

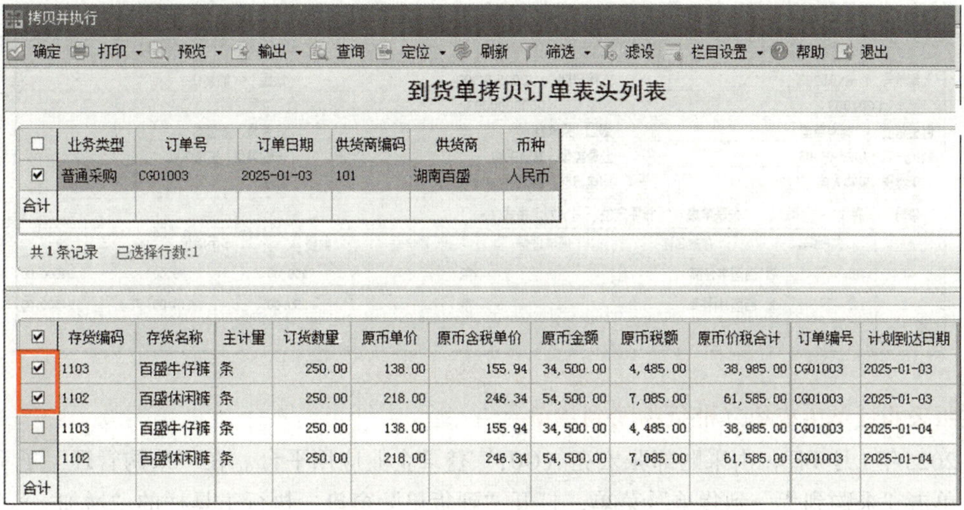

图2-51 "拷贝并执行"窗口

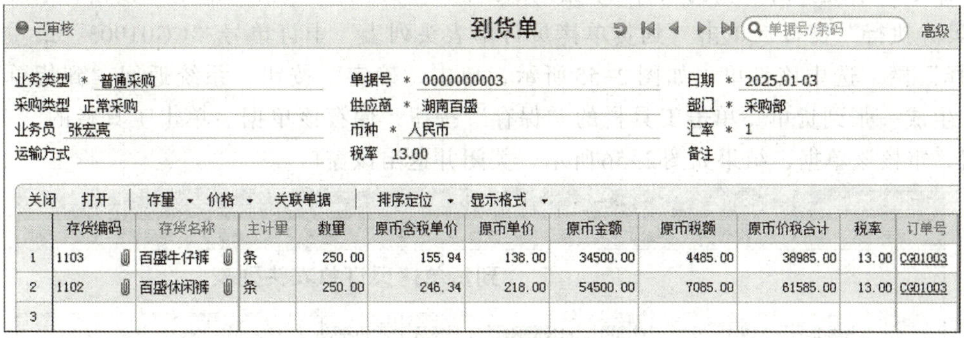

图2-52 到货单

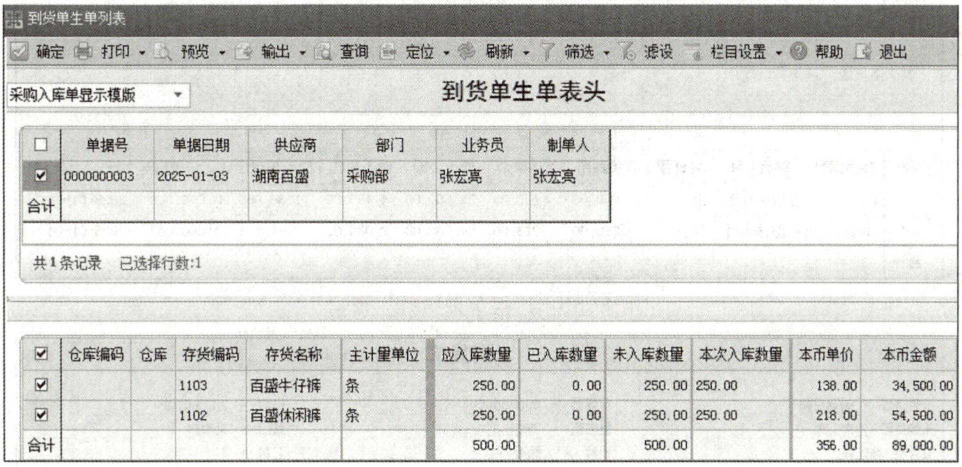

图2-53 "到货单生单列表"窗口

根据图2-46，修改采购入库单表头项目"入库单号"为"RK01003"，"仓库"选择"服装仓"，其他项默认。单击工具栏的"保存"按钮，保存该单据。再单击工具栏的"审核"按钮，系统提示"该单据审核成功！"，单击"确定"按钮，该单据审核通过，结果如图2-54所示。关闭并退出该窗口。

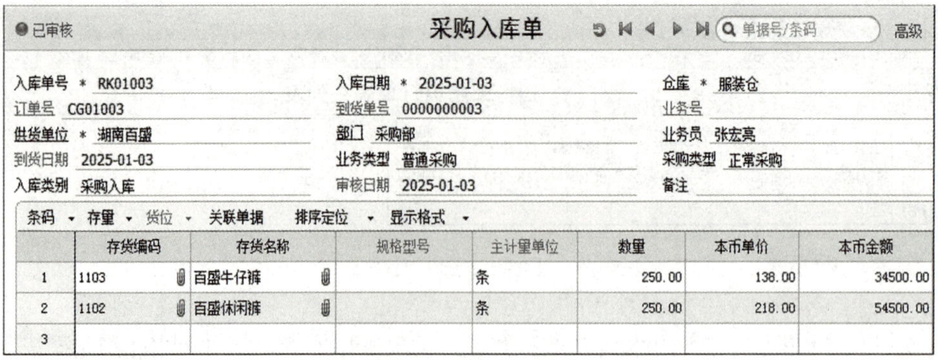

图2-54 采购入库单

4.参照采购订单生成第二批货物的到货单

2025年1月4日，由采购部张宏亮（G01）登录企业应用平台。在"采购管理"子系统，依次单击"采购到货→到货单"菜单，打开"到货单"窗口。执行工具栏的"增加→采购订单"命令，系统弹出"查询条件-单据列表过滤"对话框，单击"确定"按钮，系统弹出"拷贝并执行"窗口。单击"到货单拷贝订单表头列表"中订单号"CG01003"最左侧的"选择"栏，选中该订单，如图2-55所示，单击"确定"按钮，系统返回"到货单"窗口，生成一张到货单。单击工具栏的"保存"按钮，保存该单据。单击工具栏的"审核"按钮，审核该单据，结果如图2-56所示，关闭并退出该窗口。

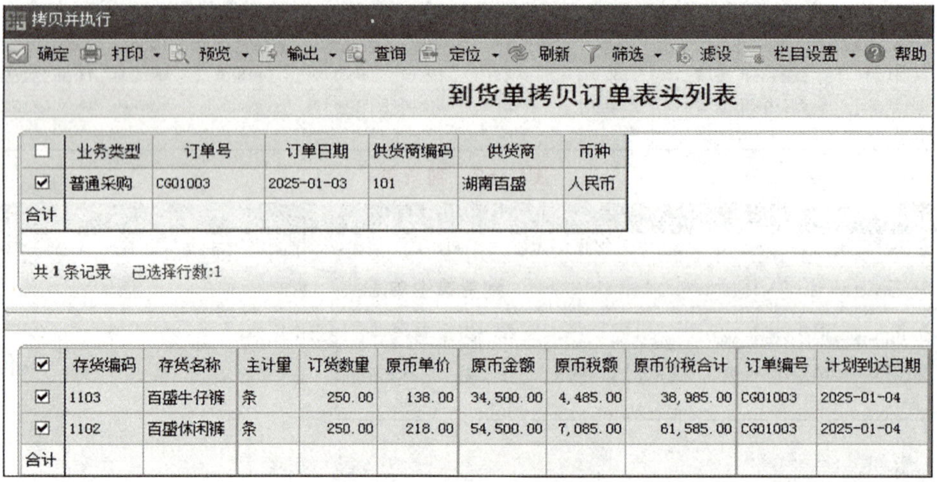

图2-55 "拷贝并执行"窗口

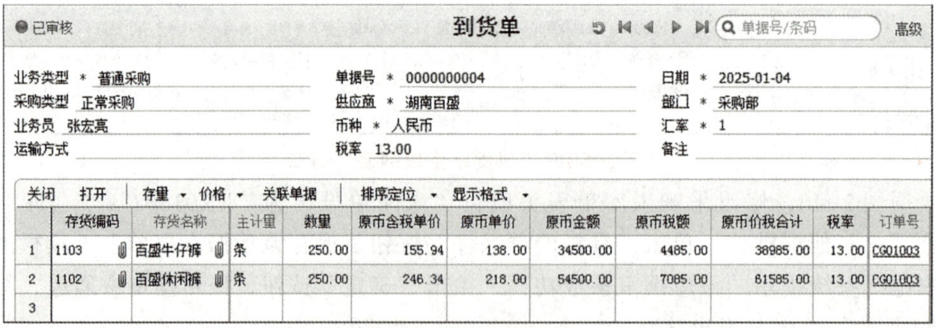

图2-56 到货单

5.参照到货单生成第二批货物的采购入库单

2025年1月4日，由李泽伟（C01）登录企业应用平台。在U8企业应用平台，依次单击"业务工作→供应链→库存管理→采购入库→采购入库单"菜单，系统打开"采购入库单"窗口。执行工具栏的"增加→采购→采购到货单"命令，系统弹出"查询条件-采购到货单列表"对话框，单击"确定"按钮，系统打开"到货单生单列表"窗口。单击要选择的到货单所对应的"选择"栏（即上一步骤完成的到货单），如图2-57所示，再单击工具栏的"确定"按钮，系统返回"采购入库单"窗口。

	单据号	单据日期	供应商	部门	业务员	制单人
☑	0000000004	2025-01-04	湖南百盛	采购部	张宏亮	张宏亮
合计						

共1条记录 已选择行数:1

	仓库编码	仓库	存货编码	存货名称	主计量单位	应入库数量	已入库数量	未入库数量	本次入库数量	本币单价	本币金额
☑			1103	百盛牛仔裤	条	250.00	0.00	250.00	250.00	138.00	34,500.00
☑			1102	百盛休闲裤	条	250.00	0.00	250.00	250.00	218.00	54,500.00
合计						500.00			500.00	356.00	89,000.00

图2-57 "到货单生单列表"窗口

根据图2-47，修改采购入库单表头项目"入库单号"为"RK01004"，"仓库"选择"服装仓"，其他项默认，结果如图2-58所示。单击工具栏的"保存"按钮，保存该单据。单击工具栏的"审核"按钮，系统提示"该单据审核成功！"，单击"确定"，该单据审核通过。关闭并退出该窗口。

采购入库单

入库单号 * RK01004	入库日期 * 2025-01-04	仓库 * 服装仓	
订单号 CG01003	到货单号 0000000004	业务号	
供货单位 湖南百盛	部门 采购部	业务员 张宏亮	
到货日期 2025-01-04	业务类型 普通采购	采购类型 正常采购	
入库类别 采购入库	审核日期 2025-01-04	备注	

	存货编码	存货名称	规格型号	主计量单位	数量	本币单价	本币金额
1	1103	百盛牛仔裤		条	250.00	138.00	34500.00
2	1102	百盛休闲裤		条	250.00	218.00	54500.00
3							

图2-58 采购入库单

6.参照采购入库单生成采购专用发票（现付）

2025年1月4日，由张宏亮（G01）登录企业应用平台。

（1）在U8企业应用平台，依次单击"业务工作→供应链→采购管理→采购发票→采购专用发票"菜单，打开"专用发票"窗口。执行工具栏的"增加→入库单"命令，系统弹出"查询条件-单据列表过滤"对话框，单击"确定"按钮。在"拷贝并执行"窗口，单击选择RK01003号、RK01004号采购入库单对应的"选择"栏，如图2-59所示，再单击工具栏的"确定"按钮，返回"专用发票"窗口，修改表头项目"发票号"为"83051433"，其他项默认。单击工具栏的"保存""复核""结算"按钮。

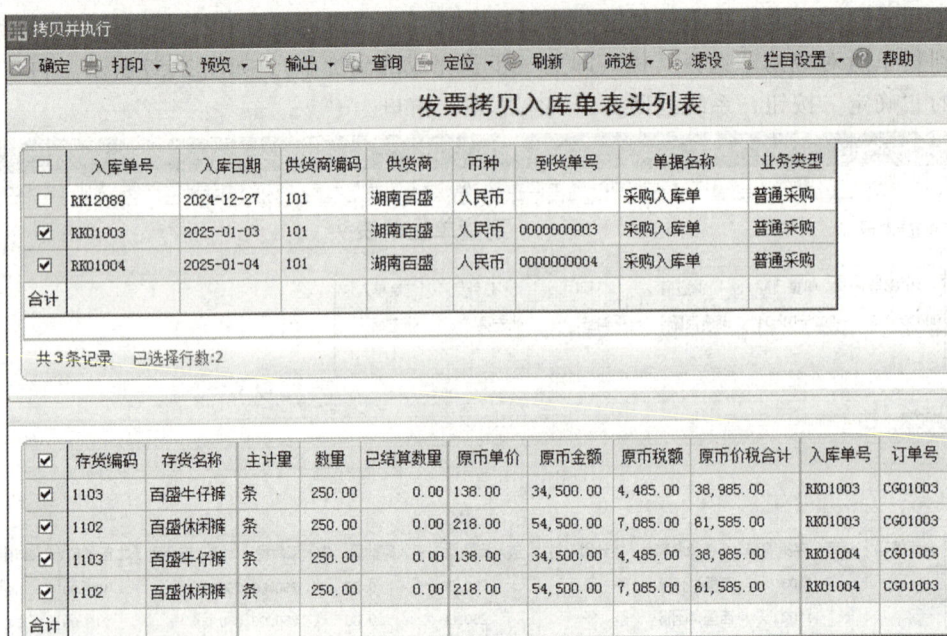

发票拷贝入库单表头列表

	入库单号	入库日期	供货商编码	供货商	币种	到货单号	单据名称	业务类型
□	RK12089	2024-12-27	101	湖南百盛	人民币		采购入库单	普通采购
☑	RKD1003	2025-01-03	101	湖南百盛	人民币	0000000003	采购入库单	普通采购
☑	RK01004	2025-01-04	101	湖南百盛	人民币	0000000004	采购入库单	普通采购
合计								

共3条记录 已选择行数:2

	存货编码	存货名称	主计量	数量	已结算数量	原币单价	原币金额	原币税额	原币价税合计	入库单号	订单号
☑	1103	百盛牛仔裤	条	250.00	0.00	138.00	34,500.00	4,485.00	38,985.00	RK01003	CG01003
☑	1102	百盛休闲裤	条	250.00	0.00	218.00	54,500.00	7,085.00	61,585.00	RK01003	CG01003
☑	1103	百盛牛仔裤	条	250.00	0.00	138.00	34,500.00	4,485.00	38,985.00	RK01004	CG01003
☑	1102	百盛休闲裤	条	250.00	0.00	218.00	54,500.00	7,085.00	61,585.00	RK01004	CG01003
合计											

图2-59 "拷贝并执行"窗口

（2）现结。单击工具栏的"现付"按钮，打开"采购现付"窗口。根据图2-49，"结算方式"选择"电汇"，"原币金额"输入"201140"，"票据号"输入"36257059"，结果如图2-60所示。单击"确定"按钮，返回专用发票窗口，结果如图2-61所示。

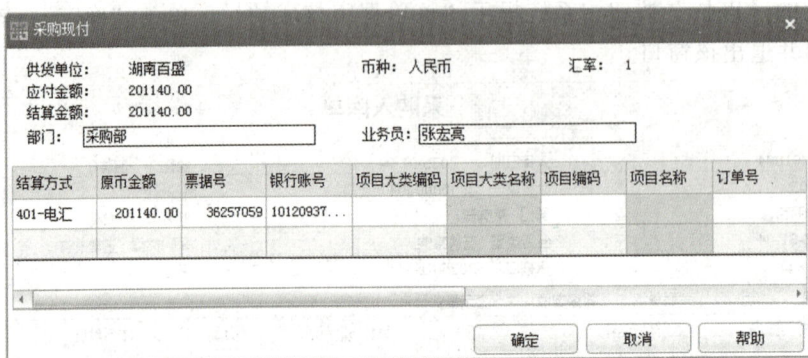

图2-60 "采购现付"窗口

7.采购发票审核并生成凭证

2025年1月4日，由赵凯杰（W02）登录企业应用平台。在U8企业应用平台，依次单击"业务工作→财务会计→应付款管理→应付处理→采购发票→采购发票审核"菜单，打开"采购发票审核"窗口。单击工具栏的"查询"按钮，系统弹出"查询条件-发票查询"对话框，"包含已现结发票"栏选择"是"，单击"确定"按钮，返回"采购发票审核"窗口。

	存货编码	存货名称	主计量	数量	原币单价	原币金额	原币税额	原币价税合计	税率	订单号
1	1103	百盛牛仔裤	条	250.00	138.00	34500.00	4485.00	38985.00	13.00	CG01003
2	1102	百盛休闲裤	条	250.00	218.00	54500.00	7085.00	61585.00	13.00	CG01003
3	1103	百盛牛仔裤	条	250.00	138.00	34500.00	4485.00	38985.00	13.00	CG01003
4	1102	百盛休闲裤	条	250.00	218.00	54500.00	7085.00	61585.00	13.00	CG01003
5										

图2-61　采购专用发票

双击"83051433"单据号，打开要审核的发票，单击工具栏的"审核"按钮，系统提示"是否立即制单?"，单击"是"，系统自动打开"填制凭证"窗口，单击工具栏的"保存"按钮。关闭并退出已打开的窗口。

> 借：在途物资　　　　　　　　　　　　　　　　　　178 000.00
>
> 　　应交税费/应交增值税/进项税额　　　　　　　　 23 140.00
>
> 　　贷：银行存款/中国工商银行/沈阳皇姑支行　　　　　　　　201 140.00

8.正常单据记账，生成凭证

（1）正常单据记账。在供应链的"存货核算"子系统，依次单击"记账→正常单据记账"菜单，系统打开"未记账单据一览表"窗口，单击窗口左下角的"查询"按钮，系统显示未记账单据。单击RK01003号、RK01004号采购入库单的"选择"栏，如图2-62所示。单击工具栏的"记账"按钮，系统弹出信息框提示记账成功，单击其"确定"按钮，完成记账工作，退出该窗口。

正常单据记账列表

	日期	单据号	存货编码	存货名称	单据类型	仓库名称	收发类别	数量	单价	金额	供应商简称
☑	2025-01-03	RK01003	1103	百盛牛仔裤	采购入库单	服装仓	采购入库	250.00	138.00	34,500.00	湖南百盛
☑	2025-01-03	RK01003	1102	百盛休闲裤	采购入库单	服装仓	采购入库	250.00	218.00	54,500.00	湖南百盛
☑	2025-01-04	RK01004	1103	百盛牛仔裤	采购入库单	服装仓	采购入库	250.00	138.00	34,500.00	湖南百盛
☑	2025-01-04	RK01004	1102	百盛休闲裤	采购入库单	服装仓	采购入库	250.00	218.00	54,500.00	湖南百盛
小计								1,000.00		178,000.00	

图2-62　正常单据记账列表

（2）生成凭证（合成）。在"存货核算"子系统，依次单击"凭证处理→生成凭证"菜单，系统打开"生成凭证"窗口。单击工具栏的"选单"按钮，系统弹出"查询条件-生成凭证查询条件"对话框，单击"确定"按钮，系统打开"选择单据"窗口，单击工具栏的"全选"按钮，选中已记账的采购入库单，再单击工具栏的"确定"按钮，系统自动关闭"选择单据"窗口并返回"生成凭证"窗口，如图2-63所示。

图2-63 "生成凭证"窗口

单击工具栏的"合并制单"按钮，系统打开"填制凭证"窗口并自动生成凭证。单击工具栏的"保存"按钮，生成一张记账凭证，保存此凭证。

借：库存商品	178 000.00
贷：在途物资	178 000.00

2.2.4 分仓库入库的现金折扣业务

【实验资料】

2025年1月4日，采购部徐晓辉与天津惠阳商贸有限公司（简称天津惠阳）签订购销合同。当日，收到对方发来的全部商品及增值税专用发票，货物均已办理入库。

2025年1月5日，支付天津惠阳货款。（付款单）

相关凭证如图2-64至图2-68所示。

购销合同

合同编号：CG01004

卖方：天津惠阳商贸有限公司
买方：辽宁恒通商贸有限公司

为保护买卖双方的合法权益，根据《中华人民共和国民法典》的有关规定，买卖双方经友好协商，一致同意签订本合同，并共同遵守合同约定。

一、货物的名称、数量及金额：

货物名称	规格型号	计量单位	数量	单价（不含税）	金额（不含税）	税率	税额
嘉伟羽绒服		件	200	600.00	120 000.00	13%	15 600.00
恒久情侣表		对	100	8 000.00	800 000.00	13%	104 000.00
合计					¥920 000.00		¥119 600.00

二、合同总金额：人民币壹佰零叁万玖仟陆佰元整（¥1 039 600.00）。

三、签订合同当日，卖方发出全部商品并开具增值税专用发票，信用条件：3/10，1.5/20，n/30（按不含税价款计算）。结算方式：电汇。

四、交货地点：辽宁恒通商贸有限公司。

五、发运方式与运输费用承担方式：由卖方发货并承担运输费用。

卖　方：天津惠阳商贸有限公司
授权代表：张进
日　期：2025年1月4日

买　方：辽宁恒通商贸有限公司
授权代表：徐晓辉
日　期：2025年1月4日

图2-64 购销合同

入库单

供应商 天津惠阳					2025 年 1 月 4 日			单号：RK01005
验收仓库	存货编码	存货名称	单位	数量		单价	金额	
				应收	实收			
服装仓	1153	嘉伟羽绒服	件	200	200			
		合　计						

部门经理：略　　　　会计：略　　　　仓库：略　　　　经办人：略

图2-65　入库单

入库单

供应商 天津惠阳					2025 年 1 月 4 日			单号：RK01006
验收仓库	存货编码	存货名称	单位	数量		单价	金额	
				应收	实收			
手表仓	1253	恒久情侣表	对	100	100			
		合　计						

部门经理：略　　　　会计：略　　　　仓库：略　　　　经办人：略

图2-66　入库单

电子发票（增值税专用发票）

发票号码：25122000000032307931
开票日期：2025 年 01 月 04 日

购买方信息	名称：辽宁恒通商贸有限公司 统一社会信用代码/纳税人识别号：91210105206917583A	销售方信息	名称：天津惠阳商贸有限公司 统一社会信用代码/纳税人识别号：91120104572036908U

项目名称	规格型号	单位	数量	单价	金额	税率/征收率	税额
*服装*嘉伟羽绒服		件	200	600.00	120 000.00	13%	15 600.00
*手表*恒久情侣表		对	100	8 000.00	800 000.00	13%	104 000.00
合　计					¥920 000.00		¥119 600.00

价税合计（大写）	⊗ 壹佰零叁万玖仟陆佰元整	（小写）¥1 039 600.00

备注	购买方开户银行：中国工商银行沈阳皇姑支行　　银行账号：2107024015890035666 销售方开户银行：华夏银行天津南开支行　　　　银行账号：2806725046208670931

开票人：李丹

图2-67　增值税专用发票

中国工商银行 电汇凭证（回单）

1   36257060

☑普通 □加急   委托日期 2025年1月5日

汇款人	全称	辽宁恒通商贸有限公司	收款人	全称	天津惠阳商贸有限公司
	账号	2107024015890035666		账号	2806725046208670931
	开户银行	中国工商银行沈阳皇姑支行		开户银行	华夏银行天津南开支行

金额	人民币（大写）	壹佰零壹万贰仟元整		亿 千 百 十 万 千 百 十 元 角 分
				¥ 1 0 1 2 0 0 0 0 0

中国工商银行沈阳皇姑支行
2025.01.05
转讫（7）

支付密码

附加信息及用途：货款

复核   记账

此联为汇出行给汇款人的回单

图2-68 电汇付款凭证

【实验过程概览】

本业务的操作过程概览见表2-5。

表2-5   实验过程概览

序号	操作日期	操作员	系统	操作内容
1	2025-01-04	G01张宏亮	采购管理	填制采购订单
2	2025-01-04	G01张宏亮	采购管理	参照采购订单生成到货单
3	2025-01-04	C01李泽伟	库存管理	参照到货单批量生成采购入库单
4	2025-01-04	G01张宏亮	采购管理	参照采购入库单生成采购专用发票
5	2025-01-04	W02赵凯杰	应付款管理	采购发票审核并生成凭证
6	2025-01-04	W02赵凯杰	存货核算	正常单据记账，生成凭证
7	2025-01-05	W03贺青春	应付款管理	付款单据录入
8	2025-01-05	W02赵凯杰	应付款管理	付款单据审核、手工核销和生成凭证

【实验过程】

1.填制采购订单

2025年1月4日，由张宏亮（G01）登录企业应用平台。

（1）在U8企业应用平台，依次单击"业务工作→供应链→采购管理→采购订货→采购订单"菜单，打开"采购订单"窗口。单击工具栏的"增加"按钮，根据图2-64填制采购订单。

① 填制表头信息。修改表头的"订单编号"（即合同编号）为"CG01004"，"供应商"为"天津惠阳"，"业务员"为"徐晓辉"，付款条件为"3/10，1.5/20，n/30"，"采购类型"为"正常采购"，其他项默认。

② 填制表体信息。在第1行，选择"存货编码"为"1153"（嘉伟羽绒服），输入"数量"为"200"，"原币单价"为"600"，"计划到货日期"为当日；按此方法录入第2行的

分仓库入库的现金折扣业务

货物信息。

（2）单击工具栏的"保存"按钮，保存该单据。单击工具栏的"审核"按钮，审核该订单，结果如图2-69所示。关闭并退出该窗口。

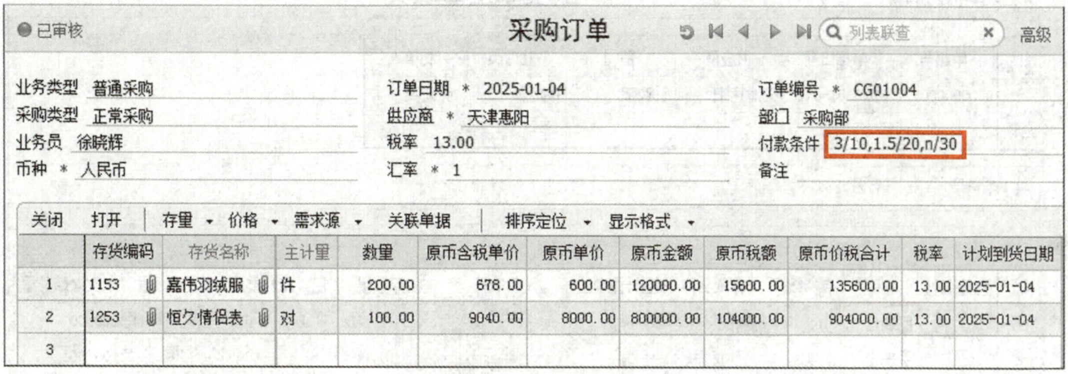

图2-69 采购订单

2.参照采购订单生成到货单

在"采购管理"子系统，依次单击"采购到货→到货单"菜单，打开"到货单"窗口。执行工具栏的"增加→采购订单"命令，系统弹出"查询条件-单据列表过滤"对话框，单击"确定"按钮，系统弹出"拷贝并执行"窗口。单击"到货单拷贝订单表头列表"中订单号"CG01004"最左侧的"选择"栏，选中该订单，单击"确定"按钮，系统返回"到货单"窗口，生成一张到货单。单击工具栏的"保存"按钮，保存该单据。单击工具栏的"审核"按钮，审核该单据，结果如图2-70所示，关闭并退出该窗口。

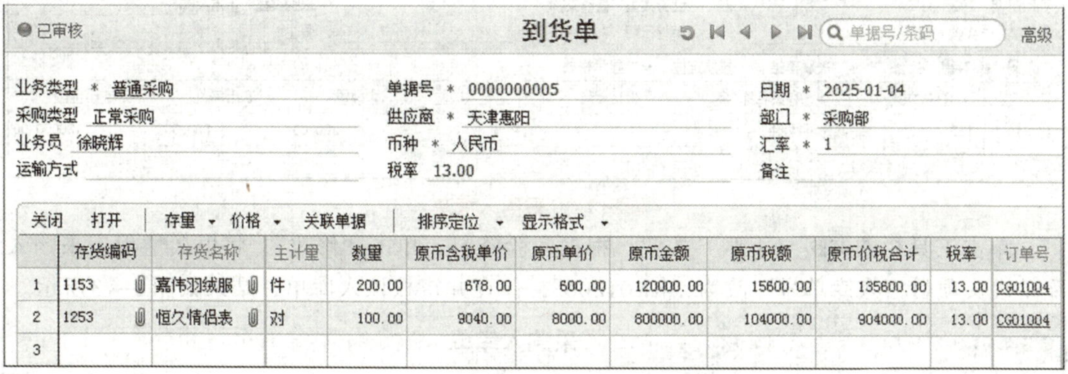

图2-70 到货单

3.参照到货单批量生成采购入库单

2025年1月4日，由李泽伟（C01）登录企业应用平台。在U8企业应用平台，依次单击"业务工作→供应链→库存管理→采购入库→采购到货批量入库"菜单，系统弹出"查询条件-采购到货单列表"对话框，单击"确定"按钮，系统打开"到货单生单列表"窗口。单击要选择的到货单所对应的"选择"栏（即上一步骤完成的到货单）。在窗口下方嘉伟羽绒服那一行的仓库选择"服装仓"，恒久情侣表那一行的仓库选择"手表仓"，如图2-71所示。单击工具栏的"确定"按钮，系统提示"生单成功！"，单击"确定"按钮，系统提示"是否查看生成单据的列表？"，单击"是"按钮，系统打开"采购入库单列表"窗口。双击嘉伟羽绒服的"入库单号"栏，打开该采购入库单。

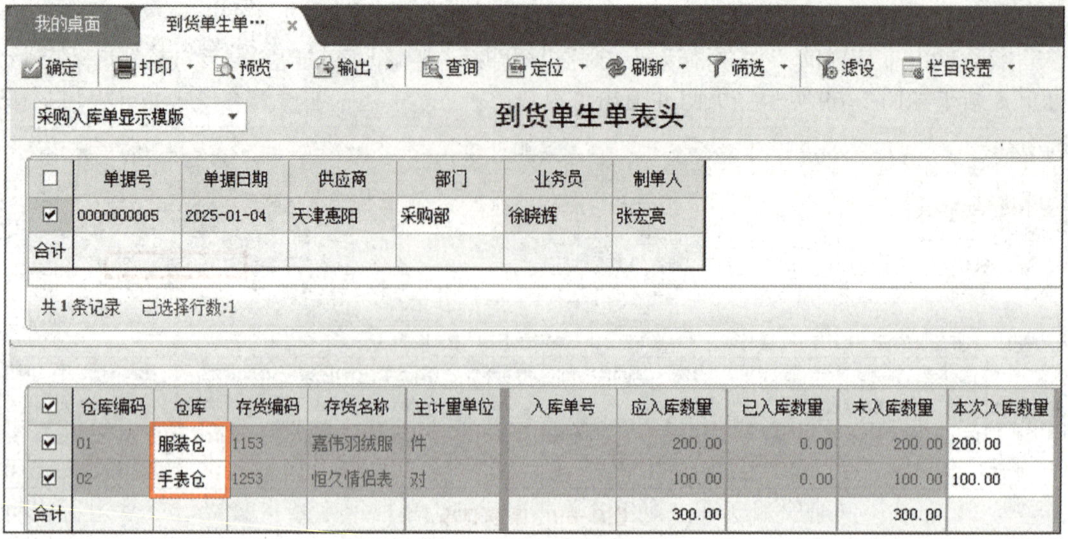

图2-71 "到货单生单列表"窗口

根据实验资料，单击"修改"按钮，将服装仓采购入库单表头项目"入库单号"改为"RK01005"，保存并审核该入库单，结果如图2-72所示。

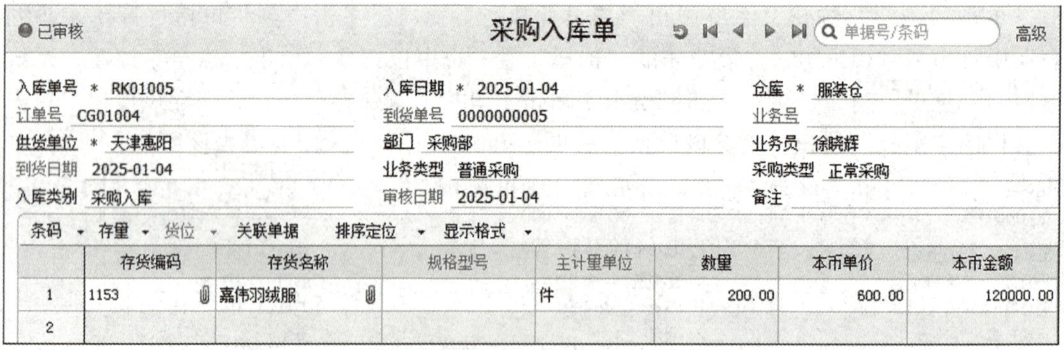

图2-72 采购入库单

单击工具栏的"▶"（下张）按钮，根据实验资料，单击"修改"，将恒久情侣表采购入库单表头项目"入库单号"改为"RK01006"，保存并审核该入库单，结果如图2-73所示。

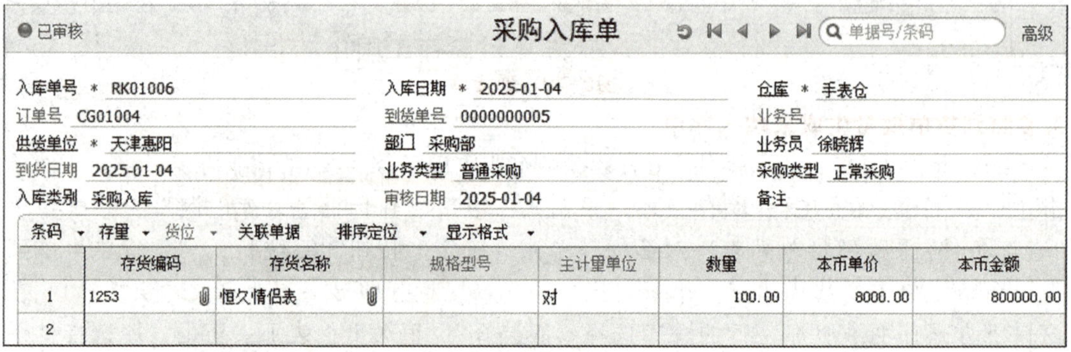

图2-73 采购入库单

4.参照采购入库单生成采购专用发票

2025年1月4日，由张宏亮（G01）登录企业应用平台。在U8企业应用平台，依次单击"业务工作→供应链→采购管理→采购发票→采购专用发票"菜单,打开"专用发票"窗口。执行工具栏的"增加→入库单"命令,系统弹出"查询条件-单据列表过滤"对话框,单击"确定"按钮。在"拷贝并执行"窗口,单击选择RK01005号、RK01006号采购入库单对应的"选择"栏,再单击工具栏的"确定"按钮,返回"专用发票"窗口,修改表头项目"发票号"为"32307931",其他项默认。依次单击工具栏的"保存""复核""结算"按钮,如图2-74所示。

◎已复核 已结算			专用发票		↻ ⏮ ◀ ▶ ⏭	Q 单据号/条码		高级

业务类型	普通采购			发票类型	* 专用发票		发票号	* 32307931
开票日期	* 2025-01-04			供应商	* 天津惠阳		代垫单位	* 天津惠阳
采购类型	正常采购			税率	13.00		部门名称	采购部
业务员	徐晓辉			币种	* 人民币		汇率	* 1
发票日期				付款条件	3/10,1.5/20,n/30		备注	

存量 ▾	价格	关联单据		排序定位 ▾	显示格式 ▾							
	存货编码	存货名称		主计量	数量	原币单价	原币金额	原币税额	原币价税合计	税率	订单号
1	1153	嘉伟羽绒服		件	200.00	600.00	120000.00	15600.00	135600.00	13.00	CG01004
2	1253	恒久情侣表		对	100.00	8000.00	800000.00	104000.00	904000.00	13.00	CG01004
3											

图2-74 采购专用发票

5. 采购发票审核并生成凭证

2025年1月4日,由赵凯杰(W02)登录企业应用平台。在U8企业应用平台,依次单击"业务工作→财务会计→应付款管理→应付处理→采购发票→采购发票审核"菜单,打开"采购发票审核"窗口。单击工具栏的"查询"按钮,系统弹出"查询条件-发票查询"对话框,单击"确定"按钮,返回"采购发票审核"窗口。

双击"32307931"单据号,打开要审核的发票,单击工具栏的"审核"按钮,系统提示"是否立即制单?",单击"是",系统自动打开"填制凭证"窗口,单击工具栏的"保存"按钮。关闭并退出已打开的窗口。

借:在途物资   920 000.00
　　应交税费/应交增值税/进项税额   119 600.00
　　贷:应付账款/一般应付账款(天津惠阳)   1 039 600.00

6. 正常单据记账,生成凭证

(1)正常单据记账。在供应链的"存货核算"子系统,依次单击"记账→正常单据记账"菜单,系统打开"未记账单据一览表"窗口,单击窗口左下角的"查询"按钮,系统显示未记账单据。单击RK01005号、RK01006号采购入库单的"选择"栏,再单击工具栏的"记账"按钮,系统弹出信息框提示记账成功,单击其"确定"按钮,完成记账工作,退出该窗口。

(2)生成凭证。在"存货核算"子系统,依次单击"凭证处理→生成凭证"菜单,系统打开"生成凭证"窗口。单击工具栏的"选单"按钮,系统弹出"查询条件-生成凭证查询条件"对话框,单击"确定"按钮,系统打开"选择单据"窗口,单击工具栏的"全选”按钮，选中已记账的采购入库单，再单击工具栏的“确定”按钮，系统自动关闭“选择单据”窗口并返回“生成凭证”窗口，如图2-75所示。

我的桌面　生成凭证 ×

打印 · 输出　选单　删除　制单　合并制单　联查单据　摘要设置　清理互斥

凭证类别　记 记账凭证

选择	单据类型	业务类型	单据号	摘要	科目类型	科目编码	科目名称	借方金额	贷方金额	借方数量	贷方数量	存货编码
1	采购入库单	普通采购	RK01005	采购入库单	存货	1405	库存商品	120,000.00		200.00		1153
					对方	1402	在途物资		120,000.00		200.00	1153
			RK01006		存货	1405	库存商品	800,000.00		100.00		1253
					对方	1402	在途物资		800,000.00		100.00	1253
合计								920,000.00	920,000.00			

图2-75　“生成凭证”窗口

单击工具栏的“合并制单”按钮，系统打开“填制凭证”窗口并自动生成凭证。单击工具栏的“保存”按钮，生成一张记账凭证，保存此凭证，关闭并退出窗口。

借：库存商品　　920 000.00

　贷：在途物资　　920 000.00

7.付款单据录入

2025年1月5日，由贺青春（W03）登录企业应用平台。在U8企业应用平台，依次单击“业务工作→财务会计→应付款管理→付款处理→付款单据录入”菜单，打开“付款单据录入”窗口，根据图2-68填制一张付款单，填制完毕单击“保存”按钮，结果如图2-76所示。

● 已审核　　**付款单**　　单据号/条码

单据编号　0000000004	日期 * 2025-01-05	供应商 * 天津惠阳
结算方式 * 电汇	结算科目　10020101	币种 * 人民币
汇率　1	金额 * 1012000.00	本币金额　1012000.00
供应商银行　华夏银行天津南开支行	供应商账号　2806725046208670931	票据号　36257060
部门　采购部	业务员　徐晓辉	项目
摘要		

插行　删行　批改　显示格式 ·　排序定位 ·　关联单据

	款项类型	供应商	科目	金额	本币金额	部门	业务员
1	应付款	天津惠阳	220201	1012000.00	1012000.00	采购部	徐晓辉
2							

图2-76　付款单

8.付款单据审核、手工核销和生成凭证

2025年1月5日，由赵凯杰（W02）登录企业应用平台。

（1）付款单据审核。在U8企业应用平台，依次单击“业务工作→财务会计→应付款管理→付款处理→付款单据审核”菜单，打开“付款单据审核”窗口，单击窗口左下角的“查询”按钮。选中5日支付天津惠阳货款的付款单并审核，如图2-77所示。审核完毕关闭该窗口。

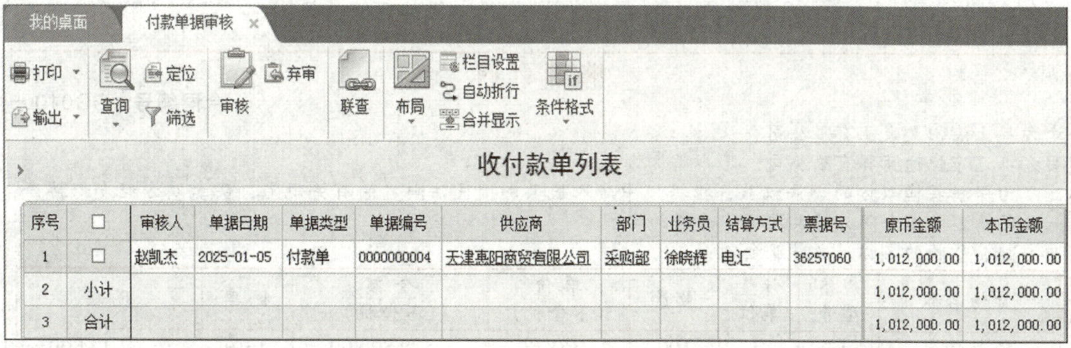

序号	☐	审核人	单据日期	单据类型	单据编号	供应商	部门	业务员	结算方式	票据号	原币金额	本币金额
1	☐	赵凯杰	2025-01-05	付款单	0000000004	天津惠阳商贸有限公司	采购部	徐晓辉	电汇	36257060	1,012,000.00	1,012,000.00
2	小计										1,012,000.00	1,012,000.00
3	合计										1,012,000.00	1,012,000.00

图2-77 “付款单据审核”窗口

（2）手工核销。在应付款管理系统，依次单击“核销处理→手工核销”菜单，系统弹出“核销条件”对话框，供应商选择“天津惠阳”，单击“确定”，打开“手工核销”窗口，在采购专用发票的“本次折扣”栏输入“27600”，“本次结算”栏输入“1012000”，如图2-78所示，单击“确认”，退出。

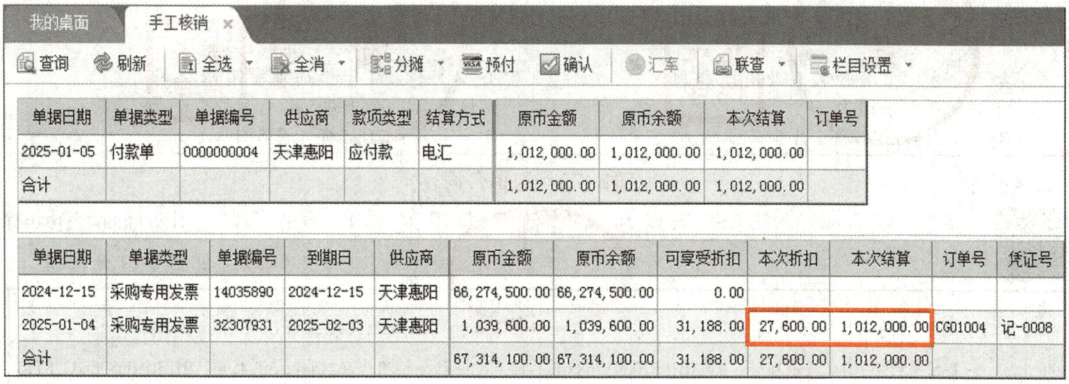

单据日期	单据类型	单据编号	供应商	款项类型	结算方式	原币金额	原币余额	本次结算	订单号
2025-01-05	付款单	0000000004	天津惠阳	应付款	电汇	1,012,000.00	1,012,000.00	1,012,000.00	
合计						1,012,000.00	1,012,000.00	1,012,000.00	

单据日期	单据类型	单据编号	到期日	供应商	原币金额	原币余额	可享受折扣	本次折扣	本次结算	订单号	凭证号
2024-12-15	采购专用发票	14035890	2024-12-15	天津惠阳	66,274,500.00	66,274,500.00	0.00				
2025-01-04	采购专用发票	32307931	2025-02-03	天津惠阳	1,039,600.00	1,039,600.00	31,188.00	27,600.00	1,012,000.00	CG01004	记-0008
合计					67,314,100.00	67,314,100.00	31,188.00	27,600.00	1,012,000.00		

图2-78 “手工核销”窗口

（3）生成凭证。在应付款管理系统，依次单击“凭证处理→生成凭证”菜单，系统弹出“制单查询”对话框，选中“收付款单”“核销”，单击“确定”，打开“生成凭证”窗口，依次单击“合并”“制单”按钮，生成一张记账凭证，将“财务费用/现金折扣”的金额改成借方红字，单击“保存”按钮。

借：应付账款/一般应付账款（天津惠阳）	1 039 600.00	
财务费用/现金折扣	−27 600.00	
贷：银行存款/中国工商银行/沈阳皇姑支行		1 012 000.00

2.2.5 先开票的采购业务

【实验资料】

2025年1月5日，采购部张宏亮与上海恒久表业有限公司（简称上海恒久）签订购销合同。当日取得对方开具的增值税专用发票。

2025年1月6日，收到上海恒久发来的货物，均已办理入库，我公司支付全部货款。（选择付款）

相关凭证如图2-79至图2-82所示。

购 销 合 同

合同编号：CG01005

卖方：上海恒久表业有限公司
买方：辽宁恒通商贸有限公司

　　为保护买卖双方的合法权益，根据《中华人民共和国民法典》的有关规定，买卖双方经友好协商，一致同意签订本合同，并共同遵守合同约定。
　　一、货物的名称、数量及金额：

货物名称	规格型号	计量单位	数量	单价（不含税）	金额（不含税）	税率	税额
恒久男表		只	100	5 188.00	518 800.00	13%	67 444.00
恒久女表		只	150	2 880.00	432 000.00	13%	56 160.00
合　计					¥950 800.00		¥123 604.00

　　二、合同总金额：人民币壹佰零柒万肆仟肆佰零肆元整（¥1 074 404.00）。
　　三、签订合同当日，卖方开具增值税专用发票。1月6日，卖方发出全部商品，买方支付货款。
　　四、交货地点：辽宁恒通商贸有限公司。
　　五、发运方式与运输费用承担方式：由卖方发货并承担运输费用。

卖　方：上海恒久表业有限公司　　　　买　方：辽宁恒通商贸有限公司
授权代表：（同）张逦欠　　　　　　　授权代表：（同）张宏亮
日　　期：2025年1月5日　　　　　　日　　期：2025年1月5日

图2-79　购销合同

电子发票（增值税专用发票）

发票号码：25312000000023108941
开票日期：2025 年 01 月 05 日

购买方信息	名称：辽宁恒通商贸有限公司　　统一社会信用代码/纳税人识别号：91210105206917583A	销售方信息	名称：上海恒久表业有限公司　　统一社会信用代码/纳税人识别号：91310106896543287T

项目名称	规格型号	单位	数量	单价	金额	税率/征收率	税额
*手表*恒久男表		只	100	5 188.00	518 800.00	13%	67 444.00
*手表*恒久女表		只	150	2 880.00	432 000.00	13%	56 160.00
合　计					¥950 800.00		¥123 604.00
价税合计（大写）	⊗ 壹佰零柒万肆仟肆佰零肆元整					（小写）¥1 074 404.00	

备注	购买方开户银行：中国工商银行沈阳皇姑支行　　银行账号：2107024015890035666　　销售方开户银行：中国银行上海静安支行　　银行账号：9517205720902010400

开票人：张茜钰

图2-80　增值税专用发票

入库单

供应商：上海恒久　　　　　　　　2025 年 1 月 6 日　　　　　　单号：RK01007

验收仓库	存货编码	交货单号	存货名称	进项	单位	数量		金额
						应收	实收	
手表仓	1252		恒久男表		只	100	100	
手表仓	1251		恒久女表		只	150	150	

图2-81　入库单

图2-82　电汇付款凭证

【实验过程概览】

本业务的操作过程概览见表2-6。

表 2-6　　　　　　　　　　　　实验过程概览

序号	操作日期	操作员	系统	操作内容
1	2025-01-05	G01 张宏亮	采购管理	填制采购订单
2	2025-01-05	G01 张宏亮	采购管理	参照采购订单生成采购专用发票
3	2025-01-05	W02 赵凯杰	应付款管理	采购发票审核并生成凭证
4	2025-01-06	G01 张宏亮	采购管理	参照采购订单生成到货单
5	2025-01-06	C01 李泽伟	库存管理	参照到货单生成采购入库单
6	2025-01-06	G01 张宏亮	采购管理	手工结算
7	2025-01-06	W03 贺青春	应付款管理	选择付款
8	2025-01-06	W02 赵凯杰	应付款管理	生成凭证
9	2025-01-06	W02 赵凯杰	存货核算	正常单据记账，生成凭证

【实验过程】

1.填制采购订单

2025年1月5日，由张宏亮（G01）登录企业应用平台。在U8企业应用平台，依次单击"业务工作→供应链→采购管理→采购订货→采购订单"菜单，打开"采购订单"窗口。在"采购订单"窗口，单击工具栏的"增加"按钮，根据图2-79填制采购订单，结果如图2-83所示。单击工具栏的"保存"按钮，单击"审核"按钮。关闭并退出该窗口。

先开票的采购业务

图2-83　采购订单

2. 参照采购订单生成采购专用发票

在 U8 企业应用平台，依次单击"业务工作→供应链→采购管理→采购发票→采购专用发票"菜单，打开"专用发票"窗口。执行工具栏的"增加→采购订单"命令，系统弹出"查询条件–单据列表过滤"对话框，单击"确定"按钮。在"拷贝并执行"窗口，单击选择 CG01005 号采购订单对应的"选择"栏，再单击工具栏的"确定"按钮，返回"专用发票"窗口。根据图2-80，修改表头项目"发票号"为"23108941"，其他项默认。单击工具栏的"保存""复核"按钮，结果如图2-84所示。

⦿ 已复核			专用发票	↺ ◀◀ ◀ ▶ ▶▶	Q 单据号/条码		高级

业务类型 普通采购	发票类型 * 专用发票	发票号 * 23108941
开票日期 * 2025-01-05	供应商 * 上海恒久	代垫单位 上海恒久
采购类型 正常采购	税率 13.00	部门名称 采购部
业务员 张宏亮	币种 * 人民币	汇率 * 1
发票日期	付款条件	备注

存量 ▾	价格 ▾	关联单据	排序定位 ▾	显示格式 ▾							
	存货编码	存货名称	主计量	数量	原币单价	原币金额	原币税额	原币价税合计	税率	订单号
1	1252	恒久男表	只	100.00	5188.00	518800.00	67444.00	586244.00	13.00	CG01005
2	1251	恒久女表	只	150.00	2880.00	432000.00	56160.00	488160.00	13.00	CG01005
3										

图2-84　采购专用发票

3. 采购发票审核并生成凭证

2025年1月5日，由赵凯杰（W02）登录企业应用平台。在 U8 企业应用平台，依次单击"业务工作→财务会计→应付款管理→应付处理→采购发票→采购发票审核"菜单，打开"采购发票审核"窗口。单击工具栏的"查询"按钮，系统弹出"查询条件–发票查询"对话框，"结算状态"栏选择"未结算完"，单击"确定"按钮，返回"采购发票审核"窗口。

双击"23108941"单据号，打开要审核的发票，单击工具栏的"审核"按钮，系统提示"是否立即制单?"，单击"是"，系统自动打开"填制凭证"窗口，单击工具栏的"保存"按钮。关闭并退出已打开的窗口。

借：在途物资	950 800.00	
应交税费/应交增值税/进项税额	123 604.00	
贷：应付账款/一般应付账款（上海恒久）		1 074 404.00

4. 参照采购订单生成到货单

2025年1月6日，由张宏亮（G01）登录企业应用平台。在"采购管理"子系统，依次单击"采购到货→到货单"菜单，打开"到货单"窗口。执行工具栏的"增加→采购订单"命令，系统弹出"查询条件–单据列表过滤"对话框，单击"确定"按钮，系统弹出"拷贝并执行"窗口。单击"到货单拷贝订单表头列表"中订单号"CG01005"最左侧的"选择"栏，选中该订单，单击"确定"按钮，系统返回"到货单"窗口，生成一张到货单。单击工具栏的"保存"按钮，保存该单据。单击工具栏的"审核"按钮，审核该单据，结果如图2-85所示，关闭并退出该窗口。

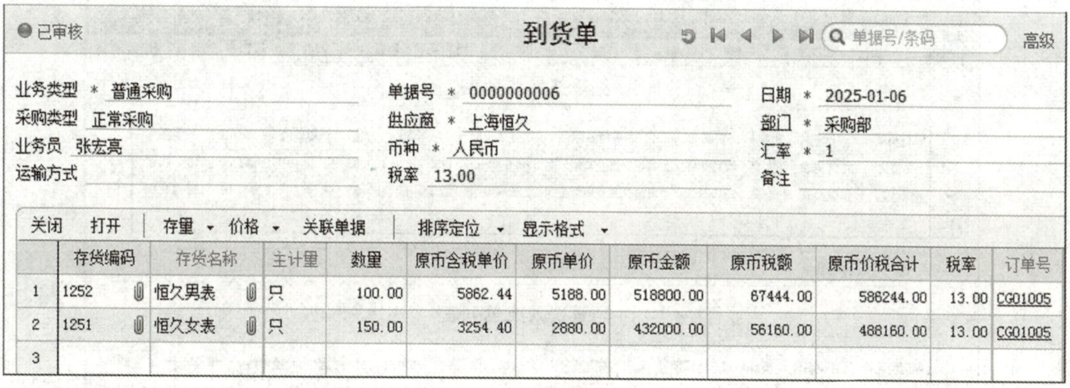

图2-85 到货单

5.参照到货单生成采购入库单

2025年1月6日，由李泽伟（C01）登录企业应用平台。在U8企业应用平台，依次单击"业务工作→供应链→库存管理→采购入库→采购入库单"菜单，系统打开"采购入库单"窗口。执行工具栏的"增加→采购→采购到货单"命令，系统弹出"查询条件-采购到货单列表"对话框，单击"确定"按钮，系统打开"到货单生单列表"窗口。单击要选择的到货单所对应的"选择"栏（即上一步骤完成的到货单），再单击工具栏的"确定"按钮，系统返回"采购入库单"窗口。

根据图2-81，修改采购入库单表头项目"入库单号"为"RK01007"，"仓库"选择为"手表仓"，其他项默认。单击工具栏的"保存"按钮，保存该单据。单击工具栏的"审核"按钮，系统提示"该单据审核成功！"，单击"确定"按钮，该单据审核通过，结果如图2-86所示。关闭并退出该窗口。

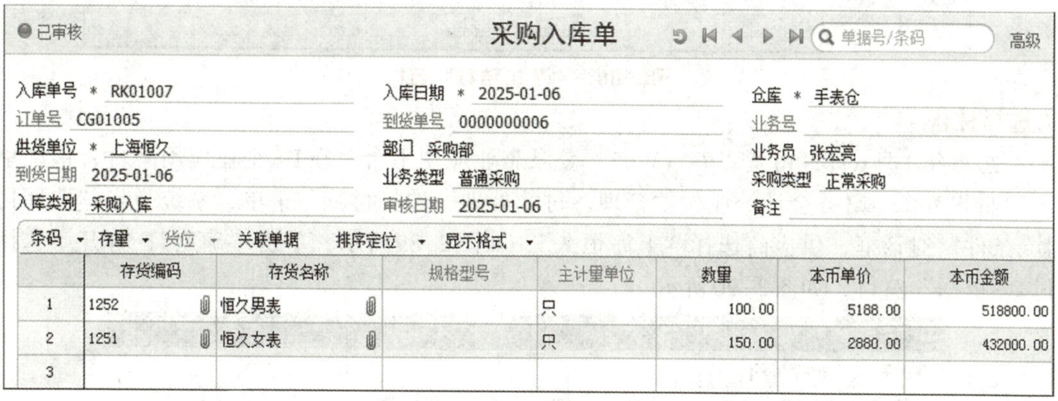

图2-86 采购入库单

6.手工结算

2025年1月6日，由张宏亮（G01）登录企业应用平台。在"采购管理"子系统，依次单击"采购结算→手工结算"，打开"手工结算"窗口。单击"选单"按钮，打开"结算选单"窗口。单击"查询"按钮，系统弹出"查询条件-采购手工结算"对话框，点击"确定"，选择相应的"采购发票"和"入库单"，如图2-87所示，单击"确定"按钮。

系统返回"手工结算"窗口，如图2-88所示，单击"结算"按钮，系统显示"完成结算！"，关闭该窗口。

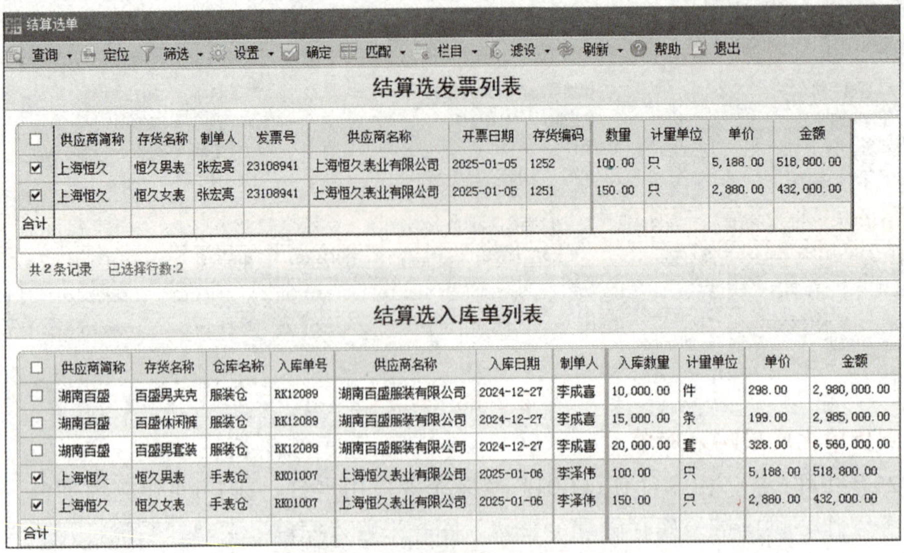

选择	供应商简称	存货名称	制单人	发票号	供应商名称	开票日期	存货编码	数量	计量单位	单价	金额
☑	上海恒久	恒久男表	张宏亮	23108941	上海恒久表业有限公司	2025-01-05	1252	100.00	只	5,188.00	518,800.00
☑	上海恒久	恒久女表	张宏亮	23108941	上海恒久表业有限公司	2025-01-05	1251	150.00	只	2,880.00	432,000.00
合计											

选择	供应商简称	存货名称	仓库名称	入库单号	供应商名称	入库日期	制单人	入库数量	计量单位	单价	金额
☐	湖南百盛	百盛男夹克	服装仓	RK12089	湖南百盛服装有限公司	2024-12-27	李成喜	10,000.00	件	298.00	2,980,000.00
☐	湖南百盛	百盛休闲裤	服装仓	RK12089	湖南百盛服装有限公司	2024-12-27	李成喜	15,000.00	条	199.00	2,985,000.00
☐	湖南百盛	百盛男套装	服装仓	RK12089	湖南百盛服装有限公司	2024-12-27	李成喜	20,000.00	套	328.00	6,560,000.00
☑	上海恒久	恒久男表	手表仓	RK01007	上海恒久表业有限公司	2025-01-06	李泽伟	100.00	只	5,188.00	518,800.00
☑	上海恒久	恒久女表	手表仓	RK01007	上海恒久表业有限公司	2025-01-06	李泽伟	150.00	只	2,880.00	432,000.00
合计											

图2-87　“结算选单”窗口

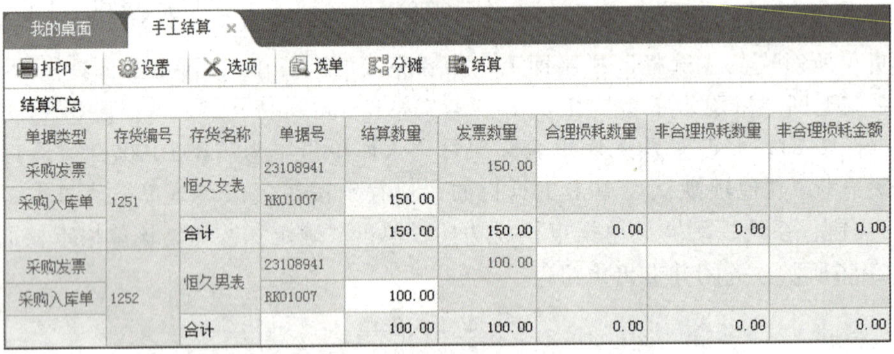

单据类型	存货编号	存货名称	单据号	结算数量	发票数量	合理损耗数量	非合理损耗数量	非合理损耗金额
采购发票	1251	恒久女表	23108941		150.00			
采购入库单			RK01007	150.00				
		合计		150.00	150.00	0.00	0.00	0.00
采购发票	1252	恒久男表	23108941		100.00			
采购入库单			RK01007	100.00				
		合计		100.00	100.00	0.00	0.00	0.00

图2-88　“手工结算”窗口

7.选择付款

2025年1月6日，由贺青春（W03）登录企业应用平台。在U8企业应用平台，依次单击“业务工作→财务会计→应付款管理→付款处理→选择付款”菜单，系统弹出“选择付款-条件”对话框，供应商选择“上海恒久”，如图2-89所示，单击“确定”，打开“选择付款-单据”窗口，如图2-90所示。

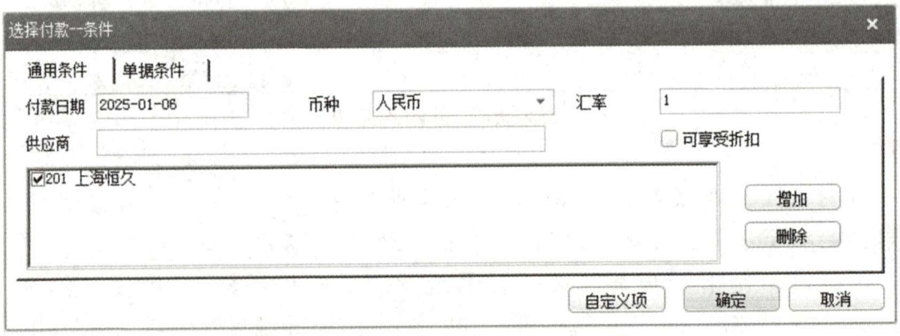

图2-89　“选择付款-条件”对话框

单击“全选”，再单击“确认”，打开“选择付款-付款单”窗口，根据图2-82，结算方式选择“电汇”，“票据号”输入“36257061”，如图2-91所示，单击“确定”，退出。

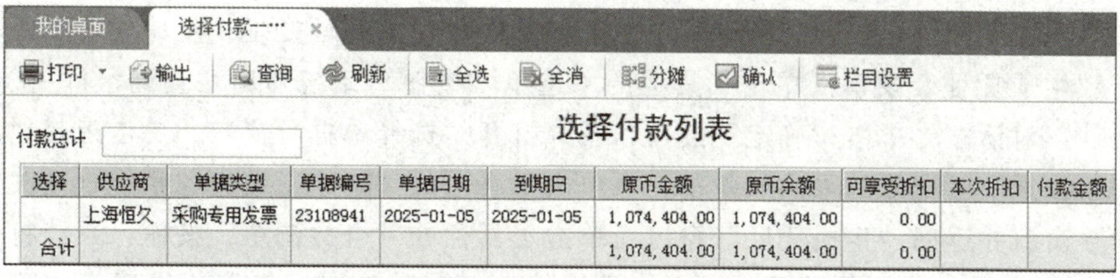

我的桌面 选择付款-…

打印 输出 查询 刷新 全选 全消 分摊 确认 栏目设置

选择付款列表

付款总计

选择	供应商	单据类型	单据编号	单据日期	到期日	原币金额	原币余额	可享受折扣	本次折扣	付款金额
	上海恒久	采购专用发票	23108941	2025-01-05	2025-01-05	1,074,404.00	1,074,404.00	0.00		
合计						1,074,404.00	1,074,404.00	0.00		

图2-90 “选择付款-单据”窗口

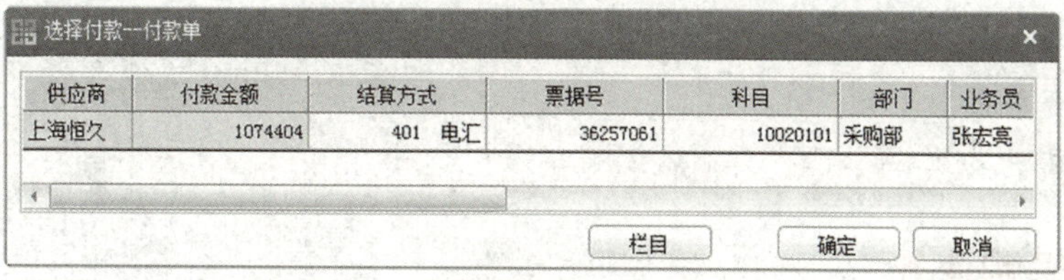

选择付款--付款单

供应商	付款金额	结算方式	票据号	科目	部门	业务员
上海恒久	1074404	401 电汇	36257061	10020101	采购部	张宏亮

栏目 确定 取消

图2-91 “选择付款-付款单”窗口

8. 生成凭证

2025年1月6日，由赵凯杰（W02）登录企业应用平台。在U8企业应用平台，依次单击“业务工作→财务会计→应付款管理→凭证处理→生成凭证”菜单，单击“确定”，打开“生成凭证”窗口，如图2-92所示。依次单击工具栏的“合并”“制单”按钮，生成一张记账凭证，单击“保存”按钮。关闭当前已打开窗口。

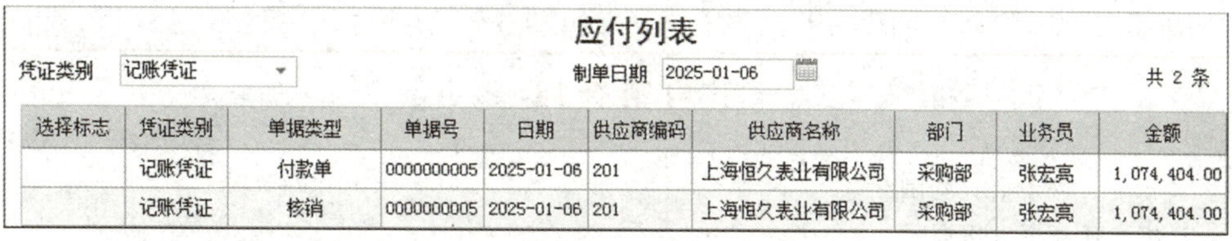

应付列表

凭证类别 记账凭证 制单日期 2025-01-06 共 2 条

选择标志	凭证类别	单据类型	单据号	日期	供应商编码	供应商名称	部门	业务员	金额
	记账凭证	付款单	0000000005	2025-01-06	201	上海恒久表业有限公司	采购部	张宏亮	1,074,404.00
	记账凭证	核销	0000000005	2025-01-06	201	上海恒久表业有限公司	采购部	张宏亮	1,074,404.00

图2-92 “生成凭证”窗口

借：应付账款/一般应付账款（上海恒久）	1 074 404.00	
贷：银行存款/中国工商银行/沈阳皇姑支行		1 074 404.00

9. 正常单据记账，生成凭证

（1）正常单据记账。在供应链的“存货核算”子系统，依次单击“记账→正常单据记账”菜单，系统打开“未记账单据一览表”窗口，单击窗口左下角的“查询”按钮，系统显示未记账单据。单击RK01007号采购入库单的“选择”栏，此时单击工具栏的“记账”按钮，系统弹出信息框提示记账成功，如图2-93所示，单击“确定”按钮，完成记账工作，退出该窗口。

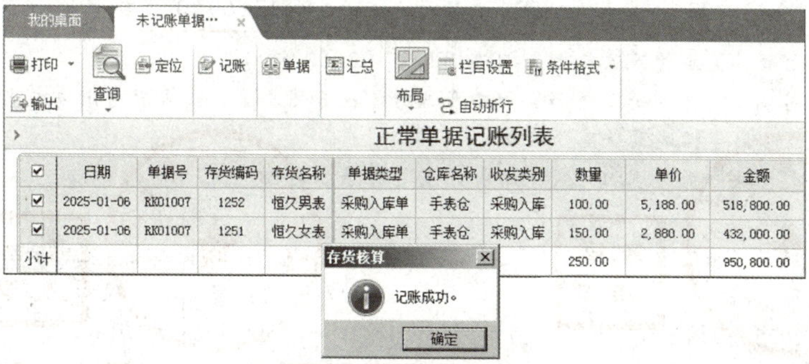

我的桌面 未记账单据…

打印 输出 查询 定位 记账 单据 汇总 布局 栏目设置 条件格式 自动折行

正常单据记账列表

☑	日期	单据号	存货编码	存货名称	单据类型	仓库名称	收发类别	数量	单价	金额
☑	2025-01-06	RK01007	1252	恒久男表	采购入库单	手表仓	采购入库	100.00	5,188.00	518,800.00
☑	2025-01-06	RK01007	1251	恒久女表	采购入库单	手表仓	采购入库	150.00	2,880.00	432,000.00
小计								250.00		950,800.00

存货核算

记账成功。

确定

图2-93 正常单据记账列表

（2）生成凭证。在"存货核算"子系统，依次单击"凭证处理→生成凭证"菜单，系统打开"生成凭证"窗口。单击工具栏的"选单"按钮，系统弹出"查询条件-生成凭证查询条件"对话框，单击"确定"按钮，系统打开"选择单据"窗口，单击工具栏的"全选"按钮，选中已记账的采购入库单，再单击工具栏的"确定"按钮，系统自动关闭"选择单据"窗口并返回"生成凭证"窗口，单击工具栏的"合并制单"按钮，系统打开"填制凭证"窗口并自动生成凭证。单击工具栏的"保存"按钮，保存此凭证。关闭并退出窗口。

| 借：库存商品 | 950 800.00 |
| 贷：在途物资 | 950 800.00 |

2.2.6 外币采购业务

【实验资料】

2025年1月6日，采购部张宏亮与润家贸易（中国）有限公司（简称润家贸易）签订购销合同。当日收到对方发来的货物及发票，均已办理入库，我公司支付全部货款。假定当日美元汇率为1:7.1680。暂不考虑关税。

相关凭证如图2-94至图2-97所示。

购销合同

合同编号：CG01006

卖方：润家贸易（中国）有限公司
买方：辽宁恒通商贸有限公司

为保护买卖双方的合法权益，根据《中华人民共和国民法典》的有关规定，买卖双方经友好协商，一致同意签订本合同，并共同遵守合同约定。

一、货物的名称、数量及金额：

货物名称	规格型号	计量单位	数量	单价（不含税）	金额（不含税）	税率	税额
百盛男套装		套	100	$50.00	$5 000.00	13%	$650.00
嘉伟羽绒服		件	140	$90.00	$12 600.00	13%	$1 638.00
合 计					$17 600.00		$2 288.00

二、合同总金额：美元壹万玖仟捌佰捌拾捌元整（$19 888.00）。

三、签订合同当日，卖方发出全部货物并开具增值税专用发票，买方以电汇方式支付全部货款。

四、交货地点：辽宁恒通商贸有限公司。

五、发运方式与运输费用承担方式：由卖方发货并承担运输费用。

卖 方：润家贸易（中国）有限公司　　　　买 方：辽宁恒通商贸有限公司
授权代表：孙 润　　　　　　　　　　　　授权代表：张宏亮
日　　期：2025年1月6日　　　　　　　　日　　期：2025年1月6日

图2-94　购销合同

入库单

| 供应商：润家贸易 | | | 2025 | 1 | 6 | | | | RK01008 |

验收仓库	存货编码	存货名称	单位	数量 应收	数量 实收	单价	金额
服装仓	1104	百盛男套装	套	100	100		
服装仓	1153	嘉伟羽绒服	件	140	140		
		合计					

部门经理：略　　　会计：略　　　仓库：略　　　经办人：略

图2-95　入库单

电子发票（增值税专用发票）

发票号码：25212000000038208395

开票日期：2025 年 01 月 06 日

购买方信息	名称：辽宁恒通商贸有限公司 统一社会信用代码/纳税人识别号：91210105206917583A	销售方信息	名称：润家贸易（中国）有限公司 统一社会信用代码/纳税人识别号：91210105380972316W

项目名称	规格型号	单位	数量	单价	金额	税率/征收率	税额
*服装*百盛男套装		套	100	358.40	35 840.00	13%	4 659.20
*服装*嘉伟羽绒服		件	140	645.12	90 316.80	13%	11 741.18
合　　计					¥126 156.80		¥16 400.38

价税合计（大写）	⊗ 壹拾肆万贰仟伍佰伍拾柒元壹角捌分	（小写）¥142 557.18

备注	购买方开户银行：中国银行沈阳皇姑支行　　银行账号：2107381765323431982　　结算金额：$19 888.00 销售方开户银行：交通银行沈阳皇姑支行　　银行账号：3602025308746041967　　汇率 1：7.1680

开票人：张晓坤

图2-96　增值税专用发票

中国银行　电汇凭证（回单）　　1　　56320782

☑普通　□加急　　　委托日期 2025年1月6日

汇款人	全称	辽宁恒通商贸有限公司	收款人	全称	润家贸易（中国）有限公司
	账号	2107381765323431982		账号	3602025308746041967
	开户银行	中国银行沈阳皇姑支行		开户银行	交通银行沈阳皇姑支行

金额	美元（大写）壹万玖仟捌佰捌拾捌元整	亿 千 百 十 万 千 百 十 元 角 分 $ 1 9 8 8 8 0 0

中国银行
沈阳皇姑支行
2025.01.06
转讫（7）

支付密码

附加信息及用途：货款

复核　　　记账

此联为汇出行给汇款人的回单

图2-97　电汇付款凭证

【实验过程概览】

本业务的操作过程概览见表2-7。

表 2-7

实验过程概览

序号	操作日期	操作员	系统	操作内容
1	2025-01-06	G01张宏亮	采购管理	填制采购订单
2	2025-01-06	G01张宏亮	采购管理	参照采购订单生成到货单
3	2025-01-06	C01李泽伟	库存管理	参照到货单生成采购入库单
4	2025-01-06	G01张宏亮	采购管理	参照采购入库单生成采购专用发票（现付）
5	2025-01-06	W02赵凯杰	应付款管理	采购发票审核并生成凭证
6	2025-01-06	W02赵凯杰	存货核算	正常单据记账，生成凭证

【实验过程】

外币采购业务

1.填制采购订单

2025 年 1 月 6 日，由张宏亮（G01）登录企业应用平台。在 U8 企业应用平台，依次单击"业务工作→供应链→采购管理→采购订货→采购订单"菜单，打开"采购订单"窗口。单击工具栏的"增加"按钮，根据图 2-94 填制采购订单。填制完毕单击工具栏的"保存"按钮，再单击"审核"按钮，结果如图 2-98 所示。关闭并退出该窗口。

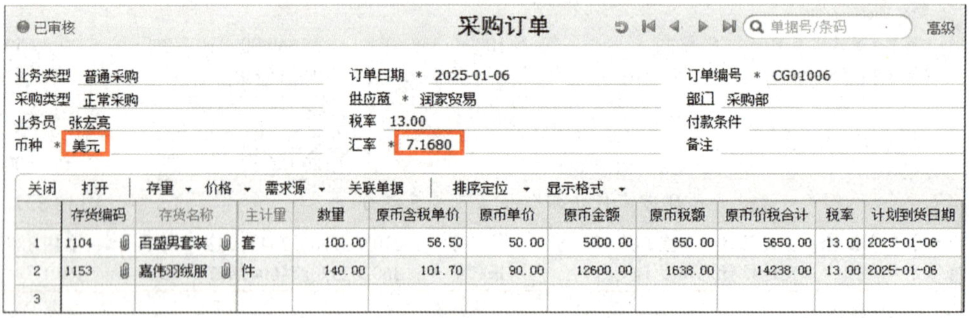

图2-98　采购订单

2.参照采购订单生成到货单

在"采购管理"子系统，依次单击"采购到货→到货单"菜单，打开"到货单"窗口。执行工具栏的"增加→采购订单"命令，系统弹出"查询条件-单据列表过滤"对话框，单击"确定"按钮，系统弹出"拷贝并执行"窗口。单击"到货单拷贝订单表头列表"中订单号"CG01006"最左侧的"选择"栏，选中该订单，单击"确定"按钮，系统返回"到货单"窗口，生成一张到货单。单击工具栏的"保存"按钮，保存该单据。单击工具栏的"审核"按钮，审核该单据，结果如图 2-99 所示，关闭并退出该窗口。

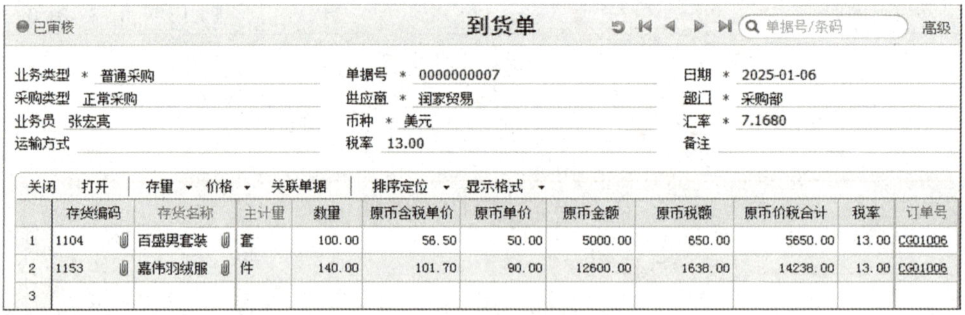

图2-99　到货单

3.参照到货单生成采购入库单

2025年1月6日，由李泽伟（C01）登录企业应用平台。在U8企业应用平台，依次单击"业务工作→供应链→库存管理→采购入库→采购入库单"菜单，系统打开"采购入库单"窗口。执行工具栏的"增加→采购→采购到货单"命令，系统弹出"查询条件-采购到货单列表"对话框，单击"确定"按钮，系统打开"到货单生单列表"窗口。单击要选择的到货单所对应的"选择"栏（即上一步骤完成的到货单），再单击工具栏的"确定"按钮，系统返回"采购入库单"窗口。

根据图2-95，修改采购入库单表头项目"入库单号"为"RK01008"，"仓库"选择"服装仓"，其他项默认。保存并审核该采购入库单，结果如图2-100所示。关闭并退出该窗口。

已审核		采购入库单						
入库单号 RK01008		入库日期 * 2025-01-06			仓库 * 服装仓			
订单号 CG01006		到货单号 0000000007			业务号			
供货单位 润家贸易		部门 采购部			业务员 张宏亮			
到货日期 2025-01-06		业务类型 普通采购			采购类型 正常采购			
入库类别 采购入库		审核日期 2025-01-06			备注			
	存货编码	存货名称	规格型号	主计量单位	数量	本币单价	本币金额	
1	1104	百盛男套装		套	100.00	358.40	35840.00	
2	1153	嘉伟羽绒服		件	140.00	645.12	90316.80	
3								

图2-100　采购入库单

4.参照采购入库单生成采购专用发票（现付）

2025年1月6日，由张宏亮（G01）登录企业应用平台。

（1）在U8企业应用平台，依次单击"业务工作→供应链→采购管理→采购发票→采购专用发票"菜单，打开"专用发票"窗口。执行工具栏的"增加→入库单"命令，系统弹出"查询条件-单据列表过滤"对话框，单击"确定"按钮。在"拷贝并执行"窗口，单击选择RK01008号采购入库单对应的"选择"栏，然后单击工具栏的"确定"按钮，返回"专用发票"窗口。

根据图2-96，修改表头项目"发票号"为"38208395"，汇率为"7.1680"，其他项默认。依次单击工具栏的"保存""复核""结算"按钮。

（2）现付。单击工具栏的"现付"按钮，打开"采购现付"窗口。根据图2-97，"结算方式"选择"电汇"，"原币金额"输入"19888"，"票据号"输入"56320782"，结果如图2-101所示。单击"确定"按钮，返回"专用发票"窗口，结果如图2-102所示。

采购现付										×
供货单位 润家贸易			币种 美元		汇率 7.1680					
应付原币金额：19888.00					应付本币金额：142557.18					
结算原币金额：19888.00					结算本币金额：142557.18					
部门 采购部					业务员 张宏亮					
结算方式	原币金额	本币金额	票据号	银行账号	项目大类编码	项目大类名称	项目编码	项目名称		
401-电汇	19888.00	142557.18	56320782	36020253...						

图2-101　"采购现付"窗口

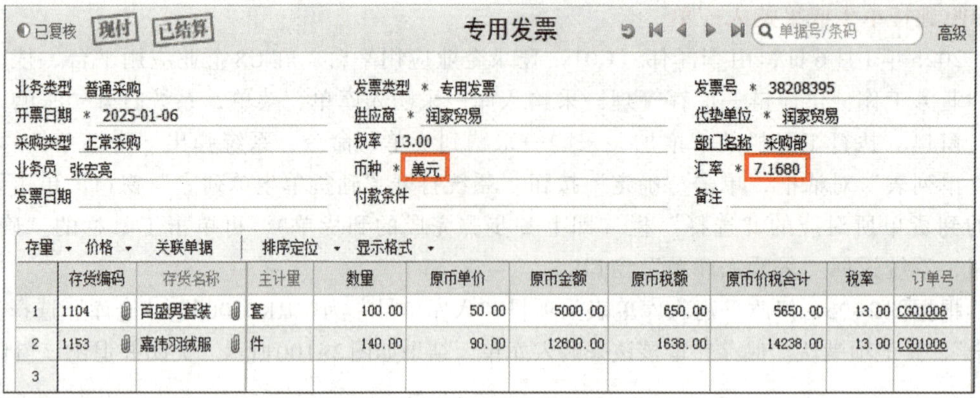

◐已复核 现付 已结算 专用发票 单据号/条码 高级

业务类型 普通采购　发票类型 * 专用发票　发票号 * 38208395

开票日期 * 2025-01-06　供应商 * 润家贸易　代垫单位 * 润家贸易

采购类型 正常采购　税率 13.00　部门名称 采购部

业务员 张宏亮　币种 * 美元　汇率 * 7.1680

发票日期　付款条件　备注

存量 ▾　价格 ▾　关联单据　排序定位 ▾　显示格式 ▾

	存货编码	存货名称	主计量	数量	原币单价	原币金额	原币税额	原币价税合计	税率	订单号
1	1104	百盛男套装	套	100.00	50.00	5000.00	650.00	5650.00	13.00	CG01006
2	1153	嘉伟羽绒服	件	140.00	90.00	12600.00	1638.00	14238.00	13.00	CG01006
3										

图2-102　采购专用发票

5.采购发票审核并生成凭证

2025年1月6日，由赵凯杰（W02）登录企业应用平台。在U8企业应用平台，依次单击“业务工作→财务会计→应付款管理→应付处理→采购发票→采购发票审核”菜单，打开“采购发票审核”窗口。单击工具栏的“查询”按钮，系统弹出“查询条件-发票查询”对话框，“包含已现结发票”栏选择“是”，单击“确定”按钮，返回“采购发票审核”窗口。

双击“38208395”单据号，打开要审核的发票，单击工具栏的“审核”按钮，系统提示“是否立即制单?”，单击“是”，系统自动打开“填制凭证”窗口，单击工具栏的“保存”按钮。关闭并退出已打开的窗口。

借：在途物资	126 156.80	
应交税费/应交增值税/进项税额	16 400.38	
贷：银行存款/中国银行/沈阳皇姑支行/美元		142 557.18

6.正常单据记账，生成凭证

（1）正常单据记账。在供应链的“存货核算”子系统，依次单击“记账→正常单据记账”菜单，系统打开“未记账单据一览表”窗口，单击窗口左下角的“查询”按钮，系统显示未记账单据。单击RK01008号采购入库单的“选择”栏，单击工具栏的“记账”按钮，系统弹出信息框提示记账成功，单击“确定”，完成记账工作，退出该窗口。

（2）生成凭证。在“存货核算”子系统，依次单击“凭证处理→生成凭证”菜单，系统打开“生成凭证”窗口。单击工具栏的“选单”按钮，系统弹出“查询条件-生成凭证查询条件”对话框，单击“确定”按钮，系统打开“选择单据”窗口，单击工具栏的“全选”按钮，选中已记账的采购入库单，再单击工具栏的“确定”按钮，系统自动关闭“选择单据”窗口并返回“生成凭证”窗口，单击工具栏的“合并制单”按钮，系统打开“填制凭证”窗口并自动生成凭证。单击工具栏的“保存”按钮。关闭并退出窗口。

借：库存商品	126 156.80	
贷：在途物资		126 156.80

提示

外币采购业务的处理，在订单、发货单、发票、收款单的表头项目“外币”栏选相应外币，汇率根据业务资料输入当日汇率。其他处理与本币业务相同。原币指的是外币，本币指的是记账本位币。

2.2.7 已结算业务费用分摊

【实验资料】

2025年1月6日，收到CG01003号合同的运输费发票，当日支付该笔运费。(按数量分摊)相关凭证如图2-103至图2-104所示。

货物运输服务

电子发票（增值税专用发票）

发票号码：25212000000017208223

开票日期：2025年01月06日

购买方信息	名称：辽宁恒通商贸有限公司 统一社会信用代码/纳税人识别号：91210105206917583A	销售方信息	名称：沈阳通达物流有限公司 统一社会信用代码/纳税人识别号：91210105357948262A

项目名称	规格型号	单位	数量	单价	金额	税率/征收率	税额
*运输服务*运输费		千米	2 000	0.6	1 200.00	9%	108.00
合　计					¥1 200.00		¥108.00

运输工具种类	运输工具牌号	起运地	到达地	运输货物名称
公路运输	湘A59655	长沙	沈阳	服装

价税合计（大写）：⊗壹仟叁佰零捌元整　（小写）¥1 308.00

备注：购买方开户银行：中国工商银行沈阳皇姑支行　银行账号：2107024015890035666
销售方开户银行：中国银行沈阳皇姑支行　银行账号：820114163108091001

开票人：解冰

图2-103 增值税专用发票

中国工商银行
转账支票存根
21003365
21562382

西安西钞证券印制有限公司·2025年印制

附加信息

出票日期：**2025年01月06日**

收款人：**沈阳通达物流有限公司**

金　额：**¥1 308.00**

用　途：**运费**

单位主管 **李成喜**　会计 **赵凯杰**

图2-104 转账支票存根

【实验过程概览】

本业务的操作过程概览见表2-8。

表2-8 实验过程概览

序号	操作日期	操作员	系统	操作内容
1	2025-01-06	G01张宏亮	采购管理	填制采购专用发票
2	2025-01-06	G01张宏亮	采购管理	费用折扣结算
3	2025-01-06	W02赵凯杰	应付款管理	采购发票审核并生成凭证
4	2025-01-06	W02赵凯杰	存货核算	结算成本处理
5	2025-01-06	W02赵凯杰	存货核算	生成凭证

已结算业务费用分摊

【实验过程】

1.填制采购专用发票

2025年1月6日，由张宏亮（G01）登录企业应用平台。

（1）在U8企业应用平台，依次单击"业务工作→供应链→采购管理→采购发票→采购专用发票"菜单，打开"专用发票"窗口。单击工具栏的"增加"按钮，根据图2-103填制采购专用发票。填制完毕保存并复核该发票。

（2）现付。单击工具栏的"现付"按钮，打开"采购现付"窗口。根据图2-104，"结算方式"选择"转账支票"，"原币金额"输入"1308"，"票据号"输入"21562382"。单击"确定"按钮，返回"专用发票"窗口，结果如图2-105所示。关闭"专用发票"窗口。

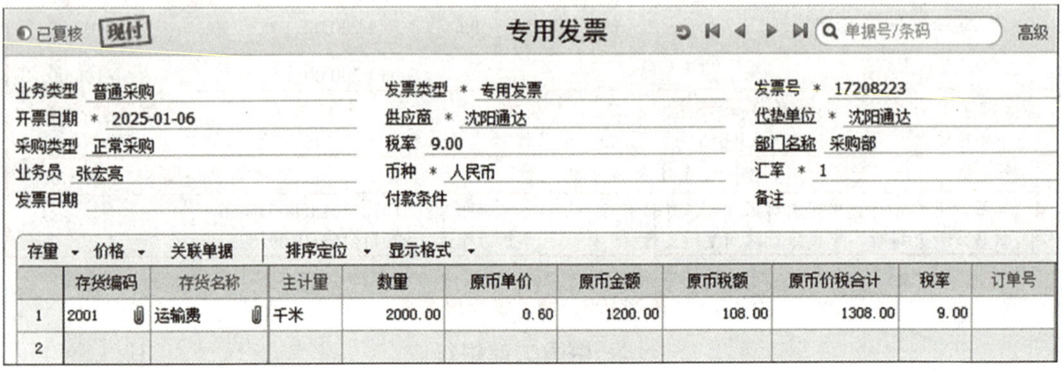

图2-105 采购专用发票

2.费用折扣结算

在"采购管理"子系统，依次单击"采购结算→费用折扣结算"菜单，打开"费用折扣结算"窗口，如图2-106所示。

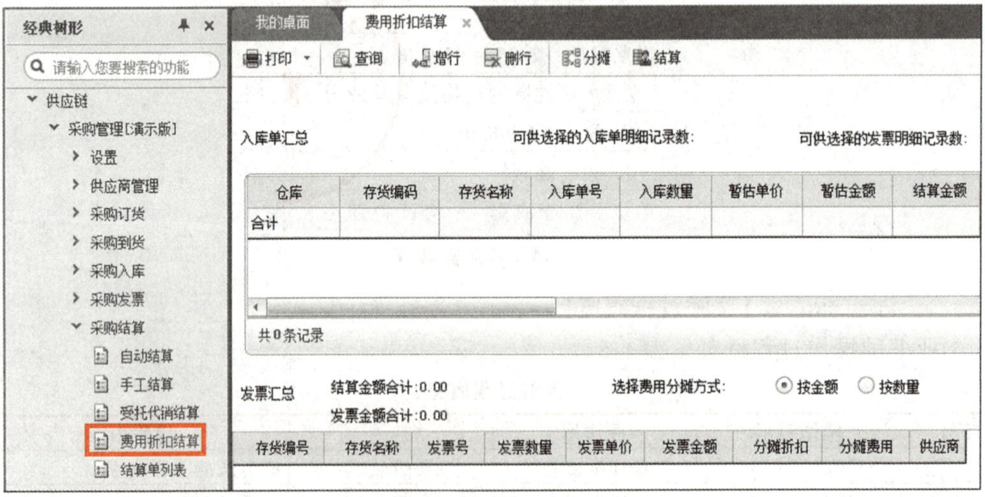

图2-106 "费用折扣结算"窗口

单击工具栏上的"查询"按钮，打开"结算选单"窗口。单击工具栏的"入库单查询"按钮，系统弹出"查询条件-入库单结算选单过滤"对话框，供应商选择"湖南百盛",如图2-107所示,单击"确定"按钮,系统返回"结算选单"窗口。

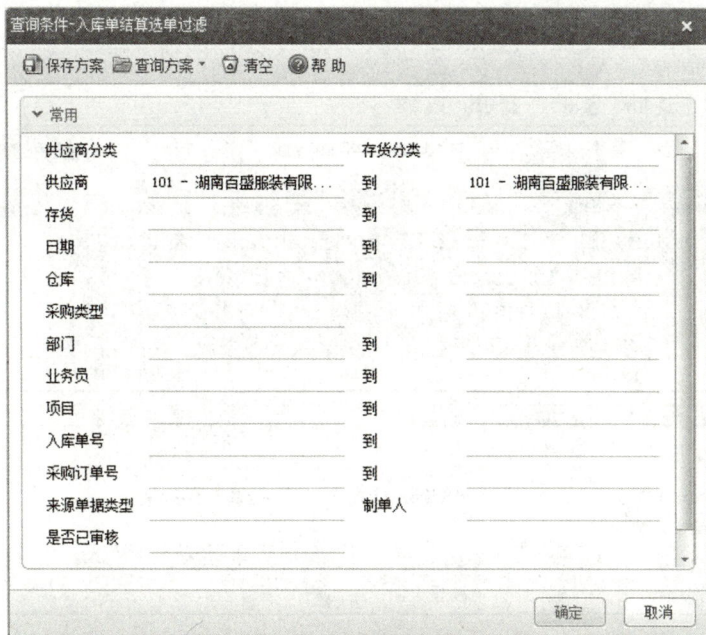

图2-107 "查询条件-入库单结算选单过滤"对话框

再单击工具栏的"发票查询"按钮,系统弹出"查询条件-发票结算选单过滤"对话框,供应商选择"沈阳通达",如图2-108所示,单击"确定"按钮,系统返回"结算选单"窗口。选中窗口上方的17208223号采购专用发票,再选中RK01003号、RK01004号采购入库单,单击"确定"按钮,系统返回"费用折扣结算"窗口。

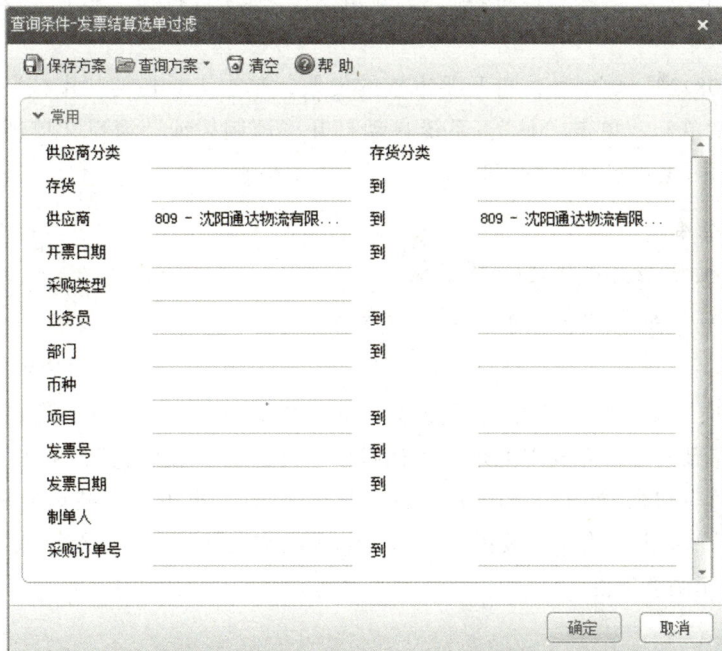

图2-108 "查询条件-发票结算选单过滤"对话框

第2章 一般采购业务

在"费用折扣结算"窗口，费用分摊方式选择"按数量"，如图2-109所示，单击"分摊"，再单击"结算"，结算成功。关闭该窗口。

仓库	存货编码	存货名称	入库单号	入库数量	暂估单价	暂估金额	结算金额	仓库编号
服装仓	1102	百盛休闲裤	RKD1004	250.00	218.00	54,500.00	0.00	01
服装仓	1103	百盛牛仔裤	RKD1004	250.00	138.00	34,500.00	0.00	01
服装仓	1102	百盛休闲裤	RKD1003	250.00	218.00	54,500.00	0.00	01
服装仓	1103	百盛牛仔裤	RKD1003	250.00	138.00	34,500.00	0.00	01
合计				1,000.00		178,000.00		

发票汇总　结算金额合计:0.00　选择费用分摊方式: ○按金额 ●按数量
发票金额合计:1,200.00

存货编号	存货名称	发票号	发票数量	发票单价	发票金额	分摊折扣	分摊费用	供应商
2001	运输费	17208223	2000.00	0.60	1200.00	0.00	0.00	沈阳通达

图2-109 "费用折扣结算"窗口

3.采购发票审核并生成凭证

2025年1月6日，由赵凯杰（W02）登录企业应用平台。在U8企业应用平台，依次单击"业务工作→财务会计→应付款管理→应付处理→采购发票→采购发票审核"菜单，打开"采购发票审核"窗口。单击工具栏的"查询"按钮，系统弹出"查询条件-发票查询"对话框，"包含已现结发票"栏选择"是"，单击"确定"按钮，返回"采购发票审核"窗口。

双击"17208223"单据号，打开要审核的发票，单击工具栏的"审核"按钮，系统提示"是否立即制单？"，单击"是"，系统自动打开"填制凭证"窗口，单击工具栏的"保存"按钮。关闭并退出已打开的窗口。

借：在途物资　　　　　　　　　　　　　　　　　　　1 200.00
　　应交税费/应交增值税/进项税额　　　　　　　　　　108.00
　　贷：银行存款/中国工商银行/沈阳皇姑支行　　　　　　　　1 308.00

4.结算成本处理

在U8企业应用平台，依次单击"业务工作→供应链→存货核算→记账→结算成本处理"菜单，系统弹出"结算成本处理"对话框。仓库选择"服装仓"，单击"确定"，打开"结算成本处理"窗口，如图2-110所示。单击"全选"，再单击"结算处理"，系统提示"暂估处理完成"，单击"确定"按钮。关闭"结算成本处理"窗口。结算成本处理结束后，自动生成4张入库调整单。

5.生成凭证

在"存货核算"子系统，依次单击"凭证处理→生成凭证"菜单，系统打开"生成凭证"窗口。单击工具栏的"选单"按钮，系统弹出"查询条件-生成凭证查询条件"对话

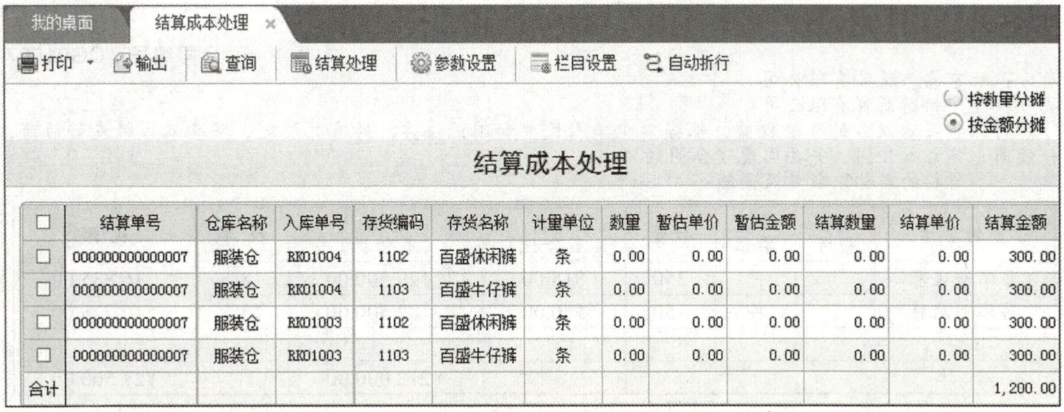

	结算单号	仓库名称	入库单号	存货编码	存货名称	计量单位	数量	暂估单价	暂估金额	结算数量	结算单价	结算金额
☐	00000000000007	服装仓	RK01004	1102	百盛休闲裤	条	0.00	0.00	0.00	0.00	0.00	300.00
☐	00000000000007	服装仓	RK01004	1103	百盛牛仔裤	条	0.00	0.00	0.00	0.00	0.00	300.00
☐	00000000000007	服装仓	RK01003	1102	百盛休闲裤	条	0.00	0.00	0.00	0.00	0.00	300.00
☐	00000000000007	服装仓	RK01003	1103	百盛牛仔裤	条	0.00	0.00	0.00	0.00	0.00	300.00
合计												1,200.00

图2-110　结算成本处理

框，单击“确定”按钮，系统打开“选择单据”窗口，单击工具栏的“全选”按钮，选中4张入库调整单，再单击工具栏的“确定”按钮，系统自动关闭“选择单据”窗口并返回“生成凭证”窗口，单击工具栏的“合并制单”按钮，系统打开“填制凭证”窗口并自动生成凭证。单击工具栏的“保存”按钮。关闭并退出窗口。

借：库存商品	1 200.00
贷：在途物资	1 200.00

提示

费用包括专用发票、普通发票上的应税劳务存货记录、折扣存货记录，以及运费发票上的应税劳务存货记录。费用可以在手工结算时进行费用分摊（知识点“2.2.2 买方垫付运费的采购业务”），运费发票记录也可以单独进行费用结算（本业务）。

运费发票可以与已结算、未结算或部分结算的入库单同时结算，也可以与存货直接结算。可以将一张或多张运费发票分摊到多个仓库多张采购入库单的多个存货上。一张采购入库单可以多次分摊费用。

2.3　采购溢缺业务

2.3.1　有合理损耗的采购业务

【实验资料】

2025年1月6日，采购部徐晓辉与北京嘉伟签订购销合同，通过银行承兑背书方式预付97 000元。

2025年1月7日，收到北京嘉伟发来的货物及增值税专用发票，验收过程中发现有2件嘉伟羽绒服毁损，属于合理损耗。

2025年1月8日，支付北京嘉伟剩余货款。（选择付款）

相关凭证如图2-111至图2-116所示。

购销合同

合同编号：CG01007

卖方：北京嘉伟服装有限公司
买方：辽宁恒通商贸有限公司

　　为保护买卖双方的合法权益，根据《中华人民共和国民法典》的有关规定，买卖双方经友好协商，一致同意签订本合同，并共同遵守合同约定。

一、货物的名称、数量及金额：

货物名称	规格型号	计量单位	数量	单价（不含税）	金额（不含税）	税率	税额
嘉伟女风衣		件	250	518.00	129 500.00	13%	16 835.00
嘉伟羽绒服		件	150	550.00	82 500.00	13%	10 725.00
合　计					￥212 000.00		￥27 560.00

二、合同总金额：人民币贰拾叁万玖仟伍佰陆拾元整（￥239 560.00）。
三、买方1月6日以银行承兑汇票预付97 000元，卖方于1月7日发出全部货物并开具增值税专用发票，买方于1月8日以电汇方式支付剩余货款。
四、交货地点：辽宁恒通商贸有限公司。
五、发运方式与运输费用承担方式：由卖方发货并承担运输费用。

　　卖　方：北京嘉伟服装有限公司　　　　　买　方：辽宁恒通商贸有限公司
　　授权代表：赵用芳　　　　　　　　　　　授权代表：徐晓辉
　　日　　期：2025年1月6日　　　　　　　日　　期：2025年1月6日

图2-111　购销合同

银行承兑汇票

2　　26003895
　　35978808

出票日期（大写）　贰零贰肆年壹拾贰月零贰拾日

出票人全称	上海乐淘贸易有限公司	收款人	全称	辽宁恒通商贸有限公司
出票人账号	8059209375023168063		账号	2107024015890035666
开户银行	交通银行闵行区北京路支行		开户银行	中国工商银行沈阳皇姑支行

出票金额	人民币（大写）　玖万柒仟元整	亿 千 百 十 万 千 百 十 元 角 分　￥9 7 0 0 0 0 0 0

汇票到期日（大写）	贰零贰伍年零陆月零贰拾日	付款行	行号	
			地址	
承兑协议编号	246733060777403			

本汇票请你行承兑，到期无条件付款。　　本汇票已经承兑，到期日由本行付款。　密押

财务专用章　乐章　出票人签章　　　　　承兑行签章　承兑日期 2024年12月20日　复核　记账

备注：

此联收款人开户行随托收凭证寄付款行作借方凭证附件

图2-112　银行承兑汇票正面

被背书人	北京嘉伟服装有限公司	被背书人	
	辽宁恒通商贸有限公司 财务专用章　李喜成印		
	背书人签章 2025年1月6日		背书人签章　年　月　日

（粘贴单处）

图2-113　银行承兑汇票背面

入库单

供应商：北京嘉伟　　　　2025 年 1 月 7 日　　　　单号：RK01009

验收仓库	存货编码	存货名称	单位	数量 应收	数量 实收	单价	金额
服装仓	1151	嘉伟女风衣	件	250	250		
服装仓	1153	嘉伟羽绒服	件	150	148		
	合　计						

部门经理：略　　　会计：略　　　仓库：略　　　经办人：略

图2-114　入库单

电子发票（增值税专用发票）

发票号码：25112000000069861157

开票日期：2025 年 01 月 07 日

购买方信息	名称：辽宁恒通商贸有限公司 统一社会信用代码/纳税人识别号：91210105206917583A	销售方信息	名称：北京嘉伟服装有限公司 统一社会信用代码/纳税人识别号：91110104759695583N

项目名称	规格型号	单位	数量	单价	金额	税率/征收率	税额
*服装*嘉伟女风衣		件	250	518.00	129 500.00	13%	16 835.00
*服装*嘉伟羽绒服		件	150	550.00	82 500.00	13%	10 725.00
合　计					¥212 000.00		¥27 560.00

价税合计（大写）	⊗ 贰拾叁万玖仟伍佰陆拾元整	（小写）¥239 560.00

备注	购买方开户银行：中国工商银行沈阳皇姑支行　　银行账号：2107024015890035666 销售方开户银行：招商银行北京宣武分行　　　　银行账号：2590739805061504276

开票人：岂俏

图2-115　增值税专用发票

中国工商银行　电汇凭证（回单）　　1　　36257063

☑普通　□加急　　　　委托日期 2025 年 1 月 8 日

汇款人	全　称	辽宁恒通商贸有限公司	收款人	全　称	北京嘉伟服装有限公司
	账　号	2107024015890035666		账　号	2590739805061504276
	开户银行	中国工商银行沈阳皇姑支行		开户银行	招商银行北京宣武分行

金额	人民币（大写）	壹拾肆万贰仟伍佰陆拾元整	亿 千 百 十 万 千 百 十 元 角 分 ¥ 1 4 2 5 6 0 0 0

转讫（7）

支付密码：

附加信息及用途：货款

复核　　记账

此联为汇出行给汇款人的回单

图2-116　电汇付款凭证

━━━━━ 【实验过程概览】

本业务的操作过程概览见表2-9。

表 2-9 　　　　　　　　　　实验过程概览

序号	操作日期	操作员	系统	操作内容
1	2025-01-06	G01 张宏亮	采购管理	填制采购订单
2	2025-01-06	W03 贺青春	应收款管理	银行承兑汇票背书
3	2025-01-06	W02 赵凯杰	应收款管理	生成凭证
4	2025-01-07	G01 张宏亮	采购管理	参照采购订单生成到货单
5	2025-01-07	C01 李泽伟	库存管理	参照到货单生成采购入库单
6	2025-01-07	G01 张宏亮	采购管理	参照采购订单生成采购专用发票
7	2025-01-07	G01 张宏亮	采购管理	手工结算
8	2025-01-07	W02 赵凯杰	应付款管理	采购发票审核并生成凭证
9	2025-01-07	W02 赵凯杰	应付款管理	预付冲应付
10	2025-01-07	W02 赵凯杰	存货核算	正常单据记账，生成凭证
11	2025-01-08	W03 贺青春	应付款管理	选择付款
12	2025-01-08	W02 赵凯杰	应付款管理	生成凭证

【实验过程】

1.填制采购订单

2025 年 1 月 6 日，由张宏亮（G01）登录企业应用平台。在 U8 企业应用平台，依次单击"业务工作→供应链→采购管理→采购订货→采购订单"菜单，打开"采购订单"窗口。单击工具栏的"增加"按钮，根据图 2-111 填制采购订单。填制完毕保存并审核该订单，结果如图 2-117 所示。

	存货编码	存货名称	主计量	数量	原币含税单价	原币单价	原币金额	原币税额	原币价税合计	税率	计划到货日期
1	1151	嘉伟女风衣	件	250.00	585.34	518.00	129500.00	16835.00	146335.00	13.00	2025-01-07
2	1153	嘉伟羽绒服	件	150.00	621.50	550.00	82500.00	10725.00	93225.00	13.00	2025-01-07
3											

图2-117　采购订单

2.银行承兑汇票背书

2025 年 1 月 6 日，由贺青春（W03）登录企业应用平台。在 U8 企业应用平台，依次单击"业务工作→财务会计→应收款管理→票据管理→票据列表"菜单，打开"应收票据列表"窗口。单击窗口左下角的"查询"按钮，再单击"35978808"号银行承兑汇票最左侧的"选择"栏，如图 2-118 所示。

单击工具栏的"背书"按钮，系统弹出"票据背书"对话框，被背书人选择"102"（北京嘉伟），如图 2-119 所示，单击"确定"，打开"冲销应付账款"窗口。

图2-118　"应收票据列表"窗口

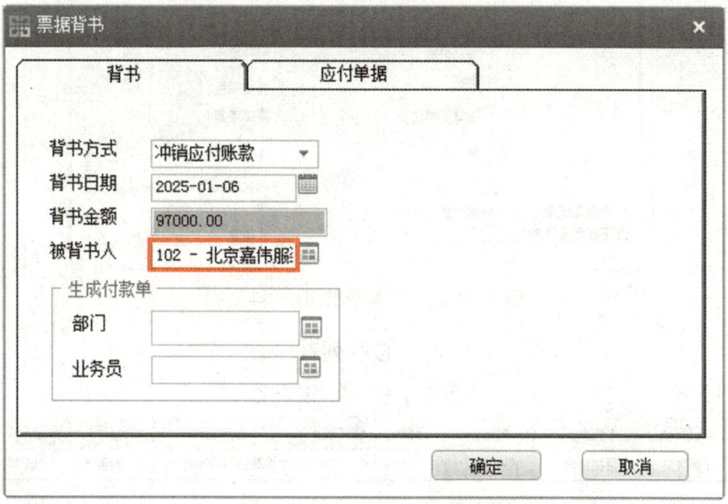

图2-119　"票据背书"对话框

单击"保存"按钮，系统提示"是否将剩余金额作为预付款处理"，如图2-120所示。单击"是"，系统提示"是否立即制单?"，单击"否"，退出当前窗口。

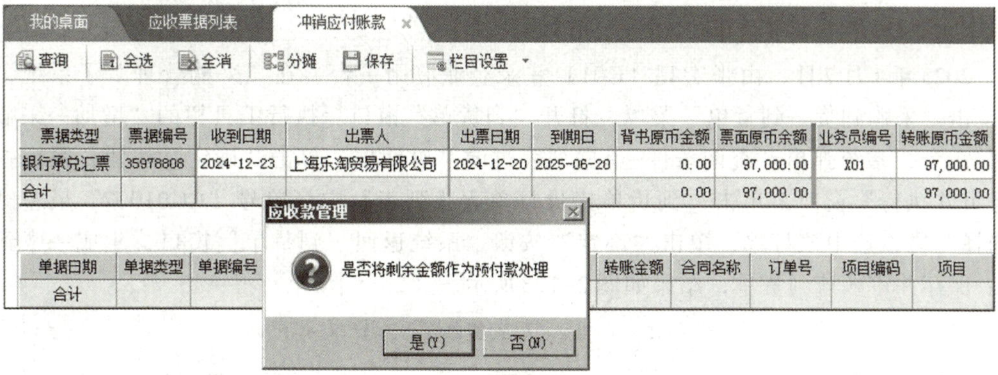

图2-120　冲销应付账款

3.生成凭证

2025年1月6日，由赵凯杰（W02）登录企业应用平台。在U8企业应用平台，依次单击"业务工作→财务会计→应收款管理→凭证处理→生成凭证"菜单，系统弹出"制单查询"对话框，选择"票据处理"，如图2-121所示，单击"确定"，打开"生成凭证"窗口，如图2-122所示，单击"全选"，再单击"制单"，生成一张记账凭证，单击"保存"按钮。

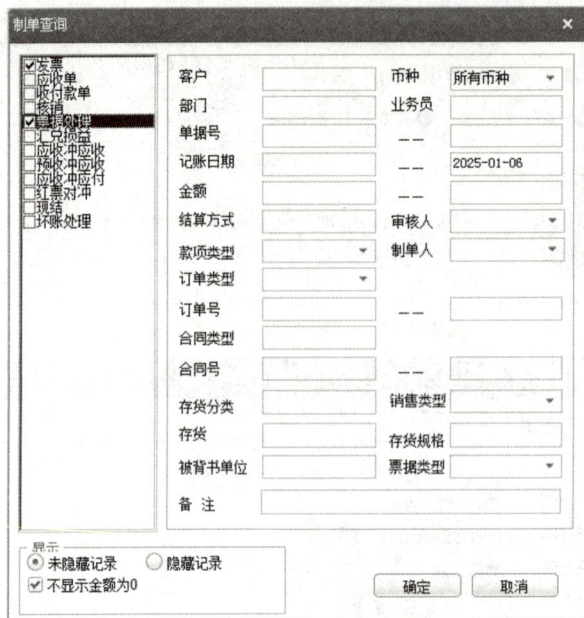

图2-121 "制单查询"对话框

图2-122 "生成凭证"窗口

借：预付账款（北京嘉伟） 97 000.00
　　贷：应收票据/人民币（上海乐淘） 97 000.00

4.参照采购订单生成到货单

2025年1月7日，由张宏亮（G01）登录企业应用平台。在"采购管理"子系统，依次单击"采购到货→到货单"菜单，打开"到货单"窗口。执行工具栏的"增加→采购订单"命令，系统弹出"查询条件-单据列表过滤"对话框，单击"确定"按钮，系统弹出"拷贝并执行"窗口。单击"到货单拷贝订单表头列表"中订单号"CG01007"最左侧的"选择"栏，选中该订单，单击"确定"按钮，系统返回"到货单"窗口，生成一张到货单。保存并审核该到货单，结果如图2-123所示。

图2-123 到货单

5.参照到货单生成采购入库单

2025年1月7日，由李泽伟（C01）登录企业应用平台。在U8企业应用平台，依次单击“业务工作→供应链→库存管理→采购入库→采购入库单”菜单，系统打开“采购入库单”窗口。执行工具栏的“增加→采购→采购到货单”命令，系统弹出“查询条件-采购到货单列表”对话框，单击“确定”按钮，系统打开“到货单生单列表”窗口。单击要选择的到货单所对应的“选择”栏（即上一步骤完成的到货单），再单击工具栏的“确定”按钮，系统返回“采购入库单”窗口。

根据图2-114，将采购入库单表头项目“入库单号”修改为“RK01009”，“仓库”选择“服装仓”，将表体“嘉伟羽绒服”的数量修改为“148”。保存并审核该入库单，结果如图2-124所示。

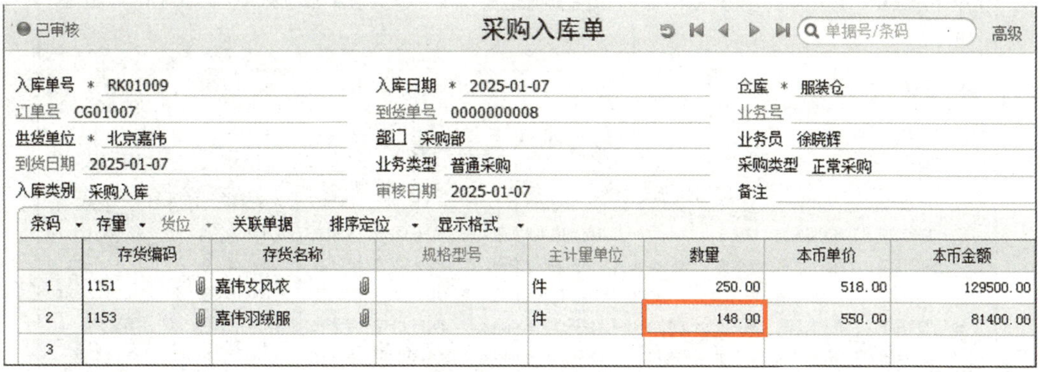
已审核　采购入库单

入库单号 * RK01009　入库日期 * 2025-01-07　仓库 * 服装仓
订单号 CG01007　到货单号 0000000008　业务号
供货单位 * 北京嘉伟　部门 采购部　业务员 徐晓辉
到货日期 2025-01-07　业务类型 普通采购　采购类型 正常采购
入库类别 采购入库　审核日期 2025-01-07　备注

	存货编码	存货名称	规格型号	主计量单位	数量	本币单价	本币金额
1	1151	嘉伟女风衣		件	250.00	518.00	129500.00
2	1153	嘉伟羽绒服		件	148.00	550.00	81400.00
3							

图2-124　采购入库单

6.参照采购订单生成采购专用发票

2025年1月7日，由张宏亮（G01）登录企业应用平台。在U8企业应用平台，依次单击“业务工作→供应链→采购管理→采购发票→采购专用发票”菜单，打开“专用发票”窗口。执行工具栏的“增加→采购订单”命令，系统弹出“查询条件-单据列表过滤”对话框，单击“确定”按钮。在“拷贝并执行”窗口，单击选择CG01007号采购订单对应的“选择”栏，然后单击工具栏的“确定”按钮，返回“专用发票”窗口。根据图2-115，修改表头项目“发票号”为“69861157”，其他项默认。保存并复核该发票，结果如图2-125所示。关闭“专用发票”窗口。

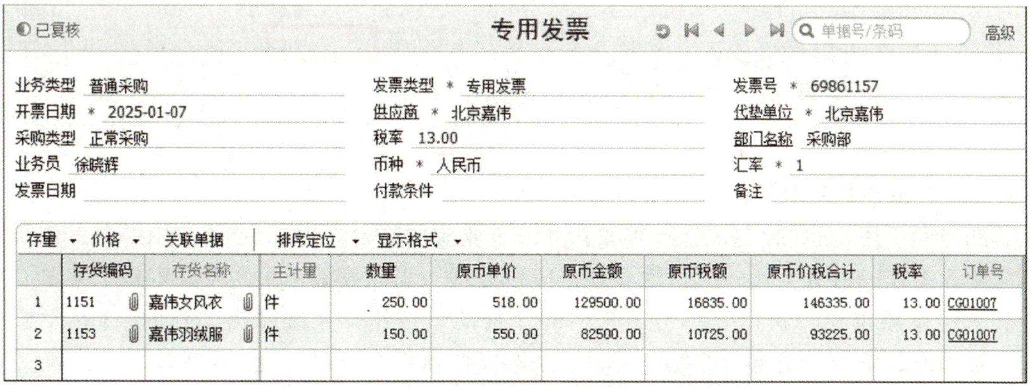
已复核　专用发票

业务类型 普通采购　发票类型 * 专用发票　发票号 * 69861157
开票日期 * 2025-01-07　供应商 * 北京嘉伟　代垫单位 * 北京嘉伟
采购类型 正常采购　税率 13.00　部门名称 采购部
业务员 徐晓辉　币种 * 人民币　汇率 * 1
发票日期　付款条件　备注

	存货编码	存货名称	主计量	数量	原币单价	原币金额	原币税额	原币价税合计	税率	订单号
1	1151	嘉伟女风衣	件	250.00	518.00	129500.00	16835.00	146335.00	13.00	CG01007
2	1153	嘉伟羽绒服	件	150.00	550.00	82500.00	10725.00	93225.00	13.00	CG01007
3										

图2-125　采购专用发票

7.手工结算

在"采购管理"子系统，依次单击"采购结算→手工结算"菜单，打开"手工结算"窗口。单击"选单"按钮，打开"结算选单"窗口。在"结算选单"窗口，单击"查询"按钮，系统弹出"查询条件-采购手工结算"对话框，点击"确定"按钮，系统返回"结算选单"窗口。选择相应的"采购发票"和"入库单"，如图2-126所示。

结算选单

结算选发票列表 □按批次结算

□	供应商简称	存货名称	制单人	发票号	供应商名称	开票日期	币种	数量	计量单位	单价	金额
☑	北京嘉伟	嘉伟女风衣	张宏亮	69861157	北京嘉伟服装有限公司	2025-01-07	人民币	250.00	件	518.00	129,500.00
☑	北京嘉伟	嘉伟羽绒服	张宏亮	69861157	北京嘉伟服装有限公司	2025-01-07	人民币	150.00	件	550.00	82,500.00
合计											

共2条记录　已选择行数:2

结算选入库单列表

□	供应商简称	存货名称	仓库名称	入库单号	供应商名称	入库日期	制单人	入库数量	计量单位	金额
□	湖南百盛	百盛男夹克	服装仓	RK12089	湖南百盛服装有限公司	2024-12-27	李成喜	10,000.00	件	2,980,000.00
□	湖南百盛	百盛休闲裤	服装仓	RK12089	湖南百盛服装有限公司	2024-12-27	李成喜	15,000.00	条	2,985,000.00
□	湖南百盛	百盛男套装	服装仓	RK12089	湖南百盛服装有限公司	2024-12-27	李成喜	20,000.00	套	6,560,000.00
☑	北京嘉伟	嘉伟女风衣	服装仓	RK01009	北京嘉伟服装有限公司	2025-01-07	李泽伟	250.00	件	129,500.00
☑	北京嘉伟	嘉伟羽绒服	服装仓	RK01009	北京嘉伟服装有限公司	2025-01-07	李泽伟	148.00	件	81,400.00
合计										

图2-126　"结算选单"窗口

单击"确定"按钮，系统回到"手工结算"窗口，输入嘉伟羽绒服的"合理损耗数量"为"2"，如图2-127所示，单击"结算"按钮，系统显示"完成结算"。

手工结算

结算汇总

单据类型	存货编号	存货名称	单据号	结算数量	发票数量	合理损耗数量	非合理损耗数量	非合理损耗金额
采购发票		嘉伟女风衣	69861157		250.00			
采购入库单	1151		RK01009	250.00				
		合计		250.00	250.00	0.00	0.00	0.00
采购发票		嘉伟羽绒服	69861157		150.00	2.00		
采购入库单	1153		RK01009	148.00				
		合计		148.00	150.00	2.00	0.00	0.00

图2-127　"手工结算"窗口

8.采购发票审核并生成凭证

2025年1月7日，由赵凯杰（W02）登录企业应用平台。在U8企业应用平台，依次单击"业务工作→财务会计→应付款管理→应付处理→采购发票→采购发票审核"菜单，打开"采购发票审核"窗口。单击工具栏的"查询"按钮，系统弹出"查询条件-发票查询"对话框，单击"确定"按钮，返回"采购发票审核"窗口。

双击"69861157"单据号，打开要审核的发票，单击工具栏的"审核"按钮，系统提示"是否立即制单？"，单击"是"，系统自动打开"填制凭证"窗口，单击工具栏的"保存"按钮。关闭并退出已打开的窗口。

借：在途物资	212 000.00
应交税费/应交增值税/进项税额	27 560.00
贷：应付账款/一般应付账款（北京嘉伟）	239 560.00

9. 预付冲应付

在U8企业应用平台，依次单击"业务工作→财务会计→应付款管理→转账→预付冲应付"菜单，系统弹出"预付冲应付"对话框，供应商选择"北京嘉伟"，单击"过滤"，转账金额输入"97000"，如图2-128所示。

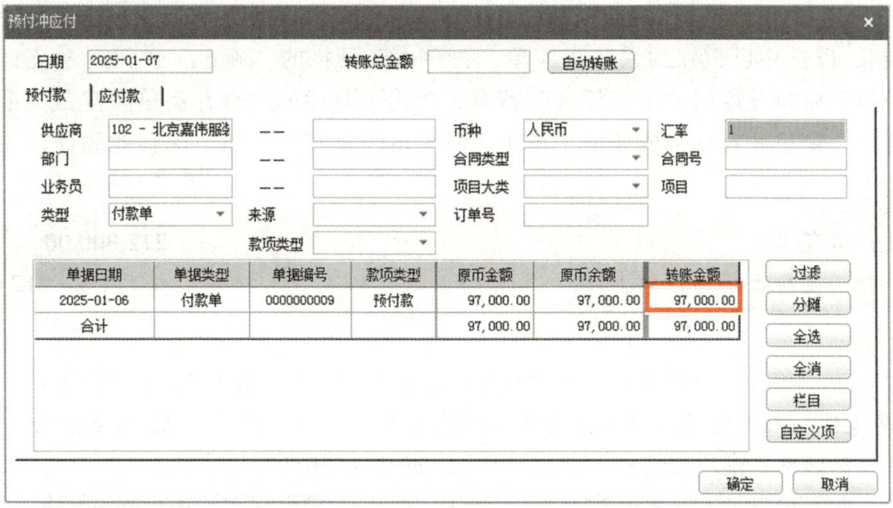

图2-128　预付冲应付——预付款

再单击"应付款"选项卡，单击"过滤"，转账金额输入"97000"，如图2-129所示，单击"确定"，系统提示"是否立即制单?"，单击"是"，系统生成一张记账凭证，单击"保存"按钮。关闭当前窗口。

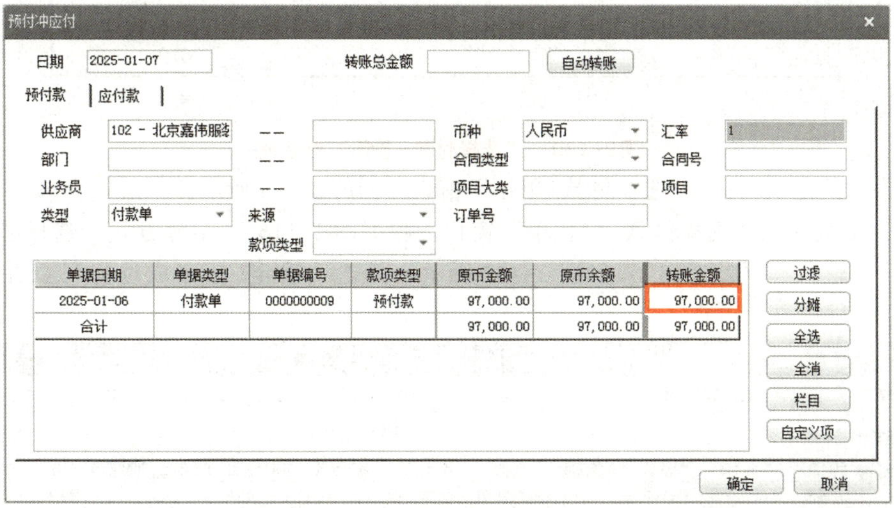

图2-129　预付冲应付——应付款

借：预付账款（北京嘉伟）	−97 000.00
借：应付账款/一般应付账款（北京嘉伟）	97 000.00

10.正常单据记账，生成凭证

（1）正常单据记账。在供应链的"存货核算"子系统，依次单击"记账→正常单据记账"菜单，系统打开"未记账单据一览表"窗口，单击窗口左下角的"查询"按钮，系统显示未记账单据。选中RK01009号采购入库单并记账。记账完毕退出该窗口。

（2）生成凭证。在"存货核算"子系统，依次单击"凭证处理→生成凭证"菜单，系统打开"生成凭证"窗口。单击工具栏的"选单"按钮，系统弹出"查询条件-生成凭证查询条件"对话框，单击"确定"按钮，系统打开"选择单据"窗口，单击工具栏的"全选"按钮，以选中已记账的采购入库单，再单击工具栏的"确定"按钮，系统自动关闭"选择单据"窗口并返回"生成凭证"窗口，单击工具栏的"合并制单"按钮，系统打开"填制凭证"窗口并自动生成凭证。单击工具栏的"保存"按钮，保存此凭证，关闭并退出窗口。

借：库存商品	212 000.00
贷：在途物资	212 000.00

11.选择付款

2025年1月8日，由贺青春（W03）登录企业应用平台。在U8企业应用平台，依次单击"业务工作→财务会计→应付款管理→付款处理→选择付款"菜单，系统弹出"选择付款-条件"对话框，供应商选择"北京嘉伟"，如图2-130所示。

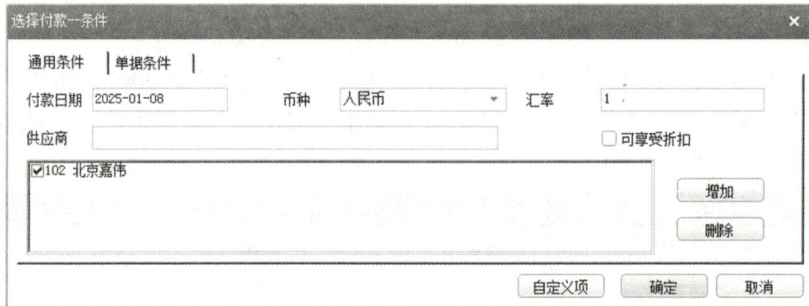

图2-130　"选择付款-条件"对话框

单击"确定"，打开"选择付款-单据"窗口，如图2-131所示。单击"全选"，再单击"确认"，系统弹出"选择付款-付款单"窗口。根据图2-116，"结算方式"选择"电汇"，"票据号"输入"36257063"，如图2-132所示。单击"确定"，完成选择付款并退出该窗口。

图2-131　"选择付款-单据"窗口

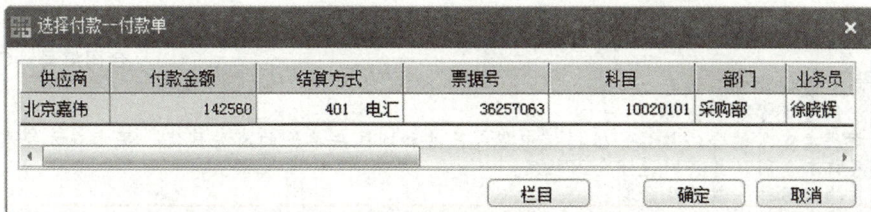

图2-132 "选择付款-付款单"窗口

12.生成凭证

2025年1月8日，由赵凯杰（W02）登录企业应用平台。在U8企业应用平台，依次单击"业务工作→财务会计→应付款管理→凭证处理→生成凭证"菜单，单击"确定"，打开"生成凭证"窗口，如图2-133所示。依次单击工具栏的"合并""制单"按钮，生成一张记账凭证，单击"保存"按钮。关闭当前已打开窗口。

图2-133 "生成凭证"窗口

借：应付账款/一般应付账款（北京嘉伟）　　　　　142 560.00
　　贷：银行存款/中国工商银行/沈阳皇姑支行　　　　　　　142 560.00

提示
假如本例所购商品全部验收合格，供应商另赠与我公司2件嘉伟羽绒服。此时嘉伟女风衣入库250件，嘉伟羽绒服入库152件。手工采购结算时，嘉伟羽绒服的"合理损耗数量"填入"-2"，其他处理无变化。

2.3.2　有非合理损耗的采购业务

【实验资料】

2025年1月8日，采购部张宏亮与湖南百盛签订购销合同。

2025年1月9日，收到湖南百盛发来的牛仔裤和增值税专用发票。验收过程中发现5条牛仔裤毁损，属于非合理损耗，经批准由采购部张宏亮赔偿。

2025年1月10日，签发并承兑银行承兑汇票向湖南百盛支付货款。

相关凭证如图2-134至图2-137所示。

购销合同

合同编号：CG01008

卖方：湖南百盛服装有限公司
买方：辽宁恒通商贸有限公司

为保护买卖双方的合法权益，根据《中华人民共和国民法典》的有关规定，买卖双方经友好协商，一致同意签订本合同，并共同遵守合同约定。

一、货物的名称、数量及金额：

货物名称	规格型号	计量单位	数量	单价（不含税）	金额（不含税）	税率	税额
百盛牛仔裤		条	150	140.00	21 000.00	13%	2 730.00
合计					¥21 000.00		¥2 730.00

二、合同总金额：人民币贰万叁仟柒佰叁拾元整（￥23 730.00）。

三、卖方于1月9日交付全部商品并开具增值税专用发票。买方于1月10日以银行承兑汇票支付全部货款。

四、交货地点：辽宁恒通商贸有限公司。

五、发运方式与运输费用承担方式：由卖方发货并承担运输费用。

卖　方：湖南百盛服装有限公司　　　　买　方：辽宁恒通商贸有限公司
授权代表：王志广　　　　　　　　　　授权代表：张宏亮
日　　期：2025年1月8日　　　　　　日　　期：2025年1月8日

图2-134　购销合同

入库单

供应商：湖南百盛　　　　2025　1　9　　　　RK01010

验收合库	存货编码	存货名称	单位	应收	实收	单价	金额
服装仓	1103	百盛牛仔裤	条	150	145		
合计							

部门经理：略　　会计：略　　仓库：略　　经办人：略

图2-135　入库单

电子发票（增值税专用发票）

发票号码：25432000000083051437
开票日期：2025年01月09日

购买方信息	名称：辽宁恒通商贸有限公司					售方信息	名称：湖南百盛服装有限公司			
	统一社会信用代码/纳税人识别号：91210105206917583A						统一社会信用代码/纳税人识别号：91430105276531895L			

项目名称	规格型号	单位	数量	单价	金额	税率/征收率	税额
*服装*百盛牛仔裤		条	150	140.00	21 000.00	13%	2 730.00
合　计					¥21 000.00		¥2 730.00

价税合计（大写）	⊗贰万叁仟柒佰叁拾元整	（小写）¥23 730.00

备注：
购买方开户银行：中国工商银行沈阳皇姑支行　　银行账号：2107024015890035666
销售方开户银行：中国银行长沙开福支行　　　　银行账号：1012093710651047815

开票人：温艳

图2-136　增值税专用发票

银行承兑汇票

3

21003695
16489025

出票日期（大写）　贰零贰伍年零壹月零壹拾日

出票人全称	辽宁恒通商贸有限公司	收款人	全　称	湖南百盛服装有限公司
出票人账号	2107024015890035666		账　号	1012093710651047815
开户银行	中国工商银行沈阳皇姑支行		开户银行	中国银行长沙开福支行

出票金额	人民币（大写）	贰万叁仟柒佰叁拾元整	亿	千	百	十	万	千	百	十	元	角	分
							￥	2	3	7	3	0	0	0

汇票到期日（大写）	贰零贰伍年零柒月零壹拾日	付款行	行号	
承兑协议编号	600996191611013		地址	

本汇票请你行承兑，到期无条件付款。	本汇票已经承兑，到期日由本行付款。	密押
财务专用章　李喜成印　出票人签章	806304031303 承兑行签章　承兑日期 2025 年 1 月 10 日	
	备注：	复核　　记账

此联由出票人存查

图2-137　银行承兑汇票

【实验过程概览】

本业务的操作过程概览见表2-10。

表 2-10　　　　　　　　　　　　实验过程概览

序号	操作日期	操作员	系统	操作内容
1	2025-01-08	G01 张宏亮	采购管理	填制采购订单
2	2025-01-09	G01 张宏亮	采购管理	参照采购订单生成到货单
3	2025-01-09	C01 李泽伟	库存管理	参照到货单生成采购入库单
4	2025-01-09	G01 张宏亮	采购管理	参照采购订单生成采购专用发票
5	2025-01-09	G01 张宏亮	采购管理	手工结算
6	2025-01-09	W02 赵凯杰	应付款管理	采购发票审核
7	2025-01-09	W02 赵凯杰	存货核算	正常单据记账，生成凭证（采购结算单制单）
8	2025-01-09	W02 赵凯杰	总账	填制凭证
9	2025-01-10	W03 贺青春	应付款管理	票据录入
10	2025-01-10	W02 赵凯杰	应付款管理	付款单据审核、手工核销和生成凭证

【实验过程】

1.填制采购订单

2025 年 1 月 8 日，由张宏亮（G01）登录企业应用平台。在 U8 企业应用平台，依次单击"业务工作→供应链→采购管理→采购订货→采购订单"菜单，打开"采购订单"窗口。单击工具栏的"增加"按钮，根据图 2-134 填制采购订单。填制完毕保存并审核该订单，结果如图 2-138 所示。关闭并退出"采购订单"窗口。

有非合理损耗的采购业务

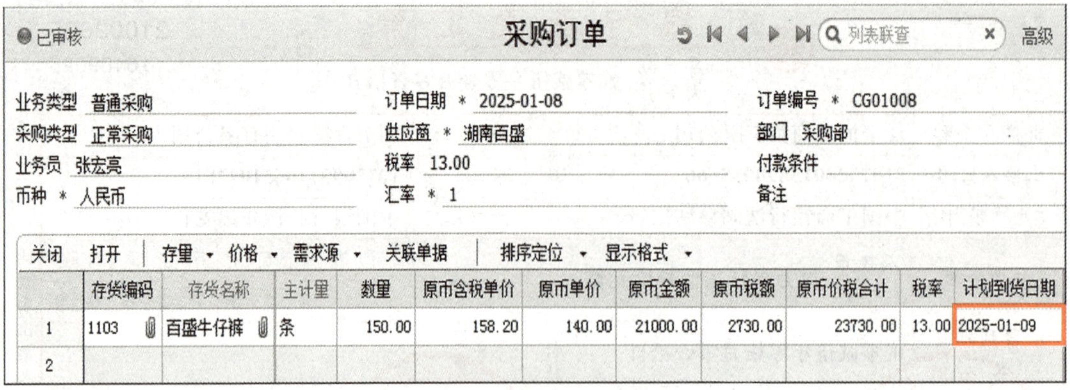

● 已审核　　采购订单　　列表联查　　高级

业务类型 普通采购　　订单日期 * 2025-01-08　　订单编号 * CG01008
采购类型 正常采购　　供应商 * 湖南百盛　　部门 采购部
业务员 张宏亮　　税率 13.00　　付款条件
币种 * 人民币　　汇率 * 1　　备注

关闭　打开　存量 ▾　价格 ▾　需求源 ▾　关联单据　排序定位 ▾　显示格式 ▾

	存货编码	存货名称	主计量	数量	原币含税单价	原币单价	原币金额	原币税额	原币价税合计	税率	计划到货日期
1	1103	百盛牛仔裤	条	150.00	158.20	140.00	21000.00	2730.00	23730.00	13.00	2025-01-09
2											

图2-138　采购订单

2.参照采购订单生成到货单

2025年1月9日，由张宏亮（G01）登录企业应用平台。在“采购管理”子系统，依次单击“采购到货→到货单”菜单，打开“到货单”窗口。执行工具栏的“增加→采购订单”命令，系统弹出“查询条件-单据列表过滤”对话框，单击“确定”按钮，系统弹出“拷贝并执行”窗口。单击“到货单拷贝订单表头列表”中CG01008号订单最左侧的“选择”栏，选中该订单，单击“确定”按钮。系统返回“到货单”窗口，生成一张到货单。单击工具栏的“保存”按钮，保存该单据。单击工具栏的“审核”按钮，审核该单据，结果如图2-139所示。关闭并退出该窗口。

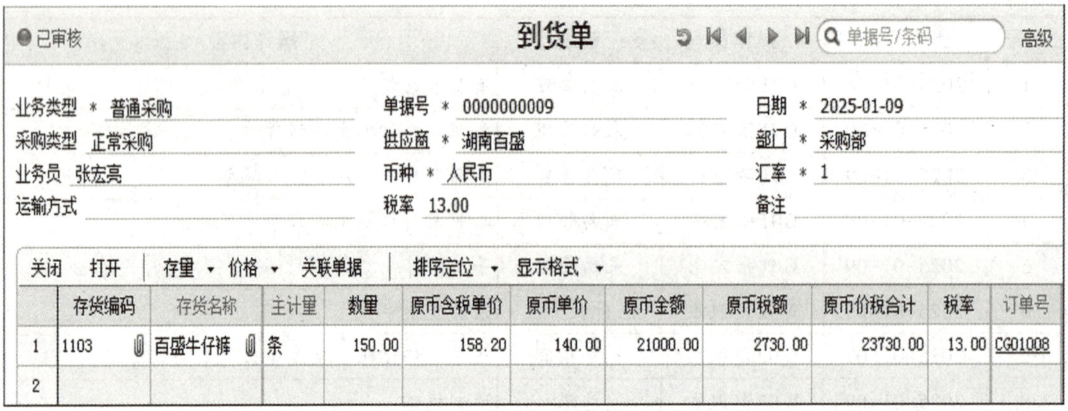

● 已审核　　到货单　　单据号/条码　　高级

业务类型 * 普通采购　　单据号 * 0000000009　　日期 * 2025-01-09
采购类型 正常采购　　供应商 * 湖南百盛　　部门 * 采购部
业务员 张宏亮　　币种 * 人民币　　汇率 * 1
运输方式　　税率 13.00　　备注

关闭　打开　存量 ▾　价格 ▾　关联单据　排序定位 ▾　显示格式 ▾

	存货编码	存货名称	主计量	数量	原币含税单价	原币单价	原币金额	原币税额	原币价税合计	税率	订单号
1	1103	百盛牛仔裤	条	150.00	158.20	140.00	21000.00	2730.00	23730.00	13.00	CG01008
2											

图2-139　到货单

3.参照到货单生成采购入库单

2025年1月9日，由李泽伟（C01）登录企业应用平台。在U8企业应用平台，依次单击“业务工作→供应链→库存管理→采购入库→采购入库单”菜单，系统打开“采购入库单”窗口。执行工具栏的“增加→采购→采购到货单”命令，系统弹出“查询条件-采购到货单列表”对话框，单击“确定”按钮，系统打开“到货单生单列表”窗口。单击湖南百盛到货单所对应的“选择”栏（即上一步骤完成的到货单），再单击工具栏的“确定”按钮，系统返回“采购入库单”窗口。

根据图2-135，修改采购入库单表头项目“入库单号”为“RK01010”，“仓库”选择“服装仓”。修改表体百盛牛仔裤的“数量”为“145”，其他项默认，保存并审核该采购入库单，结果如图2-140所示。

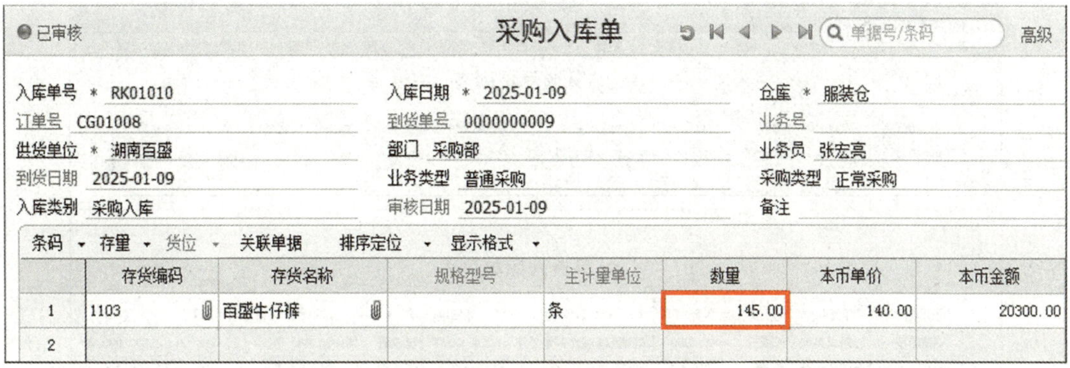

已审核　　采购入库单　　单据号/条码　高级

入库单号 * RK01010　　入库日期 * 2025-01-09　　仓库 * 服装仓
订单号 CG01008　　到货单号 0000000009　　业务号
供货单位 * 湖南百盛　　部门 采购部　　业务员 张宏亮
到货日期 2025-01-09　　业务类型 普通采购　　采购类型 正常采购
入库类别 采购入库　　审核日期 2025-01-09　　备注

条码 · 存量 · 货位 · 关联单据　排序定位 · 显示格式 ·

	存货编码	存货名称	规格型号	主计量单位	数量	本币单价	本币金额
1	1103	百盛牛仔裤		条	145.00	140.00	20300.00
2							

图2-140　采购入库单

4.参照采购订单生成采购专用发票

2025年1月9日，由张宏亮（G01）登录企业应用平台。在U8企业应用平台，依次单击“业务工作→供应链→采购管理→采购发票→采购专用发票”菜单，打开“专用发票”窗口。执行工具栏的“增加→采购订单”命令，系统弹出“查询条件-单据列表过滤”对话框，单击“确定”按钮。在“拷贝并执行”窗口，单击选择CG01008号采购订单对应的“选择”栏，然后单击工具栏的“确定”按钮，返回“专用发票”窗口。根据图2-136，修改表头项目“发票号”为“83051437”，其他项默认。依次单击工具栏的“保存”“复核”按钮。结果如图2-141所示。关闭“专用发票”窗口。

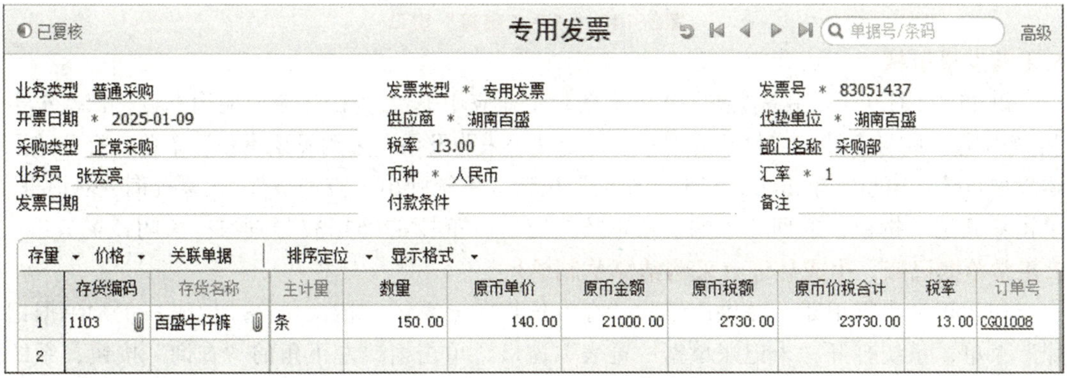

已复核　　专用发票　　单据号/条码　高级

业务类型 普通采购　　发票类型 * 专用发票　　发票号 * 83051437
开票日期 * 2025-01-09　　供应商 * 湖南百盛　　代垫单位 * 湖南百盛
采购类型 正常采购　　税率 13.00　　部门名称 采购部
业务员 张宏亮　　币种 * 人民币　　汇率 * 1
发票日期　　付款条件　　备注

存量 · 价格 · 关联单据　排序定位 · 显示格式 ·

	存货编码	存货名称	主计量	数量	原币单价	原币金额	原币税额	原币价税合计	税率	订单号
1	1103	百盛牛仔裤	条	150.00	140.00	21000.00	2730.00	23730.00	13.00	CG01008
2										

图2-141　采购专用发票

5.手工结算

在“采购管理”子系统，依次单击“采购结算→手工结算”菜单，打开“手工结算”窗口。单击“选单”，打开“结算选单”窗口。在“结算选单”窗口，单击“查询”按钮，系统弹出“查询条件-采购手工结算”对话框，点击“确定”，选择9日湖南百盛的“采购发票”和“入库单”，如图2-142所示。

单击“确定”按钮，系统返回“手工结算”窗口，百盛牛仔裤的“非合理损耗数量”输入“5”，“非合理损耗金额”输入“700”，“非合理损耗类型”选择“员工个人责任”（即非合理损耗类型编码03），如图2-143所示，单击“结算”按钮，系统显示“完成结算”。

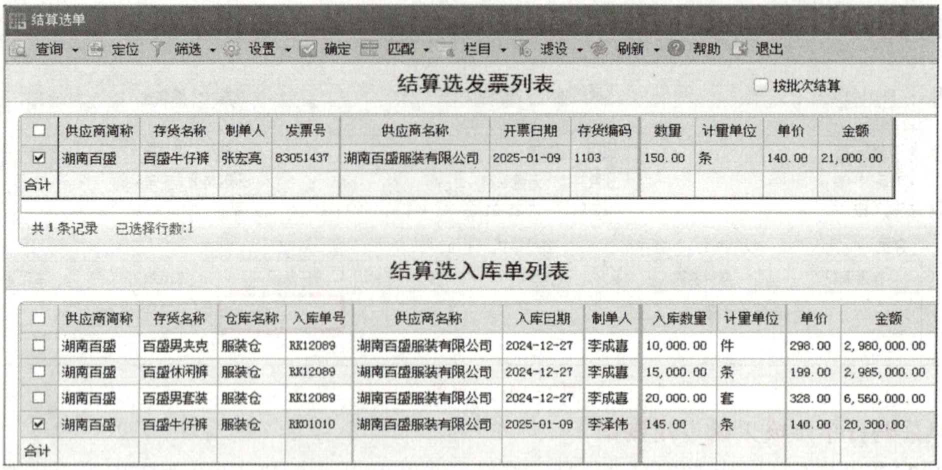

结算选单

查询 定位 筛选 设置 确定 匹配 栏目 滤设 刷新 帮助 退出

结算选发票列表　　按批次结算

选择	供应商简称	存货名称	制单人	发票号	供应商名称	开票日期	存货编码	数量	计量单位	单价	金额
☑	湖南百盛	百盛牛仔裤	张宏亮	83051437	湖南百盛服装有限公司	2025-01-09	1103	150.00	条	140.00	21,000.00
合计											

共1条记录　已选择行数:1

结算选入库单列表

选择	供应商简称	存货名称	仓库名称	入库单号	供应商名称	入库日期	制单人	入库数量	计量单位	单价	金额
☐	湖南百盛	百盛男夹克	服装仓	RK12089	湖南百盛服装有限公司	2024-12-27	李成喜	10,000.00	件	298.00	2,980,000.00
☐	湖南百盛	百盛休闲裤	服装仓	RK12089	湖南百盛服装有限公司	2024-12-27	李成喜	15,000.00	条	199.00	2,985,000.00
☐	湖南百盛	百盛男套装	服装仓	RK12089	湖南百盛服装有限公司	2024-12-27	李成喜	20,000.00	套	328.00	6,560,000.00
☑	湖南百盛	百盛牛仔裤	服装仓	RK01010	湖南百盛服装有限公司	2025-01-09	李泽伟	145.00	条	140.00	20,300.00
合计											

图2-142　“结算选单”窗口

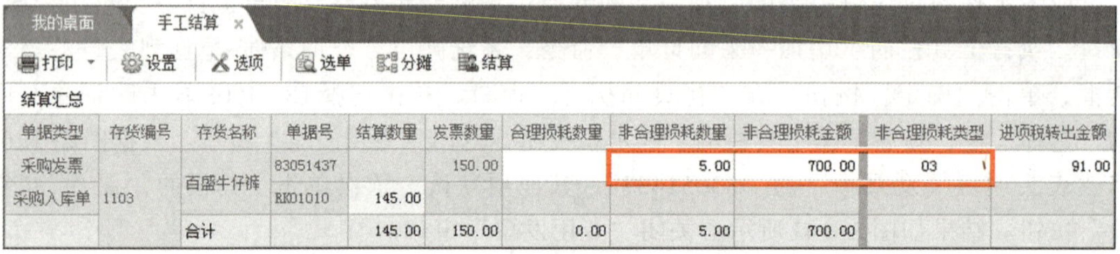

我的桌面　手工结算

打印 设置 选项 选单 分摊 结算

结算汇总

单据类型	存货编号	存货名称	单据号	结算数量	发票数量	合理损耗数量	非合理损耗数量	非合理损耗金额	非合理损耗类型	进项税转出金额
采购发票	1103	百盛牛仔裤	83051437		150.00		5.00	700.00	03	91.00
采购入库单			RK01010	145.00						
		合计		145.00	150.00	0.00	5.00	700.00		

图2-143　“手工结算”窗口

6.采购发票审核

2025年1月9日，由赵凯杰（W02）登录企业应用平台。在U8企业应用平台，依次单击“业务工作→财务会计→应付款管理→应付处理→采购发票→采购发票审核”菜单，打开“采购发票审核”窗口。单击工具栏的“查询”按钮，系统弹出“查询条件-发票查询”对话框，单击“确定”按钮，返回“采购发票审核”窗口。审核83051437号发票。关闭该窗口。

7.正常单据记账，生成凭证（采购结算单制单）

（1）正常单据记账。在供应链的“存货核算”子系统，依次单击“记账→正常单据记账”菜单，系统打开“未记账单据一览表”窗口，单击窗口左下角的“查询”按钮，系统显示未记账单据。选中RK01010号采购入库单并记账。记账完毕退出该窗口。

（2）生成凭证。在“存货核算”子系统，依次单击“凭证处理→生成凭证”菜单，系统打开“生成凭证”窗口。单击工具栏的“选单”按钮，系统弹出“查询条件-生成凭证查询条件”对话框，单击“确定”按钮，系统打开“选择单据”窗口。单击工具栏的“全选”按钮，勾选“已结算采购入库单自动选择全部结算单上单据（包括入库单、发票、付款单），非本月采购入库单按蓝字报销单制单”，如图2-144所示。

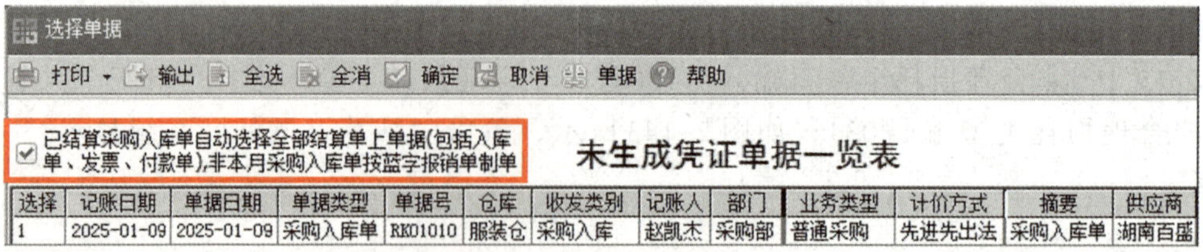

选择单据

打印 输出 全选 全消 确定 取消 单据 帮助

☑ 已结算采购入库单自动选择全部结算单上单据(包括入库单、发票、付款单),非本月采购入库单按蓝字报销单制单

未生成凭证单据一览表

选择	记账日期	单据日期	单据类型	单据号	仓库	收发类别	记账人	部门	业务类型	计价方式	摘要	供应商
1	2025-01-09	2025-01-09	采购入库单	RK01010	服装仓	采购入库	赵凯杰	采购部	普通采购	先进先出法	采购入库单	湖南百盛

图2-144　“选择单据”窗口

单击“确定”按钮，系统自动关闭“选择单据”窗口并返回“生成凭证”窗口，第2行的科目编码输入“22210108”（应交税费/应交增值税/进项税额转出），第4行的科目编码输入“190101”（待处理财产损溢/待处理流动资产损溢），如图2-145所示。单击工具栏的“合并制单”按钮，系统打开“填制凭证”窗口并自动生成凭证，保存该记账凭证。关闭当前已打开窗口。

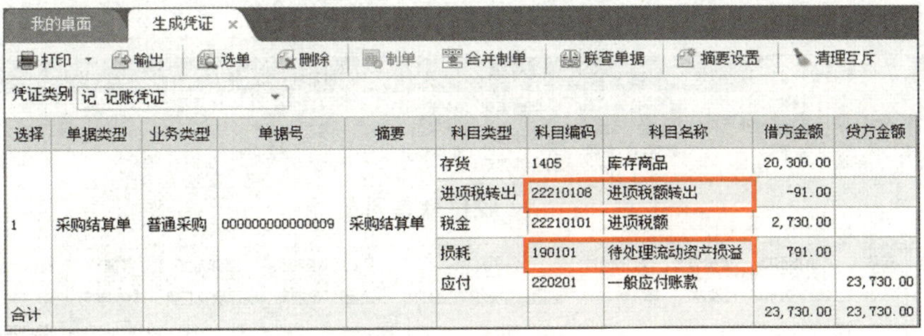

选择	单据类型	业务类型	单据号	摘要	科目类型	科目编码	科目名称	借方金额	贷方金额
1	采购结算单	普通采购	000000000000009	采购结算单	存货	1405	库存商品	20,300.00	
					进项税转出	22210108	进项税额转出	-91.00	
					税金	22210101	进项税额	2,730.00	
					损耗	190101	待处理流动资产损溢	791.00	
					应付	220201	一般应付账款		23,730.00
合计								23,730.00	23,730.00

图2-145 “生成凭证”窗口

借：库存商品	20 300.00
待处理财产损溢/待处理流动资产损溢	791.00
应交税费/应交增值税/进项税额	2 730.00
应交税费/应交增值税/进项税额转出	-91.00
贷：应付账款/一般应付账款（湖南百盛）	23 730.00

8.填制凭证

在U8企业应用平台，依次单击“业务工作→财务会计→总账→凭证→填制凭证”菜单，填制一张记账凭证。

借：其他应收款/职工个人往来（张宏亮）	791.00
贷：待处理财产损溢/待处理流动资产损溢	791.00

9.票据录入

2025年1月10日，由贺青春（W03）登录企业应用平台。在U8企业应用平台，依次单击“业务工作→财务会计→应付款管理→票据管理→票据录入”菜单，打开“应付票据录入”窗口。单击“增加”，根据图2-137填制银行承兑汇票并保存，结果如图2-146所示。商业汇票保存后，系统自动生成未审核的付款单。

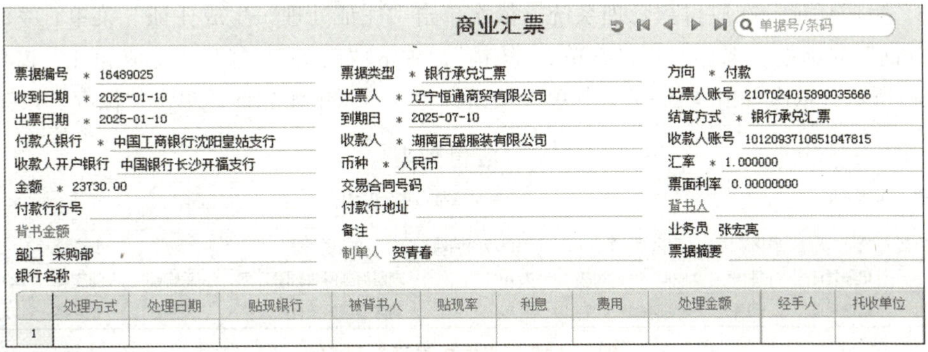

图2-146 “应付票据录入”窗口

10.付款单据审核、手工核销和生成凭证

2025年1月10日，由赵凯杰（W02）登录企业应用平台。

（1）付款单据审核。在U8企业应用平台，依次单击“业务工作→财务会计→应付款管理→付款处理→付款单据审核”菜单，打开“付款单据审核”窗口。单击窗口左下角的“查询”按钮，结果如图2-147所示。选中16489025号商业汇票自动生成的付款单并审核，然后关闭该窗口。

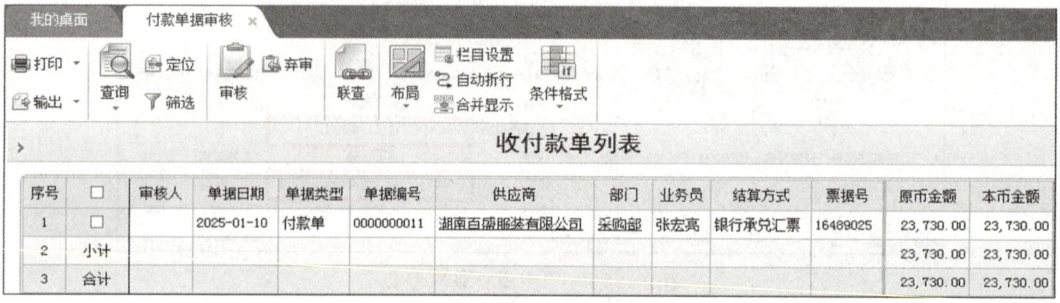

收付款单列表

序号	□	审核人	单据日期	单据类型	单据编号	供应商	部门	业务员	结算方式	票据号	原币金额	本币金额
1	□		2025-01-10	付款单	0000000011	湖南百盛服装有限公司	采购部	张宏亮	银行承兑汇票	16489025	23,730.00	23,730.00
2	小计										23,730.00	23,730.00
3	合计										23,730.00	23,730.00

图2-147　“付款单据审核”窗口

（2）手工核销。在U8企业应用平台，依次单击“业务工作→财务会计→应付款管理→核销处理→手工核销”菜单，系统弹出“核销条件”对话框，供应商选择“湖南百盛”，单击“确定”按钮，打开“手工核销”窗口。在采购专用发票的“本次金额”栏输入“23730”，如图2-148所示，单击“保存”按钮。关闭“手工核销”窗口。

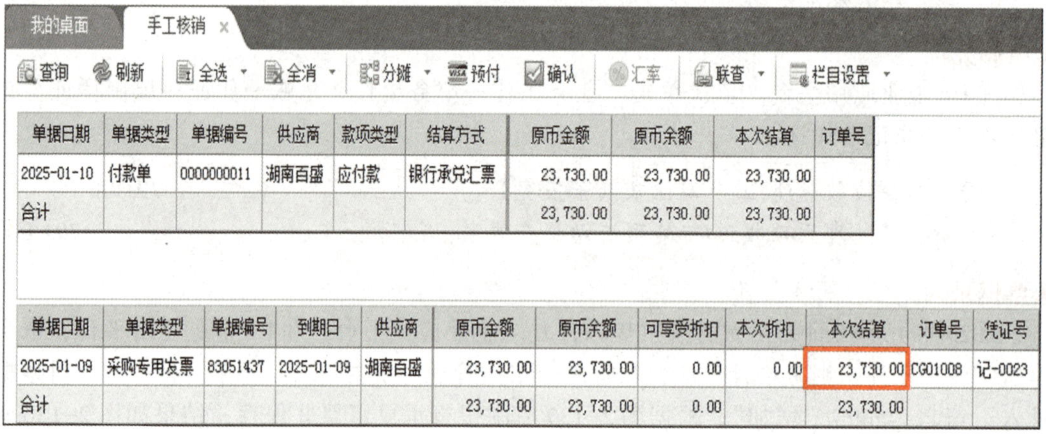

单据日期	单据类型	单据编号	供应商	款项类型	结算方式	原币金额	原币余额	本次结算	订单号
2025-01-10	付款单	0000000011	湖南百盛	应付款	银行承兑汇票	23,730.00	23,730.00	23,730.00	
合计						23,730.00	23,730.00	23,730.00	

单据日期	单据类型	单据编号	到期日	供应商	原币金额	原币余额	可享受折扣	本次折扣	本次结算	订单号	凭证号
2025-01-09	采购专用发票	83051437	2025-01-09	湖南百盛	23,730.00	23,730.00	0.00	0.00	23,730.00	CG01008	记-0023
合计					23,730.00	23,730.00	0.00		23,730.00		

图2-148　“手工核销”窗口

（3）生成凭证。在应付款管理系统，依次单击“凭证处理→生成凭证”菜单，系统弹出“制单查询”对话框，选择“收付款单”“核销”，单击“确定”，打开“生成凭证”窗口，如图2-149所示，依次单击“合并”“制单”按钮，生成一张记账凭证，单击“保存”按钮。

应付列表

凭证类别　记账凭证　　制单日期　2025-01-10　　共 2 条

选择标志	凭证类别	单据类型	单据号	日期	供应商编码	供应商名称	部门	业务员	金额
	记账凭证	付款单	0000000011	2025-01-10	101	湖南百盛服装有限公司	采购部	张宏亮	23,730.00
	记账凭证	核销	0000000011	2025-01-10	101	湖南百盛服装有限公司	采购部	张宏亮	23,730.00

图2-149　“生成凭证”窗口

借：应付账款/一般应付账款（湖南百盛）	23 730.00	
贷：应付票据（湖南百盛）		23 730.00

2.3.3　卖方少发货的采购业务

【实验资料】

2025年1月10日，采购部张宏亮与天津惠阳签订购销合同。

2025年1月11日，收到天津惠阳发来的货物和增值税专用发票，同时支付了货款。货物在验收入库时发现恒久女表短缺2只，原因系对方少发，经协商对方承诺下月补发货物。

相关凭证如图2-150至图2-154所示。

购销合同

合同编号：CG01009

卖方：天津惠阳商贸有限公司
买方：辽宁恒通商贸有限公司

为保护买卖双方的合法权益，根据《中华人民共和国民法典》的有关规定，买卖双方经友好协商，一致同意签订本合同，并共同遵守合同约定。

一、货物的名称、数量及金额：

货物名称	规格型号	计量单位	数量	单价（不含税）	金额（不含税）	税率	税额
百盛牛仔裤		条	100	120.00	12 000.00	13%	1 560.00
恒久女表		只	100	2 800.00	280 000.00	13%	36 400.00
合　计					¥292 000.00		¥37 960.00

二、合同总金额：人民币叁拾贰万玖仟玖佰陆拾元整（¥329 960.00）。
三、卖方于1月11日交付全部商品并开具增值税专用发票，买方于当日以电汇方式支付全部货款。
四、交货地点：辽宁恒通商贸有限公司。
五、发运方式与运输费用承担方式：由卖方发货并承担运输费用。

卖　方：天津惠阳商贸有限公司　　　　　买　方：辽宁恒通商贸有限公司
授权代表：同张用进　　　　　　　　　　授权代表：同张宏亮
日　　期：2025年1月10日　　　　　　　日　　期：2025年1月10日

图2-150　购销合同

入库单

供应商：天津惠阳　　　　　　　2025年1月11日　　　　　　单号：RK01011

验收仓库	存货编码	存货名称	单位	数量		单价	金额
				应收	实收		
服装仓	1103	百盛牛仔裤	条	100	100		
合　计							

部门经理：略　　　　会计：略　　　　仓库：略　　　　经办人：略

图2-151　入库单

入库单

供应商	天津惠阳		2025 1 月 11 日					RK01012
验收仓库	存货编码	存货名称	单位	数量		单价		金额
				应收	实收			
手表仓	1251	恒久女表	只	100	98			
部门经理 略		会计 略		仓库 略		经办人 略		

图2-152 入库单

电子发票（增值税专用发票）

发票号码：25122000000032307938

开票日期：2025 年 01 月 11 日

购买方信息	名称：辽宁恒通商贸有限公司	销售方信息	名称：天津惠阳商贸有限公司
	统一社会信用代码/纳税人识别号：91210105206917583A		统一社会信用代码/纳税人识别号：91120104572036908U

项目名称	规格型号	单位	数量	单价	金额	税率/征收率	税额
*服装*百盛牛仔裤		条	100	120.00	12 000.00	13%	1 560.00
*手表*恒久女表		只	100	2 800.00	280 000.00	13%	36 400.00
合　计					￥292 000.00		￥37 960.00

价税合计（大写）	⊗ 叁拾贰万玖仟玖佰陆拾元整	（小写）￥329 960.00

备注	购买方开户银行：中国工商银行沈阳皇姑支行　　银行账号：2107024015890035666
	销售方开户银行：华夏银行天津南开支行　　银行账号：2806725046208670931

开票人：李丹

图2-153 增值税专用发票

⊞ 中国工商银行　电汇凭证（回单）　1　36257064

☑普通　☐加急　　委托日期 2025 年 1 月 11 日

汇款人	全　称	辽宁恒通商贸有限公司	收款人	全　称	天津惠阳商贸有限公司	此联为汇出行给汇款人的回单
	账　号	2107024015890035666		账　号	2806725046208670931	
	开户银行	中国工商银行沈阳皇姑支行		开户银行	华夏银行天津南开支行	

金额	人民币（大写）	叁拾贰万玖仟玖佰陆拾元整	亿	千	百	十	万	千	百	十	元	角	分
						￥3	2	9	9	6	0	0	0

转讫（7）	支付密码	
	附加信息及用途：货款	
	复核　　记账	

图2-154 电汇付款凭证

━━━━ 【实验过程概览】

本业务的操作过程概览见表2-11。

表 2-11
实验过程概览

序号	操作日期	操作员	系统	操作内容
1	2025-01-10	G01 张宏亮	采购管理	填制采购订单
2	2025-01-11	G01 张宏亮	采购管理	参照采购订单生成到货单
3	2025-01-11	G01 张宏亮	采购管理	参照到货单生成到货拒收单
4	2025-01-11	C01 李泽伟	库存管理	参照到货单批量生成采购入库单
5	2025-01-11	G01 张宏亮	采购管理	参照采购订单生成采购专用发票（现付）
6	2025-01-11	G01 张宏亮	采购管理	手工结算
7	2025-01-11	W02 赵凯杰	应付款管理	采购发票审核并生成凭证
8	2025-01-11	W02 赵凯杰	存货核算	正常单据记账，生成凭证

【实验过程】

1. 填制采购订单

2025 年 1 月 10 日，由张宏亮（G01）登录企业应用平台。在 U8 企业应用平台，依次单击"业务工作→供应链→采购管理→采购订货→采购订单"菜单，打开"采购订单"窗口。单击工具栏的"增加"按钮，根据图 2-150 填制采购订单。填制完毕保存并审核该订单，结果如图 2-155 所示。关闭并退出该窗口。

卖方少发货的
采购业务

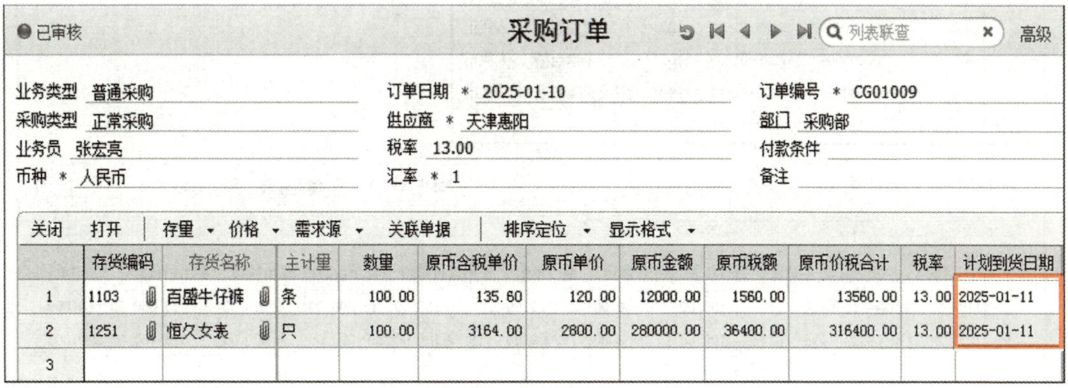

图 2-155 采购订单

2. 参照采购订单生成到货单

2025 年 1 月 11 日，由张宏亮（G01）登录企业应用平台。在"采购管理"子系统，依次单击"采购到货→到货单"菜单，打开"到货单"窗口。执行工具栏的"增加→采购订单"命令，系统弹出"查询条件-单据列表过滤"对话框，单击"确定"按钮，系统弹出"拷贝并执行"窗口。单击"到货单拷贝订单表头列表"中订单号"CG01009"最左侧的"选择"栏，选中该订单，单击"确定"按钮，系统返回"到货单"窗口。

在到货单表体第 2 行的"拒收数量"栏输入"2"，其他项默认。保存并审核该到货单，结果如图 2-156 所示。关闭并退出"到货单"窗口。

3. 参照到货单生成到货拒收单

在"采购管理"子系统，依次单击"采购到货→到货拒收单"菜单，打开"到货拒收

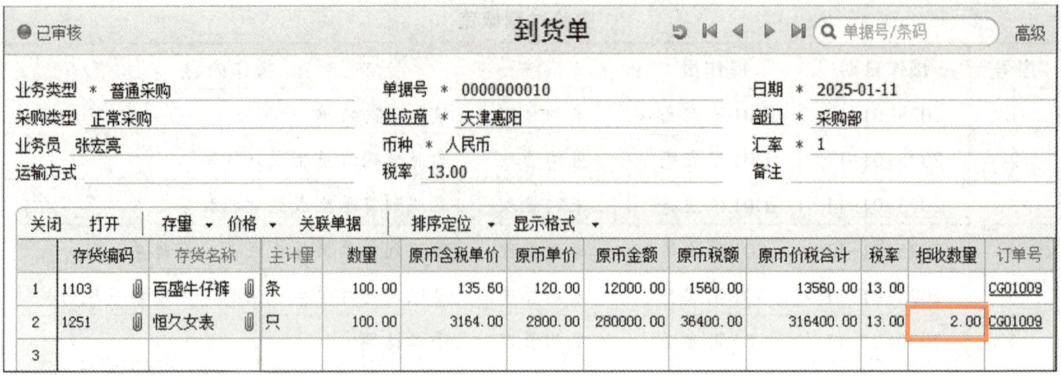

● 已审核 到货单 单据号/条码 高级

业务类型 * 普通采购 单据号 * 0000000010 日期 * 2025-01-11
采购类型 正常采购 供应商 * 天津惠阳 部门 * 采购部
业务员 张宏亮 币种 * 人民币 汇率 * 1
运输方式 税率 13.00 备注

关闭 打开 存量 价格 关联单据 排序定位 显示格式

	存货编码	存货名称	主计量	数量	原币含税单价	原币单价	原币金额	原币税额	原币价税合计	税率	拒收数量	订单号
1	1103	百盛牛仔裤	条	100.00	135.60	120.00	12000.00	1560.00	13560.00	13.00		CG01009
2	1251	恒久女表	只	100.00	3164.00	2800.00	280000.00	36400.00	316400.00	13.00	2.00	CG01009
3												

图2-156 到货单

单”窗口。单击“增加”，系统弹出“查询条件-单据列表过滤”对话框，单击“确定”，打开“拷贝并执行”窗口。窗口上方选中“天津惠阳”的到货单，下方只选中“恒久女表”那一行，如图2-157所示，单击“确定”，生成到货拒收单，保存并审核该单据，结果如图2-158所示。

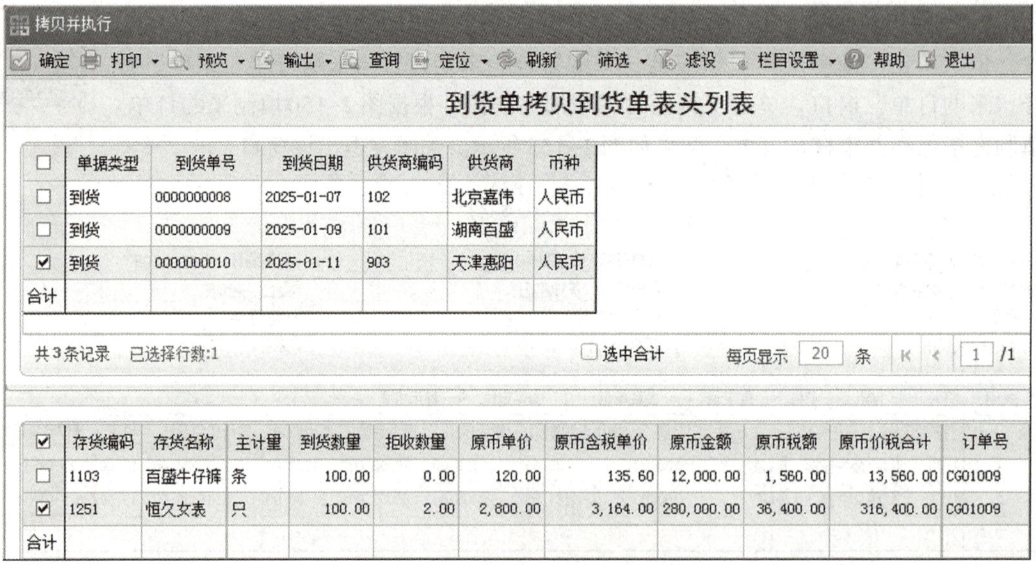

拷贝并执行

确定 打印 预览 输出 查询 定位 刷新 筛选 滤设 栏目设置 帮助 退出

到货单拷贝到货单表头列表

☐	单据类型	到货单号	到货日期	供货商编码	供货商	币种
☐	到货	0000000008	2025-01-07	102	北京嘉伟	人民币
☐	到货	0000000009	2025-01-09	101	湖南百盛	人民币
☑	到货	0000000010	2025-01-11	903	天津惠阳	人民币
合计						

共3条记录 已选择行数:1 选中合计 每页显示 20 条 1 /1

☑	存货编码	存货名称	主计量	到货数量	拒收数量	原币单价	原币含税单价	原币金额	原币税额	原币价税合计	订单号
☐	1103	百盛牛仔裤	条	100.00	0.00	120.00	135.60	12,000.00	1,560.00	13,560.00	CG01009
☑	1251	恒久女表	只	100.00	2.00	2,800.00	3,164.00	280,000.00	36,400.00	316,400.00	CG01009
合计											

图2-157 “拷贝并执行”窗口

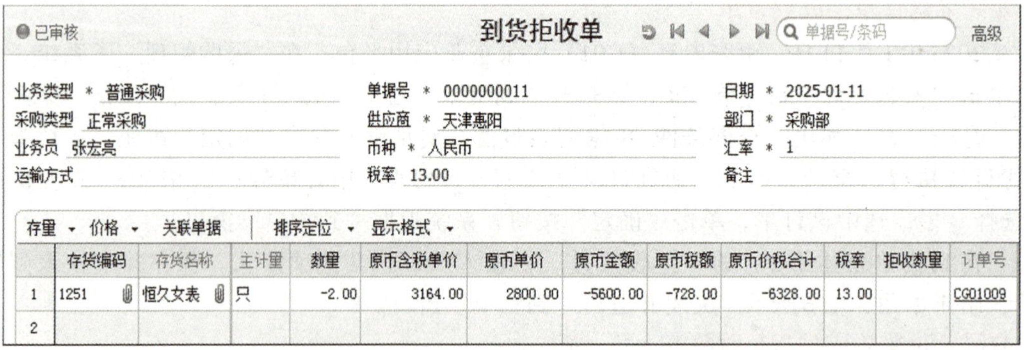

● 已审核 到货拒收单 单据号/条码 高级

业务类型 * 普通采购 单据号 * 0000000011 日期 * 2025-01-11
采购类型 正常采购 供应商 * 天津惠阳 部门 * 采购部
业务员 张宏亮 币种 * 人民币 汇率 * 1
运输方式 税率 13.00 备注

存量 价格 关联单据 排序定位 显示格式

	存货编码	存货名称	主计量	数量	原币含税单价	原币单价	原币金额	原币税额	原币价税合计	税率	拒收数量	订单号
1	1251	恒久女表	只	-2.00	3164.00	2800.00	-5600.00	-728.00	-6328.00	13.00		CG01009
2												

图2-158 到货拒收单

　　采购到货拒收单只能参照到货单生成。到货拒收单保存时，向到货单填写"已拒收数量"。一张到货单，允许多次进行拒收。在到货时如果能够直接确定是否拒收，将拒收数量填到到货单的"拒收数量"中，参照到货单的拒收数量生成到货拒收单；如果不能够确定是否拒收，则不录入拒收数量，参照到货单（到货数量-已入库数量）生成到货拒收单。

4.参照到货单批量生成采购入库单

　　2025年1月11日，由李泽伟（C01）登录企业应用平台。在U8企业应用平台，依次单击"业务工作→供应链→库存管理→采购入库→采购到货批量入库"菜单，系统弹出"查询条件-采购到货单列表"对话框，单击"确定"按钮，系统打开"到货单生单列表"窗口。单击要选择的到货单所对应的"选择"栏（即上一步骤完成的到货单）。在窗口下方百盛牛仔裤那一行的仓库选择"服装仓"，恒久女表那一行的仓库选择"手表仓"，如图2-159所示。单击工具栏的"确定"按钮，系统提示"生单成功！"，单击"确定"按钮，系统提示"是否查看生成单据的列表？"，单击"是"按钮，系统打开"采购入库单列表"窗口。双击百盛牛仔裤的"入库单号"栏，打开该采购入库单。

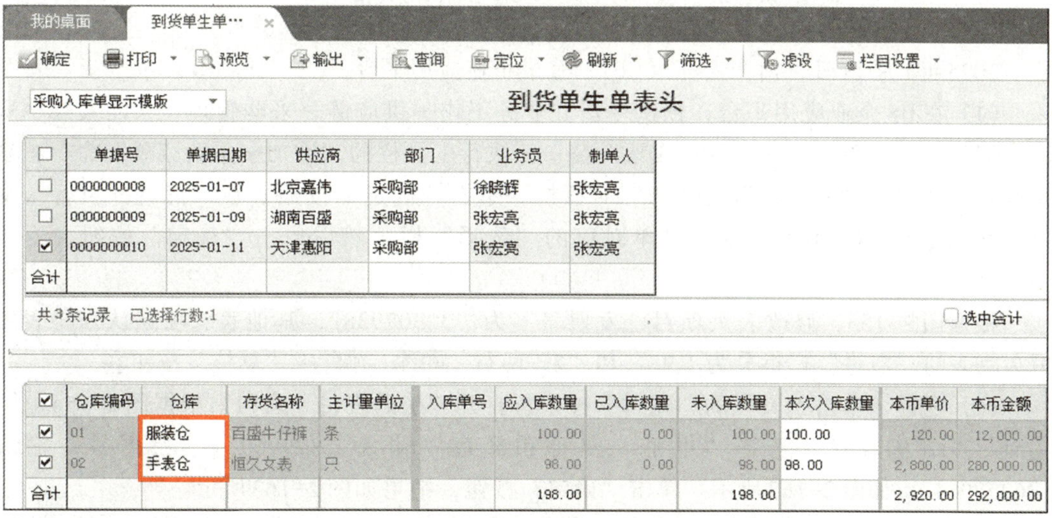

图2-159　"到货单生单列表"窗口

　　根据图2-151，单击工具栏的"修改"按钮，将百盛牛仔裤采购入库单表头项目"入库单号"改为"RK01011"，保存并审核该入库单，结果如图2-160所示。

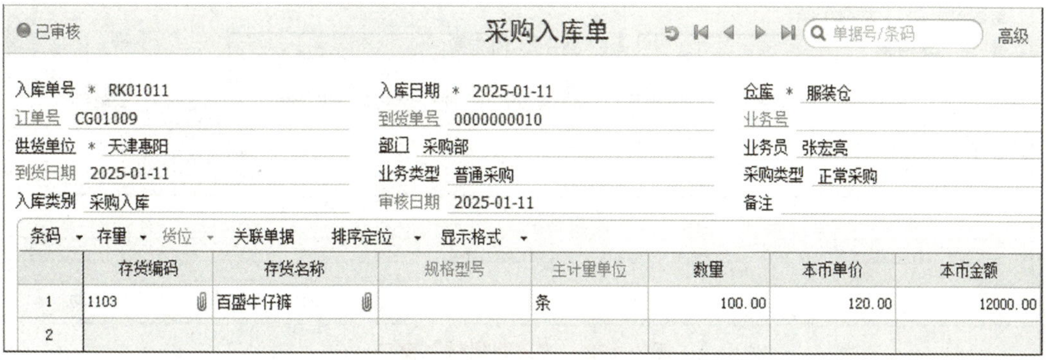

图2-160　采购入库单

单击工具栏的"▶"（下张）按钮，根据实验资料，单击"修改"，将恒久女表采购入库单表头项目"入库单号"改为"RK01012"，保存并审核该入库单，结果如图2-161所示。

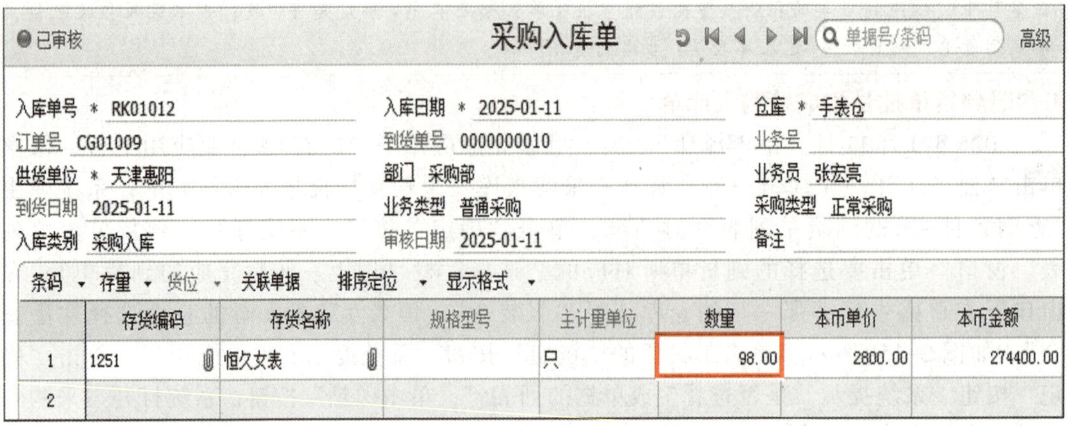

图2-161 采购入库单

5.参照采购订单生成采购专用发票（现付）

2025年1月11日，由张宏亮（G01）登录企业应用平台。

（1）在U8企业应用平台，依次单击"业务工作→供应链→采购管理→采购发票→采购专用发票"菜单，打开"专用发票"窗口。执行工具栏的"增加→采购订单"命令，系统弹出"查询条件-单据列表过滤"对话框，单击"确定"按钮。在"拷贝并执行"窗口，单击选中CG01009号采购订单对应的"选择"栏，然后单击"确定"按钮，返回"专用发票"窗口。

根据图2-153，修改表头项目"发票号"为"32307938"，其他表头项默认。将表体恒久女表的"数量"栏拆分为"98"和"2"两行。单击"保存""复核"按钮。

（2）现付。单击工具栏的"现付"按钮，打开"采购现付"窗口。根据图2-154电汇凭证，"结算方式"选择"电汇"，"原币金额"输入"329960"，"票据号"输入"36257064"，如图2-162所示。单击"确定"按钮，结果如图2-163所示。

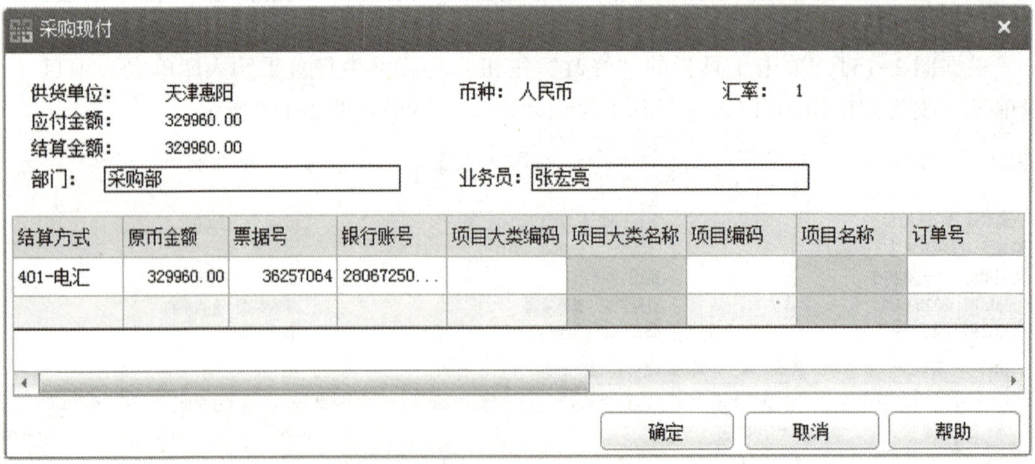

图2-162 "采购现付"窗口

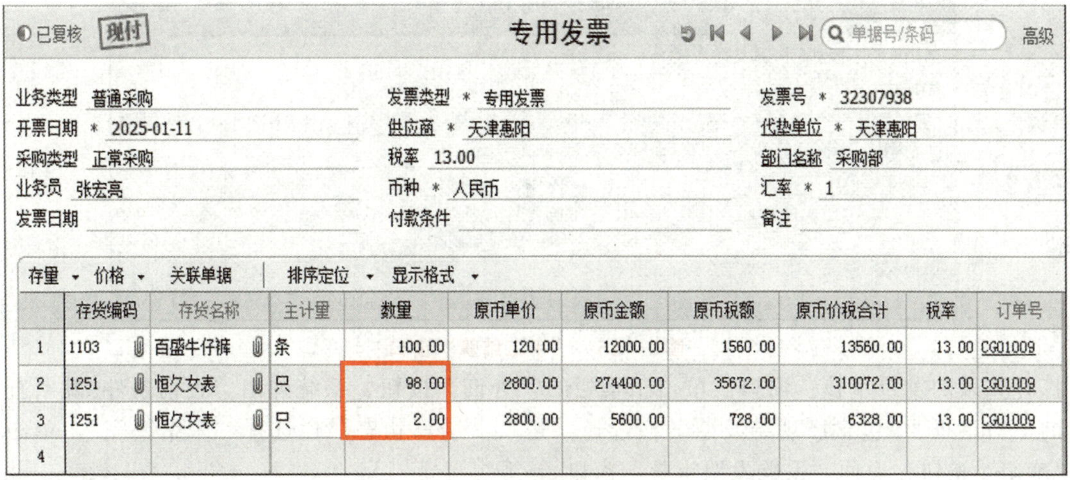

◐已复核 现付 **专用发票** 单据号/条码 高级

业务类型 普通采购	发票类型 * 专用发票	发票号 * 32307938
开票日期 * 2025-01-11	供应商 * 天津惠阳	代垫单位 * 天津惠阳
采购类型 正常采购	税率 13.00	部门名称 采购部
业务员 张宏亮	币种 * 人民币	汇率 * 1
发票日期	付款条件	备注

存量 · 价格 · 关联单据 排序定位 · 显示格式 ·

	存货编码	存货名称	主计量	数量	原币单价	原币金额	原币税额	原币价税合计	税率	订单号
1	1103	百盛牛仔裤	条	100.00	120.00	12000.00	1560.00	13560.00	13.00	CG01009
2	1251	恒久女表	只	98.00	2800.00	274400.00	35672.00	310072.00	13.00	CG01009
3	1251	恒久女表	只	2.00	2800.00	5600.00	728.00	6328.00	13.00	CG01009
4										

图2-163 采购专用发票

6.手工结算

在“采购管理”子系统，依次单击“采购结算→手工结算”，打开“手工结算”窗口，单击“选单”按钮，打开“结算选单”窗口。单击“查询”按钮，系统弹出“查询条件-采购手工结算”对话框，点击“确定”。选择相应的采购发票和入库单，如图2-164所示，单击“确定”按钮，系统返回“手工结算”窗口，如图2-165所示，单击“结算”，系统显示“完成结算”。

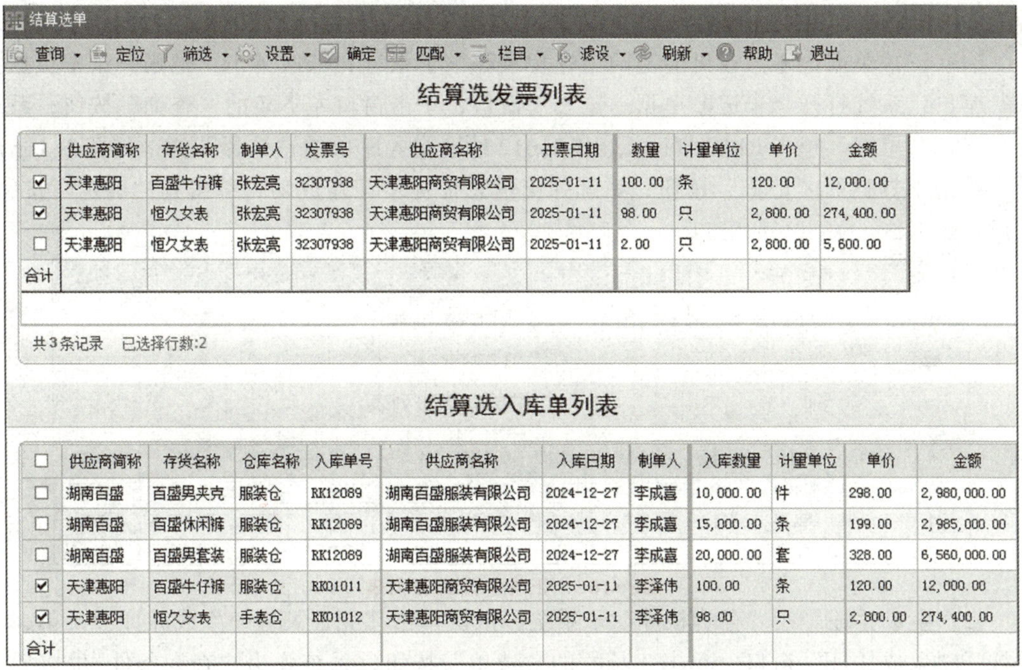

结算选单

查询 · 定位 筛选 · 设置 · 确定 匹配 · 栏目 · 滤设 · 刷新 · 帮助 退出

结算选发票列表

	供应商简称	存货名称	制单人	发票号	供应商名称	开票日期	数量	计量单位	单价	金额
☑	天津惠阳	百盛牛仔裤	张宏亮	32307938	天津惠阳商贸有限公司	2025-01-11	100.00	条	120.00	12,000.00
☑	天津惠阳	恒久女表	张宏亮	32307938	天津惠阳商贸有限公司	2025-01-11	98.00	只	2,800.00	274,400.00
☐	天津惠阳	恒久女表	张宏亮	32307938	天津惠阳商贸有限公司	2025-01-11	2.00	只	2,800.00	5,600.00
合计										

共3条记录 已选择行数:2

结算选入库单列表

	供应商简称	存货名称	仓库名称	入库单号	供应商名称	入库日期	制单人	入库数量	计量单位	单价	金额
☐	湖南百盛	百盛男夹克	服装仓	RK12089	湖南百盛服装有限公司	2024-12-27	李成喜	10,000.00	件	298.00	2,980,000.00
☐	湖南百盛	百盛休闲裤	服装仓	RK12089	湖南百盛服装有限公司	2024-12-27	李成喜	15,000.00	条	199.00	2,985,000.00
☐	湖南百盛	百盛男套装	服装仓	RK12089	湖南百盛服装有限公司	2024-12-27	李成喜	20,000.00	套	328.00	6,560,000.00
☑	天津惠阳	百盛牛仔裤	服装仓	RK01011	天津惠阳商贸有限公司	2025-01-11	李泽伟	100.00	条	120.00	12,000.00
☑	天津惠阳	恒久女表	手表仓	RK01012	天津惠阳商贸有限公司	2025-01-11	李泽伟	98.00	只	2,800.00	274,400.00
合计											

图2-164 “结算选单”窗口

7.采购发票审核并生成凭证

2025年1月11日，由赵凯杰（W02）登录企业应用平台。在U8企业应用平台，依次单击“业务工作→财务会计→应付款管理→应付处理→采购发票→采购发票审核”菜单，

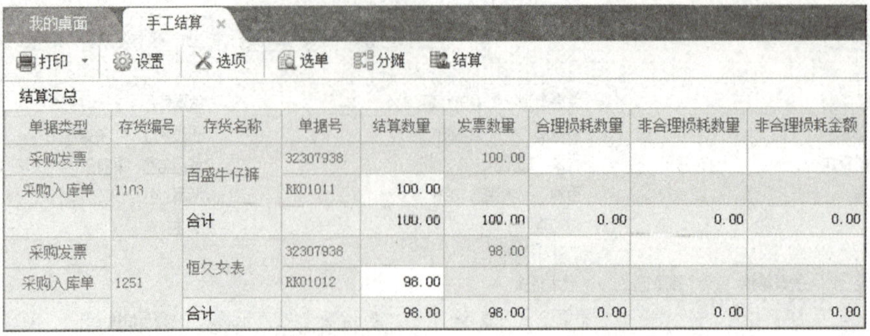

单据类型	存货编号	存货名称	单据号	结算数量	发票数量	合理损耗数量	非合理损耗数量	非合理损耗金额
采购发票	1103	百盛牛仔裤	32307938		100.00			
采购入库单			RK01011	100.00				
		合计		100.00	100.00	0.00	0.00	0.00
采购发票	1251	恒久女表	32307938		98.00			
采购入库单			RK01012	98.00				
		合计		98.00	98.00	0.00	0.00	0.00

图2-165 “手工结算”窗口

打开“采购发票审核”窗口。单击工具栏的“查询”按钮，系统弹出“查询条件-发票查询”对话框，“包含已现结发票”栏选择“是”，“结算状态”栏选择“未结算完”，单击“确定”按钮，返回“采购发票审核”窗口。

双击“32307938”单据号，打开要审核的发票，单击工具栏的“审核”按钮，系统提示“是否立即制单?”，单击“是”，系统自动打开“填制凭证”窗口，单击工具栏的“保存”按钮。关闭并退出已打开的窗口。

借：在途物资	292 000.00	
应交税费/应交增值税/进项税额	37 960.00	
贷：银行存款/中国工商银行/沈阳皇姑支行		329 960.00

8.正常单据记账，生成凭证

（1）正常单据记账。在供应链的“存货核算”子系统，依次单击“记账→正常单据记账”菜单，系统打开“未记账单据一览表”窗口，单击窗口左下角的“查询”按钮，系统显示未记账单据。单击RK01011号、RK01012号采购入库单的“选择”栏，如图2-166所示，单击工具栏的“记账”按钮，系统弹出信息框提示记账成功，单击其“确定”按钮，完成记账工作。关闭当前窗口。

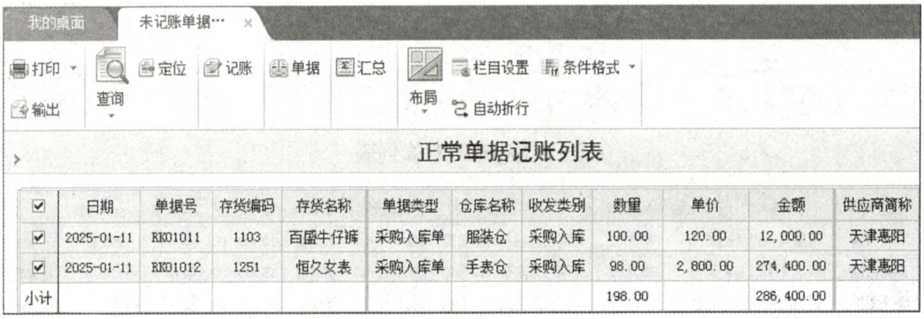

☑	日期	单据号	存货编码	存货名称	单据类型	仓库名称	收发类别	数量	单价	金额	供应商简称
☑	2025-01-11	RK01011	1103	百盛牛仔裤	采购入库单	服装仓	采购入库	100.00	120.00	12,000.00	天津惠阳
☑	2025-01-11	RK01012	1251	恒久女表	采购入库单	手表仓	采购入库	98.00	2,800.00	274,400.00	天津惠阳
小计								198.00		286,400.00	

图2-166 正常单据记账列表

（2）生成凭证。在“存货核算”子系统，依次单击“凭证处理→生成凭证”菜单，系统打开“生成凭证”窗口。单击工具栏的“选单”按钮，系统弹出“查询条件-生成凭证查询条件”对话框，单击“确定”按钮，系统打开“选择单据”窗口，单击工具栏的“全选”按钮，以选中RK01011号、RK01012号采购入库单，再单击“确定”按钮，系统自动关闭“选择单据”窗口并返回“生成凭证”窗口，如图2-167所示。单击工具栏的“合并制单”按钮，系统生成一张记账凭证，保存此凭证。

我的桌面 | 生成凭证 ×

打印 · 输出 | 选单 | 删除 | 制单 | 合并制单 | 联查单据 | 摘要设置 | 清理互斥

凭证类别 记 记账凭证

选择	单据类型	业务类型	单据号	摘要	科目类型	科目编码	科目名称	借方金额	贷方金额
1	采购入库单	普通采购	RK01011	采购入库单	存货	1405	库存商品	12,000.00	
					对方	1402	在途物资		12,000.00
			RK01012		存货	1405	库存商品	274,400.00	
					对方	1402	在途物资		274,400.00
合计								286,400.00	286,400.00

图2-167 “生成凭证”窗口

借：库存商品　　286 400.00

　贷：在途物资　　286 400.00

2.4 采购退货业务

2.4.1 入库前退货业务

【实验资料】

2025年1月11日，采购部徐晓辉与上海恒久签订购销合同。收到对方开具的增值税专用发票，我公司支付了全部货款。

2025年1月12日，收到上海恒久发来的货物，经检验有部分产品质量存在问题，上海恒久已按合同承担损失。

相关凭证如图2-168至图2-174所示。

购销合同

合同编号：CG01010

卖方：上海恒久表业有限公司

买方：辽宁恒通商贸有限公司

为保护买卖双方的合法权益，根据《中华人民共和国民法典》的有关规定，买卖双方经友好协商，一致同意签订本合同，并共同遵守合同约定。

一、货物的名称、数量及金额：

货物名称	规格型号	计量单位	数量	单价（不含税）	金额（不含税）	税率	税额
恒久情侣表		对	50	9 000.00	450 000.00	13%	58 500.00
合计					¥450 000.00		¥58 500.00

二、合同总金额：人民币伍拾万捌仟伍佰元整（¥508 500.00）。

三、签订合同当日，卖方开具增值税专用发票，买方以电汇方式支付全部货款。卖方于1月12日发出全部货物。若货物出现质量问题，卖方应承担损失。

四、交货地点：辽宁恒通商贸有限公司。

五、发运方式与运输费用承担方式：由卖方发货并承担运输费用。

卖　　方：上海恒久表业有限公司　　　　买　　方：辽宁恒通商贸有限公司

授权代表：张远久　　　　　　　　　　　授权代表：徐晓辉

日　　期：2025年1月11日　　　　　　　日　　期：2025年1月11日

图2-168 购销合同

电子发票（增值税专用发票）

发票号码：25312000000023108959
开票日期：2025 年 01 月 11 日

购买方信息	名称：辽宁恒通商贸有限公司					销售方信息	名称：上海恒久表业有限公司		
	统一社会信用代码/纳税人识别号：91210105206917583A						统一社会信用代码/纳税人识别号：91310106896543287T		

项目名称	规格型号	单位	数量	单价	金额	税率/征收率	税额
*手表*恒久情侣表		对	50	9 000.00	450 000.00	13%	58 500.00
合　计					¥450 000.00		¥58 500.00
价税合计（大写）	⊗ 伍拾万捌仟伍佰元整					（小写）¥508 500.00	

备注	购买方开户银行：中国工商银行沈阳皇姑支行　银行账号：2107024015890035666
	销售方开户银行：中国银行上海静安支行　银行账号：9517205720902010400

开票人：张茜钰

图2-169　增值税专用发票

中国工商银行 电汇凭证（回单）
36257065

☑普通　□加急　　委托日期 2025年1月11日　　　　1

汇款人	全　称	辽宁恒通商贸有限公司	收款人	全　称	上海恒久表业有限公司
	账　号	2107024015890035666		账　号	9517205720902010400
	开户银行	中国工商银行沈阳皇姑支行		开户银行	中国银行上海静安支行

金额	人民币（大写）	伍拾万捌仟伍佰元整	亿	千	百	十	万	千	百	十	元	角	分
					¥	5	0	8	5	0	0	0	0

中国工商银行
沈阳皇姑支行
2025.01.11

转讫（7）

支付密码

附加信息及用途：货款

复核　　记账

此联为汇出行给汇款人的回单

图2-170　电汇付款凭证

商品（入库）验收报告单

供货单位：上海恒久表业有限公司

发票或送货号：25312000000023108959　制单日期：2025 年 1 月 12 日　　　　第 1 号

收货单位：辽宁恒通商贸有限公司　仓库：手表仓　运输工具：汽车　车（船）号：辽A35790

原发数量：50 对	实收数量：48 对
溢余数量：	短缺数量：
质检情况：手表质量存在问题　负责人：李成喜　　经办人：徐晓辉	
公司：辽宁恒通商贸有限公司　处理意见：退货并收回退货款　负责人：李成喜　经办人：徐晓辉	

验收：略　　　　审核：略　　　　　　　制单：略

图2-171　商品入库验收报告单

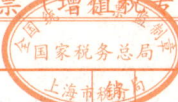

入库单

供应商：上海恒久　　2025年1月12日　　单号：RK01013

验收仓库	商货编码	商货名称	单位	数量		单价	金额
				应收	实收		
手表仓	1253	恒久情侣表	对	50	48		
合　计							

部门经理：略　　会计：略　　仓库：略　　经办人：略

图2-172　入库单

电子发票（增值税专用发票）

发票号码：25312000000023108962

开票日期：2025年01月12日

购买方信息　名称：辽宁恒通商贸有限公司　统一社会信用代码/纳税人识别号：91210105206917583A

销售方信息　名称：上海恒久表业有限公司　统一社会信用代码/纳税人识别号：91310106896543287T

项目名称	规格型号	单位	数量	单价	金额	税率/征收率	税额
*手表*恒久情侣表		对	-2	9 000.00	-18 000.00	13%	-2 340.00
合　　计					¥-18 000.00		¥-2 340.00

价税合计（大写）　⊗（负数）贰万零叁佰肆拾元整　（小写）¥-20 340.00

备注：购买方开户银行：中国工商银行沈阳皇姑支行　银行账号：2107024015890035666
销售方开户银行：中国银行上海静安支行　银行账号：9517205720902010400

开票人：张茜钰

图2-173　红字增值税专用发票

中国工商银行　电汇凭证（收账通知）　4　　11672832

☑普通　☐加急　　委托日期　2025年1月12日

汇款人	全　称	上海恒久表业有限公司	收款人	全　称	辽宁恒通商贸有限公司
	账　号	9517205720902010400		账　号	2107024015890035666
	开户银行	中国银行上海静安支行		开户银行	中国工商银行沈阳皇姑支行

金额	人民币（大写）	亿	千	百	十	万	千	百	十	元	角	分
	贰万零叁佰肆拾元整				¥	2	0	3	4	0	0	0

此汇款已收入收款人账户。　　汇入行签章（中国工商银行沈阳皇姑支行 2025.01.12 转讫 (8)）

支付密码

附加信息及用途：退货款

复核　　记账

此联为开户行给收款人的收账通知

图2-174　电汇收款凭证

【实验过程概览】

本业务的操作过程概览见表2-12。

表 2-12   实验过程概览

序号	操作日期	操作员	系统	操作内容
1	2025-01-11	G01张宏亮	采购管理	填制采购订单
2	2025-01-11	G01张宏亮	采购管理	参照采购订单生成采购专用发票（现付）
3	2025-01-11	W02赵凯杰	应付款管理	采购发票审核并生成凭证
4	2025-01-12	G01张宏亮	采购管理	参照采购订单生成到货单
5	2025-01-12	G01张宏亮	采购管理	参照到货单生成到货拒收单
6	2025-01-12	C01李泽伟	库存管理	参照到货单生成采购入库单
7	2025-01-12	G01张宏亮	采购管理	参照采购订单生成红字采购专用发票（现付）
8	2025-01-12	G01张宏亮	采购管理	手工结算
9	2025-01-12	W02赵凯杰	应付款管理	采购发票审核并生成凭证
10	2025-01-12	W02赵凯杰	存货核算	正常单据记账，生成凭证

【实验过程】

1.填制采购订单

入库前退货业务

2025 年 1 月 11 日，由张宏亮（G01）登录企业应用平台。在 U8 企业应用平台，依次单击"业务工作→供应链→采购管理→采购订货→采购订单"菜单，打开"采购订单"窗口。单击工具栏的"增加"按钮，根据图 2-168 填制采购订单。填制完毕保存并审核该订单，结果如图 2-175 所示。关闭并退出"采购订单"窗口。

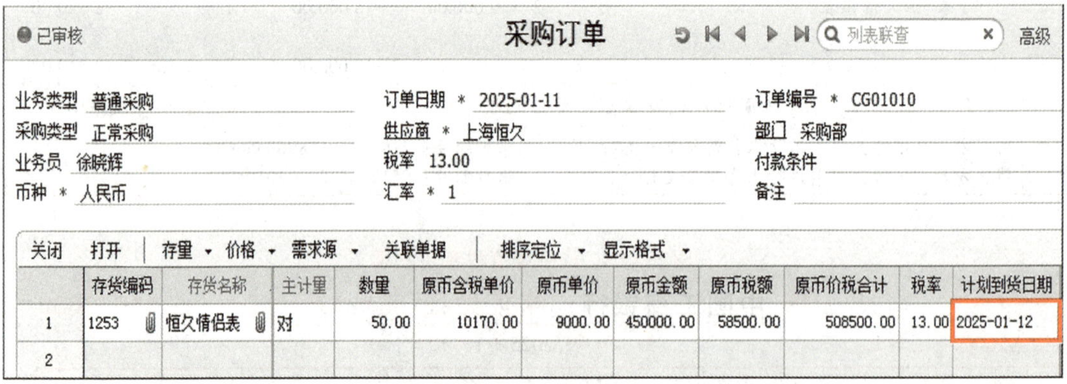

图2-175　采购订单

2.参照采购订单生成采购专用发票（现付）

（1）在 U8 企业应用平台，依次单击"业务工作→供应链→采购管理→采购发票→采购专用发票"菜单，打开"专用发票"窗口。执行工具栏的"增加→采购订单"命令，系统弹出"查询条件-单据列表过滤"对话框，单击"确定"按钮。在"拷贝并执行"窗口，单击 CG01010 号采购订单对应的"选择"栏，然后单击"确定"按钮，返回"专用发票"窗口。根据图 2-169，修改表头项目"发票号"为"23108959"，其他项默认。单击工具栏的"保存""复核"按钮。

（2）现付。单击工具栏的"现付"按钮，打开"采购现付"窗口。根据图 2-170，"结算方式"选择"电汇"，"原币金额"输入"508500"，"票据号"输入"36257065"，如图 2-176 所示。单击"确定"按钮，结果如图 2-177 所示。

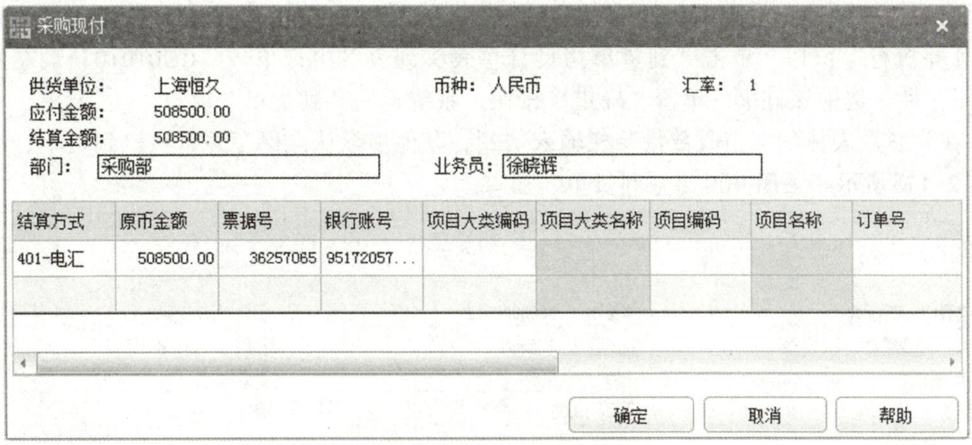

图2-176　"采购现付"窗口

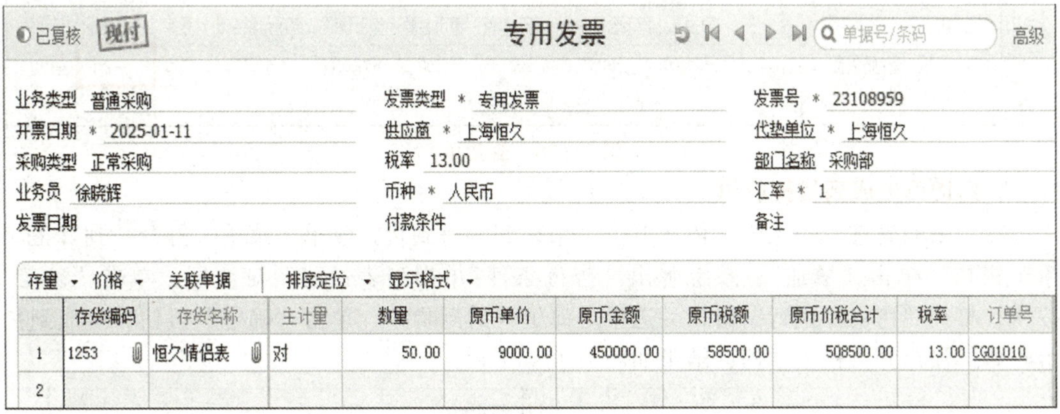

图2-177　采购专用发票

3.采购发票审核并生成凭证

2025年1月11日，由赵凯杰（W02）登录企业应用平台。在U8企业应用平台，依次单击"业务工作→财务会计→应付款管理→应付处理→采购发票→采购发票审核"菜单，打开"采购发票审核"窗口。单击工具栏的"查询"按钮，系统弹出"查询条件-发票查询"对话框，"包含已现结发票"栏选择"是"，"结算状态"栏选择"未结算完"，单击"确定"按钮，返回"采购发票审核"窗口。

双击"23108959"单据号，打开要审核的发票，单击工具栏的"审核"按钮，系统提示"是否立即制单？"，单击"是"，系统自动打开"填制凭证"窗口，单击工具栏的"保存"按钮。关闭并退出已打开的窗口。

> 借：在途物资　　　　　　　　　　　　　　　　　　　450 000.00
> 　　应交税费/应交增值税/进项税额　　　　　　　　　 58 500.00
> 　贷：银行存款/中国工商银行/沈阳皇姑支行　　　　　　　　　508 500.00

4.参照采购订单生成到货单

2025年1月12日，由张宏亮（G01）登录企业应用平台。在"采购管理"子系统，依次单击"采购到货→到货单"菜单，打开"到货单"窗口。执行工具栏的"增加→采购订单"命令，系统弹出"查询条件–单据列表过滤"对话框，单击"确定"按钮，系统弹出"拷贝并执行"窗口。单击"到货单拷贝订单表头列表"中订单号"CG01010"最左侧的"选择"栏，选中该订单，单击"确定"按钮，系统返回"到货单"窗口。

在到货单表体的"拒收数量"栏输入"2"，其他项默认。保存并审核该到货单，结果如图2-178所示。关闭并退出"到货单"窗口。

已审核	到货单	单据号/条码	高级

业务类型 * 普通采购　　　单据号 * 0000000012　　　日期 * 2025-01-12
采购类型 正常采购　　　　供应商 * 上海恒久　　　　部门 * 采购部
业务员 徐晓辉　　　　　　币种 * 人民币　　　　　汇率 * 1
运输方式　　　　　　　　税率 13.00　　　　　　备注

关闭　打开　存量 ▾ 价格 ▾ 关联单据 ｜ 排序定位 ▾ 显示格式 ▾

	存货编码	存货名称	主计量	数量	原币含税单价	原币单价	原币金额	原币税额	原币价税合计	税率	拒收数量	订单号
1	1253	恒久情侣表	对	50.00	10170.00	9000.00	450000.00	58500.00	508500.00	13.00	2.00	CG01010
2												

图2-178　到货单

5.参照到货单生成到货拒收单

在"采购管理"子系统，依次单击"采购到货→到货拒收单"菜单，打开"到货拒收单"窗口。单击"增加"，系统弹出"查询条件–单据列表过滤"对话框，单击"确定"按钮，打开"拷贝并执行"窗口。选中上海恒久的到货单，单击"确定"按钮，生成到货拒收单，保存并审核该单据，结果如图2-179所示。

已审核	到货拒收单	单据号/条码	高级

业务类型 * 普通采购　　　单据号 * 0000000013　　　日期 * 2025-01-12
采购类型 正常采购　　　　供应商 * 上海恒久　　　　部门 * 采购部
业务员 徐晓辉　　　　　　币种 * 人民币　　　　　汇率 * 1
运输方式　　　　　　　　税率 13.00　　　　　　备注

存量 ▾ 价格 ▾ 关联单据 ｜ 排序定位 ▾ 显示格式 ▾

	存货编码	存货名称	主计量	数量	原币含税单价	原币单价	原币金额	原币税额	原币价税合计	税率	拒收数量	订单号
1	1253	恒久情侣表	对	-2.00	10170.00	9000.00	-18000.00	-2340.00	-20340.00	13.00		CG01010
2												

图2-179　到货拒收单

6.参照到货单生成采购入库单

2025年1月12日，由李泽伟（C01）登录企业应用平台。在U8企业应用平台，依次单击"业务工作→供应链→库存管理→采购入库→采购入库单"菜单，系统打开"采购入库单"窗口。执行工具栏的"增加→采购→采购到货单"命令，系统弹出"查询条件–采购到货单列表"对话框，单击"确定"按钮，系统打开"到货单生单列表"窗口。单击上海恒久的到货单所对应的"选择"栏（即上一步骤完成的到货单），再单击工具栏的"确定"按钮，系统返回"采购入库单"窗口。

根据图2-172，修改采购入库单表头项目"入库单号"为"RK01013"，"仓库"选择"手表仓"，其他项默认。保存并审核该单据，结果如图2-180所示。

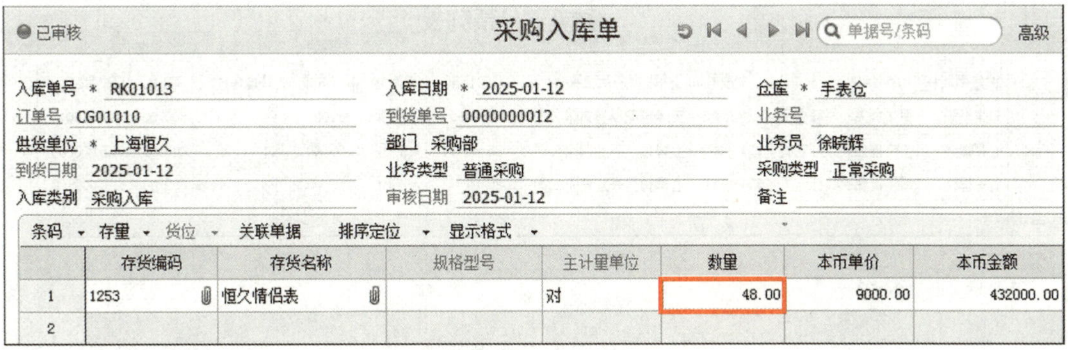

图2-180　采购入库单

7.参照采购订单生成红字采购专用发票（现付）

2025年1月12日，由张宏亮（G01）登录企业应用平台。

（1）在U8企业应用平台，依次单击"业务工作→供应链→采购管理→采购发票→红字专用采购发票"菜单，打开"专用发票"窗口。执行工具栏的"增加→采购订单"命令，系统弹出"查询条件-单据列表过滤"对话框，单击"确定"按钮。在"拷贝并执行"窗口，单击选择CG01010号采购订单对应的"选择"栏，然后单击工具栏的"确定"按钮，返回"专用发票"窗口。修改表头项目"发票号"为"23108962"，将表体的"数量"改为"-2"，其他项默认。依次单击工具栏的"保存""复核"按钮。

（2）现付。单击工具栏的"现付"按钮，打开"采购现付"窗口。根据图2-174，"结算方式"选择"电汇"，"原币金额"输入"-20340"，"票据号"输入"11672832"，单击"确定"按钮，返回"专用发票"窗口，如图2-181所示。关闭"专用发票"窗口。

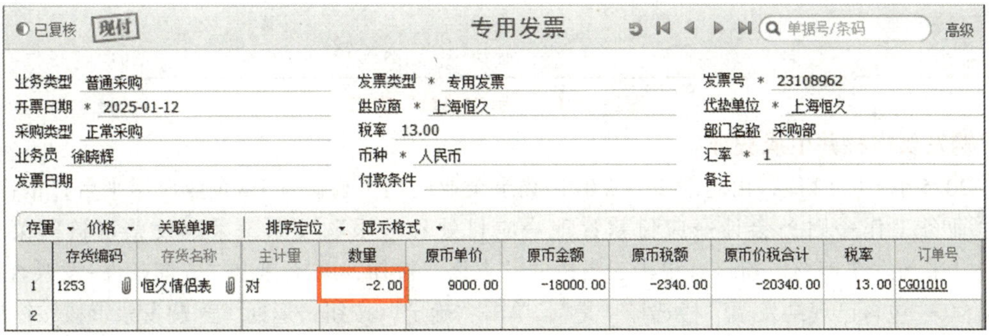

图2-181　"专用发票"窗口

8.手工结算

在"采购管理"子系统，依次单击"采购结算→手工结算"，打开"手工结算"窗口，单击"选单"按钮，打开"结算选单"窗口。单击"查询"按钮，系统弹出"查询条件-采购手工结算"对话框，点击"确定"。选择相应的采购发票和入库单，如图2-182所示。单击"确定"按钮，系统回到"手工结算"窗口，如图2-183所示，单击"结算"，系统显示"完成结算"。

| 查询 ▾ | 定位 | 筛选 | 设置 ▾ | 确定 | 匹配 ▾ | 栏目 ▾ | 滤设 ▾ | 刷新 ▾ | 帮助 | 退出 |

结算选发票列表

□	供应商简称	存货名称	制单人	发票号	供应商名称	开票日期	币种	数量	计量单位	单价	金额
□	天津惠阳	恒久女表	张宏亮	32307938	天津惠阳商贸有限公司	2025-01-11	人民币	2.00	只	2,800.00	5,600.00
☑	上海恒久	恒久情侣表	张宏亮	23108959	上海恒久表业有限公司	2025-01-11	人民币	50.00	对	9,000.00	450,000.00
☑	上海恒久	恒久情侣表	张宏亮	23108962	上海恒久表业有限公司	2025-01-12	人民币	-2.00	对	9,000.00	-18,000.00
合计											

共3条记录 已选择行数:2

结算选入库单列表

□	供应商简称	存货名称	仓库名称	入库单号	供应商名称	入库日期	制单人	入库数量	计量单位	单价	金额
□	湖南百盛	百盛男夹克	服装仓	RK12089	湖南百盛服装有限公司	2024-12-27	李成喜	10,000.00	件	298.00	2,980,000.00
□	湖南百盛	百盛休闲裤	服装仓	RK12089	湖南百盛服装有限公司	2024-12-27	李成喜	15,000.00	条	199.00	2,965,000.00
□	湖南百盛	百盛男套装	服装仓	RK12089	湖南百盛服装有限公司	2024-12-27	李成喜	20,000.00	套	328.00	6,560,000.00
☑	上海恒久	恒久情侣表	手表仓	RK01013	上海恒久表业有限公司	2025-01-12	李泽伟	48.00	对	9,000.00	432,000.00
合计											

图2-182 "结算选单"窗口

| 我的桌面 | 手工结算 × |

| 打印 ▾ | 设置 | 选项 | 选单 | 分摊 | 结算 |

结算汇总

单据类型	存货编号	存货名称	单据号	结算数量	发票数量	合理损耗数量	非合理损耗数量	非合理损耗金额
采购发票			23108959		50.00			
采购发票	1253	恒久情侣表	23108962		-2.00			
采购入库单			RK01013	48.00				
			合计	48.00	48.00	0.00	0.00	0.00

图2-183 "手工结算"窗口

9.采购发票审核并生成凭证

2025年1月12日，由赵凯杰（W02）登录企业应用平台。在U8企业应用平台，依次单击"业务工作→财务会计→应付款管理→应付处理→采购发票→采购发票审核"菜单，打开"采购发票审核"窗口。单击工具栏的"查询"按钮，系统弹出"查询条件-发票查询"对话框，"包含已现结发票"栏选择"是"，单击"确定"按钮，返回"采购发票审核"窗口。

双击"23108962"单据号，打开要审核的发票，单击工具栏的"审核"按钮，系统提示"是否立即制单？"，单击"是"，系统自动打开"填制凭证"窗口，单击工具栏的"保存"按钮。关闭并退出已打开的窗口。

借：在途物资　　　　　　　　　　　　　　　　　-18 000.00
　　应交税费/应交增值税/进项税额　　　　　　　 -2 340.00
　　贷：银行存款/中国工商银行/沈阳皇姑支行　　　　 -20 340.00

10. 正常单据记账，生成凭证

（1）正常单据记账。在供应链的"存货核算"子系统，依次单击"记账→正常单据记账"菜单，系统打开"未记账单据一览表"窗口，单击窗口左下角的"查询"按钮，系统显示未记账单据。选中RK01013号采购入库单并记账。记账完毕关闭当前窗口。

（2）生成凭证。在"存货核算"子系统，依次单击"凭证处理→生成凭证"菜单，系统打开"生成凭证"窗口。单击工具栏的"选单"按钮，系统弹出"查询条件-生成凭证查询条件"对话框，单击"确定"按钮，系统打开"选择单据"窗口，单击工具栏的"全选"按钮，以选中已记账的RK01013号采购入库单，再单击工具栏的"确定"按钮，系统自动关闭"选择单据"窗口并返回"生成凭证"窗口。单击工具栏的"合并制单"按钮，系统打开"填制凭证"窗口并自动生成凭证。保存该凭证。

借：库存商品	432 000.00	
贷：在途物资		432 000.00

2.4.2 入库后退货业务

【实验资料】

2025年1月12日，采购部张宏亮与大连博伦签订购销合同。签订合同当日，收到大连博伦发来的商品，全部办理入库。

2025年1月13日，对CG01011号合同的货物进行复检，发现有5只博伦男表存在隐蔽瑕疵，经与对方协商当日办理退货。当日支付剩余货款，并收到对方开具的销售发票。

相关凭证如图2-184至图2-188所示。

购 销 合 同

合同编号：CG01011

卖方：大连博伦表业有限公司
买方：辽宁恒通商贸有限公司

为保护买卖双方的合法权益，根据《中华人民共和国民法典》的有关规定，买卖双方经友好协商，一致同意签订本合同，并共同遵守合同约定。

一、货物的名称、数量及金额：

货物名称	规格型号	计量单位	数量	单价（不含税）	金额（不含税）	税率	税额
博伦男表		只	100	2 880.00	288 000.00	13%	37 440.00
合计					¥288 000.00		¥37 440.00

二、合同总金额：人民币叁拾贰万伍仟肆佰肆拾元整（¥325 440.00）。
三、签订合同当日卖方发出全部货物，买方验收合格后以电汇方式支付货款。
四、交货地点：辽宁恒通商贸有限公司。
五、发运方式与运输费用承担方式：由卖方发货并承担运输费用。

卖方：大连博伦表业有限公司
授权代表：（同）李昌达
日　　期：2025年1月12日

买方：辽宁恒通商贸有限公司
授权代表：（同）张宏亮
日　　期：2025年1月12日

图2-184　购销合同

入库单

供应商：大连博伦		2025 年 1 月 12 日							RK01014

验收仓库	存货编码	存货名称	单位	数量		单价	金额
				应收	实收		
手表仓	1202	博伦男表	只	100	100		
		合计					

部门经理　略　　　会计　略　　　仓库　略　　　经办人　略

图2-185　入库单

入库单

供应商：大连博伦		2025 年 1 月 13 日							RK01015

验收仓库	存货编码	存货名称	单位	数量		单价	金额
				应收	实收		
手表仓	1202	博伦男表	只	-5	-5		
		合计					

部门经理　略　　　会计　略　　　仓库　略　　　经办人　略

图2-186　入库单

电子发票（增值税专用发票）

发票号码：25212000000062163899
开票日期：2025 年 01 月 13 日

购买方信息	名称：辽宁恒通商贸有限公司	销售方信息	名称：大连博伦表业有限公司
	统一社会信用代码/纳税人识别号：91210105206917583A		统一社会信用代码/纳税人识别号：91210203821392076S

项目名称	规格型号	单位	数量	单价	金额	税率/征收率	税额
*手表*博伦男表		只	95	2 880.00	273 600.00	13%	35 568.00
合　计					¥273 600.00		¥35 568.00

价税合计（大写）	⊗ 叁拾万玖仟壹佰陆拾捌元整	（小写）¥309 168.00

备注	购买方开户银行：中国工商银行沈阳皇姑支行　　银行账号：2107024015890035666
	销售方开户银行：交通银行大连西岗支行　　银行账号：3041309299285602525

开票人：巴春鹏

图2-187　增值税专用发票

图2-188 电汇付款凭证

【实验过程概览】

本业务的操作过程概览见表2-13。

表 2-13　　　　　　　　　　　实验过程概览

序号	操作日期	操作员	系统	操作内容
1	2025-01-12	G01张宏亮	采购管理	填制采购订单
2	2025-01-12	G01张宏亮	采购管理	参照采购订单生成到货单
3	2025-01-12	C01李泽伟	库存管理	参照到货单生成采购入库单
4	2025-01-13	G01张宏亮	采购管理	参照采购订单生成采购退货单
5	2025-01-13	C01李泽伟	库存管理	参照采购退货单生成（负数）采购入库单
6	2025-01-13	G01张宏亮	采购管理	参照采购入库单生成采购专用发票（现付）
7	2025-01-13	G01张宏亮	采购管理	手工结算
8	2025-01-13	W02赵凯杰	应付款管理	采购发票审核并生成凭证
9	2025-01-13	W02赵凯杰	存货核算	正常单据记账，生成凭证

【实验过程】

1.填制采购订单

2025年1月12日，由张宏亮（G01）登录企业应用平台。在U8企业应用平台，依次单击"业务工作→供应链→采购管理→采购订货→采购订单"菜单，打开"采购订单"窗口。单击工具栏的"增加"按钮，根据图2-184购销合同填制采购订单。填制完毕保存并审核该订单，结果如图2-189所示。关闭并退出"采购订单"窗口。

入库后退货业务

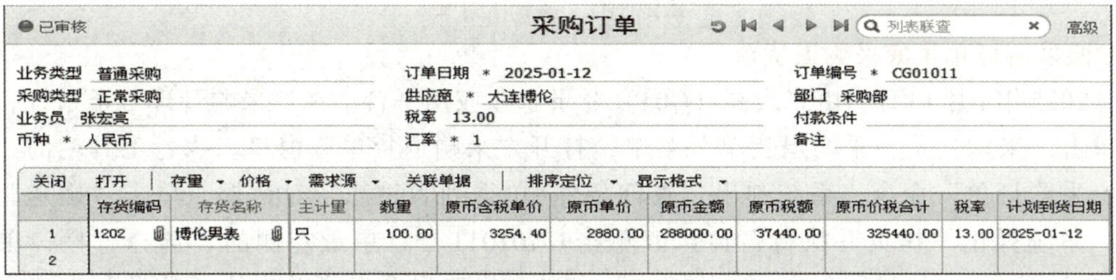

图2-189 采购订单

2.参照采购订单生成到货单

在"采购管理"子系统，依次单击"采购到货→到货单"菜单，打开"到货单"窗口。单击工具栏的"增加→采购订单"命令，系统弹出"查询条件-单据列表过滤"对话框，单击"确定"按钮，系统弹出"拷贝并执行"窗口。单击CG01011号订单最左侧的"选择"栏，单击"确定"按钮，系统返回"到货单"窗口，生成一张到货单。保存并审核该到货单，结果如图2-190所示。

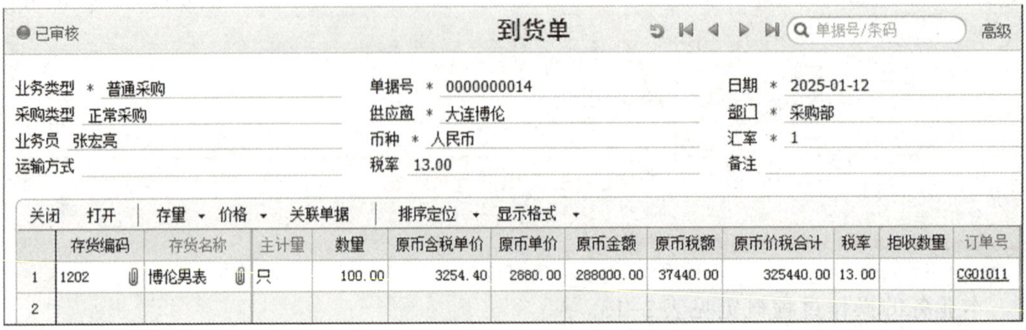

图2-190 到货单

3.参照到货单生成采购入库单

2025年1月12日，由李泽伟（C01）登录企业应用平台。在U8企业应用平台，依次单击"业务工作→供应链→库存管理→采购入库→采购入库单"菜单，系统打开"采购入库单"窗口。执行工具栏的"增加→采购→采购到货单"命令，系统弹出"查询条件-采购到货单列表"对话框，单击"确定"按钮，系统打开"到货单生单列表"窗口。单击大连博伦的到货单所对应的"选择"栏（即上一步骤完成的到货单），再单击工具栏的"确定"按钮，系统返回"采购入库单"窗口。

根据图2-185，修改采购入库单表头项目"入库单号"为"RK01014"，"仓库"选择"手表仓"，其他项默认。保存并审核该采购入库单，结果如图2-191所示。

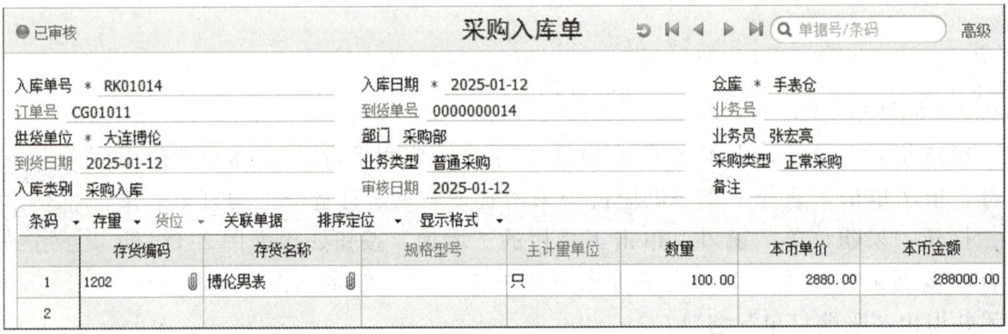

图2-191 采购入库单

4.参照采购订单生成采购退货单

2025年1月13日，由张宏亮（G01）登录企业应用平台。在"采购管理"子系统，依次单击"采购到货→采购退货单"菜单，打开"采购退货单"窗口。执行工具栏的"增加→采购订单"命令，系统弹出"查询条件-单据列表过滤"对话框，单击"确定"按钮，系统弹出"拷贝并执行"窗口。单击CG01011号订单最左侧的"选择"栏，单击"确定"按钮，系统返回"采购退货单"窗口。修改采购退货单表体"数量"为"-5"，其他项默认。保存并审核该单据，结果如图2-192所示。

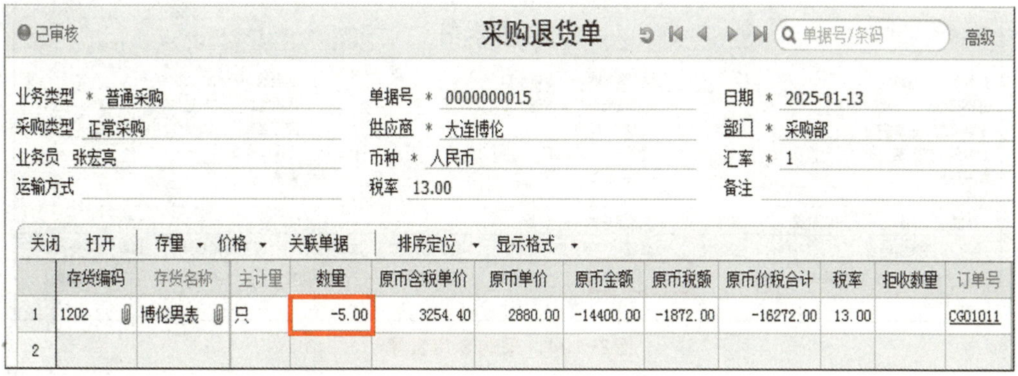

	存货编码	存货名称	主计量	数量	原币含税单价	原币单价	原币金额	原币税额	原币价税合计	税率	拒收数量	订单号
1	1202	博伦男表	只	-5.00	3254.40	2880.00	-14400.00	-1872.00	-16272.00	13.00		CG01011
2												

图2-192 采购退货单

5.参照采购退货单生成（负数）采购入库单

2025年1月13日，由李泽伟（C01）登录企业应用平台。在U8企业应用平台，依次单击“业务工作→供应链→库存管理→采购入库→采购入库单”菜单，打开“采购入库单”窗口。执行工具栏的“增加→采购→采购到货单（红字）”命令，系统弹出“查询条件-采购到货单列表”对话框，单击“确定”按钮，系统打开“到货单生单列表”窗口。单击大连博伦的退货单所对应的“选择”栏（即上一步骤完成的到货单），再单击工具栏的“确定”按钮，系统返回“采购入库单”窗口。

根据图2-186，修改采购入库单表头项目“入库单号”为“RK01015”，“仓库”选择“手表仓”，其他项默认，保存并审核该采购入库单，结果如图2-193所示。

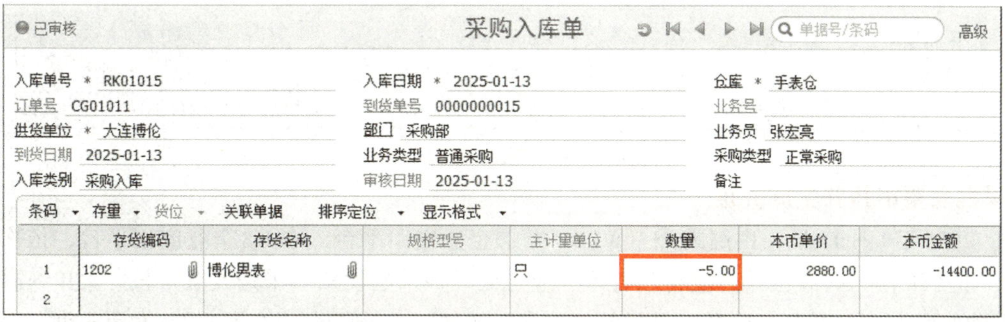

	存货编码	存货名称	规格型号	主计量单位	数量	本币单价	本币金额
1	1202	博伦男表		只	-5.00	2880.00	-14400.00
2							

图2-193 （负数）采购入库单

6.参照采购入库单生成采购专用发票（现付）

2025年1月13日，由张宏亮（G01）登录企业应用平台。

（1）在U8企业应用平台，依次单击“业务工作→供应链→采购管理→采购发票→专用采购发票”菜单，打开“专用发票”窗口。执行工具栏的“增加→入库单”命令，系统弹出“查询条件-单据列表过滤”对话框，单击“确定”按钮。在“拷贝并执行”窗口，单击RK01014号采购入库单对应的“选择”栏，然后单击“确定”按钮，返回“专用发票”窗口。根据图2-187，修改表头项目“发票号”为“62163899”，将采购专用发票表体的“数量”改为“95”，其他项默认。保存并复核该发票。

（2）现付。单击工具栏的“现付”按钮，打开“采购现付”窗口。根据图2-188，“结算方式”选择“电汇”，“原币金额”输入“309168”，“票据号”输入“36257066”，单击

“确定”按钮，返回“专用发票”窗口，结果如图2–194所示。关闭“专用发票”窗口。

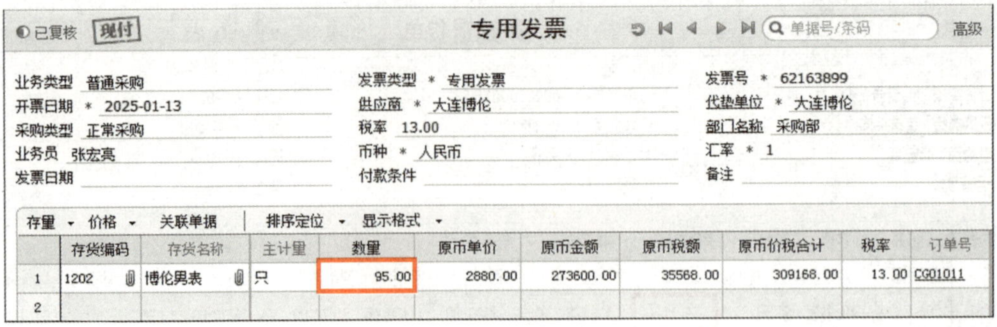

	存货编码	存货名称	主计量	数量	原币单价	原币金额	原币税额	原币价税合计	税率	订单号
1	1202	博伦男表	只	95.00	2880.00	273600.00	35568.00	309168.00	13.00	CG01011
2										

图2–194　采购专用发票

7.手工结算

在“采购管理”子系统，依次单击“采购结算→手工结算”，打开“手工结算”窗口，单击“选单”按钮，打开“结算选单”窗口。单击“查询”按钮，系统弹出“查询条件–采购手工结算”对话框，点击“确定”，选中62163899号采购发票和RK01014号、RK01015号采购入库单，单击“确定”按钮。系统回到“手工结算”窗口，如图2–195所示，单击“结算”，系统显示“完成结算”。

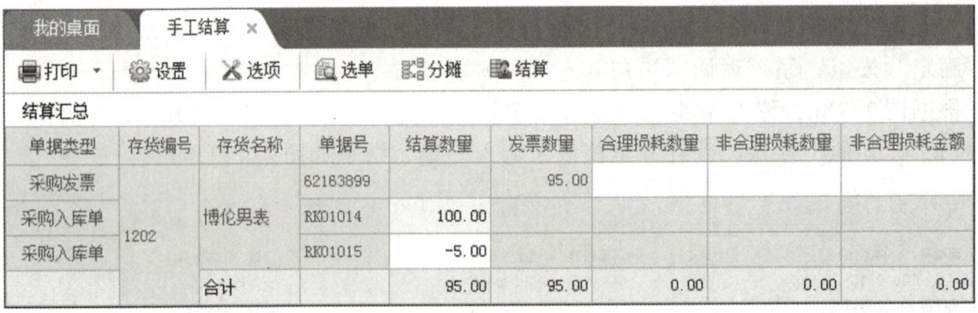

单据类型	存货编号	存货名称	单据号	结算数量	发票数量	合理损耗数量	非合理损耗数量	非合理损耗金额
采购发票	1202	博伦男表	62163899		95.00			
采购入库单			RK01014	100.00				
采购入库单			RK01015	-5.00				
		合计		95.00	95.00	0.00	0.00	0.00

图2–195　“手工结算”窗口

8.采购发票审核并生成凭证

2025年1月13日，由赵凯杰（W02）登录企业应用平台。在U8企业应用平台，依次单击“业务工作→财务会计→应付款管理→应付处理→采购发票→采购发票审核”菜单，打开“采购发票审核”窗口。单击工具栏的“查询”按钮，系统弹出“查询条件–发票查询”对话框，“包含已现结发票”栏选择“是”，单击“确定”按钮，返回“采购发票审核”窗口。

双击“62163899”单据号，打开要审核的发票，单击工具栏的“审核”按钮，系统提示“是否立即制单?”，单击“是”，系统自动打开“填制凭证”窗口，单击工具栏的“保存”按钮。关闭并退出已打开的窗口。

借：在途物资	273 600.00	
应交税费/应交增值税/进项税额	35 568.00	
贷：银行存款/中国工商银行/沈阳皇姑支行		309 168.00

9.正常单据记账，生成凭证

（1）正常单据记账。在供应链的“存货核算”子系统，依次单击“记账→正常单据记账”菜单，系统打开“未记账单据一览表”窗口，单击窗口左下角的“查询”按钮，系统显示未记账单据。单击选中 RK01014 号、RK01015 号采购入库单并对其进行记账。记账完毕退出当前窗口。

（2）生成凭证。在"存货核算"子系统，依次单击"凭证处理→生成凭证"菜单，系统打开"生成凭证"窗口。单击工具栏的"选单"按钮，系统弹出"查询条件-生成凭证查询条件"对话框，单击"确定"按钮，系统打开"选择单据"窗口，单击工具栏的"全选"按钮，以选中已记账的 RK01014 号、RK01015 号采购入库单，再单击工具栏的"确定"按钮，系统自动关闭"选择单据"窗口并返回"生成凭证"窗口，单击工具栏的"合并制单"按钮，系统打开"填制凭证"窗口并自动生成凭证，保存该记账凭证。

借：库存商品　　　　　　　　　　　　　　　　　273 600.00

　　贷：在途物资　　　　　　　　　　　　　　　　　　　273 600.00

2.4.3　结算前折让业务

【实验资料】

2025 年 1 月 13 日，采购部张宏亮与北京嘉伟签订购销合同，当日收到对方开具的增值税专用发票。

2025 年 1 月 14 日，收到北京嘉伟发来的货物，质检时发现该批货物质量存在瑕疵，经协商对方给予我方销售折让。

相关凭证如图 2-196 至图 2-201 所示。

购销合同

合同编号：CG01012

卖方：北京嘉伟服装有限公司

买方：辽宁恒通商贸有限公司

为保护买卖双方的合法权益，根据《中华人民共和国民法典》的有关规定，买卖双方经友好协商，一致同意签订本合同，并共同遵守合同约定。

一、货物的名称、数量及金额：

货物名称	规格型号	计量单位	数量	单价（不含税）	金额（不含税）	税率	税额
嘉伟女风衣		件	100	500.00	50 000.00	13%	6 500.00
嘉伟男风衣		件	200	650.00	130 000.00	13%	16 900.00
合　计					¥180 000.00		¥23 400.00

二、合同总金额：人民币贰拾万叁仟肆佰元整（¥203 400.00）。

三、签订合同当日卖方开具增值税专用发票，并于 1 月 14 日发出全部货物，买方验收合格后以电汇方式支付货款。

四、交货地点：辽宁恒通商贸有限公司。

五、发运方式与运输费用承担方式：由卖方发货并承担运输费用。

卖　方：北京嘉伟服装有限公司　　　　　买　方：辽宁恒通商贸有限公司

授权代表：李昌送　　　　　　　　　　　授权代表：张宏亮

日　　期：2025 年 1 月 13 日　　　　　　日　　期：2025 年 1 月 13 日

图2-196　购销合同

电子发票（增值税专用发票）

发票号码：25112000000069861162
开票日期：2025 年 01 月 13 日

购买方信息	名称：辽宁恒通商贸有限公司 统一社会信用代码/纳税人识别号：91210105206917583A	销售方信息	名称：北京嘉伟服装有限公司 统一社会信用代码/纳税人识别号：91110104759695583N

项目名称	规格型号	单位	数量	单价	金额	税率/征收率	税额
*服装*嘉伟女风衣		件	100	500.00	50 000.00	13%	6 500.00
*服装*嘉伟男风衣		件	200	650.00	130 000.00	13%	16 900.00
合 计					¥180 000.00		¥23 400.00

价税合计（大写）	⊗ 贰拾万叁仟肆佰元整	（小写）¥203 400.00

备注	购买方开户银行：中国工商银行沈阳皇姑支行　　银行账号：2107024015890035666 销售方开户银行：招商银行北京宣武分行　　　　银行账号：2590739805061504276

开票人：邕俏

图2-197　增值税专用发票

入库单

供应商：北京嘉伟　　　　　2025 年 1 月 14 日　　　　　单号：RK01016

验收仓库	存货编码	存货名称	单位	数量 应收	数量 实收	单价	金额
服装仓	1151	嘉伟女风衣	件	100	100		
服装仓	1152	嘉伟男风衣	件	200	200		
合 计							

部门经理：略　　　　会计：略　　　　仓库：略　　　　经办人：略

图2-198　入库单

产品质量问题处理协议书

甲方：北京嘉伟服装有限公司

乙方：辽宁恒通商贸有限公司

　　甲方于 2025 年 1 月 13 日销售产品（嘉伟女风衣、嘉伟男风衣）给乙方，乙方于 2025 年 1 月 14 日收到全部货物后进行质检，认为该批货物质量存在瑕疵。经协商，双方达成如下协议：

　　1. 乙方质检部经检验认为该批服装存在包装破损问题，影响销售。

　　2. 甲方给予乙方总货款10%的销售折让。

　　3. 乙方向当地税务机关申请开具红字增值税专用发票通知单，经税务机关审核后，甲方填开红字增值税专用发票。

甲　　方（盖章）：北京嘉伟服装有限公司　　　乙　　方（盖章）：辽宁恒通商贸有限公司

授权代表（签字）：赵　芳　　　　　　　　　　授权代表（签字）：张宏亮

日　　　　　期：2025 年 1 月 14 日　　　　　日　　　　　期：2025 年 1 月 14 日

图2-199　产品质量问题处理协议书

电子发票（增值税专用发票）

发票号码：25112000000069861167
开票日期：2025 年 01 月 14 日

购买方信息	名称：辽宁恒通商贸有限公司		销售方信息	名称：北京嘉伟服装有限公司	
	统一社会信用代码/纳税人识别号：91210105206917583A			统一社会信用代码/纳税人识别号：91110104759695583N	

项目名称	规格型号	单位	数量	单价	金额	税率/征收率	税额
*服装*嘉伟女风衣		件			-5 000.00	13%	-650.00
*服装*嘉伟男风衣		件			-13 000.00	13%	-1 690.00
合　计					¥-18 000.00		¥-2 340.00

价税合计（大写）	⊗ （负数）贰万零叁佰肆拾元整	（小写）¥-20 340.00

备注	购买方开户银行：中国工商银行沈阳皇姑支行　　银行账号：2107024015890035666
	销售方开户银行：招商银行北京宣武分行　　银行账号：2590739805061504276

开票人：岂俏

图2-200　红字增值税专用发票

中国工商银行　电汇凭证（回单）　1　36257067

☑普通　□加急　　　委托日期　2025年1月14日

汇款人	全　称	辽宁恒通商贸有限公司	收款人	全　称	北京嘉伟服装有限公司
	账　号	2107024015890035666		账　号	2590739805061504276
	开户银行	中国工商银行沈阳皇姑支行		开户银行	招商银行北京宣武分行

中国工商银行
沈阳皇姑支行
2025.01.14
转讫
（7）

金额	人民币（大写）	壹拾捌万叁仟零陆拾元整		亿	千	百	十	万	千	百	十	元	角	分
						¥	1	8	3	0	6	0	0	0

支付密码

附加信息及用途：货款

复核　　记账

此联为汇出行给汇款人的回单

图2-201　电汇付款凭证

━━━━ 【实验过程概览】

　　本业务的操作过程概览见表2-14。

表 2-14　　　　　　　　　　　　　实验过程概览

序号	操作日期	操作员	系统	操作内容
1	2025-01-13	G01 张宏亮	采购管理	填制采购订单
2	2025-01-13	G01 张宏亮	采购管理	参照采购订单生成采购专用发票
3	2025-01-13	W02 赵凯杰	应付款管理	采购发票审核并生成凭证
4	2025-01-14	G01 张宏亮	采购管理	参照采购订单生成到货单

序号	操作日期	操作员	系统	操作内容
5	2025-01-14	C01李泽伟	库存管理	参照到货单生成采购入库单
6	2025-01-14	G01张宏亮	采购管理	参照采购订单生成红字专用发票
7	2025-01-14	G01张宏亮	采购管理	手工结算
8	2025-01-14	W02赵凯杰	应付款管理	采购发票审核并生成凭证
9	2025-01-14	W02赵凯杰	应付款管理	红票对冲
10	2025-01-14	W02赵凯杰	存货核算	正常单据记账，生成凭证
11	2025-01-14	W03贺青春	应付款管理	付款单据录入
12	2025-01-14	W02赵凯杰	应付款管理	付款单据审核、手工核销和生成凭证

【实验过程】

1. 填制采购订单

2025年1月13日，由张宏亮（G01）登录企业应用平台。在U8企业应用平台，依次单击"业务工作→供应链→采购管理→采购订货→采购订单"菜单，打开"采购订单"窗口。单击工具栏的"增加"按钮，根据图2-196填制采购订单。填制完毕保存并审核该订单，结果如图2-202所示。关闭并退出"采购订单"窗口。

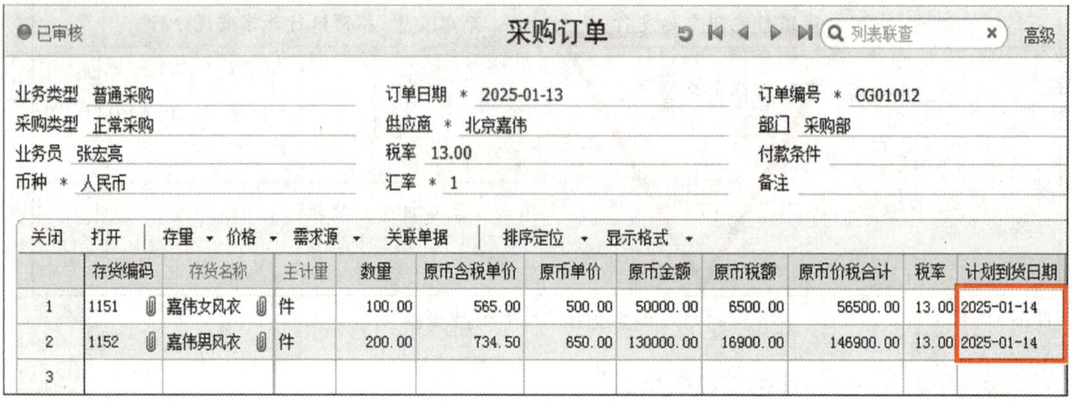

结算前折让业务

图2-202 采购订单

2. 参照采购订单生成采购专用发票

在U8企业应用平台，依次单击"业务工作→供应链→采购管理→采购发票→专用采购发票"菜单，打开"专用发票"窗口。执行工具栏的"增加→采购订单"命令，系统弹出"查询条件-单据列表过滤"对话框，单击"确定"按钮。在"拷贝并执行"窗口，单击选择CG01012号采购订单对应的"选择"栏，然后单击工具栏的"确定"按钮，返回"专用发票"窗口。根据图2-197，修改表头项目"发票号"为"69861162"，其他项默认。单击工具栏的"保存""复核"按钮，结果如图2-203所示。

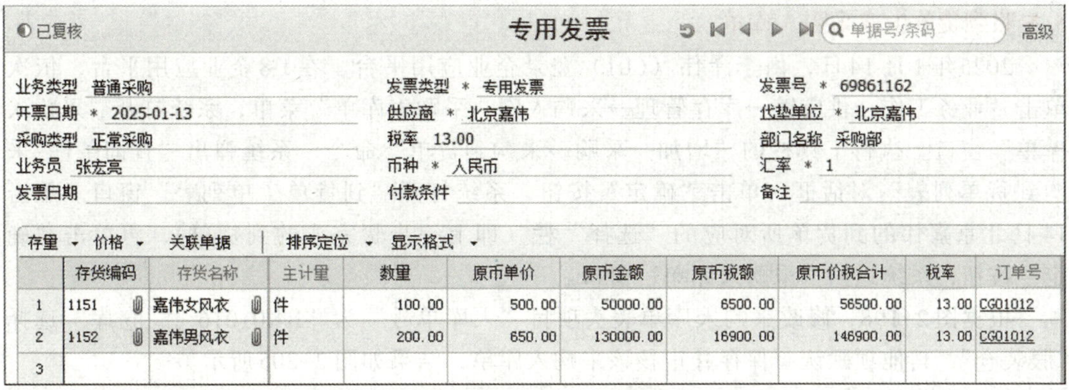

图2-203　采购专用发票

3. 采购发票审核并生成凭证

2025年1月13日，由赵凯杰（W02）登录企业应用平台。在U8企业应用平台，依次单击"业务工作→财务会计→应付款管理→应付处理→采购发票→采购发票审核"菜单，打开"采购发票审核"窗口。单击工具栏的"查询"按钮，系统弹出"查询条件-发票查询"对话框，"结算状态"栏选择"未结算完"，单击"确定"按钮，返回"采购发票审核"窗口。

双击"69861162"单据号，打开要审核的发票，单击工具栏的"审核"按钮，系统提示"是否立即制单？"，单击"是"，系统自动打开"填制凭证"窗口，单击工具栏的"保存"按钮。关闭并退出已打开的窗口。

借：在途物资　　　　　　　　　　　　　　　　　180 000.00
　　应交税费/应交增值税/进项税额　　　　　　　　23 400.00
　　贷：应付账款/一般应付账款（北京嘉伟）　　　　　　　　　203 400.00

4. 参照采购订单生成到货单

2025年1月14日，由张宏亮（G01）登录企业应用平台。在"采购管理"子系统，依次单击"采购到货→到货单"菜单，打开"到货单"窗口。单击工具栏的"增加→采购订单"命令，系统弹出"查询条件-单据列表过滤"对话框，单击"确定"按钮，系统弹出"拷贝并执行"窗口。单击CG01012号采购订单最左侧的"选择"栏，单击"确定"按钮，系统返回"到货单"窗口，生成一张到货单，保存并审核该到货单，结果如图2-204所示。

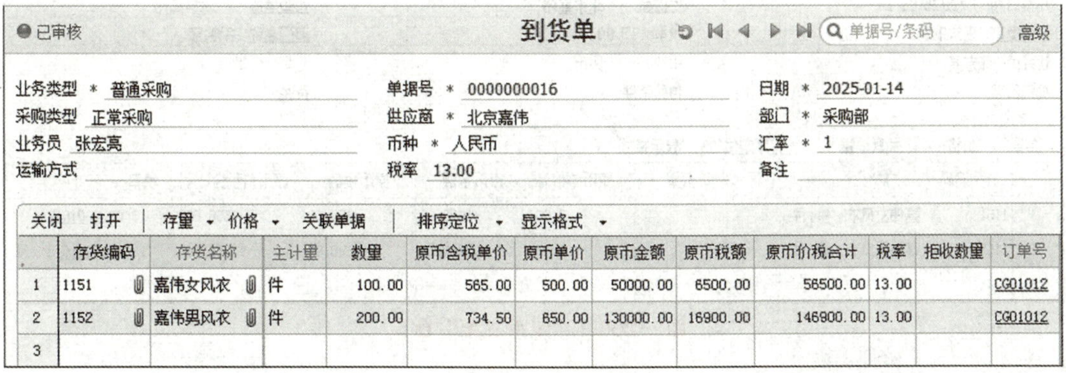

图2-204　到货单

5.参照到货单生成采购入库单

2025年1月14日，由李泽伟（C01）登录企业应用平台。在U8企业应用平台，依次单击"业务工作→供应链→库存管理→采购入库→采购入库单"菜单，系统打开"采购入库单"窗口。执行工具栏的"增加→采购→采购到货单"命令，系统弹出"查询条件-采购到货单列表"对话框，单击"确定"按钮，系统打开"到货单生单列表"窗口。单击14日北京嘉伟的到货单所对应的"选择"栏（即上一步骤完成的到货单），再单击"确定"按钮，系统返回"采购入库单"窗口。

根据图2-198，修改采购入库单表头项目"入库单号"为"RK01016"，"仓库"选择"服装仓"，其他项默认。保存并审核该采购入库单，结果如图2-205所示。

	●已审核			采购入库单	↺ ◄◄ ◄ ► ►►	Q 单据号/条码	高级

入库单号 * RK01016		入库日期 * 2025-01-14		仓库 服装仓
订单号 CG01012		到货单号 0000000016		业务号
供货单位 北京嘉伟		部门 采购部		业务员 张宏亮
到货日期 2025-01-14		业务类型 普通采购		采购类型 正常采购
入库类别 采购入库		审核日期 2025-01-14		备注

条码 ▾ 存量 ▾ 货位 关联单据 排序定位 ▾ 显示格式 ▾							
	存货编码	存货名称	规格型号	主计量单位	数量	本币单价	本币金额
1	1151	嘉伟女风衣		件	100.00	500.00	50000.00
2	1152	嘉伟男风衣		件	200.00	650.00	130000.00
3							

图2-205　采购入库单

6.参照采购订单生成红字专用发票

2025年1月14日，由张宏亮（G01）登录企业应用平台。在U8企业应用平台，依次单击"业务工作→供应链→采购管理→采购发票→红字专用采购发票"菜单，打开"专用发票"窗口。单击"增加"按钮，参照CG01012号采购订单生成红字专用发票，根据图2-200，修改表头项目"发票号"为"69861167"，保存并复核该红字发票，结果如图2-206所示。关闭"专用发票"窗口。

	◐已复核			专用发票	↺ ◄◄ ◄ ► ►►	Q 单据号/条码	高级

业务类型 普通采购		发票类型 * 专用发票		发票号 * 69861167
开票日期 * 2025-01-14		供应商 北京嘉伟		代垫单位 北京嘉伟
采购类型 正常采购		税率 13.00		部门名称 采购部
业务员 张宏亮		币种 * 人民币		汇率 * 1
发票日期		付款条件		备注

存量 ▾ 价格 ▾ 关联单据 排序定位 ▾ 显示格式 ▾									
	存货编码	存货名称	主计量	数量	原币单价	原币金额	原币税额	原币价税合计	税率	订单号
1	1151	嘉伟女风衣	件		0.00	-5000.00	-650.00	-5650.00	13.00	CG01012
2	1152	嘉伟男风衣	件		0.00	-13000.00	-1690.00	-14690.00	13.00	CG01012
3										

图2-206　"专用发票"窗口

7.手工结算

在"采购管理"子系统，依次单击"采购结算→手工结算"，打开"手工结算"窗口，单击"选单"按钮，打开"结算选单"窗口。单击"查询"按钮，系统弹出"查询条件-采购手工结算"对话框，点击"确定"。

选中69861162号、69861167号采购发票和RK01016号采购入库单，单击"确定"按钮，系统回到"手工结算"窗口，如图2-207所示，单击"结算"按钮，系统显示"完成结算"。

单据类型	存货编号	存货名称	单据号	结算数量	发票数量	合理损耗数量	非合理损耗数量	非合理损耗金额	发票单价	发票金额
采购发票			69861162		100.00				500.00	50000.00
采购发票	1151	嘉伟女风衣	69861167						0.00	-5000.00
采购入库单			RK01016	100.00						
			合计	100.00	100.00	0.00	0.00	0.00		45000.00
采购发票			69861162		200.00				650.00	130000.00
采购发票	1152	嘉伟男风衣	69861167						0.00	-13000.00
采购入库单			RK01016	200.00						
			合计	200.00	200.00	0.00	0.00	0.00		117000.00

图2-207 "手工结算"窗口

8.采购发票审核并生成凭证

2025年1月14日，由赵凯杰（W02）登录企业应用平台。在U8企业应用平台，依次单击"业务工作→财务会计→应付款管理→应付处理→采购发票→采购发票审核"菜单，打开"采购发票审核"窗口。单击工具栏的"查询"按钮，系统弹出"查询条件-发票查询"对话框，单击"确定"按钮，返回"采购发票审核"窗口。

双击"69861167"单据号，打开要审核的发票，单击工具栏的"审核"按钮，系统提示"是否立即制单？"，单击"是"，系统自动打开"填制凭证"窗口，单击工具栏的"保存"按钮。关闭并退出已打开的窗口。

借：在途物资   -18 000.00
应交税费/应交增值税/进项税额   -2 340.00
贷：应付账款/一般应付账款（北京嘉伟）   -20 340.00

9.红票对冲

在U8企业应用平台，依次单击"业务工作→财务会计→应付款管理→转账→红票对冲→手工对冲"菜单，系统弹出"红票对冲条件"对话框，供应商选择"北京嘉伟"，单击"确定"，打开"手工对冲"窗口。

在69861162号蓝字采购专用发票的"对冲金额"栏输入"20340"，如图2-208所示。单击"保存"，系统提示"是否立即制单？"，单击"是"，系统自动生成一张记账凭证，单击"保存"按钮。关闭当前已打开窗口。

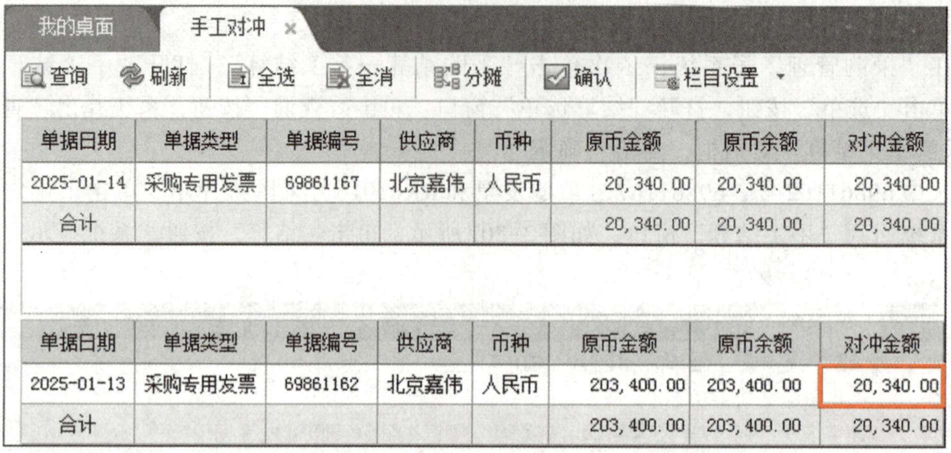
我的桌面　手工对冲

查询　刷新　全选　全消　分摊　确认　栏目设置

单据日期	单据类型	单据编号	供应商	币种	原币金额	原币余额	对冲金额
2025-01-14	采购专用发票	69861167	北京嘉伟	人民币	20,340.00	20,340.00	20,340.00
合计					20,340.00	20,340.00	20,340.00

单据日期	单据类型	单据编号	供应商	币种	原币金额	原币余额	对冲金额
2025-01-13	采购专用发票	69861162	北京嘉伟	人民币	203,400.00	203,400.00	20,340.00
合计					203,400.00	203,400.00	20,340.00

图2-208　“手工对冲”窗口

贷：应付账款/一般应付账款（北京嘉伟）	-20 340.00
贷：应付账款/一般应付账款（北京嘉伟）	20 340.00

10.正常单据记账，生成凭证

（1）正常单据记账。在供应链的“存货核算”子系统，依次单击“记账→正常单据记账”菜单，系统打开“未记账单据一览表”窗口，单击窗口左下角的“查询”按钮，系统显示未记账单据。选中RK01016号采购入库单并对其进行记账。记账完毕关闭该窗口。

（2）生成凭证。在“存货核算”子系统，依次单击“凭证处理→生成凭证”菜单，系统打开“生成凭证”窗口。单击“选择”，系统弹出“查询条件”对话框，单击“确定”，系统打开“选择单据”窗口，选中已记账的RK01016号采购入库单，再单击“确定”，系统自动关闭“选择单据”窗口并返回“生成凭证”窗口，单击“合并制单”，系统打开“填制凭证”窗口并自动生成凭证，保存该记账凭证。

借：库存商品	162 000.00	
贷：在途物资		162 000.00

11.付款单据录入

2025年1月14日，由贺青春（W03）登录企业应用平台。在U8企业应用平台，依次单击“业务工作→财务会计→应付款管理→付款处理→付款单据录入”菜单，打开“付款单据录入”窗口。单击“增加”，根据图2-201填制并保存一张付款单，结果如图2-209所示。

12.付款单据审核、手工核销和生成凭证

2025年1月14日，由赵凯杰（W02）登录企业应用平台。

（1）付款单据审核。在U8企业应用平台，依次单击“业务工作→财务会计→应付款管理→付款处理→付款单据审核”菜单，打开“付款单据审核”窗口，单击窗口左下角的“查询”按钮。选中14日支付北京嘉伟货款的付款单并审核，审核完毕关闭该窗口。

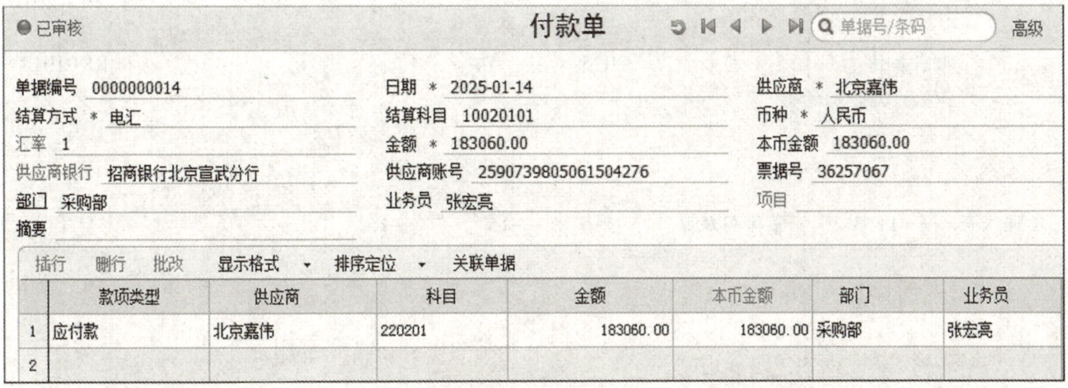

图2-209 付款单

（2）手工核销。在应付款管理系统，依次单击"核销处理→手工核销"菜单，系统弹出"核销条件"对话框，供应商选择"北京嘉伟"，单击"确定"按钮，打开"手工核销"窗口。在69861162号采购专用发票的"本次结算"栏输入"183060"，如图2-210所示，单击"保存"。退出该窗口。

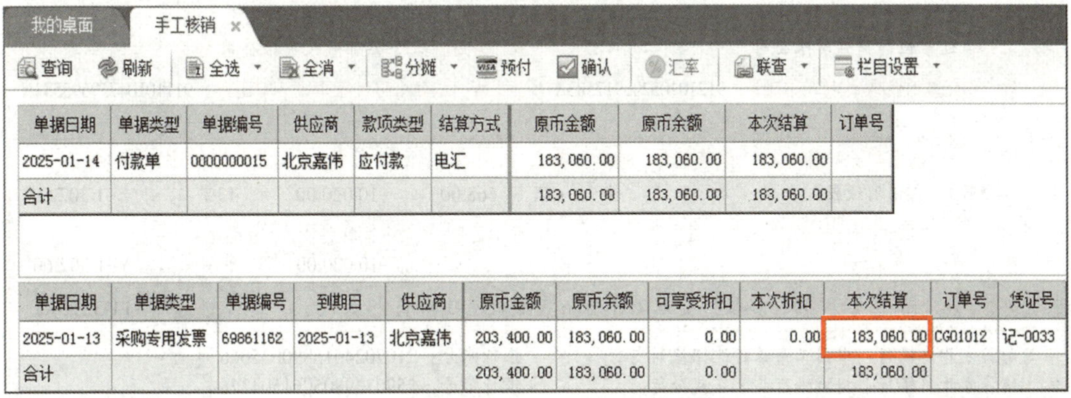

图2-210 "手工核销"窗口

（3）生成凭证。在应付款管理系统，依次单击"凭证处理→生成凭证"菜单，系统弹出"制单查询"对话框，勾选"收付款单""核销"，单击"确定"，打开"生成凭证"窗口。依次单击"合并""制单"按钮，生成一张记账凭证，单击"保存"按钮。

> 借：应付账款/一般应付账款（北京嘉伟）　　　　183 060.00
> 　贷：银行存款/中国工商银行/沈阳皇姑支行　　　　　　　　　183 060.00

2.4.4　结算后退货业务

━━━━━━━━━━【实验资料】━━━━━━━━━━

2025年1月14日，对合同编号为CG01001的货物进行抽检，发现15件嘉伟羽绒服存在隐蔽瑕疵。经与对方协商后即日办理退货，当日收到对方开具的负数增值税专用发票及货款。

相关凭证如图2-211至图2-213所示。

入库单

供应商: 北京嘉伟		2025 年 1 月 14 日				单号: RK01017	
验收仓库	存货编码	存货名称	单位	数量		单价	金额
				应收	实收		
服装仓	1153	嘉伟羽绒服	件	-15	-15		
		合 计					

部门经理: 略　　　　会计: 略　　　　仓库: 略　　　　经办人: 略

图2-211　入库单

电子发票（增值税专用发票）

发票号码：25112000000069861173
开票日期：2025 年 01 月 14 日

购买方信息	名称： 辽宁恒通商贸有限公司 统一社会信用代码/纳税人识别号：91210105206917583A	销售方信息	名称： 北京嘉伟服装有限公司 统一社会信用代码/纳税人识别号：91110104759695583N

项目名称	规格型号	单位	数量	单价	金额	税率/征收率	税额
*服装*嘉伟羽绒服		件	-15	668.00	-10 020.00	13%	-1 302.60
合　计					¥-10 020.00		¥-1 302.60

价税合计（大写）	⊗（负数）壹万壹仟叁佰贰拾贰元陆角整	（小写）¥-11 322.60

备注	购买方开户银行：中国工商银行沈阳皇姑支行　　银行账号：2107024015890035666 销售方开户银行：招商银行北京宣武分行　　银行账号：2590739805061504276

开票人：岂俏

图2-212　红字增值税专用发票

中国工商银行 电汇凭证（收账通知）　4　64601125

☑普通　□加急　　　　委托日期 2025年1月14日

汇款人	全　称	北京嘉伟服装有限公司	收款人	全　称	辽宁恒通商贸有限公司
	账　号	2590739805061504276		账　号	2107024015890035666
	开户银行	招商银行北京宣武分行		开户银行	中国工商银行沈阳皇姑支行

金额	人民币（大写）壹万壹仟叁佰贰拾贰元陆角整	亿	千	百	十	万	千	百	十	元	角	分
					¥	1	1	3	2	2	6	0

此汇款已收入收款人账户。　　　转讫（8）

支付密码：

附加信息及用途：退货款

汇入行签章　　　　　　　　　　复核　　记账

此联为开户行给收款人的收账通知

图2-213　电汇收款凭证

本业务的操作过程概览见表2-15。

表 2-15 实验过程概览

序号	操作日期	操作员	系统	操作内容
1	2025-01-14	G01张宏亮	采购管理	参照采购订单生成采购退货单
2	2025-01-14	C01李泽伟	库存管理	参照采购退货单生成（负数）采购入库单
3	2025-01-14	G01张宏亮	采购管理	参照（负数）采购入库单生成红字采购专用发票（现付）
4	2025-01-14	W02赵凯杰	应付款管理	采购发票审核并生成凭证
5	2025-01-14	W02赵凯杰	存货核算	正常单据记账，生成凭证

【实验过程】

1.参照采购订单生成采购退货单

2025 年 1 月 14 日，由张宏亮（G01）登录企业应用平台。在"采购管理"子系统，依次单击"采购到货→采购退货单"菜单，打开"采购退货单"窗口。执行工具栏的"增加→采购订单"命令，系统弹出"查询条件–单据列表过滤"对话框，单击"确定"按钮，系统弹出"拷贝并执行"窗口。窗口上方选中CG01001号采购订单最左侧的"选择"栏，选中该订单，窗口下方只选中嘉伟羽绒服，如图2-214所示，单击"确定"按钮，系统返回"采购退货单"窗口。将表体嘉伟羽绒服的"数量"改为"–15"，保存并审核该退货单，结果如图2-215所示。

结算后退货业务

	业务类型	订单号	订单日期	供货商编码	供货商	币种
☑	普通采购	CG01001	2025-01-01	102	北京嘉伟	人民币
合计						

共1条记录 已选择行数:1   ☐选中合计

	存货编码	存货名称	主计量	订货数量	原币单价	原币金额	原币税额	原币价税合计	订单编号	计划到达日期
☐	1151	嘉伟女风衣	件	1,000.00	518.00	518,000.00	67,340.00	585,340.00	CG01001	2025-01-01
☑	1153	嘉伟羽绒服	件	1,200.00	668.00	801,600.00	104,208.00	905,808.00	CG01001	2025-01-01
☐	1152	嘉伟男风衣	件	1,300.00	580.00	754,000.00	98,020.00	852,020.00	CG01001	2025-01-01
合计										

图2-214 "拷贝并执行"窗口

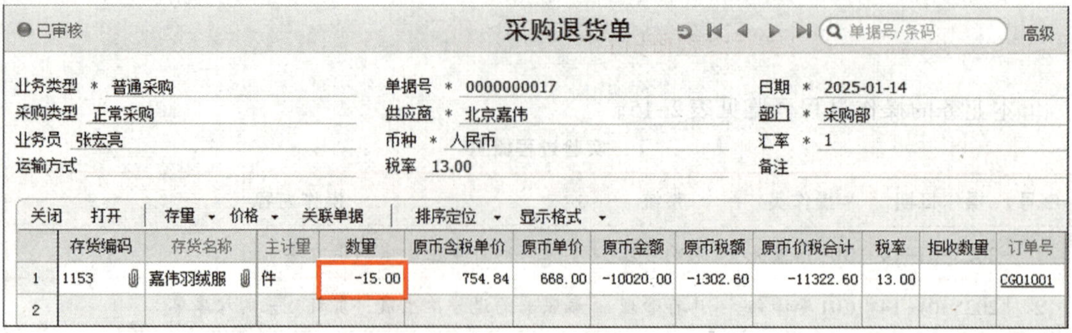

图2-215 采购退货单

2.参照采购退货单生成（负数）采购入库单

2025年1月14日，由李泽伟（C01）登录企业应用平台。在U8企业应用平台，依次单击"业务工作→供应链→库存管理→采购入库→采购入库单"菜单，打开"采购入库单"窗口。执行工具栏的"增加→采购→采购到货单（红字）"命令，系统弹出"查询条件-采购到货单列表"对话框，单击"确定"按钮，系统打开"到货单生单列表"窗口。选中14日北京嘉伟的退货单，再单击"确定"按钮，系统返回"采购入库单"窗口。

根据图2-211，修改采购入库单表头项目"入库单号"为"RK01017"，"仓库"选择"服装仓"，其他项默认。保存并审核该采购入库单，结果如图2-216所示。

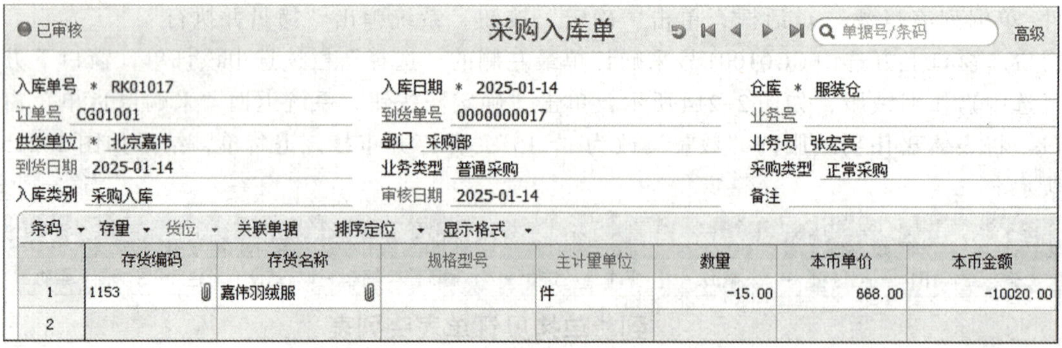

图2-216 （负数）采购入库单

3.参照（负数）采购入库单生成红字采购专用发票（现付）

2025年1月14日，由张宏亮（G01）登录企业应用平台。

（1）在U8企业应用平台，依次单击"业务工作→供应链→采购管理→采购发票→专用采购发票"菜单，打开"专用发票"窗口。执行工具栏的"增加→入库单"命令，系统弹出"查询条件-单据列表过滤"对话框，单击"确定"按钮。在"拷贝并执行"窗口，选中RK01017号采购入库单，然后单击"确定"按钮，返回"专用发票"窗口。根据图2-212，修改表头项目"发票号"为"69861173"，其他项默认。依次单击工具栏的"保存""复核""结算"按钮。

（2）现付。单击工具栏的"现付"按钮，打开"采购现付"窗口。根据图2-213，"结算方式"选择"电汇"，"原币金额"输入"-11322.6"，"票据号"输入"64601125"，单击"确定"按钮，返回"专用发票"窗口，结果如图2-217所示。

● 已复核 **现付** **已结算**				专用发票	↻ ⏮ ◀ ▶ ⏭	Q 单据号/条码					高级

业务类型　普通采购　　　　　　　发票类型　＊专用发票　　　　　　发票号　＊69861173
开票日期　＊2025-01-14　　　　　供应商　＊北京嘉伟　　　　　　　代垫单位　北京嘉伟
采购类型　正常采购　　　　　　　税率　13.00　　　　　　　　　　部门名称　采购部
业务员　张宏亮　　　　　　　　　币种　＊人民币　　　　　　　　　汇率　＊1
发票日期　　　　　　　　　　　　付款条件　　　　　　　　　　　　备注

存量 ▼ 价格 ▼ 关联单据 ▼		排序定位 ▼ 显示格式 ▼								
	存货编码	存货名称	主计量	数量	原币单价	原币金额	原币税额	原币价税合计	税率	订单号
1	1153	嘉伟羽绒服	件	-15.00	668.00	-10020.00	-1302.60	-11322.60	13.00	CG01001
2										

图2-217　"专用发票"窗口

4.采购发票审核并生成凭证

2025年1月14日，由赵凯杰（W02）登录企业应用平台。在U8企业应用平台，依次单击"业务工作→财务会计→应付款管理→应付处理→采购发票→采购发票审核"菜单，打开"采购发票审核"窗口。单击工具栏的"查询"按钮，系统弹出"查询条件–发票查询"对话框，"包含已现结发票"栏选择"是"，单击"确定"按钮，返回"采购发票审核"窗口。

双击"69861173"单据号，打开要审核的发票，单击工具栏的"审核"按钮，系统提示"是否立即制单?"，单击"是"，系统自动打开"填制凭证"窗口，单击工具栏的"保存"按钮。关闭并退出已打开的窗口。

借：在途物资　　　　　　　　　　　　　　　　-10 020.00
　　应交税费/应交增值税/进项税额　　　　　　 -1 302.60
　　贷：银行存款/中国工商银行/沈阳皇姑支行　　　　　　　　 -11 322.60

5.正常单据记账，生成凭证

（1）正常单据记账。在供应链的"存货核算"子系统，依次单击"记账→正常单据记账"菜单，系统打开"未记账单据一览表"窗口，单击窗口左下角的"查询"按钮，系统显示未记账单据。选中RK01017号采购入库单并对其进行记账。记账完毕退出该窗口。

（2）生成凭证。在"存货核算"子系统，依次单击"凭证处理→生成凭证"菜单，系统打开"生成凭证"窗口。单击"选择"按钮，系统弹出"查询条件"对话框，单击"确定"按钮，系统打开"选择单据"窗口，单击工具栏的"全选"按钮，以选中已记账的RK01017号采购入库单，再单击"确定"按钮，系统自动关闭"选择单据"窗口并返回"生成凭证"窗口，单击工具栏的"合并制单"按钮，系统打开"填制凭证"窗口并自动生成凭证，保存该记账凭证。

借：库存商品　　　　　　　　　　　　　　　　-10 020.00
　　贷：在途物资　　　　　　　　　　　　　　　　　　 -10 020.00

2.4.5　带信用条件的退货业务

─────────── 【实验资料】

2025年1月14日，对合同编号为CG01004的货物进行复检，发现有20件嘉伟羽绒服存在隐蔽瑕疵。经与对方协商后即日办理退货，当日收到天津惠阳开具的负数增值税专用发票及货款。（退货款要求通过应付系统收款单处理）

相关凭证如图2-218至图2-220所示。

入库单

供应商：天津惠阳　　2025年1月14日　　单号：RK01018

验收仓库	存货编码	存货名称	单位	数量		单价	金额
				应收	实收		
服装仓	1153	嘉伟羽绒服	件	-20	-20		
合计							

部门经理：略　　会计：略　　仓库：略　　经办人：略

图2-218　入库单

电子发票（增值税专用发票）

发票号码：25122000000032307946

开票日期：2025年01月14日

购买方信息	销售方信息
名称：辽宁恒通商贸有限公司	名称：天津惠阳商贸有限公司
统一社会信用代码/纳税人识别号：91210105206917583A	统一社会信用代码/纳税人识别号：91120104572036908U

项目名称	规格型号	单位	数量	单价	金额	税率/征收率	税额
*服装*嘉伟羽绒服		件	-20	600.00	-12 000.00	13%	-1 560.00
合计					¥-12 000.00		¥-1 560.00

价税合计（大写）　⊗（负数）壹万叁仟伍佰陆拾元整　　（小写）¥-13 560.00

备注：
购买方开户银行：中国工商银行沈阳皇姑支行　　银行账号：2107024015890035666
销售方开户银行：华夏银行天津南开支行　　银行账号：2806725046208670931

开票人：李丹

图2-219　红字增值税专用发票

中国工商银行　电汇凭证（收账通知）　4　　52966921

☑普通　□加急　　委托日期　2025年1月14日

汇款人		收款人	
全称	天津惠阳商贸有限公司	全称	辽宁恒通商贸有限公司
账号	2806725046208670931	账号	2107024015890035666
开户银行	华夏银行天津南开支行	开户银行	中国工商银行沈阳皇姑支行

金额	人民币（大写）	亿	千	百	十	万	千	百	十	元	角	分
	壹万叁仟贰佰元整				¥	1	3	2	0	0	0	0

此汇款已收入收款人账户。　　汇入行签章

中国工商银行沈阳皇姑支行　2025.01.14　转讫（8）

支付密码

附加信息及用途：退货款

复核　　记账

此联为开户行给收款人的收账通知

图2-220　电汇收款凭证

【实验过程概览】

本业务的操作过程概览见表2-16。

表 2-16　　　　　　　　　　　　　　　　实验过程概览

序号	操作日期	操作员	系统	操作内容
1	2025-01-14	G01 张宏亮	采购管理	参照采购订单生成采购退货单
2	2025-01-14	C01 李泽伟	库存管理	参照采购退货单生成（负数）采购入库单
3	2025-01-14	G01 张宏亮	采购管理	参照（负数）采购入库单生成红字采购专用发票
4	2025-01-14	W02 赵凯杰	应付款管理	采购发票审核并生成凭证
5	2025-01-14	W02 赵凯杰	存货核算	正常单据记账，生成凭证
6	2025-01-14	W03 贺青春	应付款管理	付款单据录入（应付系统收款单）
7	2025-01-14	W02 赵凯杰	应付款管理	付款单据审核、手工核销和生成凭证

【实验过程】

1. 参照采购订单生成采购退货单

2025 年 1 月 14 日，由张宏亮（G01）登录企业应用平台。在"采购管理"子系统，依次单击"采购到货→采购退货单"菜单，打开"采购退货单"窗口。执行工具栏的"增加→采购订单"命令，系统弹出"查询条件-单据列表过滤"对话框，单击"确定"按钮，系统弹出"拷贝并执行"窗口。窗口上方选中 CG01004 号采购订单最左侧的"选择"栏，窗口下方只选中嘉伟羽绒服，单击"确定"，系统返回"采购退货单"窗口。将嘉伟羽绒服的"数量"改为"-20"，保存并审核该采购退货单，结果如图 2-221 所示。

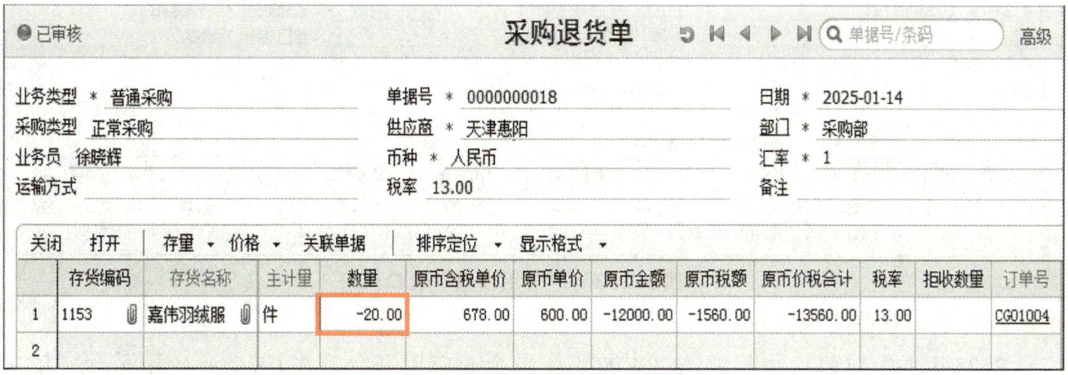

图 2-221　采购退货单

2. 参照采购退货单生成（负数）采购入库单

2025 年 1 月 14 日，由李泽伟（C01）登录企业应用平台。在 U8 企业应用平台，依次单击"业务工作→供应链→库存管理→采购入库→采购入库单"菜单，打开"采购入库单"窗口。执行工具栏的"增加→采购→采购到货单（红字）"命令，系统弹出"查询条件-采购到货单列表"对话框，单击"确定"按钮，系统打开"到货单生单列表"窗口。选中 14 日天津惠阳的退货单，再单击"确定"按钮，系统返回"采购入库单"窗口。

根据图 2-218，修改采购入库单表头项目"入库单号"为"RK01018"，"仓库"选择"服装仓"，其他项默认。保存并审核该采购入库单，结果如图 2-222 所示。

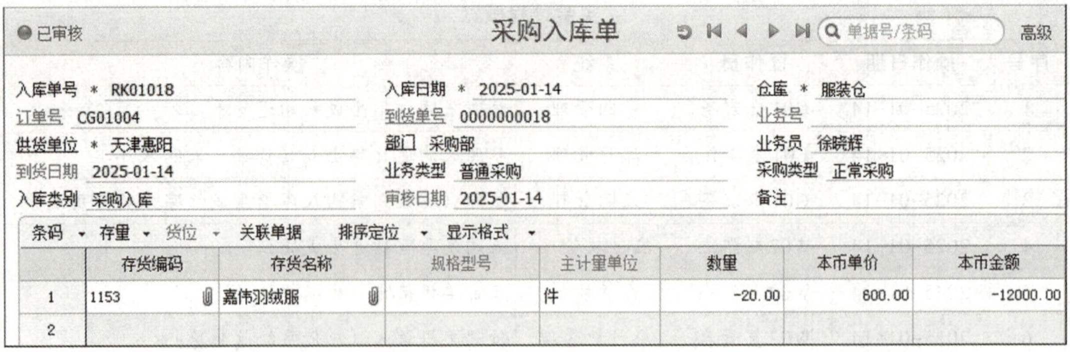

●已审核　　采购入库单　　单据号/条码　　高级

入库单号 * RK01018　　入库日期 * 2025-01-14　　仓库 * 服装仓

订单号 CG01004　　到货单号 0000000018　　业务号

供货单位 * 天津惠阳　　部门 采购部　　业务员 徐晓辉

到货日期 2025-01-14　　业务类型 普通采购　　采购类型 正常采购

入库类别 采购入库　　审核日期 2025-01-14　　备注

条码 ▾　存量 ▾　货位 ▾　关联单据　排序定位 ▾　显示格式 ▾

	存货编码	存货名称	规格型号	主计量单位	数量	本币单价	本币金额
1	1153	嘉伟羽绒服		件	-20.00	600.00	-12000.00
2							

图2-222　（负数）采购入库单

3.参照（负数）采购入库单生成红字采购专用发票

2025年1月14日，由张宏亮（G01）登录企业应用平台。在U8企业应用平台，依次单击“业务工作→供应链→采购管理→采购发票→专用采购发票”菜单，打开“专用发票”窗口。执行工具栏的“增加→入库单”命令，系统弹出“查询条件-单据列表过滤”对话框，单击“确定”按钮。在“拷贝并执行”窗口，选中RK01018号采购入库单，然后单击“确定”按钮，返回“红字专用采购发票”窗口。

根据图2-219，修改表头项目“发票号”为“32307946”，其他项默认。依次单击工具栏的“保存”“复核”“结算”按钮，结果如图2-223所示。

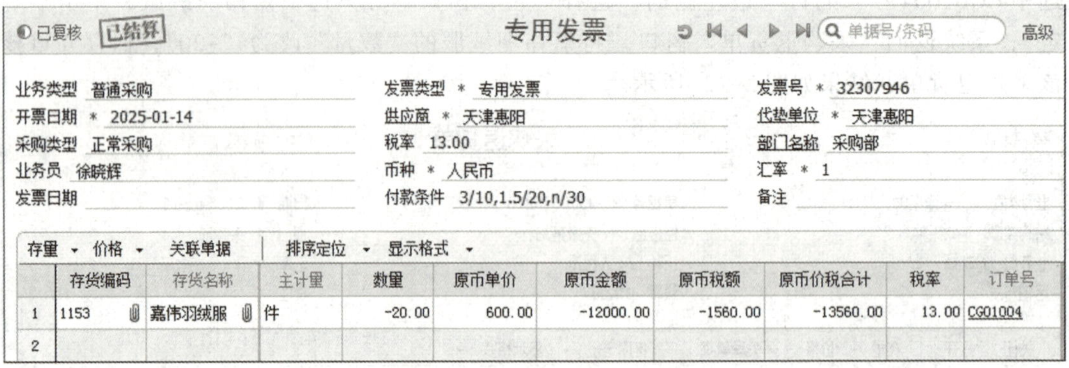

●已复核　已结算　　专用发票　　单据号/条码　　高级

业务类型 普通采购　　发票类型 * 专用发票　　发票号 * 32307946

开票日期 * 2025-01-14　　供应商 * 天津惠阳　　代垫单位 * 天津惠阳

采购类型 正常采购　　税率 13.00　　部门名称 采购部

业务员 徐晓辉　　币种 * 人民币　　汇率 * 1

发票日期　　付款条件 3/10,1.5/20,n/30　　备注

存量 ▾　价格 ▾　关联单据　排序定位 ▾　显示格式 ▾

	存货编码	存货名称	主计量	数量	原币单价	原币金额	原币税额	原币价税合计	税率	订单号
1	1153	嘉伟羽绒服	件	-20.00	600.00	-12000.00	-1560.00	-13560.00	13.00	CG01004
2										

图2-223　“专用发票”窗口

4.采购发票审核并生成凭证

2025年1月14日，由赵凯杰（W02）登录企业应用平台。在U8企业应用平台，依次单击“业务工作→财务会计→应付款管理→应付处理→采购发票→采购发票审核”菜单，打开“采购发票审核”窗口。单击工具栏的“查询”按钮，系统弹出“查询条件-发票查询”对话框，单击“确定”按钮，返回“采购发票审核”窗口。

双击“32307946”单据号，打开要审核的发票，单击工具栏的“审核”按钮，系统提示“是否立即制单?”，单击“是”，系统自动打开“填制凭证”窗口，单击工具栏的“保存”按钮。关闭并退出已打开的窗口。

借：在途物资	–12 000.00	
应交税费/应交增值税/进项税额	–1 560.00	
贷：应付账款/一般应付账款（天津惠阳）		–13 560.00

5.正常单据记账，生成凭证

（1）正常单据记账。在供应链的“存货核算”子系统，依次单击“记账→正常单据记账”菜单，系统打开“未记账单据一览表”窗口，单击窗口左下角的“查询”按钮，系统显示未记账单据。选中RK01018号采购入库单并对其进行记账。记账完毕退出该窗口。

（2）生成凭证。在“存货核算”子系统，依次单击“凭证处理→生成凭证”菜单，系统打开“生成凭证”窗口。单击“选择”按钮，系统弹出“查询条件”对话框，单击“确定”按钮，系统打开“选择单据”窗口，单击工具栏的“全选”按钮，以选中已记账的RK01018号采购入库单，再单击“确定”按钮，系统自动关闭“选择单据”窗口并返回“生成凭证”窗口，单击工具栏的“合并制单”按钮，系统打开“填制凭证”窗口并自动生成凭证，保存该记账凭证。

借：库存商品　　　　　　　　　　　　　　　　　　　　−12 000.00

　贷：在途物资　　　　　　　　　　　　　　　　　　　　　−12 000.00

6.付款单据录入（应付系统收款单）

2025年1月14日，由贺青春（W03）登录企业应用平台。在U8企业应用平台，依次单击“业务工作→财务会计→应付款管理→付款处理→付款单据录入”菜单，打开“付款单据录入”窗口。单击工具栏的“收款单”按钮，再单击“增加”，根据图2-220填制一张收款单并保存，结果如图2-224所示。

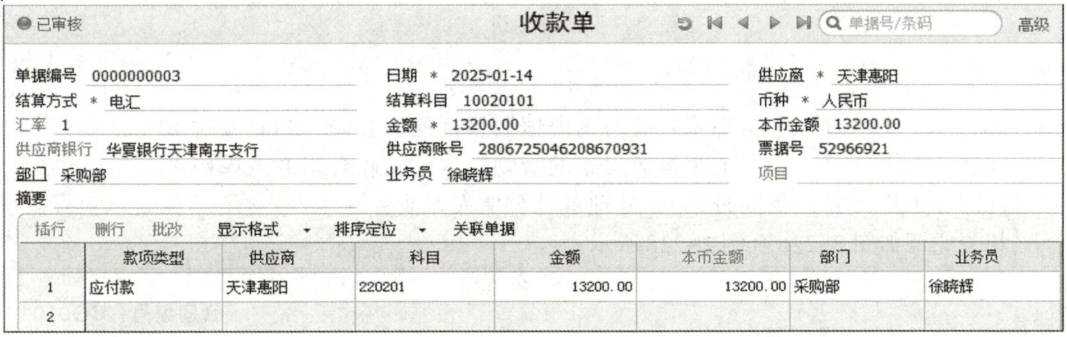
已审核　收款单　单据号/条码　高级

单据编号 0000000003　日期 * 2025-01-14　供应商 * 天津惠阳
结算方式 * 电汇　结算科目 10020101　币种 * 人民币
汇率 1　金额 * 13200.00　本币金额 13200.00
供应商银行 华夏银行天津南开支行　供应商账号 2806725046208670931　票据号 52966921
部门 采购部　业务员 徐晓辉　项目
摘要

插行　删行　批改　显示格式　排序定位　关联单据

	款项类型	供应商	科目	金额	本币金额	部门	业务员
1	应付款	天津惠阳	220201	13200.00	13200.00	采购部	徐晓辉
2							

图2-224　应付系统收款单

7.付款单据审核、手工核销和生成凭证

2025年1月14日，由赵凯杰（W02）登录企业应用平台。

（1）付款单据审核。在U8企业应用平台，依次单击“业务工作→财务会计→应付款管理→付款处理→付款单据审核”菜单，打开“付款单据审核”窗口，单击窗口左下角的“查询”按钮。选中14日收取天津惠阳退货款的收款单并审核，审核完毕关闭该窗口。

（2）手工核销。在应付款管理系统，依次单击“核销处理→手工核销”菜单，系统弹出“核销条件”对话框，供应商选择“天津惠阳”，单击“收付款单”选项卡，单据类型选择“收款单”，单击“确定”按钮，打开“手工核销”窗口。在采购专用发票的“本次折扣”栏输入“360”，“本次结算”栏输入“13200”，如图2-225所示，单击“保存”。退出该窗口。

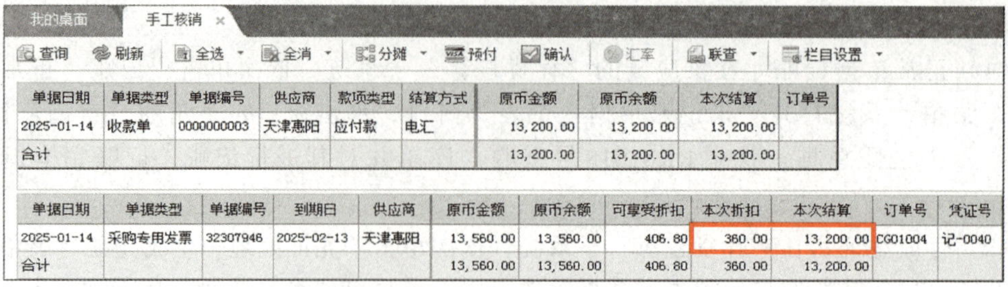

我的桌面 | 手工核销

查询 刷新 全选 全消 分摊 预付 确认 汇率 联查 栏目设置

单据日期	单据类型	单据编号	供应商	款项类型	结算方式	原币金额	原币余额	本次结算	订单号
2025-01-14	收款单	0000000003	天津惠阳	应付款	电汇	13,200.00	13,200.00	13,200.00	
合计						13,200.00	13,200.00	13,200.00	

单据日期	单据类型	单据编号	到期日	供应商	原币金额	原币余额	可享受折扣	本次折扣	本次结算	订单号	凭证号
2025-01-14	采购专用发票	32307946	2025-02-13	天津惠阳	13,560.00	13,560.00	406.80	360.00	13,200.00	CG01004	记-0040
合计					13,560.00	13,560.00	406.80	360.00	13,200.00		

图2-225 “手工核销”窗口

（3）生成凭证。在应付款管理系统，依次单击“凭证处理→生成凭证”，系统弹出“制单查询”对话框，勾选“收付款单”“核销”，单击“确定”，打开“生成凭证”窗口，依次单击“合并”“制单”按钮，生成一张记账凭证，将“财务费用/现金折扣”科目的方向改为借方蓝字，单击“保存”按钮。

借：应付账款/一般应付账款（天津惠阳）	-13 560.00	
财务费用/现金折扣	360.00	
贷：银行存款/中国工商银行/沈阳皇姑支行		-13 200.00

2.5 暂估业务

2.5.1 暂估入库

【实验资料】

2025年1月14日，采购部张宏亮与上海恒久签订购销合同，当日预付40%订金。

2025年1月15日，收到上海恒久发来的货物，全部验收合格并入库。

2025年1月15日（视同月末），处理本月暂估入库业务。

相关凭证如图2-226至图2-228所示。

购销合同

合同编号：CG01013

卖方：上海恒久表业有限公司

买方：辽宁恒通商贸有限公司

为保护买卖双方的合法权益，根据《中华人民共和国民法典》的有关规定，买卖双方经友好协商，一致同意签订本合同，并共同遵守合同约定。

一、货物的名称、数量及金额：

货物名称	规格型号	计量单位	数量	单价（不含税）	金额（不含税）	税率	税额
恒久情侣表		对	100	9 000.00	900 000.00	13%	117 000.00
合计					¥900 000.00		¥117 000.00

二、合同总金额：人民币壹佰零壹万柒仟元整（¥1 017 000.00）。

三、签订合同当日买方预付40%订金。卖方于1月15日发出全部货物，2月15日卖方开具增值税专用发票，买方以银行承兑汇票方式支付剩余款项。

四、交货地点：辽宁恒通商贸有限公司。

五、发运方式与运输费用承担方式：由卖方发货并承担运输费用。

卖　　方：上海恒久表业有限公司　　买　　方：辽宁恒通商贸有限公司

授权代表：张运久　　授权代表：张宏亮

日　　期：2025年1月14日　　日　　期：2025年1月14日

图2-226 购销合同

中国工商银行　电汇凭证（回单）　1　　36257068

☑普通　□加急　　委托日期　2025年1月14日

汇款人	全　称	辽宁恒通商贸有限公司	收款人	全　称	上海恒久表业有限公司
	账　号	2107024015890035666		账　号	9517205720902010400
	开户银行	中国工商银行沈阳皇姑支行		开户银行	中国银行上海静安支行
金额	人民币（大写）	肆拾万陆仟捌佰元整		亿千百十万千百十元角分	¥40680000
				支付密码	
				附加信息及用途：订金	
				复核　记账	

中国工商银行 沈阳皇姑支行 2025.01.14 转讫 (7)

此联为汇出行给汇款人的回单

图2-227　电汇付款凭证

入库单

供应商：上海恒久　　2025 年 1 月 15 日　　单号：RK01019

验收仓库	存货编码	存货名称	单位	数量		单价	金额
				应收	实收		
手表仓	1253	恒久情侣表	对	100	100		
合　计							

部门经理：略　　会计：略　　仓库：略　　经办人：略

图2-228　入库单

【实验过程概览】

本业务的操作过程概览见表2-17。

表 2-17　实验过程概览

序号	操作日期	操作员	系统	操作内容
1	2025-01-14	G01 张宏亮	采购管理	填制采购订单
2	2025-01-14	W03 贺青春	应付款管理	付款单据录入（预付款）
3	2025-01-14	W02 赵凯杰	应付款管理	付款单据审核，生成凭证
4	2025-01-15	G01 张宏亮	采购管理	参照采购订单生成到货单
5	2025-01-15	C01 李泽伟	库存管理	参照到货单生成采购入库单
6	2025-01-15	W02 赵凯杰	存货核算	正常单据记账，生成凭证

【实验过程】

1.填制采购订单

2025年1月14日，由张宏亮（G01）登录企业应用平台。在U8企业应用平台，依次单击“业务工作→供应链→采购管理→采购订货→采购订单”菜单，打开“采购订单”窗口。单击工具栏的“增加”按钮，根据图2-226填制采购订单。填制完毕保存并审核该订单，如图2-229所示。

暂估入库

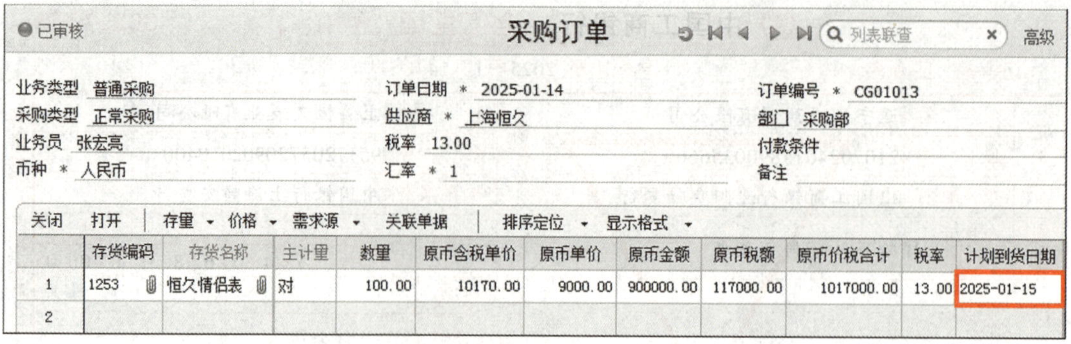

图2-229 采购订单

2.付款单据录入（预付款）

2025年1月14日，由贺青春（W03）登录企业应用平台。在U8企业应用平台，依次单击"业务工作→财务会计→应付款管理→付款处理→付款单据录入"菜单，打开"付款单据录入"窗口。单击"增加"，根据图2-227填制付款单，并将表体第1行的"款项类型"改为"预付款"。单击"保存"，结果如图2-230所示。

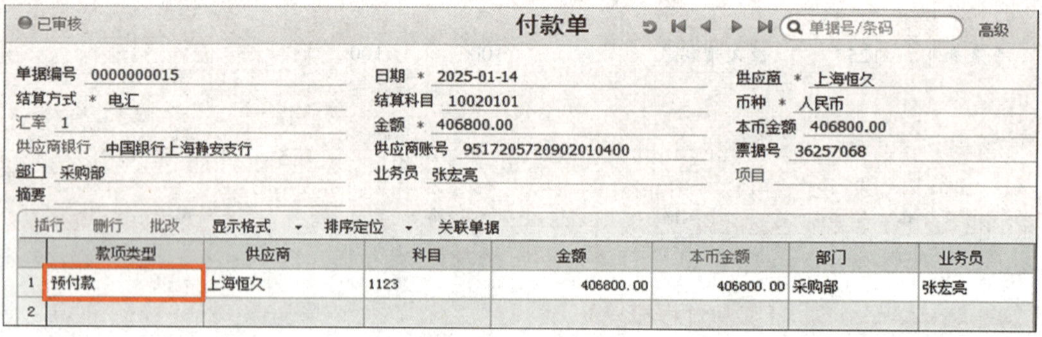

图2-230 付款单

3.付款单据审核，生成凭证

2025年1月14日，由赵凯杰（W02）登录企业应用平台。

（1）付款单据审核。在应付款管理系统，依次单击"付款处理→付款单据审核"菜单，打开"付款单据审核"窗口。单击工具栏的"查询"按钮，系统打开"查询条件-收付款单过滤"对话框，单击"确定"按钮，系统返回"付款单据审核"窗口。选中预付上海恒久货款的付款单并审核。

（2）生成凭证。在应付款管理系统，依次单击"凭证处理→生成凭证"菜单，系统弹出"制单查询"对话框，勾选"收付款单"；单击"确定"，打开"生成凭证"窗口。依次单击工具栏的"全选""制单"按钮，系统生成一张记账凭证，单击工具栏的"保存"按钮。退出当前窗口。

借：预付账款（上海恒久）　　　　　　　　　　　406 800.00
　　贷：银行存款/中国工商银行/沈阳皇姑支行　　　　　　　406 800.00

4.参照采购订单生成到货单

2025年1月15日，由张宏亮（G01）登录企业应用平台。在"采购管理"子系统，依次单击"采购到货→到货单"菜单，打开"到货单"窗口。执行工具栏的"增加→采购订单”命令，系统弹出“查询条件-单据列表过滤”对话框，单击“确定”按钮，系统弹出“拷贝并执行”窗口。单击选中CG01013号订单最左侧的“选择”栏，单击“确定”按钮，系统返回“到货单”窗口，生成一张到货单。保存并审核该到货单，结果如图2-231所示。

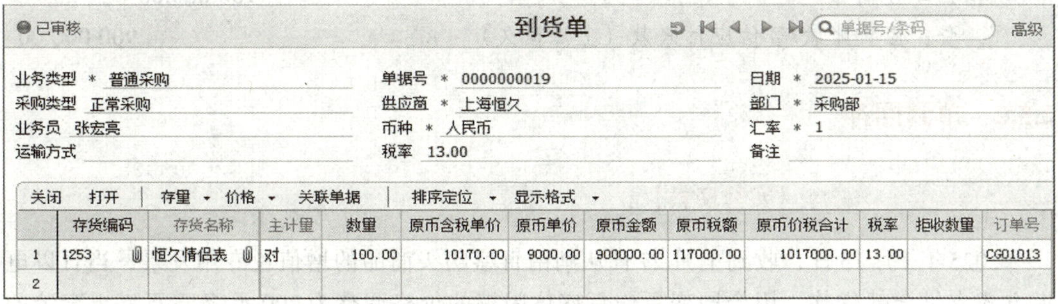

已审核
到货单
单据号/条码
高级
业务类型 * 普通采购
单据号 * 0000000019
日期 * 2025-01-15
采购类型 正常采购
供应商 * 上海恒久
部门 * 采购部
业务员 张宏亮
币种 * 人民币
汇率 * 1
运输方式
税率 13.00
备注
关闭 打开 存量 价格 关联单据 排序定位 显示格式
存货编码 存货名称 主计量 数量 原币含税单价 原币单价 原币金额 原币税额 原币价税合计 税率 拒收数量 订单号
1 1253 恒久情侣表 对 100.00 10170.00 9000.00 900000.00 117000.00 1017000.00 13.00 CG01013
2

图2-231　到货单

5.参照到货单生成采购入库单

2025年1月15日，由李泽伟（C01）登录企业应用平台。在U8企业应用平台，依次单击“业务工作→供应链→库存管理→采购入库→采购入库单”菜单，打开“采购入库单”窗口。执行工具栏的“增加→采购→采购到货单”命令，系统弹出“查询条件-采购到货单列表”对话框，单击“确定”按钮，系统打开“到货单生单列表”窗口。单击上海恒久的到货单所对应的“选择”栏（即上一步骤完成的到货单），再单击“确定”按钮，系统返回“采购入库单”窗口。

根据图2-228，修改采购入库单表头项目“入库单号”为“RK01019”，“仓库”选择“手表仓”，其他项默认，保存并审核该采购入库单，结果如图2-232所示。

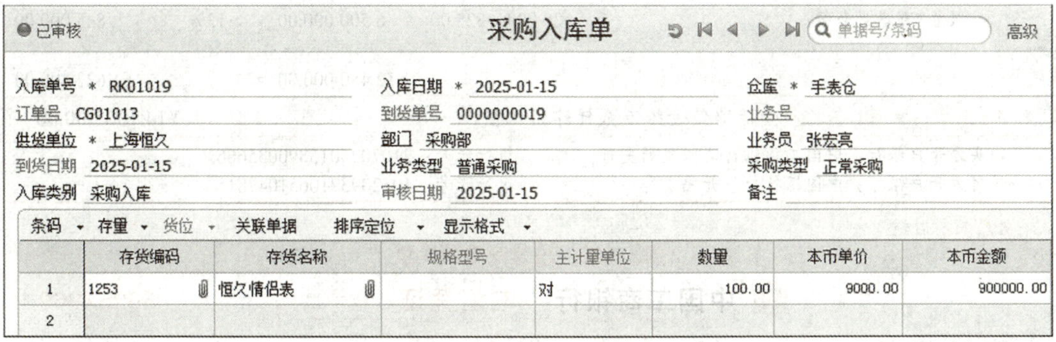

已审核
采购入库单
单据号/条码
高级
入库单号 * RK01019
入库日期 * 2025-01-15
仓库 * 手表仓
订单号 CG01013
到货单号 0000000019
业务号
供货单位 * 上海恒久
部门 采购部
业务员 张宏亮
到货日期 2025-01-15
业务类型 普通采购
采购类型 正常采购
入库类别 采购入库
审核日期 2025-01-15
备注
条码 存量 货位 关联单据 排序定位 显示格式
存货编码 存货名称 规格型号 主计量单位 数量 本币单价 本币金额
1 1253 恒久情侣表 对 100.00 9000.00 900000.00
2

图2-232　采购入库单

6.正常单据记账，生成凭证

（1）正常单据记账。2025年1月15日，由操作员赵凯杰（W02）登录企业应用平台。在供应链的“存货核算”子系统，依次单击“记账→正常单据记账”菜单，系统打开“未记账单据一览表”窗口，单击窗口左下角的“查询”按钮，系统显示未记账单据。单击选中RK01019号采购入库单并对其进行记账。记账完毕关闭该窗口。

（2）生成凭证。在“存货核算”子系统，依次单击“凭证处理→生成凭证”菜单，系统打开“生成凭证”窗口。单击“选择”按钮，系统弹出“查询条件”对话框，单击“确定”按钮，系统打开“选择单据”窗口，单击工具栏的“全选”按钮，以选中已记账的

RK01019号采购入库单，再单击"确定"按钮，系统自动关闭"选择单据"窗口并返回"生成凭证"窗口，单击工具栏的"合并制单"按钮，系统打开"填制凭证"窗口并自动生成记账凭证，保存该凭证。

借：库存商品		900 000.00
贷：应付账款/暂估应付账款（上海恒久）		900 000.00

2.5.2　单到回冲

【实验资料】

2025年1月15日，收到上月27日从湖南百盛购买商品的增值税专用发票，当日以电汇方式支付全部货款。因合同变更，百盛休闲裤的价格调整为200元/条，百盛男套装的价格调整为325元/套。（红字回冲单、蓝字回冲单各生成一张记账凭证）

相关凭证如图2-233至图2-234所示。

电子发票（增值税专用发票）　发票号码：25432000000083051459

开票日期：2025年01月15日

购买方信息	名称：辽宁恒通商贸有限公司	销售方信息	名称：湖南百盛服装有限公司
	统一社会信用代码/纳税人识别号：91210105206917583A		统一社会信用代码/纳税人识别号：91430105276531895L

项目名称	规格型号	单位	数量	单价	金额	税率/征收率	税额
*服装*百盛男夹克		件	10 000	298.00	2 980 000.00	13%	387 400.00
*服装*百盛休闲裤		条	15 000	200.00	3 000 000.00	13%	390 000.00
*服装*百盛男套装		套	20 000	325.00	6 500 000.00	13%	845 000.00
合　计					¥12 480 000.00		¥1 622 400.00

价税合计（大写）	⊗壹仟肆佰壹拾万贰仟肆佰元整	（小写）¥14 102 400.00

备注	购买方开户银行：中国工商银行沈阳皇姑支行　　银行账号：2107024015890035666
	销售方开户银行：中国银行长沙开福支行　　　　银行账号：1012093710651047815

开票人：温艳

图2-233　增值税专用发票

中国工商银行　电汇凭证（回单）　1　　36257069

☑普通　□加急　　委托日期 2025年1月15日

汇款人	全称	辽宁恒通商贸有限公司	收款人	全称	湖南百盛服装有限公司
	账号	2107024015890035666		账号	1012093710651047815
	开户银行	中国工商银行沈阳皇姑支行		开户银行	中国银行长沙开福支行

金额	人民币（大写）	壹仟肆佰壹拾万贰仟肆佰元整	亿	千	百	十	万	千	百	十	元	角	分
			¥	1	4	1	0	2	4	0	0	0	0

转讫（7）

支付密码

附加信息及用途：货款

复核　　记账

此联为汇出行给汇款人的回单

图2-234　电汇付款凭证

本业务的操作过程概览见表2-18。

表2-18　　　　　　　　　　实验过程概览

序号	操作日期	操作员	系统	操作内容
1	2025-01-15	G01张宏亮	采购管理	参照期初入库单生成采购专用发票（现付）
2	2025-01-15	W02赵凯杰	应付款管理	采购发票审核并生成凭证
3	2025-01-15	W02赵凯杰	存货核算	结算成本处理
4	2025-01-15	W02赵凯杰	存货核算	生成凭证

【实验过程】

单到回冲

1. 参照期初入库单生成采购专用发票（现付）

2025年1月15日，由张宏亮（G01）登录企业应用平台。

（1）在U8企业应用平台，依次单击"业务工作→供应链→采购管理→采购发票→采购专用发票"菜单，打开"专用发票"窗口。执行工具栏的"增加→入库单"命令，系统弹出"查询条件-单据列表过滤"对话框，单击"确定"按钮。在"拷贝并执行"窗口，单击选择RK12089号采购入库单对应的"选择"栏，再单击"确定"按钮，返回"专用发票"窗口。

根据图2-233，修改表头项目"发票号"为"83051459"，将百盛休闲裤的单价改为"200"，将百盛男套装的单价改为"325"，其他项默认。依次单击工具栏的"保存""复核""结算"按钮。

（2）现付。单击工具栏的"现付"按钮，打开"采购现付"窗口。根据图2-234，"结算方式"选择"电汇"，"原币金额"输入"14102400"，"票据号"输入"36257069"，单击"确定"，结果如图2-235所示。

	存货编码	存货名称	主计量	数量	原币单价	原币金额	原币税额	原币价税合计	税率	订单号
1	1101	百盛男夹克	件	10000.00	298.00	2980000.00	387400.00	3367400.00	13.00	
2	1102	百盛休闲裤	条	15000.00	200.00	3000000.00	390000.00	3390000.00	13.00	
3	1104	百盛男套装	套	20000.00	325.00	6500000.00	845000.00	7345000.00	13.00	
4										

图2-235　采购专用发票

2. 采购发票审核并生成凭证

2025年1月15日，由赵凯杰（W02）登录企业应用平台。在U8企业应用平台，依次单击"业务工作→财务会计→应付款管理→应付处理→采购发票→采购发票审核"菜单，打开"采购发票审核"窗口。单击工具栏的"查询"按钮，系统弹出"查询条件-发票查询"对话框，"包含已现结发票"栏选择"是"，单击"确定"按钮，返回"采购发票审核"窗口。

双击"83051459"单据号，打开要审核的发票，单击工具栏的"审核"按钮，系统提示"是否立即制单?"，单击"是"，系统自动打开"填制凭证"窗口，单击工具栏的"保存"按钮。关闭并退出已打开的窗口。

借：在途物资	12 480 000.00
应交税费/应交增值税/进项税额	1 622 400.00
贷：银行存款/中国工商银行/沈阳皇姑支行	14 102 400.00

3.结算成本处理

在 U8 企业应用平台，依次单击"业务工作→供应链→存货核算→记账→结算成本处理"菜单，系统弹出"结算成本处理"对话框，仓库勾选"服装仓"，单击"确定"，打开"结算成本处理"窗口，如图2-236所示。单击"全选"，再单击"结算处理"，完成暂估处理。关闭当前窗口。

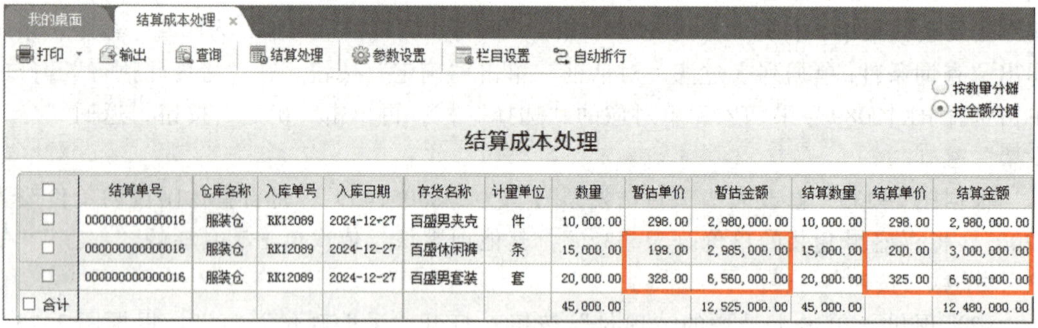

图2-236 结算成本处理

4.生成凭证

在 U8 企业应用平台，依次单击"业务工作→供应链→存货核算→凭证处理→生成凭证"菜单，打开"生成凭证"窗口。单击"选择"，打开"查询条件"窗口，再单击"确定"，打开"选择单据"窗口。分别选中红字回冲单、蓝字回冲单左侧的"选择"栏，如图2-237所示，单击"确定"，系统自动返回"生成凭证"窗口，单击"合并制单"，系统自动生成两张记账凭证，保存这两张凭证。

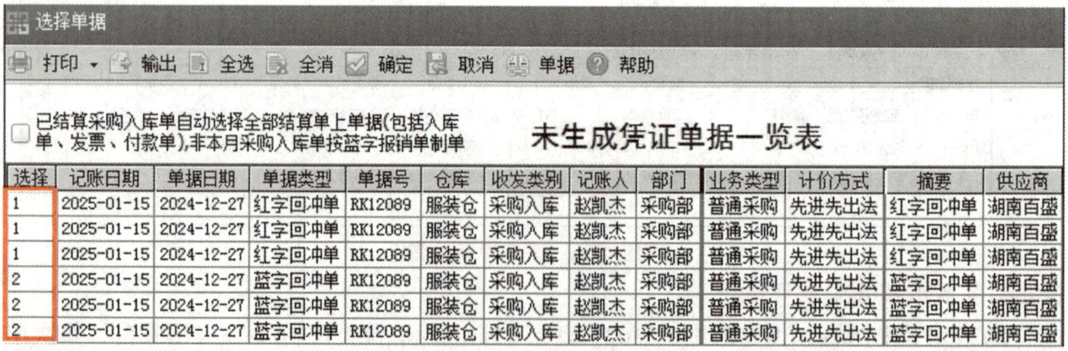

图2-237 "选择单据"窗口

借：库存商品	−12 525 000.00
贷：应付账款/暂估应付账款（湖南百盛）	−12 525 000.00
借：库存商品	12 480 000.00
贷：在途物资	12 480 000.00

2.5.3 月初回冲

━━━━━━━━━━ 【实验资料】

2025年1月1日，将上月暂估入账的采购业务红冲。

2025年1月15日，收到上月27日从湖南百盛购买商品的增值税专用发票，当日以电汇方式支付全部货款。因合同变更，百盛休闲裤的价格调整为200元/条，百盛男套装的价格调整为325元/套。相关原始凭证与知识点"2.5.2 单到回冲"相同。

注：使用教材配套的"2.5.3 月初回冲初始账套"完成本业务。

━━━━━━━━━━ 【实验过程概览】

本业务的操作过程概览见表2-19。

表 2-19　　　　　　　　　实验过程概览

序号	操作日期	操作员	系统	操作内容
1	2025-01-01	W02赵凯杰	存货核算	月初红字回冲单生成凭证
2	2025-01-15	G01张宏亮	采购管理	参照期初采购入库单生成采购专用发票（现付）
3	2025-01-15	W02赵凯杰	应付款管理	采购发票审核并生成凭证
4	2025-01-15	W02赵凯杰	应付款管理	结算成本处理
5	2025-01-15	W02赵凯杰	存货核算	蓝字回冲单生成凭证

━━━━━━━━━━ 【实验过程】

月初回冲

1.月初红字回冲单生成凭证

2025年1月1日，由赵凯杰（W02）登录企业应用平台。在"存货核算"子系统，依次单击"凭证处理→生成凭证"菜单，系统打开"生成凭证"窗口。单击工具栏的"选单"按钮，系统弹出"查询条件-生成凭证查询条件"对话框，单击"确定"按钮，系统打开"选择单据"窗口，如图2-238所示。单击工具栏的"全选"按钮，再单击"确定"按钮，系统自动关闭"选择单据"窗口并返回"生成凭证"窗口。单击工具栏的"合并制单"按钮，系统打开"填制凭证"窗口并自动生成凭证，保存该记账凭证。

图2-238　"选择单据"窗口

借：库存商品	-12 525 000.00
贷：应付账款/暂估应付账款（湖南百盛）	-12 525 000.00

2.参照期初采购入库单生成采购专用发票（现付）

2025年1月15日，由张宏亮（G01）登录企业应用平台。

（1）在U8企业应用平台，依次单击“业务工作→供应链→采购管理→采购发票→采购专用发票”菜单，打开“专用发票”窗口。执行工具栏的“增加→入库单”命令，系统弹出“查询条件-单据列表过滤”对话框，单击“确定”按钮。在“拷贝并执行”窗口，单击选择RK12089号采购入库单对应的“选择”栏，再单击工具栏的“确定”按钮，返回“专用发票”窗口。

根据图2-233，修改表头项目“发票号”为“83051459”，将百盛休闲裤的单价改为“200”，将百盛男套装的单价改为“325”，其他项默认。依次单击工具栏的“保存”“复核”“结算”按钮。

（2）现付。单击工具栏的“现付”按钮，打开“采购现付”窗口。根据图2-234，“结算方式”选择“电汇”，“原币金额”输入“14102400”，“票据号”输入“36257069”，单击“确定”，结果如图2-239所示。

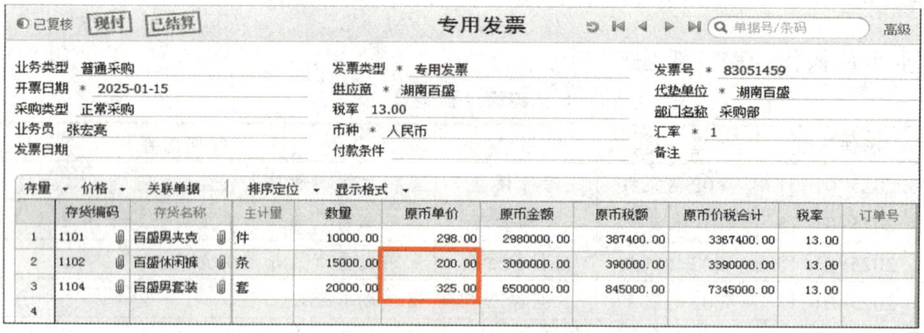
已复核 现付 已结算 专用发票 单据号/条码 高级

业务类型 普通采购　发票类型 * 专用发票　发票号 * 83051459
开票日期 * 2025-01-15　供应商 * 湖南百盛　代垫单位 * 湖南百盛
采购类型 正常采购　税率 13.00　部门名称 采购部
业务员 张宏亮　币种 * 人民币　汇率 * 1
发票日期　付款条件　备注

存量 价格 关联单据 排序定位 显示格式

	存货编码	存货名称	主计量	数量	原币单价	原币金额	原币税额	原币价税合计	税率	订单号
1	1101	百盛男夹克	件	10000.00	298.00	2980000.00	387400.00	3367400.00	13.00	
2	1102	百盛休闲裤	条	15000.00	200.00	3000000.00	390000.00	3390000.00	13.00	
3	1104	百盛男套装	套	20000.00	325.00	6500000.00	845000.00	7345000.00	13.00	
4										

图2-239　采购专用发票

3.采购发票审核并生成凭证

2025年1月15日，由赵凯杰（W02）登录企业应用平台。在U8企业应用平台，依次单击“业务工作→财务会计→应付款管理→应付处理→采购发票→采购发票审核”菜单，打开“采购发票审核”窗口。单击工具栏的“查询”按钮，系统弹出“查询条件-发票查询”对话框，“包含已现结发票”栏选择“是”，单击“确定”按钮，返回“采购发票审核”窗口。

双击“83051459”单据号，打开要审核的发票，单击工具栏的“审核”按钮，系统提示“是否立即制单?”，单击“是”，系统自动打开“填制凭证”窗口，单击工具栏的“保存”按钮。关闭并退出已打开的窗口。

借：在途物资	12 480 000.00	
应交税费/应交增值税/进项税额	1 622 400.00	
贷：银行存款/中国工商银行/沈阳皇姑支行		14 102 400.00

4.结算成本处理

在U8企业应用平台，依次单击“业务工作→供应链→存货核算→记账→结算成本处理”菜单，系统弹出“结算成本处理”对话框，仓库勾选“服装仓”，单击“确定”，打开

“结算成本处理”窗口，如图2-240所示。单击“全选”，再单击“结算处理”，完成暂估处理。关闭当前窗口。

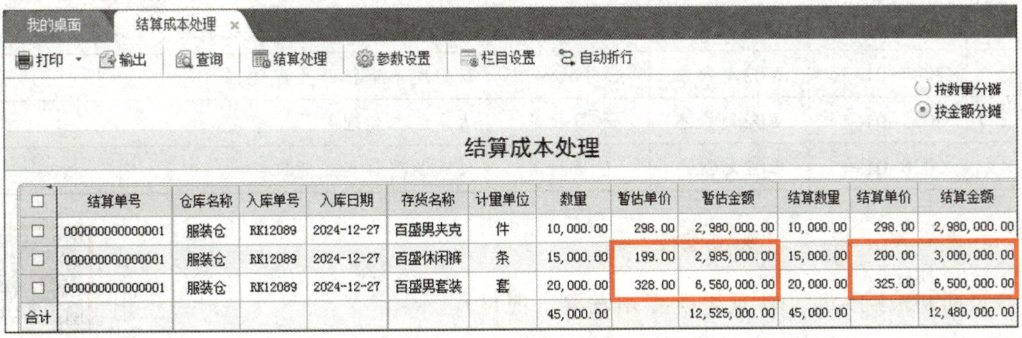

结算单号	仓库名称	入库单号	入库日期	存货名称	计量单位	数量	暂估单价	暂估金额	结算数量	结算单价	结算金额
000000000000001	服装仓	RK12089	2024-12-27	百盛男夹克	件	10,000.00	298.00	2,980,000.00	10,000.00	298.00	2,980,000.00
000000000000001	服装仓	RK12089	2024-12-27	百盛休闲裤	条	15,000.00	199.00	2,985,000.00	15,000.00	200.00	3,000,000.00
000000000000001	服装仓	RK12089	2024-12-27	百盛男套装	套	20,000.00	328.00	6,560,000.00	20,000.00	325.00	6,500,000.00
合计						45,000.00		12,525,000.00	45,000.00		12,480,000.00

图2-240　结算成本处理

5.蓝字回冲单生成凭证

在“存货核算”子系统，依次单击“凭证处理→生成凭证”菜单，系统打开“生成凭证”窗口。单击工具栏的“选单”按钮，系统弹出“查询条件-生成凭证查询条件”对话框，单击“确定”按钮，系统打开“选择单据”窗口，如图2-241所示。单击工具栏的“全选”按钮，再单击“确定”按钮，系统自动关闭“选择单据”窗口并返回“生成凭证”窗口。单击工具栏的“合并制单”按钮，系统打开“填制凭证”窗口并自动生成凭证，保存该记账凭证。

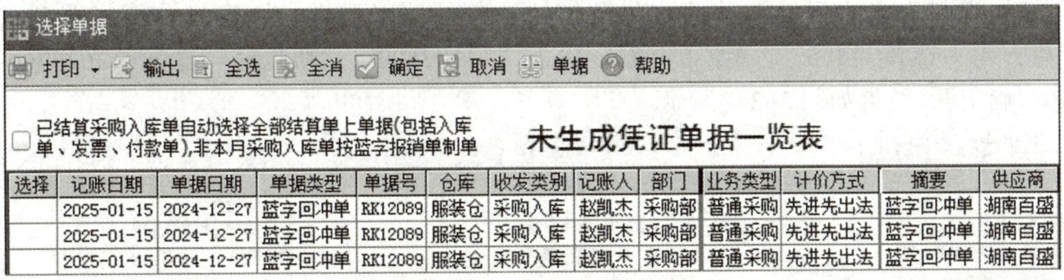

选择	记账日期	单据日期	单据类型	单据号	仓库	收发类别	记账人	部门	业务类型	计价方式	摘要	供应商
	2025-01-15	2024-12-27	蓝字回冲单	RK12089	服装仓	采购入库	赵凯杰	采购部	普通采购	先进先出法	蓝字回冲单	湖南百盛
	2025-01-15	2024-12-27	蓝字回冲单	RK12089	服装仓	采购入库	赵凯杰	采购部	普通采购	先进先出法	蓝字回冲单	湖南百盛
	2025-01-15	2024-12-27	蓝字回冲单	RK12089	服装仓	采购入库	赵凯杰	采购部	普通采购	先进先出法	蓝字回冲单	湖南百盛

图2-241　“选择单据”窗口

借：库存商品　　12 480 000.00

　贷：在途物资　　12 480 000.00

2.5.4　单到补差

【实验资料】

2025年1月15日，收到上月27日从湖南百盛购买商品的增值税专用发票，当日以电汇方式支付全部货款。因合同变更，百盛休闲裤的价格调整为200元/条，百盛男套装的价格调整为325元/套。相关原始凭证与知识点“2.5.2　单到回冲”相同。

注：使用教材配套的“2.5.4　单到补差初始账套”完成本业务。

【实验过程概览】

本业务的操作过程概览见表2-20。

表 2-20 实验过程概览

序号	操作日期	操作员	系统	操作内容
1	2025-01-15	G01 张宏亮	采购管理	参照期初采购入库单生成采购专用发票（现付）
2	2025-01-15	W02 赵凯杰	应付款管理	采购发票审核并生成凭证
3	2025-01-15	W02 赵凯杰	存货核算	结算成本处理
4	2025-01-15	W02 赵凯杰	存货核算	入库调整单生成凭证

【实验过程】

单到补差

1.参照期初采购入库单生成采购专用发票（现付）

2025年1月15日，由张宏亮（G01）登录企业应用平台。

（1）在U8企业应用平台，依次单击“业务工作→供应链→采购管理→采购发票→采购专用发票”菜单，打开“专用发票”窗口。执行工具栏的“增加→入库单”命令，系统弹出“查询条件-单据列表过滤”对话框，单击“确定”按钮。在“拷贝并执行”窗口，单击选择RK12089号采购入库单对应的“选择”栏，再单击工具栏的“确定”按钮，返回“专用发票”窗口。根据图2-233，修改表头项目“发票号”为“83051459”，将百盛休闲裤的单价改为“200”，将百盛男套装的单价改为“325”，其他项默认。依次单击工具栏的“保存”“复核”“结算”按钮。

（2）现付。单击工具栏的“现付”按钮，打开“采购现付”窗口。根据图2-234，“结算方式”选择“电汇”，“原币金额”输入“14102400”，“票据号”输入“36257069”，单击“确定”，结果如图2-242所示。

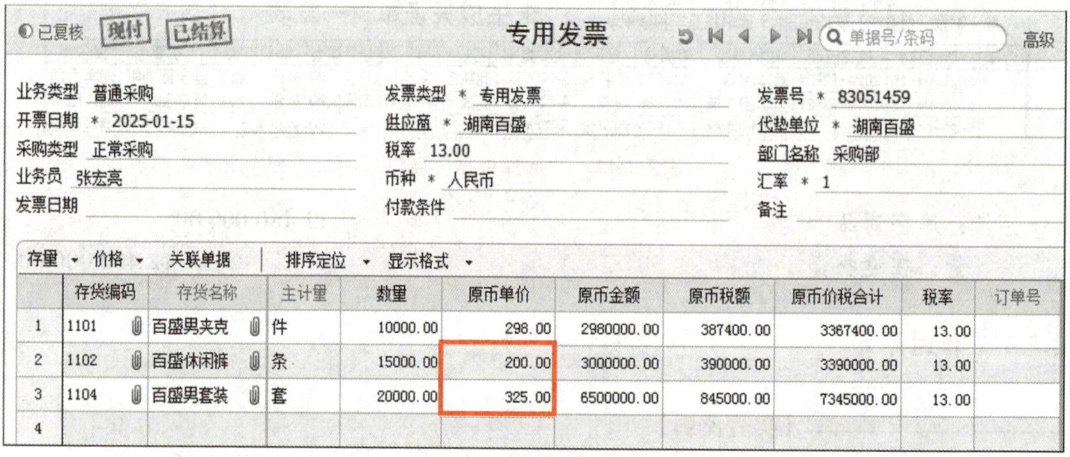
已复核 现付 已结算

专用发票

单据号/条码 高级

业务类型 普通采购
开票日期 * 2025-01-15
采购类型 正常采购
业务员 张宏亮
发票日期
发票类型 * 专用发票
供应商 * 湖南百盛
税率 13.00
币种 * 人民币
付款条件
发票号 * 83051459
代垫单位 * 湖南百盛
部门名称 采购部
汇率 * 1
备注

存量 价格 关联单据 排序定位 显示格式

	存货编码	存货名称	主计量	数量	原币单价	原币金额	原币税额	原币价税合计	税率	订单号
1	1101	百盛男夹克	件	10000.00	298.00	2980000.00	387400.00	3367400.00	13.00	
2	1102	百盛休闲裤	条	15000.00	200.00	3000000.00	390000.00	3390000.00	13.00	
3	1104	百盛男套装	套	20000.00	325.00	6500000.00	845000.00	7345000.00	13.00	
4										

图2-242 采购专用发票

2.采购发票审核并生成凭证

2025年1月15日，由赵凯杰（W02）登录企业应用平台。在U8企业应用平台，依次单击“业务工作→财务会计→应付款管理→应付处理→采购发票→采购发票审核”菜单，打开“采购发票审核”窗口。单击工具栏的“查询”按钮，系统弹出“查询条件-发票查询”对话框，“包含已现结发票”栏选择“是”，单击“确定”按钮，返回“采购发票审核”窗口。

双击“83051459”单据号，打开要审核的发票，单击工具栏的“审核”按钮，系统提示“是否立即制单？”，单击“是”，系统自动打开“填制凭证”窗口，将凭证第1行的会计科目改为“应付账款/暂估应付账款”，单击回车键，调出“辅助项”对话框，“供应商”选择“湖南百盛”，“业务员”选择“张宏亮”，单击工具栏的“保存”按钮。关闭并退出已打开的窗口。

借：应付账款/暂估应付账款（湖南百盛）	12 480 000.00	
应交税费/应交增值税/进项税额	1 622 400.00	
贷：银行存款/中国工商银行/沈阳皇姑支行		14 102 400.00

3.结算成本处理

在U8企业应用平台，依次单击“业务工作→供应链→存货核算→记账→结算成本处理”菜单，系统弹出“结算成本处理”对话框，仓库勾选“服装仓”，单击“确定”，打开“结算成本处理”窗口，如图2-243所示。单击“全选”，再单击“结算处理”，完成暂估处理。关闭当前窗口。在“单到补差”暂估方式下，结算成本处理后系统自动生成入库调整单。

我的桌面　结算成本处理

打印　输出　查询　结算处理　参数设置　栏目设置　自动折行

○按数量分摊
◉按金额分摊

结算成本处理

□	结算单号	仓库名称	入库单号	入库日期	存货名称	计量单位	数量	暂估单价	暂估金额	结算数量	结算单价	结算金额
□	00000000000001	服装仓	RK12089	2024-12-27	百盛男夹克	件	10,000.00	298.00	2,980,000.00	10,000.00	298.00	2,980,000.00
□	00000000000001	服装仓	RK12089	2024-12-27	百盛休闲裤	条	15,000.00	199.00	2,985,000.00	15,000.00	200.00	3,000,000.00
□	00000000000001	服装仓	RK12089	2024-12-27	百盛男套装	套	20,000.00	328.00	6,560,000.00	20,000.00	325.00	6,500,000.00
合计							45,000.00		12,525,000.00	45,000.00		12,480,000.00

图2-243　结算成本处理

4.入库调整单生成凭证

在“存货核算”子系统，依次单击“凭证处理→生成凭证”菜单，系统打开“生成凭证”窗口。单击工具栏的“选单”按钮，系统弹出“查询条件-生成凭证查询条件”对话框，单击“确定”按钮，系统打开“选择单据”窗口，如图2-244所示。单击工具栏的“全选”按钮，再单击“确定”按钮，系统自动关闭“选择单据”窗口并返回“生成凭证”窗口。单击工具栏的“合并制单”按钮，系统打开“填制凭证”窗口并自动生成凭证，将凭证第2行的会计科目修改为“应付账款/暂估应付账款”，调出“辅助项”对话框，“供应商”选择“湖南百盛”，“业务员”选择“张宏亮”，保存该记账凭证。

选择单据

打印　输出　全选　全消　确定　取消　单据　帮助

未生成凭证单据一览表

选择	记账日期	单据日期	单据类型	单据号	仓库	收发类别	记账人	部门	业务类型	计价方式	摘要	供应商
	2025-01-15	2025-01-15	入库调整单	0000000002	服装仓	采购入库	赵凯杰	采购部	暂估报销	先进先出法	00000000000001	湖南百盛
	2025-01-15	2025-01-15	入库调整单	0000000003	服装仓	采购入库	赵凯杰	采购部	暂估报销	先进先出法	00000000000001	湖南百盛

图2-244　“选择单据”窗口

借：库存商品	−45 000.00	
贷：应付账款/暂估应付账款（湖南百盛）		−45 000.00

本章常见数据表见表2-21。

表 2-21 　　　　　　　　　　　　　本章常见数据表

序号	系统编码 （SystemID）	系统名称 （SystemName）	表名称 （TableName）	表定义 （TableDefine）	备注
1	PU	采购管理	PU_AppVouch	采购请购单主表	
2	PU	采购管理	PU_AppVouchs	采购请购单子表	
3	PU	采购管理	PO_Pomain	采购订单主表	
4	PU	采购管理	PO_Podetails	采购订单子表	
5	PU	采购管理	PU_ArrivalVouch	采购到货单主表	
6	PU	采购管理	PU_ArrivalVouchs	采购到货单子表	
7	ST	库存管理	RdRecord01	采购入库单主表	
8	ST	库存管理	rdrecords01	采购入库单子表	
9	PU	采购管理	PurBillVouch	采购发票主表	
10	PU	采购管理	PurBillVouchs	采购发票子表	
11	RP	应收应付	Ap_XjDetail	现结（现付）明细	
12	PU	采购管理	PurSettleVouch	采购结算单主表	
13	PU	采购管理	PurSettleVouchs	采购结算单子表	
14	RP	应收应付	Ap_Vouch	应付应收单主表	
15	RP	应收应付	Ap_Vouchs	应付应收单子表	
16	RP	应收应付	Ap_CloseBill	收付款单主表	
17	RP	应收应付	Ap_CloseBills	收付款单子表	
18	RP	应收应付	Ap_Note	应收应付票据登记簿主表	
19	RP	应收应付	Ap_Note_Sub	应收应付票据登记簿子表	
20	AP	应付	Ap_Detail	应付明细账	

【素养提升点睛】

【复习思考题】

1. 简述采购结算的重要作用。

2. 如何正确理解多次结算与跨期结算？

3. 试述采购结算、结算成本处理与暂估成本录入的关系。

4. 试比较三种暂估方式。

5. 请问采购订单有几种生成方式？

6. 请问采购付款时有几种处理方式，各有什么不同？

7. 简述采购过程中发生运输费的处理思路。

8. 结合知识点"2.3.3 卖方少发货的采购业务"，下月收到对方补发的货物，应如何处理？

9. 结合知识点"2.3.3 卖方少发货的采购业务"，如果对方同意退回少发货物的款项，应如何处理？

3 第3章
一般销售业务

―――――― 3.1 概述

与采购业务相同，供应链管理系统的销售业务也具有单据多、系统多、岗位多以及处理流程复杂等特点。参与销售业务处理的岗位有销售管理系统操作员、库存管理系统操作员、存货核算系统操作员以及应收系统操作员，其中后两个岗位一般由一人完成。销售业务常见单据见表3-1。

表3-1　　　　　　　　　　　　　销售业务常用单据

序号	单据名称	处理系统	操作员
1	销售订单	销售管理	X01刘晓洺
2	发货单	销售管理	X01刘晓洺
3	退货单	销售管理	X01刘晓洺
4	销售出库单	库存管理	C01李泽伟
5	采购专用发票	销售管理	X01刘晓洺
6	代垫费用单	销售管理	X01刘晓洺
7	销售费用支出单	销售管理	X01刘晓洺
8	应收单	应收款管理	W02赵凯杰
9	收付款单	应收款管理	W03贺青春
10	商业汇票	应收款管理	W03贺青春

销售管理系统各单据的表头均有"业务类型"栏，且为必输栏。系统提供四种业务类型：普通销售、委托代销、直运销售和分期收款。本章只涉及"普通销售"业务类型。在普通销售业务中，并存两种处理流程不同的业务模式，即先发货后开票模式和开票直接发货模式。两种模式的关键区别是先生成发货单还是先生成销售发票。围绕表3-1所列单据，普通销售业务主要包含以下业务处理环节：

1.销售订货

企业与客户之间为了达成货物交易，通常需要签订购销合同，以明确双方的权利、义务。在供应链管理系统，销售订单有以下几种取得方式：①根据购销合同手工填制销售订单（本书采用）；②参照销售报价单生单；③参照销售预订单生单；④参照销售类合同生单；⑤参照进口订单生单。参照已审核未关闭的销售订单，可生成发货单或销售发票。

2.先发货后开票

先发货后开票模式，是根据销售订单或其他销售合同，向客户发出货物，发货之后根据发货单开票并结算。参照销售订单生成发货单，一张销售订单可多次发货，多张订单也可一次发货。参照发货单生成销售发票，多张发货单可以汇总开票，一张发货单也可拆单生成多张销售发票。该模式除了适用于普通销售业务外，还适用于分期收款业务、委托代销业务。

3.开票直接发货

开票直接发货模式，是根据销售订单或其他销售合同，向客户开具销售发票，客户根据发票到指定仓库提货。参照销售订单生成销售发票，发票一经复核，自动生成已审核的发货单。一张销售订单可多次开票。一张销售发票生成一张与之对应的发货单。该模式只适用于普通销售业务。

虽然销售系统存在开票直接发货模式，但是采购系统并没有"开票直接到货模式"，也就是说参照采购订单生成采购发票，并不能自动生成到货单。

4.销售出库

销售出库单是自动生成还是手工参照生成，由销售管理系统的"销售生成出库单"参数或库存管理系统的"库存生成销售出库单"参数决定。

① 两参数的设置是互斥关系。即当勾选销售管理系统的"销售生成出库单"参数时，库存管理系统的"库存生成销售出库单"参数自动取消勾选。反之，当勾选库存管理系统的"库存生成销售出库单"参数时（本书采用），销售管理系统的"销售生成出库单"参数自动取消勾选。

② 两参数生成销售出库单的方式不同。当勾选销售管理系统的"销售生成出库单"参数时，销售出库单根据已审核的发货单自动生成。该销售出库单处于未审核状态，但出库数量不可修改。当勾选库存管理系统的"库存生成销售出库单"参数时，销售出库单须手工参照已审核的发货单生成。此时，出库数量可以修改，常见于分批出库业务。

上述两个参数与前述两种业务模式组合，可得到四种具体的业务流程，总结见表3-2。

表 3-2
四种销售业务流程总结

模式	参数	发货单	发票	出库单
先发货后开票	销售生成出库单	参照订单生成，未审核	参照发货单生成	自动生成，未审核
	库存生成销售出库单	参照订单生成，未审核	参照发货单生成	参照发货单生成，未审核
开票直接发货	销售生成出库单	自动生成，已审核	参照订单生成	自动生成，未审核
	库存生成销售出库单	自动生成，已审核	参照订单生成	参照发货单生成，未审核

总结：先发货后开票模式与开票直接发货模式的关键区别是先生成发货单还是先生成销售发票。销售出库单是自动生成还是手工参照生成，由销售系统或库存系统参数设置决定。

5.销售退货

销售退货业务也应遵循两种业务模式处理。在先发货后开票模式的退货业务中，参照销售订单生成退货单，参照退货单生成红字销售发票。在开票直接发货模式的退货业务中，参照销售订单生成红字销售发票，发票复核后系统自动生成已审核的退货单。

销售过程中如果发生销售折让，则需要填制红字销售发票。此时红字销售发票表体"仓库名称"栏为空，"数量"栏输入"0"，"无税金额"栏输入负数，"退补标志"选择"退补"。

6.应收单

在销售货物的过程中同时发生代垫运费，需在销售管理系统中填制代垫费用单。该单据审核后自动生成应收单并自动传递至应收系统。其他涉及"应收账款"科目的业务也可考虑使用应收单。

应收单实质上是一张记账凭证，表头反映借方信息，表体反映贷方信息，如下所示：

> 借：应收系统受控科目（表头项目中的"科目"，必须是受控科目）
> 　　贷：××××（表体项目中的"科目"）

应收单表体信息可以不输入；若不输入，保存单据时系统会自动形成一条方向相反、金额相等的记录，该记录可修改。

销售发票和应收单统称为应收单据。它们都需要在应收系统审核，且销售发票还需在销售管理系统先行复核。已审核的应收单据不允许修改或删除。不能在已结账月份进行审核处理或弃审处理。应收单据的后续处理，如生成凭证、核销处理、选择收款、转账处理、坏账处理等，都是基于该单据已经审核。也就是说，如果应收单据未经审核，这些后续操作都不能做。

如果已审核的应收单据已做过前述后续处理，则该应收单据不能弃审、修改或删除。但是，系统对所有的处理都提供了逆向操作功能，通过逆向操作把后续处理全部取消，此时该应收单据可弃审、修改或删除。

7.应税劳务

销售货物的过程中经常发生应税劳务。以运输费为例，一般有三种情况：①客户自担；②由客户承担，但是先由我公司垫付；③由我公司负担。

第一种情况，此时我公司无须做任何处理。第二种情况，可到销售管理系统填制代垫费用单。第三种情况，如果对方开具的是增值税普通发票，可到销售管理系统填制销售费用支出单；如果对方开具的是增值税专用发票，可到采购管理系统填制采购专用发票。

8.正常单据记账

根据存货核算系统"销售成本核算方式"参数设置的不同，已销商品成本的确认标准可选择按销售出库单，也可选择按销售发票*（本书采用）*。

全月平均法下，出库单的记账不受限制，只是在记账完毕后不能体现存货的出库成本，而必须经过期末处理以后才能得到存货的出库成本。红字出库单没有成本时，单据记账处理方式同蓝字出库单。如果在出库单的单价和金额中输入了"0"，系统将其视为零成本出库。

9.存货核算系统生成凭证

全月平均法下，在没有通过期末处理功能计算出加权平均单价前，材料出库单和销售出库单都不允许生成凭证。期末处理前，入库单和出库单是否允许记账、生成凭证总结见表3-3。

表 3-3　　　　　　　　　入库单和出库单是否允许记账、生成凭证总结

序号	单据名称	正常单据记账	生成凭证
1	采购入库单	允许	允许
2	材料出库单	允许	不允许
3	产成品入库单	不允许	不允许
4	销售出库单	允许	不允许

10.收取货款

（1）开具发票同时收取货款。

若开具发票的同时收取货款（商业汇票除外），则可以直接单击发票工具栏的"现结"按钮，完成款项收取。该功能支持全额现结和部分现结。"现结"自动生成未审核、未核销的收款单，现结的发票审核后自动完成核销处理。

虽然普通采购业务中"现付"与"采购结算"之间没有先后顺序，但是，在普通销售业务中必须先"现结"后"复核"再"审核"。已复核或已审核的发票不能再进行现结处理。

（2）收取前欠货款——收款单。

如果收取前欠货款（商业汇票除外），到应收系统的"收款单据录入"或"选择收款"中处理。一张发票可以多次收款，同时多张发票也可以一次收款。

系统通过收款单表体的款项类型来区分不同的款项用途：应收款、预收款、其他费用、现款结算、销售定金等。不同的款项类型后续业务处理不尽相同。若一张收款单具有不同的用途款项，应在表体分行处理。

①应收款：该类型的收款单用于冲销应收账款，表体对应的科目为受控科目。

②预收款：该类型的收款单用于形成预收账款，表体对应的科目为受控科目。

③其他费用：该类型的收款单表体对应的科目为非受控科目。

④销售定金：该类型的收款单是为了完成销售定金业务，表体对应的科目为非受控科目。

a.该收款单在"转货款"时，可以生成款项类型为"应收款"的收款单；

b.该收款单在"转营业外收入"时，生成款项类型为"其他费用"的收款单；

c.该收款单在"退回"时，生成款项类型为"销售定金"的付款单。

⑤现款结算，该类型的收款单用于核销现款结算的发票，表体对应的科目为受控科目。该收款单只能在对应发票审核时核销。

只有应收款、预收款、现款结算性质的收款单才能与销售发票、应收单进行核销勾对。

应收、预收用途的付款单可与应收、预收用途的收款单进行"红票对冲"操作。

应收、预收用途的付款单可与应收、预收用途的收款单或红字应收单据进行核销操作。

收款单审核是对收款单登记应收明细账，并在单据上填写审核日期、审核人的过程。系统将单据日期作为审核日期，将当前操作员作为审核人。系统提供三种审核方式：自动批审、批量审核、单张审核。

收款单审核后才能进行后续处理，如审核、制单、核销、预收冲应收、红票对冲等。如果收款单已做过后续处理，则该收款单不能修改或删除。但是，系统对所有的处理都提供了逆向操作功能，通过逆向操作把后续处理全部取消，此时收款单即可修改或删除。

（3）收取前欠货款——选择收款。

选择收款功能可以实现一次对单个或多个客户的单笔或多笔款项的收款核销处理。选择收款后系统自动生成已审核、已核销的收款单，该收款单的制单人、审核人和核销人均为同一人。该功能也可以处理有现金折扣的收款核销业务。如果只收取某单据的部分金额，可手工输入"收款金额"。

（4）商业汇票。

不管是开具发票的同时收到货款，还是收取前欠货款，凡是通过商业汇票收款的，必须到应收系统的"票据管理"中处理。

①收票。

如果应收系统参数选择"应收票据直接生成收款单"（系统默认勾选此项），则商业汇票保存完毕，系统自动生成一张未审核、未核销的收款单，可对该收款单进行后续处理。该收款单的后续处理与在收款单据录入中填制的收款单相同。

如果所收商业汇票作为预收款，则保存票据后到"收款单据录入"中，找到该汇票自动生成的收款单，将表体的"款项类型"改为"预收款"即可。

②背书。

票据背书本质上是一种付款行为，须到应收系统的票据管理中完成。系统提供"冲销应付账款"和"其他"两种背书方式，默认值为前者。当背书方式为"冲销应付账款"时，如果背书金额大于应付账款，则将剩余金额记为供应商的预付款，并结清该张票据。如果背书金额小于等于应付账款，则只能按背书金额冲销。当背书方式为"其他"时，对应科目为应付系统不受控的相关科目。票据背书后，将不能再对其进行其他处理。

需要注意的是，除了"票据背书"功能权限，操作员还应拥有"应收冲应付"权限，且背书月份应付系统未结账。

③贴现。

贴现是指票据持票人在票据未到期前为获得现金向银行贴付一定利息而发生的票据转让行为。贴现日期是向银行申请办理贴现的日期，该日期应大于已结账月以及票据出票日、小于等于票据到期日。如果贴现净额小于票据余额，系统自动将其差额作为费用。如果贴现净额大于票据余额，系统自动将其差额作为利息。

④计息。

对于带息商业汇票，通过"计息"功能自动计算票据利息，计算结果可修改。计息日期应大于等于出票日期、小于等于当前业务月日期。

⑤结算。

这里的"结算"是指商业汇票到期日，持票人向承兑人收取票款的行为。

在票据列表界面或票据填制界面，单击"删除"或"修改"按钮，可对商业汇票进行修改或删除。但以下几种情况不能修改或删除：票据自动生成的收款单已经进行核销、转账等后续处理；收到日期所在月份已经结账；已经进行背书、贴现、计息、结算等后续处理。

11.核销处理

通过核销功能可将收款单与发票或应收单相关联，冲减本期应收，减少企业债权。未审核的或者原币余额为零的单据记录均不显示在收付款单、被核销单据列表中。红字单据整条记录金额、余额均以正数显示，单据类型为付款单。

若收款单数额等于原有单据数额，收款单与原有单据完全核销。若收款单数额大于原有单据数额，原有单据全部被核销，收款单数额与原有单据数额的差额形成预收款。若收款单数额小于原有单据数额，原有单据仅得到部分核销。

12.转账处理

（1）应收冲应收。

应收冲应收也称并账，指将应收款在客户、部门、业务员、项目和合同之间进行转移，实现应收业务的调整。以下情况可能需要使用该功能：①操作性错误，如所填制的应收单据中客户选择错误且无法修改。②实际工作需要，如债权债务转移、部门合并、分管某客户的业务员离职等。每一笔应收款的并账金额应大于零、小于等于其原币余额。

（2）应收冲应付。

应收冲应付是用某客户的应收款冲抵某供应商的应付款。以下情况可能需要使用该功能：①某公司既是客户又是供应商；②本单位与供应商、客户之间存在"三角债"。每一笔应付款的转账金额应大于零、小于等于其原币余额。应付款的转账金额合计一般应等于应收款的转账金额合计。

"应收冲应付"与应付系统的"应付冲应收"相比，除所生成记账凭证的来源不同外，两者的操作方法、处理结果均一致，可等效使用。

（3）预收冲应收。

预收冲应收就是将预收款与应收款进行对冲。每一笔预收款、应收款的转账金额不能大于其自身余额。预收款的转账金额合计应等于应收款的转账金额合计，且不能超过两者金额的较小者。红字预收款也可冲销红字应收款，此时"预收款"页签中的"类型"应为付款单。蓝字预收款冲销蓝字应收款与红字预收款冲销红字应收款不能同时进行。预收款与应收款之间也可通过"核销"进行勾对。

（4）红票对冲。

红票对冲就是用某客户的红字发票冲抵其蓝字发票。系统提供两种对冲方式：手工对冲和自动对冲。如果红字单据中有对应单据号，则可使用自动对冲，否则应使用手工对冲。对冲金额合计不能大于红票金额。红票对冲同样应遵循核销规则。

13.坏账处理

（1）坏账发生。

通过"坏账发生"功能可以将某项应收款确认为坏账，同时冲销坏账准备。

（2）坏账收回。

在使用该功能收回坏账前，应先手工填制一张收款单。注意，收回坏账的收款单不审核。

（3）计提坏账准备。

系统提供三种计提坏账的方法：应收余额百分比法（本书采用）、销售收入百分比法和账龄分析法。用户可在应收系统选项"坏账处理方式"栏进行选择。应收余额百分比法下，应收账款总额为本会计年度最后一天的所有未结算完的发票和应收单余额之和减去预收款数额。

根据会计学原理，资产负债表债务法下，计提坏账准备后应考虑该事项对企业所得税的影响，即递延所得税问题。

14.应收款管理系统生成凭证

"生成凭证"是应收系统专门的制作记账凭证的平台，包括以下12种制单类型：发票制单、应收单制单、收付款单制单、核销制单、票据处理制单、汇兑损益制单、应收冲应收制单、预收冲应收制单、应收冲应付制单、红票对冲制单、现结制单、坏账处理制单。

系统默认将登录日期作为制单日期。制单日期应大于等于所选单据的最大日期，但小于等于系统当前日期。如果应收系统与总账系统集成使用，制单日期应该满足总账制单要求。

15.取消操作

以下10种操作类型可以取消：核销、选择收款、定金处理、坏账处理、汇兑损益、票据处理、应收冲应收、应收冲应付、预收冲应收和红票对冲。如果某操作类型已经生成凭证，在取消操作前，应先到"单据查询→凭证查询"中将该记账凭证删除，再进行取消操作。

取消选择收款，则核销处理被取消，同时选择收款生成的收款单也一并删除，应收单据恢复原状。

以下情况不允许取消票据处理：①票据日期所在月份已经结账；②票据背书方式为"冲销应付账款"，且应付系统已经结账；③票据计息后又进行了贴现等处理；④票据转出后所生成的应收单已经进行了核销等处理。

如果转账处理（应收冲应收、预收冲应收、应收冲应付等）发生月份已经结账，则不能被恢复。

本章总体流程如图3-1所示。

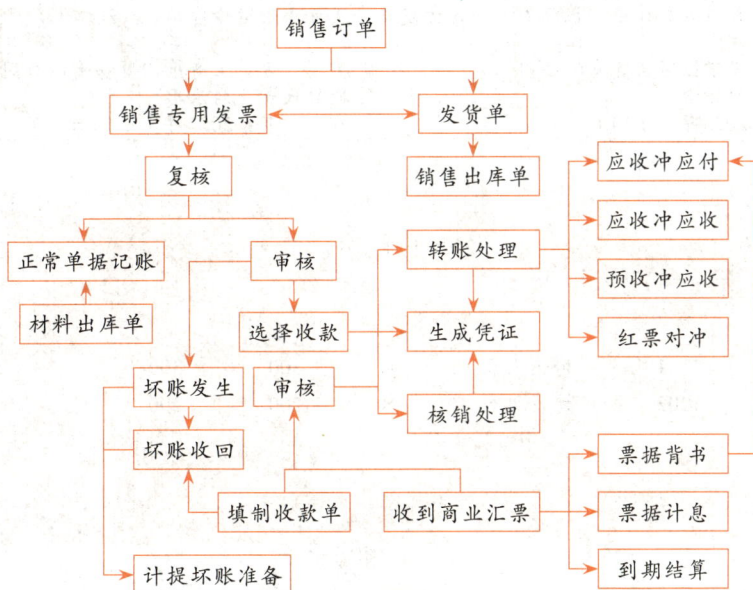

图3-1　本章总体流程

3.2　普通销售业务

3.2.1　先发货后开票业务

【实验资料】

2025年1月14日，销售部刘晓洺与上海乐淘贸易有限公司（简称上海乐淘）签订购销合同，发出货物。

2025年1月15日，收到上海乐淘货款，我公司全额开具增值税专用发票。

相关凭证如图3-2至图3-5所示。

购销合同

合同编号：XS01001

卖方：辽宁恒通商贸有限公司
买方：上海乐淘贸易有限公司

为保护买卖双方的合法权益，根据《中华人民共和国民法典》的有关规定，买卖双方经友好协商，一致同意签订本合同，并共同遵守合同约定。

一、货物的名称、数量及金额：

货物名称	规格型号	计量单位	数量	单价（不含税）	金额（不含税）	税率	税额
博伦女表		只	300	3 880.00	1 164 000.00	13%	151 320.00
博伦男表		只	200	2 980.00	596 000.00	13%	77 480.00
合 计					¥1 760 000.00		¥228 800.00

二、合同总金额：人民币壹佰玖拾捌万捌仟捌佰元整（¥1 988 800.00）。
三、签订合同当日卖方发出全部货物。1月15日卖方开具增值税专用发票，买方以电汇方式支付全部货款。
四、交货地点：辽宁恒通商贸有限公司。
五、发运方式与运输费用承担方式：由卖方发货，买方承担运输费用。

卖　方：辽宁恒通商贸有限公司　　　　　　买　方：上海乐淘贸易有限公司
授权代表：刘晓洺　　　　　　　　　　　　授权代表：刘乐乐
日　　期：2025年1月14日　　　　　　　　日　　期：2025年1月14日

图3-2　购销合同

出库单

客户 上海乐淘		2025 1 14				单号 CK01001	

收货仓库	存货编码	存货名称	单位	数量 应发	数量 实发	单价	金额
手表仓	1201	博伦女表	只	300	300		
手表仓	1202	博伦男表	只	200	200		
合 计							

部门经理：略　　　　会计：略　　　　仓库：略　　　　经办人：略

图3-3　出库单

电子发票（增值税专用发票）

发票号码：25212000000021327501
开票日期：2025 年 01 月 15 日

购买方信息	名称：上海乐淘贸易有限公司 统一社会信用代码/纳税人识别号：91310112203203919R

销售方信息	名称：辽宁恒通商贸有限公司 统一社会信用代码/纳税人识别号：91210105206917583A

项目名称	规格型号	单位	数量	单价	金额	税率/征收率	税额
*手表*博伦女表		只	300	3 880.00	1 164 000.00	13%	151 320.00
*手表*博伦男表		只	200	2 980.00	596 000.00	13%	77 480.00
合 计					¥1 760 000.00		¥228 800.00

价税合计（大写）	⊗ 壹佰玖拾捌万捌仟捌佰元整	（小写）¥1 988 800.00

备注	购买方开户银行：交通银行闵行区北京路支行　　银行账号：8059209375023168063 销售方开户银行：中国工商银行沈阳皇姑支行　　银行账号：2107024015890035666

开票人：赵凯杰

图3-4　增值税专用发票

中国工商银行 **电汇凭证**（收账通知） 4　56136752

☑普通　□加急

委托日期 2025年1月15日

汇款人	全称	上海乐淘贸易有限公司	收款人	全称	辽宁恒通商贸有限公司
	账号	8059209375023168063		账号	2107024015890035666
	开户银行	交通银行闵行区北京路支行		开户银行	中国工商银行沈阳皇姑支行

金额	人民币（大写）	壹佰玖拾捌万捌仟捌佰元整	亿	千	百	十	万	千	百	十	元	角	分
				¥	1	9	8	8	8	0	0	0	0

此汇款已收入收款人账户。

支付密码

汇入行签章

附加信息及用途：货款

复核　　记账

此联为开户行给收款人的收账通知

图3-5　电汇收款凭证

本业务的操作过程概览见表3-4。

表 3-4　　　　　　　　　　　　　　实验过程概览

序号	操作日期	操作员	系统	操作内容
1	2025-01-14	X01 刘晓洺	销售管理	填制销售订单
2	2025-01-14	X01 刘晓洺	销售管理	参照销售订单生成发货单
3	2025-01-14	C01 李泽伟	库存管理	参照发货单生成销售出库单
4	2025-01-15	X01 刘晓洺	销售管理	参照发货单生成销售专用发票（现结）
5	2025-01-15	W02 赵凯杰	应收款管理	销售发票审核并生成凭证
6	2025-01-15	W02 赵凯杰	存货核算	正常单据记账，生成凭证

【实验过程】

1.填制销售订单

（1）2025年1月14日，由刘晓洺（X01）登录企业应用平台。在U8企业应用平台，依次单击"业务工作→供应链→销售管理→销售订货→销售订单"菜单，打开"销售订单"窗口。单击工具栏的"增加"按钮，根据图3-2填制销售订单。

① 填制表头信息。修改表头的"订单编号"（即合同编号）为"XS01001"，"销售类型"为"正常销售"，"客户简称"为"上海乐淘"，"业务员"为"刘晓洺"，其他项默认。

② 填制表体信息。在第1行，选择"存货编码"为"1201"（博伦女表），输入"数量"为"300"，"无税单价"为"3880"，"预发货日期"为当日；在第2行，选择"存货编码"为"1202"（博伦男表），输入"数量"为"200"，"原币单价"为"2980"，"预发货日期"为当日，其他项默认。

（2）单击工具栏的"保存"按钮，保存该单据。单击工具栏的"审核"按钮，审核该订单。结果如图3-6所示。关闭并退出"销售订单"窗口。

2.参照销售订单生成发货单

在"销售管理"子系统，依次单击"销售发货→发货单"菜单，打开"发货单"窗口。单击"增加"按钮，系统弹出"查询条件-参照订单"对话框，单击"确定"按钮，系统弹出"参照生单"窗口。单击"发货单参照订单表头"中XS01001号订单最左侧的

第3章　一般销售业务

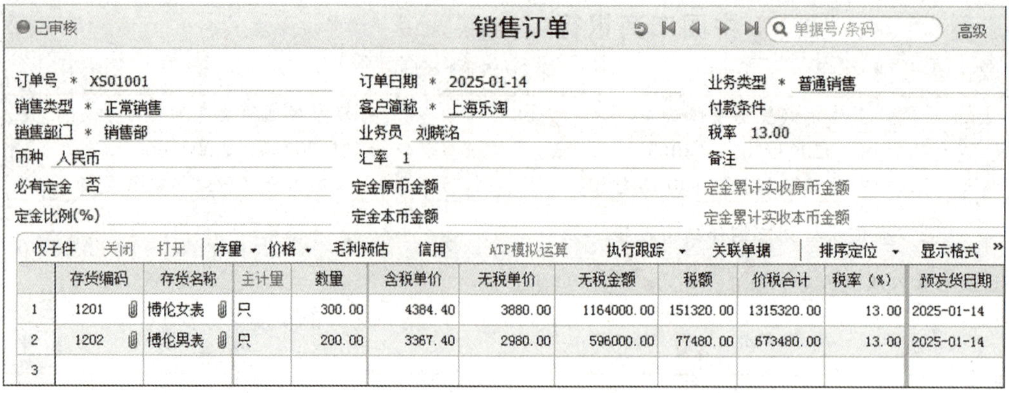
已审核 销售订单 单据号/条码 高级

订单号 * XS01001　订单日期 * 2025-01-14　业务类型 * 普通销售
销售类型 * 正常销售　客户简称 * 上海乐淘　付款条件
销售部门 * 销售部　业务员 刘晓洺　税率 13.00
币种 人民币　汇率 1　备注
必有定金 否　定金原币金额　定金累计实收原币金额
定金比例(%)　定金本币金额　定金累计实收本币金额

仅子件 关闭 打开 存量 价格 毛利预估 信用 ATP模拟运算 执行跟踪 关联单据 排序定位 显示格式

	存货编码	存货名称	主计量	数量	含税单价	无税单价	无税金额	税额	价税合计	税率（%）	预发货日期
1	1201	博伦女表	只	300.00	4384.40	3880.00	1164000.00	151320.00	1315320.00	13.00	2025-01-14
2	1202	博伦男表	只	200.00	3367.40	2980.00	596000.00	77480.00	673480.00	13.00	2025-01-14
3											

图3-6　销售订单

“选择”栏，选中该订单，如图3-7所示。单击“确定”按钮，系统返回“发货单”窗口。发货单表体第1行、第2行的“仓库名称”选择“手表仓”。

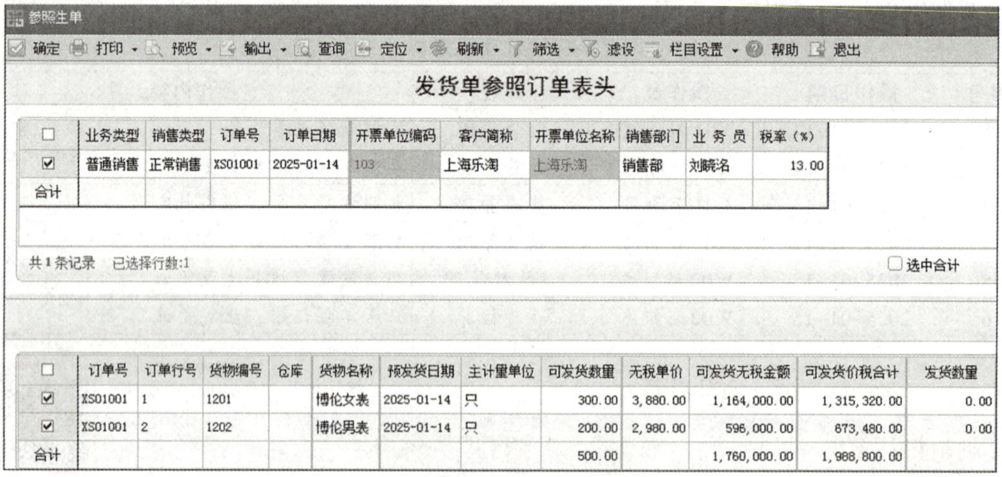
参照生单

确定 打印 预览 输出 查询 定位 刷新 筛选 滤设 栏目设置 帮助 退出

发货单参照订单表头

☐	业务类型	销售类型	订单号	订单日期	开票单位编码	客户简称	开票单位名称	销售部门	业 务 员	税率（%）
☑	普通销售	正常销售	XS01001	2025-01-14	103	上海乐淘	上海乐淘	销售部	刘晓洺	13.00
合计										

共1条记录　已选择行数:1　☐选中合计

☐	订单号	订单行号	货物编号	仓库	货物名称	预发货日期	主计量单位	可发货数量	无税单价	可发货无税金额	可发货价税合计	发货数量
☑	XS01001	1	1201		博伦女表	2025-01-14	只	300.00	3,880.00	1,164,000.00	1,315,320.00	0.00
☑	XS01001	2	1202		博伦男表	2025-01-14	只	200.00	2,980.00	596,000.00	673,480.00	0.00
合计								500.00		1,760,000.00	1,988,800.00	

图3-7　“参照生单”窗口

单击工具栏的“保存”按钮，保存该单据。单击工具栏的“审核”按钮，审核该单据，结果如图3-8所示。关闭并退出该窗口。

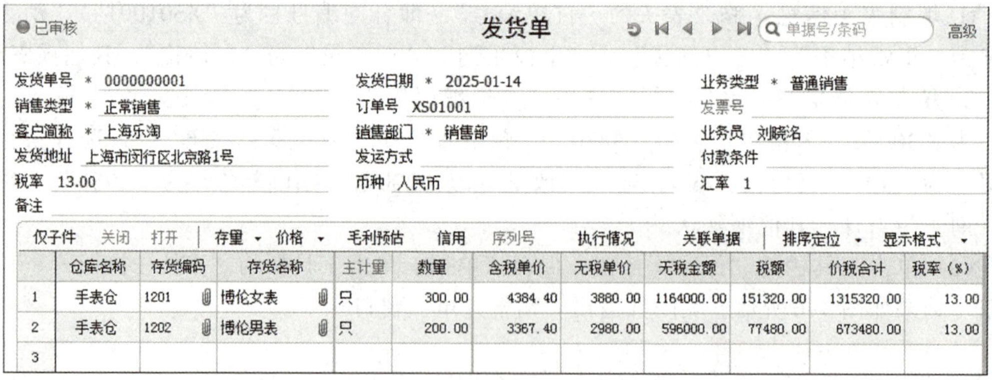
已审核 发货单 单据号/条码 高级

发货单号 * 0000000001　发货日期 * 2025-01-14　业务类型 * 普通销售
销售类型 * 正常销售　订单号 XS01001　发票号
客户简称 * 上海乐淘　销售部门 * 销售部　业务员 刘晓洺
发货地址 上海市闵行区北京路1号　发运方式　付款条件
税率 13.00　币种 人民币　汇率 1
备注

仅子件 关闭 打开 存量 价格 毛利预估 信用 序列号 执行情况 关联单据 排序定位 显示格式

	仓库名称	存货编码	存货名称	主计量	数量	含税单价	无税单价	无税金额	税额	价税合计	税率（%）
1	手表仓	1201	博伦女表	只	300.00	4384.40	3880.00	1164000.00	151320.00	1315320.00	13.00
2	手表仓	1202	博伦男表	只	200.00	3367.40	2980.00	596000.00	77480.00	673480.00	13.00
3											

图3-8　发货单

3.参照发货单生成销售出库单

2025年1月14日，由李泽伟（C01）登录企业应用平台。在U8企业应用平台，依次单击"业务工作→供应链→库存管理→销售出库→销售出库单"菜单，系统打开"销售出库单"窗口。执行工具栏的"增加→销售发货单"命令，系统弹出"查询条件-销售发货单列表"对话框，单击"确定"按钮，系统打开"销售生单"窗口。

单击要选择的发货单所对应的"选择"栏（即上一步骤完成的发货单），如图3-9所示，再单击工具栏的"确定"按钮，系统返回"销售出库单"窗口。

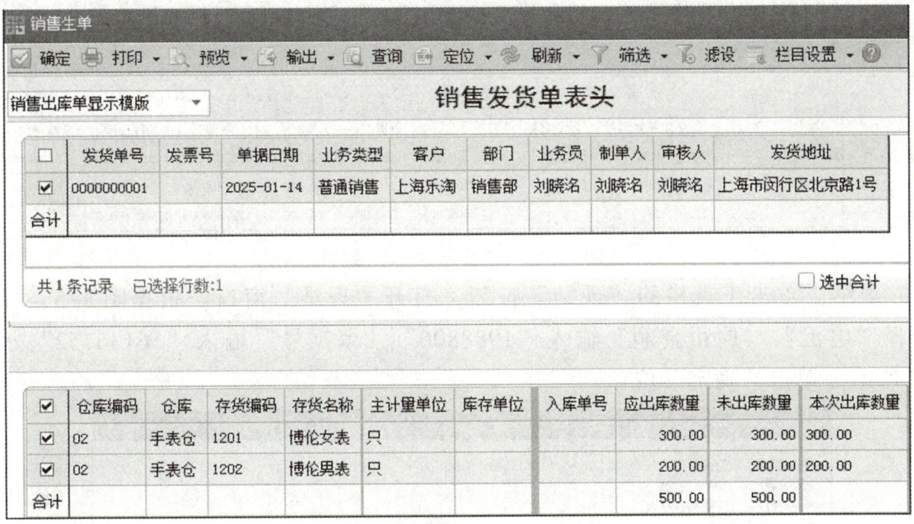

图3-9　"销售生单"窗口

根据图3-3，修改表头出库单号为"CK01001"，其他项默认。单击工具栏的"保存"按钮，保存该出库单。单击工具栏的"审核"按钮，审核该出库单，结果如图3-10所示。关闭并退出该窗口。

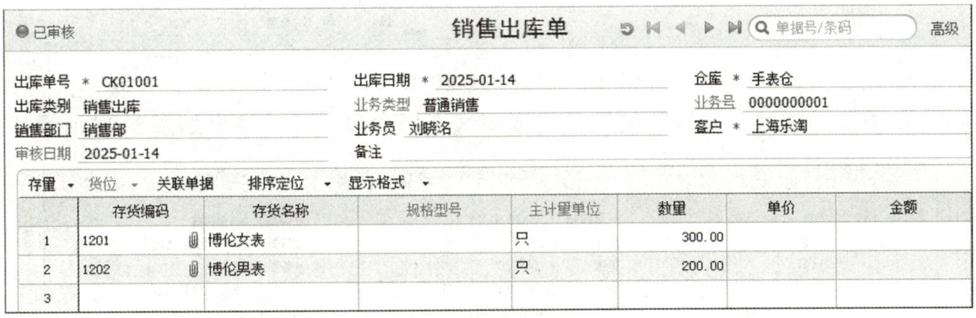

图3-10　销售出库单

4.参照发货单生成销售专用发票（现结）

2025年1月15日，由刘晓洺（X01）登录企业应用平台。

（1）在U8企业应用平台，依次单击"业务工作→供应链→销售管理→销售发票→销售专用发票"菜单，系统打开"销售专用发票"窗口。执行工具栏的"增加→发货单"命令，系统弹出"查询条件-发票参照发货单"对话框，单击"确定"按钮，系统打开"参照生单"窗口。

单击要选择的发货单所对应的"选择"栏，结果如图3-11所示，然后单击工具栏的"确定"按钮，返回"销售专用发票"窗口。根据图3-4，修改表头项目"发票号"为"21327501"，其他项默认。单击工具栏的"保存"按钮，保存该单据。

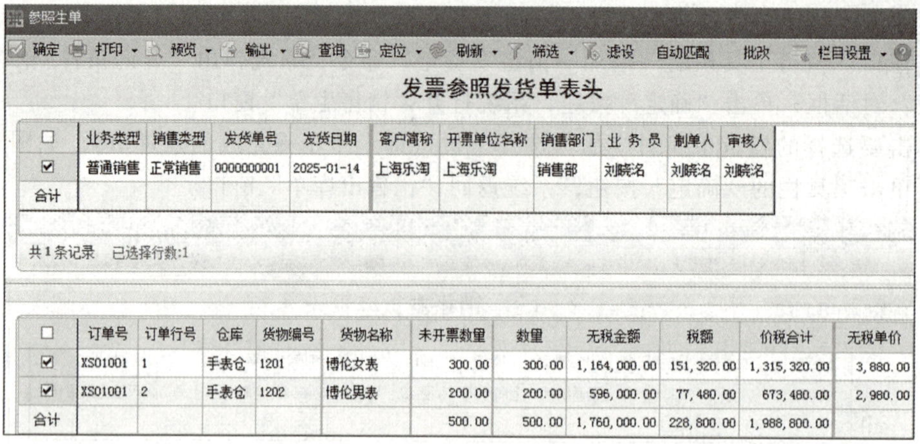

图3-11 "参照生单"窗口

（2）现结。单击工具栏的"现结"按钮，打开"现结"窗口。根据图3-5，"结算方式"选择"电汇"，"原币金额"输入"1988800"，"票据号"输入"56136752"，结果如图3-12所示。单击"确定"按钮。

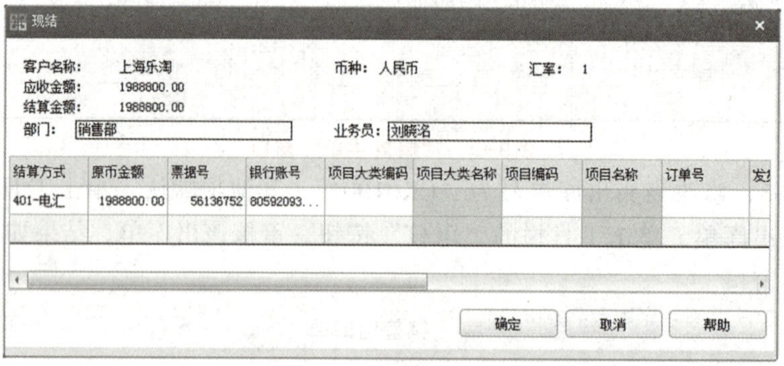

图3-12 "现结"窗口

（3）单击工具栏的"复核"按钮，完成销售专用发票处理，结果如图3-13所示。

图3-13 销售专用发票

5.销售发票审核并生成凭证

2025年1月15日，由赵凯杰（W02）登录企业应用平台。在U8企业应用平台，依次单击"业务工作→财务会计→应收款管理→应收处理→销售发票→销售发票审核"菜单，打开"销售发票审核"窗口。单击工具栏的"查询"按钮，系统弹出"查询条件-发票查询"对话框，"包含已现结发票"栏选择"是"，单击"确定"按钮，返回"销售发票审核"窗口，如图3-14所示。

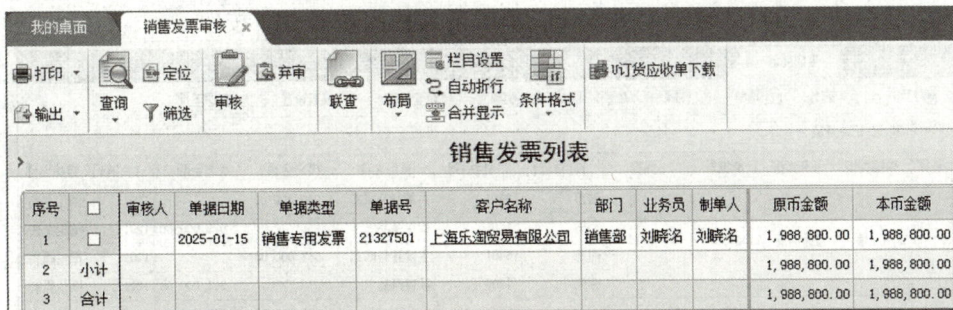

序号	□	审核人	单据日期	单据类型	单据号	客户名称	部门	业务员	制单人	原币金额	本币金额
1	□		2025-01-15	销售专用发票	21327501	上海乐淘贸易有限公司	销售部	刘晓名	刘晓名	1,988,800.00	1,988,800.00
2	小计									1,988,800.00	1,988,800.00
3	合计									1,988,800.00	1,988,800.00

图3-14 "销售发票审核"窗口

双击"21327501"单据号，打开要审核的发票，单击工具栏的"审核"按钮，系统提示"是否立即制单?"，单击"是"，生成一张记账凭证，单击"保存"按钮。关闭当前已打开窗口。

借：银行存款/中国工商银行/沈阳皇姑支行　　　　　　1 988 800.00
　贷：主营业务收入　　　　　　　　　　　　　　　　　　1 760 000.00
　　　应交税费/应交增值税/销项税额　　　　　　　　　　　228 800.00

6. 正常单据记账，生成凭证

（1）正常单据记账。在供应链的"存货核算"子系统，依次单击"记账→正常单据记账"菜单，系统打开"未记账单据一览表"窗口，单击窗口左下角的"查询"按钮，系统显示未记账单据，如图3-15所示。选中21327501号销售发票的两行记录，再单击工具栏的"记账"按钮，系统弹出信息框提示记账成功，单击其"确定"按钮，完成记账工作。关闭当前窗口。

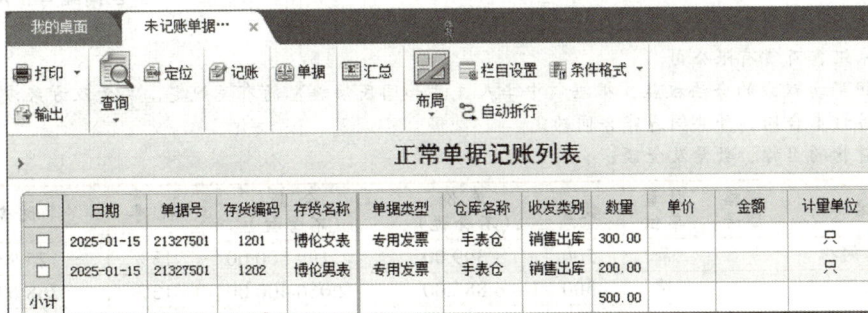

□	日期	单据号	存货编码	存货名称	单据类型	仓库名称	收发类别	数量	单价	金额	计量单位
□	2025-01-15	21327501	1201	博伦女表	专用发票	手表仓	销售出库	300.00			只
□	2025-01-15	21327501	1202	博伦男表	专用发票	手表仓	销售出库	200.00			只
小计								500.00			

图3-15 "未记账单据一览表"窗口

（2）生成凭证。在"存货核算"子系统，依次单击"凭证处理→生成凭证"菜单，系统打开"生成凭证"窗口。单击工具栏的"选单"按钮，系统弹出"查询条件-生成凭证查询条件"对话框，单击"确定"按钮，系统打开"选择单据"窗口，如图3-16所示。

选择	记账日期	单据日期	单据类型	单据号	仓库	收发类别	记账人	部门	部门编码	业务单号	业务类型	计价方式	摘要	客户
	2025-01-15	2025-01-15	专用发票	21327501	手表仓	销售出库	赵凯杰	销售部	03		普通销售	先进先出法	专用发票	上海乐淘

图3-16 "选择单据"窗口

单击工具栏的"全选"按钮，再单击工具栏的"确定"按钮，系统自动关闭"选择单据"窗口并返回"生成凭证"窗口，如图3-17所示。单击工具栏的"合并制单"按钮，打开"填制凭证"窗口并自动生成凭证，单击工具栏的"保存"按钮。

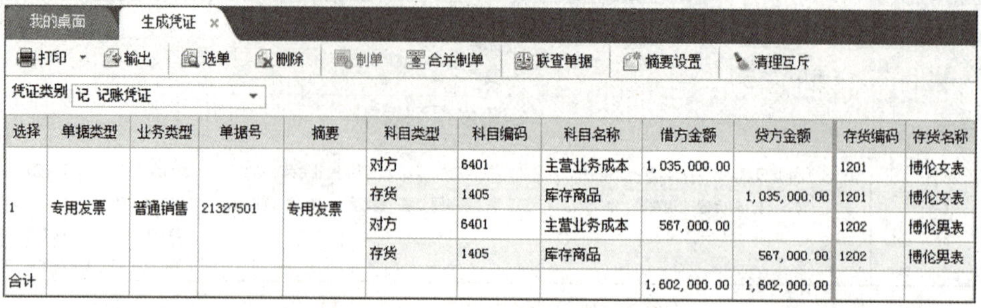

选择	单据类型	业务类型	单据号	摘要	科目类型	科目编码	科目名称	借方金额	贷方金额	存货编码	存货名称
1	专用发票	普通销售	21327501	专用发票	对方	6401	主营业务成本	1,035,000.00		1201	博伦女表
					存货	1405	库存商品		1,035,000.00	1201	博伦女表
					对方	6401	主营业务成本	567,000.00		1202	博伦男表
					存货	1405	库存商品		567,000.00	1202	博伦男表
合计								1,602,000.00	1,602,000.00		

图3-17 "生成凭证"窗口

借：主营业务成本   1 602 000.00

   贷：库存商品   1 602 000.00

3.2.2 开票直接发货业务

【实验资料】

2025年1月15日，销售部何丽平与北京汇鑫百货有限公司（简称北京汇鑫）签订购销合同。当日，我公司开具增值税专用发票并发出全部货物，同时收到货款。

相关凭证如图3-18至图3-22所示。

购销合同

合同编号：XS01002

卖方：辽宁恒通商贸有限公司

买方：北京汇鑫百货有限公司

为保护买卖双方的合法权益，根据《中华人民共和国民法典》的有关规定，买卖双方经友好协商，一致同意签订本合同，并共同遵守合同约定。

一、货物的名称、数量及金额：

货物名称	规格型号	计量单位	数量	单价（不含税）	金额（不含税）	税率	税额
百盛休闲裤		条	500	399.00	199 500.00	13%	25 935.00
博伦情侣表		对	300	6 888.00	2 066 400.00	13%	268 632.00
合　计					¥2 265 900.00		¥294 567.00

二、合同总金额：人民币贰佰伍拾陆万零肆佰陆拾柒元整（¥2 560 467.00）。

三、签订合同当日卖方开具增值税专用发票并发出全部货物，买方以电汇方式支付全部货款。

四、交货地点：辽宁恒通商贸有限公司。

五、发运方式与运输费用承担方式：由卖方发货，买方承担运输费用。

卖　方：辽宁恒通商贸有限公司   买　方：北京汇鑫百货有限公司

授权代表：何丽平   授权代表：王鑫

日　　期：2025年1月15日   日　　期：2025年1月15日

图3-18 购销合同

电子发票（增值税专用发票）

发票号码：25212000000021327502

开票日期：2025 年 01 月 15 日

购买方信息	名 称：北京汇鑫百货有限公司	销售方信息	名 称：辽宁恒通商贸有限公司
	统一社会信用代码/纳税人识别号：91110113578732690F		统一社会信用代码/纳税人识别号：91210105206917583A

项目名称	规格型号	单位	数量	单价	金额	税率/征收率	税额
*服装*百盛休闲裤		条	500	399.00	199 500.00	13%	25 935.00
*手表*博伦情侣表		对	300	6 888.00	2 066 400.00	13%	268 632.00
合　计					¥2 265 900.00		¥294 567.00

价税合计（大写）	⊗ 贰佰伍拾陆万零肆佰陆拾柒元整	（小写）¥2 560 467.00

备注	购买方开户银行：中国银行北京顺义常庄支行　　银行账号：2700322598914536398
	销售方开户银行：中国工商银行沈阳皇姑支行　　银行账号：2107024015890035666

开票人：赵凯杰

图3-19　增值税专用发票

中国工商银行　电汇凭证（收账通知）　4　16381730

☑普通　□加急　　　　　委托日期 2025 年 1 月 15 日

汇款人	全 称	北京汇鑫百货有限公司	收款人	全 称	辽宁恒通商贸有限公司	此联为开户行给收款人的收账通知
	账 号	2700322598914536398		账 号	2107024015890035666	
	开户银行	中国银行北京顺义常庄支行		开户银行	中国工商银行沈阳皇姑支行	

金额	人民币（大写）　贰佰伍拾陆万零肆佰陆拾柒元整	亿	千	百	十	万	千	百	十	元	角	分
				¥	2	5	6	0	4	6	7	0	0

此汇款已收入收款人账户。

支付密码

附加信息及用途：货款

汇入行签章　　　　　　　　　　　复核　　记账

图3-20　电汇收款凭证

出库单

客户	北京汇鑫		2025 年 1 月 15 日				单号		CK01002

发货仓库	存货编码	存货名称	单位	数量		单价	金额
				应发	实发		
服装仓	1102	百盛休闲裤	条	500	500		
合　计							

部门经理　略　　　　会计　略　　　　仓库　略　　　　经办人　略

图3-21　出库单

出库单

客户	北京汇鑫		2025 年 1 月 15 日				单号		CK01003

发货仓库	存货编码	存货名称	单位	数量		单价	金额
				应发	实发		
手表仓	1203	博伦情侣表	对	300	300		
合　计							

部门经理　略　　　　会计　略　　　　仓库　略　　　　经办人　略

图3-22　出库单

【实验过程概览】

本业务的操作过程概览见表3-5。

表3-5　　实验过程概览

序号	操作日期	操作员	系统	操作内容
1	2025-01-15	X01刘晓洺	销售管理	填制销售订单
2	2025-01-15	X01刘晓洺	销售管理	参照销售订单生成销售专用发票（现结）
3	2025-01-15	X01刘晓洺	销售管理	查看系统自动生成的发货单
4	2025-01-15	C01李泽伟	库存管理	参照发货单批量生成销售出库单
5	2025-01-15	W02赵凯杰	应收款管理	销售发票审核并生成凭证
6	2025-01-15	W02赵凯杰	存货核算	正常单据记账，生成凭证

【实验过程】

开票直接发货业务

1.填制销售订单

2025年1月15日，由刘晓洺（X01）登录企业应用平台。

（1）在U8企业应用平台，依次单击“业务工作→供应链→销售管理→销售订货→销售订单”菜单，打开“销售订单”窗口。单击工具栏的“增加”按钮，根据图3-18填制销售订单。

① 填制表头信息。修改表头的“订单编号”（即合同编号）为“XS01002”，“销售类型”为“正常销售”，“客户简称”为“北京汇鑫”，“业务员”为“何丽平”，其他项默认。

② 填制表体信息。在第1行，选择“存货编码”为“1102”（百盛休闲裤），输入“数量”为“500”，“原币单价”为“399”，“预发货日期”为当日；在第2行，选择“存货编码”为“1203”，输入“数量”为“300”，“无税单价”为“6888”，“预发货日期”为当日，其他项默认。结果如图3-23所示。

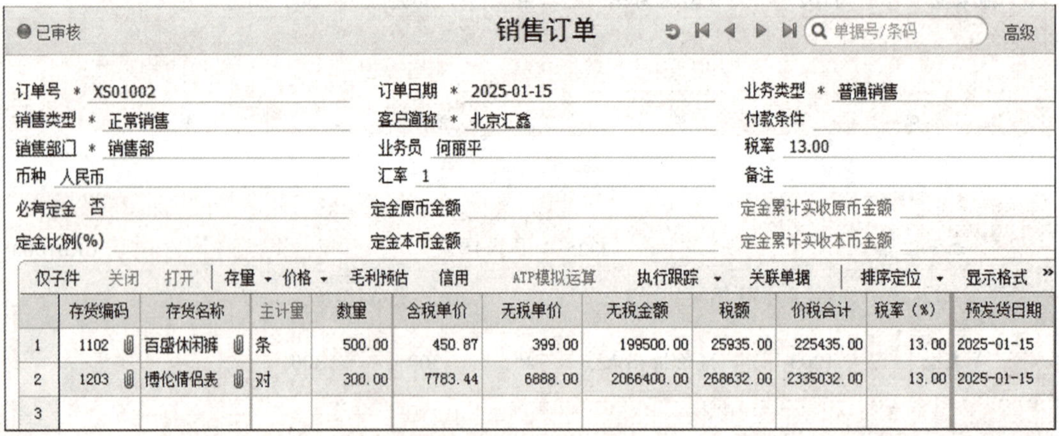
已审核　　销售订单　　单据号/条码　　高级

订单号 * XS01002　　订单日期 * 2025-01-15　　业务类型 * 普通销售
销售类型 * 正常销售　　客户简称 * 北京汇鑫　　付款条件
销售部门 * 销售部　　业务员 何丽平　　税率 13.00
币种 人民币　　汇率 1　　备注
必有定金 否　　定金原币金额　　定金累计实收原币金额
定金比例(%)　　定金本币金额　　定金累计实收本币金额

仅子件　关闭　打开　存量　价格　毛利预估　信用　ATP模拟运算　执行跟踪　关联单据　排序定位　显示格式

	存货编码	存货名称	主计量	数量	含税单价	无税单价	无税金额	税额	价税合计	税率（%）	预发货日期
1	1102	百盛休闲裤	条	500.00	450.87	399.00	199500.00	25935.00	225435.00	13.00	2025-01-15
2	1203	博伦情侣表	对	300.00	7783.44	6888.00	2066400.00	268632.00	2335032.00	13.00	2025-01-15
3											

图3-23　销售订单

（2）单击工具栏的“保存”按钮，保存该单据。单击工具栏的“审核”按钮，审核该订单。关闭并退出"销售订单"窗口。

2.参照销售订单生成销售专用发票（现结）

（1）在"销售管理"子系统，依次单击"销售发票→销售专用发票"菜单，系统打开"销售专用发票"窗口。单击工具栏的"增加"按钮，系统弹出"查询条件–参照订单"对话框，单击"确定"按钮，系统打开"参照生单"窗口。单击窗口 XS01002 号销售订单所在行的"选择"栏，如图 3-24 所示，再单击工具栏的"确定"按钮。根据图 3-19 修改"发票号"为"21327502"，修改表体"仓库名称"第 1 行为"服装仓"，第 2 行为"手表仓"，单击"保存"按钮。

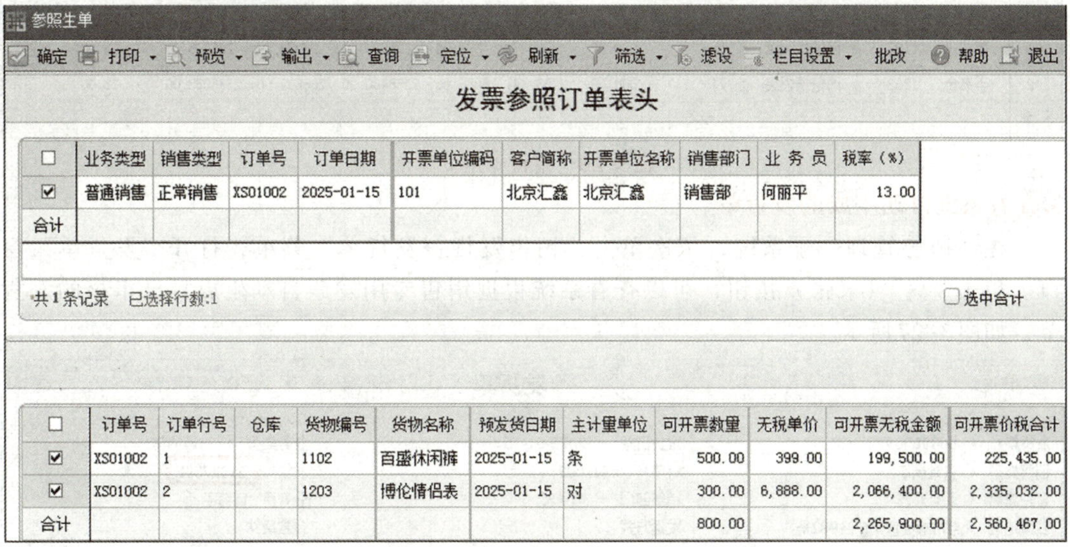

发票参照订单表头

	业务类型	销售类型	订单号	订单日期	开票单位编码	客户简称	开票单位名称	销售部门	业务员	税率（%）
☑	普通销售	正常销售	XS01002	2025-01-15	101	北京汇鑫	北京汇鑫	销售部	何丽平	13.00
合计										

共1条记录 已选择行数:1

	订单号	订单行号	仓库	货物编号	货物名称	预发货日期	主计量单位	可开票数量	无税单价	可开票无税金额	可开票价税合计
☑	XS01002	1		1102	百盛休闲裤	2025-01-15	条	500.00	399.00	199,500.00	225,435.00
☑	XS01002	2		1203	博伦情侣表	2025-01-15	对	300.00	6,888.00	2,066,400.00	2,335,032.00
合计								800.00		2,265,900.00	2,560,467.00

图3-24 "参照生单"窗口

（2）现结。单击"现结"按钮，打开"现结"窗口。根据图 3-20，"结算方式"选择"电汇"，"原币金额"输入"2560467"，"票据号"输入"16381730"，结果如图 3-25 所示。

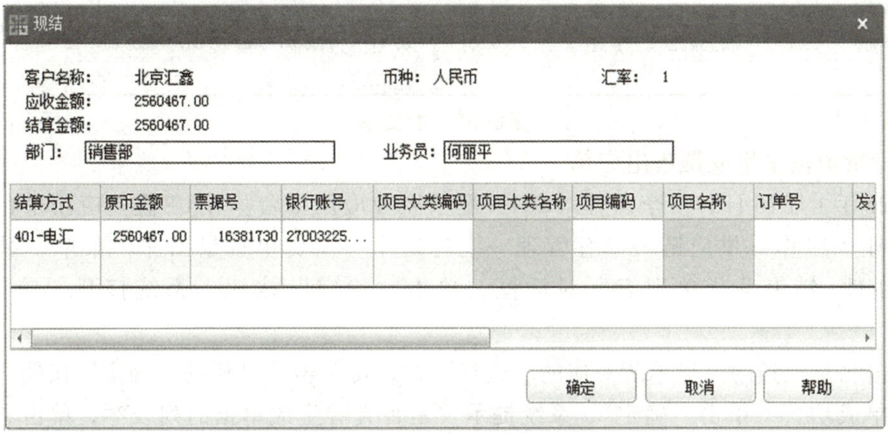

图3-25 "现结"窗口

（3）单击"确定"按钮，再单击工具栏的"复核"按钮，结果如图 3-26 所示。关闭"销售专用发票"窗口。在开票直接发货模式下，销售发票复核后系统自动生成已审核的发货单。

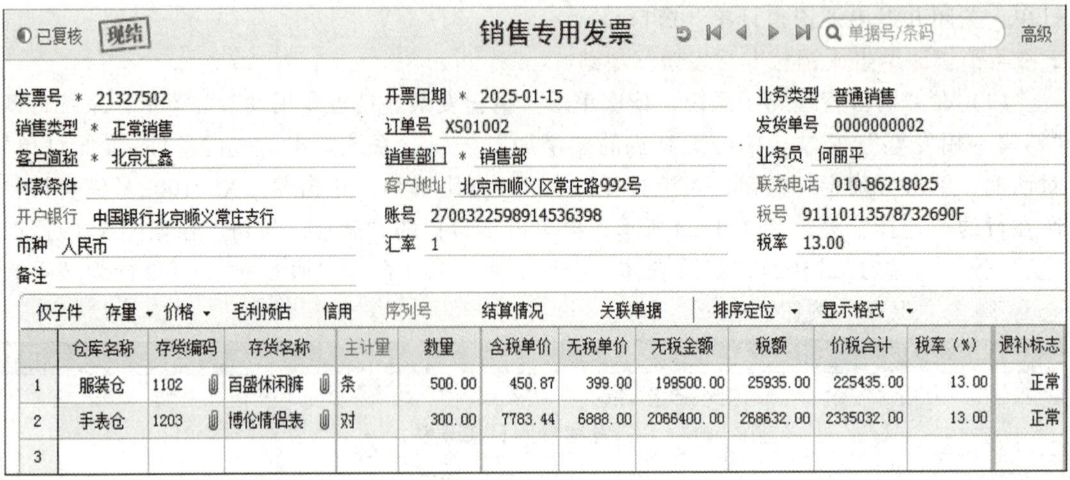

已复核 现结 销售专用发票 单据号/条码 高级

发票号 * 21327502 | 开票日期 * 2025-01-15 | 业务类型 普通销售
销售类型 * 正常销售 | 订单号 XS01002 | 发货单号 0000000002
客户简称 * 北京汇鑫 | 销售部门 * 销售部 | 业务员 何丽平
付款条件 | 客户地址 北京市顺义区常庄路992号 | 联系电话 010-86218025
开户银行 中国银行北京顺义常庄支行 | 账号 270032259891 4536398 | 税号 91110113578732690F
币种 人民币 | 汇率 1 | 税率 13.00
备注

仅子件 存量 价格 毛利预估 信用 序列号 结算情况 关联单据 排序定位 显示格式

	仓库名称	存货编码	存货名称	主计量	数量	含税单价	无税单价	无税金额	税额	价税合计	税率（%）	退补标志
1	服装仓	1102	百盛休闲裤	条	500.00	450.87	399.00	199500.00	25935.00	225435.00	13.00	正常
2	手表仓	1203	博伦情侣表	对	300.00	7783.44	6888.00	2066400.00	268632.00	2335032.00	13.00	正常
3												

图3-26 销售专用发票

3.查看系统自动生成的发货单

在“销售管理”子系统，依次单击“销售发货→发货单”菜单，打开“发货单”窗口。单击“▶|”（末张）按钮，可以查看系统根据销售专用发票自动生成且已审核的发货单，如图3-27所示。

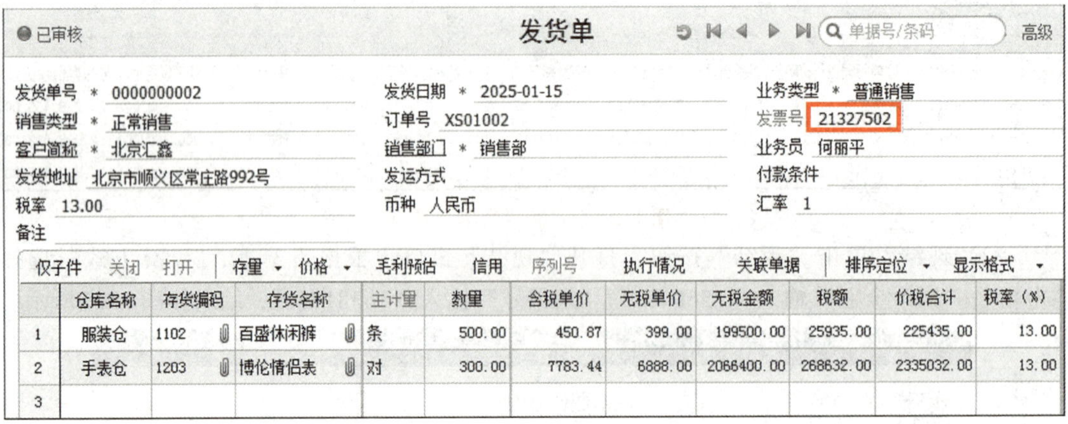

已审核 发货单 单据号/条码 高级

发货单号 * 0000000002 | 发货日期 * 2025-01-15 | 业务类型 * 普通销售
销售类型 * 正常销售 | 订单号 XS01002 | 发票号 21327502
客户简称 * 北京汇鑫 | 销售部门 * 销售部 | 业务员 何丽平
发货地址 北京市顺义区常庄路992号 | 发运方式 | 付款条件
税率 13.00 | 币种 人民币 | 汇率 1
备注

仅子件 关闭 打开 存量 价格 毛利预估 信用 序列号 执行情况 关联单据 排序定位 显示格式

	仓库名称	存货编码	存货名称	主计量	数量	含税单价	无税单价	无税金额	税额	价税合计	税率（%）
1	服装仓	1102	百盛休闲裤	条	500.00	450.87	399.00	199500.00	25935.00	225435.00	13.00
2	手表仓	1203	博伦情侣表	对	300.00	7783.44	6888.00	2066400.00	268632.00	2335032.00	13.00
3											

图3-27 发货单

4.参照发货单批量生成销售出库单

2025年1月15日，由李泽伟（C01）登录企业应用平台。在U8企业应用平台，依次单击“业务工作→供应链→库存管理→销售出库→发货单批量出库”菜单，系统弹出“查询条件-销售发货单列表”对话框，单击“确定”按钮，系统打开“销售生单”窗口。

单击北京汇鑫的发货单所对应的“选择”栏，再单击工具栏的“确定”按钮，系统提示“生单成功!”，单击“确定”，系统提示“是否查看生成单据的列表?”，单击“是”按钮，系统打开“销售出库单列表”窗口。

双击百盛休闲裤的“出库单号”栏，打开该销售出库单。根据实验资料，单击“修改”按钮，将销售出库单的“出库单号”改为“CK01002”，保存并审核该出库单，结果如图3-28所示。

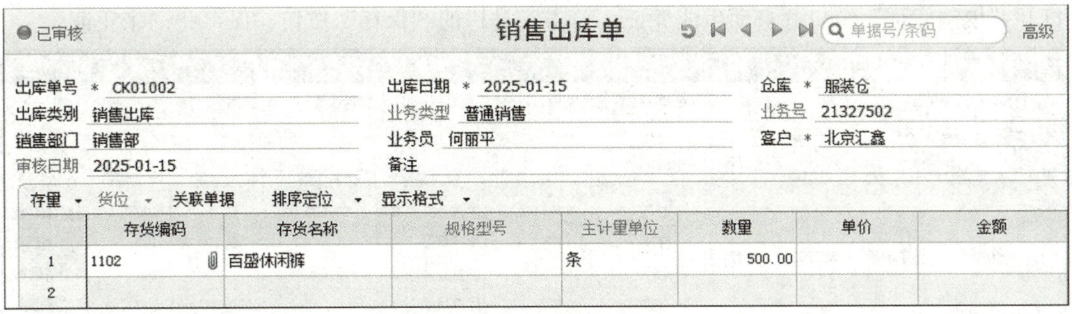

图3-28　销售出库单

单击工具栏的"▶"（下张）按钮，根据实验资料，单击"修改"，将博伦情侣表销售出库单的"出库单号"改为"CK01003"，保存并审核该销售出库单，结果如图3-29所示。

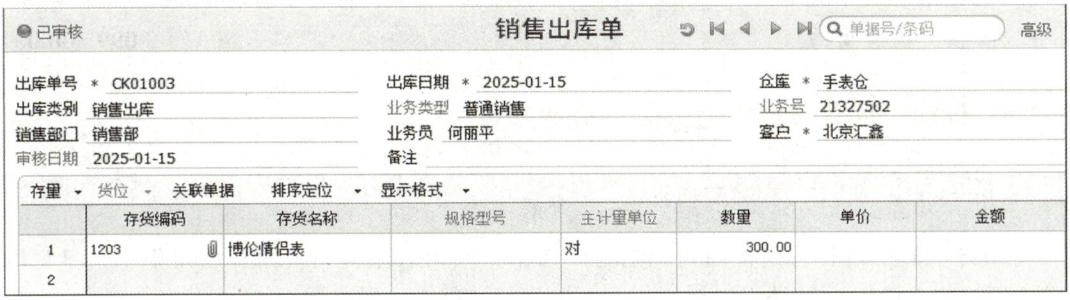

图3-29　销售出库单

5.销售发票审核并生成凭证

2025年1月15日，由赵凯杰（W02）登录企业应用平台。在U8企业应用平台，依次单击"业务工作→财务会计→应收款管理→应收处理→销售发票→销售发票审核"菜单，打开"销售发票审核"窗口。单击工具栏的"查询"按钮，系统弹出"查询条件-发票查询"对话框，"包含已现结发票"栏选择"是"，单击"确定"按钮，返回"销售发票审核"窗口。

双击"21327502"单据号，打开要审核的发票，单击工具栏的"审核"按钮，系统提示"是否立即制单?"，单击"是"，生成一张记账凭证，单击"保存"按钮。关闭当前已打开窗口。

借：银行存款/中国工商银行/沈阳皇姑支行　　　　　　2 560 467.00
　　贷：主营业务收入　　　　　　　　　　　　　　　　2 265 900.00
　　　　应交税费/应交增值税/销项税额　　　　　　　　　294 567.00

6.正常单据记账，生成凭证

（1）正常单据记账。在供应链的"存货核算"子系统，依次单击"记账→正常单据记账"菜单，系统打开"未记账单据一览表"窗口，单击窗口左下角的"查询"按钮，系统显示未记账单据。选中21327502号发票的两行记录，再单击工具栏的"记账"按钮，系统弹出信息框提示记账成功，单击其"确定"按钮，完成记账工作。退出该窗口。

（2）生成凭证。在"存货核算"子系统，依次单击"凭证处理→生成凭证"菜单，系统打开"生成凭证"窗口。单击工具栏的"选单"按钮，系统弹出"查询条件-生成凭证查询条件"对话框，单击"确定"按钮，系统打开"选择单据"窗口。单击工具栏的"全选"按钮，以选中21327502号发票的两行记录，再单击工具栏的"确定"按钮，系统自动关闭"选择单据"窗口并返回"生成凭证"窗口，如图3-30所示。单击工具栏的"合并制单"按钮，系统打开“填制凭证”窗口并自动生成凭证。单击工具栏的“保存”按钮，保存此记账凭证。

我的桌面　生成凭证

打印　输出　选单　删除　制单　合并制单　联查单据　摘要设置　清理互斥

凭证类别 记 记账凭证

选择	单据类型	业务类型	单据号	摘要	科目类型	科目编码	科目名称	借方金额	贷方金额	存货编码	存货名称
1	专用发票	普通销售	21327502	专用发票	对方	6401	主营业务成本	99, 500. 00		1102	百盛休闲裤
					存货	1405	库存商品		99, 500. 00	1102	百盛休闲裤
					对方	6401	主营业务成本	1, 999, 800. 00		1203	博伦情侣表
					存货	1405	库存商品		1, 999, 800. 00	1203	博伦情侣表
合计								2, 099, 300. 00	2, 099, 300. 00		

图3-30　“生成凭证”窗口

借：主营业务成本　　2 099 300.00

　贷：库存商品　　2 099 300.00

3.2.3　有代垫运费与销售定金的销售业务

【实验资料】

2025年1月15日，销售部刘晓洺与广州华丰超市有限公司（简称广州华丰）签订购销合同。当日收取20%销售定金。

2025年1月16日，我公司开具增值税专用发票并发出货物，同时代垫运费。

2025年1月17日，收到广州华丰的货款及代垫运费。（选择收款）

相关凭证如图3-31至图3-36所示。

购销合同

合同编号：XS01003

卖方：辽宁恒通商贸有限公司

买方：广州华丰超市有限公司

为保护买卖双方的合法权益，根据《中华人民共和国民法典》的有关规定，买卖双方经友好协商，一致同意签订本合同，并共同遵守合同约定。

一、货物的名称、数量及金额：

货物名称	规格型号	计量单位	数量	单价（不含税）	金额（不含税）	税率	税额
嘉伟男风衣		件	750	698.00	523 500.00	13%	68 055.00
百盛男夹克		件	600	368.00	220 800.00	13%	28 704.00
合　计					¥744 300.00		¥96 759.00

二、合同总金额：人民币捌拾肆万壹仟零伍拾玖元整（¥841 059.00）。

三、签订合同当日买方以电汇方式支付20%定金（¥168 211.80），卖方收到定金3日内开具增值税专用发票并发出货物，买方验收合格后以电汇方式支付全部剩余货款及代垫运输费用。

四、交货地点：辽宁恒通商贸有限公司。

五、发运方式与运输费用承担方式：由卖方发货并垫付运输费用。

卖　　方：辽宁恒通商贸有限公司　　　　买　　方：广州华丰超市有限公司

授权代表：刘晓洺　　　　　　　　　　　授权代表：李　桐

日　　期：2025年1月15日　　　　　　　日　　期：2025年1月15日

图3-31　购销合同

中国工商银行 电汇凭证（收账通知） 4 96707293

☑普通 □加急 委托日期 2025 年 1 月 15 日

汇款人	全 称	广州华丰超市有限公司	收款人	全 称	辽宁恒通商贸有限公司
	账 号	2692006083025562331		账 号	2107024015890035666
	开户银行	中国工商银行广州向阳支行		开户银行	中国工商银行沈阳皇姑支行

金额	人民币（大写）	壹拾陆万捌仟贰佰壹拾壹元捌角整	亿 千 百 十 万 千 百 十 元 角 分
			¥ 1 6 8 2 1 1 8 0

此汇款已收入收款人账户。

转讫 (8)

汇入行签章

支付密码

附加信息及用途：定金

复核　记账

此联为开户行给收款人的收账通知

图3-32　电汇收款凭证

出库单

客户：广州华丰　　　2025 年 1 月 16 日　　　单号：CK01004

收货仓库	存货编码	存货名称	单位	数量		单价	金额
				应发	实发		
服装仓	1152	嘉伟男风衣	件	750	750		
服装仓	1101	百盛男夹克	件	600	600		
		合　计					

部门经理：略　　　会计：略　　　仓库：略　　　经办人：略

图3-33　出库单

电子发票（增值税专用发票）

发票号码：25212000000021327503

开票日期：2025 年 01 月 16 日

购买方信息	名称：广州华丰超市有限公司	销售方信息	名称：辽宁恒通商贸有限公司
	统一社会信用代码/纳税人识别号：91440100613815327V		统一社会信用代码/纳税人识别号：91210105206917583A

项目名称	规格型号	单位	数量	单价	金额	税率/征收率	税额
*服装*嘉伟男风衣		件	750	698.00	523 500.00	13%	68 055.00
*服装*百盛男夹克		件	600	368.00	220 800.00	13%	28 704.00
合　计					¥744 300.00		¥96 759.00

价税合计（大写）	⊗ 捌拾肆万壹仟零伍拾玖元整	（小写）¥841 059.00

备注	购买方开户银行：中国工商银行广州向阳支行　　银行账号：2692006083025562331
	销售方开户银行：中国工商银行沈阳皇姑支行　　银行账号：2107024015890035666

开票人：赵凯杰

图3-34　增值税专用发票

中国工商银行
转账支票存根
21003365
21562385

西安西钞证券印制有限公司·2025年印制

附加信息

出票日期：2025年01月16日

收款人：	沈阳通达物流有限公司
金　额：	¥3 270.00
用　途：	代垫运费

单位主管 李成喜　　会计 赵凯杰

（印章：辽宁恒通商贸……财务……）

图3-35　转账支票存根

中国工商银行　电汇凭证（收账通知）　4　96707296

☑普通　□加急　　委托日期 2025年1月17日

汇款人			收款人		
汇款人	全　称	广州华丰超市有限公司	收款人	全　称	辽宁恒通商贸有限公司
	账　号	26920060830255623311		账　号	2107024015890035666
	开户银行	中国工商银行广州向阳支行		开户银行	中国工商银行沈阳皇姑支行
金额	人民币（大写）	陆拾柒万陆仟壹佰壹拾柒元贰角整		亿千百十万千百十元角分	¥ 6 7 6 1 1 7 2 0
此汇款已收入收款人账户。		汇入行签章	支付密码		
			附加信息及用途：货款		复核　记账

（印章：中国工商银行 沈阳皇姑支行 2025.01.17 转讫 (8)）

此联为开户行给收款人的收账通知

图3-36　电汇收款凭证

【实验过程概览】

本业务的操作过程概览见表3-6。

表3-6　　实验过程概览

序号	操作日期	操作员	系统	操作内容
1	2025-01-15	X01 刘晓洺	销售管理	填制销售订单
2	2025-01-15	W03 贺青春	应收款管理	参照销售订单生成（销售定金）收款单
3	2025-01-15	W02 赵凯杰	应收款管理	收款单据审核，生成凭证
4	2025-01-15	X01 刘晓洺	销售管理	审核销售订单
5	2025-01-16	X01 刘晓洺	销售管理	参照销售订单生成发货单
6	2025-01-16	C01 李泽伟	库存管理	参照发货单生成销售出库单
7	2025-01-16	X01 刘晓洺	销售管理	参照发货单生成销售专用发票（代垫）
8	2025-01-16	W03 贺青春	应收款管理	销售定金转货款
9	2025-01-16	W02 赵凯杰	应收款管理	应收单审核并生成凭证
10	2025-01-16	W02 赵凯杰	应收款管理	销售发票审核并生成凭证
11	2025-01-16	W02 赵凯杰	应收款管理	收款单据审核、手工核销和生成凭证
12	2025-01-16	W02 赵凯杰	存货核算	正常单据记账，生成凭证
13	2025-01-17	W03 贺青春	应收款管理	选择收款
14	2025-01-17	W02 赵凯杰	应收款管理	合并制单

【实验过程】

1. 填制销售订单

2025年1月15日，由刘晓洺（X01）登录企业应用平台。在U8企业应用平台，依次单击"业务工作→供应链→销售管理→销售订货→销售订单"菜单，打开"销售订单"窗口。单击工具栏的"增加"按钮，根据图3-31填制销售订单，填制完毕保存该订单，结果如图3-37所示。

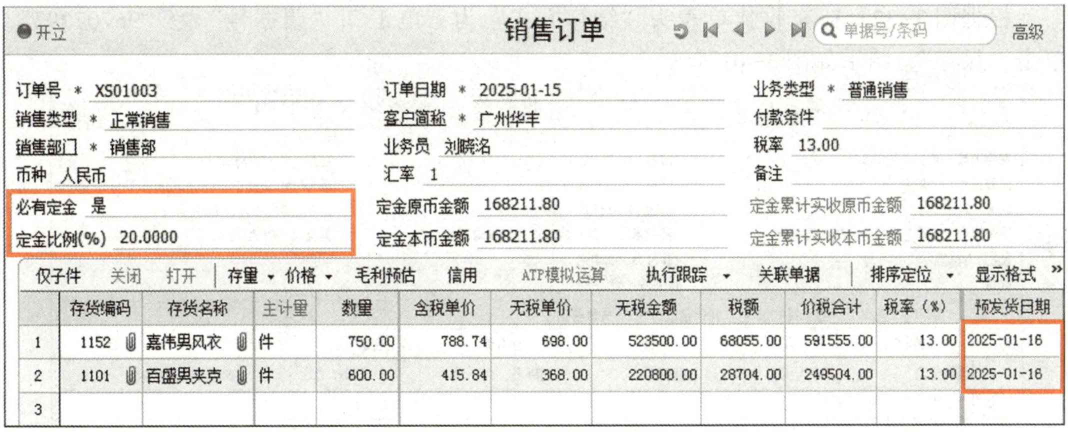

	存货编码	存货名称	主计量	数量	含税单价	无税单价	无税金额	税额	价税合计	税率（%）	预发货日期
1	1152	嘉伟男风衣	件	750.00	788.74	698.00	523500.00	68055.00	591555.00	13.00	2025-01-16
2	1101	百盛男夹克	件	600.00	415.84	368.00	220800.00	28704.00	249504.00	13.00	2025-01-16
3											

图3-37　销售订单

> **提示**
>
> 如果订单表头"定金累计实收原币金额"小于销售订单上的"定金原币金额"，系统在审核时给予提示：定金收款不足，不允许审核。

2. 参照销售订单生成（销售定金）收款单

2025年1月15日，由贺青春（W03）登录企业应用平台。在U8企业应用平台，依次单击"业务工作→财务会计→应收款管理→收款处理→收款单据录入"菜单，打开"收款单据录入"窗口，如图3-38所示。执行"增加→销售定金"命令，系统弹出"查询条件–参照订单"对话框，单击"确定"按钮，打开"拷贝并执行"窗口，如图3-39所示。单击选中XS01003号订单最左侧的"选择"栏，单击"确定"，返回"收款单据录入"窗口。

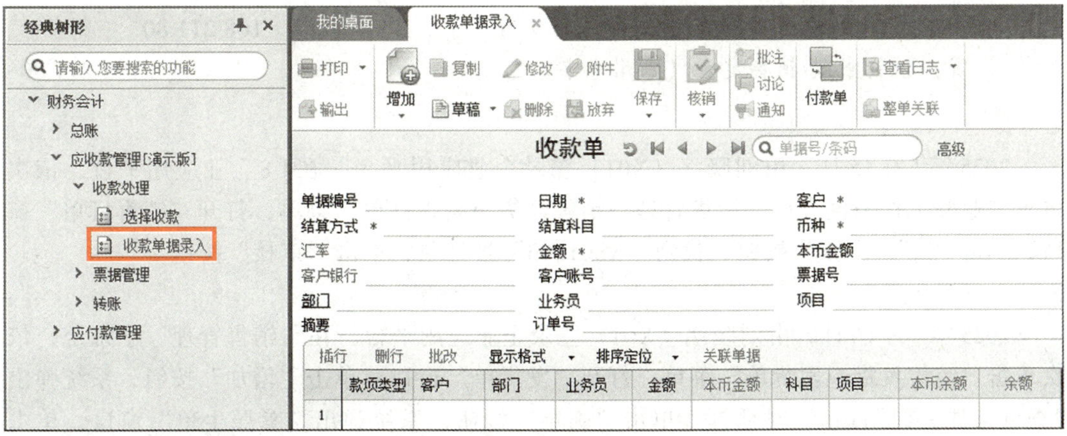

图3-38　"收款单据录入"窗口

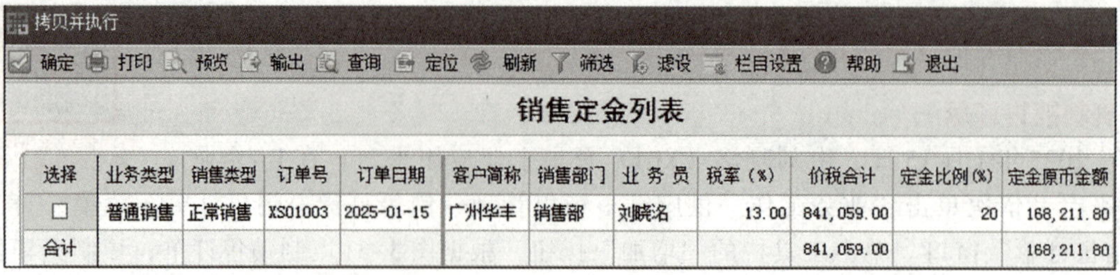

拷贝并执行

确定 打印 预览 输出 查询 定位 刷新 筛选 滤设 栏目设置 帮助 退出

销售定金列表

选择	业务类型	销售类型	订单号	订单日期	客户简称	销售部门	业务员	税率(%)	价税合计	定金比例(%)	定金原币金额
□	普通销售	正常销售	XS01003	2025-01-15	广州华丰	销售部	刘晓洺	13.00	841,059.00	20	168,211.80
合计									841,059.00		168,211.80

图3-39 “拷贝并执行”窗口

根据图3-32，补充收款单表头“结算方式”为“电汇”，“票据号”为“96707293”，单击“保存”，结果如图3-40所示。

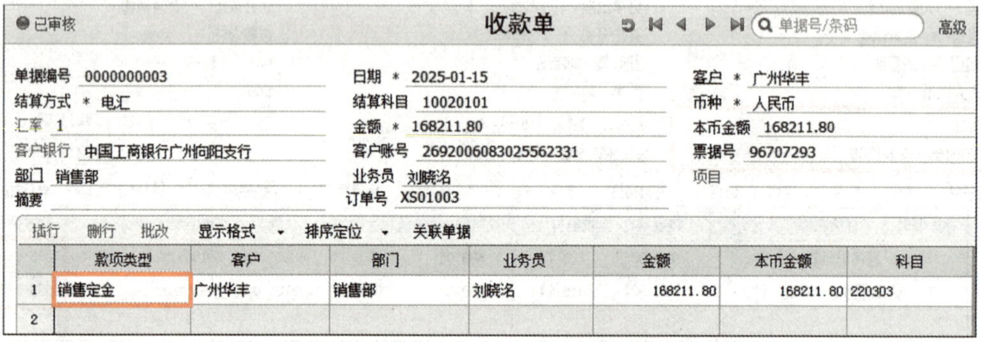

已审核 收款单 单据号/条码 高级

单据编号 0000000003	日期 * 2025-01-15	客户 * 广州华丰
结算方式 * 电汇	结算科目 10020101	币种 * 人民币
汇率 1	金额 * 168211.80	本币金额 168211.80
客户银行 中国工商银行广州向阳支行	客户账号 2692006083025562331	票据号 96707293
部门 销售部	业务员 刘晓洺	项目
摘要	订单号 XS01003	

插行 删行 批改 显示格式 排序定位 关联单据

	款项类型	客户	部门	业务员	金额	本币金额	科目
1	销售定金	广州华丰	销售部	刘晓洺	168211.80	168211.80	220303
2							

图3-40 （销售定金）收款单

3.收款单据审核，生成凭证

2025年1月15日，由赵凯杰（W02）登录企业应用平台。

（1）收款单据审核。在应收款管理系统，依次单击“收款处理→收款单据审核”菜单，打开“收款单据审核”窗口。单击窗口左下角的“查询”按钮，选中收取广州华丰销售定金的收款单，单击工具栏的“审核”按钮，单击“确定”。关闭当前窗口。

（2）生成凭证。在应收款管理系统，依次单击“凭证处理→生成凭证”菜单，系统弹出“制单查询”对话框，勾选“收付款单”，单击“确定”，打开“生成凭证”窗口。依次单击工具栏的“全选”“制单”按钮，系统生成一张记账凭证，单击工具栏的“保存”按钮。退出当前窗口。

借：银行存款/中国工商银行/沈阳皇姑支行	168 211.80	
贷：预收账款/销售定金（广州华丰）		168 211.80

4.审核销售订单

2025年1月15日，由刘晓洺（X01）登录企业应用平台。在U8企业应用平台，依次单击“业务工作→供应链→销售管理→销售订货→销售订单”菜单，打开“销售订单”窗口，单击“▶|”（末张）按钮，找到“XS01003”号订单，单击“审核”按钮。

5.参照销售订单生成发货单

2025年1月16日，由刘晓洺（X01）登录企业应用平台。在“销售管理”子系统，依次单击“销售发货→发货单”菜单，打开“发货单”窗口。单击“增加”按钮，系统弹出“查询条件-参照订单”对话框，单击“确定”按钮，系统弹出“参照生单”窗口。单击“发货单参照订单表头”中XS01003号订单最左侧的“选择”栏，选中该订单，单击“确定”按钮，系统返回“发货单”窗口。发货单表体第1行、第2行的“仓库名称”选择“服装仓”。保存并审核该发货单，结果如图3-41所示。

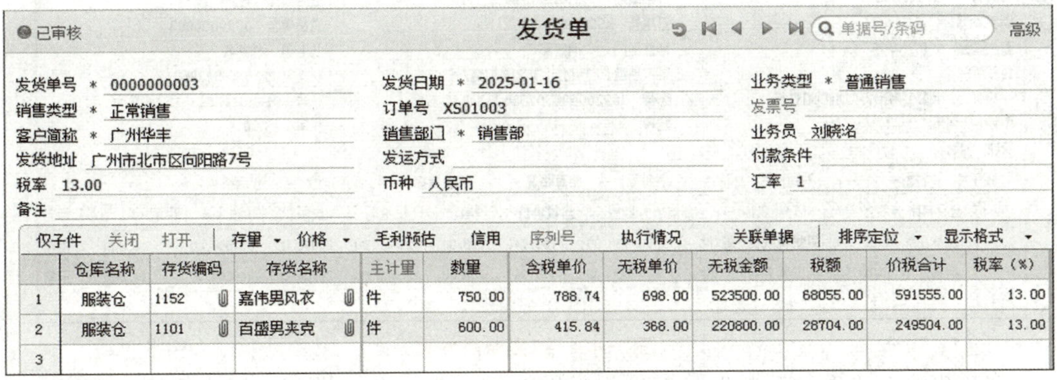
已审核　发货单

发货单号 * 0000000003　发货日期 * 2025-01-16　业务类型 * 普通销售
销售类型 * 正常销售　订单号 XS01003　发票号
客户简称 * 广州华丰　销售部门 * 销售部　业务员 刘晓洺
发货地址 广州市北市区向阳路7号　发运方式　付款条件
税率 13.00　币种 人民币　汇率 1
备注

	仓库名称	存货编码	存货名称	主计量	数量	含税单价	无税单价	无税金额	税额	价税合计	税率（%）
1	服装仓	1152	嘉伟男风衣	件	750.00	788.74	698.00	523500.00	68055.00	591555.00	13.00
2	服装仓	1101	百盛男夹克	件	600.00	415.84	368.00	220800.00	28704.00	249504.00	13.00
3											

图3-41　发货单

提示

发货单在参照订单生单时，如果选择多张订单生单，则只能参照“必有定金”的值相同的订单生成一张发货单。

6.参照发货单生成销售出库单

2025年1月16日，由李泽伟（C01）登录企业应用平台。在U8企业应用平台，依次单击“业务工作→供应链→库存管理→销售出库→销售出库单”菜单，系统打开“销售出库单”窗口。执行工具栏的“增加→销售发货单”命令，系统弹出“查询条件-销售发货单列表”对话框，单击“确定”按钮，系统打开“销售生单”窗口。选择广州华丰的“发货单”，单击“确定”按钮，系统自动生成销售出库单，根据图3-33，将表头出库单号改为“CK01004”，保存并审核，结果如图3-42所示。

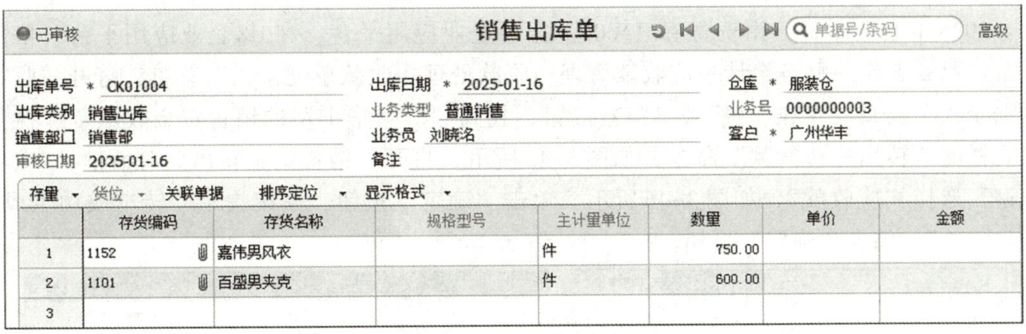
已审核　销售出库单

出库单号 * CK01004　出库日期 * 2025-01-16　仓库 * 服装仓
出库类别 销售出库　业务类型 普通销售　业务号 0000000003
销售部门 销售部　业务员 刘晓洺　客户 * 广州华丰
审核日期 2025-01-16　备注

	存货编码	存货名称	规格型号	主计量单位	数量	单价	金额
1	1152	嘉伟男风衣		件	750.00		
2	1101	百盛男夹克		件	600.00		
3							

图3-42　销售出库单

7.参照发货单生成销售专用发票（代垫）

2025年1月16日，由刘晓洺（X01）登录企业应用平台。

（1）在U8企业应用平台，依次单击“业务工作→供应链→销售管理→销售发票→销售专用发票”菜单，系统打开“销售专用发票”窗口。执行工具栏的“增加→发货单”命令，弹出对话框，单击“确定”按钮，系统打开“参照生单”窗口。单击广州华丰的发货单所对应的“选择”栏，然后单击工具栏的“确定”按钮，返回“销售专用发票”窗口。根据图3-34，修改“发票号”为“21327503”，其他项默认。单击工具栏的“保存”“复核”按钮，结果如图3-43所示。

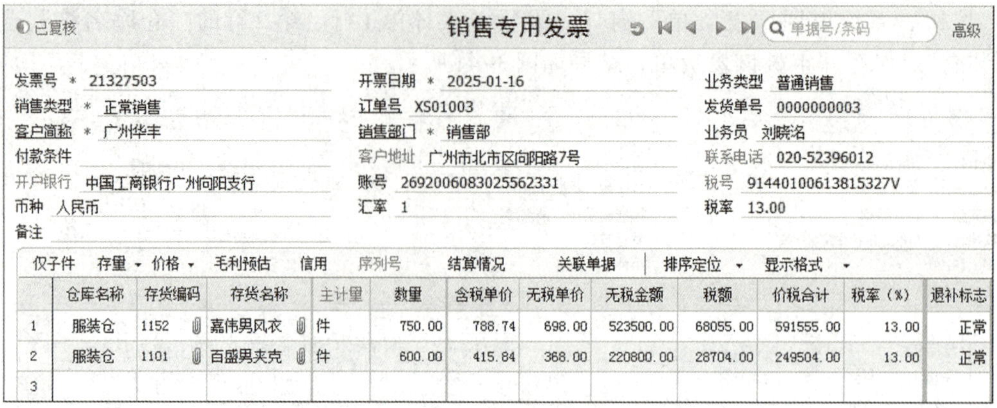

图3-43　销售专用发票

（2）代垫。点击"代垫"按钮，根据图3-35，在"代垫费用单"表体输入费用项目和金额，保存并审核该代垫费用单，结果如图3-44所示。关闭该窗口返回"销售专用发票"窗口。代垫费用单审核后自动生成应收单。

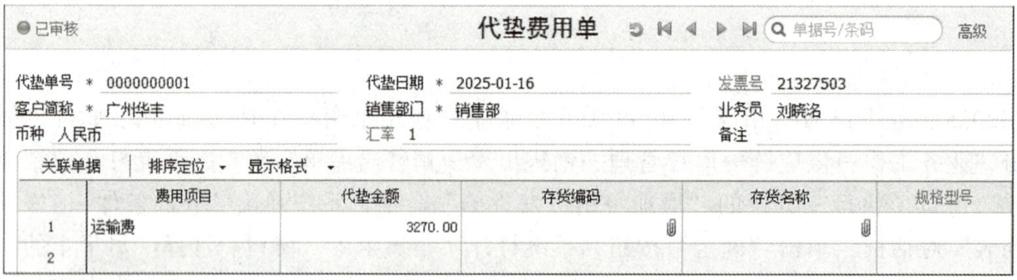

图3-44　代垫费用单

8.销售定金转货款

2025年1月16日，由贺青春（W03）登录企业应用平台。在U8企业应用平台，依次单击"业务工作→财务会计→应收款管理→收款处理→收款单据录入"菜单，打开"收款单据录入"窗口。单击"▶|"（末张）按钮，找到"广州华丰"的销售定金收款单。执行工具栏的"转出→转货款"命令，如图3-45所示，打开"销售定金转出"对话框，"款项类型"选择"应收款"，如图3-46所示。单击"确定"按钮，系统提示"转出成功生成1张收款单"，单击"确定"按钮。

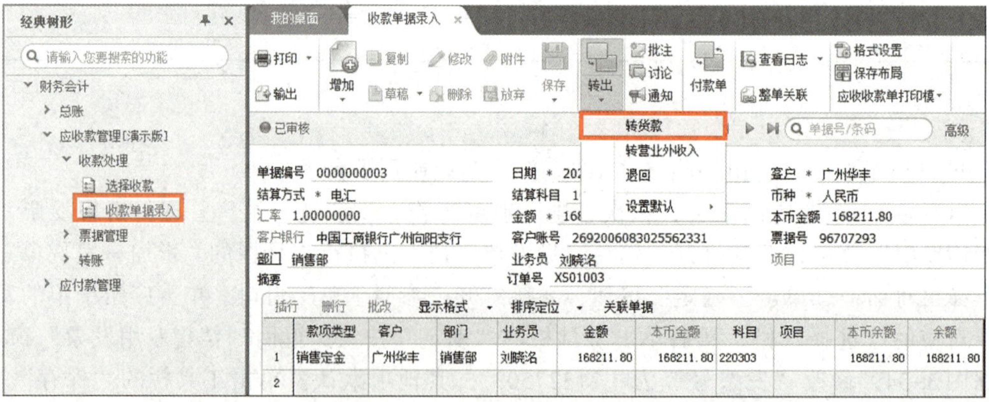

图3-45　"收款单据录入"窗口

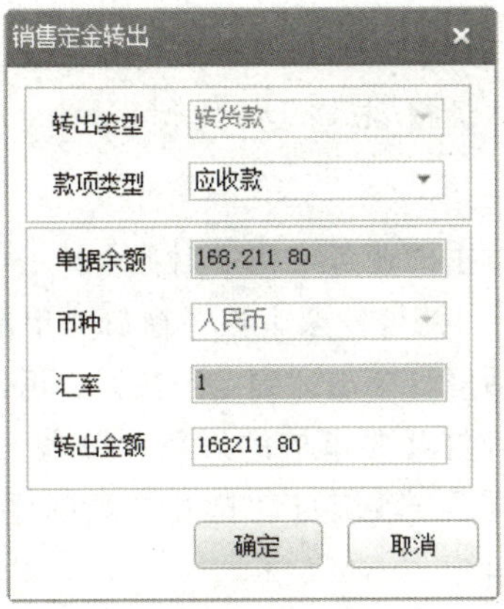

图3-46 "销售定金转出"对话框

在"收款单据录入"窗口，单击"刷新"按钮，再单击"▶▎"（末张）按钮，可查看系统已生成的款项类型为"应收款"的收款单，如图3-47所示。

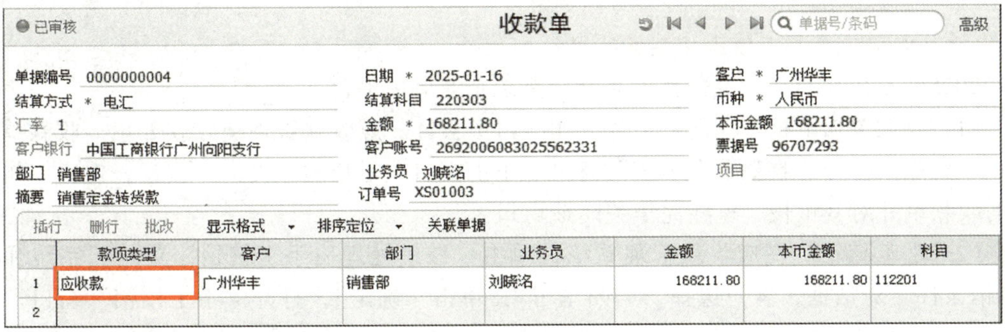

图3-47 收款单

9.应收单审核并生成凭证

2025年1月16日，由赵凯杰（W02）登录企业应用平台。在U8企业应用平台，依次单击"业务工作→财务会计→应收款管理→应收处理→应收单审核"菜单，打开"应收单审核"窗口，单击窗口左下角的"查询"按钮，双击广州华丰应收单"选择"栏右侧任意单元格，打开"应收单录入"窗口。单击"修改"按钮，在表体"科目"中输入会计科目"10020101"，单击"保存"按钮，如图3-48所示。

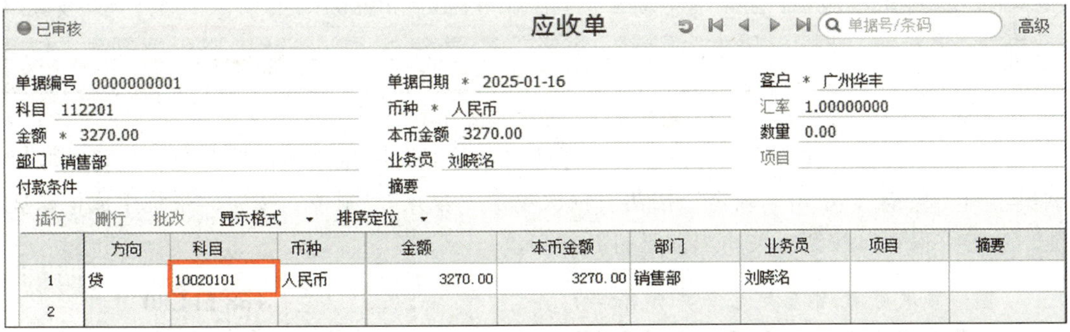

图3-48 应收单

单击"审核"按钮，提示"是否立即制单?"，点击"是"，生成记账凭证。根据图3-35，输入第2行银行存款的辅助项，单击"确定"按钮，保存该记账凭证。关闭当前已打开窗口。

> 借：应收账款/人民币（广州华丰）   3 270.00
>   贷：银行存款/中国工商银行/沈阳皇姑支行   3 270.00

10.销售发票审核并生成凭证

在U8企业应用平台，依次单击"业务工作→财务会计→应收款管理→应收处理→销售发票→销售发票审核"菜单，打开"销售发票审核"窗口。单击工具栏的"查询"按钮，系统弹出"查询条件–发票查询"对话框，单击"确定"按钮，返回"销售发票审核"窗口。

双击"21327503"单据号，打开要审核的发票，单击工具栏的"审核"按钮，系统提示"是否立即制单？"，单击"是"，系统自动打开"填制凭证"窗口，单击工具栏的"保存"按钮。关闭当前已打开窗口。

> 借：应收账款/人民币（广州华丰）   841 059.00
>   贷：主营业务收入   744 300.00
>   应交税费/应交增值税/销项税额   96 759.00

11.收款单据审核、手工核销和生成凭证

2025年1月16日，由赵凯杰（W02）登录企业应用平台。

（1）收款单据审核。单击"业务工作→财务会计→应收款管理→收款处理→收款单据审核"菜单，打开"收款单据审核"窗口。单击窗口左下角的"查询"按钮，选中广州华丰的收款单并对其审核，审核完毕关闭该窗口。

（2）手工核销。在应收款管理系统，单击"核销处理→手工核销"菜单，系统弹出"核销条件"对话框，客户选择"广州华丰"，单击"确定"，打开"手工核销"窗口。输入本次结算金额，如图3-49所示，单击"确认"按钮。关闭"手工核销"窗口。

单据日期	单据类型	单据编号	客户	款项类型	结算方式	原币金额	原币余额	本次结算金额	订单号
2025-01-16	收款单	0000000004	广州华丰	应收款	电汇	168,211.80	168,211.80	168,211.80	XS01003
合计						168,211.80	168,211.80	168,211.80	

单据日期	单据类型	单据编号	到期日	客户	原币金额	原币余额	可享受折扣	本次折扣	本次结算	订单号	凭证号
2025-01-16	其他应收单	0000000001	2025-01-16	广州华丰	3,270.00	3,270.00	0.00				记-0053
2025-01-16	销售专用发票	21327503	2025-01-16	广州华丰	841,059.00	841,059.00	0.00	0.00	168,211.80	XS01003	记-0054
合计					844,329.00	844,329.00	0.00		168,211.80		

图3-49 "手工核销"窗口

（3）生成凭证。在应收款管理系统，单击"凭证处理→生成凭证"菜单，选择"收付款单"和"核销"，单击"确定"按钮。依次单击"合并""制单"按钮，系统生成记账凭证，单击"保存"按钮。关闭当前已打开窗口。

> 借：预收账款/销售定金（广州华丰）   168 211.80
>   贷：应收账款/人民币（广州华丰）   168 211.80

12.正常单据记账，生成凭证

（1）正常单据记账。在供应链的"存货核算"子系统，依次单击"记账→正常单据记

账"菜单，系统打开"未记账单据一览表"窗口，单击窗口左下角的"查询"按钮，系统显示未记账单据。选中21327503号发票的两行记录，此时单击工具栏的"记账"按钮，系统弹出信息框提示记账成功，单击其"确定"按钮，完成记账工作。关闭当前窗口。

（2）生成凭证。在"存货核算"子系统，依次单击"凭证处理→生成凭证"菜单，系统打开"生成凭证"窗口。单击工具栏的"选单"按钮，系统弹出"查询条件-生成凭证查询条件"对话框，单击"确定"按钮，系统打开"选择单据"窗口。单击工具栏的"全选"按钮，以选中21327503号发票，再单击工具栏的"确定"按钮，系统自动关闭"选择单据"窗口并返回"生成凭证"窗口，如图3-50所示。单击工具栏的"合并制单"按钮，系统打开"填制凭证"窗口并自动生成凭证。单击工具栏的"保存"按钮，保存此记账凭证。

选择	单据类型	业务类型	单据号	摘要	科目类型	科目编码	科目名称	借方金额	贷方金额	存货编码	存货名称
1	专用发票	普通销售	21327503	专用发票	对方	6401	主营业务成本	486,000.00		1152	嘉伟男风衣
					存货	1405	库存商品		486,000.00	1152	嘉伟男风衣
					对方	6401	主营业务成本	178,800.00		1101	百盛男夹克
					存货	1405	库存商品		178,800.00	1101	百盛男夹克
合计								664,800.00	664,800.00		

图3-50 "生成凭证"窗口

借：主营业务成本 664 800.00
贷：库存商品 664 800.00

13.选择收款

2025年1月17日，由贺青春（W03）登录企业应用平台。在U8企业应用平台，依次单击"业务工作→财务会计→应收款管理→收款处理→选择收款"菜单，系统弹出"选择收款-条件"对话框，客户选择"广州华丰"，单击"确定"，打开"选择收款-单据"窗口。单击"全选"，再单击"确认"，系统弹出"选择收款-收款单"窗口。根据图3-36，"结算方式"选择"电汇"，"票据号"输入"96707296"，结果如图3-51所示。单击"确定"，完成选择收款并退出该窗口。

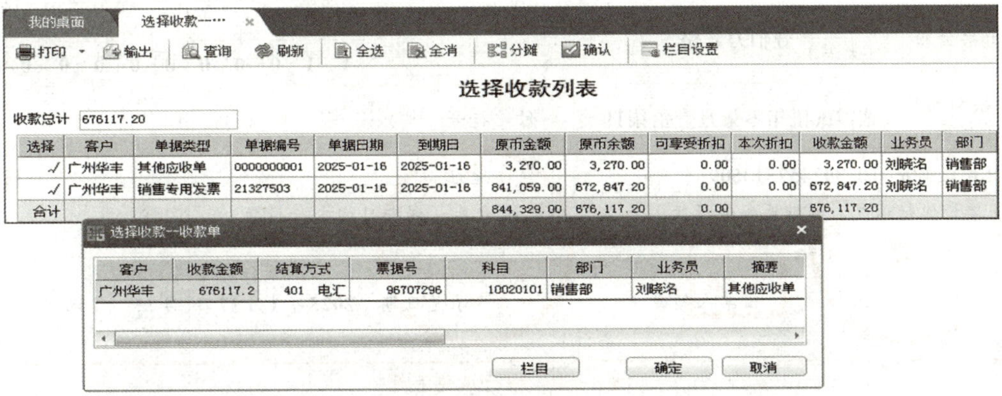

图3-51 选择收款

必有定金的订单，暂不支持先开票后发货业务。销售定金不参与客户信用余额的计算，款项类型为定金的收款单记录，不参与信用计算。

14.生成凭证

2025年1月17日，由赵凯杰（W02）登录企业应用平台。在U8企业应用平台，依次单击"业务工作→财务会计→应收款管理→凭证处理→生成凭证"菜单，系统弹出"制单查询"对话框，选择"收付款单"和"核销"，单击"确定"，打开"生成凭证"窗口。依次单击"合并""制单"按钮，系统生成相关的记账凭证，单击"保存"按钮。

借：银行存款/中国工商银行/沈阳皇姑支行	676 117.20	
贷：应收账款/人民币（广州华丰）		672 847.20
应收账款/人民币（广州华丰）		3 270 .00

3.2.4　分批且分仓库出库业务

【实验资料】

2025年1月17日，预收广西玉宝商贸有限公司（简称广西玉宝）商业汇票1 000 000元。

2025年1月18日，销售部何丽平与广西玉宝签订购销合同。签订合同当日，我公司发出第一批货物。

2025年1月19日，我公司发出第二批货物并开具全额增值税专用发票。当日收到对方用于支付尾款的银行承兑汇票。

相关凭证如图3-52至图3-59所示。

银行承兑汇票　2　35003826　52833952

出票日期（大写）	贰零贰伍年零壹月壹拾柒日													
出票人全称	广西玉宝商贸有限公司	收款人	全　称	辽宁恒通商贸有限公司										
出票人账号	2111702010422009265		账　号	2107024015890035666										
开户银行	兴业银行玉林市东门支行		开户银行	中国工商银行沈阳皇姑支行										
出票金额	人民币（大写）壹佰万元整			亿	千	百	十	万	千	百	十	元	角	分
				¥	1	0	0	0	0	0	0	0	0	0
汇票到期日（大写）	贰零贰伍年零柒月壹拾柒日	付款行	行号											
承兑协议编号	105307457513509		地址											
本汇票请你行承兑，到期无条件付款。　出票人签章		本汇票已经承兑，到期日由本行付款。　承兑行签章　承兑日期 2025年1月17日			密押							复核	记账	
		备注：												

图3-52　银行承兑汇票

购 销 合 同

合同编号：XS01004

卖方：辽宁恒通商贸有限公司

买方：广西玉宝商贸有限公司

为保护买卖双方的合法权益，根据《中华人民共和国民法典》的有关规定，买卖双方经友好协商，一致同意签订本合同，并共同遵守合同约定。

一、货物的名称、数量及金额：

货物名称	规格型号	计量单位	数量	单价（不含税）	金额（不含税）	税率	税额
百盛男夹克		件	500	368.00	184 000.00	13%	23 920.00
博伦女表		只	500	3 690.00	1 845 000.00	13%	239 850.00
合　计					¥2 029 000.00		¥263 770.00

二、合同总金额：人民币贰佰贰拾玖万贰仟柒佰柒拾元整（¥2 292 770.00）。

三、卖方于签订合同当日发出两种商品的60%，1月19日发出剩余商品。买方已于1月17日预付银行承兑汇票100万元。买方收到第二批货物后以银行承兑汇票支付剩余款项。

四、交货地点：辽宁恒通商贸有限公司。

五、发运方式与运输费用承担方式：由卖方发货，买方承担运输费用。

卖　方：辽宁恒通商贸有限公司　　　　　　买　方：广西玉宝商贸有限公司

授权代表：何丽平　　　　　　　　　　　　授权代表：王强

日　期：2025 年 1 月 18 日　　　　　　　日　期：2025 年 1 月 18 日

图3-53　购销合同

出库单

客户：广西玉宝　　　　　　　2025 年 1 月 18 日　　　　　　　单号：CK01005

发货仓库	存货编码	存货名称	单位	数量		单价	金额
				应发	实发		
服装仓	1101	百盛男夹克	件	300	300		
		合　计					

部门经理：略　　　　会计：略　　　　仓库：略　　　　经办人：略

图3-54　出库单

出库单

客户：广西玉宝　　　　　　　2025 年 1 月 18 日　　　　　　　单号：CK01006

发货仓库	存货编码	存货名称	单位	数量		单价	金额
				应发	实发		
手表仓	1201	博伦女表	只	300	300		
		合　计					

部门经理：略　　　　会计：略　　　　仓库：略　　　　经办人：略

图3-55　出库单

出库单

广西玉宝			2025 年 1 月 19 日						单号	CK01007
发货仓库	存货编码	存货名称	单位	数量				单价		金额
				应发	实发					
服装仓	1101	百盛男夹克	件	200	200					
合　计										

部门经理：略　　　会计：略　　　仓库：略　　　经办人：略

图3-56　出库单

出库单

广西玉宝			2025 年 1 月 19 日						单号	CK01008
发货仓库	存货编码	存货名称	单位	数量				单价		金额
				应发	实发					
手表仓	1201	博伦女表	只	200	200					
合　计										

部门经理：略　　　会计：略　　　仓库：略　　　经办人：略

图3-57　出库单

电子发票（增值税专用发票）

发票号码：25212000000021327504

开票日期：2025 年 01 月 19 日

购买方信息	名称：广西玉宝商贸有限公司	销售方信息	名称：辽宁恒通商贸有限公司
	统一社会信用代码/纳税人识别号：91450904342576849K		统一社会信用代码/纳税人识别号：91210105206917583A

项目名称	规格型号	单位	数量	单价	金额	税率/征收率	税额
*服装*百盛男夹克		件	500	368.00	184 000.00	13%	23 920.00
*手表*博伦女表		只	500	3 690.00	1 845 000.00	13%	239 850.00
合　计					¥2 029 000.00		¥263 770.00

价税合计（大写）	⊗ 贰佰贰拾玖万贰仟柒佰柒拾元整	（小写）¥2 292 770.00

备注	购买方开户银行：兴业银行玉林市东门支行　　银行账号：2111702010422009265
	销售方开户银行：中国工商银行沈阳皇姑支行　　银行账号：2107024015890035666

开票人：赵凯杰

图3-58　增值税专用发票

银行承兑汇票

2   35003826
       52833953

出票日期（大写）　贰零贰伍年零壹月壹拾玖日

出票人全称	广西玉宝商贸有限公司	收款人	全　　称	辽宁恒通商贸有限公司
出票人账号	2111702010422009265		账　　号	2107024015890035666
开户银行	兴业银行玉林市东门支行		开户银行	中国工商银行沈阳皇姑支行

出票金额	人民币（大写）　壹佰贰拾玖万贰仟柒佰柒拾元整	亿	千	百	十	万	千	百	十	元	角	分
		¥	1	2	9	2	7	7	0	0	0	0

汇票到期日（大写）	贰零贰伍年零柒月壹拾玖日	付款行	行号	
承兑协议编号	105307457513516		地址	

本汇票请你行承兑，到期无条件付款。	本汇票已经承兑，到期日由本行付款。	密押
财务专用章　★ 李宝玉印	6767312060　承兑行签章 承兑日期 2025 年 1 月 19 日	复核　　记账
出票人签章	备注：	

此联收款人开户行随托收凭证寄付款行作借方凭证附件

图3-59　银行承兑汇票

【实验过程概览】

本业务的操作过程概览见表3-7。

表 3-7   实验过程概览

序号	操作日期	操作员	系统	操作内容
1	2025-01-17	W03贺青春	应收款管理	票据录入（预收款）
2	2025-01-17	W02赵凯杰	应收款管理	收款单据审核，生成凭证
3	2025-01-18	X01刘晓洺	销售管理	填制销售订单
4	2025-01-18	X01刘晓洺	销售管理	参照销售订单生成第一张发货单
5	2025-01-18	C01李泽伟	库存管理	参照发货单批量生成销售出库单
6	2025-01-19	X01刘晓洺	销售管理	参照销售订单生成第二张发货单
7	2025-01-19	C01李泽伟	库存管理	参照发货单批量生成销售出库单
8	2025-01-19	X01刘晓洺	销售管理	参照发货单生成销售专用发票
9	2025-01-19	W02赵凯杰	应收款管理	销售发票审核并生成凭证
10	2025-01-19	W02赵凯杰	应收款管理	预收冲应收
11	2025-01-19	W02赵凯杰	存货核算	正常单据记账，生成凭证
12	2025-01-19	W03贺青春	应收款管理	票据录入
13	2025-01-19	W02赵凯杰	应收款管理	收款单据审核、手工核销和生成凭证

【实验过程】

分批且分仓库
出库业务

1. 票据录入（预收款）

2025 年 1 月 17 日，由贺青春（W03）登录企业应用平台。在 U8 企业应用平台，依次单击"业务工作→财务会计→应收款管理→票据管理→票据录入"菜单，打开"应收票据录入"窗口。单击"增加"按钮，根据图 3-52 填制银行承兑汇票，单击"保存"按钮，结果如图 3-60 所示。商业汇票保存后，系统自动生成未审核的收款单。

商业汇票

票据编号 * 52833952	票据类型 * 银行承兑汇票	方向 * 收款	
收到日期 * 2025-01-17	出票人 * 广西玉宝商贸有限公司	出票人账号 2111702010422009265	
出票日期 * 2025-01-17	到期日 * 2025-07-17	结算方式 * 银行承兑汇票	
付款人银行 * 兴业银行玉林市东门支行	收款人 * 辽宁恒通商贸有限公司	收款人账号 2107024015890035666	
收款人开户银行 中国工商银行沈阳皇姑支行	币种 * 人民币	汇率 1.000000	
金额 * 1000000.00	交易合同号码	票面利率 0.00000000	
付款行行号	付款行地址	贴书人	
背书金额	备注	业务员 何丽平	
部门 销售部	制单人 贺青春	票据摘要	
银行名称			

	处理方式	处理日期	贴现银行	被背书人	贴现率	利息	费用	处理金额	经手人	托收单位
1										

图3-60 "应收票据录入"窗口

在应收款管理系统，单击"收款处理→收款单据录入"菜单，打开"收款单据录入"窗口。单击工具栏的"▶▏"（末张）按钮，再单击"修改"按钮，将表体的"款项类型"修改为"预收款"，单击"保存"按钮，结果如图3-61所示。

收款单

●已审核

单据编号 0000000006	日期 * 2025-01-17	客户 * 广西玉宝	
结算方式 * 银行承兑汇票	结算科目	币种 * 人民币	
汇率 1	金额 * 1000000.00	本币金额 1000000.00	
客户银行 兴业银行玉林市东门支行	客户账号 2111702010422009265	票据号 52833952	
部门 销售部	业务员 何丽平	项目	
摘要	订单号		

	款项类型	客户	部门	业务员	金额	本币金额	科目
1	预收款	广西玉宝	销售部	何丽平	1000000.00	1000000.00	220301
2							

图3-61 （预收款）收款单

2.收款单据审核，生成凭证

2025年1月17日，由赵凯杰（W02）登录企业应用平台。

（1）收款单据审核。在应收款管理系统，依次单击"收款处理→收款单据审核"菜单，打开"收款单据审核"窗口。单击窗口左下角的"查询"按钮，选中预收广西玉宝货款的收款单，单击工具栏的"审核"按钮，单击"确定"。关闭当前窗口。

（2）生成凭证。在应收款管理系统，依次单击"凭证处理→生成凭证"菜单，系统弹出"制单查询"对话框，勾选"收付款单"，单击"确定"，打开"生成凭证"窗口。依次单击工具栏的"全选""制单"按钮，系统生成一张记账凭证，单击工具栏的"保存"按钮。退出当前窗口。

> 借：应收票据/人民币（广西玉宝）　　　　　　　　　　　　1 000 000.00
> 　　贷：预收账款/一般人民币预收账款（广西玉宝）　　　　　　　　　　1 000 000.00

3.填制销售订单

2025年1月18日，由刘晓洺（X01）登录企业应用平台。在U8企业应用平台，依次单击"业务工作→供应链→销售管理→销售订货→销售订单"菜单，打开"销售订单"窗口。单击工具栏的"增加"按钮，根据图3-53填制销售订单，填制完毕保存并审核该订单，结果如图3-62所示。退出"销售订单"窗口。

	存货编码	存货名称	主计量	数量	含税单价	无税单价	无税金额	税额	价税合计	税率（%）	预发货日期
1	1101	百盛男夹克	件	300.00	415.84	368.00	110400.00	14352.00	124752.00	13.00	2025-01-18
2	1201	博伦女表	只	300.00	4169.70	3690.00	1107000.00	143910.00	1250910.00	13.00	2025-01-18
3	1101	百盛男夹克	件	200.00	415.84	368.00	73600.00	9568.00	83168.00	13.00	2025-01-19
4	1201	博伦女表	只	200.00	4169.70	3690.00	738000.00	95940.00	833940.00	13.00	2025-01-19
5											

图3-62　销售订单

4.参照销售订单生成第一张发货单

在"销售管理"系统，依次单击"销售发货→发货单"菜单，打开"发货单"窗口。单击"增加"按钮，系统弹出"查询条件-参照订单"对话框，单击"确定"按钮，打开"参照生单"窗口。选中窗口上方的XS01004号销售订单，取消勾选窗口下方预发货日期为1月19日的两行记录，仅保留预发货日期为1月18日的两行记录，如图3-63所示。

	订单号	订单行号	货物编号	货物名称	预发货日期	主计量单位	可发货数量	无税单价	可发货无税金额	可发货税额	可发货价税合计
☑	XS01004	1	1101	百盛男夹克	2025-01-18	件	300.00	368.00	110,400.00	14,352.00	124,752.00
☑	XS01004	2	1201	博伦女表	2025-01-18	只	300.00	3,690.00	1,107,000.00	143,910.00	1,250,910.00
☐	XS01004	3	1101	百盛男夹克	2025-01-19	件	200.00	368.00	73,600.00	9,568.00	83,168.00
☐	XS01004	4	1201	博伦女表	2025-01-19	只	200.00	3,690.00	738,000.00	95,940.00	833,940.00
合计							1,000.00		2,029,000.00	263,770.00	2,292,770.00

图3-63　"参照生单"窗口

单击工具栏的"确定"按钮，系统返回"发货单"窗口。发货单表体第1行"仓库名称"选择"服装仓"，第2行选择"手表仓"。保存并审核该发货单，如图3-64所示。

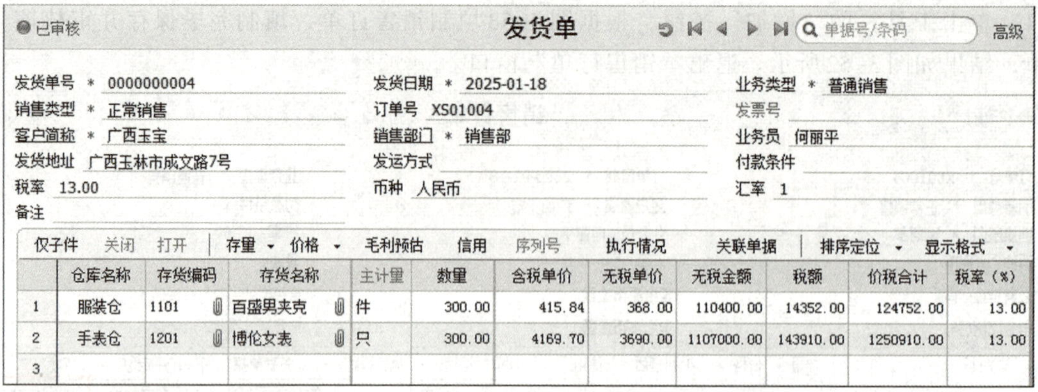

图3-64　发货单

5.参照发货单批量生成销售出库单

2025年1月18日，由李泽伟（C01）登录企业应用平台。在U8企业应用平台，依次单击"业务工作→供应链→库存管理→销售出库→发货单批量出库"菜单，系统弹出"查询条件-销售发货单列表"对话框，单击"确定"按钮，系统打开"销售生单"窗口。

单击18日广西玉宝的发货单所对应的"选择"栏，再单击工具栏的"确定"按钮，系统提示"生单成功！"，单击"确定"，系统提示"是否查看生成单据的列表？"，单击"是"按钮，系统打开"销售出库单列表"窗口。

双击百盛男夹克的"出库单号"栏，打开该销售出库单。根据实验资料，单击"修改"按钮，将销售出库单的"出库单号"改为"CK01005"，保存并审核该出库单，结果如图3-65所示。

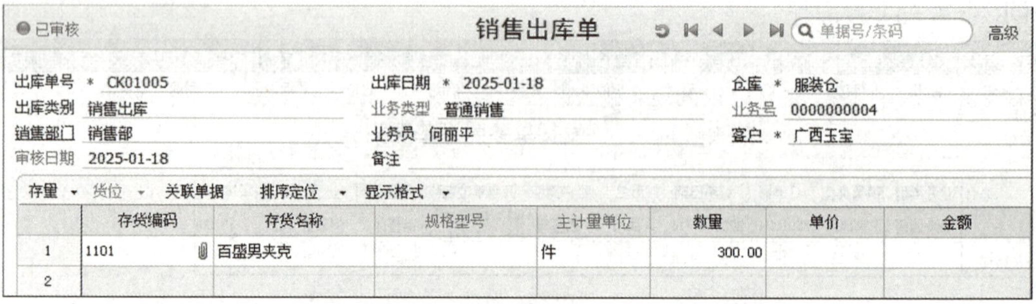

图3-65　销售出库单

单击工具栏的"▶"（下张）按钮，根据实验资料，单击"修改"，将博伦女表销售出库单的"出库单号"改为"CK01006"，保存并审核该销售出库单，结果如图3-66所示。

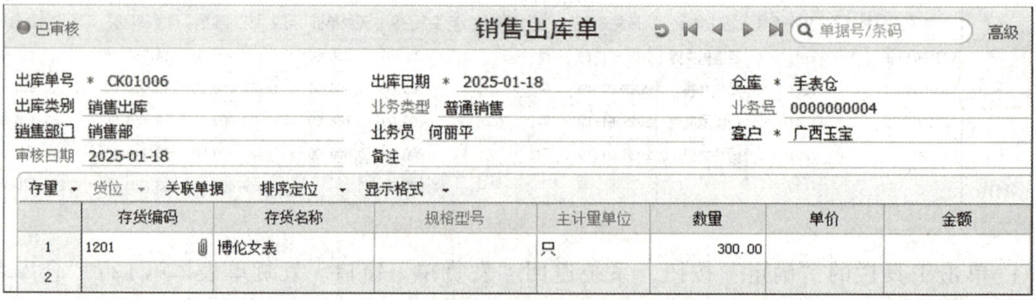

图3-66　销售出库单

6.参照销售订单生成第二张发货单

2025年1月19日，由刘晓洺（X01）登录企业应用平台。在“销售管理”子系统，依次单击“销售发货→发货单”菜单，打开“发货单”窗口。单击“增加”按钮，系统弹出“查询条件-参照订单”对话框。单击“全选”，再单击“确定”按钮，系统返回“发货单”窗口。发货单表体第1行“仓库名称”选择“服装仓”，第2行选择“手表仓”。保存并审核该发货单，结果如图3-67所示。

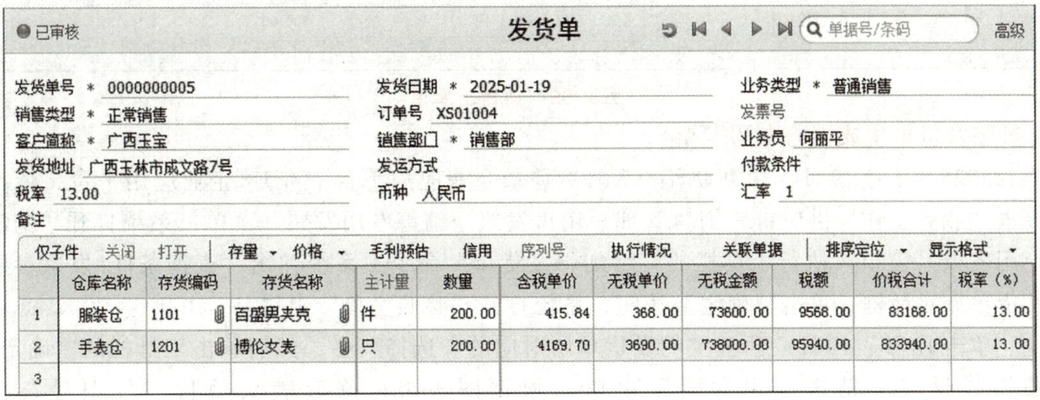

已审核
发货单
单据号/条码
高级
发货单号 * 0000000005
发货日期 * 2025-01-19
业务类型 * 普通销售
销售类型 * 正常销售
订单号 XS01004
发票号
客户简称 * 广西玉宝
销售部门 * 销售部
业务员 何丽平
发货地址 广西玉林市成文路7号
发运方式
付款条件
税率 13.00
币种 人民币
汇率 1
备注
仅子件 关闭 打开 存量 价格 毛利预估 信用 序列号 执行情况 关联单据 排序定位 显示格式
仓库名称 存货编码 存货名称 主计量 数量 含税单价 无税单价 无税金额 税额 价税合计 税率（%）
1 服装仓 1101 百盛男夹克 件 200.00 415.84 368.00 73600.00 9568.00 83168.00 13.00
2 手表仓 1201 博伦女表 只 200.00 4169.70 3690.00 738000.00 95940.00 833940.00 13.00
3

图3-67 发货单

7.参照发货单批量生成销售出库单

2025年1月19日，由李泽伟（C01）登录企业应用平台。在U8企业应用平台，依次单击“业务工作→供应链→库存管理→销售出库→发货单批量出库”菜单，系统弹出“查询条件-销售发货单列表”对话框，单击“确定”按钮，系统打开“销售生单”窗口。

单击19日广西玉宝的发货单所对应的“选择”栏，再单击工具栏的“确定”按钮，系统提示“生单成功！”，单击“确定”，系统提示“是否查看生成单据的列表？”，单击“是”按钮，系统打开“销售出库单列表”窗口。

双击百盛男夹克的“出库单号”栏，打开该销售出库单。根据实验资料，单击“修改”按钮，将销售出库单的“出库单号”改为“CK01007”，保存并审核该出库单，结果如图3-68所示。

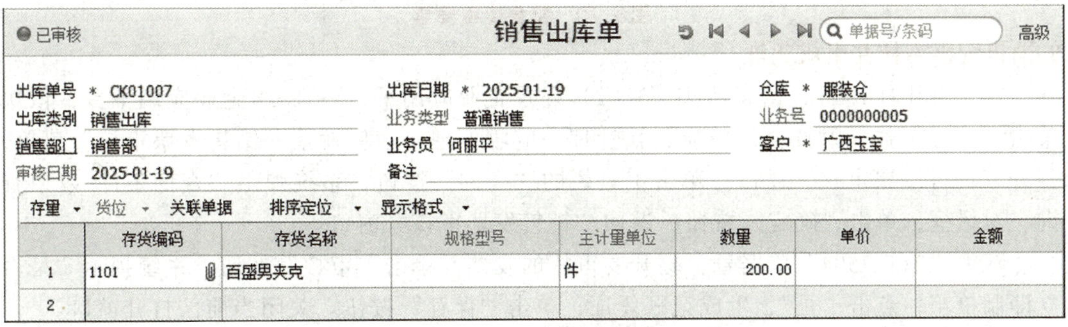

已审核
销售出库单
单据号/条码
高级
出库单号 * CK01007
出库日期 * 2025-01-19
仓库 * 服装仓
出库类别 销售出库
业务类型 普通销售
业务号 0000000005
销售部门 销售部
业务员 何丽平
客户 * 广西玉宝
审核日期 2025-01-19
备注
存量 货位 关联单据 排序定位 显示格式
存货编码 存货名称 规格型号 主计量单位 数量 单价 金额
1 1101 百盛男夹克 件 200.00
2

图3-68 销售出库单

单击工具栏的“▶”（下张）按钮，根据实验资料，单击“修改”，将博伦女表销售出库单的“出库单号”改为“CK01008”，保存并审核该销售出库单，结果如图3-69所示。

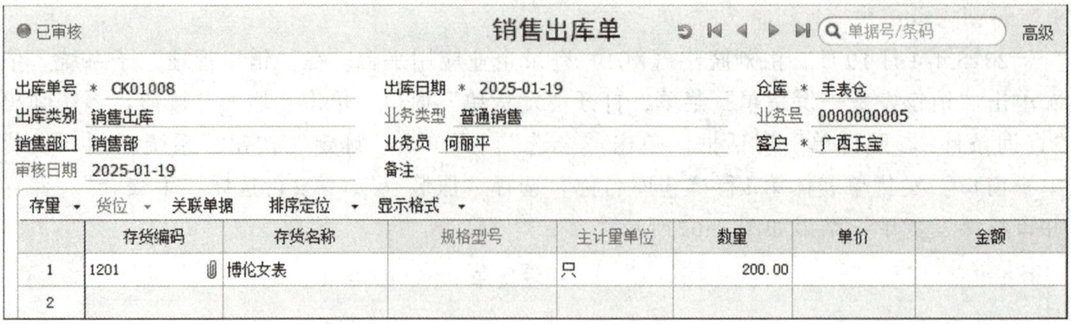

图3-69　销售出库单

8.参照发货单生成销售专用发票

2025 年 1 月 19 日，由刘晓洺（X01）登录企业应用平台。在 U8 企业应用平台，依次单击"业务工作→供应链→销售管理→销售发票→销售专用发票"菜单，系统打开"销售专用发票"窗口。执行工具栏的"增加→发货单"命令，系统弹出"查询条件-发票参照发货单"对话框，单击"确定"按钮，系统打开"参照生单"窗口。

单击 18 日、19 日广西玉宝的发货单所对应的"选择"栏，然后单击工具栏的"确定"按钮，返回"销售专用发票"窗口。根据图3-58，修改表头项目"发票号"为"21327504"，其他项默认。保存并复核该销售专用发票，结果如图3-70所示。

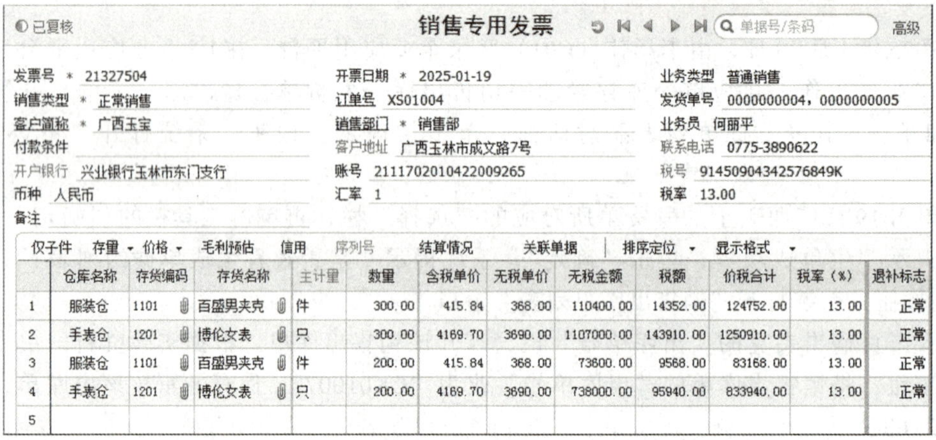

图3-70　销售专用发票

9.销售发票审核并生成凭证

2025 年 1 月 19 日，由赵凯杰（W02）登录企业应用平台。在 U8 企业应用平台，依次单击"业务工作→财务会计→应收款管理→应收处理→销售发票→销售发票审核"菜单，打开"销售发票审核"窗口。单击工具栏的"查询"按钮，系统弹出"查询条件-发票查询"对话框，单击"确定"按钮，返回"销售发票审核"窗口。

双击"21327504"单据号，打开要审核的发票，单击"审核"按钮，系统提示"是否立即制单？"，点击"是"，生成记账凭证，单击"保存"按钮。关闭当前已打开窗口。

借：应收账款/人民币（广西玉宝）		2 292 770.00
贷：主营业务收入		2 029 000.00
应交税费/应交增值税/销项税额		263 770.00

10.预收冲应收

在应收款管理系统，依次单击"转账→预收冲应收"菜单，系统弹出"预收冲应收"对话框，客户选择"广西玉宝"，单击"过滤"按钮，"转账金额"栏录入"1000000"，如图3-71所示。

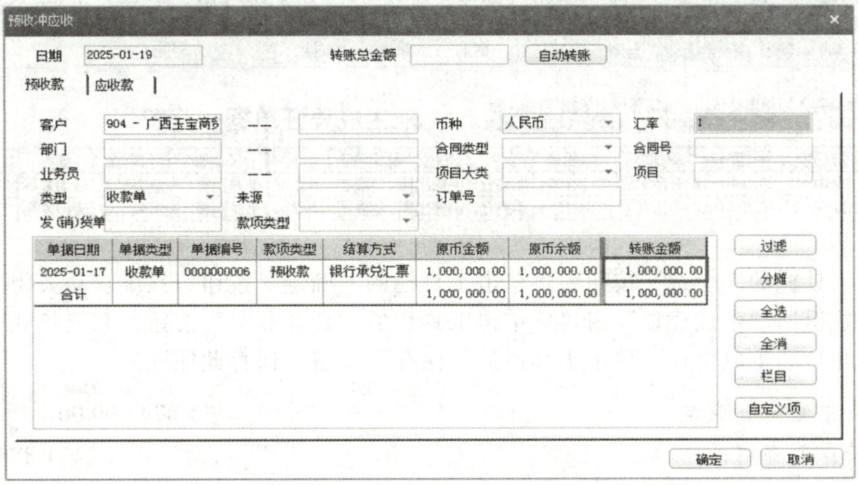

图3-71 预收冲应收——预收款

单击"应收款"选项卡，单击"过滤"按钮，在"转账金额"栏录入"1000000"，如图3-72所示。单击"确定"按钮，出现"是否立即制单?"对话框，单击"是"，生成记账凭证。关闭当前窗口。

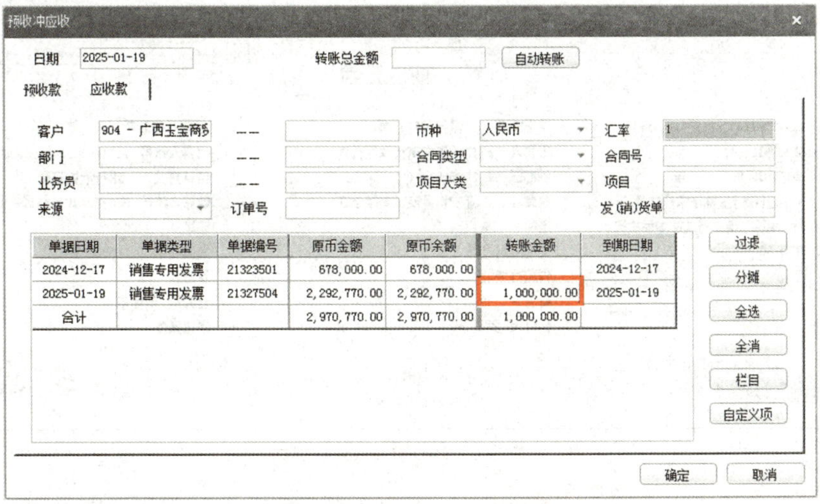

图3-72 预收冲应收——应收款

贷：预收账款/一般人民币预收账款（广西玉宝）	−1 000 000.00
贷：应收账款/人民币（广西玉宝）	1 000 000.00

11.正常单据记账，生成凭证

（1）正常单据记账。在供应链的"存货核算"子系统，依次单击"记账→正常单据记账"菜单，系统打开"未记账单据一览表"窗口，单击窗口左下角的"查询"按钮，系统显示未记账单据。选中21327504号发票的4行记录，再单击工具栏的"记账"按钮，系统弹出信息框提示记账成功，单击"确定"按钮，完成记账工作。关闭当前窗口。

（2）生成凭证。在"存货核算"子系统，依次单击"凭证处理→生成凭证"菜单，系统打开"生成凭证"窗口。单击工具栏的"选单"按钮，系统弹出"查询条件-生成凭证查询条件"对话框，单击"确定"按钮，系统打开"选择单据"窗口，如图3-73所示。

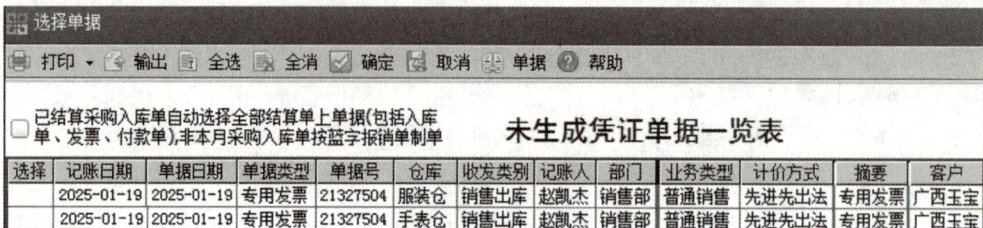

选择	记账日期	单据日期	单据类型	单据号	仓库	收发类别	记账人	部门	业务类型	计价方式	摘要	客户
	2025-01-19	2025-01-19	专用发票	21327504	服装仓	销售出库	赵凯杰	销售部	普通销售	先进先出法	专用发票	广西玉宝
	2025-01-19	2025-01-19	专用发票	21327504	手表仓	销售出库	赵凯杰	销售部	普通销售	先进先出法	专用发票	广西玉宝

图3-73　选择单据

单击工具栏的"全选"按钮，再单击工具栏的"确定"按钮，系统自动关闭"选择单据"窗口并返回"生成凭证"窗口。单击工具栏的"合并制单"按钮，系统打开"填制凭证"窗口并自动生成凭证。单击工具栏的"保存"按钮，保存此凭证。

借：主营业务成本　　　　　　　　　　　　　　1 874 000.00
　　贷：库存商品　　　　　　　　　　　　　　　　　　1 874 000.00

12.票据录入

2025年1月19日，由贺青春（W03）登录企业应用平台。在U8企业应用平台，依次单击"业务工作→财务会计→应收款管理→票据管理→票据录入"菜单，打开"应收票据录入"窗口。单击"增加"按钮，根据图3-59输入银行承兑汇票信息，录入完毕单击"保存"按钮，结果如图3-74所示。

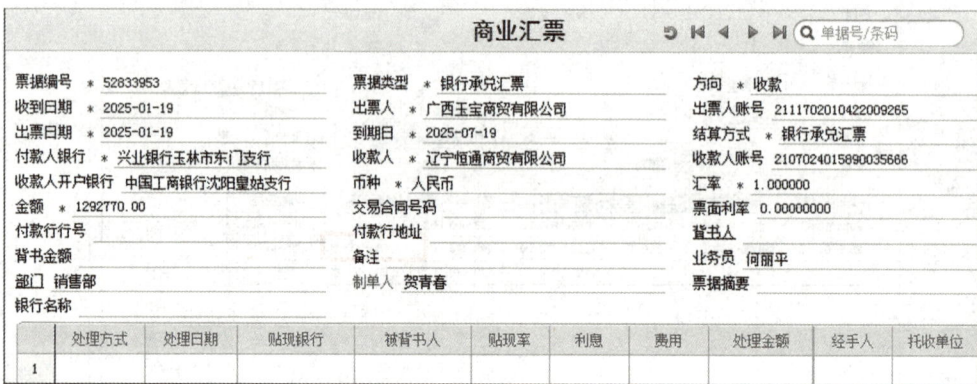

图3-74　"应收票据录入"窗口

13.收款单据审核、手工核销和生成凭证

2025年1月19日，由赵凯杰（W02）登录企业应用平台。

（1）收款单据审核。在U8企业应用平台，依次单击"业务工作→财务会计→应收款管理→收款处理→收款单据审核"菜单，打开"收款单据审核"窗口。单击窗口左下角的"查询"按钮，选中收取广西玉宝货款的收款单，单击"审核"按钮，单击"确定"按钮。关闭当前窗口。

（2）手工核销。在应收款管理系统，依次单击"核销处理→手工核销"菜单，系统弹出"核销条件"对话框，客户选择"广西玉宝"，单击"确定"按钮，打开"手工核销"窗口。输入本次结算金额，如图3-75所示，单击"确认"按钮。关闭当前窗口。

我的桌面　手工核销

查询　刷新　全选　全消　分摊　预收　确认　汇率　联查　栏目设置

单据日期	单据类型	单据编号	客户	款项类型	结算方式	原币金额	原币余额	本次结算金额	订单号
2025-01-19	收款单	0000000007	广西玉宝	应收款	银行承兑汇票	1,292,770.00	1,292,770.00	1,292,770.00	
合计						1,292,770.00	1,292,770.00	1,292,770.00	

单据日期	单据类型	单据编号	到期日	客户	原币金额	原币余额	可享受折扣	本次折扣	本次结算	订单号	凭证号
2024-12-17	销售专用发票	21323501	2024-12-17	广西玉宝	678,000.00	678,000.00	0.00				
2025-01-19	销售专用发票	21327504	2025-01-19	广西玉宝	2,292,770.00	1,292,770.00	0.00		1,292,770.00	XS01004	记-0059
合计					2,970,770.00	1,970,770.00	0.00		1,292,770.00		

图3-75　“手工核销”窗口

（3）生成凭证。在应收款管理系统，单击“凭证处理→生成凭证”菜单，系统弹出“制单查询”对话框，勾选“收付款单”“核销”，单击“确定”，依次单击“合并”“制单”按钮，系统生成相关的记账凭证，单击“保存”按钮。

借：应收票据/人民币（广西玉宝）　　1 292 770.00

　贷：应收账款/人民币（广西玉宝）　　1 292 770.00

3.2.5　卖方承担运费的分次收款业务

【实验资料】

2025年1月19日，销售部何丽平与北京汇鑫签订购销合同。当日，我公司开具增值税专用发票并发出全部货物，同时收取货款100 000元。

2025年1月20日，收到北京汇鑫购货尾款（选择收款）。另支付一笔销货运费。

相关凭证如图3-76至图3-82所示。

购销合同

合同编号：XS01005

卖方：辽宁恒通商贸有限公司

买方：北京汇鑫百货有限公司

为保护买卖双方的合法权益，根据《中华人民共和国民法典》的有关规定，买卖双方经友好协商，一致同意签订本合同，并共同遵守合同约定。

一、货物的名称、数量及金额：

货物名称	规格型号	计量单位	数量	单价（不含税）	金额（不含税）	税率	税额
百盛男套装		套	500	398.00	199 000.00	13%	25 870.00
百盛男夹克		件	350	380.00	133 000.00	13%	17 290.00
合　计					¥332 000.00		¥43 160.00

二、合同总金额：人民币叁拾柒万伍仟壹佰陆拾元整（¥375 160.00）。

三、签订合同当日，卖方开具增值税专用发票并发出全部货物，同时收取买方部分货款100 000元，在货物验收合格后，买方以电汇方式结算剩余货款275 160元。

四、交货地点：北京汇鑫百货有限公司。

五、发运方式与运输费用承担方式：由卖方发货并承担运输费用。

卖　　方：辽宁恒通商贸有限公司　　买　　方：北京汇鑫百货有限公司

授权代表：何丽平　　授权代表：王三金

日　　期：2025年1月19日　　日　　期：2025年1月19日

图3-76　购销合同

电子发票（增值税专用发票）　发票号码：25212000000021327505

开票日期：2025 年 01 月 19 日

购买方信息	名称：北京汇鑫百货有限公司				销售方信息	名称：辽宁恒通商贸有限公司		
	统一社会信用代码/纳税人识别号：9111011357873269OF					统一社会信用代码/纳税人识别号：91210105206917583A		

项目名称	规格型号	单位	数量	单价	金额	税率/征收率	税额
*服装*百盛男套装		套	500	398.00	199 000.00	13%	25 870.00
*服装*百盛男夹克		件	350	380.00	133 000.00	13%	17 290.00
合　计					¥332 000.00		¥43 160.00

价税合计（大写）	⊗ 叁拾柒万伍仟壹佰陆拾元整	（小写）¥375 160.00

备注	购买方开户银行：中国银行北京顺义常庄支行　银行账号：2700322598914536398
	销售方开户银行：中国工商银行沈阳皇姑支行　银行账号：2107024015890035666

开票人：赵凯杰

图3-77　增值税专用发票

中国工商银行　电汇凭证（收账通知）　4　16381746

☑普通　□加急　　委托日期 2025 年 1 月 19 日

汇款人	全　称	北京汇鑫百货有限公司	收款人	全　称	辽宁恒通商贸有限公司
	账　号	2700322598914536398		账　号	2107024015890035666
	开户银行	中国银行北京顺义常庄支行		开户银行	中国工商银行沈阳皇姑支行

金额	人民币（大写）	壹拾万元整	亿	千	百	十	万	千	百	十	元	角	分
					¥	1	0	0	0	0	0	0	0

此汇款已收入收款人账户。

中国工商银行沈阳皇姑支行 2025.01.19 转讫（8）

汇入行签章

支付密码

附加信息及用途：货款

复核　记账

此联为开户行给收款人的收账通知

图3-78　电汇收款凭证

出库单

客户：北京汇鑫　　　2025 年 1 月 19 日　　　单号：CK01009

发货仓库	存货编码	存货名称	单位	数量		单价	金额
				应发	实发		
服装仓	1104	百盛男套装	套	500	500		
服装仓	1101	百盛男夹克	件	350	350		
合　计							

部门经理　略　　　会计：略　　　仓库：略　　　经办人　略

图3-79　出库单

中国工商银行 电汇凭证（收账通知） 4   16381755

☑普通 □加急   委托日期 2025年1月20日

汇款人	全 称	北京汇鑫百货有限公司	收款人	全 称	辽宁恒通商贸有限公司
	账 号	2700322598914536398		账 号	2107024015890035666
	开户银行	中国银行北京顺义常庄支行		开户银行	中国工商银行沈阳皇姑支行

金额	人民币（大写）	贰拾柒万伍仟壹佰陆拾元整	亿	千	百	十	万	千	百	十	元	角	分
				¥	2	7	5	1	6	0	0	0	0

此汇款已收入收款人账户。

转讫（8）

汇入行签章

支付密码

附加信息及用途：货款

复核   记账

（沈阳皇姑支行 2025.01.20 转讫(8)）

图3-80 电汇收款凭证

电子发票（增值税专用发票）

货物运输服务

发票号码：25212000000017208235
开票日期：2025 年 01 月 20 日

（国家税务总局 辽宁省 发票监制章）

购买方信息	名称： 辽宁恒通商贸有限公司	销售方信息	名称： 沈阳通达物流有限公司
	统一社会信用代码/纳税人识别号：91210105206917583A		统一社会信用代码/纳税人识别号：91210105357948262A

项目名称	规格型号	单位	数量	单价	金额	税率/征收率	税额
*运输服务*运费		千米	700	5.00	3 500.00	9%	315.00
合　计					¥3 500.00		¥315.00

运输工具种类	运输工具牌号	起运地	到达地	运输货物名称
公路运输	辽A59666	沈阳	北京	服装

价税合计（大写）	⊗ 叁仟捌佰壹拾伍元整	（小写）¥3 815.00

备注	购买方开户银行：中国工商银行沈阳皇姑支行　银行账号：2107024015890035666
	销售方开户银行：中国银行沈阳皇姑支行　银行账号：8201141631080911001

开票人：解冰

图3-81 增值税专用发票

中国工商银行
转账支票存根
21003365
21562391

附加信息
_____
_____

出票日期：**2025 年 01 月 20 日**
收款人：**沈阳通达物流有限公司**
金　额：**¥3 815.00**
用　途：运费
单位主管 李成喜　会计 赵凯杰

（西安西钞证券印制有限公司·2025年印制）

图3-82 转账支票存根

本业务的操作过程概览见表3-8。

表 3-8　　　　　　　　　　　　　　实验过程概览

序号	操作日期	操作员	系统	操作内容
1	2025-01-19	X01刘晓泠	销售管理	填制销售订单
2	2025-01-19	X01刘晓泠	销售管理	参照销售订单生成销售专用发票
3	2025-01-19	C01李泽伟	库存管理	参照发货单生成销售出库单
4	2025-01-19	W02赵凯杰	应收款管理	销售发票审核并生成凭证
5	2025-01-19	W02赵凯杰	存货核算	正常单据记账，生成凭证
6	2025-01-19	W03贺青春	应收款管理	选择收款
7	2025-01-19	W02赵凯杰	应收款管理	生成凭证
8	2025-01-20	W03贺青春	应收款管理	选择收款
9	2025-01-20	W02赵凯杰	应收款管理	生成凭证
10	2025-01-20	G01张宏亮	采购管理	填制运费专用发票（现付）
11	2025-01-20	W02赵凯杰	应付款管理	采购发票审核并生成凭证

【实验过程】

1.填制销售订单

2025 年 1 月 19 日，由刘晓泠（X01）登录企业应用平台。在 U8 企业应用平台，依次单击"业务工作→供应链→销售管理→销售订货→销售订单"菜单，打开"销售订单"窗口。单击工具栏的"增加"按钮，根据图3-76填制销售订单，填制完毕保存并审核，结果如图3-83所示。关闭"销售订单"窗口。

卖方承担运费的分次收款业务

已审核			销售订单					单据号/条码		高级

订单号 * XS01005　　　　订单日期 * 2025-01-19　　　　业务类型 * 普通销售
销售类型 * 正常销售　　　　客户简称 * 北京汇鑫　　　　付款条件
销售部门 * 销售部　　　　业务员 何丽平　　　　税率 13.00
币种 人民币　　　　汇率 1　　　　备注
必有定金 否　　　　定金原币金额　　　　定金累计实收原币金额
定金比例(%)　　　　定金本币金额　　　　定金累计实收本币金额

仅子件	关闭	打开	存量 ▾ 价格 ▾	毛利预估	信用	ATP模拟运算	执行跟踪	关联单据	排序定位 ▾	显示格式 ≫

	存货编码	存货名称	主计量	数量	含税单价	无税单价	无税金额	税额	价税合计	税率（%）	预发货日期
1	1104	百盛男套装	套	500.00	449.74	398.00	199000.00	25870.00	224870.00	13.00	2025-01-19
2	1101	百盛男夹克	件	350.00	429.40	380.00	133000.00	17290.00	150290.00	13.00	2025-01-19
3											

图3-83　销售订单

2.参照销售订单生成销售专用发票

在"销售管理"子系统，依次单击"销售发票→销售专用发票"菜单，系统打开"销售专用发票"窗口。单击工具栏的"增加"按钮，系统弹出"查询条件-参照订单"对话框，单击"确定"按钮，系统打开"参照生单"窗口。选择XS01005号订单，单击"确定"按钮，根据图3-77，修改"发票号"为"21327505"，修改表体"仓库名称"为"服装仓"。依次单击工具栏的"保存""复核"按钮，结果如图3-84所示。退出"销售专用发票"窗口。

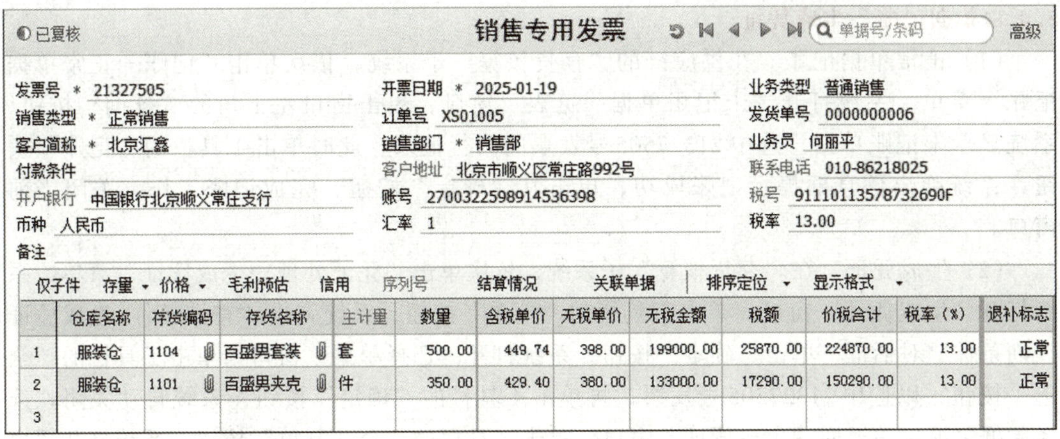

图3-84　销售专用发票

3.参照发货单生成销售出库单

2025 年 1 月 19 日，由李泽伟（C01）登录企业应用平台。在 U8 企业应用平台，依次单击"业务工作→供应链→库存管理→销售出库→销售出库单"菜单，系统打开"销售出库单"窗口。执行工具栏的"增加→销售发货单"命令，系统弹出"查询条件–销售发货单列表"对话框，单击"确定"按钮，系统打开"销售生单"窗口。选择 19 日北京汇鑫的"发货单"，单击工具栏的"确定"按钮，系统返回"销售出库单"窗口。根据图 3–79 修改出库单号为"CK01009"。保存并审核该出库单，结果如图 3–85 所示。

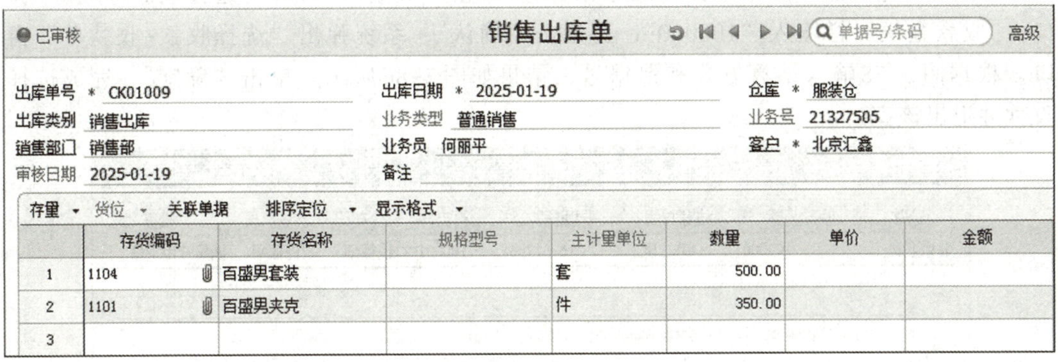

图3-85　销售出库单

4.销售发票审核并生成凭证

2025 年 1 月 19 日，由赵凯杰（W02）登录企业应用平台。在 U8 企业应用平台，依次单击"业务工作→财务会计→应收款管理→应收处理→销售发票→销售发票审核"菜单，打开"销售发票审核"窗口。单击工具栏的"查询"按钮，系统弹出"查询条件–发票查询"对话框，单击"确定"按钮，返回"销售发票审核"窗口。

双击"21327505"单据号，打开要审核的发票，单击"审核"按钮，系统提示"是否立即制单？"，点击"是"，生成记账凭证，单击"保存"按钮。关闭当前已打开窗口。

借：应收账款/人民币（北京汇鑫）	375 160.00
贷：主营业务收入	332 000.00
应交税费/应交增值税/销项税额	43 160.00

5.正常单据记账，生成凭证

（1）正常单据记账。在供应链的"存货核算"子系统，依次单击"记账→正常单据记账"菜单，系统打开"未记账单据一览表"窗口，单击窗口左下角的"查询"按钮，系统显示未记账单据。选中21327505号发票的两行记录，此时单击工具栏的"记账"按钮，系统弹出信息框提示记账成功，单击其"确定"按钮，完成记账工作。关闭当前窗口。

（2）生成凭证。在"存货核算"子系统，依次单击"凭证处理→生成凭证"菜单，系统打开"生成凭证"窗口。单击工具栏的"选单"按钮，系统弹出"查询条件-生成凭证查询条件"对话框，单击"确定"按钮，系统打开"选择单据"窗口。单击工具栏的"全选"按钮，以选中21327505号发票，再单击工具栏的"确定"按钮，系统自动关闭"选择单据"窗口并返回"生成凭证"窗口。单击工具栏的"合并制单"按钮，系统打开"填制凭证"窗口并自动生成凭证。单击工具栏的"保存"按钮，保存此凭证。

借：主营业务成本	268 300.00
贷：库存商品	268 300.00

6.选择收款

2025年1月19日，由贺青春（W03）登录企业应用平台。在U8企业应用平台，依次单击"业务工作→财务会计→应收款管理→收款处理→选择收款"菜单，系统弹出"选择收款-条件"对话框，客户选择"北京汇鑫"，单击"确定"，打开"选择收款-单据"窗口。"收款金额"栏输入"100000"，再单击"确认"，系统弹出"选择收款-收款单"窗口。根据图3-78输入结算方式和票据号，结果如图3-86所示。单击"确定"，完成选择收款并退出该窗口。

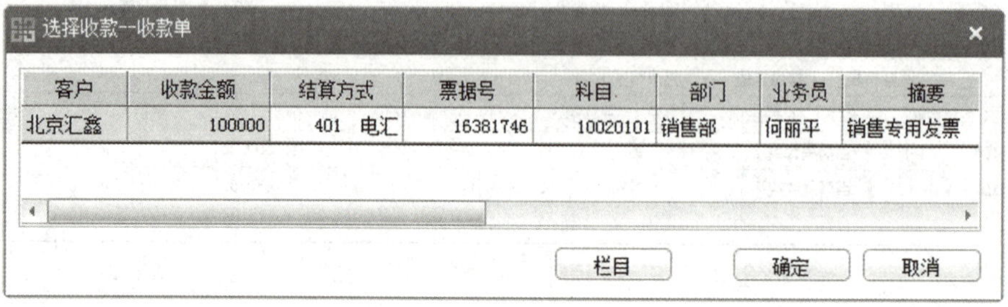

客户	收款金额	结算方式	票据号	科目	部门	业务员	摘要
北京汇鑫	100000	401 电汇	16381746	10020101	销售部	何丽平	销售专用发票

图3-86　"选择收款-收款单"窗口

7.生成凭证

2025年1月19日，由赵凯杰（W02）登录企业应用平台。在U8企业应用平台，依次单击"业务工作→财务会计→应收款管理→凭证处理→生成凭证"菜单，系统弹出"制单查询"对话框，勾选"收付款单""核销"，单击"确定"，打开"生成凭证"窗口。依次单击"合并""制单"按钮，系统生成相关的记账凭证，单击"保存"按钮。

借：银行存款/中国工商银行/沈阳皇姑支行	100 000.00
贷：应收账款/人民币（北京汇鑫）	100 000.00

8.选择收款

2025年1月20日，由贺青春（W03）登录企业应用平台。在U8企业应用平台，依次单击"业务工作→财务会计→应收款管理→收款处理→选择收款"菜单，系统弹出"选择收款-条件"对话框，客户选择"北京汇鑫"，单击"确定"，打开"选择收款-单据"窗口。"收款金额"栏输入"275160"，再单击"确认"，系统弹出"选择收款-收款单"窗口。根据图3-80输入结算方式和票据号，结果如图3-87所示。单击"确定"，完成选择收款并退出该窗口。

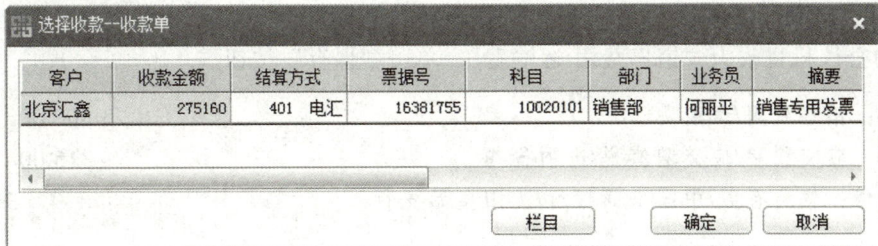

客户	收款金额	结算方式	票据号	科目	部门	业务员	摘要
北京汇鑫	275160	401 电汇	16381755	10020101	销售部	何丽平	销售专用发票

图3-87　"选择收款-收款单"窗口

9.生成凭证

2025年1月20日，由赵凯杰（W02）登录企业应用平台。在U8企业应用平台，依次单击"业务工作→财务会计→应收款管理→凭证处理→生成凭证"菜单，系统弹出"制单查询"对话框，勾选"收付款单""核销"，单击"确定"，打开"生成凭证"窗口。依次单击"合并""制单"按钮，系统生成相关的记账凭证，单击"保存"按钮。

借：银行存款/中国工商银行/沈阳皇姑支行　　　　　　　　　　275 160.00
　　贷：应收账款/人民币（北京汇鑫）　　　　　　　　　　　　　　275 160.00

10.填制运费专用发票（现付）

2025年1月20日，由张宏亮（G01）登录企业应用平台。在"采购管理"子系统，依次单击"采购发票→采购专用发票"菜单，打开"专用发票"窗口。单击工具栏的"增加"按钮，根据图3-81手工填制一张采购专用发票，填制完毕保存并复核该发票。

单击"现付"按钮，打开"采购现付"窗口。根据图3-82，"结算方式"选择"转账支票"，"金额"输入"3815"，"票据号"输入"21562391"。单击"确定"，返回"专用发票"窗口，结果如图3-88所示。

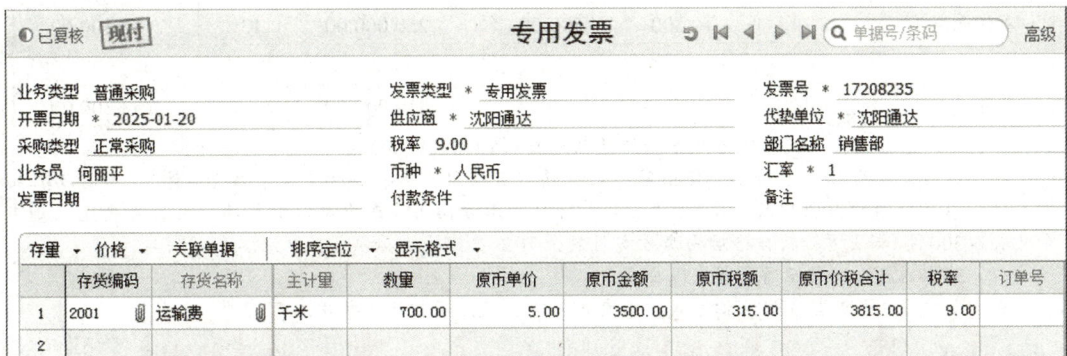

图3-88　采购专用发票

11.采购发票审核并生成凭证

2025年1月20日，由赵凯杰（W02）登录企业应用平台。在U8企业应用平台，依次单击"业务工作→财务会计→应付款管理→应付处理→采购发票→采购发票审核"菜单，打开"采购发票审核"窗口。单击工具栏的"查询"按钮，系统弹出"查询条件-发票查询"对话框，"包含已现结发票"栏选择"是"，"结算状态"栏选择"未结算完"，单击"确定"按钮，返回"采购发票审核"窗口。

双击20日沈阳通达那一行"选择"栏右侧任意单元格，打开"采购发票"窗口。单击"审核"按钮，系统提示"是否立即制单?"，点击"是"，生成记账凭证。将记账凭证第1行的会计科目改为"销售费用/运输费"，单击"保存"按钮。

借：销售费用/运输费 3 500.00
　　应交税费/应交增值税/进项税额 315.00
　　　贷：银行存款/中国工商银行/沈阳皇姑支行 3 815.00

3.2.6　分批出库与分次收款业务

【实验资料】

2025年1月20日，销售部刘晓泷与上海乐淘签订购销合同。当日，我公司开具增值税专用发票并发出第一批货物，同时收取30%货款。

2025年1月21日，我公司发出第二批货物。

相关凭证如图3-89至图3-93所示。

购 销 合 同

合同编号：XS01006

卖方：辽宁恒通商贸有限公司
买方：上海乐淘贸易有限公司

　　为保护买卖双方的合法权益，根据《中华人民共和国民法典》的有关规定，买卖双方经友好协商，一致同意签订本合同，并共同遵守合同约定。
　　一、货物的名称、数量及金额：

货物名称	规格型号	计量单位	数量	单价（不含税）	金额（不含税）	税率	税额
百盛男夹克		件	500	320.00	160 000.00	13%	20 800.00
嘉伟女风衣		件	500	500.00	250 000.00	13%	32 500.00
合　计					¥410 000.00		¥53 300.00

　　二、合同总金额：人民币肆拾陆万叁仟叁佰元整（¥463 300.00）。
　　三、签订合同当日卖方向买方发出第一批货物（百盛男夹克、嘉伟女风衣各200件），同时收取买方支付合同总金额的30%货款138 990元。1月21日，卖方向买方发出第二批货物（百盛男夹克、嘉伟女风衣各300件）。买方验收合格后向卖方支付剩余70%货款。结算方式：电汇。
　　四、交货地点：辽宁恒通商贸有限公司。
　　五、发运方式与运输费用承担方式：由卖方发货，买方承担运输费用。
　　卖　　方：辽宁恒通商贸有限公司　　　　买　　方：上海乐淘贸易有限公司
　　授权代表：刘晓泷　　　　　　　　　　　授权代表：刘乐乐
　　日　　期：2025年1月20日　　　　　　　日　　期：2025年1月20日

图3-89　购销合同

电子发票（增值税专用发票）

发票号码：25212000000021327506
开票日期：2025 年 01 月 20 日

购买方信息	名称：上海乐淘贸易有限公司 统一社会信用代码/纳税人识别号：91310112203203919R	销售方信息	名称：辽宁恒通商贸有限公司 统一社会信用代码/纳税人识别号：91210105206917583A

项目名称	规格型号	单位	数量	单价	金额	税率/征收率	税额
*服装*百盛男夹克		件	500	320.00	160 000.00	13%	20 800.00
*服装*嘉伟女风衣		件	500	500.00	250 000.00	13%	32 500.00
合　计					¥410 000.00		¥53 300.00

价税合计（大写）	⊗ 肆拾陆万叁仟叁佰元整	（小写）¥463 300.00

备注	购买方开户银行：交通银行闵行区北京路支行　　银行账号：8059209375023168063 销售方开户银行：中国工商银行沈阳皇姑支行　　银行账号：2107024015890035666

开票人：赵凯杰

图3-90　增值税专用发票

中国工商银行　电汇凭证（收账通知）

4　　56136762

☑普通　□加急　　　委托日期 2025 年 1 月 20 日

汇款人	全　称	上海乐淘贸易有限公司	收款人	全　称	辽宁恒通商贸有限公司
	账　号	8059209375023168063		账　号	2107024015890035666
	开户银行	交通银行闵行区北京路支行		开户银行	中国工商银行沈阳皇姑支行

金额	人民币（大写）	壹拾叁万捌仟玖佰玖拾元整	亿	千	百	十	万	千	百	十	元	角	分
					¥	1	3	8	9	9	0	0	0

此汇款已收入收款人账户。

支付密码

附加信息及用途：货款

汇入行签章　　　　　　　　　复核　　记账

此联为开户行给收款人的收账通知

图3-91　电汇收款凭证

出库单

上海乐淘　　　　2025　1　20　　　　单号：CK01010

发货仓库	存货编码	存货名称	单位	数量 应发	数量 实发	单价	金额
服装仓	1101	百盛男夹克	件	200	200		
服装仓	1151	嘉伟女风衣	件	200	200		
合 计							

部门经理　略　　　会计　略　　　仓库　略　　　经办人　略

图3-92　出库单

图3-93 出库单

【实验过程概览】

本业务的操作过程概览见表3-9。

表 3-9   实验过程概览

序号	操作日期	操作员	系统	操作内容
1	2025-01-20	X01 刘晓洺	销售管理	填制销售订单
2	2025-01-20	X01 刘晓洺	销售管理	参照销售订单生成销售专用发票
3	2025-01-20	C01 李泽伟	库存管理	参照发货单生成第一张销售出库单
4	2025-01-20	W02 赵凯杰	应收款管理	销售发票审核并生成凭证
5	2025-01-20	W02 赵凯杰	存货核算	正常单据记账，生成凭证
6	2025-01-20	W03 贺青春	应收款管理	选择收款
7	2025-01-20	W02 赵凯杰	应收款管理	生成凭证
8	2025-01-21	C01 李泽伟	库存管理	参照发货单生成第二张销售出库单

【实验过程】

分批出库与
分次收款业务

1.填制销售订单

2025年1月20日，由刘晓洺（X01）登录企业应用平台。在U8企业应用平台，依次单击"业务工作→供应链→销售管理→销售订货→销售订单"菜单，打开"销售订单"窗口。单击工具栏的"增加"按钮，根据图3-89填制销售订单，填制完毕保存并审核该订单，结果如图3-94所示。关闭"销售订单"窗口。

图3-94 销售订单

2. 参照销售订单生成销售专用发票

在"销售管理"子系统，依次单击"销售发票→销售专用发票"菜单，系统打开"销售专用发票"窗口。单击工具栏的"增加"按钮，系统弹出"查询条件-参照订单"对话框，单击"确定"按钮，系统打开"参照生单"窗口。选择 XS01006 号订单，单击"确定"按钮，返回"销售专用发票"窗口。根据图3-90修改"发票号"为"21327506"，修改表体"仓库名称"为"服装仓"，单击"保存""复核"按钮，结果如图3-95所示。

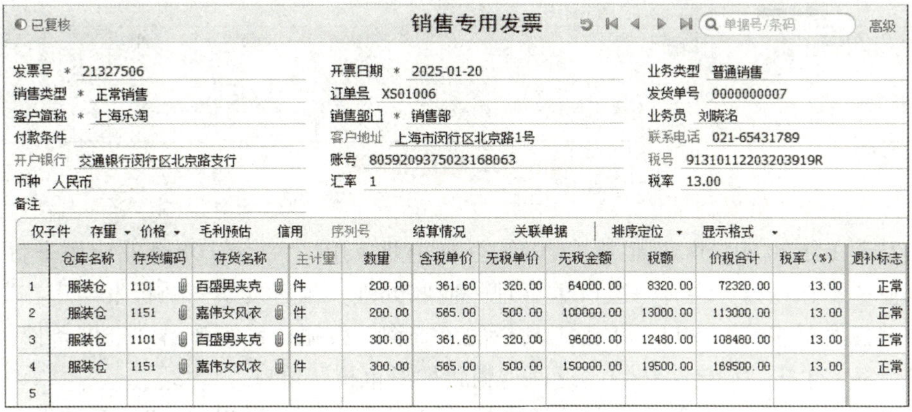

图3-95　销售专用发票

3. 参照发货单生成第一张销售出库单

2025年1月20日，由李泽伟（C01）登录企业应用平台。在U8企业应用平台，依次单击"业务工作→供应链→库存管理→销售出库→销售出库单"菜单，系统打开"销售出库单"窗口。单击工具栏的"增加→销售发货单"命令，系统弹出"查询条件-销售发货单列表"对话框，单击"确定"按钮，系统打开"销售生单"窗口。

窗口上方选择20日上海乐淘的发货单所对应的"选择"栏，窗口下方取消勾选第3行、第4行，只选择前两行，如图3-96所示。再单击工具栏的"确定"按钮，返回"销售出库单"窗口。

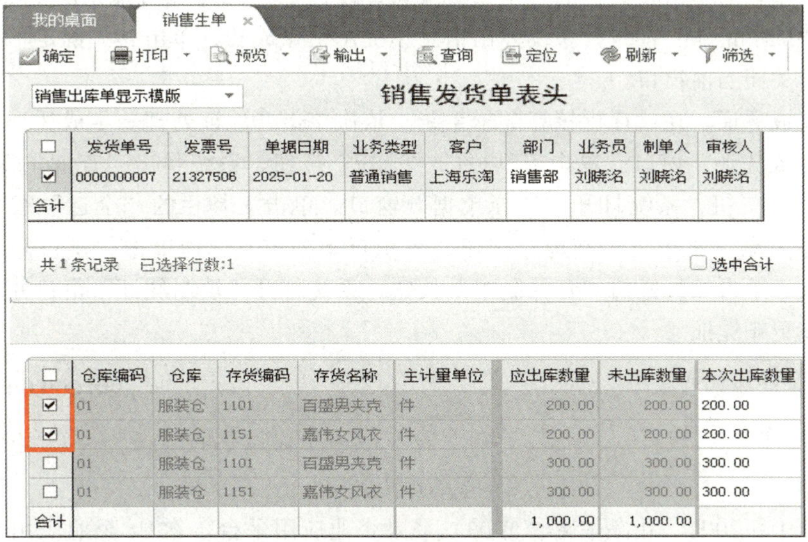

图3-96　"销售生单"窗口

　　　　　　第3章　一般销售业务

单击"修改"按钮，根据图3-92，修改出库单表头项目"出库单号"为"CK01010"，保存并审核该销售出库单，结果如图3-97所示。

| ● 已审核 | | | 销售出库单 | | ↻ |◀ ◀ ▶ ▶| | 🔍 单据号/条码 | | 高级 |

出库单号 ＊ CK01010　　　　出库日期 ＊ 2025-01-20　　　　仓库 ＊ 服装仓
出库类别 销售出库　　　　　业务类型 普通销售　　　　　业务号 21327506
销售部门 销售部　　　　　　业务员 刘晓名　　　　　　客户 ＊ 上海乐淘
审核日期 2025-01-20　　　　备注

存量 ▾　货位 ▾　关联单据　排序定位 ▾　显示格式 ▾

	存货编码	存货名称	规格型号	主计量单位	数量	单价	金额
1	1101 📎	百盛男夹克		件	200.00		
2	1151 📎	嘉伟女风衣		件	200.00		
3							

图3-97　销售出库单

4.销售发票审核并生成凭证

2025年1月20日，由赵凯杰（W02）登录企业应用平台。在U8企业应用平台，依次单击"业务工作→财务会计→应收款管理→应收处理→销售发票→销售发票审核"菜单，打开"销售发票审核"窗口。单击工具栏的"查询"按钮，系统弹出"查询条件-发票查询"对话框，单击"确定"按钮，返回"销售发票审核"窗口。

双击"21327506"单据号，打开要审核的发票，单击"审核"按钮，系统提示"是否立即制单？"，点击"是"，生成记账凭证。关闭当前已打开窗口。

借：应收账款/人民币（上海乐淘）　　　　　　463 300.00
　　贷：主营业务收入　　　　　　　　　　　　　　410 000.00
　　　　应交税费/应交增值税/销项税额　　　　　　53 300.00

5.正常单据记账，生成凭证

（1）正常单据记账。在供应链的"存货核算"子系统，依次单击"记账→正常单据记账"菜单，系统打开"未记账单据一览表"窗口，单击窗口左下角的"查询"按钮，系统显示未记账单据。单击工具栏的"全选"按钮，以选中21327506号发票的4行记录，此时单击工具栏的"记账"按钮，系统弹出信息框提示记账成功，单击其"确定"按钮，完成记账工作。关闭当前窗口。

（2）生成凭证。在"存货核算"子系统，依次单击"凭证处理→生成凭证"菜单，系统打开"生成凭证"窗口。单击工具栏的"选择"按钮，系统弹出"查询条件"对话框，单击"确定"按钮，系统打开"选择单据"窗口。单击工具栏的"全选"按钮，以选中21327506号发票，再单击"确定"按钮，系统自动关闭"选择单据"窗口并返回"生成凭证"窗口。单击工具栏的"合并制单"按钮，系统打开"填制凭证"窗口并自动生成凭证，保存该记账凭证。

借：主营业务成本　　　　　　　　　　　　398 000.00
　　贷：库存商品　　　　　　　　　　　　　　　398 000.00

6.选择收款

2025年1月20日，由贺青春（W03）登录企业应用平台。在U8企业应用平台，依次单击"业务工作→财务会计→应收款管理→收款处理→选择收款"菜单，系统弹出"选择收款-条件"对话框，客户选择"上海乐淘"，单击"确定"，打开"选择收款-单据"窗口。"收款金额"栏输入"138990"，再单击"确认"，系统弹出"选择收款-收款单"窗口。根据图3-91输入结算方式和票据号，结果如图3-98所示。单击"确定"，完成选择收款并退出该窗口。

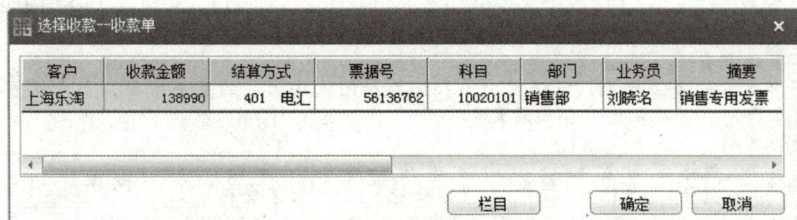

客户	收款金额	结算方式	票据号	科目	部门	业务员	摘要
上海乐淘	138990	401 电汇	56136762	10020101	销售部	刘晓洺	销售专用发票

图3-98　"选择收款-收款单"窗口

7.生成凭证

2025年1月20日，由赵凯杰（W02）登录企业应用平台。在U8企业应用平台，依次单击"业务工作→财务会计→应收款管理→凭证处理→生成凭证"菜单，系统弹出"制单查询"对话框，勾选"收付款单""核销"，单击"确定"，打开"生成凭证"窗口。依次单击"合并""制单"按钮，系统生成相关的记账凭证，单击"保存"按钮。

> 借：银行存款/中国工商银行/沈阳皇姑支行　　　　　　　　　　138 990.00
> 　贷：应收账款/人民币（上海乐淘）　　　　　　　　　　　　　138 990.00

8.参照发货单生成第二张销售出库单

2025年1月21日，由李泽伟（C01）登录企业应用平台。在U8企业应用平台，依次单击"业务工作→供应链→库存管理→销售出库→销售出库单"菜单，系统打开"销售出库单"窗口。单击工具栏的"增加→销售发货单"命令，系统弹出"查询条件-销售发货单列表"对话框，单击"确定"按钮，系统打开"销售生单"窗口。选择20日上海乐淘的发货单所对应的"选择"栏，再单击工具栏的"确定"按钮，返回"销售出库单"窗口。根据图3-93，将表头项目"出库单号"改为"CK01011"。保存并审核该出库单，结果如图3-99所示。

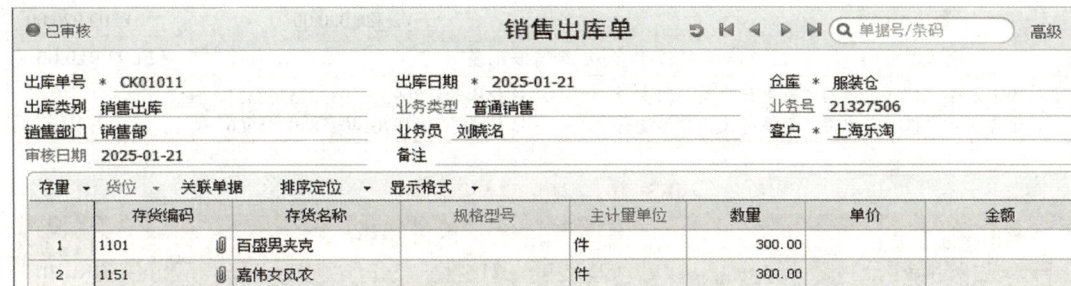

图3-99　销售出库单

3.2.7　现金折扣业务

────────【实验资料】────────

2025年1月21日，销售部刘晓洺与广州华丰签订购销合同。当日，我公司开具增值税专用发票并发出全部货物。

　　2025 年 1 月 22 日，收到广州华丰购货款，根据合同结算。（选择收款）

　　相关凭证如图 3-100 至图 3-104 所示。

购销合同

合同编号：XS01007

卖方：辽宁恒通商贸有限公司

买方：广州华丰超市有限公司

　　为保护买卖双方的合法权益，根据《中华人民共和国民法典》的有关规定，买卖双方经友好协商，一致同意签订本合同，并共同遵守合同约定。

　　一、货物的名称、数量及金额：

货物名称	规格型号	计量单位	数量	单价（不含税）	金额（不含税）	税率	税额
恒久女表		只	500	3 880.00	1 940 000.00	13%	252 200.00
嘉伟女风衣		件	800	555.00	444 000.00	13%	57 720.00
合　计					￥2 384 000.00		￥309 920.00

　　二、合同总金额：人民币贰佰陆拾玖万叁仟玖佰贰拾元整（￥2 693 920.00）。

　　三、签订合同当日，卖方开具增值税专用发票并发出全部商品。信用条件：3/10，1.5/20，n/30（按不含税价款计算）。结算方式：电汇。

　　四、交货地点：辽宁恒通商贸有限公司。

　　五、发运方式与运输费用承担方式：由卖方发货，买方承担运输费用。

卖　方：辽宁恒通商贸有限公司　　　　　　　买　方：广州华丰超市有限公司

授权代表：刘晓洺　　　　　　　　　　　　　授权代表：李　桐

日　　期：2025 年 1 月 21 日　　　　　　　日　　期：2025 年 1 月 21 日

图3-100　购销合同

电子发票（增值税专用发票）

发票号码：25212000000021327507

开票日期：2025 年 01 月 21 日

购买方信息	名称：广州华丰超市有限公司　　统一社会信用代码/纳税人识别号：91440100613815327V	销售方信息	名称：辽宁恒通商贸有限公司　　统一社会信用代码/纳税人识别号：91210105206917583A

项目名称	规格型号	单位	数量	单价	金额	税率/征收率	税额
*服装*嘉伟女风衣		件	800	555.00	444 000.00	13%	57 720.00
*手表*恒久女表		只	500	3 880.00	1 940 000.00	13%	252 200.00
合　计					￥2 384 000.00		￥309 920.00

价税合计（大写）	⊗ 贰佰陆拾玖万叁仟玖佰贰拾元整	（小写）￥2 693 920.00

备注：购买方开户银行：中国工商银行广州向阳支行　　银行账号：2692006083025562331

销售方开户银行：中国工商银行沈阳皇姑支行　　银行账号：2107024015890035666

开票人：赵凯杰

图3-101　增值税专用发票

出库单

客户：广州华丰　　　　　　　2025 年 1 月 21 日　　　　　　单号：CK01012

发货仓库	存货编号	存货名称	单位	数量应发	数量实发	单价	金额
服装仓	1151	嘉伟女风衣	件	800	800		
合　计							

部门经理：略　　　　会计：略　　　　仓库：略　　　　经办人：略

图3-102　出库单

出库单

客户 广州华丰				2025 年 1 月 21 日				单号 CK01013
发货仓库	存货编码	存货名称	单位	数量		单价	金额	
				应发	实发			
手表仓	1251	恒久女表	只	500	500			
合计								
部门经理 略		会计 略		仓库 略		经办人 略		

图3-103 出库单

图 3-104 电汇收款凭证

【实验过程概览】

本业务的操作过程概览见表3-10。

表 3-10　　　　　　　　　　　实验过程概览

序号	操作日期	操作员	系统	操作内容
1	2025-01-21	X01 刘晓洺	销售管理	填制销售订单
2	2025-01-21	X01 刘晓洺	销售管理	参照销售订单生成销售专用发票
3	2025-01-21	C01 李泽伟	库存管理	参照发货单批量生成销售出库单
4	2025-01-21	W02 赵凯杰	应收款管理	销售发票审核并生成凭证
5	2025-01-21	W02 赵凯杰	存货核算	正常单据记账，生成凭证
6	2025-01-22	W03 贺青春	应收款管理	选择收款
7	2025-01-22	W02 赵凯杰	应收款管理	生成凭证

【实验过程】

1.填制销售订单

2025 年 1 月 21 日，由刘晓洺（X01）登录企业应用平台。在 U8 企业应用平台，依次单击"业务工作→供应链→销售管理→销售订货→销售订单"菜单，打开"销售订单"窗口。单击工具栏的"增加"按钮，根据图3-100填制销售订单。填制完毕保存并审核该订单，结果如图3-105所示。关闭"销售订单"窗口。

现金折扣业务

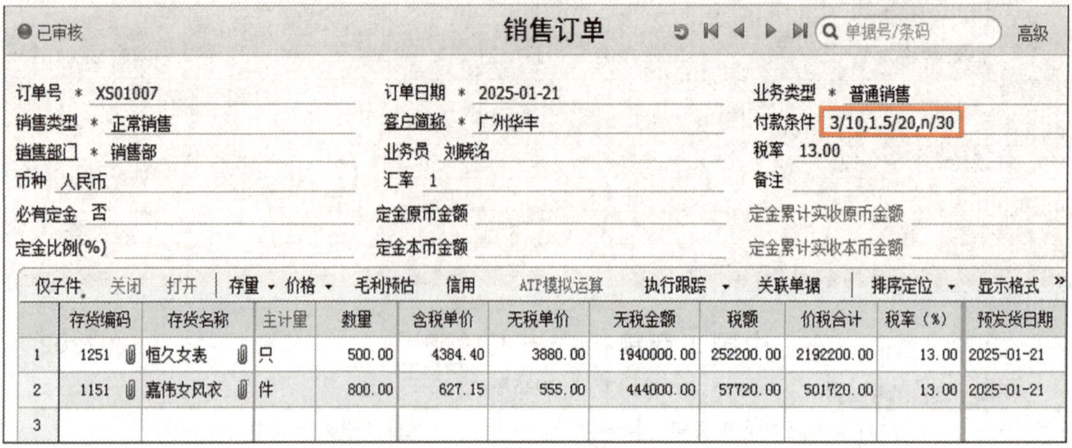

图3-105　销售订单

2.参照销售订单生成销售专用发票

在"销售管理"子系统，依次单击"销售发票→销售专用发票"菜单，系统打开"销售专用发票"窗口。单击工具栏的"增加"按钮，系统弹出"查询条件-参照订单"对话框，单击"确定"按钮，系统打开"参照生单"窗口。选择XS01007号订单，单击"确定"，返回"销售专用发票"窗口。根据图3-101修改"发票号"为"21327507"，修改表体项目"仓库名称"第1行为"手表仓"，第2行为"服装仓"。保存并复核该发票，结果如图3-106所示。

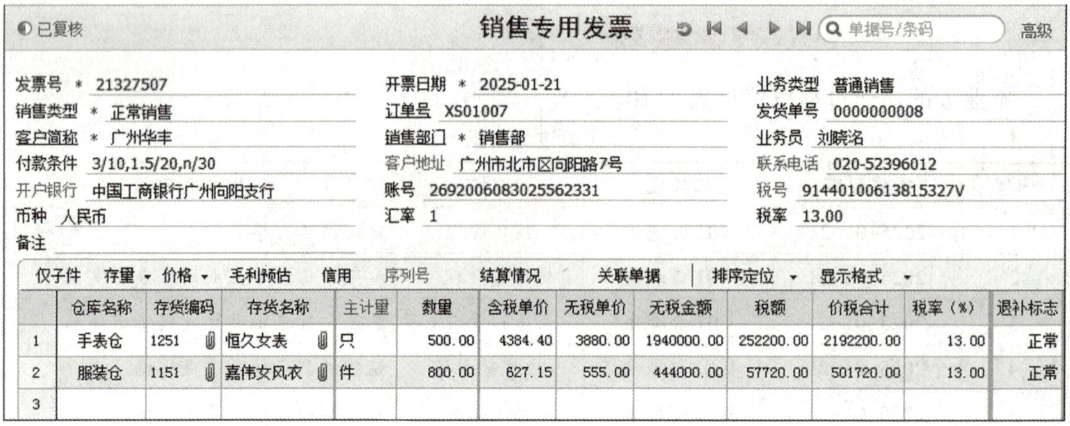

图3-106　销售专用发票

3.参照发货单批量生成销售出库单

2025年1月21日，由李泽伟（C01）登录企业应用平台。在U8企业应用平台，依次单击"业务工作→供应链→库存管理→销售出库→发货单批量出库"菜单，系统弹出"查询条件-销售发货单列表"对话框，单击"确定"按钮，系统打开"销售生单"窗口。

单击广州华丰的发货单所对应的"选择"栏，再单击工具栏的"确定"按钮，系统提示"生单成功!"，单击"确定"，系统提示"是否查看生成单据的列表?"，单击"是"按钮，系统打开"销售出库单列表"窗口。

双击嘉伟女风衣的"出库单号"栏，打开该销售出库单。根据实验资料，单击"修改"按钮，将销售出库单的"出库单号"改为"CK01012"，保存并审核该出库单，结果如图3-107所示。

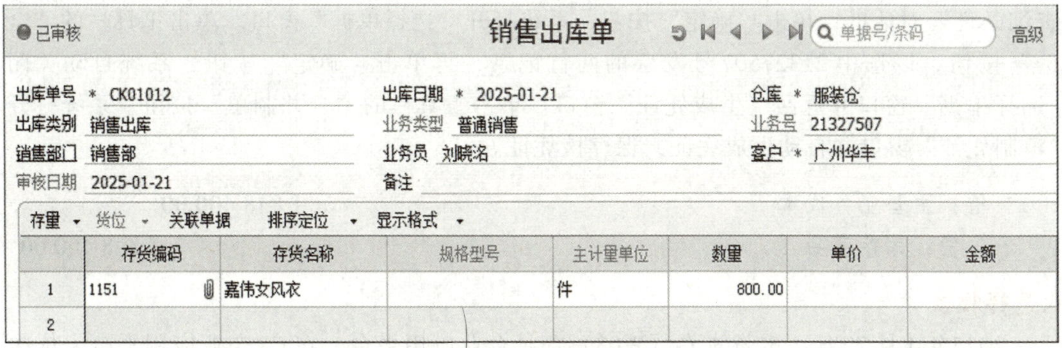
●已审核　销售出库单　单据号/条码　高级

出库单号 * CK01012　出库日期 * 2025-01-21　仓库 * 服装仓
出库类别 销售出库　业务类型 普通销售　业务号 21327507
销售部门 销售部　业务员 刘晓洺　客户 * 广州华丰
审核日期 2025-01-21　备注

存量 ▾　货位 ▾　关联单据　排序定位 ▾　显示格式 ▾

	存货编码	存货名称	规格型号	主计量单位	数量	单价	金额
1	1151	嘉伟女风衣		件	800.00		
2							

图3-107　销售出库单

单击工具栏的“▶”（下张）按钮，根据实验资料，单击“修改”，将恒久女表销售出库单的“出库单号”改为“CK01013”，保存并审核该销售出库单，结果如图3-108所示。

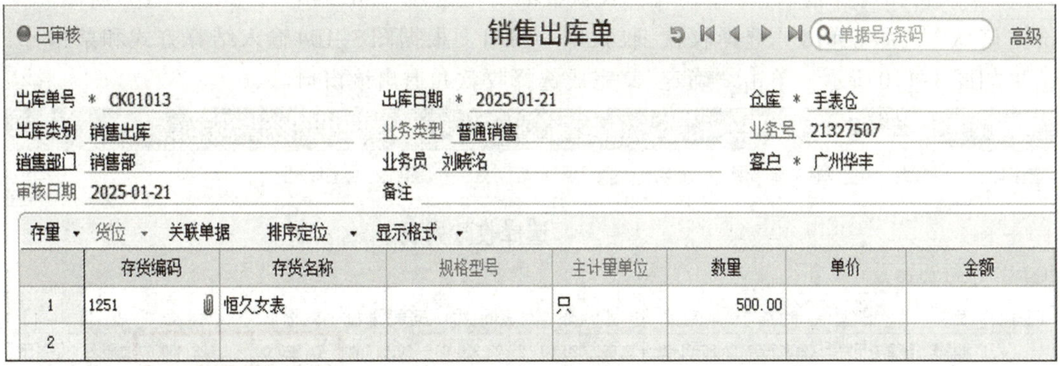
●已审核　销售出库单　单据号/条码　高级

出库单号 * CK01013　出库日期 * 2025-01-21　仓库 * 手表仓
出库类别 销售出库　业务类型 普通销售　业务号 21327507
销售部门 销售部　业务员 刘晓洺　客户 * 广州华丰
审核日期 2025-01-21　备注

存量 ▾　货位 ▾　关联单据　排序定位 ▾　显示格式 ▾

	存货编码	存货名称	规格型号	主计量单位	数量	单价	金额
1	1251	恒久女表		只	500.00		
2							

图3-108　销售出库单

4.销售发票审核并生成凭证

2025年1月21日，由赵凯杰（W02）登录企业应用平台。在U8企业应用平台，依次单击“业务工作→财务会计→应收款管理→应收处理→销售发票→销售发票审核”菜单，打开“销售发票审核”窗口。单击工具栏的“查询”按钮，系统弹出“查询条件-发票查询”对话框，单击“确定”按钮，返回“销售发票审核”窗口。

双击“21327507”单据号，打开要审核的发票，单击“审核”按钮，系统提示“是否立即制单?”，点击“是”，生成记账凭证。关闭当前已打开窗口。

借：应收账款/人民币（广州华丰）	2 693 920.00	
贷：主营业务收入		2 384 000.00
应交税费/应交增值税/销项税额		309 920.00

5.正常单据记账，生成凭证

（1）正常单据记账。在供应链的“存货核算”子系统，依次单击“记账→正常单据记账”菜单，系统打开“未记账单据一览表”窗口，单击窗口左下角的“查询”按钮，系统显示未记账单据。选中21327507号发票的两行记录，再单击工具栏的“记账”按钮，弹出“记账成功”对话框，单击“确定”按钮，完成记账工作。关闭当前窗口。

（2）生成凭证。在“存货核算”子系统，依次单击“凭证处理→生成凭证”菜单，系统打开“生成凭证”窗口。单击工具栏的“选单”按钮，系统弹出“查询条件-生成凭证查询条件”对话框，单击“确定”按钮，系统打开“选择单据”窗口。单击工具栏的“全选”按钮，以选中21327507号发票的两行记录，再单击“确定”按钮，系统自动关闭“选择单据”窗口并返回“生成凭证”窗口。单击工具栏的“合并制单”按钮，系统打开“填制凭证”窗口并自动生成凭证，保存该凭证。

借：主营业务成本	1 848 400.00	
贷：库存商品		1 848 400.00

6.选择收款

2025年1月22日，由贺青春（W03）登录企业应用平台。在U8企业应用平台，依次单击“业务工作→财务会计→应收款管理→收款处理→选择收款”菜单，系统弹出“选择收款-条件”对话框，客户选择“广州华丰”，单击“确定”，打开“选择收款-单据”窗口。“本次折扣”栏输入“71520”，“收款金额”栏输入“2622400”，如图3-109所示。单击“确认”，系统弹出“选择收款-收款单”窗口。根据图3-104输入结算方式和票据号，结果如图3-110所示。单击“确定”，完成选择收款并退出该窗口。

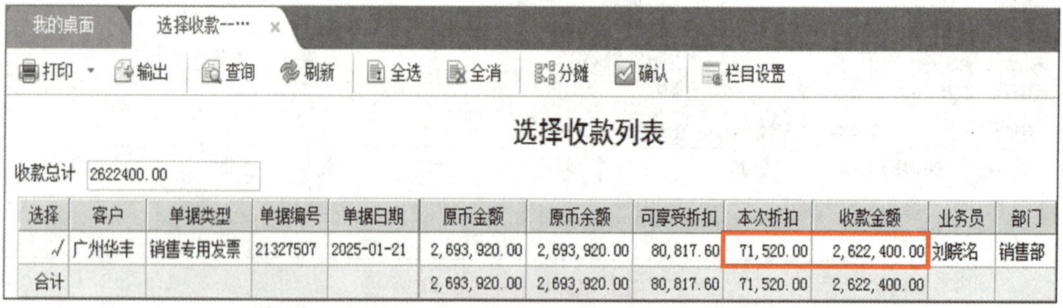

选择	客户	单据类型	单据编号	单据日期	原币金额	原币余额	可享受折扣	本次折扣	收款金额	业务员	部门
√	广州华丰	销售专用发票	21327507	2025-01-21	2,693,920.00	2,693,920.00	80,817.60	71,520.00	2,622,400.00	刘晓洺	销售部
合计					2,693,920.00	2,693,920.00	80,817.60	71,520.00	2,622,400.00		

图3-109 “选择收款-单据”窗口

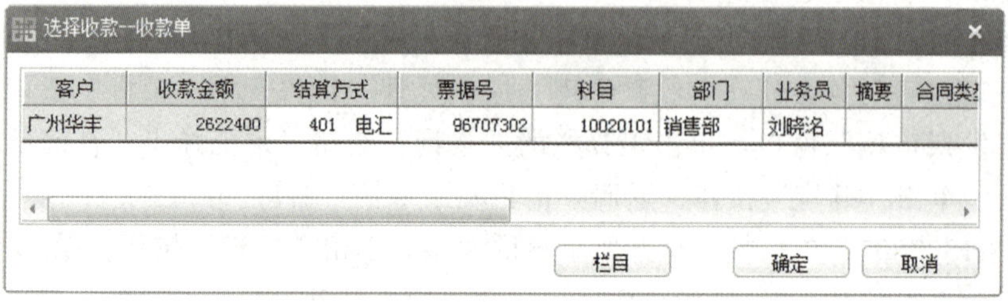

客户	收款金额	结算方式	票据号	科目	部门	业务员	摘要	合同类
广州华丰	2622400	401 电汇	96707302	10020101	销售部	刘晓洺		

图3-110 “选择收款-收款单”窗口

7.生成凭证

2025年1月22日，由赵凯杰（W02）登录企业应用平台。在U8企业应用平台，依次单击“业务工作→财务会计→应收款管理→凭证处理→生成凭证”菜单，系统弹出“制单查询”对话框。选择“收付款单”“核销”，单击“确定”，打开“生成凭证”窗口。依次单击“合并”“制单”按钮，系统生成相关的记账凭证，单击“保存”按钮。

借：银行存款/中国工商银行/沈阳皇姑支行	2 622 400.00	
贷：主营业务收入		-71 520.00
应收账款/人民币（广州华丰）		2 693 920.00

3.2.8 外币销售业务

【实验资料】

2025年1月22日，销售部刘晓洺与大福贸易（中国）有限公司签订购销合同。当日，我公司开具发票并发出全部货物。假定当日美元汇率1：7.1105。不考虑出口退税。

相关凭证如图3-111至图3-113所示。

购销合同

合同编号：XS01008

卖方：辽宁恒通商贸有限公司

买方：大福贸易（中国）有限公司

为保护买卖双方的合法权益，根据《中华人民共和国民法典》的有关规定，买卖双方经友好协商，一致同意签订本合同，并共同遵守合同约定。

一、货物的名称、数量及金额：

货物名称	规格型号	计量单位	数量	单价（不含税）	金额（不含税）	税率	税额
嘉伟羽绒服		件	500	$600.00	$300 000.00		
合计					$300 000.00		

二、合同总金额：美元叁拾万元整（$300 000.00）。

三、签订合同当日，卖方开具增值税专用发票，并发出全部货物。买方于1月底前支付货款。结算方式：电汇。

四、交货地点：辽宁恒通商贸有限公司。

五、发运方式与运输费用承担方式：由卖方发货，买方承担运输费用。

卖　方：辽宁恒通商贸有限公司

授权代表：刘晓洺

日　　期：2025年1月22日

买　方：大福贸易（中国）有限公司

授权代表：李福星

日　　期：2025年1月22日

图3-111　购销合同

电子发票（增值税专用发票）

发票号码：25212000000021327508

开票日期：2025 年 01 月 22 日

购买方信息	名称：大福贸易（中国）有限公司			销售方信息	名称：辽宁恒通商贸有限公司		
	统一社会信用代码/纳税人识别号：912201065587283 29N				统一社会信用代码/纳税人识别号：91210105206917583A		

项目名称	规格型号	单位	数量	单价	金额	税率/征收率	税额
*服装*嘉伟羽绒服		件	500	4 266.30	2 133 150.00	***	***
合　计					¥2 133 150.00	***	***

价税合计（大写）	⊗贰佰壹拾叁万叁仟壹佰伍拾元整	（小写）¥2 133 150.00

备注	购买方开户银行：中国建设银行长春绿园支行　　银行账号：2798372568980102952　　结算金额：$300 000.00
	销售方开户银行：中国工商银行沈阳皇姑支行　　银行账号：2107024015890035666　　汇率：1：7.1105

开票人：赵凯杰

图3-112　增值税专用发票

图3-113　出库单

上方出库单内容：

出库单

客户　大福贸易　　　2025 年 1 月 22 日　　　单号　CK01014

发货仓库	存货编码	存货名称	单位	数量 应发	数量 实发	单价	金额
服装仓	1153	嘉伟羽绒服	件	500	500		
合　计							

部门经理：略　　　会计：略　　　仓库：略　　　经办人：略

【实验过程概览】

本业务的操作过程概览见表3-11。

表 3-11　　　　　　　　　　　实验过程概览

序号	操作日期	操作员	系统	操作内容
1	2025-01-22	X01 刘晓洺	销售管理	填制销售订单
2	2025-01-22	X01 刘晓洺	销售管理	参照销售订单生成销售专用发票
3	2025-01-22	C01 李泽伟	库存管理	参照发货单生成销售出库单
4	2025-01-22	W02 赵凯杰	应收款管理	销售发票审核并生成凭证
5	2025-01-22	W02 赵凯杰	存货核算	正常单据记账，生成凭证

【实验过程】

外币销售业务

1.填制销售订单

2025 年 1 月 22 日，由刘晓洺（X01）登录企业应用平台。在 U8 企业应用平台，依次单击"业务工作→供应链→销售管理→销售订货→销售订单"菜单，打开"销售订单"窗口。单击工具栏的"增加"按钮，修改"订单号"为"XS01008"，"销售类型"为"正常销售"，"币种"为"美元"，"汇率"为"7.1105"，根据图3-111填制销售订单。填制完毕保存并审核该订单，结果如图3-114所示。关闭"销售订单"窗口。

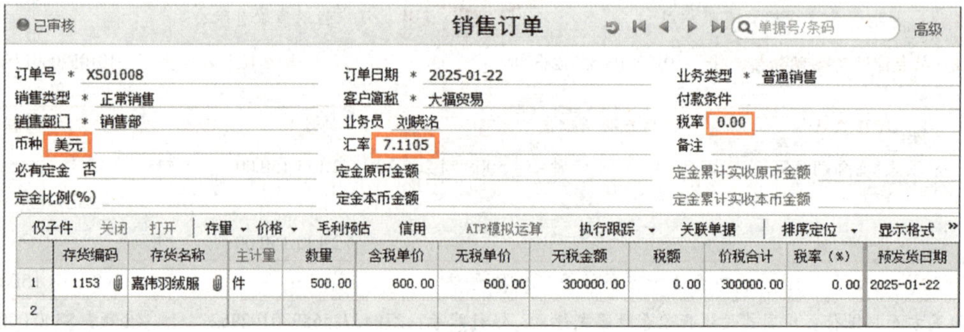

图3-114　销售订单

2.参照销售订单生成销售专用发票

在"销售管理"子系统，依次单击"销售发票→销售专用发票"菜单，系统打开"销售专用发票"窗口。单击工具栏的"增加"按钮，系统弹出"查询条件-参照订单"对话框，单击"确定"按钮，系统打开"参照生单"窗口。选择XS01008号销售订单，单击"确定"按钮，返回"销售专用发票"窗口。根据图3-112修改"发票号"为"21327508"，"汇率"为"7.1105"，修改表体项目"仓库名称"为"服装仓"。保存并复核该销售发票，结果如图3-115所示。

销售专用发票

已复核 销售专用发票

发票号 * 21327508	开票日期 * 2025-01-22	业务类型 普通销售
销售类型 * 正常销售	订单号 XS01008	发货单号 0000000009
客户简称 * 大福贸易	销售部门 * 销售部	业务员 刘晓名
付款条件	客户地址 长春市绿园区大顺路6号	联系电话 0431-3819395
开户银行 中国建设银行长春绿园支行	账号 2798372568980102952	税号 91220106558728329N
币种 美元	汇率 7.1105	税率 0.00
备注		

	仓库名称	存货编码	存货名称	主计量	数量	含税单价	无税单价	无税金额	税额	价税合计	税率（%）	退补标志
1	服装仓	1153	嘉伟羽绒服	件	500.00	600.00	600.00	300000.00	0.00	300000.00	0.00	正常
2												

图3-115　销售专用发票

3.参照发货单生成销售出库单

2025年1月22日，由李泽伟（C01）登录企业应用平台。在U8企业应用平台，依次单击"业务工作→供应链→库存管理→销售出库→销售出库单"菜单，系统打开"销售出库单"窗口。执行工具栏的"增加→销售发货单"命令，系统弹出"查询条件-销售发货单列表"对话框，单击"确定"按钮，系统打开"销售生单"窗口。

选择22日大福贸易的发货单，单击工具栏的"确定"按钮，系统返回"销售出库单"窗口。根据图3-113修改"出库单号"为"CK01014"，其他项默认。保存并审核该出库单，结果如图3-116所示。

销售出库单

已审核 销售出库单

出库单号 * CK01014	出库日期 * 2025-01-22	仓库 * 服装仓
出库类别 销售出库	业务类型 普通销售	业务号 21327508
销售部门 销售部	业务员 刘晓名	客户 大福贸易
审核日期 2025-01-22	备注	

	存货编码	存货名称	规格型号	主计量单位	数量	单价	金额
1	1153	嘉伟羽绒服		件	500.00		
2							

图3-116　销售出库单

4.销售发票审核并生成凭证

2025年1月22日，由赵凯杰（W02）登录企业应用平台。在U8企业应用平台，依次单击"业务工作→财务会计→应收款管理→应收处理→销售发票→销售发票审核"菜单，打开"销售发票审核"窗口。单击工具栏的"查询"按钮，系统弹出"查询条件-发票查询"对话框，单击"确定"按钮，返回"销售发票审核"窗口。

双击"21327508"单据号，打开要审核的发票，单击"审核"按钮，系统提示"是否立即制单？"，点击"是"，生成记账凭证。关闭当前已打开窗口。

借：应收账款/美元（大福贸易）   2 133 150.00
贷：主营业务收入   2 133 150.00

5.正常单据记账，生成凭证

（1）正常单据记账。在供应链的"存货核算"子系统，依次单击"记账→正常单据记账"菜单，系统打开"未记账单据一览表"窗口，单击窗口左下角的"查询"按钮，系统显示未记账单据。选中21327508号发票，单击工具栏的"记账"按钮，系统提示记账成功，单击"确定"按钮，完成记账工作。关闭当前窗口。

（2）生成凭证。在"存货核算"子系统，依次单击"凭证处理→生成凭证"菜单，系统打开"生成凭证"窗口。单击工具栏的"选单"按钮，系统弹出"查询条件-生成凭证查询条件"对话框，单击"确定"按钮，系统打开"选择单据"窗口。单击工具栏的"全选"按钮，以选中21327508号发票，再单击"确定"按钮，系统自动关闭"选择单据"窗口并返回"生成凭证"窗口。单击工具栏的"合并制单"按钮，系统打开"填制凭证"窗口并自动生成凭证，保存该记账凭证。

借：主营业务成本   295 000.00
贷：库存商品   295 000.00

3.3　销售退货业务

3.3.1　先退货后开票的退货业务

【实验资料】

2025年1月22日，根据XS01001号合同卖给上海乐淘的货物中有30只博伦男表出现质量问题。经协商，我公司同意退货，并于当日收到货物。

2025年1月23日，我公司开具红字增值税专用发票并办理了退款。（退货款要求通过应收系统付款单处理）（注：所退货物成本价为2 835元）

相关凭证如图3-117至图3-119所示。

出库单							
客户：上海乐淘			2025年1月22日				单号：CK01015
发货仓库	存货编码	存货名称	单位	数量		单价	金额
				应发	实发		
手表仓	1202	博伦男表	只	-30	-30		
合计							
部门经理　略		会计　略		仓库　略		经办人　略	

图3-117　出库单

电子发票（增值税专用发票）

发票号码：25212000000021327509

开票日期：2025 年 01 月 23 日

购买方信息	名称：上海乐淘贸易有限公司				销售方信息	名称：辽宁恒通商贸有限公司	
	统一社会信用代码/纳税人识别号：9131011220303919R					统一社会信用代码/纳税人识别号：9121010520691758A	

项目名称	规格型号	单位	数量	单价	金额	税率/征收率	税额
*手表*博伦男表		只	-30	2 980.00	-89 400.00	13%	-11 622.00
合　计					¥-89 400.00		¥-11 622.00

价税合计（大写）	⊗（负数）壹拾万壹仟零贰拾贰元整	（小写）¥-101 022.00

备注	购买方开户银行：交通银行闵行区北京路支行　　银行账号：8059209375023168063
	销售方开户银行：中国工商银行沈阳皇姑支行　　银行账号：2107024015890035666

开票人：赵凯杰

图3-118　红字增值税专用发票

中国工商银行　电汇凭证（回单）　　1　　36257070

☑普通　□加急　　　　委托日期 2025 年 1 月 23 日

汇款人	全　称	辽宁恒通商贸有限公司	收款人	全　称	上海乐淘贸易有限公司
	账　号	2107024015890035666		账　号	8059209375023168063
	开户银行	中国工商银行沈阳皇姑支行		开户银行	交通银行闵行区北京路支行

金额	人民币（大写）	壹拾万壹仟零贰拾贰元整		亿 千 百 十 万 千 百 十 元 角 分
				¥ 1 0 1 0 2 2 0 0

转讫（7）　2025.01.23

支付密码：

附加信息及用途：退货款

复核　　记账

此联为汇出行给汇款人的回单

图3-119　电汇付款凭证

━━━━━ 【实验过程概览】 ━━━━━

本业务的操作过程概览见表3-12。

表 3-12　　　　　　　实验过程概览

序号	操作日期	操作员	系统	操作内容
1	2025-01-22	X01刘晓洺	销售管理	参照销售订单生成退货单
2	2025-01-22	C01李泽伟	库存管理	参照退货单生成（负数）销售出库单
3	2025-01-23	X01刘晓洺	销售管理	参照退货单生成红字销售专用发票
4	2025-01-23	W02赵凯杰	应收款管理	销售发票审核并生成凭证
5	2025-01-23	W02赵凯杰	存货核算	正常单据记账，生成凭证
6	2025-01-23	W03贺青春	应收款管理	收款单据录入（应收系统付款单）
7	2025-01-23	W02赵凯杰	应收款管理	收款单据审核、手工核销和生成凭证

━━━━━ 【实验过程】 ━━━━━

1.参照销售订单生成退货单

2025 年 1 月 22 日，由刘晓洺（X01）登录企业应用平台。在 U8 企业应用平

先退货后开票的退货业务

台，依次单击"业务工作→供应链→销售管理→销售发货→退货单"菜单，打开"退货单"窗口。单击工具栏的"增加"按钮，系统弹出"查询条件-参照订单"对话框，单击"确定"按钮，打开"参照生单"窗口。

选中窗口上方的 XS01001 号订单，然后选中窗口下方的"博伦男表"，单击"确定"按钮，系统生成一张退货单。修改退货单表体项目"仓库名称"为"手表仓"，"数量"为"-30"。保存并审核该单据，如图 3-120 所示。

退货单号 * 0000000010		退货日期 * 2025-01-22			业务类型 * 普通销售		
销售类型 * 正常销售		订单号 XS01001			发票号		
客户简称 * 上海乐淘		销售部门 * 销售部			业务员 刘晓洺		
发运方式		币种 人民币			汇率 1		
税率 13.00		备注					

	仓库名称	货物编码	存货名称	主计量	数量	含税单价	无税单价	无税金额	税额	价税合计	税率（%）
1	手表仓	1202	博伦男表	只	-30.00	3367.40	2980.00	-89400.00	-11622.00	-101022.00	13.00
2											

图3-120　退货单

2. 参照退货单生成（负数）销售出库单

2025 年 1 月 22 日，由李泽伟（C01）登录企业应用平台。在 U8 企业应用平台，依次单击"业务工作→供应链→库存管理→销售出库→销售出库单"菜单，系统打开"销售出库单"窗口。执行工具栏的"增加→销售发货单"命令，系统弹出"查询条件-销售发货单列表"对话框，单击"确定"按钮，系统打开"销售生单"窗口。单击 22 日上海乐淘的退货单所对应的"选择"栏，再单击工具栏的"确定"按钮，系统返回"销售出库单"窗口。根据图 3-117，修改出库单号为"CK01015"。保存并审核该出库单，结果如图 3-121 所示。

出库单号 * CK01015		出库日期 * 2025-01-22		仓库 * 手表仓	
出库类别 销售出库		业务类型 普通销售		业务号 0000000010	
销售部门 销售部		业务员 刘晓洺		客户 * 上海乐淘	
审核日期 2025-01-22		备注			

	存货编码	存货名称	规格型号	主计量单位	数量	单价	金额
1	1202	博伦男表		只	-30.00		
2							

图3-121　销售出库单

3. 参照退货单生成红字销售专用发票

2025 年 1 月 23 日，由刘晓洺（X01）登录企业应用平台。在"销售管理"子系统，依次单击"销售开票→红字专用销售发票"菜单，打开"红字专用销售发票"窗口。单击工具栏的"增加→发货单"命令，系统弹出"查询条件-发票参照发货单"对话框，将该窗口的"发货单类型"改为"红字记录"，如图 3-122 所示，单击"确定"，打开"参照生单"窗口。

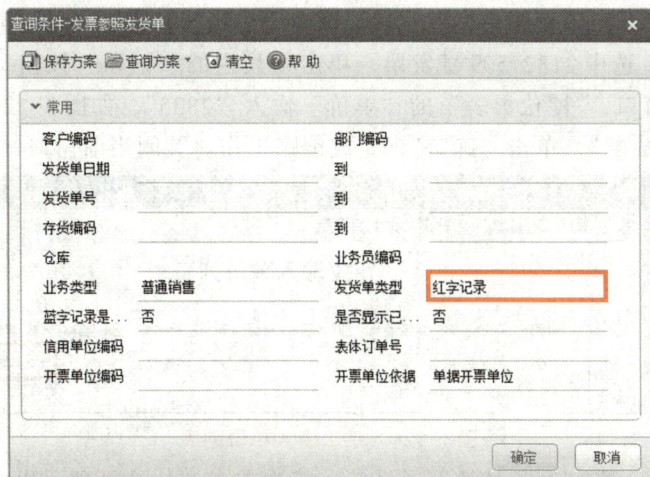

图3-122　"查询条件选择-发票参照发货单"对话框

在"参照生单"窗口，选择22日上海乐淘的退货单，单击"确定"按钮，系统生成一张红字销售发票。根据图3-118，修改发票表头项目"发票号"为"21327509"。保存并复核该销售发票，结果如图3-123所示。

图3-123　"红字专用销售发票"窗口

4.销售发票审核并生成凭证

2025年1月23日，由赵凯杰（W02）登录企业应用平台。在U8企业应用平台，依次单击"业务工作→财务会计→应收款管理→应收处理→销售发票→销售发票审核"菜单，打开"销售发票审核"窗口。单击工具栏的"查询"按钮，系统弹出"查询条件-发票查询"对话框，单击"确定"按钮，返回"销售发票审核"窗口。

双击"21327509"单据号，打开要审核的发票，单击"审核"按钮，系统提示"是否立即制单？"，点击"是"，生成记账凭证。关闭当前已打开窗口。

> 借：应收账款/人民币（上海乐淘）　　　　　　　　　　-101 022.00
> 　贷：主营业务收入　　　　　　　　　　　　　　　　　　-89 400.00
> 　　　应交税费/应交增值税/销项税额　　　　　　　　　　-11 622.00

5.正常单据记账，生成凭证

（1）正常单据记账。在供应链的"存货核算"子系统，依次单击"记账→正常单据记账”菜单，系统打开“未记账单据一览表”窗口，单击窗口左下角的“查询”按钮，系统显示未记账单据。选中21327509号发票，单击工具栏的“记账”按钮，系统弹出“手工输入单价列表”窗口，“博伦男表”的“单价”输入“2835”，如图3-124所示，单击“确定”，提示“记账成功”，单击“确定”，完成记账工作。关闭当前窗口。

手工输入单价列表

打印 · 输出 全选 确定 栏目设置

手工输入单价列表

序号	☑	存货编码	存货名称	规格型号	部门编码	仓库编码	仓库名称	部门名称	单价
1	☑	1202	博伦男表			02	手表仓		2,835.00
2	小计								

图3-124　手工输入单价列表

（2）生成凭证。在“存货核算”子系统，依次单击“凭证处理→生成凭证”菜单，系统打开“生成凭证”窗口。单击工具栏的“选单”按钮，系统弹出“查询条件-生成凭证查询条件”对话框，单击“确定”按钮，系统打开“选择单据”窗口。单击工具栏的“全选”按钮，以选中21327509号发票，再单击“确定”按钮，系统自动关闭“选择单据”窗口并返回“生成凭证”窗口。单击工具栏的“合并制单”按钮，系统打开“填制凭证”窗口并自动生成凭证，保存该记账凭证。

借：主营业务成本	-85 050.00	
贷：库存商品		-85 050.00

6.收款单据录入（应收系统付款单）

2025年1月23日，由贺青春（W03）登录企业应用平台。在U8企业应用平台，单击“业务工作→财务会计→应收款管理→收款处理→收款单据录入”菜单，打开“收款单据录入”窗口。单击工具栏上的“付款单”按钮，单击“增加”按钮，根据图3-119填制付款单。填制完毕保存该付款单，结果如图3-125所示。

●已审核　　付款单　　单据号/条码　高级

单据编号 0000000001	日期 * 2025-01-23	客户 * 上海乐淘
结算方式 * 电汇	结算科目 10020101	币种 * 人民币
汇率 1	金额 * 101022.00	本币金额 101022.00
客户银行 交通银行闵行区北京路支行	客户账号 8059209375023168063	票据号 36257070
部门 销售部	业务员 刘晓名	项目
摘要		

插行　删行　批改　显示格式 ·　排序定位 ·　关联单据

	款项类型	客户	科目	金额	本币金额	部门	业务员
1	应收款	上海乐淘	112201	101022.00	101022.00	销售部	刘晓名
2							

图3-125　应收系统付款单

7.收款单据审核、手工核销和生成凭证

2025年1月23日，由赵凯杰（W02）登录企业应用平台。

（1）收款单据审核。在U8企业应用平台，依次单击“业务工作→财务会计→应收款管理→收款处理→收款单据审核”菜单，打开“收款单据审核”窗口，单击窗口左下角的“查询”按钮。选中23日支付上海乐淘货款的付款单并审核。审核完毕关闭该窗口。

（2）手工核销。在应收款管理系统，依次单击"核销处理→手工核销"菜单，系统弹出"核销条件"对话框。选择客户"上海乐淘"，再单击"收付款单"选项卡，"单据类型"选择"付款单"，如图3-126所示。单击"确定"，打开"手工核销"窗口。在销售专用发票的"本次结算"栏输入"101022"，如图3-127所示，单击"确认"按钮。关闭当前窗口。

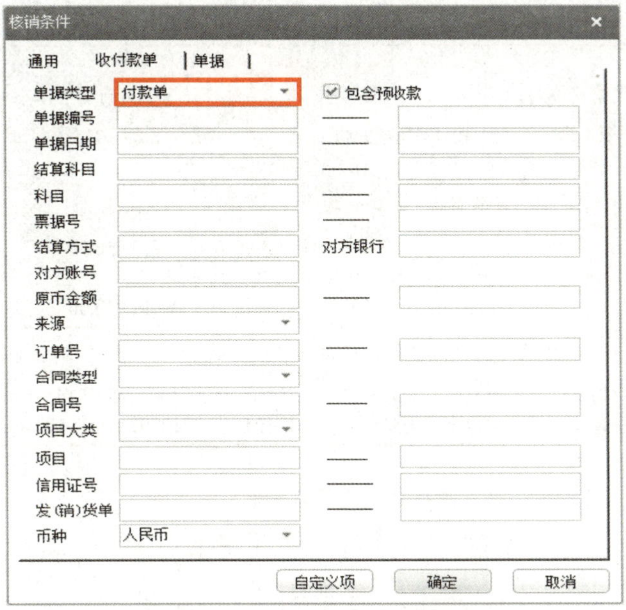

图3-126 "核销条件"对话框

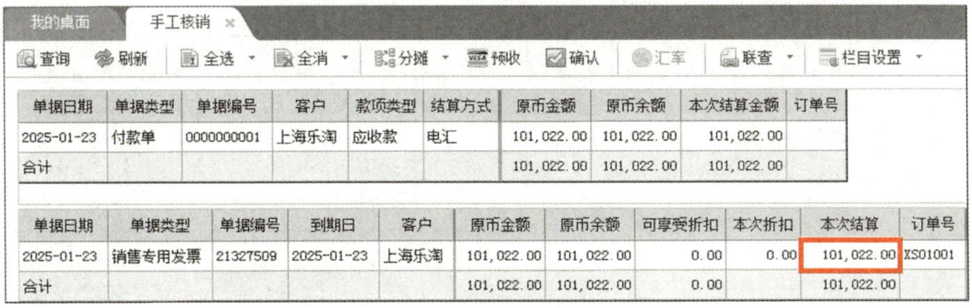

图3-127 "手工核销"窗口

（3）生成凭证。在应收款管理系统，单击"凭证处理→生成凭证"菜单，系统弹出"制单查询"对话框，勾选"收付款单""核销"，单击"确定"，打开"生成凭证"窗口。依次单击"合并""制单"按钮，系统生成相关的记账凭证，单击"保存"按钮。

借：银行存款/中国工商银行/沈阳皇姑支行　　　　　　　　　　　－101 022.00
　　贷：应收账款/人民币（上海乐淘）　　　　　　　　　　　　　－101 022.00

3.3.2　开票直接退货的退货业务

━━━━━━━━【实验资料】

2025年1月23日，根据XS01002号合同卖给北京汇鑫的货物中有50件百盛休闲裤出现质量问题。经协商我公司同意退货。当日，我公司开具红字增值税专用发票，支付了退货款，同日收到所退货物。(注：所退货物成本价为199元)

相关凭证如图3-128至图3-130所示。

电子发票（增值税专用发票）

发票号码：25212000000021327510

开票日期：2025年01月23日

购买方信息	名称：北京汇鑫百货有限公司 统一社会信用代码/纳税人识别号：91110113578732690F	销售方信息	名称：辽宁恒通商贸有限公司 统一社会信用代码/纳税人识别号：91210105206917583A

项目名称	规格型号	单位	数量	单价	金额	税率/征收率	税额
*服装*百盛休闲裤		条	-50	399.00	-19 950.00	13%	-2 593.50
合　计					¥-19 950.00		¥-2 593.50
价税合计（大写）	⊗（负数）贰万贰仟伍佰肆拾叁元伍角整					（小写）	¥-22 543.50

备注	
购买方开户银行：中国银行北京顺义常庄支行	银行账号：2700322598914536398
销售方开户银行：中国工商银行沈阳皇姑支行	银行账号：2107024015890035666

开票人：赵凯杰

图3-128　红字增值税专用发票

中国工商银行　电汇凭证（回单）　1　　36257071

☑普通　☐加急　　委托日期 2025年1月23日

汇款人		收款人	
全　称	辽宁恒通商贸有限公司	全　称	北京汇鑫百货有限公司
账　号	2107024015890035666	账　号	2700322598914536398
开户银行	中国工商银行沈阳皇姑支行	开户银行	中国银行北京顺义常庄支行

金额	人民币（大写）	亿	千	百	十	万	千	百	十	元	角	分
	贰万贰仟伍佰肆拾叁元伍角整				¥	2	2	5	4	3	5	0

中国工商银行 沈阳皇姑支行 2025.01.23 转讫 (7)

支付密码

附加信息及用途：退货款

复核　　记账

此联为汇出行给汇款人的回单

图3-129　电汇付款凭证

出库单

客户：北京汇鑫　　2025年1月23日　　单号：CK01016

发货仓库	存货编码	存货名称	单位	数量		单价	金额
				应发	实发		
服装仓	1102	百盛休闲裤	条	-50	-50		
合　计							

部门经理：略　　会计：略　　仓库：略　　经办人：略

图3-130　出库单

本业务的操作过程概览见表3-13。

表 3-13   实验过程概览

序号	操作日期	操作员	系统	操作内容
1	2025-01-23	X01刘晓洺	销售管理	参照销售订单生成红字销售专用发票（现结）
2	2025-01-23	C01李泽伟	库存管理	参照退货单生成（负数）销售出库单
3	2025-01-23	W02赵凯杰	应收款管理	销售发票审核并生成凭证
4	2025-01-23	W02赵凯杰	存货核算	正常单据记账，生成凭证

【实验过程】

开票直接退货
的退货业务

1.参照销售订单生成红字销售专用发票（现结）

2025年1月23日，由刘晓洺（X01）登录企业应用平台。

（1）在U8企业应用平台，依次单击"业务工作→供应链→销售管理→销售开票→红字专用销售发票"菜单，打开"红字专用销售发票"窗口。单击工具栏的"增加"按钮，系统弹出"查询条件选择-参照订单"对话框，单击"确定"，系统弹出"参照生单"窗口。窗口上方选择XS01002号订单，窗口下方只选中"百盛休闲裤"，取消勾选"博伦情侣表"，单击"确定"按钮，系统生成一张红字销售专用发票。根据图3-128，将表头项目"发票号"修改为"21327510"，表体项目"数量"修改为"-50"，"仓库名称"选择"服装仓"，单击"保存"按钮。

（2）现结。在"红字专用销售发票"窗口，单击"现结"按钮，打开"现结"窗口。根据图3-129，"结算方式"选择"电汇"，"原币金额"输入"-22543.5"，"票据号"输入"36257071"。输入完毕单击"确定"，返回"销售专用发票"窗口。单击"复核"，结果如图3-131所示。

已复核 现结   销售专用发票   单据号/条码   高级

发票号 ＊ 21327510   开票日期 ＊ 2025-01-23   业务类型 普通销售
销售类型 ＊ 正常销售   订单号 XS01002   发货单号 0000000011
客户简称 北京汇鑫   销售部门 ＊ 销售部   业务员 何丽平
付款条件   客户地址 北京市顺义区常庄路992号   联系电话 010-86218025
开户银行 中国银行北京顺义常庄支行   账号 2700322598914536398   税号 91110113578732690F
币种 人民币   汇率 1   税率 13.00
备注

仅子件   查看现存量   价格 ▾   毛利预估   信用   序列号   关联单据   排序定位 ▾   显示格式 ▾

	仓库名称	存货编码	存货名称	主计量	数量	含税单价	无税单价	无税金额	税额	价税合计	税率（%）	退补标志
1	服装仓	1102	百盛休闲裤	条	-50.00	450.87	399.00	-19950.00	-2593.50	-22543.50	13.00	正常
2												

图3-131   "红字专用销售发票"窗口

提示

开票直接发货模式的销售退货业务中，红字销售专用发票复核后，系统自动生成已审核的退货单。

2.参照退货单生成（负数）销售出库单

2025年1月23日，由李泽伟（C01）登录企业应用平台。在U8企业应用平台，依次单击“业务工作→供应链→库存管理→销售出库→销售出库单”菜单，系统打开“销售出库单”窗口。执行工具栏的“增加→销售发货单”命令，系统弹出“查询条件-销售发货单列表”对话框，单击“确定”按钮，系统打开“销售生单”窗口。单击23日北京汇鑫的退货单所对应的“选择”栏，再单击工具栏的“确定”按钮，系统返回“销售出库单”窗口。根据图3-130，修改“出库单号”为“CK01016”。保存并审核该单据，结果如图3-132所示。

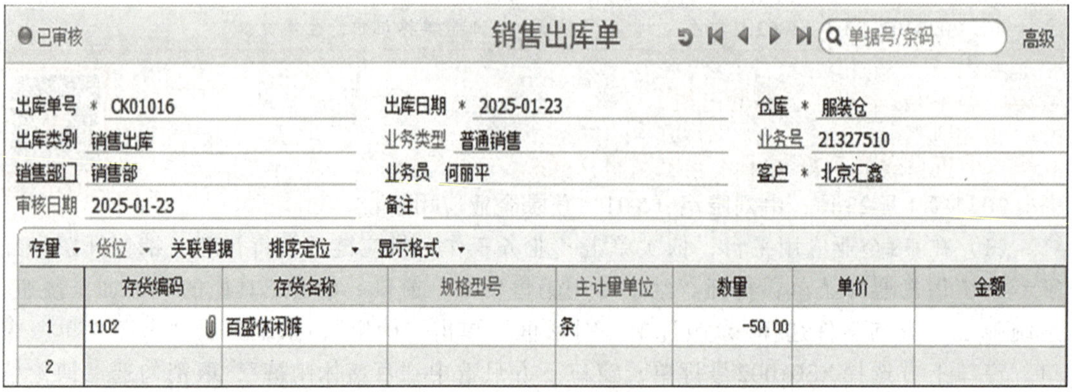

已审核
销售出库单
单据号/条码
高级
出库单号 * CK01016
出库日期 * 2025-01-23
仓库 * 服装仓
出库类别 销售出库
业务类型 普通销售
业务号 21327510
销售部门 销售部
业务员 何丽平
客户 * 北京汇鑫
审核日期 2025-01-23
备注
存量 货位 关联单据 排序定位 显示格式
存货编码 存货名称 规格型号 主计量单位 数量 单价 金额
1 1102 百盛休闲裤 条 -50.00
2

图3-132 销售出库单

3.销售发票审核并生成凭证

2025年1月23日，由赵凯杰（W02）登录企业应用平台。在U8企业应用平台，依次单击“业务工作→财务会计→应收款管理→应收处理→销售发票→销售发票审核”菜单，打开“销售发票审核”窗口。单击工具栏的“查询”按钮，系统弹出“查询条件-发票查询”对话框，“包含已现结发票”栏选择“是”，单击“确定”按钮，返回“销售发票审核”窗口。

双击“21327510”单据号，打开要审核的发票，单击“审核”按钮，系统提示“是否立即制单？”，点击“是”，生成记账凭证。关闭当前已打开窗口。

借：银行存款/中国工商银行/沈阳皇姑支行	–22 543.50	
贷：主营业务收入		–19 950.00
应交税费/应交增值税/销项税额		–2 593.50

4.正常单据记账，生成凭证

（1）正常单据记账。在供应链的“存货核算”子系统，依次单击“记账→正常单据记账”菜单，系统打开“未记账单据一览表”窗口，单击窗口左下角的“查询”按钮，系统显示未记账单据。选中21327510号发票，此时单击工具栏的“记账”按钮，弹出“手工输入单价列表”窗口，“百盛休闲裤”的“单价”输入“199”，如图3-133所示，单击“确定”，弹出“记账成功”提示框，单击“确定”，完成记账工作。关闭该窗口。

手工输入单价列表

打印 输出 全选 确定 栏目设置

手工输入单价列表

序号	☑	存货编码	存货名称	规格型号	部门编码	仓库编码	仓库名称	部门名称	单价
1	☑	1102	百盛休闲裤			01	服装仓		199.00
2	小计								

图3-133　手工输入单价列表

（2）生成凭证。在“存货核算”子系统，依次单击“凭证处理→生成凭证”菜单，系统打开“生成凭证”窗口。单击工具栏的“选单”按钮，系统弹出“查询条件-生成凭证查询条件”对话框，单击“确定”按钮，系统打开“选择单据”窗口。单击工具栏的“全选”按钮，以选中21327510号发票，再单击“确定”按钮，系统自动关闭“选择单据”窗口并返回“生成凭证”窗口。单击工具栏的“合并制单”按钮，系统打开“填制凭证”窗口并自动生成凭证，保存该记账凭证。

借：主营业务成本	−9 950.00	
贷：库存商品		−9 950.00

3.3.3　销售折让业务

【实验资料】

2025年1月23日，根据XS01006号合同向上海乐淘发出的第二批货物存在质量问题，经协商，我公司给予对方10%的销售折让。当日，收到上海乐淘尾款。

相关凭证如图3-134至图3-136所示。

产品质量问题处理协议书

甲方：辽宁恒通商贸有限公司

乙方：上海乐淘贸易有限公司

甲方于2025年1月20日、21日销售两批商品（百盛男夹克、嘉伟女风衣）至乙方。乙方于2025年1月21日收到全部货物后进行质检，认为第二批货物质量存在瑕疵。经协商，双方达成如下协议：

1. 乙方质检部经检验认为第二批服装存在包装破损问题，影响销售。
2. 甲方给予乙方第二批货物价款10%的销售折让。
3. 乙方向当地税务机关申请开具红字增值税专用发票通知单，经税务机关审核后，甲方填开红字增值税专用发票。

甲　　方（盖章）：辽宁恒通商贸有限公司　　乙　　方（盖章）：上海乐淘贸易有限公司

授权代表（签字）：刘晓洺　　授权代表（签字）：刘乐乐

日　　期：2025年1月23日　　日　　期：2025年1月23日

图3-134　产品质量问题处理协议书

电子发票（增值税专用发票）　发票号码：25212000000021327511

开票日期：2025 年 01 月 23 日

购买方信息	名称：上海乐淘贸易有限公司	销售方信息	名称：辽宁恒通商贸有限公司
	统一社会信用代码/纳税人识别号：91310112203203919R		统一社会信用代码/纳税人识别号：91210105206917583A

项目名称	规格型号	单位	数量	单价	金额	税率/征收率	税额
*服装*百盛男夹克					-9 600.00	13%	-1 248.00
*服装*嘉伟女风衣					-15 000.00	13%	-1 950.00
合　计					¥-24 600.00		¥-3 198.00

价税合计（大写）	⊗（负数）贰万柒仟柒佰玖拾捌元整	（小写）¥-27 798.00

备注	购买方开户银行：交通银行闵行区北京路支行　　银行账号：8059209375023168063
	销售方开户银行：中国工商银行沈阳皇姑支行　　银行账号：2107024015890035666

开票人：赵凯杰

图3-135　红字增值税专用发票

中国工商银行　电汇凭证（收账通知） 4　　56136768

☑普通　□加急　　委托日期　2025 年 1 月 23 日

汇款人	全　称	上海乐淘贸易有限公司	收款人	全　称	辽宁恒通商贸有限公司	此联为开户行给收款人的收账通知
	账　号	8059209375023168063		账　号	2107024015890035666	
	开户银行	交通银行闵行区北京路支行		开户银行	中国工商银行沈阳皇姑支行	

金额	人民币（大写）	贰拾玖万陆仟伍佰壹拾贰元整	亿	千	百	十	万	千	百	十	元	角	分
						¥	2	9	6	5	1	2	0	0

此汇款已收入收款人账户。

支付密码

附加信息及用途：货款

汇入行签章　　　　　复核　　记账

图3-136　电汇收款凭证

━━━━━━━━━━【实验过程概览】

本业务的操作过程概览见表3-14。

表 3-14　　　　　　　　　　实验过程概览

序号	操作日期	操作员	系统	操作内容
1	2025-01-23	X01 刘晓洺	销售管理	参照销售订单生成红字销售专用发票
2	2025-01-23	W02 赵凯杰	应收款管理	销售发票审核并生成凭证
3	2025-01-23	W02 赵凯杰	应收款管理	红票对冲
4	2025-01-23	W03 贺青春	应收款管理	选择收款
5	2025-01-23	W02 赵凯杰	应收款管理	生成凭证

━━━━━━━━━━【实验过程】

销售折让业务

1.参照销售订单生成红字销售专用发票

2025 年 1 月 23 日，由刘晓洺（X01）登录企业应用平台。在"销售管理"

子系统，依次单击"销售开票→红字专用销售发票"菜单，打开"红字专用销售发票"窗口。单击工具栏的"增加"按钮，系统弹出"查询条件-参照订单"对话框，单击"确定"，系统弹出"参照生单"窗口。

窗口上方选择XS01006号订单，窗口下方取消勾选第1行、第2行，只选择第3行、第4行，单击"确定"按钮，系统生成一张红字销售专用发票。根据图3-135，修改红字销售专用发票表头"发票号"为"21327511"，表体数量改为"0"，"退补标志"选择"退补"，保存并复核该红字发票，结果如图3-137所示。

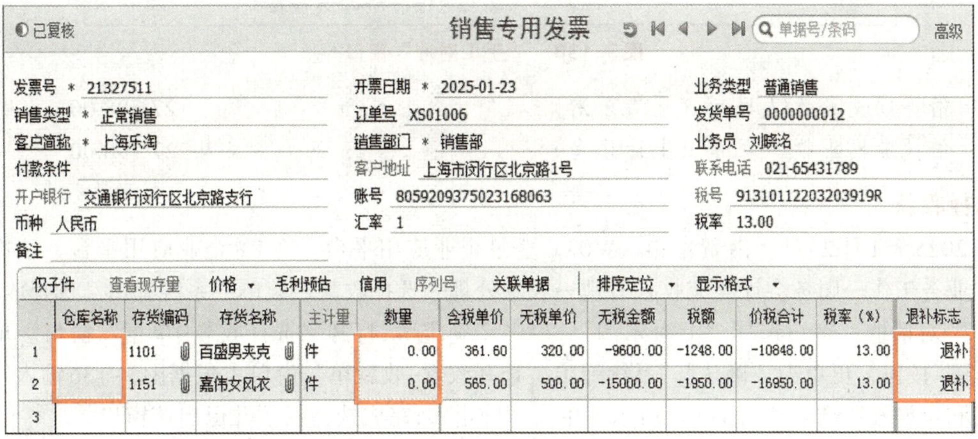

图3-137　"红字专用销售发票"窗口

2.销售发票审核并生成凭证

2025年1月23日，由赵凯杰（W02）登录企业应用平台。在U8企业应用平台，依次单击"业务工作→财务会计→应收款管理→应收处理→销售发票→销售发票审核"菜单，打开"销售发票审核"窗口。单击工具栏的"查询"按钮，系统弹出"查询条件-发票查询"对话框，单击"确定"按钮，返回"销售发票审核"窗口。

双击"21327511"单据号，打开要审核的发票，单击"审核"按钮，系统提示"是否立即制单?"，点击"是"，生成记账凭证。关闭当前已打开窗口。

> 借：应收账款/人民币（上海乐淘）　　　　　　　－27 798.00
> 　贷：主营业务收入　　　　　　　　　　　　　－24 600.00
> 　　　应交税费/应交增值税/销项税额　　　　　　－3 198.00

> **提示**
> 虽然此业务不涉及退货，但是红字销售发票复核后仍生成了一张已审核的退货单。

3.红票对冲

在U8企业应用平台，依次单击"业务工作→财务会计→应收款管理→转账→红票对冲→手工对冲"菜单，系统弹出"红票对冲条件"对话框，客户选择"上海乐淘"，单击"确定"，打开"手工对冲"窗口。

在21327506号销售专用发票的"对冲金额"栏输入"27798"，如图3-138所示，单击"保存"，系统提示"是否立即制单?"，单击"是"，系统自动生成一张记账凭证，单击"保存"按钮。

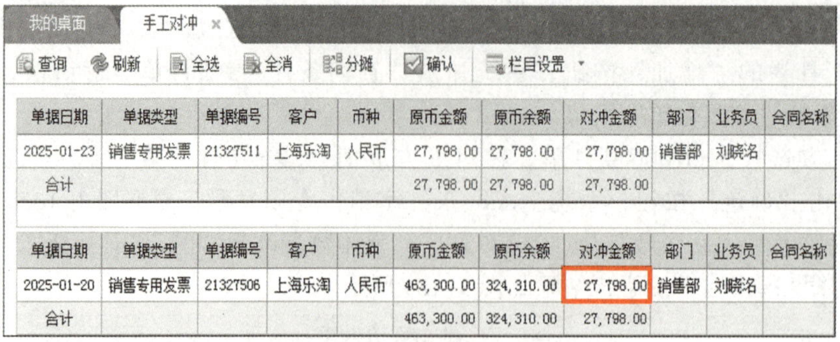

图3-138　"手工对冲"窗口

| 借：应收账款/人民币（上海乐淘） | −27 798.00 |
| 借：应收账款/人民币（上海乐淘） | 27 798.00 |

4.选择收款

2025年1月23日，由贺青春（W03）登录企业应用平台。在U8企业应用平台，依次单击"业务工作→财务会计→应收款管理→收款处理→选择收款"菜单，系统弹出"选择收款-条件"对话框，客户选择"上海乐淘"，单击"确定"，打开"选择收款-单据"窗口。单击"全选"按钮，再单击"确认"，系统弹出"选择收款-收款单"窗口。根据图3-136输入结算方式和票据号，结果如图3-139所示。单击"确定"，完成选择收款并退出该窗口。

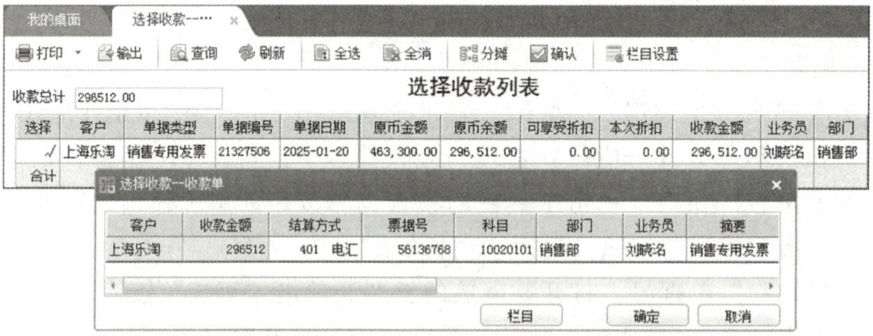

图3-139　选择收款

5.生成凭证

2025年1月23日，由赵凯杰（W02）登录企业应用平台。在U8企业应用平台，单击"业务工作→财务会计→应收款管理→凭证处理→生成凭证"菜单，系统弹出"制单查询"对话框，勾选"收付款单""核销"，单击"确定"，打开"生成凭证"窗口。依次单击"合并""制单"按钮，系统生成相关的记账凭证，单击"保存"按钮。

| 借：银行存款/中国工商银行/沈阳皇姑支行 | 296 512.00 |
| 贷：应收账款/人民币（上海乐淘） | 296 512.00 |

3.3.4　带信用条件的退货业务

【实验资料】

2025年1月23日，根据XS01007号合同卖给广州华丰的货物中有80件嘉伟女风衣出现质量问题。经协商我公司同意退货。当日，我公司开具红字发票并支付了退货款，同日收到所退货物。（退货款要求通过应收系统付款单处理）（注：所退货物成本价为498元）

相关凭证如图3-140至图3-142所示。

电子发票（增值税专用发票）

发票号码：25212000000021327512

开票日期：2025年01月23日

购买方信息	名称：广州华丰超市有限公司 统一社会信用代码/纳税人识别号：91440100613815327V			销售方信息	名称：辽宁恒通商贸有限公司 统一社会信用代码/纳税人识别号：91210105206917583A		
项目名称	规格型号	单位	数量	单价	金额	税率/征收率	税额
*服装*嘉伟女风衣		件	-80	555.00	-44 400.00	13%	-5 772.00
合　计					¥-44 400.00		¥-5 772.00
价税合计（大写）	⊗（负数）伍万零壹佰柒拾贰元整					（小写）	¥-50 172.00
备注	购买方开户银行：中国工商银行广州向阳支行　银行账号：2692006083025562331 销售方开户银行：中国工商银行沈阳皇姑支行　银行账号：2107024015890035666						

开票人：赵凯杰

图3-140　红字增值税专用发票

出库单

客户：广州华丰　　2025年1月23日　　单号：CK01017

发货仓库	存货编码	存货名称	单位	数量		单价	金额
				应发	实发		
服装仓	1151	嘉伟女风衣	件	-80	-80		
合　计							

部门经理：略　　会计：略　　仓库：略　　经办人：略

图3-141　出库单

中国工商银行　电汇凭证（回单）　1　　36257072

☑普通　☐加急　　委托日期　2025年1月23日

汇款人	全　称	辽宁恒通商贸有限公司	收款人	全　称	广州华丰超市有限公司
	账　号	2107024015890035666		账　号	2692006083025562331
	开户银行	中国工商银行沈阳皇姑支行		开户银行	中国工商银行广州向阳支行
金额	人民币（大写）	肆万捌仟捌佰肆拾元整	亿千百十万千百十元角分		¥ 4 8 8 4 0 0 0
		中国工商银行沈阳皇姑支行 2025.01.23 转讫（7）	支付密码		
			附加信息及用途：退货款		
			复核　记账		

此联为汇出行给汇款人的回单

图3-142　电汇付款凭证

本业务的操作过程概览见表3-15。

表 3-15　　　　　　　　　　　　　　实验过程概览

序号	操作日期	操作员	系统	操作内容
1	2025-01-23	X01 刘晓洺	销售管理	参照销售订单生成红字销售专用发票
2	2025-01-23	C01 李泽伟	库存管理	参照退货单生成（负数）销售出库单
3	2025-01-23	W02 赵凯杰	应收款管理	销售发票审核并生成凭证
4	2025-01-23	W02 赵凯杰	存货核算	正常单据记账，生成凭证
5	2025-01-23	W03 贺青春	应收款管理	收款单据录入（应收系统付款单）
6	2025-01-23	W02 赵凯杰	应收款管理	收款单据审核、手工核销和生成凭证

【实验过程】

带信用条件的
退货业务

1.参照销售订单生成红字销售专用发票

2025 年 1 月 23 日，由刘晓洺（X01）登录企业应用平台。在"销售管理"子系统，依次单击"销售开票→红字专用销售发票"菜单，打开"红字销售专用发票"窗口。单击工具栏的"增加"按钮，系统弹出"查询条件-参照订单"对话框，单击"确定"，系统弹出"参照生单"窗口。

窗口上方选择 XS01007 号订单，窗口下方取消勾选"恒久女表"，只选择"嘉伟女风衣"，单击"确定"按钮，系统生成一张红字销售专用发票。根据图3-140，修改红字销售专用发票表头"发票号"为"21327512"，表体数量为"-80"，"仓库名称"为"服装仓"。保存并复核该红字发票，结果如图3-143所示。

图3-143　"红字专用销售发票"窗口

2.参照退货单生成（负数）销售出库单

2025 年 1 月 23 日，由李泽伟（C01）登录企业应用平台。在 U8 企业应用平台，依次单击"业务工作→供应链→库存管理→销售出库→销售出库单"菜单，系统打开"销售出库单"窗口。执行工具栏的"增加→销售发货单"命令，系统弹出"查询条件-销售发货单列表"对话框，单击"确定"按钮，系统打开"销售生单"窗口。单击23日广州华丰的退货单所对应的"选择"栏，再单击工具栏的"确定"按钮，系统返回"销售出库单"窗口。根据图3-141，修改出库单号为"CK01017"。保存并审核该出库单，结果如图3-144所示。

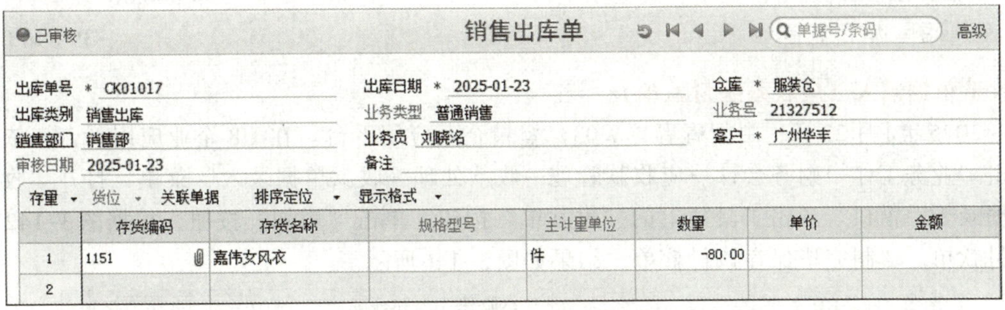

	存货编码	存货名称	规格型号	主计量单位	数量	单价	金额
1	1151	嘉伟女风衣		件	-80.00		
2							

出库单号 * CK01017　　出库日期 * 2025-01-23　　仓库 * 服装仓
出库类别 销售出库　　业务类型 普通销售　　业务号 21327512
销售部门 销售部　　业务员 刘晓洺　　客户 * 广州华丰
审核日期 2025-01-23　　备注

图3-144　（负数）销售出库单

3.销售发票审核并生成凭证

2025年1月23日，由赵凯杰（W02）在企业应用平台。在U8企业应用平台，依次单击"业务工作→财务会计→应收款管理→应收处理→销售发票→销售发票审核"菜单，打开"销售发票审核"窗口。单击工具栏的"查询"按钮，系统弹出"查询条件-发票查询"对话框，单击"确定"按钮，返回"销售发票审核"窗口。

双击"21327512"单据号，打开要审核的发票，单击"审核"按钮，系统提示"是否立即制单?"，点击"是"，生成记账凭证。关闭当前已打开窗口。

借：应收账款/人民币（广州华丰）　　　　　　　　　　　-50 172.00
　贷：主营业务收入　　　　　　　　　　　　　　　　　　　-44 400.00
　　　应交税费/应交增值税/销项税额　　　　　　　　　　　-5 772.00

4.正常单据记账，生成凭证

（1）正常单据记账。在供应链的"存货核算"子系统，依次单击"记账→正常单据记账"菜单，系统打开"未记账单据一览表"窗口，单击窗口左下角的"查询"按钮，系统显示未记账单据。选中21327512号发票，此时单击工具栏的"记账"按钮，弹出"手工输入单价列表"窗口，"嘉伟女风衣"的"单价"输入"498"，如图3-145所示，单击"确定"，提示"记账成功"，单击"确定"，完成记账工作。关闭当前窗口。

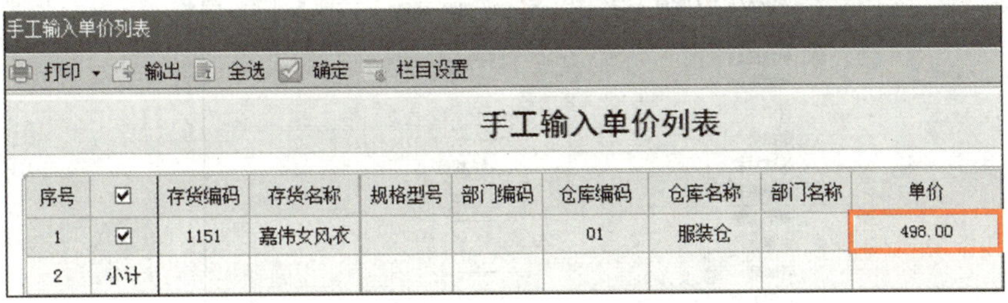

序号	☑	存货编码	存货名称	规格型号	部门编码	仓库编码	仓库名称	部门名称	单价
1	☑	1151	嘉伟女风衣			01	服装仓		498.00
2	小计								

图3-145　手工输入单价列表

（2）生成凭证。在"存货核算"子系统，依次单击"凭证处理→生成凭证"菜单，系统打开"生成凭证"窗口。单击工具栏的"选单"按钮，系统弹出"查询条件-生成凭证查询条件"对话框，单击"确定"按钮，系统打开"选择单据"窗口。单击工具栏的"全选"按钮，以选中21327512号发票，再单击"确定"按钮，系统自动关闭"选择单据"窗口并返回"生成凭证"窗口。单击工具栏的"合并制单"按钮，系统打开"填制凭证"窗口并自动生成凭证，保存该记账凭证。

| 借：主营业务成本 | −39 840.00 |
| 贷：库存商品 | −39 840.00 |

5.收款单据录入（应收系统付款单）

2025年1月23日，由贺青春（W03）登录企业应用平台。在U8企业应用平台，依次单击"业务工作→财务会计→应收款管理→收款处理→收款单据录入"菜单，打开"收款单据录入"窗口。单击工具栏上的"付款单"按钮，单击"增加"按钮，根据图3-142填制付款单。填制完毕保存该付款单，结果如图3-146所示。

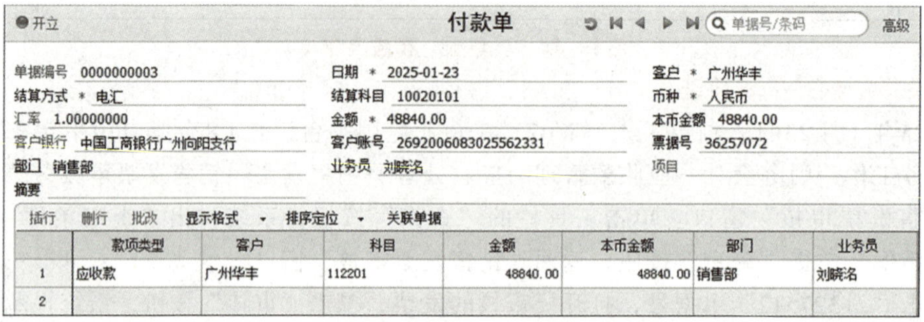

图3-146　应收系统付款单

6.收款单据审核、手工核销和生成凭证

2025年1月23日，由赵凯杰（W02）登录企业应用平台。

（1）收款单据审核。在U8企业应用平台，依次单击"业务工作→财务会计→应收款管理→收款处理→收款单据审核"菜单，打开"收款单据审核"窗口，单击窗口左下角的"查询"按钮。选中23日支付广州华丰货款的付款单并审核。审核完毕关闭该窗口。

（2）手工核销。单击应收款管理子系统中的"核销处理→手工核销"菜单，系统弹出"核销条件"对话框，选择客户"广州华丰"，再点击该窗口的"收付款单"选项卡，"单据类型"选择"付款单"，如图3-147所示。单击"确定"，打开"手工核销"窗口。

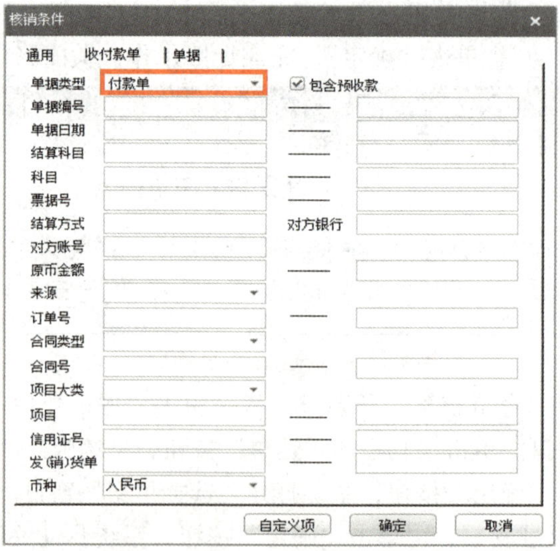

图3-147　"核销条件"对话框

在"手工核销"窗口，销售专用发票的"本次折扣"栏输入"1332"，"本次结算"栏输入"48840"，如图3-148所示，单击"确认"按钮。

单据日期	单据类型	单据编号	客户	款项类型	结算方式	原币金额	原币余额	本次结算金额
2025-01-23	付款单	0000000003	广州华丰	应收款	电汇	48,840.00	48,840.00	48,840.00
合计							48,840.00	48,840.00	48,840.00

单据日期	单据类型	单据编号	到期日	客户	原币金额	原币余额	可享受折扣	本次折扣	本次结算	订单号
2025-01-23	销售专用发票	21327512	2025-02-22	广州华丰	50,172.00	50,172.00	1,505.16	1,332.00	48,840.00	XS01007
合计					50,172.00	50,172.00	1,505.16	1,332.00	48,840.00	

图3-148 "手工核销"窗口

（3）生成凭证。在应收款管理系统，单击"凭证处理→生成凭证"菜单，系统弹出"制单查询"对话框，勾选"收付款单""核销"，单击"确定"，打开"生成凭证"窗口。依次单击"合并""制单"按钮，系统生成相关的记账凭证，单击"保存"按钮。

借：银行存款/中国工商银行/沈阳皇姑支行　　　　　　　　　　　　−48 840.00
　贷：主营业务收入　　　　　　　　　　　　　　　　　　　　　　　1 332.00
　　　应收账款/人民币（广州华丰）　　　　　　　　　　　　　　　−50 172.00

3.4　本章常见数据表

本章常见数据表见表3-16。

表 3-16　　　　　　　　　　　　　　本章常见数据表

序号	系统编码（SystemID）	系统名称（SystemName）	表名称（TableName）	表定义（TableDefine）	备注
1	SA	销售管理	SA_QuoMain	销售报价单主表	
2	SA	销售管理	SA_QuoDetails	销售报价单子表	
3	SA	销售管理	SO_SOMain	销售订单主表	
4	SA	销售管理	SO_SODetails	销售订单子表	
5	SA	销售管理	DispatchList	发货退货单主表	
6	SA	销售管理	DispatchLists	发货退货单子表	
7	SA	销售管理	SA_SignInMain	签回单主表	
8	SA	销售管理	SA_SignInDetail	签回单子表	
9	SA	销售管理	SaleBillVouch	销售发票主表	
10	SA	销售管理	SaleBillVouchs	销售发票子表	
11	ST	库存管理	rdrecord32	销售出库单主表	
12	ST	库存管理	rdrecords32	销售出库单子表	
13	SA	销售管理	ExpenseVouch	代垫费用单主表	
14	SA	销售管理	ExpenseVouchs	代垫费用单子表	
15	SA	销售管理	SalePayVouch	销售支出单主表	
16	SA	销售管理	SalePayVouchs	销售支出单子表	
17	SA	销售管理	SA_CusUPrice	客户销售价格表	
18	SA	销售管理	SA_InvUPrice	存货销售价格表	
19	AR	应收	Ar_Detail	应收明细账	

【复习思考题】

1.简述先发货后开票模式与开票直接发货模式的区别与联系。

2.请问销售订单有几种生成方式？

3.简述销售过程中发生运输费用的处理思路。

4.简述销售定金的转出方式。

5.试对教材中涉及的几种收款方式进行比较。

6.试分析销售赠品业务的处理思路。

7.如何正确使用发货签回单？

第4章
特殊业务类型业务

4.1 概述

所谓特殊业务主要是指销售订单等单据表头"业务类型"项目为"普通销售""普通采购"以外的其他业务类型的业务。本书主要介绍以下几种特殊业务：

1.代销业务

代销业务，指企业将货物交受托方，由其代为销售。从系统应用角度看，代销业务分为受托代销业务和委托代销业务。委托代销业务应遵循先发货后开票模式。从代销方式角度看，代销业务分为视同买断方式和支付手续费方式。

（1）视同买断方式。

情况一，如果委托方和受托方之间的协议明确标明，受托方在取得代销商品后，无论是否能够卖出、是否获利，均与委托方无关，那么委托方和受托方之间的代销商品交易，与委托方直接销售商品给受托方没有实质区别。从系统应用角度看，这种情况直接按普通销售业务处理。

情况二，如果委托方和受托方之间的协议明确标明，将来受托方未售出的商品可以退回给委托方，那么委托方在交付商品时通常不确认收入，受托方将商品销售后向委托方开具代销清单，委托方收到代销清单时，再确认本企业的销售收入。根据代销协议填制（委托代销）销售订单，参照该订单可生成委托代销发货单，参照该发货单可生成销售出库单。收到代销清单时，根据委托代销发货单生成委托代销结算单，该结算单审核后自动生成未复核的（委托代销）销售发票。

（2）支付手续费方式。

支付手续费方式委托代销商品，是指委托方和受托方签订合同或协议，委托方根据代销商品金额或数量向受托方支付手续费的销售方式。在这种方式下，委托方发出商品时，通常不确认收入，而是在收到受托方开出的代销清单时确认销售收入。从系统应用角度看，这种方式的处理流程与视同买断方式的第二种情况相似，只是这里还需对代销手续费进行处理。

关于代销手续费，委托方主要有以下三种处理方法：

① 比照销售过程发生的运输费，到采购管理系统填制采购专用发票。该发票审核并制单后，进行应付冲应收（或应收冲应付）处理。该方法的弊端是导致采购系统"结算选单"窗口（图2-31）存在大量不能结算的发票。

② 到应收系统填制负向的应收单，表体拆分成"销售费用/委托代销手续费"和"应交税费/应交增值税/进项税额"两行。该应收单审核并制单后，进行红票对冲处理。

③ 到销售管理系统填制销售费用支出单，"支出金额"填价税合计金额。该支出单生成应付单，到应付系统将该应付单的表体拆分成"销售费用/委托代销手续费"和"应交税费/应交增值税/进项税额"两行。该应付单审核并制单后，进行应付冲应收（或应收冲应付）处理。

关于代销手续费，受托方主要有以下三种处理方法：

① 到销售管理系统填制销售专用发票。该发票审核并制单后，进行应收冲应付（或应付冲应收）处理。

② 到应付系统填制负向的应付单，表体拆分成"其他业务收入/受托代销手续费"和"应交税费/应交增值税/销项税额"两行。该应付单审核并制单后，进行红票对冲处理。

③ 填制应收单。该应收单审核并制单后，进行应收冲应付（或应付冲应收）处理。

2.分期收款业务

分期收款业务是指先将货物发给客户，分期开票确认收入同时收回货款。分期收款业务的信息化处理遵循先发货后开票模式。根据购销合同填制（分期收款）销售订单，参照该订单可生成（分期收款）发货单，参照该发货单可生成销售出库单和（分期收款）销售发票。

3.零售日报业务

针对零星分散的销售数据，可通过零售日报进行汇总。零售日报的多数功能与销售发票相同，如均需到应收系统审核、制单等。其主要区别如下：①零售日报不可以参照销售订单生成；②零售日报不能处理先发货后开票业务，即零售日报不能参照发货单录入。

无论是勾选销售管理系统的"销售生成出库单"参数，还是勾选库存管理系统的"库存生成销售出库单"参数，零售日报复核后均自动生成已审核的发货单。但是，在勾选前者的情况下，还能进一步自动生成未审核的销售出库单。

4.直运业务

直运业务是指企业分别与客户、供应商签订购销合同，从供应商采购货物直接销售给客户，客户、供应商各自与企业办理款项结算。从系统应用角度，直运业务包括直运销售业务和直运采购业务。根据购销合同填制（直运销售）销售订单，参照该订单可生成（直运采购）采购订单和（直运销售）销售发票。参照（直运采购）采购订单生成（直运采购）采购发票。（直运销售）销售发票在应收系统制单。（直运采购）采购发票可选择在应付系统或存货核算系统制单，但都需要到存货核算系统进行直运销售记账。

本章总体流程如图4-1所示。

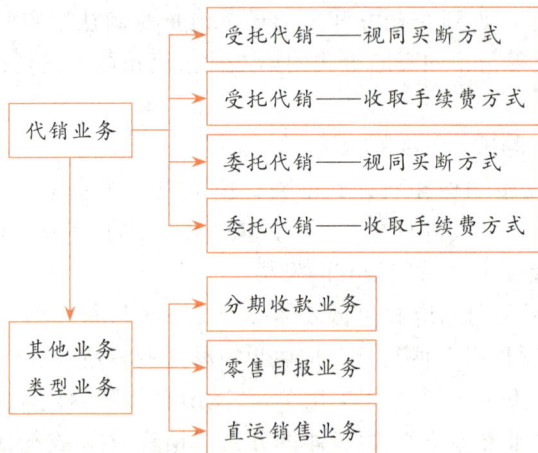

图4-1 本章总体流程

4.2　代销业务

4.2.1　受托代销——视同买断方式

4.2.1.1　收到受托代销货物

【实验资料】

2025年1月23日，采购部张宏亮与山东顺达皮具有限公司（简称山东顺达）签订代销合同。当日收到代销商品。

相关凭证如图4-2和图4-3所示。

购 销 合 同

合同编号：ST01001

委托方：山东顺达皮具有限公司

受托方：辽宁恒通商贸有限公司

为保护买卖双方的合法权益，根据《中华人民共和国民法典》的有关规定，买卖双方经友好协商，一致同意签订本合同，并共同遵守合同约定。

一、货物的名称、数量及金额：

货物名称	规格型号	计量单位	数量	单价（不含税）	金额（不含税）	税率	税额
顺达女士箱包		个	1 500	578.00	867 000.00	13%	112 710.00
顺达男士箱包		个	1 000	298.00	298 000.00	13%	38 740.00
顺达情侣箱包		对	2 000	999.00	1 998 000.00	13%	259 740.00
合计					¥3 163 000.00		¥411 190.00

二、合同总金额：人民币叁佰伍拾柒万肆仟壹佰玖拾元整（¥3 574 190.00）。

三、采用视同买断方式由委托方委托受托方代销货物，实际售价由受托方自定，实际售价与合同价之间的差额归受托方所有。根据代销商品销售情况，每月25日双方依照代销清单结算货款。5月31日前受托方未销售完的商品退回委托方。付款方式：电汇。

四、交货地点：辽宁恒通商贸有限公司。

五、发运方式与运输费用承担方式：由委托方发货并承担运输费用。

卖　　方：山东顺达皮具有限公司　　　　　买　　方：辽宁恒通商贸有限公司

授权代表：李建国　　　　　　　　　　　　授权代表：张宏亮

日　　期：2025年1月23日　　　　　　　　日　　期：2025年1月23日

图4-2　视同买断方式代销合同

入 库 单

供应商：山东顺达　　　　　　2025　1　23　　　　　　　　单号：RK01020

验收仓库	存货编码	存货名称	单位	数量（应收）	数量（实收）	单价	金额
皮具仓	1301	顺达女士箱包	个	1 500	1 500		
皮具仓	1302	顺达男士箱包	个	1 000	1 000		
皮具仓	1303	顺达情侣箱包	对	2 000	2 000		
合计							

部门经理：略　　　　会计：略　　　　仓库：略　　　　经办人：略

图4-3　入库单

本业务的操作过程概览见表4-1。

表 4-1   实验过程概览

序号	操作日期	操作员	系统	操作内容
1	2025-01-23	G01张宏亮	采购管理	填制（受托代销）采购订单
2	2025-01-23	G01张宏亮	采购管理	参照（受托代销）采购订单生成到货单
3	2025-01-23	C01李泽伟	库存管理	参照到货单生成采购入库单
4	2025-01-23	W02赵凯杰	存货核算	正常单据记账，生成凭证

【实验过程】

收到受托代销货物
（视同买断）

1.填制（受托代销）采购订单

2025年1月23日，由张宏亮（G01）登录企业应用平台。在U8企业应用平台，依次单击"业务工作→供应链→采购管理→采购订货→采购订单"菜单，打开"采购订单"窗口。单击工具栏的"增加"按钮，将表头项目"业务类型"改为"受托代销"。根据图4-2填制采购订单，填制完毕保存并审核该订单，结果如图4-4所示。关闭并退出"采购订单"窗口。

	存货编码	存货名称	主计量	数量	原币含税单价	原币单价	原币金额	原币税额	原币价税合计	税率	计划到货日期
1	1301	顺达女士箱包	个	1500.00	653.14	578.00	867000.00	112710.00	979710.00	13.00	2025-01-23
2	1302	顺达男士箱包	个	1000.00	336.74	298.00	298000.00	38740.00	336740.00	13.00	2025-01-23
3	1303	顺达情侣箱包	对	2000.00	1128.87	999.00	1998000.00	259740.00	2257740.00	13.00	2025-01-23
4											

采购订单

业务类型 受托代销
采购类型 受托代销(买断)
业务员 张宏亮
币种 人民币

订单日期 * 2025-01-23
供应商 * 山东顺达
税率 13.00
汇率 * 1

订单编号 * ST01001
部门 采购部
付款条件
备注

图4-4   （受托代销）采购订单

2.参照（受托代销）采购订单生成到货单

在"采购管理"子系统，依次单击"采购到货→到货单"菜单，打开"到货单"窗口。执行工具栏的"增加"按钮，将到货单表头的业务类型改为"受托代销"，再执行工具栏的"参照→采购订单"命令，系统弹出"查询条件-单据列表过滤"对话框，单击"确定"按钮，系统弹出"拷贝并执行"窗口。单击"到货单拷贝订单表头列表"中订单号"ST01001"最左侧的"选择"栏，以选中该订单，如图4-5所示。单击"确定"按钮。系统返回"到货单"窗口，生成一张到货单。保存并审核该到货单，结果如图4-6所示。关闭并退出该窗口。

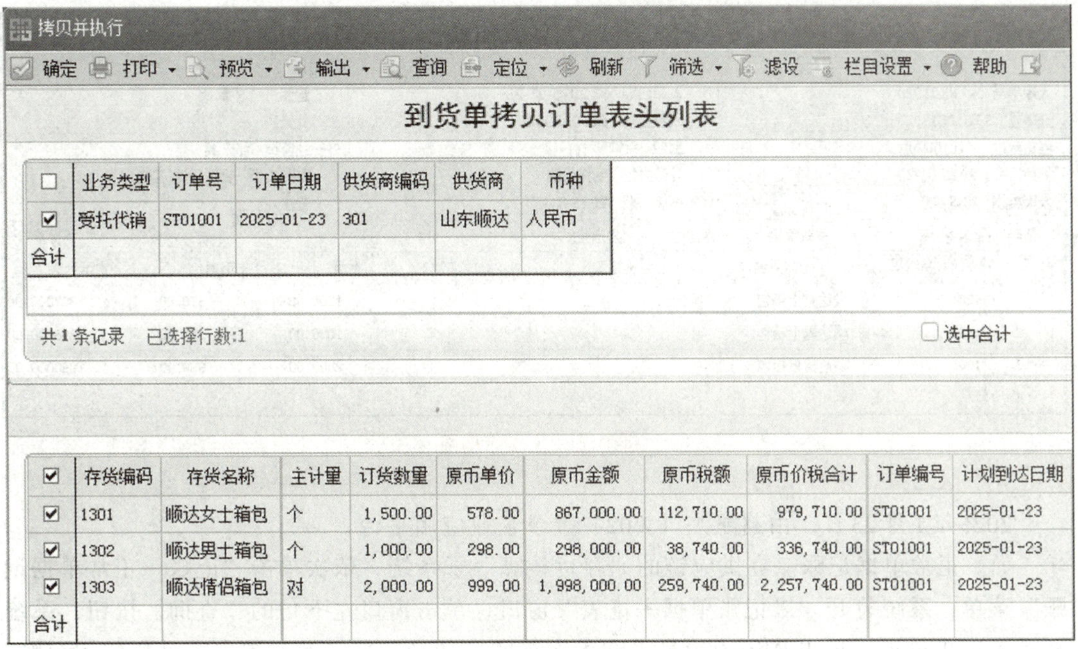

图4-5　"拷贝并执行"窗口

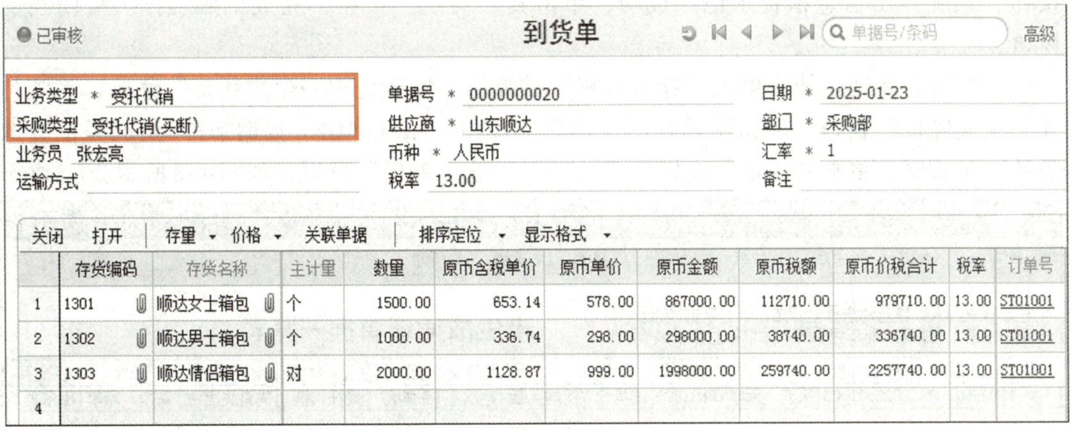

图4-6　（受托代销）到货单

3.参照到货单生成采购入库单

2025年1月23日，由李泽伟（C01）登录企业应用平台。在U8企业应用平台，依次单击"业务工作→供应链→库存管理→采购入库→采购入库单"菜单，系统打开"采购入库单"窗口。执行工具栏的"增加→采购→采购到货单"命令，系统弹出"查询条件-采购到货单列表"对话框，单击"确定"按钮，系统打开"到货单生单列表"窗口。单击23日山东顺达的到货单所对应的"选择"栏（即上一步骤完成的到货单），再单击工具栏的"确定"按钮，系统返回"采购入库单"窗口。

根据图4-3，修改采购入库单表头项目"入库单号"为"RK01020"，"仓库"选择为"皮具仓"，其他项默认。保存并审核采购入库单，结果如图4-7所示。

●已审核 **采购入库单** 单据号/条码 高级

入库单号 * RK01020　入库日期 * 2025-01-23　仓库 * 皮具仓

订单号 ST01001　到货单号 0000000020　业务号

供货单位 * 山东顺达　部门 采购部　业务员 张宏亮

到货日期 2025-01-23　业务类型 受托代销　采购类型 受托代销(买断)

入库类别 视同买断　审核日期 2025-01-23　备注

条码 存量 货位 关联单据 排序定位 显示格式

	存货编码	存货名称	规格型号	主计量单位	数量	本币单价	本币金额
1	1301	顺达女士箱包		个	1500.00	578.00	867000.00
2	1302	顺达男士箱包		个	1000.00	298.00	298000.00
3	1303	顺达情侣箱包		对	2000.00	999.00	1998000.00
4							

图4-7　采购入库单

4.正常单据记账，生成凭证

2025年1月23日，由赵凯杰（W02）登录企业应用平台。

（1）正常单据记账。在供应链的“存货核算”子系统，依次单击“记账→正常单据记账”菜单，系统打开“未记账单据一览表”窗口，单击窗口左下角的“查询”按钮，系统显示未记账单据。单击RK01020号采购入库单的“选择”栏，此时单击工具栏的“记账”按钮，系统弹出信息框提示记账成功，单击其“确定”按钮，完成记账工作。关闭当前窗口。

（2）生成凭证。依次单击“存货核算”系统的“凭证处理→生成凭证”菜单，系统打开“生成凭证”窗口。单击工具栏的“选单”按钮，系统弹出“查询条件-生成凭证查询条件”对话框，单击“确定”按钮，系统打开“选择单据”窗口，如图4-8所示。

选择单据

打印 输出 全选 全消 确定 取消 单据 帮助

☐ 已结算采购入库单自动选择全部结算单上单据(包括入库单、发票、付款单),非本月采购入库单按蓝字报销单制单

未生成凭证单据一览表

选择	记账日期	单据日期	单据类型	单据号	仓库	收发类别	记账人	部门	业务类型	计价方式	摘要	供应商
	2025-01-23	2025-01-23	采购入库单	RK01020	皮具仓	视同买断	赵凯杰	采购部	受托代销	先进先出法	采购入库单	山东顺达

图4-8　选择单据

单击工具栏的“全选”按钮，以选中已记账的采购入库单，再单击工具栏的“确定”按钮，系统自动关闭“选择单据”窗口并返回“生成凭证”窗口。单击工具栏的“合并制单”按钮，系统打开“填制凭证”窗口并自动生成凭证。单击工具栏的“保存”按钮。

借：受托代销商品	3 163 000.00	
贷：受托代销商品款（山东顺达）		3 163 000.00

4.2.1.2　销售受托代销货物

2025年1月24日，销售部刘晓洛与上海乐淘签订购销合同。当日，我公司开具发票并发出全部货物，同时收到货款。

相关凭证如图4-9至图4-12所示。

购销合同

合同编号：XS01009

卖方：辽宁恒通商贸有限公司

买方：上海乐淘贸易有限公司

为保护买卖双方的合法权益，根据《中华人民共和国民法典》的有关规定，买卖双方经友好协商，一致同意签订本合同，并共同遵守合同约定。

一、货物的名称、数量及金额：

货物名称	规格型号	计量单位	数量	单价（不含税）	金额（不含税）	税率	税额
顺达女士箱包		个	1 000	698.00	698 000.00	13%	90 740.00
顺达男士箱包		个	1 000	358.00	358 000.00	13%	46 540.00
顺达情侣箱包		对	1 000	1 199.00	1 199 000.00	13%	155 870.00
合计					¥2 255 000.00		¥293 150.00

二、合同总金额：人民币贰佰伍拾肆万捌仟壹佰伍拾元整（¥2 548 150.00）。

三、签订合同当日卖方开具增值税专用发票并发出全部货物，买方以电汇方式支付全部货款。

四、交货地点：辽宁恒通商贸有限公司。

五、发运方式与运输费用承担方式：由卖方发货，买方承担运输费用。

卖　　方：辽宁恒通商贸有限公司　　　　　买　　方：上海乐淘贸易有限公司

授权代表：同刘晓溶　　　　　　　　　　　授权代表：同刘乐乐

日　　期：2025 年 1 月 24 日　　　　　　日　　期：2025 年 1 月 24 日

图4-9　购销合同

电子发票（增值税专用发票）

发票号码：25212000000021327513

开票日期：2025 年 01 月 24 日

购买方信息	名称：上海乐淘贸易有限公司	销售方信息	名称：辽宁恒通商贸有限公司
	统一社会信用代码/纳税人识别号：91310112203203919R		统一社会信用代码/纳税人识别号：91210105206917583A

项目名称	规格型号	单位	数量	单价	金额	税率/征收率	税额
*皮具*顺达女士箱包		个	1 000	698.00	698 000.00	13%	90 740.00
*皮具*顺达男士箱包		个	1 000	358.00	358 000.00	13%	46 540.00
*皮具*顺达情侣箱包		对	1 000	1 199.00	1 199 000.00	13%	155 870.00
合　计					¥2 255 000.00		¥293 150.00

价税合计（大写）	⊗贰佰伍拾肆万捌仟壹佰伍拾元整	（小写）¥2 548 150.00

备注：

购买方开户银行：交通银行闵行区北京路支行　银行账号：8059209375023168063

销售方开户银行：中国工商银行沈阳皇姑支行　银行账号：2107024015890035666

开票人：赵凯杰

图4-10　增值税专用发票

中国工商银行　电汇凭证（收账通知）

4　　56136785

☑普通　□加急　　委托日期 2025 年 1 月 24 日

汇款人	全　称	上海乐淘贸易有限公司	收款人	全　称	辽宁恒通商贸有限公司
	账　号	8059209375023168063		账　号	2107024015890035666
	开户银行	交通银行闵行区北京路支行		开户银行	中国工商银行沈阳皇姑支行

金额	人民币（大写）	贰佰伍拾肆万捌仟壹佰伍拾元整	亿 千 百 十 万 千 百 十 元 角 分
			¥ 2 5 4 8 1 5 0 0 0

此汇款已收入收款人账户。

转讫（8）

汇入行签章

支付密码：

附加信息及用途：货款

复核　　记账

图4-11　电汇收款凭证

出库单

客户：上海乐淘　　　　2025 年 1 月 24 日　　　　单号：CK01018

发货仓库	存货编码	存货名称	单位	数量		单价	金额
				应发	实发		
皮具仓	1301	顺达女士箱包	个	1 000	1 000		
皮具仓	1302	顺达男士箱包	个	1 000	1 000		
皮具仓	1303	顺达情侣箱包	对	1 000	1 000		
合计							

部门经理：略　　会计：略　　仓库：略　　经办人：略

图4-12　出库单

【实验过程概览】

本业务的操作过程概览见表4-2。

表 4-2　实验过程概览

序号	操作日期	操作员	系统	操作内容
1	2025-01-24	X01 刘晓洺	销售管理	填制销售订单
2	2025-01-24	X01 刘晓洺	销售管理	参照销售订单生成销售专用发票（现结）
3	2025-01-24	C01 李泽伟	库存管理	参照发货单生成销售出库单
4	2025-01-24	W02 赵凯杰	应收款管理	销售发票审核并生成凭证
5	2025-01-24	W02 赵凯杰	存货核算	正常单据记账，生成凭证

【实验过程】

销售受托代销货物（视同买断）

1.填制销售订单

2025年1月24日，由刘晓洺（X01）登录企业应用平台。在U8企业应用平台，依次单击“业务工作→供应链→销售管理→销售订货→销售订单”菜单，打开“销售订单”窗口。单击工具栏的“增加”按钮，根据图4-9填制销售订单。填制完毕保存并审核销售订单，结果如图4-13所示。关闭并退出“销售订单”窗口。

已审核　　销售订单　　单据号/条码　　高级

订单号 * XS01009　　订单日期 * 2025-01-24　　业务类型 * 普通销售
销售类型 * 销售受托代销货物(买断)　　客户简称 * 上海乐淘　　付款条件
销售部门 * 销售部　　业务员 刘晓洺　　税率 13.00
币种 人民币　　汇率 1　　备注
必有定金 否　　定金原币金额　　定金累计实收原币金额
定金比例(%)　　定金本币金额　　定金累计实收本币金额

仅子件　关闭　打开　存量　价格　毛利预估　信用　ATP模拟运算　执行跟踪　关联单据　排序定位　显示格式

	存货编码	存货名称	主计量	数量	含税单价	无税单价	无税金额	税额	价税合计	税率（%）	预发货日期
1	1301	顺达女士箱包	个	1000.00	788.74	698.00	698000.00	90740.00	788740.00	13.00	2025-01-24
2	1302	顺达男士箱包	个	1000.00	404.54	358.00	358000.00	46540.00	404540.00	13.00	2025-01-24
3	1303	顺达情侣箱包	对	1000.00	1354.87	1199.00	1199000.00	155870.00	1354870.00	13.00	2025-01-24
4											

图4-13　销售订单

2.参照销售订单生成销售专用发票（现结）

（1）在“销售管理”子系统，依次单击“销售发票→销售专用发票”菜单，系统打开“销售专用发票”窗口。单击工具栏的“增加”按钮，系统弹出“查询条件–参照订单”对话框，单击“确定”按钮，系统打开“参照生单”窗口。单击XS01009号订单所对应的“选择”栏，然后单击工具栏的“确定”按钮，返回“销售专用发票”窗口。根据图4–10，修改表头项目“发票号”为“21327513”，表体三行存货的“仓库名称”均选“皮具仓”，其他项默认。保存该发票。

（2）现结。单击工具栏的“现结”按钮，打开“现结”窗口。根据图4–11，“结算方式”选择“电汇”，“原币金额”输入“2548150”，“票据号”输入“56136785”。输入完毕单击“确定”按钮，返回“销售专用发票”窗口。单击“复核”按钮，结果如图4–14所示。

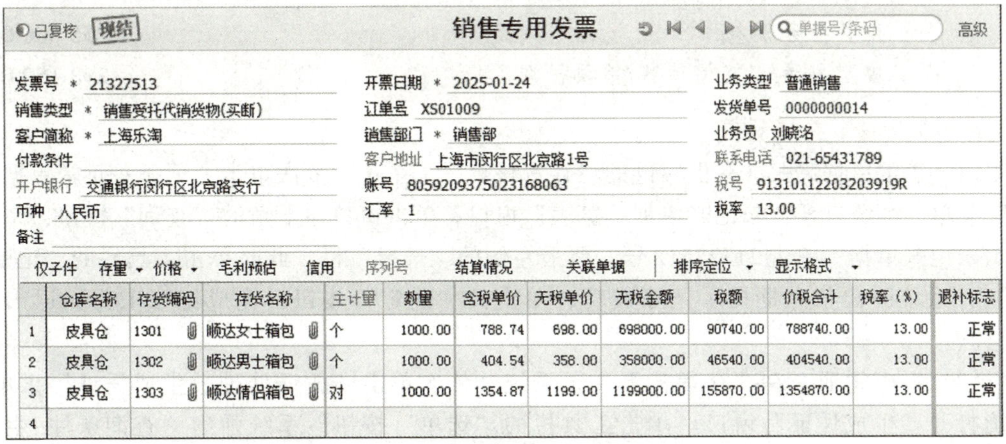
已复核 现结 销售专用发票 单据号/条码 高级

发票号 * 21327513　开票日期 * 2025-01-24　业务类型 普通销售
销售类型 * 销售受托代销货物(买断)　订单号 XS01009　发货单号 0000000014
客户简称 * 上海乐淘　销售部门 * 销售部　业务员 刘晓洺
付款条件　客户地址 上海市闵行区北京路1号　联系电话 021-65431789
开户银行 交通银行闵行区北京路支行　账号 8059209375023168063　税号 91310112203203919R
币种 人民币　汇率 1　税率 13.00
备注

仅子件 存量 价格 毛利预估 信用 序列号 结算情况 关联单据 排序定位 显示格式

	仓库名称	存货编码	存货名称	主计量	数量	含税单价	无税单价	无税金额	税额	价税合计	税率（%）	退补标志
1	皮具仓	1301	顺达女士箱包	个	1000.00	788.74	698.00	698000.00	90740.00	788740.00	13.00	正常
2	皮具仓	1302	顺达男士箱包	个	1000.00	404.54	358.00	358000.00	46540.00	404540.00	13.00	正常
3	皮具仓	1303	顺达情侣箱包	对	1000.00	1354.87	1199.00	1199000.00	155870.00	1354870.00	13.00	正常
4												

图4–14　销售专用发票

3.参照发货单生成销售出库单

2025年1月24日，由李泽伟（C01）登录企业应用平台。在U8企业应用平台，依次单击“业务工作→供应链→库存管理→销售出库→销售出库单”菜单，系统打开“销售出库单”窗口。执行工具栏的“增加→销售发货单”命令，系统弹出“查询条件–销售发货单列表”对话框，单击“确定”按钮，系统打开“销售生单”窗口。单击24日上海乐淘的发货单所对应的“选择”栏（即上一步骤完成的发货单），再单击工具栏的“确定”按钮，系统返回“销售出库单”窗口。根据图4–12，修改“出库单号”为“CK01018”，其他项默认。保存并审核该销售出库单，结果如图4–15所示。

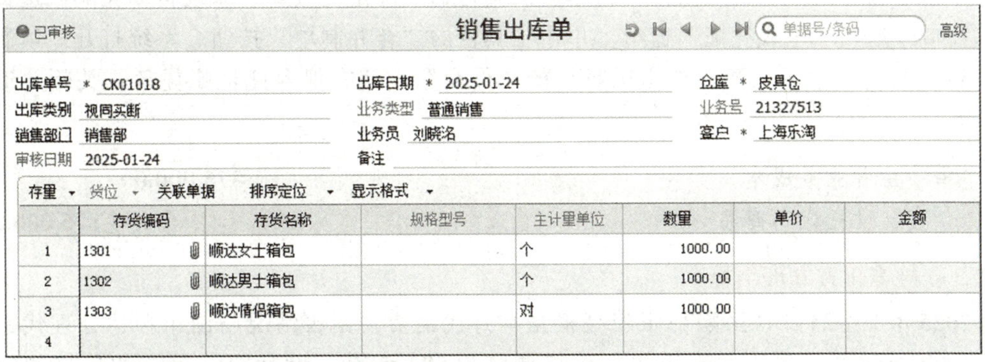
已审核 销售出库单 单据号/条码 高级

出库单号 * CK01018　出库日期 * 2025-01-24　仓库 * 皮具仓
出库类别 视同买断　业务类型 普通销售　业务号 21327513
销售部门 销售部　业务员 刘晓洺　客户 * 上海乐淘
审核日期 2025-01-24　备注

存量 货位 关联单据 排序定位 显示格式

	存货编码	存货名称	规格型号	主计量单位	数量	单价	金额
1	1301	顺达女士箱包		个	1000.00		
2	1302	顺达男士箱包		个	1000.00		
3	1303	顺达情侣箱包		对	1000.00		
4							

图4–15　销售出库单

4.销售发票审核并生成凭证

2025年1月24日，由赵凯杰（W02）登录企业应用平台。在U8企业应用平台，依次单击"业务工作→财务会计→应收款管理→应收处理→销售发票→销售发票审核"菜单，打开"销售发票审核"窗口。单击工具栏的"查询"按钮，系统弹出"查询条件-发票查询"对话框，"包含已现结发票"栏选择"是"，单击"确定"按钮，返回"销售发票审核"窗口。

双击"21327513"单据号，打开要审核的发票，单击"审核"按钮，系统提示"是否立即制单？"，点击"是"，生成记账凭证。关闭当前已打开窗口。

借：银行存款/中国工商银行/沈阳皇姑支行	2 548 150.00
贷：主营业务收入	2 255 000.00
应交税费/应交增值税/销项税额	293 150.00

5.正常单据记账，生成凭证

（1）正常单据记账。在供应链的"存货核算"子系统，依次单击"记账→正常单据记账"菜单，系统打开"未记账单据一览表"窗口，单击窗口左下角的"查询"按钮，系统显示未记账单据。单击21327513号发票最左侧的"选择"栏，此时单击工具栏的"记账"按钮，系统弹出信息框提示记账成功，单击其"确定"按钮，完成记账工作。退出该窗口。

（2）生成凭证。在"存货核算"子系统，依次单击"凭证处理→生成凭证"菜单，系统打开"生成凭证"窗口。单击工具栏的"选单"按钮，系统弹出"查询条件-生成凭证查询条件"对话框，单击"确定"按钮，系统打开"选择单据"窗口，如图4-16所示。

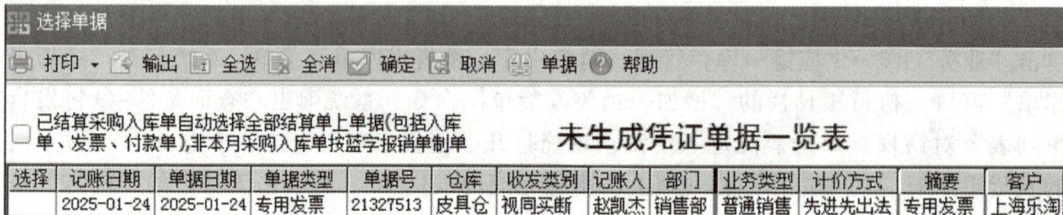

图4-16　选择单据

单击工具栏的"全选"按钮，再单击工具栏的"确定"按钮，系统自动关闭"选择单据"窗口并返回"生成凭证"窗口。单击工具栏的"合并制单"按钮，系统打开"填制凭证"窗口并自动生成凭证。单击工具栏的"保存"按钮，保存此记账凭证。关闭并退出窗口。

借：主营业务成本	1 875 000.00
贷：受托代销商品	1 875 000.00

4.2.1.3　与委托方办理结算

2025年1月25日，采购部张宏亮根据本月代销货物销售情况与山东顺达办理代销结算。因合同变更，顺达女士箱包的价格调整为598元/个，顺达男士箱包的价格调整为328元/个。相关凭证如图4-17至图4-19所示。

商品代销清单

日期：2025年1月25日　　　　　　　　　　　No 0000000001

委托方	山东顺达皮具有限公司	受托方	辽宁恒通商贸有限公司
账 号	6800328250237723819	账 号	2107024015890035666
开户银行	招商银行青岛崂山支行	开户银行	中国工商银行沈阳皇姑支行

代销货物	代销货物名称	规格型号	计量单位	数量	单价（不含税）	金额	税率	税额
	顺达女士箱包		个	1 500	578.00	867 000.00	13%	112 710.00
	顺达男士箱包		个	1 000	298.00	298 000.00	13%	38 740.00
	顺达情侣箱包		对	2 000	999.00	1 998 000.00	13%	259 740.00
价税合计	大写 人民币叁佰伍拾柒万肆仟壹佰玖拾元整					小写 ¥3 574 190.00		
代销方式	视同买断							
代销款结算时间	根据代销货物销售情况于每月25日结算							
代销款结算方式	电汇							

本月代销货物销售	代销货物名称	规格型号	计量单位	数量	单价（不含税）	金额	税率	税额
	顺达女士箱包		个	1 000	598.00	598 000.00	13%	77 740.00
	顺达男士箱包		个	1 000	328.00	328 000.00	13%	42 640.00
	顺达情侣箱包		对	1 000	999.00	999 000.00	13%	129 870.00
价税合计	大写 人民币贰佰壹拾柒万伍仟贰佰伍拾元整					小写 ¥2 175 250.00		
本月代销款结算金额	大写 人民币贰佰壹拾柒万伍仟贰佰伍拾元整					小写 ¥2 175 250.00		

主管 略　　　　审核 略　　　　制单 略　　　　受托方签章

图4-17　商品代销清单

电子发票（增值税专用发票）

发票号码：25372000000051036357
开票日期：2025 年 01 月 25 日

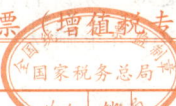

购买方信息	名称：辽宁恒通商贸有限公司 统一社会信用代码/纳税人识别号：91210105206917583A	销售方信息	名称：山东顺达皮具有限公司 统一社会信用代码/纳税人识别号：91370212386932857P

项目名称	规格型号	单位	数量	单价	金额	税率/征收率	税额
*皮具*顺达女士箱包		个	1 000	598.00	598 000.00	13%	77 740.00
*皮具*顺达男士箱包		个	1 000	328.00	328 000.00	13%	42 640.00
*皮具*顺达情侣箱包		对	1 000	999.00	999 000.00	13%	129 870.00
合 计					¥1 925 000.00		¥250 250.00

价税合计（大写）	⊗ 贰佰壹拾柒万伍仟贰佰伍拾元整	（小写）¥2 175 250.00

备注	购买方开户银行：中国工商银行沈阳皇姑支行　　银行账号：2107024015890035666 销售方开户银行：招商银行青岛崂山支行　　银行账号：6800328250237723819

开票人：刘思雨

图4-18　增值税专用发票

中国工商银行 **电汇凭证** (回单) 1   36257073

☑普通 □加急   委托日期 2025年1月25日

汇款人	全　称	辽宁恒通商贸有限公司		收款人	全　称	山东顺达皮具有限公司
	账　号	2107024015890035666			账　号	6800328250237723819
	开户银行	中国工商银行沈阳皇姑支行			开户银行	招商银行青岛崂山支行

金额	人民币(大写)	贰佰壹拾柒万伍仟贰佰伍拾元整	亿	千	百	十	万	千	百	十	元	角	分
				¥	2	1	7	5	2	5	0	0	0

转讫(7)

支付密码

附加信息及用途：货款

复核　　　记账

此联为汇出行给汇款人的回单

图4-19　电汇付款凭证

═══ 【实验过程概览】 ═══

本业务的操作过程概览见表4-3。

表 4-3　　　　　　　　　　　　　实验过程概览

序号	操作日期	操作员	系统	操作内容
1	2025-01-25	G01张宏亮	采购管理	填制受托代销结算单并付款
2	2025-01-25	W02赵凯杰	应付款管理	采购发票审核并生成凭证
3	2025-01-25	W02赵凯杰	存货核算	结算成本处理
4	2025-01-25	W02赵凯杰	存货核算	生成凭证

═══ 【实验过程】 ═══

与委托方办理结算
(视同买断)

1.填制受托代销结算单并付款

2025年1月25日，由张宏亮（G01）登录企业应用平台。

（1）填制受托代销结算单。在U8企业应用平台，依次单击"业务工作→供应链→采购管理→采购结算→受托代销结算"菜单，系统打开"查询条件-受托结算选单过滤"窗口。该窗口的"供应商编码"选择"301山东顺达"，单击"确定"按钮，打开"受托代销结算"窗口。

在"受托代销结算"窗口，"发票号"填入"51036357"，业务员选择"张宏亮"，采购类型选"02"［受托代销（买断）］。单击工具栏的"全选"按钮，在窗口下方的"受托代销结算选单列表"中，将"顺达女士箱包"的"结算数量"修改为"1000"，"原币无税单价"修改为"598"；将"顺达男士箱包"的"原币无税单价"修改为"328"；将"顺达情侣箱包"的"结算数量"修改为"1000"，结果如图4-20所示。单击工具栏的"结算"按钮，系统提示"结算完成！"，单击"确定"按钮。关闭"受托代销结算"窗口。

（2）发票现付。在U8企业应用平台，依次单击"业务工作→供应链→采购管理→采购发票→采购专用发票"菜单，打开"专用发票"窗口。单击工具栏的"▶"（末张）按钮，找到受托代销结算生成的51036357号专用发票。单击工具栏的"现付"按钮，打开"采购现付"窗口。根据图4-19，"结算方式"选择"电汇"，"原币金额"输入"2175250"，"票据号"输入"36257073"。输入完毕单击"确定"按钮，返回"专用发票"窗口，结果如图4-21所示。

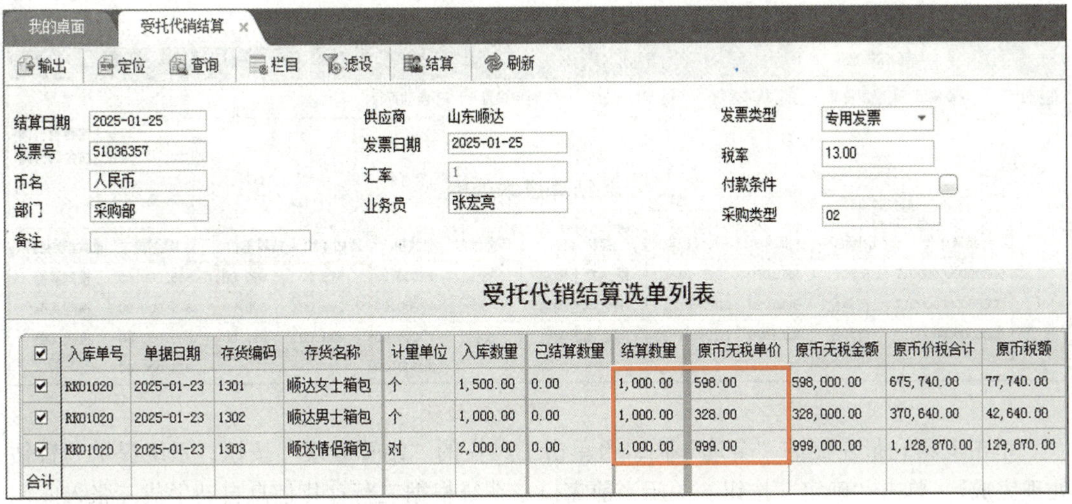

图4-20 "受托代销结算"窗口

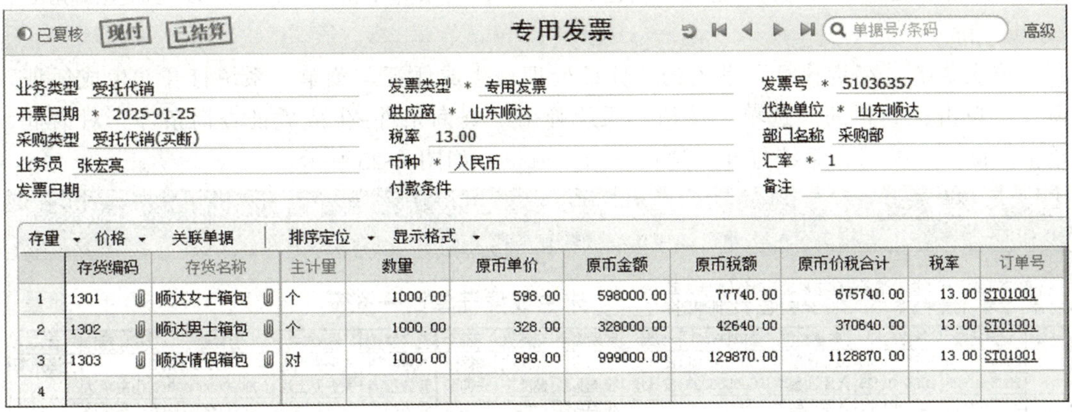

图4-21 采购专用发票

2.采购发票审核并生成凭证

2025年1月25日,由赵凯杰(W02)登录企业应用平台。在U8企业应用平台,依次单击"业务工作→财务会计→应付款管理→应付处理→采购发票→采购发票审核"菜单,打开"采购发票审核"窗口。单击工具栏的"查询"按钮,系统弹出"查询条件-发票查询"对话框,"包含已现结发票"栏选择"是",单击"确定"按钮,返回"采购发票审核"窗口。

双击"51036357"单据号,打开要审核的发票,单击工具栏的"审核"按钮,系统提示"是否立即制单?",单击"是",系统自动打开"填制凭证"窗口,单击工具栏的"保存"按钮。关闭并退出已打开的窗口。

借:受托代销商品款(山东顺达)	1 925 000.00	
应交税费/应交增值税/进项税额	250 250.00	
贷:银行存款/中国工商银行/沈阳皇姑支行		2 175 250.00

3.结算成本处理

在U8企业应用平台,依次单击"业务工作→供应链→存货核算→记账→结算成本处理"菜单,系统弹出"结算成本处理"对话框,勾选"皮具仓",再单击"确定"按钮,系统打开"结算成本处理"窗口，如图4-22所示。

□	结算单号	仓库名称	入库单号	入库日期	存货名称	计量单位	数量	暂估单价	结算单价	结算金额	收发类别名称
□	000000000000017	皮具仓	RK01020	2025-01-23	顺达女士箱包	个	1,000.00	578.00	598.00	598,000.00	视同买断
□	000000000000017	皮具仓	RK01020	2025-01-23	顺达男士箱包	个	1,000.00	298.00	328.00	328,000.00	视同买断
□	000000000000017	皮具仓	RK01020	2025-01-23	顺达情侣箱包	对	1,000.00	999.00	999.00	999,000.00	视同买断
合计							3,000.00			1,925,000.00	

图4-22 结算成本处理

单击皮具仓最左侧的"全选"栏，再单击工具栏的"结算处理"按钮，系统提示"暂估处理完成"。单击"确定"按钮。关闭当前窗口。系统根据三行存货信息自动生成三张入库调整单。由于顺达女士箱包和顺达男士箱包的暂估单价与结算单价不一致，所以还需生成凭证。

4.生成凭证

依次单击"存货核算"系统的"凭证处理→生成凭证"菜单，系统打开"生成凭证"窗口。单击工具栏的"选单"按钮，系统弹出"查询条件-生成凭证查询条件"对话框，单击"确定"按钮，系统打开"选择单据"窗口，如图4-23所示。

未生成凭证单据一览表

选择	记账日期	单据日期	单据类型	单据号	仓库	收发类别	记账人	部门	业务类型	计价方式	摘要	供应商	客户
	2025-01-25	2025-01-25	出库调整单	0000000007	皮具仓	视同买断	赵凯杰	销售部	费用报销	先进先出法	000000000000017		上海乐淘
	2025-01-25	2025-01-25	入库调整单	0000000005	皮具仓	视同买断	赵凯杰	采购部	暂估报销	先进先出法	000000000000017	山东顺达	
	2025-01-25	2025-01-25	入库调整单	0000000006	皮具仓	视同买断	赵凯杰	采购部	暂估报销	先进先出法	000000000000017	山东顺达	

图4-23 选择单据

单击工具栏的"全选"按钮，再单击工具栏的"确定"按钮，系统自动关闭"选择单据"窗口并返回"生成凭证"窗口。单击工具栏的"合并制单"按钮，系统打开"填制凭证"窗口并自动生成凭证。单击工具栏的"保存"按钮，保存此记账凭证。关闭并退出窗口。

借：受托代销商品		50 000.00	
主营业务成本		30 000.00	
贷：受托代销商品款（山东顺达）			50 000.00
受托代销商品			30 000.00

4.2.2 受托代销——收取手续费方式

4.2.2.1 收到受托代销货物

【实验资料】

2025年1月25日，采购部徐晓辉与天津惠阳签订代销合同。当日收到代销商品。相关凭证如图4-24至图4-25所示。

购销合同

合同编号：ST01002

委托方：天津惠阳商贸有限公司
受托方：辽宁恒通商贸有限公司

为保护买卖双方的合法权益，根据《中华人民共和国民法典》的有关规定，买卖双方经友好协商，一致同意签订本合同，并共同遵守合同约定。

一、货物的名称、数量及金额：

货物名称	规格型号	计量单位	数量	单价（不含税）	金额（不含税）	税率	税额
顺达情侣箱包		对	500	999.00	499 500.00	13%	64 935.00
合计					¥499 500.00		¥64 935.00

二、合同总金额：人民币伍拾陆万肆仟肆佰叁拾伍元整（¥564 435.00）。

三、采用支付手续费方式由委托方委托受托方销售货物，代销货物的售价只能按照合同约定的价格销售。根据代销商品销售情况，本月27日双方依照代销清单结算货款，受托方按不含税售价的10%向委托方收取手续费，受托方未销售完的商品退回委托方。

四、交货地点：辽宁恒通商贸有限公司。

五、发运方式与运输费用承担方式：由委托方发货并承担运输费用。

卖　方：天津惠阳商贸有限公司　　　　　买　方：辽宁恒通商贸有限公司
授权代表：张进　　　　　　　　　　　　授权代表：徐晓辉
日　　期：2025 年 1 月 25 日　　　　　日　　期：2025 年 1 月 25 日

图4-24　收取手续费方式代销合同

入库单

供应商	天津惠阳		2025 1 25				单号	RK01021

验收仓库	存货编码	存货名称	单位	数量应收	数量实发	单价	金额
皮具仓	1303	顺达情侣箱包	对	500	500		
	合计						

部门经理：略　　　会计：略　　　仓库：略　　　经办人：略

图4-25　入库单

【实验过程概览】

本业务的操作过程概览见表4-4。

表4-4　　实验过程概览

序号	操作日期	操作员	系统	操作内容
1	2025-01-25	G01张宏亮	采购管理	填制（受托代销）采购订单
2	2025-01-25	G01张宏亮	采购管理	参照（受托代销）采购订单生成到货单
3	2025-01-25	C01李泽伟	库存管理	参照到货单生成采购入库单
4	2025-01-25	W02赵凯杰	存货核算	正常单据记账，生成凭证

【实验过程】

1.填制（受托代销）采购订单

2025年1月25日，由张宏亮（G01）登录企业应用平台。在U8企业应

收到受托代销货物
（收取手续费）

用平台，依次单击"业务工作→供应链→采购管理→采购订货→采购订单"菜单，打开"采购订单"窗口。单击工具栏的"增加"按钮，将表头项目"业务类型"改为"受托代销"。根据图4-24填制采购订单。填制完毕保存并审核该订单，结果如图4-26所示。关闭"采购订单"窗口。

	存货编码	存货名称	主计量	数量	原币含税单价	原币单价	原币金额	原币税额	原币价税合计	税率	计划到货日期
1	1303	顺达情侣箱包	对	500.00	1128.87	999.00	499500.00	64935.00	564435.00	13.00	2025-01-25
2											

采购订单表头：
- 业务类型：受托代销
- 采购类型：受托代销(手续费)
- 业务员：徐晓辉
- 币种：人民币
- 订单日期：2025-01-25
- 供应商：天津惠阳
- 税率：13.00
- 汇率：1
- 订单编号：ST01002
- 部门：采购部
- 付款条件：
- 备注：

图4-26　（受托代销）采购订单

2.参照（受托代销）采购订单生成到货单

在"采购管理"子系统，依次单击"采购到货→到货单"菜单，打开"到货单"窗口。执行工具栏的"增加"按钮，将到货单表头的业务类型改为"受托代销"，再执行工具栏的"参照→采购订单"命令，系统弹出"查询条件-单据列表过滤"对话框，单击"确定"按钮，系统弹出"拷贝并执行"窗口。单击ST01002号订单最左侧的"选择"栏，以选中该订单，单击"确定"按钮，系统返回"到货单"窗口，生成一张到货单。保存并审核该到货单，结果如图4-27所示。

	存货编码	存货名称	主计量	数量	原币含税单价	原币单价	原币金额	原币税额	原币价税合计	税率	订单号
1	1303	顺达情侣箱包	对	500.00	1128.87	999.00	499500.00	64935.00	564435.00	13.00	ST01002
2											

到货单表头：
- 业务类型：受托代销
- 采购类型：受托代销(手续费)
- 业务员：徐晓辉
- 运输方式：
- 单据号：0000000021
- 供应商：天津惠阳
- 币种：人民币
- 税率：13.00
- 日期：2025-01-25
- 部门：采购部
- 汇率：1
- 备注：

图4-27　（受托代销）到货单

3.参照到货单生成采购入库单

2025年1月25日，由李泽伟（C01）登录企业应用平台。在U8企业应用平台，依次单击"业务工作→供应链→库存管理→采购入库→采购入库单"菜单，系统打开"采购入库单"窗口。执行工具栏的"增加→采购→采购到货单"命令，系统弹出"查询条件-采购到货单列表"对话框，单击"确定"按钮，系统打开"到货单生单列表"窗口。单击25日天津惠阳的到货单所对应的"选择"栏，再单击工具栏的"确定"按钮，系统返回"采购入库单"窗口。

根据图4-25，修改采购入库单表头项目"入库单号"为"RK01021"，"仓库"选择"皮具仓"，其他项默认，保存并审核该采购入库单，结果如图4-28所示。

图4-28　采购入库单

4.正常单据记账，生成凭证

2025年1月25日，由赵凯杰（W02）登录企业应用平台。

（1）正常单据记账。在供应链的"存货核算"子系统，依次单击"记账→正常单据记账"菜单，系统打开"未记账单据一览表"窗口，单击窗口左下角的"查询"按钮，系统显示未记账单据。单击RK01021号采购入库单最左侧的"选择"栏，此时单击工具栏的"记账"按钮，系统弹出信息框提示记账成功，单击其"确定"按钮，完成记账工作。关闭该窗口。

（2）生成凭证。依次单击"存货核算"系统的"凭证处理→生成凭证"菜单，系统打开"生成凭证"窗口。单击工具栏的"选单"按钮，系统弹出"查询条件-生成凭证查询条件"对话框，单击"确定"按钮，系统打开"选择单据"窗口，如图4-29所示。

图4-29　选择单据

单击工具栏的"全选"按钮，以选中已记账的采购入库单，再单击工具栏的"确定"按钮，系统自动关闭"选择单据"窗口并返回"生成凭证"窗口。单击工具栏的"合并制单"按钮，系统打开"填制凭证"窗口并自动生成凭证。单击工具栏的"保存"按钮，保存此记账凭证。关闭该窗口。

借：受托代销商品　　　　　　　　　　　　　　　　　　　　　499 500.00

　　贷：受托代销商品款（天津惠阳）　　　　　　　　　　　　　499 500.00

4.2.2.2　销售受托代销货物

2025年1月26日，销售部何丽平与北京汇鑫签订购销合同。当日，我公司开具发票并发出全部货物，同时收到货款。

相关凭证如图4-30至图4-33所示。

购销合同

合同编号：XS01010

卖方：辽宁恒通商贸有限公司
买方：北京汇鑫百货有限公司

为保护买卖双方的合法权益，根据《中华人民共和国民法典》的有关规定，买卖双方经友好协商，一致同意签订本合同，并共同遵守合同约定。

一、货物的名称、数量及金额：

货物名称	规格型号	计量单位	数量	单价（不含税）	金额（不含税）	税率	税额
顺达情侣箱包		对	400	999.00	399 600.00	13%	51 948.00
合计					¥399 600.00		¥51 948.00

二、合同总金额：人民币肆拾伍万壹仟伍佰肆拾捌元整（¥451 548.00）。
三、签订合同当日卖方开具增值税专用发票并发出全部货物，买方以电汇方式支付全部货款。
四、交货地点：辽宁恒通商贸有限公司。
五、发运方式与运输费用承担方式：由卖方发货，买方承担运输费用

卖　方：辽宁恒通商贸有限公司
授权代表：何丽平
日　　期：2025 年 1 月 26 日

买　方：北京汇鑫百货有限公司
授权代表：王玉鑫
日　　期：2025 年 1 月 26 日

图4-30　购销合同

电子发票（增值税专用发票）

发票号码：25212000000021327514
开票日期：2025 年 01 月 26 日

购买方信息	名称：北京汇鑫百货有限公司	销售方信息	名称：辽宁恒通商贸有限公司
	统一社会信用代码/纳税人识别号：9110113578732690F		统一社会信用代码/纳税人识别号：91210105206917583A

项目名称	规格型号	单位	数量	单价	金额	税率/征收率	税额
*皮具*顺达情侣箱包		对	400	999.00	399 600.00	13%	51 948.00
合　计					¥399 600.00		¥51 948.00

价税合计（大写）	⊗ 肆拾伍万壹仟伍佰肆拾捌元整	（小写）¥451 548.00

备注	购买方开户银行：中国银行北京顺义常庄支行　　银行账号：2700322598914536398
	销售方开户银行：中国工商银行沈阳皇姑支行　　银行账号：2107024015890035666

开票人：赵凯杰

图4-31　增值税专用发票

🏦 中国工商银行　电汇凭证（收账通知）

4　　16381757

☑普通　□加急　　委托日期 2025 年 1 月 26 日

汇款人	全　称	北京汇鑫百货有限公司	收款人	全　称	辽宁恒通商贸有限公司
	账　号	2700322598914536398		账　号	2107024015890035666
	开户银行	中国银行北京顺义常庄支行		开户银行	中国工商银行沈阳皇姑支行

金额	人民币（大写）	肆拾伍万壹仟伍佰肆拾捌元整	亿	千	百	十	万	千	百	十	元	角	分
					¥	4	5	1	5	4	8	0	0

此汇款已收入收款人账户。

支付密码

附加信息及用途：货款

汇入行签章　　　　复核　　记账

中国工商银行
沈阳皇姑支行
2025.01.26
转讫
(8)

此联为开户行给收款人的收账通知

图4-32　电汇收款凭证

图4-33 出库单

【实验过程概览】

本业务的操作过程概览见表4-5。

表 4-5   实验过程概览

序号	操作日期	操作员	系统	操作内容
1	2025-01-26	X01刘晓洺	销售管理	填制销售订单
2	2025-01-26	X01刘晓洺	销售管理	参照销售订单生成销售专用发票（现结）
3	2025-01-26	C01李泽伟	库存管理	参照发货单生成销售出库单
4	2025-01-26	W02赵凯杰	应收款管理	销售发票审核并生成凭证
5	2025-01-26	W02赵凯杰	存货核算	正常单据记账，生成凭证

【实验过程】

销售受托代销货物
（收取手续费）

1.填制销售订单

2025年1月26日，由刘晓洺（X01）登录企业应用平台。在U8企业应用平台，依次单击"业务工作→供应链→销售管理→销售订货→销售订单"菜单，打开"销售订单"窗口。单击工具栏的"增加"按钮，根据图4-30填制销售订单。填制完毕保存并审核该订单，结果如图4-34所示。关闭"销售订单"窗口。

图4-34 销售订单

2.参照销售订单生成销售专用发票（现结）

（1）在“销售管理”子系统，依次单击“销售发票→销售专用发票”菜单，系统打开“销售专用发票”窗口。单击工具栏的“增加”按钮，系统弹出“查询条件-参照订单”对话框，单击“确定”按钮，系统打开“参照生单”窗口。单击XS01010号订单所对应的“选择”栏，再单击工具栏的“确定”按钮，返回“销售专用发票”窗口。

根据图4-31，修改表头项目“发票号”为“21327514”，表体第1行的“仓库名称”选择“皮具仓”，其他项默认。单击工具栏的“保存”按钮，保存该发票。

（2）现结。单击工具栏的“现结”按钮，打开“现结”窗口。根据图4-32，“结算方式”选择“电汇”，“原币金额”输入“451548”，“票据号”输入“16381757”。输入完毕单击“确定”按钮，返回“销售专用发票”窗口。单击工具栏的“复核”按钮，结果如图4-35所示。

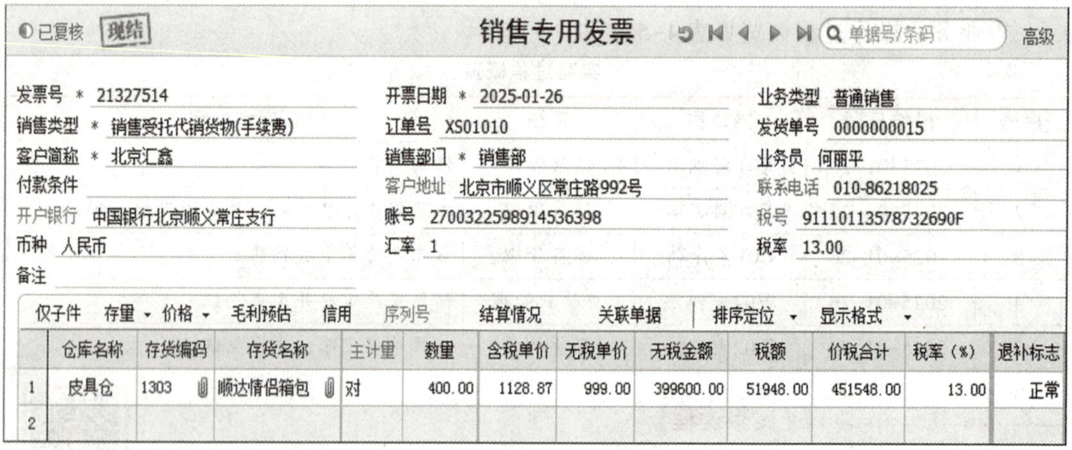

已复核 现结

销售专用发票

发票号 * 21327514　开票日期 * 2025-01-26　业务类型 普通销售
销售类型 * 销售受托代销货物(手续费)　订单号 XS01010　发货单号 0000000015
客户简称 * 北京汇鑫　销售部门 * 销售部　业务员 何丽平
付款条件　客户地址 北京市顺义区常庄路992号　联系电话 010-86218025
开户银行 中国银行北京顺义常庄支行　账号 2700322598914536398　税号 91110113578732690F
币种 人民币　汇率 1　税率 13.00
备注

	仓库名称	存货编码	存货名称	主计量	数量	含税单价	无税单价	无税金额	税额	价税合计	税率（%）	退补标志
1	皮具仓	1303	顺达情侣箱包	对	400.00	1128.87	999.00	399600.00	51948.00	451548.00	13.00	正常
2												

图4-35　销售专用发票

3.参照发货单生成销售出库单

2025年1月26日，由李泽伟（C01）登录企业应用平台。在U8企业应用平台，依次单击“业务工作→供应链→库存管理→销售出库→销售出库单”菜单，系统打开“销售出库单”窗口。执行工具栏的“增加→销售发货单”命令，系统弹出“查询条件-销售发货单列表”对话框，单击“确定”按钮，系统打开“销售生单”窗口。单击26日北京汇鑫的发货单所对应的“选择”栏（即上一步骤完成的发货单），再单击工具栏的“确定”按钮，系统返回“销售出库单”窗口。根据图4-33，修改“出库单号”为“CK01019”，其他项默认。保存并审核该出库单，结果如图4-36所示。

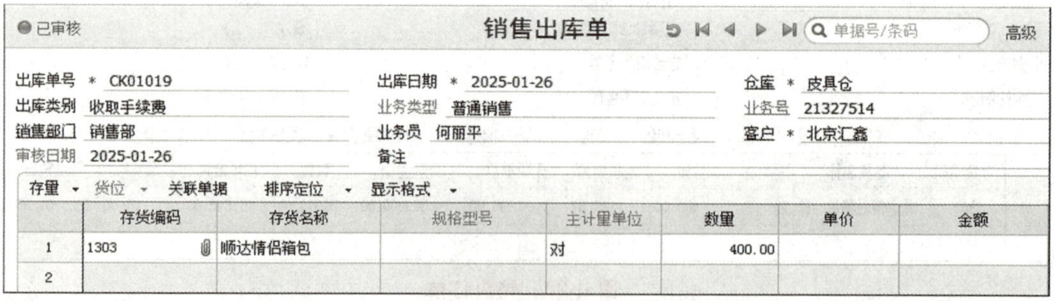

已审核

销售出库单

出库单号 * CK01019　出库日期 * 2025-01-26　仓库 * 皮具仓
出库类别 收取手续费　业务类型 普通销售　业务号 21327514
销售部门 销售部　业务员 何丽平　客户 * 北京汇鑫
审核日期 2025-01-26　备注

	存货编码	存货名称	规格型号	主计量单位	数量	单价	金额
1	1303	顺达情侣箱包		对	400.00		
2							

图4-36　销售出库单

4.销售发票审核并生成凭证

2025年1月26日，由赵凯杰（W02）登录企业应用平台。在U8企业应用平台，依次单击"业务工作→财务会计→应收款管理→应收处理→销售发票→销售发票审核"菜单，打开"销售发票审核"窗口。单击工具栏的"查询"按钮，系统弹出"查询条件–发票查询"对话框，"包含已现结发票"栏选择"是"，单击"确定"按钮，返回"销售发票审核"窗口。

双击"21327514"单据号，打开要审核的发票，单击"审核"按钮，系统提示"是否立即制单？"，点击"是"，生成记账凭证。单击凭证会计分录的第2行任意位置，按"Ctrl+S"组合键，调出"辅助项"对话框，该对话框的"供应商"选择"天津惠阳"，单击"确定"，返回"填制凭证"窗口。单击"保存"按钮。关闭当前已打开窗口。

借：银行存款/中国工商银行/沈阳皇姑支行　　　　　　　451 548.00
　　贷：应付账款/受托代销（天津惠阳）　　　　　　　　399 600.00
　　　　应交税费/应交增值税/销项税额　　　　　　　　　51 948.00

5.正常单据记账，生成凭证

（1）正常单据记账。在供应链的"存货核算"子系统，依次单击"记账→正常单据记账"菜单，系统打开"未记账单据一览表"窗口，单击窗口左下角的"查询"按钮，系统显示未记账单据。单击21327514号发票的"选择"栏，此时单击工具栏的"记账"按钮，系统弹出信息框提示记账成功，单击其"确定"按钮，完成记账工作。关闭该窗口。

（2）生成凭证。在"存货核算"子系统，依次单击"凭证处理→生成凭证"菜单，系统打开"生成凭证"窗口。单击工具栏的"选单"按钮，系统弹出"查询条件–生成凭证查询条件"对话框，单击"确定"按钮，系统打开"选择单据"窗口，如图4-37所示。

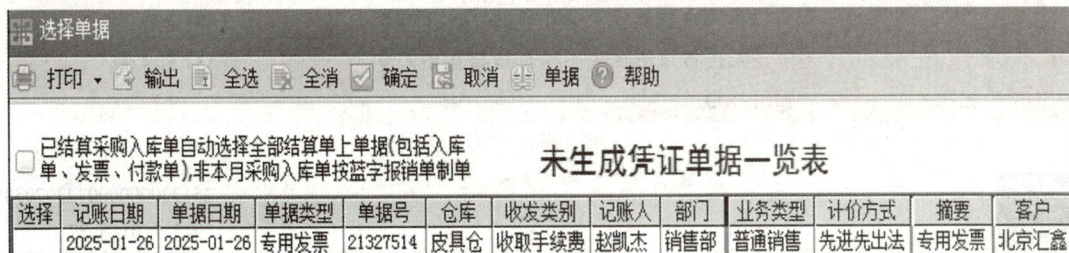

选择单据											
打印 ▾	输出	全选	全消	确定	取消	单据	帮助				

☐ 已结算采购入库单自动选择全部结算单上单据(包括入库单、发票、付款单),非本月采购入库单按蓝字报销单制单

未生成凭证单据一览表

选择	记账日期	单据日期	单据类型	单据号	仓库	收发类别	记账人	部门	业务类型	计价方式	摘要	客户
	2025-01-26	2025-01-26	专用发票	21327514	皮具仓	收取手续费	赵凯杰	销售部	普通销售	先进先出法	专用发票	北京汇鑫

图4-37　选择单据

单击工具栏的"全选"按钮，再单击工具栏的"确定"按钮，系统自动关闭"选择单据"窗口并返回"生成凭证"窗口。单击工具栏的"合并制单"按钮，系统打开"填制凭证"窗口并自动生成凭证。单击凭证中会计分录第1行的任意位置，按"Ctrl+S"组合键，调出"辅助项"对话框，在该对话框的"供应商"处选择"天津惠阳"，单击"确定"按钮，返回"填制凭证"窗口。单击工具栏的"保存"按钮，保存该记账凭证。

借：受托代销商品款（天津惠阳）　　　　　　　　399 600.00
　　贷：受托代销商品　　　　　　　　　　　　　　399 600.00

4.2.2.3　与委托方办理结算

2025年1月27日，采购部徐晓辉根据本月代销货物销售情况与天津惠阳办理代销结算。当日将未销售完的商品退回。（代销手续费要求通过应付系统负向应付单处理）

相关凭证如图4-38至图4-42所示。

商品代销清单

日期：2025年1月27日　　　　　　　　　　No 0000000002

委托方	天津惠阳商贸有限公司	受托方	辽宁恒通商贸有限公司
账　号	2806725046208670931	账　号	2107024015890035666
开户银行	华夏银行天津南开支行	开户银行	中国工商银行沈阳皇姑支行

	代销货物名称	规格型号	计量单位	数量	单价（不含税）	金额	税率	税额
代销货物	顺达情侣箱包		对	500	999.00	499 500.00	13%	64 935.00

价税合计	大写：人民币伍拾陆万肆仟肆佰叁拾伍元整	小写：¥564 435.00
代销方式	收取手续费	
代销款结算时间	根据代销货物销售情况于每月27日结算	
代销款结算方式	电汇	

	代销货物名称	规格型号	计量单位	数量	单价（不含税）	金额	税率	税额
本月代销货物销售情况	顺达情侣箱包		对	400	999.00	399 600.00	13%	51 948.00

价税合计	大写：人民币肆拾伍万壹仟伍佰肆拾捌元整	小写：¥451 548.00
本月代销款结算金额	大写：人民币肆拾伍万壹仟伍佰肆拾捌元整	小写：¥451 548.00

主管：略　　　　审核：略　　　　制单：略　　　　受托方盖章

图4-38　商品代销清单

电子发票（增值税专用发票）

发票号码：25122000000032307959
开票日期：2025 年 01 月 27 日

购买方信息	名称：辽宁恒通商贸有限公司 统一社会信用代码/纳税人识别号：91210105206917583A	销售方信息	名称：天津惠阳商贸有限公司 统一社会信用代码/纳税人识别号：91120104572036908U

项目名称	规格型号	单位	数量	单价	金额	税率/征收率	税额
*皮具*顺达情侣箱包		对	400	999.00	399 600.00	13%	51 948.00
合　计					¥399 600.00		¥51 948.00

价税合计（大写）	⊗ 肆拾伍万壹仟伍佰肆拾捌元整	（小写）¥451 548.00

备注	购买方开户银行：中国工商银行沈阳皇姑支行　　银行账号：2107024015890035666 销售方开户银行：华夏银行天津南开支行　　银行账号：2806725046208670931

开票人：李丹

图4-39　增值税专用发票

中国工商银行　电汇凭证（回单）　1　　36257074

☑普通　□加急　　委托日期 2025年1月27日

汇款人	全称	辽宁恒通商贸有限公司	收款人	全称	天津惠阳商贸有限公司
	账号	21070240158900356666		账号	2806725046208670931
	开户银行	中国工商银行沈阳皇姑支行		开户银行	华夏银行天津南开支行

金额	人民币（大写）	肆拾万玖仟壹佰玖拾元肆角整	亿	千	百	十	万	千	百	十	元	角	分
					¥	4	0	9	1	9	0	4	0

中国工商银行 沈阳皇姑支行 2025.01.27 转讫（7）	支付密码
	附加信息及用途：货款
	复核　　记账

此联为汇出行给汇款人的回单

图4-40　电汇付款凭证

电子发票（增值税专用发票）　　全国统一发票监制章 国家税务总局 辽宁省税务局

发票号码：25212000000021327515

开票日期：2025年01月27日

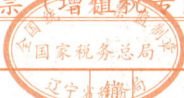

购买方信息　名称：天津惠阳商贸有限公司 统一社会信用代码/纳税人识别号：91120104572036908U	销售方信息　名称：辽宁恒通商贸有限公司 统一社会信用代码/纳税人识别号：91210105206917583A

项目名称	规格型号	单位	数量	单价	金额	税率/征收率	税额
*代销服务*代销手续费		次	1	39 960.00	39 960.00	6%	2 397.60
合　计					¥39 960.00		¥2 397.60
价税合计（大写）	⊗肆万贰仟叁佰伍拾柒元陆角整					（小写）	¥42 357.60

备注	购买方开户银行：华夏银行天津南开支行	银行账号：2806725046208670931
	销售方开户银行：中国工商银行沈阳皇姑支行	银行账号：21070240158900356666

开票人：赵凯杰

图4-41　增值税专用发票

入库单

供应商：天津惠阳　　2025年1月27日　　单号：RK01022

验收仓库	存货编码	存货名称	单位	数量		单价	金额
				应收	实收		
皮具仓	1303	顺达情侣箱包	对	-100	-100		
合　计							

部门经理：略　　会计：略　　仓库：略　　经办人：略

图4-42　入库单

【实验过程概览】

本业务的操作过程概览见表4-6。

表 4-6

实验过程概览

序号	操作日期	操作员	系统	操作内容
1	2025-01-27	G01张宏亮	采购管理	填制受托代销结算单并查看发票
2	2025-01-27	W02赵凯杰	应付款管理	采购发票审核并生成凭证
3	2025-01-27	W02赵凯杰	存货核算	结算成本处理
4	2025-01-27	W03贺青春	应付款管理	选择付款
5	2025-01-27	W02赵凯杰	应付款管理	生成凭证
6	2025-01-27	X01刘晓泠	销售管理	填制销售专用发票
7	2025-01-27	W02赵凯杰	应收款管理	销售发票审核并生成凭证
8	2025-01-27	W02赵凯杰	应收款管理	应收冲应付
9	2025-01-27	G01张宏亮	采购管理	参照（受托代销）采购订单生成采购退货单
10	2025-01-27	C01李泽伟	库存管理	参照采购退货单生成（负数）采购入库单
11	2025-01-27	W02赵凯杰	存货核算	正常单据记账，生成凭证

【实验过程】

与委托方办理结算
（收取手续费）

1.填制受托代销结算单并查看发票

2025 年 1 月 27 日，由张宏亮（G01）登录企业应用平台。

（1）填制受托代销结算单。在 U8 企业应用平台，依次单击"业务工作→供应链→采购管理→采购结算→受托代销结算"菜单，系统打开"查询条件选择-受托结算选单过滤"窗口。在该窗口的"供应商编码"处选"903"（天津惠阳），单击"确定"按钮，打开"受托代销结算"窗口。

在"受托代销结算"窗口，发票号填入"32307959"，业务员选择"徐晓辉"，采购类型选"03"［受托代销（手续费）］。在窗口下方的"受托代销结算选单列表"中，单击选中顺达情侣箱包的"选择"栏，将"结算数量"修改为"400"，如图 4-43 所示。单击工具栏的"结算"按钮，系统提示"结算完成！"，单击"确定"按钮。关闭"受托代销结算"窗口。

我的桌面	受托代销结算 ×							
📤输出	📍定位	🔍查询	📋栏目	🔻滤设	💻结算	🔄刷新		

结算日期	2025-01-27		供应商	天津惠阳		发票类型	专用发票 ▼
发票号	32307959		发票日期	2025-01-27		税率	13.00
币名	人民币		汇率	1		付款条件	
部门	采购部		业务员	徐晓辉		采购类型	03
备注							

受托代销结算选单列表

☐	入库单号	单据日期	存货名称	计量单位	入库数量	已结算数量	结算数量	原币无税单价	原币无税金额	原币价税合计	原币税额	税率
☑	RK01021	2025-01-25	顺达情侣箱包	对	500.00	0.00	400.00	999.00	399,600.00	451,548.00	51,948.00	13.00
合计												

图4-43 "受托代销结算"窗口

（2）查看发票。在 U8 企业应用平台，依次单击"业务工作→供应链→采购管理→采购发票→采购专用发票"菜单，打开"专用发票"窗口。单击工具栏的"▶|"（末张）按钮，可查看受托代销结算生成的 32307959 号专用发票，如图 4-44 所示。

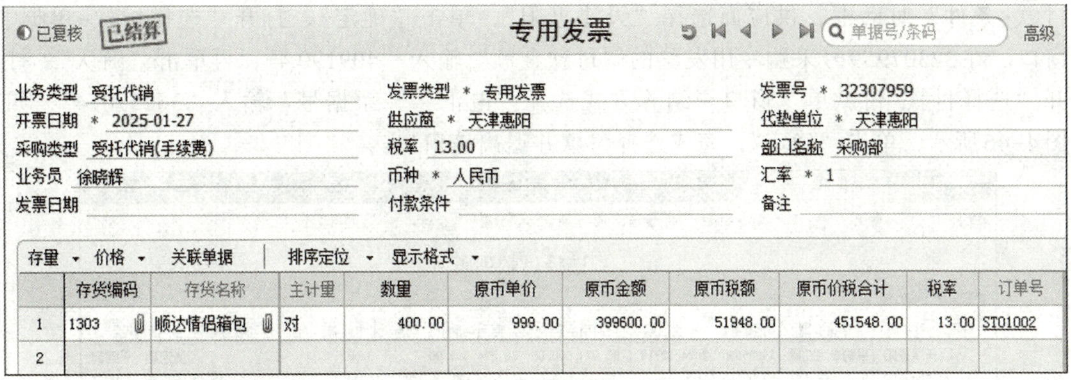

图4-44　采购专用发票

2.采购发票审核并生成凭证

2025年1月27日，由赵凯杰（W02）登录企业应用平台。在U8企业应用平台，依次单击"业务工作→财务会计→应付款管理→应付处理→采购发票→采购发票审核"菜单，打开"采购发票审核"窗口。单击工具栏的"查询"按钮，系统弹出"查询条件-发票查询"对话框，单击"确定"按钮，返回"采购发票审核"窗口。

双击"32307959"单据号，打开要审核的发票，单击工具栏的"审核"按钮，系统提示"是否立即制单?"，单击"是"，系统自动打开"填制凭证"窗口，单击工具栏的"保存"按钮。关闭并退出已打开的窗口。

借：应付账款/受托代销（天津惠阳）　　　　　　　　　399 600.00
　　应交税费/应交增值税/进项税额　　　　　　　　　　 51 948.00
　　贷：应付账款/一般应付账款（天津惠阳）　　　　　　　　　　　451 548.00

3.结算成本处理

在U8企业应用平台，依次单击"业务工作→供应链→存货核算→记账→结算成本处理"菜单，系统弹出"结算成本处理"对话框，"仓库"勾选"皮具仓"，再单击"确定"按钮，系统打开"结算成本处理"窗口，如图4-45所示。

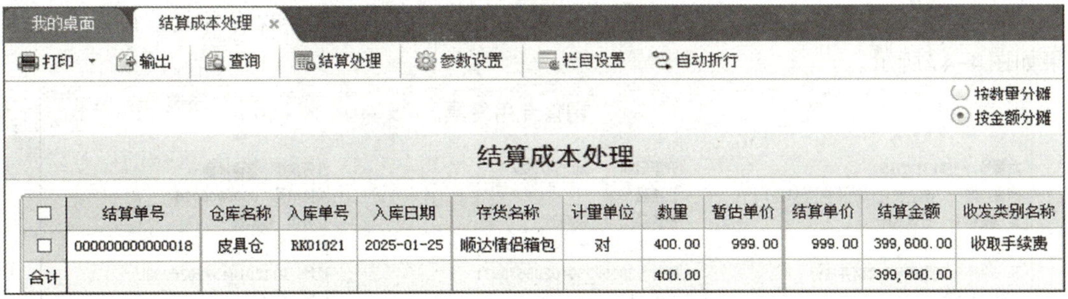

图4-45　结算成本处理

单击皮具仓最左侧的"全选"栏，再单击工具栏的"结算处理"按钮，系统提示"结算成本处理完成"，单击"确定"按钮。关闭"结算成本处理"窗口。

4.选择付款

2025年1月27日，由贺青春（W03）登录企业应用平台。在U8企业应用平台，依次单击"业务工作→财务会计→应付款管理→付款处理→选择付款"菜单，系统弹出"选择付款-条件"对话框，供应商选择"天津惠阳"，单击"确定"，打开"选择付款-单据"窗口。在32307959号采购专用发票的"付款金额"输入"409190.4"，再单击"确认"，打开"选择付款-付款单"窗口。结算方式选择"电汇"，"票据号"输入"36257074"，如图4-46所示，单击"确定"，完成选择付款并退出该窗口。

图4-46 选择付款

5.生成凭证

2025年1月27日，由赵凯杰（W02）登录企业应用平台。在U8企业应用平台，依次单击"业务工作→财务会计→应付款管理→凭证处理→生成凭证"菜单，系统弹出"制单查询"对话框，勾选"收付款单""核销"，单击"确定"，打开"生成凭证"窗口。依次单击"合并""制单"按钮，系统生成相关的记账凭证，单击"保存"按钮。

借：应付账款/一般应付账款（天津惠阳）　　　　　　　409 190.00
　　贷：银行存款/中国工商银行/沈阳皇姑支行　　　　　　　　409 190.00

6.填制销售专用发票

2025年1月27日，由刘晓泓（X01）登录企业应用平台。在"销售管理"子系统，依次单击"销售开票→销售专用发票"菜单，打开"销售专用发票"窗口。单击工具栏的"增加"按钮，根据图4-41手工填制一张销售专用发票，填制完毕保存并复核该发票，结果如图4-47所示。

图4-47 销售专用发票

7.销售发票审核并生成凭证

2025年1月27日，由赵凯杰（W02）登录企业应用平台。在U8企业应用平台，依次单击"业务工作→财务会计→应收款管理→应收处理→销售发票→销售发票审核"菜单，打开"销售发票审核"窗口。单击工具栏的"查询"按钮，系统弹出"查询条件-发票查询"对话框，单击"确定"按钮，返回"销售发票审核"窗口。

双击"21327515"单据号，打开要审核的发票，单击"审核"按钮，系统提示"是否立即制单？"，点击"是"，生成记账凭证。将贷方"应付账款/受托代销"改为"其他业务收入/受托代销手续费"。关闭当前已打开窗口。

借：应收账款/人民币（天津惠阳）	42 357.60
贷：其他业务收入/受托代销手续费	39 960.00
应交税费/应交增值税/销项税额	2 397.60

8.应收冲应付

在"应收款管理"子系统，依次单击"转账→应收冲应付"菜单，系统弹出"应收冲应付"对话框。"客户"选择"天津惠阳"，单击"确定"按钮，打开"应收冲应付"窗口。在窗口下方32307959号发票的"转账金额"栏输入"42357.6"，结果如图4-48所示。单击工具栏的"保存"按钮，系统提示"是否立即制单？"，单击"是"按钮，系统自动打开"填制凭证"窗口，单击工具栏的"保存"按钮。

单据日期	单据类型	单据编号	原币余额	合同号	合同名称	项目编码	项目	转账金额
2025-01-27	销售专用发票	21327515	42,357.60					42,357.60
	合计		42,357.60					42,357.60

单据日期	单据类型	单据编号	原币余额	合同号	合同名称	项目编码	项目	转账金额
2024-12-15	采购专用发票	14035890	66,274,500.00					
2025-01-27	采购专用发票	32307959	42,357.60					42,357.60
	合计		66,316,857.60					42,357.60

图4-48　"应收冲应付"窗口

借：应付账款/一般应付账款（天津惠阳）	42 357.60
贷：应收账款/人民币（天津惠阳）	42 357.60

9.参照（受托代销）采购订单生成采购退货单

2025年1月27日，由张宏亮（G01）登录企业应用平台。在"采购管理"子系统，依次单击"采购到货→采购退货单"菜单，打开"采购退货单"窗口。单击"增加"，表头"业务类型"选择"受托代销"，再执行工具栏的"参照→采购订单"命令，系统弹出"查询条件-单据列表过滤"对话框，"订单号"栏选择"ST01002"，单击"确定"按钮，系统弹出"拷贝并执行"窗口。

单击工具栏的“全选”按钮，再单击“确定”按钮，系统生成一张采购退货单并返回“采购退货单”窗口。将顺达情侣箱包的“数量”改为“-100”，保存并审核该采购退货单，结果如图4-49所示。

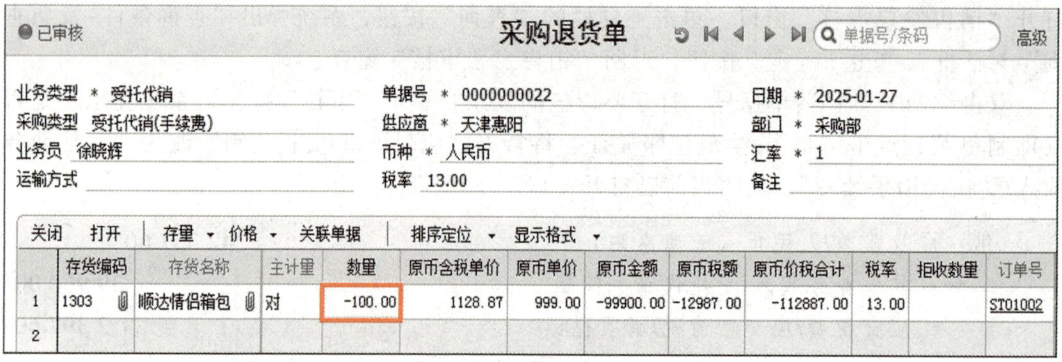
已审核
采购退货单
单据号/条码
高级
业务类型 * 受托代销
单据号 * 0000000022
日期 * 2025-01-27
采购类型 受托代销(手续费)
供应商 * 天津惠阳
部门 * 采购部
业务员 徐晓辉
币种 * 人民币
汇率 * 1
运输方式
税率 13.00
备注
关闭 打开 存量 价格 关联单据 排序定位 显示格式
存货编码 存货名称 主计量 数量 原币含税单价 原币单价 原币金额 原币税额 原币价税合计 税率 拒收数量 订单号
1 1303 顺达情侣箱包 对 -100.00 1128.87 999.00 -99900.00 -12987.00 -112887.00 13.00 ST01002
2

图4-49 采购退货单

10.参照采购退货单生成（负数）采购入库单

2025年1月27日，由李泽伟（C01）登录企业应用平台。在U8企业应用平台，依次单击“业务工作→供应链→库存管理→采购入库→采购入库单”菜单，打开“采购入库单”窗口。执行工具栏的“增加→采购→采购到货单（红字）”命令，系统弹出“查询条件-采购到货单列表”对话框，单击“确定”按钮，系统打开“到货单生单列表”窗口。选中27日天津惠阳的退货单，再单击“确定”按钮，系统返回“采购入库单”窗口。根据图4-42，修改采购入库单表头项目“入库单号”为“RK01022”，“仓库”选择“皮具仓”，其他项默认。保存并审核该采购入库单，结果如图4-50所示。

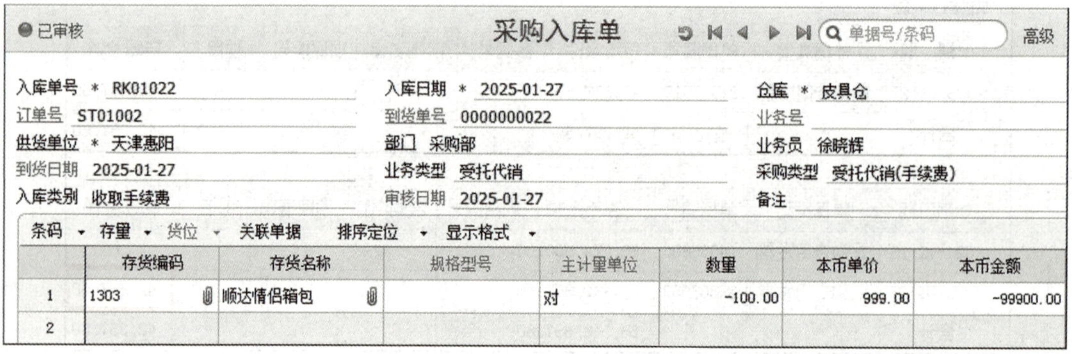
已审核
采购入库单
单据号/条码
高级
入库单号 * RK01022
入库日期 * 2025-01-27
仓库 * 皮具仓
订单号 ST01002
到货单号 0000000022
业务号
供货单位 * 天津惠阳
部门 采购部
业务员 徐晓辉
到货日期 2025-01-27
业务类型 受托代销
采购类型 受托代销(手续费)
入库类别 收取手续费
审核日期 2025-01-27
备注
条码 存量 货位 关联单据 排序定位 显示格式
存货编码 存货名称 规格型号 主计量单位 数量 本币单价 本币金额
1 1303 顺达情侣箱包 对 -100.00 999.00 -99900.00
2

图4-50 （负数）采购入库单

11.正常单据记账，生成凭证

2025年1月27日，由赵凯杰（W02）登录企业应用平台。

（1）正常单据记账。在供应链的“存货核算”子系统，依次单击“记账→正常单据记账”菜单，系统打开“未记账单据一览表”窗口，单击窗口左下角的“查询”按钮，系统显示未记账单据。选中RK01022号采购入库单并对其进行记账。记账完毕关闭该窗口。

（2）生成凭证。在“存货核算”子系统，依次单击“凭证处理→生成凭证”菜单，系统打开“生成凭证”窗口。单击“选择”按钮，系统弹出“查询条件”对话框，单击“确定”按钮，系统打开“选择单据”窗口，如图4-51所示。

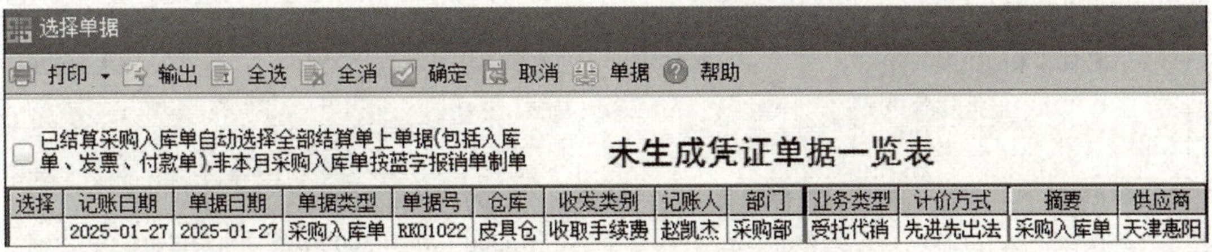

图4-51　选择单据

单击工具栏的"全选"按钮,以选中已记账的RK01022号采购入库单,再单击"确定"按钮,系统自动关闭"选择单据"窗口并返回"生成凭证"窗口,单击工具栏的"合并制单"按钮,系统打开"填制凭证"窗口并自动生成凭证,保存该记账凭证。

借:受托代销商品　　　　　　　　　　　　　　　　　　　　　　　-99 900.00
　　贷:受托代销商品款(天津惠阳)　　　　　　　　　　　　　　　-99 900.00

4.2.3　委托代销——视同买断方式

4.2.3.1　发出委托代销货物

──────【实验资料】

2025年1月27日,销售部何丽平与沈阳喜来签订代销合同。当日发出代销商品。

相关凭证如图4-52至图4-53所示。

购销合同

合同编号:WT01001

委托方:辽宁恒通商贸有限公司
受托方:沈阳喜来商贸有限公司

为保护买卖双方的合法权益,根据《中华人民共和国民法典》的有关规定,买卖双方经友好协商,一致同意签订本合同,并共同遵守合同约定。

一、货物的名称、数量及金额:

货物名称	规格型号	计量单位	数量	单价(不含税)	金额(不含税)	税率	税额
博伦情侣表		对	200	7 800.00	1 560 000.00	13%	202 800.00
恒久情侣表		对	300	9 800.00	2 940 000.00	13%	382 200.00
合　计					¥4 500 000.00		¥585 000.00

二、合同总金额:人民币伍佰零捌万伍仟元整(¥5 085 000.00)。

三、采用视同买断方式由委托方委托受托方代销货物,实际售价由受托方自定,实际售价与合同价之间的差额归受托方所有。根据代销商品销售情况,本月28日双方依照代销清单结算货款,未销售完的商品退回委托方。付款方式:电汇。

四、交货地点:辽宁恒通商贸有限公司。

五、发运方式与运输费用承担方式:由委托方发货,受托方承担运输费用。

卖　方:辽宁恒通商贸有限公司　　　　　　　买　方:沈阳喜来商贸有限公司
授权代表:何丽平　　　　　　　　　　　　　授权代表:王秋林
日　　期:2025年1月27日　　　　　　　　　日　　期:2025年1月27日

图4-52　视同买断方式代销合同

图4-53　出库单

──────── 【实验过程概览】 ────────

本业务的操作过程概览见表4-7。

表4-7　　　　　　　　　　　　　实验过程概览

序号	操作日期	操作员	系统	操作内容
1	2025-01-27	X01 刘晓洺	销售管理	填制（委托代销）销售订单
2	2025-01-27	X01 刘晓洺	销售管理	参照（委托代销）销售订单生成委托代销发货单
3	2025-01-27	C01 李泽伟	库存管理	参照委托代销发货单生成销售出库单
4	2025-01-27	W02 赵凯杰	存货核算	发出商品记账，生成凭证

──────── 【实验过程】 ────────

发出委托代销货物
（视同买断）

1.填制（委托代销）销售订单

　　2025 年 1 月 27 日，由刘晓洺（X01）登录企业应用平台。在 U8 企业应用平台，依次单击"业务工作→供应链→销售管理→销售订货→销售订单"菜单，打开"销售订单"窗口。单击工具栏的"增加"按钮，表头项目"业务类型"选择"委托代销"，根据图 4-52 填制销售订单。填制完毕保存并审核该订单，结果如图 4-54 所示。关闭并退出"销售订单"窗口。

图4-54　（委托代销）销售订单

2.参照（委托代销）销售订单生成委托代销发货单

　　在"销售管理"子系统，依次单击"委托代销→委托代销发货单"菜单，打开"委托代销发货单"窗口。单击工具栏的"增加"按钮，系统弹出"查询条件-参照订单"对话框，单击"确定"按钮。在"参照生单"窗口，单击窗口WT01001号订单的"选择"栏，再单击"确定"按钮，系统返回"委托代销发货单"窗口。发货单表体的"仓库名称"选择"手表仓"。保存并审核该发货单，如图4-55所示。

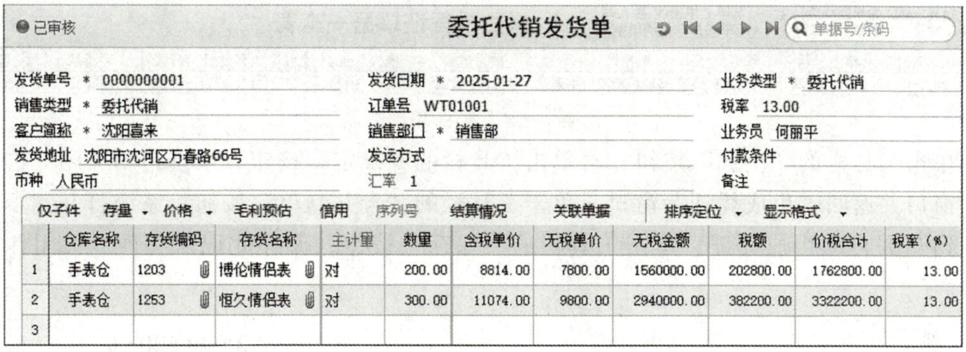

	仓库名称	存货编码	存货名称	主计量	数量	含税单价	无税单价	无税金额	税额	价税合计	税率（%）
1	手表仓	1203	博伦情侣表	对	200.00	8814.00	7800.00	1560000.00	202800.00	1762800.00	13.00
2	手表仓	1253	恒久情侣表	对	300.00	11074.00	9800.00	2940000.00	382200.00	3322200.00	13.00
3											

图4-55　委托代销发货单

3.参照委托代销发货单生成销售出库单

2025年1月27日，由李泽伟（C01）登录企业应用平台。在U8企业应用平台，依次单击"业务工作→供应链→库存管理→销售出库→销售出库单"菜单，系统打开"销售出库单"窗口。执行工具栏的"增加→销售发货单"命令，系统弹出"查询条件-销售发货单列表"对话框，单击"确定"按钮，系统打开"销售生单"窗口。单击27日沈阳喜来的发货单所对应的"选择"栏（即上一步骤完成的发货单），再单击工具栏的"确定"按钮，系统返回"销售出库单"窗口。

根据图4-53，修改"出库单号"为"CK01020"，其他项默认。保存并审核该出库单，结果如图4-56所示。关闭并退出该窗口。

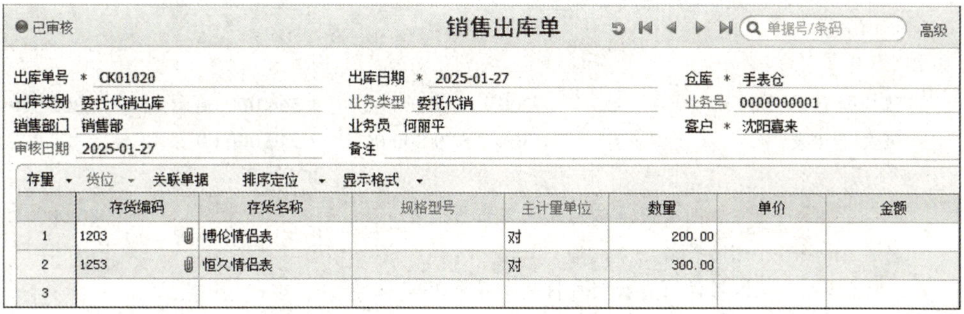

	存货编码	存货名称	规格型号	主计量单位	数量	单价	金额
1	1203	博伦情侣表		对	200.00		
2	1253	恒久情侣表		对	300.00		
3							

图4-56　销售出库单

4.发出商品记账，生成凭证

2025年1月27日，由赵凯杰（W02）登录企业应用平台。

（1）发出商品记账。在供应链的"存货核算"子系统，依次单击"记账→发出商品记账"菜单，系统打开"未记账单据一览表"窗口。单击窗口左下角的"查询"按钮，单击沈阳喜来委托代销发货单最左侧的"全选"栏，再单击"记账"按钮，系统弹出信息框提示记账成功，单击"确定"按钮，完成记账工作。关闭该窗口。

（2）生成凭证。在"存货核算"子系统，依次单击"凭证处理→生成凭证"菜单，系统打开"生成凭证"窗口。单击工具栏的"选单"按钮，系统弹出"查询条件-生成凭证查询条件"对话框，单击"确定"按钮，系统打开"选择单据"窗口，如图4-57所示。

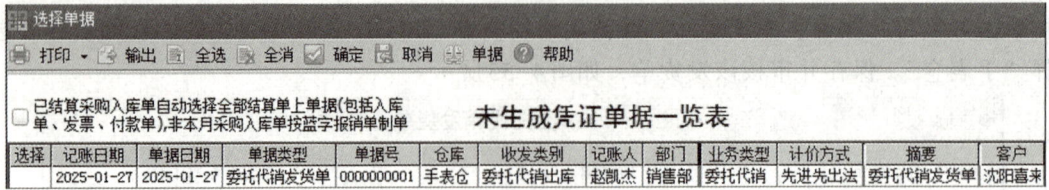

图4-57　选择单据

单击工具栏的"全选"按钮，再单击工具栏的"确定"按钮，系统自动关闭"选择单据"窗口并返回"生成凭证"窗口。单击工具栏的"合并制单"按钮，系统打开"填制凭证"窗口并自动生成凭证。单击工具栏的"保存"按钮，保存此记账凭证。关闭并退出窗口。

借：发出商品		3 999 600.00
贷：库存商品		3 999 600.00

4.2.3.2　与受托方办理结算

2025年1月28日，沈阳喜来根据本月代销货物销售情况与我公司办理代销结算。业务员何丽平。当日收到对方退回的未销售完商品。（注：所退货物成本价为8 888元）

相关凭证如图4-58至图4-61所示。

图4-58　商品代销清单

电子发票（增值税专用发票） 发票号码：25212000000021327516

开票日期：2025年01月28日

购买方信息	名称：沈阳喜来商贸有限公司 统一社会信用代码/纳税人识别号：91210103282819034X	销售方信息	名称：辽宁恒通商贸有限公司 统一社会信用代码/纳税人识别号：91210105206917583A

项目名称	规格型号	单位	数量	单价	金额	税率/征收率	税额
*手表*博伦情侣表		对	200	7 800.00	1 560 000.00	13%	202 800.00
*手表*恒久情侣表		对	200	9 800.00	1 960 000.00	13%	254 800.00
合　计					¥3 520 000.00		¥457 600.00
价税合计（大写）	⊗叁佰玖拾柒万柒仟陆佰元整				（小写）¥3 977 600.00		
备注	购买方开户银行：华夏银行沈阳万春支行				银行账号：5830626920062662115		
	销售方开户银行：中国工商银行沈阳皇姑支行				银行账号：2107024015890035666		

开票人：赵凯杰

图4-59　增值税专用发票

中国工商银行　电汇凭证（收账通知） 4　76911882

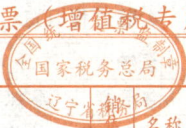

☑普通　☐加急　委托日期 2025年1月28日

汇款人	全称	沈阳喜来商贸有限公司	收款人	全称	辽宁恒通商贸有限公司
	账号	5830626920062662115		账号	2107024015890035666
	开户银行	华夏银行沈阳万春支行		开户银行	中国工商银行沈阳皇姑支行
金额	人民币（大写）	叁佰玖拾柒万柒仟陆佰元整		亿千百十万千百十元角分	¥397760000
此汇款已收入收款人账户。		汇入行签章	支付密码		
			附加信息及用途：货款		复核　记账

中国工商银行沈阳皇姑支行 转讫（8）

此联为开户行给收款人的收账通知

图4-60　电汇收款凭证

出库单

客户：沈阳喜来　2025年1月28日　单号：CK01021

发货仓库	存货编码	存货名称	单位	数量		单价	金额
				应发	实发		
手表仓	1253	恒久情侣表	对	-100	-100		
合　计							

部门经理：略　会计：略　仓库：略　经办人：略

图4-61　出库单

【实验过程概览】

本业务的操作过程概览见表4-8。

表 4-8 实验过程概览

序号	操作日期	操作员	系统	操作内容
1	2025-01-28	X01 刘晓洺	销售管理	参照委托代销发货单生成委托代销结算单
2	2025-01-28	W02 赵凯杰	应收款管理	销售发票审核并生成凭证
3	2025-01-28	W02 赵凯杰	存货核算	发出商品记账，生成凭证
4	2025-01-28	X01 刘晓洺	销售管理	参照委托代销发货单生成委托代销退货单
5	2025-01-28	C01 李泽伟	库存管理	参照委托代销退货单生成（负数）销售出库单
6	2025-01-28	W02 赵凯杰	存货核算	发出商品记账，生成凭证

【实验过程】

与受托方办理结算（视同买断）

1.参照委托代销发货单生成委托代销结算单

2025年1月28日，由刘晓洺（X01）登录企业应用平台。

（1）生成委托代销结算单。在U8企业应用平台，依次单击“业务工作→供应链→销售管理→委托代销→委托代销结算单”菜单，打开“委托代销结算单”窗口。单击工具栏的“增加”按钮，系统弹出“查询条件-委托结算参照发货单”窗口，单击“确定”按钮，系统弹出“参照生单”窗口。单击27日沈阳喜来发货单所在行的“选择”栏，单击“确定”按钮，系统返回“委托代销结算单”窗口。

根据图4-58、图4-59，在“委托代销结算单”窗口，发票号填入“21327516”，将“恒久情侣表”的“数量”修改为“200”，单击工具栏的“保存”按钮，再单击“审核”按钮，系统弹出“请选择发票类型”对话框，选择专用发票，单击“确定”按钮，委托代销结算单填制完毕，结果如图4-62所示。关闭“委托代销结算单”窗口。

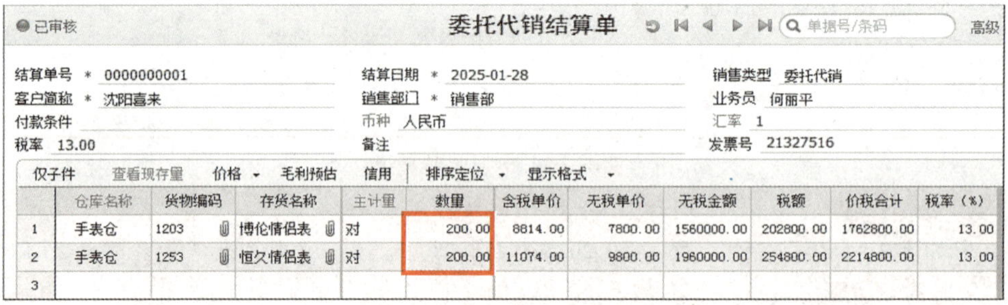
已审核

委托代销结算单

结算单号 * 0000000001　结算日期 * 2025-01-28　销售类型 委托代销
客户简称 * 沈阳喜来　销售部门 * 销售部　业务员 何丽平
付款条件　币种 人民币　汇率 1
税率 13.00　备注　发票号 21327516

仅子件　查看现存量　价格　毛利预估　信用　排序定位　显示格式

	仓库名称	货物编码	存货名称	主计量	数量	含税单价	无税单价	无税金额	税额	价税合计	税率（%）
1	手表仓	1203	博伦情侣表	对	200.00	8814.00	7800.00	1560000.00	202800.00	1762800.00	13.00
2	手表仓	1253	恒久情侣表	对	200.00	11074.00	9800.00	1960000.00	254800.00	2214800.00	13.00
3											

图4-62　委托代销结算单

（2）发票现结。在“销售管理”子系统，依次单击“销售开票→销售专用发票”菜单，打开“销售专用发票”窗口。单击工具栏的“▶|”（末张）按钮，找到委托代销结算生成的21327516号专用发票。单击工具栏的“现结”按钮，打开“现结”窗口。根据图4-60，“结算方式”选择“电汇”，“原币金额”输入“3977600”，“票据号”输入“76911882”。输入完毕单击“确定”按钮，返回“销售专用发票”窗口，单击“复核”按钮，结果如图4-63所示。

2.销售发票审核并生成凭证

2025年1月28日，由赵凯杰（W02）登录企业应用平台。在U8企业应用平台，依次单击“业务工作→财务会计→应收款管理→应收处理→销售发票→销售发票审核”菜单，打开“销售发票审核”窗口。单击工具栏的“查询”按钮，系统弹出“查询条件-发票查询”对话框，“包含已现结发票”栏选择“是”，单击“确定”按钮，返回“销售发票审核”窗口。

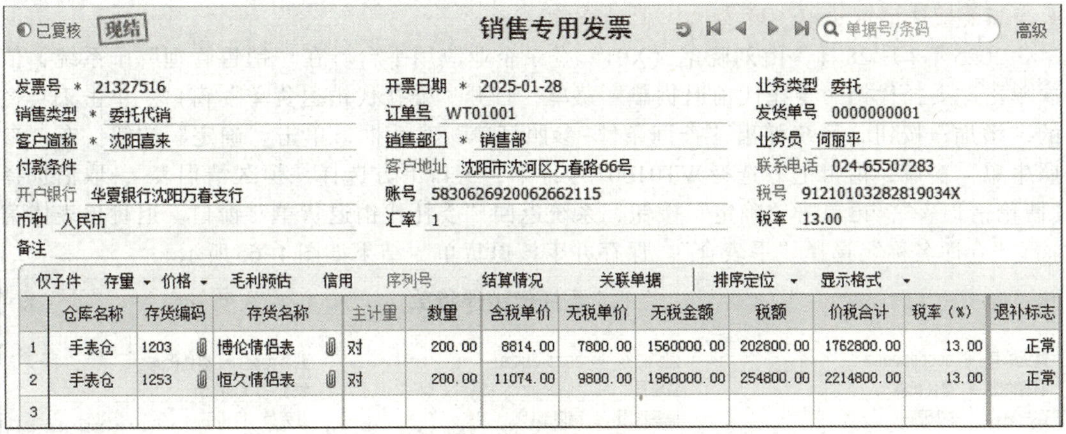

图4-63 销售专用发票

双击"21327516"单据号，打开要审核的发票，单击"审核"按钮，系统提示"是否立即制单？"，点击"是"，生成记账凭证，单击工具栏的"保存"按钮。关闭当前已打开窗口。

借：银行存款/中国工商银行/沈阳皇姑支行　　　　　　3 977 600.00
　　贷：主营业务收入　　　　　　　　　　　　　　　　　　3 520 000.00
　　　　应交税费/应交增值税/销项税额　　　　　　　　　　　457 600.00

3.发出商品记账，生成凭证

（1）发出商品记账。在供应链的"存货核算"子系统，依次单击"业务核算→发出商品记账"菜单，系统打开"未记账单据一览表"窗口。单击窗口左下角的"查询"按钮，单击21327516号销售发票最左侧的"全选"栏，再单击"记账"按钮，系统弹出信息框提示记账成功，单击"确定"按钮，完成记账工作。关闭该窗口。

（2）生成凭证。依次单击"存货核算"系统的"凭证处理→生成凭证"菜单，系统打开"生成凭证"窗口。单击工具栏的"选单"按钮，系统弹出"查询条件-生成凭证查询条件"对话框，单击"确定"按钮，系统打开"选择单据"窗口，如图4-64所示。

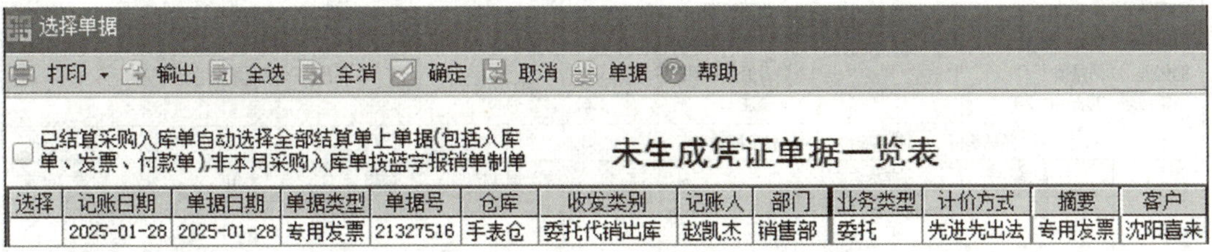

图4-64 选择单据

单击工具栏的"全选"按钮，以选中21327516号发票，再单击工具栏的"确定"按钮，系统自动关闭"选择单据"窗口并返回"生成凭证"窗口。单击工具栏的"合并制单"按钮，系统打开"填制凭证"窗口并自动生成凭证。单击工具栏的"保存"按钮，保存该记账凭证。关闭并退出窗口。

借：主营业务成本　　　　　　　　　　　　　　　　3 110 800.00
　　贷：发出商品　　　　　　　　　　　　　　　　　　　3 110 800.00

4.参照委托代销发货单生成委托代销退货单

2025年1月28日，由刘晓洺（X01）登录企业应用平台。在“销售管理”子系统，依次单击“委托代销→委托代销退货单”菜单，打开“委托代销退货单”窗口。单击工具栏的“增加”按钮，系统弹出“查询条件-参照订单”对话框，单击“确定”按钮。在“参照生单”窗口，窗口上方选择WT01001号订单，窗口下方选择“恒久情侣表”，取消选择“博伦情侣表”，再单击“确定”按钮，系统返回“委托代销退货单”窗口。退货单表体第1行“仓库名称”选择“手表仓”。保存并审核退货单，结果如图4-65所示。

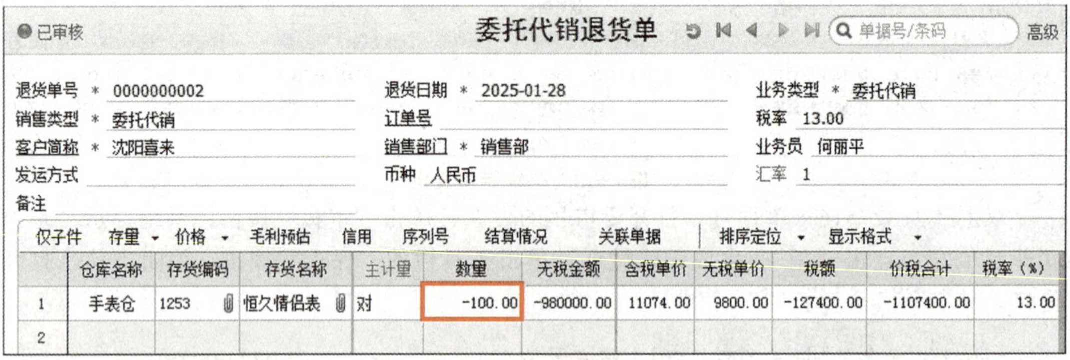
已审核　委托代销退货单　单据号/条码　高级

退货单号 * 0000000002　退货日期 * 2025-01-28　业务类型 * 委托代销
销售类型 * 委托代销　订单号　税率 13.00
客户简称 * 沈阳喜来　销售部门 * 销售部　业务员 何丽平
发运方式　币种 人民币　汇率 1
备注

仅子件　存量　价格　毛利预估　信用　序列号　结算情况　关联单据　排序定位　显示格式

	仓库名称	存货编码	存货名称	主计量	数量	无税金额	含税单价	无税单价	税额	价税合计	税率（%）
1	手表仓	1253	恒久情侣表	对	-100.00	-980000.00	11074.00	9800.00	-127400.00	-1107400.00	13.00
2											

图4-65　委托代销退货单

5.参照委托代销退货单生成（负数）销售出库单

2025年1月28日，由李泽伟（C01）登录企业应用平台。在U8企业应用平台，依次单击“业务工作→供应链→库存管理→销售出库→销售出库单”菜单，系统打开“销售出库单”窗口。执行工具栏的“增加→销售发货单”命令，系统弹出“查询条件-销售发货单列表”对话框，单击“确定”按钮，系统打开“销售生单”窗口。单击28日沈阳喜来的退货单所对应的“选择”栏（即上一步骤完成的退货单），再单击工具栏的“确定”按钮，系统返回“销售出库单”窗口。

根据图4-61，修改“出库单号”为“CK01021”，将表体“数量”修改为“-100”，其他项默认。保存并审核该出库单，结果如图4-66所示。关闭并退出该窗口。

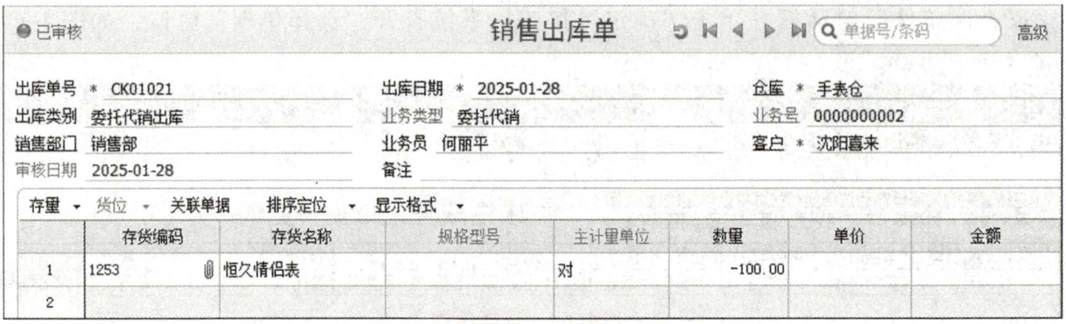
已审核　销售出库单　单据号/条码　高级

出库单号 * CK01021　出库日期 * 2025-01-28　仓库 * 手表仓
出库类别 委托代销出库　业务类型 委托代销　业务号 0000000002
销售部门 销售部　业务员 何丽平　客户 * 沈阳喜来
审核日期 2025-01-28　备注

存量　货位　关联单据　排序定位　显示格式

	存货编码	存货名称	规格型号	主计量单位	数量	单价	金额
1	1253	恒久情侣表		对	-100.00		
2							

图4-66　（负数）销售出库单

6.发出商品记账，生成凭证

2025年1月28日，由赵凯杰（W02）登录企业应用平台。

（1）发出商品记账。在供应链的“存货核算”系统，依次单击“业务核算→发出商品记账”菜单，系统打开“未记账单据一览表”窗口。单击窗口左下角的“查询”按钮，系统显示未记账单据，单击沈阳喜来委托代销发货单最左侧的“全选”栏，再单击“记账”按钮，系统弹出“手工输入单价列表”窗口，“恒久情侣表”的“单价”输入

"8888"，单击"确定"，弹出"记账成功"对话框，单击"确定"按钮，完成记账工作。关闭该窗口。

（2）生成凭证。在"存货核算"子系统，依次单击"凭证处理→生成凭证"菜单，系统打开"生成凭证"窗口。单击工具栏的"选单"按钮，系统弹出"查询条件-生成凭证查询条件"对话框，单击"确定"按钮，系统打开"选择单据"窗口，如图4-67所示。

选择	记账日期	单据日期	单据类型	单据号	仓库	收发类别	记账人	部门	业务类型	计价方式	摘要	客户
	2025-01-28	2025-01-28	委托代销发货单	0000000002	手表仓	委托代销出库	赵凯杰	销售部	委托代销	先进先出法	委托代销发货单	沈阳喜来

图4-67　选择单据

单击工具栏的"全选"按钮，再单击工具栏的"确定"按钮，系统自动关闭"选择单据"窗口并返回"生成凭证"窗口。单击工具栏的"合并制单"按钮，系统打开"填制凭证"窗口并自动生成凭证。单击工具栏的"保存"按钮，保存该记账凭证。

借：发出商品　　　　　　　　　　　　　　　　　　　-888 800.00
　　贷：库存商品　　　　　　　　　　　　　　　　　　　　　　-888 800.00

4.2.4　委托代销——收取手续费方式

4.2.4.1　发出委托代销货物

【实验资料】

2025年1月28日，销售部刘晓洺与沈阳金泰签订代销合同。当日发出代销商品。相关凭证如图4-68至图4-69所示。

购销合同

合同编号：WT01002

委托方：辽宁恒通商贸有限公司
受托方：沈阳金泰商贸有限公司

为保护买卖双方的合法权益，根据《中华人民共和国民法典》的有关规定，买卖双方经友好协商，一致同意签订本合同，并共同遵守合同约定。
一、货物的名称、数量及金额：

货物名称	规格型号	计量单位	数量	单价（不含税）	金额（不含税）	税率	税额
百盛男夹克		件	1 000	598.00	598 000.00	13%	77 740.00
合计					¥598 000.00		¥77 740.00

二、合同总金额：人民币陆拾柒万伍仟柒佰肆拾元整（¥675 740.00）。
三、采用支付手续费方式由委托方委托受托方销售货物，代销货物的售价只能按照合同约定的价格销售。根据代销商品销售情况，每月29日双方依照代销清单结算货款，受托方按不含税售价的10%向委托方收取手续费。
四、交货地点：辽宁恒通商贸有限公司。
五、发运方式与运输费用承担方式：由委托方发货，受托方承担运输费用。
卖　方：辽宁恒通商贸有限公司　　　　买　方：沈阳金泰商贸有限公司
授权代表：刘晓洺　　　　　　　　　　授权代表：刘春雨
日　　期：2025年1月28日　　　　　　日　　期：2025年1月28日

图4-68　收取手续费方式代销合同

出库单

客户：沈阳金泰　　2025年1月28日　　单号：CK01022

发货仓库	存货编码	存货名称	单位	数量		单价	金额
				应发	实发		
服装仓	1101	百盛男夹克	件	1 000	1 000		
合计							

部门经理：略　　会计：略　　仓库：略　　经办人：略

图4-69　出库单

【实验过程概览】

本业务的操作过程概览见表4-9。

表 4-9　实验过程概览

序号	操作日期	操作员	系统	操作内容
1	2025-01-28	X01 刘晓洺	销售管理	填制（委托代销）销售订单
2	2025-01-28	X01 刘晓洺	销售管理	参照（委托代销）销售订单生成委托代销发货单
3	2025-01-28	C01 李泽伟	库存管理	参照委托代销发货单生成销售出库单
4	2025-01-28	W02 赵凯杰	存货核算	发出商品记账，生成凭证

【实验过程】

发出委托代销货物（收取手续费）

1.填制（委托代销）销售订单

2025年1月28日，由刘晓洺（X01）登录企业应用平台。在U8企业应用平台，依次单击“业务工作→供应链→销售管理→销售订货→销售订单”菜单，打开“销售订单”窗口。单击工具栏的“增加”按钮，表头项目“业务类型”选择“委托代销”，根据图4-68填制销售订单。填制完毕保存并审核订单，结果如图4-70所示。关闭并退出“销售订单”窗口。

● 已审核　　销售订单　　单据号/条码　高级

订单号 * WT01002　　订单日期 * 2025-01-28　　业务类型 * 委托代销
销售类型 * 委托代销　　客户简称 * 沈阳金泰　　付款条件
销售部门 * 销售部　　业务员 刘晓洺　　税率 13.00
币种 人民币　　汇率 1　　备注
必有定金 否　　定金原币金额 0.00　　定金累计实收原币金额
定金比例(%)　　定金本币金额 0.00　　定金累计实收本币金额

仅子件　关闭　打开　存量　价格　毛利预估　信用　ATP模拟运算　执行跟踪　关联单据　排序定位　显示格式

	存货编码	存货名称	主计量	数量	含税单价	无税单价	无税金额	税额	价税合计	税率（%）	预发货日期
1	1101	百盛男夹克	件	1000.00	675.74	598.00	598000.00	77740.00	675740.00	13.00	2025-01-28
2											

图4-70　（委托代销）销售订单

2.参照（委托代销）销售订单生成委托代销发货单

在“销售管理”子系统，依次单击“委托代销→委托代销发货单”菜单，打开

“委托代销发货单”窗口。单击工具栏的“增加”按钮，系统弹出“查询条件-参照订单”对话框，单击“确定”按钮。在“参照生单”窗口，单击WT01002号销售订单所在行的“选择”栏，再单击工具栏的“确定”按钮，系统返回“委托代销发货单”窗口。发货单表体的“仓库名称”选择“服装仓”。保存并审核该发货单，结果如图4-71所示。

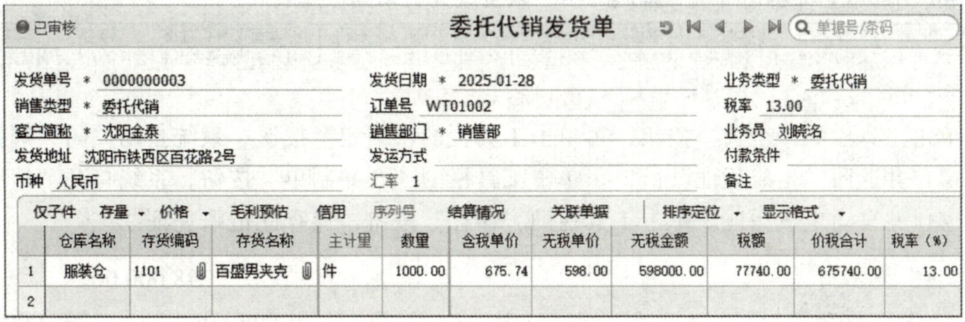
已审核　委托代销发货单　单据号/条码

发货单号 * 0000000003　发货日期 * 2025-01-28　业务类型 * 委托代销
销售类型 * 委托代销　订单号 WT01002　税率 13.00
客户简称 * 沈阳金泰　销售部门 * 销售部　业务员 刘晓名
发货地址 沈阳市铁西区百花路2号　发运方式　付款条件
币种 人民币　汇率 1　备注

仅子件　存量　价格　毛利预估　信用　序列号　结算情况　关联单据　排序定位　显示格式

	仓库名称	存货编码	存货名称	主计量	数量	含税单价	无税单价	无税金额	税额	价税合计	税率（%）
1	服装仓	1101	百盛男夹克	件	1000.00	675.74	598.00	598000.00	77740.00	675740.00	13.00
2											

图4-71　委托代销发货单

3.参照委托代销发货单生成销售出库单

2025年1月28日，由李泽伟（C01）登录企业应用平台。在U8企业应用平台，依次单击“业务工作→供应链→库存管理→销售出库→销售出库单”菜单，系统打开“销售出库单”窗口。执行工具栏的“增加→销售发货单”命令，系统弹出“查询条件-销售发货单列表”对话框，单击“确定”按钮，系统打开“销售生单”窗口。单击28日沈阳金泰的发货单所对应的“选择”栏（即上一步骤完成的发货单），再单击工具栏的“确定”按钮，系统返回“销售出库单”窗口。

根据图4-69，修改“出库单号”为“CK01022”，其他项默认。保存并审核该出库单，结果如图4-72所示。

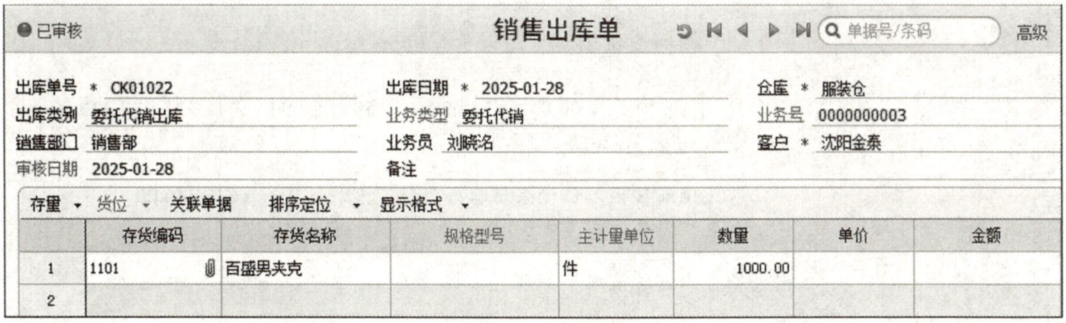
已审核　销售出库单　单据号/条码　高级

出库单号 * CK01022　出库日期 * 2025-01-28　仓库 * 服装仓
出库类别 委托代销出库　业务类型 委托代销　业务号 0000000003
销售部门 销售部　业务员 刘晓名　客户 * 沈阳金泰
审核日期 2025-01-28　备注

存量　货位　关联单据　排序定位　显示格式

	存货编码	存货名称	规格型号	主计量单位	数量	单价	金额
1	1101	百盛男夹克		件	1000.00		
2							

图4-72　销售出库单

4.发出商品记账，生成凭证

2025年1月28日，由赵凯杰（W02）登录企业应用平台。

（1）发出商品记账。在供应链的“存货核算”子系统，依次单击“记账→发出商品记账”菜单，系统打开“未记账单据一览表”窗口。单击窗口左下角的“查询”按钮，单击沈阳金泰委托代销发货单最左侧的“全选”栏，再单击“记账”按钮，系统弹出信息框提示记账成功，单击“确定”按钮，完成记账工作。关闭该窗口。

（2）生成凭证。依次单击“存货核算”系统的“凭证处理→生成凭证”菜单，系统打开"生成凭证"窗口。单击工具栏的"选单"按钮，系统弹出"查询条件-生成凭证查询条件"对话框，单击"确定"按钮，系统打开"选择单据"窗口，如图4-73所示。

图4-73　选择单据

单击工具栏的"全选"按钮，再单击工具栏的"确定"按钮，系统自动关闭"选择单据"窗口并返回"生成凭证"窗口。单击工具栏的"合并制单"按钮，系统打开"填制凭证"窗口并自动生成凭证。单击工具栏的"保存"按钮，保存此记账凭证。

借：发出商品	298 000.00	
贷：库存商品		298 000.00

4.2.4.2　与受托方办理结算

2025年1月29日，沈阳金泰根据本月代销货物销售情况与我公司办理代销结算。业务员刘晓洺。（代销手续费要求通过应收系统负向应收单处理）

相关凭证如图4-74至图4-77所示。

图4-74　商品代销清单

电子发票（增值税专用发票）　发票号码：25212000000021327517

开票日期：2025 年 01 月 29 日

购买方信息	名称：沈阳金泰商贸有限公司					销售方信息	名称：辽宁恒通商贸有限公司	
	统一社会信用代码/纳税人识别号：91210103291938726E						统一社会信用代码/纳税人识别号：91210105206917583A	

项目名称	规格型号	单位	数量	单价	金额	税率/征收率	税额
*服装*百盛男夹克		件	1 000	598.00	598 000.00	13%	77 740.00
合　计					¥598 000.00		¥77 740.00

价税合计（大写）	⊗ 陆拾柒万伍仟柒佰肆拾元整	（小写）¥675 740.00

备注	购买方开户银行：中国银行沈阳百花支行　　银行账号：5830611580626927622
	销售方开户银行：中国工商银行沈阳皇姑支行　　银行账号：2107024015890035666

开票人：赵凯杰

图4-75　增值税专用发票

中国工商银行　电汇凭证（收账通知）　4　59601036

☑普通　□加急　　委托日期 2025 年 1 月 29 日

汇款人	全　称	沈阳金泰商贸有限公司	收款人	全　称	辽宁恒通商贸有限公司
	账　号	5830611580626927622		账　号	2107024015890035666
	开户银行	中国银行沈阳百花支行		开户银行	中国工商银行沈阳皇姑支行

金额	人民币（大写）	陆拾壹万贰仟叁佰伍拾贰元整	亿	千	百	十	万	千	百	十	元	角	分
					¥	6	1	2	3	5	2	0	0

此汇款已收入收款人账户。

中国工商银行沈阳皇姑支行
2025.01.29
转讫
(8)

支付密码	
附加信息及用途：货款	
汇入行签章	复核　　记账

此联为开户行给收款人的收账通知

图4-76　电汇收款凭证

电子发票（增值税专用发票）　发票号码：25212000000018733207

开票日期：2025 年 01 月 29 日

购买方信息	名称：辽宁恒通商贸有限公司					销售方信息	名称：沈阳金泰商贸有限公司	
	统一社会信用代码/纳税人识别号：91210105206917583A						统一社会信用代码/纳税人识别号：91210103291938726E	

项目名称	规格型号	单位	数量	单价	金额	税率/征收率	税额
*代销服务*代销手续费		次	1	59 800.00	59 800.00	6%	3 588.00
合　计					¥59 800.00		¥3 588.00

价税合计（大写）	⊗ 陆万叁仟叁佰捌拾捌元整	（小写）¥63 388.00

备注	购买方开户银行：中国工商银行沈阳皇姑支行　　银行账号：2107024015890035666
	销售方开户银行：中国银行沈阳百花支行　　银行账号：5830611580626927622

开票人：吴佳倩

图4-77　增值税专用发票

【实验过程概览】

本业务的操作过程概览见表4-10。

表 4-10   实验过程概览

序号	操作日期	操作员	系统	操作内容
1	2025-01-29	X01刘晓洺	销售管理	参照委托代销发货单生成委托代销结算单
2	2025-01-29	W02赵凯杰	应收款管理	销售发票审核并生成凭证
3	2025-01-29	W02赵凯杰	存货核算	发出商品记账，生成凭证
4	2025-01-29	W03贺青春	应收款管理	选择收款
5	2025-01-29	W02赵凯杰	应收款管理	生成凭证
6	2025-01-29	G01张宏亮	采购管理	填制采购专用发票
7	2025-01-29	W02赵凯杰	应付款管理	采购发票审核并生成凭证
8	2025-01-29	W02赵凯杰	应付款管理	应付冲应收

【实验过程】

与受托方办理结算
（收取手续费）

1.参照委托代销发货单生成委托代销结算单

2025年1月29日，由刘晓洺（X01）登录企业应用平台。

（1）生成委托代销结算单。在U8企业应用平台，依次单击"业务工作→供应链→销售管理→委托代销→委托代销结算单"菜单，打开"委托代销结算单"窗口。单击工具栏的"增加"按钮，系统弹出"查询条件-委托结算参照发货单"窗口，单击"确定"按钮，系统弹出"参照生单"窗口。单击28日沈阳金泰发货单所在行的"选择"栏，单击"确定"按钮，系统返回"委托代销结算单"窗口。

根据图4-74、图4-75，在"委托代销结算单"窗口，"发票号"填入"21327517"，单击工具栏的"保存"按钮，再单击"审核"按钮，系统弹出"请选择发票类型"对话框，选择专用发票，单击"确定"按钮，委托代销结算单填制完毕，如图4-78所示。关闭"委托代销结算单"窗口。

已审核			**委托代销结算单**					Q 单据号/条码		高级

结算单号 * 0000000002　　　　结算日期 * 2025-01-29　　　　销售类型 委托代销
客户简称 沈阳金泰　　　　　　销售部门 * 销售部　　　　　　业务员 刘晓洺
付款条件　　　　　　　　　　币种 人民币　　　　　　　　汇率 1
税率 13.00　　　　　　　　　备注　　　　　　　　　　　发票号 21327517

	仓库名称	货物编码	存货名称	主计量	数量	含税单价	无税单价	无税金额	税额	价税合计	税率（%）
1	服装仓	1101	百盛男夹克	件	1000.00	675.74	598.00	598000.00	77740.00	675740.00	13.00
2											

图4-78　委托代销结算单

（2）发票复核。在"销售管理"子系统，依次单击"销售开票→销售专用发票"菜单，打开"销售专用发票"窗口。单击工具栏的"▶|"（末张）按钮，找到委托代销结算生成的21327517号专用发票。工具栏的单击"复核"按钮，结果如图4-79所示。

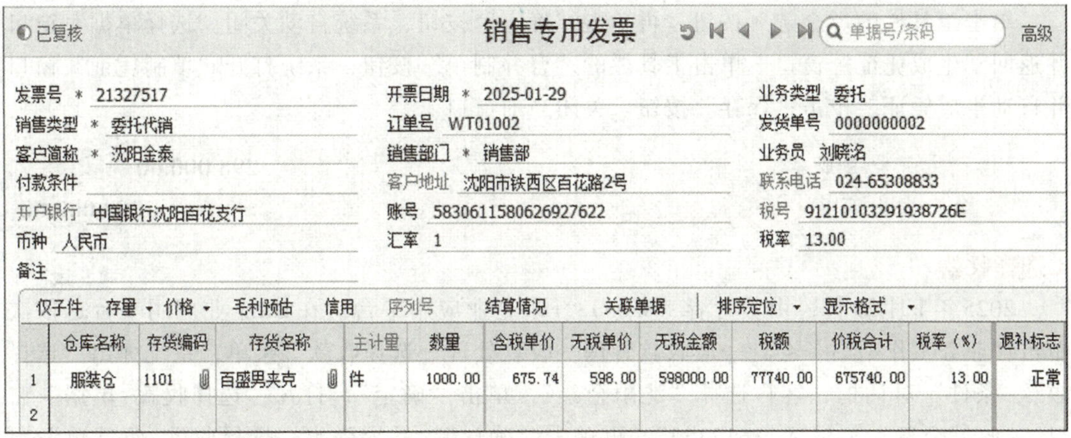

图4-79　销售专用发票

2.销售发票审核并生成凭证

2025年1月29日，由赵凯杰（W02）登录企业应用平台。在U8企业应用平台，依次单击"业务工作→财务会计→应收款管理→应收处理→销售发票→销售发票审核"菜单，打开"销售发票审核"窗口。单击工具栏的"查询"按钮，系统弹出"查询条件-发票查询"对话框，单击"确定"按钮，返回"销售发票审核"窗口。

双击21327517号发票"选择"栏右侧任意单元格，打开"销售发票"窗口，单击工具栏的"审核"按钮，系统提示"是否立即制单？"，单击"是"，系统自动打开"填制凭证"窗口，单击工具栏的"保存"按钮。关闭当前已打开窗口。

借：应收账款/人民币（沈阳金泰）	675 740.00	
贷：主营业务收入		598 000.00
应交税费/应交增值税/销项税额		77 740.00

3.发出商品记账，生成凭证

（1）发出商品记账。在供应链的"存货核算"子系统，依次单击"业务核算→发出商品记账"菜单，系统打开"未记账单据一览表"窗口。单击窗口左下角的"查询"按钮，单击21327517号销售发票最左侧的"全选"栏，再单击"记账"按钮，系统弹出信息框提示记账成功，单击"确定"按钮，完成记账工作。关闭该窗口。

（2）生成凭证。依次单击"存货核算"系统的"凭证处理→生成凭证"菜单，系统打开"生成凭证"窗口。单击工具栏的"选单"按钮，系统弹出"查询条件-生成凭证查询条件"对话框，单击"确定"按钮，系统打开"选择单据"窗口，如图4-80所示。

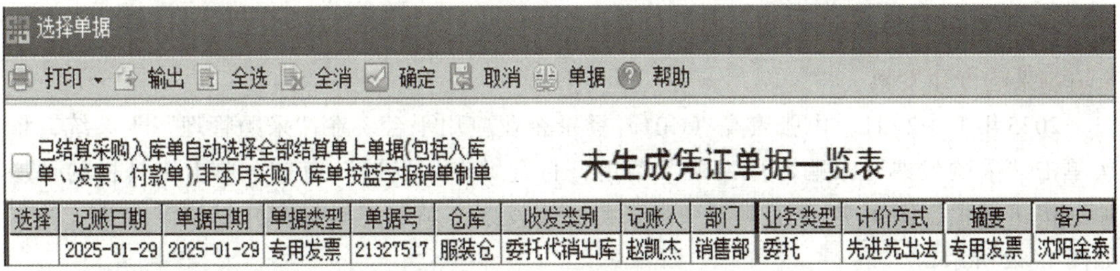

图4-80　选择单据

单击工具栏的"全选"按钮，再单击"确定"按钮，系统自动关闭"选择单据"窗口并返回"生成凭证"窗口。单击工具栏的"合并制单"按钮，系统打开"填制凭证"窗口并自动生成凭证。单击"保存"按钮。关闭当前窗口。

借：主营业务成本　　　　　　　　　　　　　　　298 000.00
　　贷：发出商品　　　　　　　　　　　　　　　　　　　298 000.00

4. 选择收款

2025年1月29日，由贺青春（W03）登录企业应用平台。在U8企业应用平台，依次单击"业务工作→财务会计→应收款管理→收款处理→选择收款"菜单，系统弹出"选择收款-条件"对话框，客户选择"沈阳金泰"，单击"确定"，打开"选择收款-单据"窗口。"收款金额"栏输入"612352"，再单击"确认"，系统弹出"选择收款-收款单"窗口。根据图4-76输入结算方式和票据号，结果如图4-81所示。单击"确定"，完成选择收款并退出该窗口。

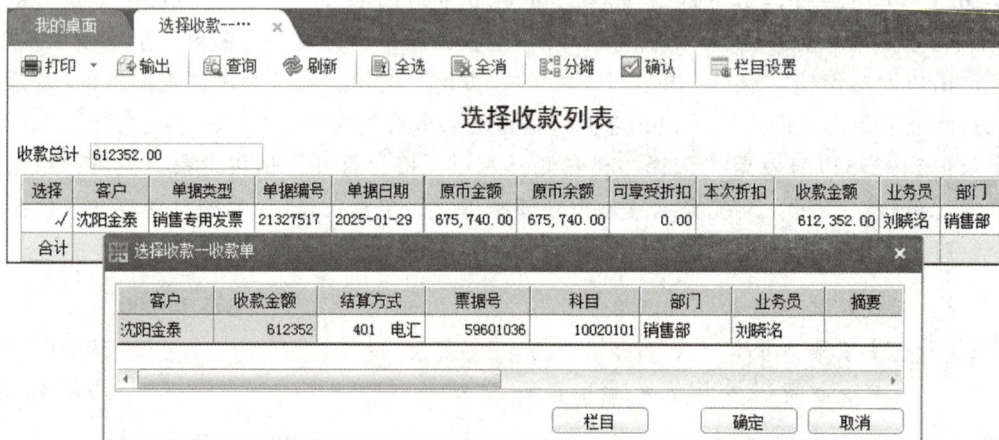

图4-81　选择收款

5. 生成凭证

2025年1月29日，由赵凯杰（W02）登录企业应用平台。在U8企业应用平台，依次单击"业务工作→财务会计→应收款管理→凭证处理→生成凭证"菜单，系统弹出"制单查询"对话框，勾选"收付款单""核销"，单击"确定"，打开"生成凭证"窗口。依次单击"合并""制单"按钮，系统生成相关的记账凭证，单击"保存"按钮。

借：银行存款/中国工商银行/沈阳皇姑支行　　　　　　612 352.00
　　贷：应收账款/人民币（沈阳金泰）　　　　　　　　　　612 352.00

6. 填制采购专用发票

2025年1月29日，由张宏亮（G01）登录企业应用平台。在"采购管理"子系统，依次单击"采购发票→采购专用发票"菜单，打开"专用发票"窗口。单击工具栏的"增加"按钮，根据图4-77手工填制一张采购专用发票，填制完毕保存并复核该发票，结果如图4-82所示。

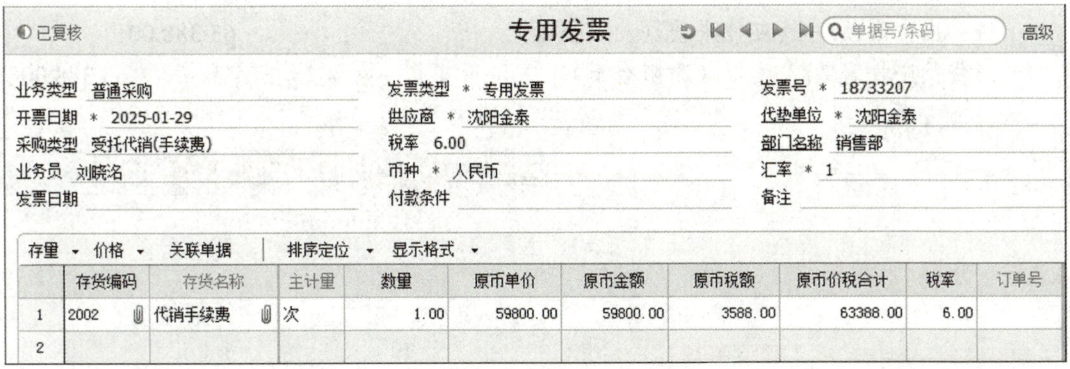

专用发票

已复核

业务类型 普通采购	发票类型 * 专用发票	发票号 * 18733207
开票日期 * 2025-01-29	供应商 * 沈阳金泰	代垫单位 * 沈阳金泰
采购类型 受托代销(手续费)	税率 6.00	部门名称 销售部
业务员 刘晓名	币种 * 人民币	汇率 * 1
发票日期	付款条件	备注

	存货编码	存货名称	主计量	数量	原币单价	原币金额	原币税额	原币价税合计	税率	订单号
1	2002	代销手续费	次	1.00	59800.00	59800.00	3588.00	63388.00	6.00	
2										

图4-82 采购专用发票

7.采购发票审核并生成凭证

2025年1月29日，由赵凯杰（W02）登录企业应用平台。在U8企业应用平台，依次单击“业务工作→财务会计→应付款管理→应付处理→采购发票→采购发票审核”菜单，打开“采购发票审核”窗口。单击工具栏的“查询”按钮，系统弹出“查询条件-发票查询”对话框，“结算状态”栏选择“未结算完”，单击“确定”按钮，返回“采购发票审核”窗口。

双击“18733207”单据号，打开要审核的发票，单击“审核”按钮，系统提示“是否立即制单？”，点击“是”，生成记账凭证。将记账凭证借方“应付账款/受托代销”修改为“销售费用/委托代销手续费”，单击“保存”按钮。

借：销售费用/委托代销手续费	59 800.00	
应交税费/应交增值税/进项税额	3 588.00	
贷：应付账款/一般应付账款（沈阳金泰）		63 388.00

8.应付冲应收

在“应付款管理”系统，依次单击“转账→应付冲应收”菜单，系统弹出“应付冲应收”对话框。该窗口的“供应商”栏选择“沈阳金泰”，单击“确定”按钮，打开“应付冲应收”窗口。在“转账金额”栏输入“63388”，结果如图4-83所示。单击工具栏的“保存”按钮，系统提示“是否立即制单？”，单击“是”按钮，系统自动打开“填制凭证”窗口，单击工具栏的“保存”按钮。

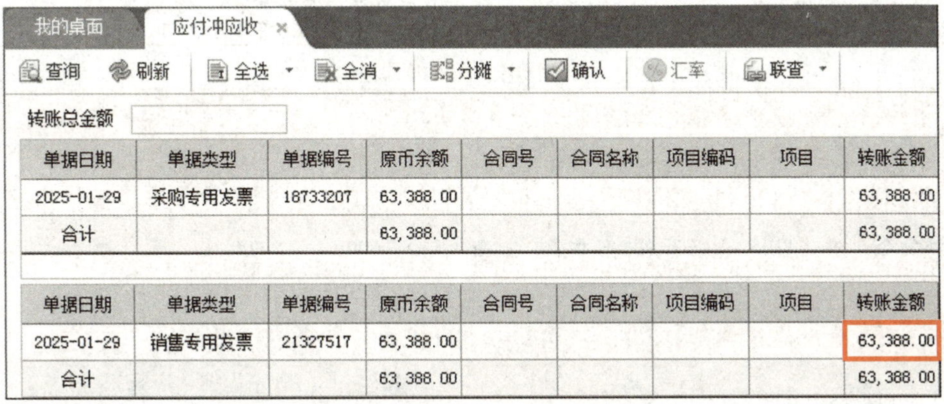

单据日期	单据类型	单据编号	原币余额	合同号	合同名称	项目编码	项目	转账金额
2025-01-29	采购专用发票	18733207	63,388.00					63,388.00
合计			63,388.00					63,388.00

单据日期	单据类型	单据编号	原币余额	合同号	合同名称	项目编码	项目	转账金额
2025-01-29	销售专用发票	21327517	63,388.00					63,388.00
合计			63,388.00					63,388.00

图4-83 “应付冲应收”窗口

借：应付账款/一般应付账款（沈阳金泰）	63 388.00	
贷：应收账款/人民币（沈阳金泰）		63 388.00

4.3 其他业务类型业务

4.3.1 分期收款业务

【实验资料】

2025 年 1 月 29 日，销售部何丽平与北京汇鑫签订分期收款销售合同（不具有融资性质）。当日发出全部货物。

2025 年 1 月 30 日，收到北京汇鑫支付的第一期货款。

相关凭证如图 4-84 至图 4-87 所示。

购销合同

合同编号：FQ01001

卖方：辽宁恒通商贸有限公司

买方：北京汇鑫百货有限公司

为保护买卖双方的合法权益，根据《中华人民共和国民法典》的有关规定，买卖双方经友好协商，一致同意签订本合同，并共同遵守合同约定。

一、货物的名称、数量及金额：

货物名称	规格型号	计量单位	数量	单价（不含税）	金额（不含税）	税率	税额
百盛牛仔裤		条	600	300.00	180 000.00	13%	23 400.00
合计					¥180 000.00		¥23 400.00

二、合同总金额：人民币贰拾万叁仟肆佰元整（¥203 400.00）。

三、签订合同当日，卖方发出全部商品。买方分期向卖方支付货款。自本月起，每月 30 日支付货款，分三期支付，逾期未付，视为买方违约。至付清所有合同款项前，卖方按买方未付款项与合同总价款的比例保留对合同标的物的所有权。

四、交货地点：辽宁恒通商贸有限公司。

五、发运方式与运输费用承担方式：由卖方发货，买方承担运输费用。

卖　　方：辽宁恒通商贸有限公司　　　　　买　　方：北京汇鑫百货有限公司

授权代表：何丽平　　　　　　　　　　　　授权代表：王三金

日　　期：2025 年 1 月 29 日　　　　　　日　　期：2025 年 1 月 29 日

图4-84　购销合同

出库单

客户 北京汇鑫			2025 1 29			单号 CK01023
仓库	存货编号	存货名称	单位	应发	实发	
服装仓	1103	百盛牛仔裤	条	600	600	
合计						
部门经理 略		会计 略		仓库 略		经办人 略

图4-85　出库单

电子发票（增值税专用发票）

发票号码：25212000000021327518
开票日期：2025 年 01 月 30 日

购买方信息	名称：北京汇鑫百货有限公司				销售方信息	名称：辽宁恒通商贸有限公司		
	统一社会信用代码/纳税人识别号：9111011357873 2690F					统一社会信用代码/纳税人识别号：91210105206917583A		

项目名称	规格型号	单位	数量	单价	金额	税率/征收率	税额
*服装*百盛牛仔裤		条	200	300.00	60 000.00	13%	7 800.00
合 计					¥60 000.00		¥7 800.00

价税合计（大写）	⊗ 陆万柒仟捌佰元整	（小写）¥67 800.00

备注	购买方开户银行：中国银行北京顺义常庄支行　　银行账号：2700322598914536398 销售方开户银行：中国工商银行沈阳皇姑支行　　银行账号：2107024015890035666

开票人：赵凯杰

图4-86　增值税专用发票

中国工商银行　电汇凭证（收账通知） 4　　16381762

☑普通　□加急　　　委托日期 2025 年 1 月 30 日

汇款人	全　称	北京汇鑫百货有限公司	收款人	全　称	辽宁恒通商贸有限公司
	账　号	2700322598914536398		账　号	2107024015890035666
	开户银行	中国银行北京顺义常庄支行		开户银行	中国工商银行沈阳皇姑支行

金额	人民币（大写）	陆万柒仟捌佰元整		亿	千	百	十	万	千	百	十	元	角	分
						¥	6	7	8	0	0	0	0	0

此汇款已收入收款人账户。

支付密码

附加信息及用途：货款

汇入行签章　　　　复核　　记账

中国工商银行沈阳皇姑支行
2025.01.30
转讫
(8)

图4-87　电汇收款凭证

【实验过程概览】

本业务的操作过程概览见表4-11。

表 4-11　　　　　　　　　　　　实验过程概览

序号	操作日期	操作员	系统	操作内容
1	2025-01-29	X01 刘晓洺	销售管理	填制（分期收款）销售订单
2	2025-01-29	X01 刘晓洺	销售管理	参照（分期收款）销售订单生成发货单
3	2025-01-29	C01 李泽伟	库存管理	参照发货单生成销售出库单
4	2025-01-29	W02 赵凯杰	存货核算	发出商品记账，生成凭证
5	2025-01-30	X01 刘晓洺	销售管理	参照发货单生成销售专用发票
6	2025-01-30	W02 赵凯杰	应收款管理	销售发票审核并生成凭证
7	2025-01-30	W02 赵凯杰	存货核算	发出商品记账，生成凭证

分期收款业务

1.填制（分期收款）销售订单

2025年1月29日，由刘晓洺（X01）登录企业应用平台。在U8企业应用平台，依次单击"业务工作→供应链→销售管理→销售订货→销售订单"菜单，打开"销售订单"窗口。单击工具栏的"增加"按钮，表头项目"业务类型"选择"分期收款"，根据图4-84填制销售订单。填制完毕保存并审核订单，结果如图4-88所示。关闭"销售订单"窗口。

		销售订单			
● 已审核			↺ ◁ ◀ ▶ ▷ Q 单据号/条码		高级

订单号　FQ01001　　　　订单日期 ＊ 2025-01-29　　　　业务类型 ＊ 分期收款
销售类型 ＊ 分期收款(不具有融资性质)　客户简称 ＊ 北京汇鑫　　　付款条件
销售部门 ＊ 销售部　　　业务员　何丽平　　　　　税率　13.00
币种　人民币　　　　汇率　1　　　　　　　备注
必有定金　否　　　　定金原币金额　0.00　　　定金累计实收原币金额
定金比例(%)　　　　定金本币金额　0.00　　　定金累计实收本币金额

仅子件	关闭	打开	存量 ▾ 价格 ▾	毛利预估	信用	ATP模拟运算	执行跟踪	关联单据	排序定位 ▾	显示格式 ≫

	存货编码	存货名称	主计量	数量	含税单价	无税单价	无税金额	税额	价税合计	税率（%）	预发货日期
1	1103	百盛牛仔裤	条	600.00	339.00	300.00	180000.00	23400.00	203400.00	13.00	2025-01-29
2											

图4-88　（分期收款）销售订单

2.参照（分期收款）销售订单生成发货单

在"销售管理"子系统，依次单击"销售发货→发货单"菜单，打开"发货单"窗口。单击工具栏的"增加"按钮，系统弹出"查询条件选择-参照订单"对话框，"业务类型"选择"分期收款"，单击"确定"按钮。在"参照生单"窗口，单击FQ01001号订单所在行的"选择"栏，再单击工具栏的"确定"按钮，系统返回"发货单"窗口。发货单表体的"仓库名称"选择"服装仓"。保存并审核该发货单，结果如图4-89所示。

		发货单			
● 已审核			↺ ◁ ◀ ▶ ▷ Q 单据号/条码		高级

发货单号 ＊ 0000000017　　　发货日期 ＊ 2025-01-29　　　业务类型 ＊ 分期收款
销售类型 ＊ 分期收款(不具有融资性质)　订单号　FQ01001　　　　发票号
客户简称 ＊ 北京汇鑫　　　销售部门 ＊ 销售部　　　　业务员　何丽平
发货地址　北京市顺义区常庄路992号　发运方式　　　　　　付款条件
税率　13.00　　　　币种　人民币　　　　　汇率　1
备注

仅子件	关闭	打开	存量 ▾ 价格 ▾	毛利预估	信用	序列号	执行情况	关联单据	排序定位 ▾	显示格式 ≫

	仓库名称	存货编码	存货名称	主计量	数量	含税单价	无税单价	无税金额	税额	价税合计	税率（%）
1	服装仓	1103	百盛牛仔裤	条	600.00	339.00	300.00	180000.00	23400.00	203400.00	13.00
2											

图4-89　（分期收款）发货单

3.参照发货单生成销售出库单

2025年1月29日，由李泽伟（C01）登录企业应用平台。在U8企业应用平台，依次单击"业务工作→供应链→库存管理→销售出库→销售出库单"菜单，系统打开"销售出库单"窗口。执行工具栏的"增加→销售发货单"命令，系统弹出"查询条件-销售发货单列表"对话框，单击"确定"按钮，系统打开"销售生单"窗口。单击29日北京汇鑫的发货单所对应的"选择"栏（即上一步骤完成的发货单），再单击工具栏的"确定"按钮，系统返回"销售出库单"窗口。根据图4-85修改"出库单号"为"CK01023"，其他项默认。保存并审核该出库单，结果如图4-90所示。

● 已审核	销售出库单		↺ ⊪ ◄ ► ⊫ Q 单据号/条码	高级

出库单号 ＊ CK01023	出库日期 ＊ 2025-01-29	仓库 ＊ 服装仓
出库类别 不具有融资性质	业务类型 分期收款	业务号 0000000017
销售部门 销售部	业务员 何丽平	客户 北京汇鑫
审核日期 2025-01-29	备注	

存量 ▾ 货位 ▾ 关联单据 排序定位 ▾ 显示格式 ▾

	存货编码	存货名称	规格型号	主计量单位	数量	单价	金额
1	1103	📎 百盛牛仔裤		条	600.00		
2							

图4-90　销售出库单

4.发出商品记账，生成凭证

2025年1月29日，由赵凯杰（W02）登录企业应用平台。

（1）发出商品记账。在供应链的"存货核算"子系统，依次单击"业务核算→发出商品记账"菜单，系统打开"未记账单据一览表"窗口。单击窗口左下角的"查询"按钮，单击北京汇鑫发货单最左侧的"全选"栏，再单击"记账"按钮，系统弹出信息框提示记账成功，单击"确定"按钮，完成记账工作。关闭该窗口。

（2）生成凭证。在"存货核算"子系统，依次单击"凭证处理→生成凭证"菜单，系统打开"生成凭证"窗口。单击工具栏的"选单"按钮，系统弹出"查询条件-生成凭证查询条件"对话框，单击"确定"按钮，系统打开"选择单据"窗口，如图4-91所示。

🖶 选择单据											
🖶 打印 ▾ 🖹 输出 🗹 全选 🗹 全消 ☑ 确定 ☒ 取消 ⬆ 单据 ❓ 帮助											

☐ 已结算采购入库单自动选择全部结算单上单据(包括入库单、发票、付款单),非本月采购入库单按蓝字报销申制单　　　　未生成凭证单据一览表

选择	记账日期	单据日期	单据类型	单据号	仓库	收发类别	记账人	部门	业务类型	计价方式	摘要	客户
	2025-01-29	2025-01-29	发货单	0000000017	服装仓	不具有融资性质	赵凯杰	销售部	分期收款	先进先出法	发货单	北京汇鑫

图4-91　选择单据

单击工具栏的"全选"按钮，再单击工具栏的"确定"按钮，系统自动关闭"选择单据"窗口并返回"生成凭证"窗口。单击工具栏的"合并制单"按钮，系统打开"填制凭证"窗口并自动生成凭证。单击工具栏的"保存"按钮，保存此记账凭证。

借：发出商品　　　　　　　　　　　　　　　　　　　　72 000.00
　　贷：库存商品　　　　　　　　　　　　　　　　　　　　　　72 000.00

5.参照发货单生成销售专用发票

2025年1月30日，由刘晓洺（X01）登录企业应用平台。

（1）在U8企业应用平台，依次单击"业务工作→供应链→销售管理→销售发票→销

售专用发票"菜单，系统打开"销售专用发票"窗口。执行工具栏的"增加→发货单"命令，系统弹出"查询条件-发票参照发货单"对话框，"业务类型"选择"分期收款"，单击"确定"按钮，打开"参照生单"窗口。单击29日北京汇鑫的发货单所对应的"选择"栏，结果如图4-92所示，然后单击工具栏的"确定"按钮，返回"销售专用发票"窗口。

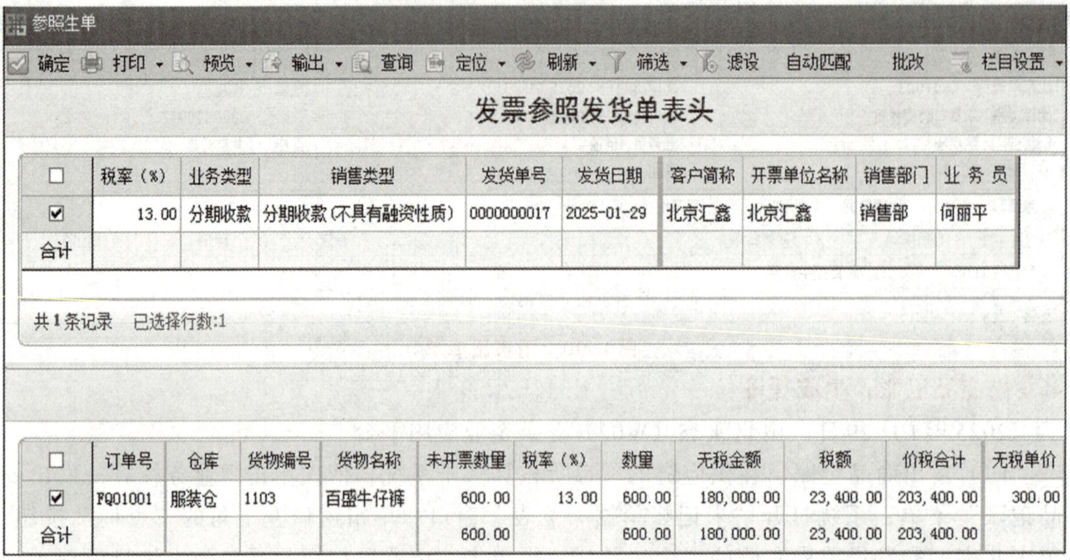

图4-92　"参照生单"窗口

根据图4-86修改表头项目"发票号"为"21327518"，将表体项目"数量"改为"200"，其他项默认。单击工具栏的"保存"按钮，保存该单据。

（2）现结。单击工具栏的"现结"按钮，打开"现结"窗口。根据图4-87，"结算方式"选择"电汇"，"原币金额"输入"67800"，"票据号"输入"16381762"。输入完毕单击"确定"按钮，返回"销售专用发票"窗口。单击"复核"按钮，结果如图4-93所示。

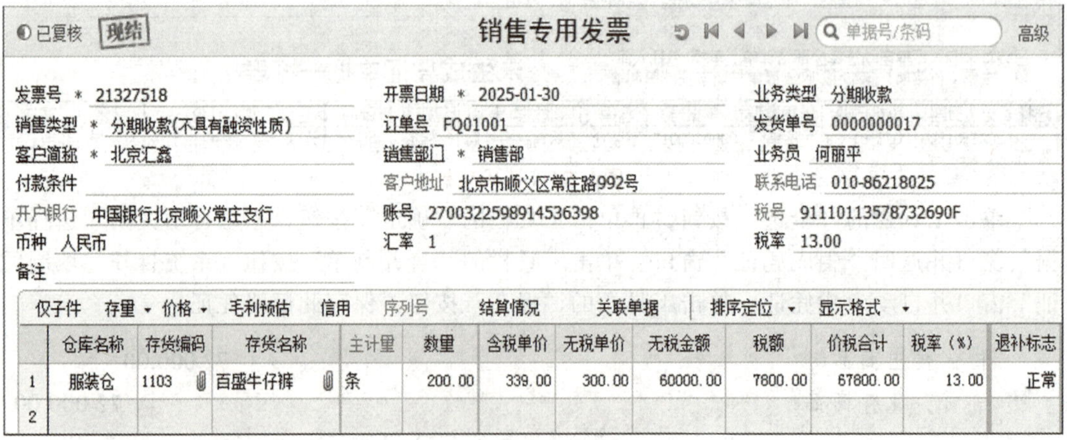

图4-93　销售专用发票

6.销售发票审核并生成凭证

2025年1月30日，由赵凯杰（W02）登录企业应用平台。在U8企业应用平台，依次单击"业务工作→财务会计→应收款管理→应收处理→销售发票→销售发票审核"菜单，打开"销售发票审核"窗口。单击工具栏的"查询"按钮，系统弹出"查询条件-发票查询"对话框，"包含已现结发票"栏选择"是"，单击"确定"按钮，返回"销售发票审核"窗口。

双击"21327518"单据号，打开要审核的发票，单击工具栏的"审核"按钮，系统提示"是否立即制单？"，单击"是"，系统自动打开"填制凭证"窗口，单击工具栏的"保存"按钮。关闭当前已打开窗口。

借：银行存款/中国工商银行/沈阳皇姑支行	67 800.00	
贷：主营业务收入		60 000.00
应交税费/应交增值税/销项税额		7 800.00

7.发出商品记账，生成凭证

（1）发出商品记账。在供应链的"存货核算"子系统，依次单击"业务核算→发出商品记账"菜单，系统打开"未记账单据一览表"窗口。单击窗口左下角的"查询"按钮，单击21327518号销售发票最左侧的"全选"栏，再单击"记账"按钮，系统弹出信息框提示记账成功，单击"确定"按钮，完成记账工作。关闭该窗口。

（2）生成凭证。在"存货核算"子系统，依次单击"凭证处理→生成凭证"菜单，打开"生成凭证"窗口。单击工具栏的"选择"按钮，系统弹出"查询条件"对话框，单击"确定"按钮，系统打开"选择单据"窗口，如图4-94所示。单击工具栏的"全选"按钮，再单击工具栏的"确定"按钮，系统返回"生成凭证"窗口。单击工具栏的"合并制单"按钮，系统打开"填制凭证"窗口并自动生成凭证。单击工具栏的"保存"按钮，保存此记账凭证。

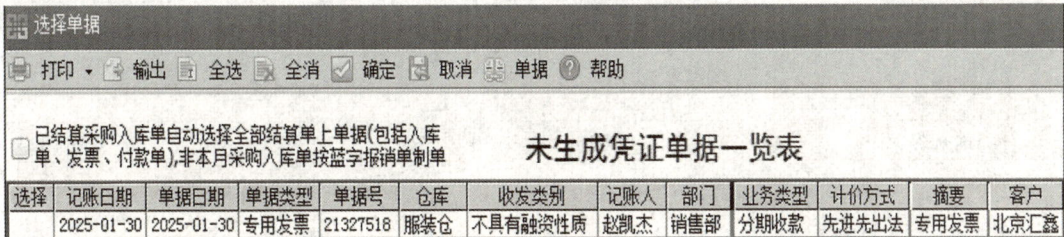

图4-94　选择单据

借：主营业务成本	24 000.00	
贷：发出商品		24 000.00

4.3.2　零售日报业务

【实验资料】

2025年1月30日，销售部何丽平交来当日门市部（客户统一名称：零散客户）零售货款。

相关凭证如图4-95至图4-98所示。

电子发票（普通发票）

发票号码：25212000000071290756
开票日期：2025 年 01 月 30 日

| 购买方信息 | 名称：零散客户 | | 销售方信息 | 名称：辽宁恒通商贸有限公司 |
| 统一社会信用代码/纳税人识别号： | | | 统一社会信用代码/纳税人识别号：91210105206917583A |

项目名称	规格型号	单位	数量	单价	金额	税率/征收率	税额
*服装*百盛男夹克		件	60	431.86	25 911.50	13%	3 368.50
*服装*嘉伟女风衣		件	85	785.84	66 796.46	13%	8 683.54
*手表*博伦女表		只	10	3 433.63	34 336.28	13%	4 463.72
*手表*恒久情侣表		对	20	8 761.06	175 221.24	13%	22 778.76
合　　计					¥302 265.48		¥39 294.52

| 价税合计（大写） | ⊗ 叁拾肆万壹仟伍佰陆拾元整 | （小写）¥341 560.00 |

| 备注 | 销售方开户银行：中国工商银行沈阳皇姑支行　　　银行账号：2107024015890035666 |

开票人：赵凯杰

图4-95　增值税普通发票

收据

2025 年 1 月 30 日　　　　No.45362532

交款单位（人）	零散客户	收款方式	现金
人民币合计（大写）	叁拾肆万壹仟伍佰陆拾元整		
（小写）	¥341 560.00		
交款事由	零售日报款		

会计：赵凯杰　　　　出纳：贺青春　　　　复核：王钰茹

图4-96　收据

出库单

客户：零散客户　　　　2025 年 1 月 30 日　　　　单号：CK01024

| 发货仓库 | 存货编码 | 存货名称 | 单位 | 数量 | | 单价 | 金额 |
				应发	实发		
服装仓	1101	百盛男夹克	件	60	60		
服装仓	1151	嘉伟女风衣	件	85	85		
合　计							

部门经理：略　　　　会计：略　　　　仓库：略　　　　经办人：略

图4-97　出库单

出库单

客户：零散客户　　　　2025 年 1 月 30 日　　　　单号：CK01025

| 发货仓库 | 存货编码 | 存货名称 | 单位 | 数量 | | 单价 | 金额 |
				应发	实发		
手表仓	1201	博伦女表	只	10	10		
手表仓	1253	恒久情侣表	对	20	20		
合　计							

部门经理：略　　　　会计：略　　　　仓库：略　　　　经办人：略

图4-98　出库单

本业务的操作过程概览见表4-12。

表 4-12 实验过程概览

序号	操作日期	操作员	系统	操作内容
1	2025-01-30	X01刘晓泓	销售管理	填制零售日报
2	2025-01-30	C01李泽伟	库存管理	参照发货单批量生成销售出库单
3	2025-01-30	W02赵凯杰	应收款管理	销售发票审核并生成凭证
4	2025-01-30	W02赵凯杰	存货核算	正常单据记账,生成凭证

【实验过程】

零售日报业务

1.填制零售日报

2025年1月30日,由刘晓泓(X01)登录企业应用平台。

(1)在U8企业应用平台,依次单击"业务工作→供应链→销售管理→零售日报→零售日报"菜单,打开"零售日报"窗口。单击工具栏的"增加"按钮。根据图4-95填制零售日报,填制完毕保存该日报。

(2)现结。单击工具栏的"现结"按钮,打开"现结"窗口。根据图4-96,"结算方式"选择"现金","原币金额"输入"341560","票据号"输入"45362532"。输入完毕单击"确定"按钮,返回"零售日报"窗口,单击"复核"按钮,结果如图4-99所示。零售日报复核后自动生成已审核的发货单。

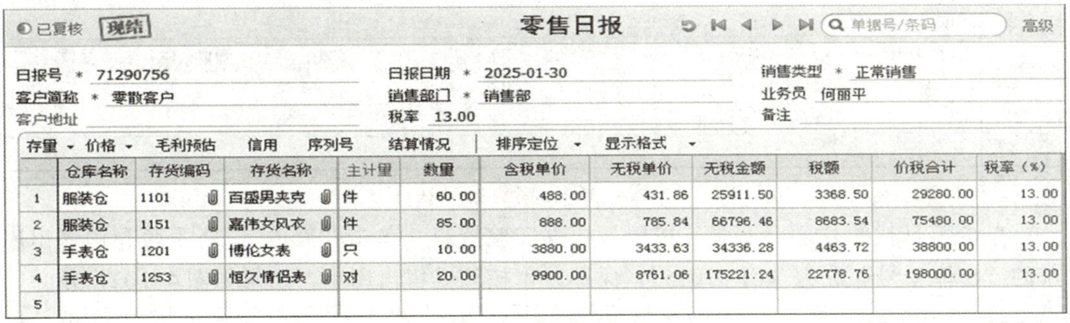

图4-99 零售日报

2.参照发货单批量生成销售出库单

2025年1月30日,由李泽伟(C01)登录企业应用平台。在U8企业应用平台,依次单击"业务工作→供应链→库存管理→销售出库→发货单批量出库"菜单,系统弹出"查询条件-销售发货单列表"对话框,单击"确定"按钮,系统打开"销售生单"窗口。

单击零散客户的发货单所对应的"选择"栏,如图4-100所示,再单击工具栏的"确定"按钮,系统提示"生单成功!",单击"确定",系统提示"是否查看生成单据的列表?",单击"是"按钮,系统打开"销售出库单列表"窗口。

双击服装仓的"出库单号"栏,打开该销售出库单。根据实验资料,单击"修改"按钮,将销售出库单的"出库单号"改为"CK01024",保存并审核该出库单,结果如图4-101所示。

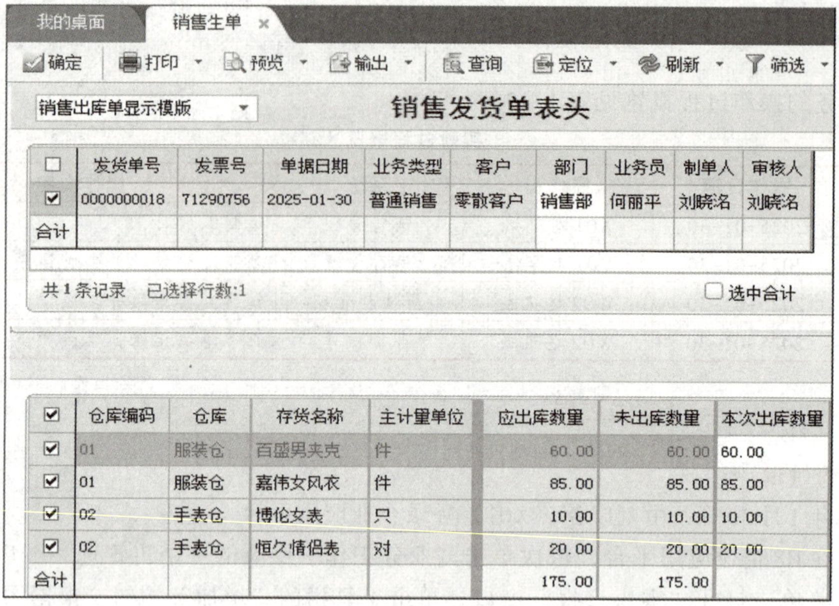

图4-100 "销售生单"窗口

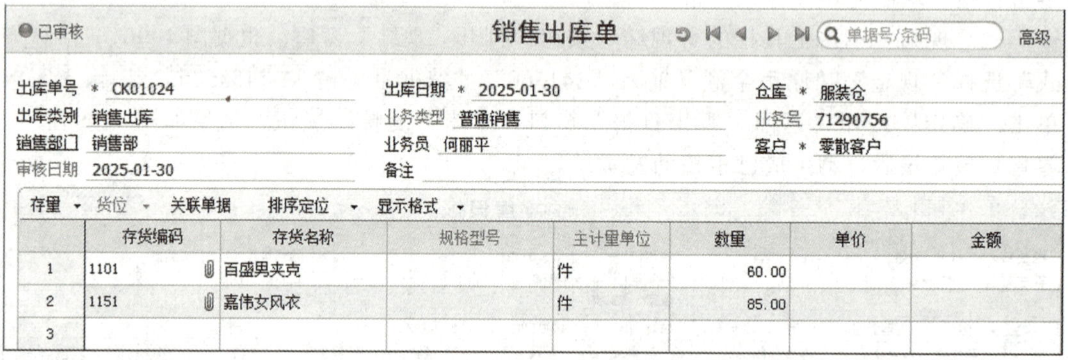

图4-101 销售出库单

单击工具栏的"▶"（下张）按钮，根据实验资料，单击"修改"，将手表仓销售出库单的"出库单号"改为"CK01025"，保存并审核该销售出库单，结果如图4-102所示。

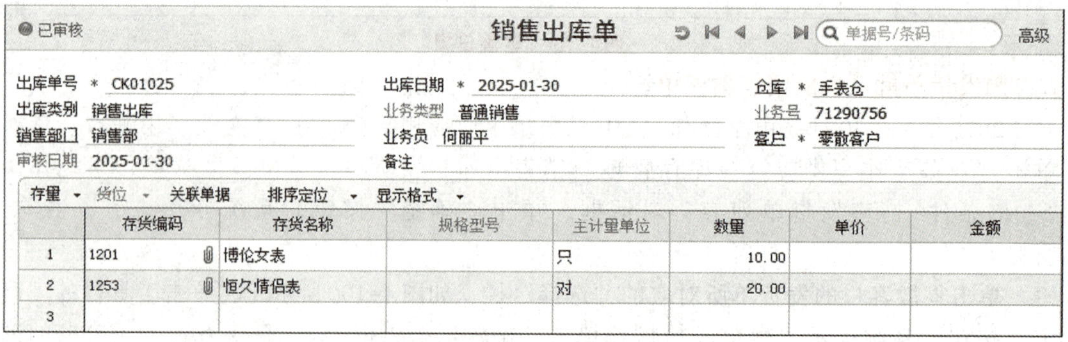

图4-102 销售出库单

3. 销售发票审核并生成凭证

2025年1月30日，由赵凯杰（W02）登录企业应用平台。在U8企业应用平台，依次单击"业务工作→财务会计→应收款管理→应收处理→销售发票→销售发票审核"菜单，打开"销售发票审核"窗口。单击工具栏的"查询"按钮,系统弹出"查询条件-发票查询"对话框,"包含已现结发票"栏选择"是",单击"确定"按钮,打开"销售发票审核"窗口。

双击"71290756"单据号,打开要审核的零售日报,单击工具栏的"审核"按钮,系统提示"是否立即制单?",单击"是",系统自动打开"填制凭证"窗口,单击工具栏的"保存"按钮。关闭当前已打开窗口。

借:库存现金	341 560.00
贷:主营业务收入	302 265.48
应交税费/应交增值税/销项税额	39 294.52

4.正常单据记账,生成凭证

(1)正常单据记账。在供应链的"存货核算"子系统,依次单击"记账→正常单据记账"菜单,系统打开"未记账单据一览表"窗口,单击窗口左下角的"查询"按钮,系统显示未记账单据。选中71290756号发票的4行记录,再单击工具栏的"记账"按钮,系统弹出信息框提示记账成功,单击其"确定"按钮,完成记账工作。关闭该窗口。

(2)生成凭证。在"存货核算"子系统,依次单击"凭证处理→生成凭证"菜单,系统打开"生成凭证"窗口。单击工具栏的"选单"按钮,系统弹出"查询条件-生成凭证查询条件"对话框,单击"确定"按钮,系统打开"选择单据"窗口,如图4-103所示。单击工具栏的"全选"按钮,再单击工具栏的"确定"按钮,系统自动关闭"选择单据"窗口并返回"生成凭证"窗口。单击工具栏的"合并制单"按钮,系统打开"填制凭证"窗口并自动生成凭证。单击工具栏的"保存"按钮,保存此记账凭证。

图4-103 选择单据

借:主营业务成本	272 470.00
贷:库存商品	272 470.00

4.3.3 直运销售业务

━━━━━━━━ 【实验资料】

2025年1月30日,销售部何丽平与北京汇鑫签订销售合同,当日采购部徐晓辉与天津惠阳签订采购合同。

2025年1月31日,收到北京汇鑫货款(选择收款),当日与天津惠阳结清货款(选择付款)。

相关凭证如图4-104至图4-109所示。

购 销 合 同

合同编号：ZX01001

卖方：辽宁恒通商贸有限公司

买方：北京汇鑫百货有限公司

　　为保护买卖双方的合法权益，根据《中华人民共和国民法典》的有关规定，买卖双方经友好协商，一致同意签订本合同，并共同遵守合同约定。

　　一、货物的名称、数量及金额：

货物名称	规格型号	计量单位	数量	单价（不含税）	金额（不含税）	税率	税额
百盛男夹克		件	500	598.00	299 000.00	13%	38 870.00
嘉伟男风衣		件	600	999.00	599 400.00	13%	77 922.00
合　计					¥898 400.00		¥116 792.00

　　二、合同总金额：人民币壹佰零壹万伍仟壹佰玖拾贰元整（¥1 015 192.00）。

　　三、签订合同当日，卖方发出全部商品并开具增值税专用发票。买方验收合格后于月底前向卖方支付货款。

　　四、交货地点：天津市南开区中华路88号。

　　五、发运方式与运输费用承担方式：由卖方发货，买方承担运输费用。

卖方：辽宁恒通商贸有限公司　　　　　　买方：北京汇鑫百货有限公司

授权代表：何丽平　　　　　　　　　　　授权代表：王开金

日　期：2025年1月30日　　　　　　　　日　期：2025年1月30日

图4-104　购销合同

购 销 合 同

合同编号：ZC01001

卖方：天津惠阳商贸有限公司

买方：辽宁恒通商贸有限公司

　　为保护买卖双方的合法权益，根据《中华人民共和国民法典》的有关规定，买卖双方经友好协商，一致同意签订本合同，并共同遵守合同约定。

　　一、货物的名称、数量及金额：

货物名称	规格型号	计量单位	数量	单价（不含税）	金额（不含税）	税率	税额
百盛男夹克		件	500	318.00	159 000.00	13%	20 670.00
嘉伟男风衣		件	600	658.00	394 800.00	13%	51 324.00
合　计					¥553 800.00		¥71 994.00

　　二、合同总金额：人民币陆拾贰万伍仟柒佰玖拾肆元整（¥625 794.00）。

　　三、签订合同当日，卖方发出全部商品并开具增值税专用发票。买方验收合格后于月底前向卖方支付货款。

　　四、交货地点：天津市南开区中华路88号。

　　五、发运方式与运输费用承担方式：由卖方发货，买方承担运输费用。

卖方：天津惠阳商贸有限公司　　　　　　买方：辽宁恒通商贸有限公司

授权代表：张用进　　　　　　　　　　　授权代表：徐晓辉

日　期：2025年1月30日　　　　　　　　日　期：2025年1月30日

图4-105　购销合同

电子发票（增值税专用发票）

发票号码：25212000000021327519
开票日期：2025 年 01 月 30 日

购买方信息	名称：北京汇鑫百货有限公司				销售方信息	名称：辽宁恒通商贸有限公司		
	统一社会信用代码/纳税人识别号：9111011357 8732690F					统一社会信用代码/纳税人识别号：91210105206917583A		

项目名称	规格型号	单位	数量	单价	金额	税率/征收率	税额
*服装*百盛男夹克		件	500	598.00	299 000.00	13%	38 870.00
*服装*嘉伟男风衣		件	600	999.00	599 400.00	13%	77 922.00
合 计					¥898 400.00		¥116 792.00

价税合计（大写）	⊗ 壹佰零壹万伍仟壹佰玖拾贰元整	（小写）¥1 015 192.00

备注	购买方开户银行：中国银行北京顺义常庄支行　　银行账号：2700322598914536398
	销售方开户银行：中国工商银行沈阳皇姑支行　　银行账号：2107024015890035666

开票人：赵凯杰

图4-106　增值税专用发票

电子发票（增值税专用发票）

发票号码：25122000000032307967
开票日期：2025 年 01 月 30 日

购买方信息	名称：辽宁恒通商贸有限公司				销售方信息	名称：天津惠阳商贸有限公司		
	统一社会信用代码/纳税人识别号：91210105206917583A					统一社会信用代码/纳税人识别号：91120104572036908U		

项目名称	规格型号	单位	数量	单价	金额	税率/征收率	税额
*服装*百盛男夹克		件	500	318.00	159 000.00	13%	20 670.00
*服装*嘉伟男风衣		件	600	658.00	394 800.00	13%	51 324.00
合 计					¥553 800.00		¥71 994.00

价税合计（大写）	⊗ 陆拾贰万伍仟柒佰玖拾肆元整	（小写）¥625 794.00

备注	购买方开户银行：中国工商银行沈阳皇姑支行　　银行账号：2107024015890035666
	销售方开户银行：华夏银行天津南开支行　　银行账号：2806725046208670931

开票人：李丹

图4-107　增值税专用发票

中国工商银行　电汇凭证（收账通知）
4　16381769

☑普通　□加急　　委托日期 2025 年 1 月 31 日

汇款人	全　称	北京汇鑫百货有限公司	收款人	全　称	辽宁恒通商贸有限公司
	账　号	2700322598914536398		账　号	2107024015890035666
	开户银行	中国银行北京顺义常庄支行		开户银行	中国工商银行沈阳皇姑支行

金额	人民币（大写）	壹佰零壹万伍仟壹佰玖拾贰元整	亿	千	百	十	万	千	百	十	元	角	分
				¥	1	0	1	5	1	9	2	0	0

此汇款已收入收款人账户。

支付密码

附加信息及用途：货款

汇入行签章

复核　　记账

此联为开户行给收款人的收账通知

图4-108　电汇收款回单

图4-109 电汇付款凭证

银行信息（图中凭证内容）：
中国工商银行 电汇凭证（回单）1　36257075
☑普通 □加急　委托日期 2025年1月31日

汇款人	全　称	辽宁恒通商贸有限公司	收款人	全　称	天津惠阳商贸有限公司
	账　号	21070240158900035666		账号	2806725046208670931
	开户银行	中国工商银行沈阳皇姑支行		开户银行	华夏银行天津南开支行

金额 人民币（大写）陆拾贰万伍仟柒佰玖拾肆元整　￥625794 00
转讫（7）　2025.01.31
支付密码
附加信息及用途：货款
复核　记账
此联为汇出行给汇款人的回单

【实验过程概览】

本业务的操作过程概览见表4-13。

表 4-13　　　　　　　　　　　　实验过程概览

序号	操作日期	操作员	系统	操作内容
1	2025-01-30	X01 刘晓洺	销售管理	填制（直运销售）销售订单
2	2025-01-30	X01 刘晓洺	销售管理	参照（直运销售）销售订单生成销售专用发票
3	2025-01-30	G01 张宏亮	采购管理	参照（直运销售）销售订单生成（直运采购）采购订单
4	2025-01-30	G01 张宏亮	采购管理	参照（直运采购）采购订单生成采购专用发票
5	2025-01-30	W02 赵凯杰	应收款管理	销售发票审核并生成凭证
6	2025-01-30	W02 赵凯杰	应付款管理	采购发票审核并生成凭证
7	2025-01-30	W02 赵凯杰	存货核算	直运销售记账，生成凭证
8	2025-01-31	W03 贺青春	应收款管理	选择收款
9	2025-01-31	W03 贺青春	应付款管理	选择付款
10	2025-01-31	W02 赵凯杰	应收款管理	收款生成凭证
11	2025-01-31	W02 赵凯杰	应付款管理	付款生成凭证

【实验过程】

直运销售业务

1.填制（直运销售）销售订单

2025年1月30日，由刘晓洺（X01）登录企业应用平台。在U8企业应用平台依次单击"业务工作→供应链→销售管理→销售订货→销售订单"菜单，打开"销售订单"窗口。单击工具栏的"增加"按钮，表头项目"业务类型"应为"直运销售"，根据图4-104填制销售订单。填制完毕保存并审核销售订单，结果如图4-110所示。关闭"销售订单"窗口。

2.参照（直运销售）销售订单生成销售专用发票

在U8企业应用平台，依次单击"业务工作→供应链→销售管理→销售发票→销售专用发票"菜单，系统打开"销售专用发票"窗口。执行工具栏的"增加→订单"按钮，系统弹出"查询条件-参照订单"对话框，"业务类型"选择"直运销售"，单击"确定"按钮，系统打开"参照生单"窗口。单击ZX01001号订单最左侧的"选择"栏，结果如图4-111所示，然后单击工具栏的"确定"按钮，返回"销售专用发票"窗口。根据图4-106，修改表头项目"发票号"为"21327519"。保存并复核销售专用发票，结果如图4-112所示。

已审核　　销售订单　　单据号/条码　高级

订单号 * ZX01001　　订单日期 * 2025-01-30　　业务类型 * 直运销售

销售类型 * 直运销售　　客户简称 * 北京汇鑫　　付款条件

销售部门 * 销售部　　业务员 何丽平　　税率 13.00

币种 人民币　　汇率 1　　备注

必有定金 否　　定金原币金额 0.00　　定金累计实收原币金额

定金比例(%)　　定金本币金额 0.00　　定金累计实收本币金额

仅子件　关闭　打开　存量　价格　毛利预估　信用　ATP模拟运算　执行跟踪　关联单据　排序定位　显示格式

	存货编码	存货名称	主计量	数量	含税单价	无税单价	无税金额	税额	价税合计	税率（%）	预发货日期
1	1101	百盛男夹克	件	500.00	675.74	598.00	299000.00	38870.00	337870.00	13.00	2025-01-30
2	1152	嘉伟男风衣	件	600.00	1128.87	999.00	599400.00	77922.00	677322.00	13.00	2025-01-30
3											

图4-110　（直运销售）销售订单

参照生单

确定　打印　预览　输出　查询　定位　刷新　筛选　滤设　栏目设置　批改　帮助　退出

发票参照订单表头

	业务类型	销售类型	订单号	订单日期	客户简称	开票单位名称	销售部门	业务员	税率（%）
☑	直运销售	直运销售	ZX01001	2025-01-30	北京汇鑫	北京汇鑫	销售部	何丽平	13.00
合计									

共1条记录　已选择行数:1

	订单号	仓库	货物编号	货物名称	预发货日期	主计量单位	可开票数量	无税单价	可开票无税金额	可开票税额	可开票价税合计
☑	ZX01001		1101	百盛男夹克	2025-01-30	件	500.00	598.00	299,000.00	38,870.00	337,870.00
☑	ZX01001		1152	嘉伟男风衣	2025-01-30	件	600.00	999.00	599,400.00	77,922.00	677,322.00
合计							1,100.00		898,400.00	116,792.00	1,015,192.00

图4-111　“参照生单”窗口

已复核　　销售专用发票　　单据号/条码　高级

发票号 * 21327519　　开票日期 * 2025-01-30　　业务类型 直运销售

销售类型 * 直运销售　　订单号 ZX01001　　发货单号

客户简称 * 北京汇鑫　　销售部门 * 销售部　　业务员 何丽平

付款条件　　客户地址 北京市顺义区常庄路992号　　联系电话 010-86218025

开户银行 中国银行北京顺义常庄支行　　账号 2700322598914536398　　税号 91110113578732690F

币种 人民币　　汇率 1　　税率 13.00

备注

仅子件　存量　价格　毛利预估　信用　序列号　结算情况　关联单据　排序定位　显示格式

	仓库名称	存货编码	存货名称	主计量	数量	含税单价	无税单价	无税金额	税额	价税合计	税率（%）	退补标志
1		1101	百盛男夹克	件	500.00	675.74	598.00	299000.00	38870.00	337870.00	13.00	正常
2		1152	嘉伟男风衣	件	600.00	1128.87	999.00	599400.00	77922.00	677322.00	13.00	正常
3												

图4-112　销售专用发票

3.参照（直运销售）销售订单生成（直运采购）采购订单

2025年1月30日，由张宏亮（G01）登录企业应用平台。在U8企业应用平台，依次单击"业务工作→供应链→采购管理→采购订货→采购订单"菜单，打开"采购订单"窗口。单击工具栏的"增加"按钮，将"业务类型"改为"直运采购"，执行工具栏的"参照→销售订单"命令，系统弹出"查询条件-单据列表过滤"对话框，单击"确定"按钮，系统打开"拷贝并执行"窗口，单击窗口上方"ZX01001"左侧的"选择"栏，如图4-113所示，再单击"确定"按钮，系统返回"采购订单"窗口。

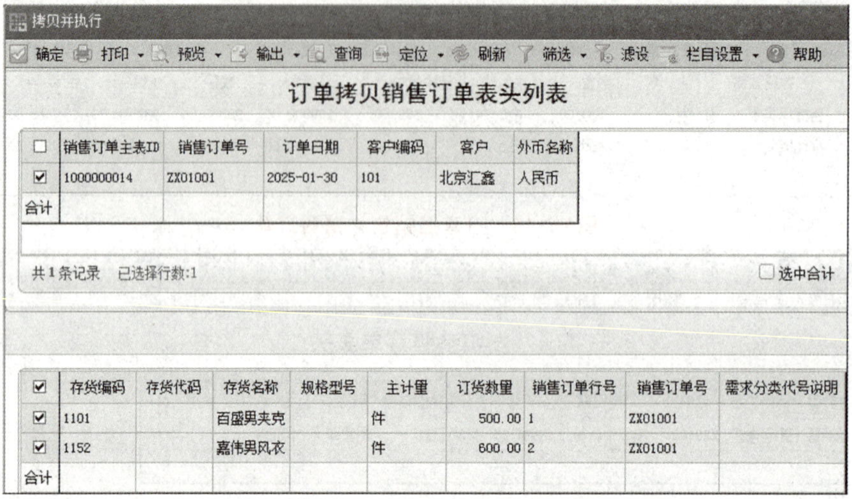

图4-113 "拷贝并执行"窗口

根据图4-105，修改采购订单表头的"订单编号"为"ZC01001"，"采购类型"为"直运采购"，"供应商"为"天津惠阳"，"部门"为"采购部"，"业务员"为"徐晓辉"，其他项默认。表体中"百盛男夹克"的原币单价输入"318"，"嘉伟男风衣"的原币单价输入"658"，其他项默认。输入完毕单击"保存"，再单击"审核"，如图4-114所示。关闭当前窗口。

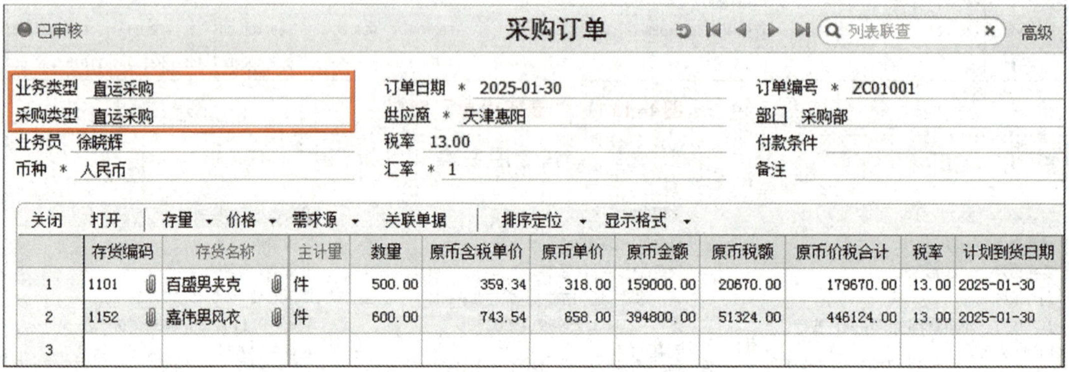

图4-114 （直运采购）采购订单

4. 参照（直运采购）采购订单生成采购专用发票

在U8企业应用平台，依次单击"业务工作→供应链→采购管理→采购发票→专用采购发票"菜单，系统打开"专用发票"窗口。单击工具栏的"增加"按钮，表头项目"业务类型"选择"直运采购"，再执行工具栏的"参照→采购订单"命令，系统弹出"查询条件-单据列表过滤"对话框，单击"确定"按钮，系统打开"拷贝并执行"窗口。单击ZC01001号订单所对应的"选择"栏，结果如图4-115所示，然后单击工具栏的"确定"按钮，返回"专用发票"窗口。根据图4-107，修改表头项目"发票号"

为"32307967",单击工具栏的"保存""复核"按钮,完成采购专用发票处理,结果如图4-116所示。

发票拷贝订单表头列表

	订单号	订单日期	供货商编码	供货商	币种
☑	ZC01001	2025-01-30	903	天津惠阳	人民币
合计					

共 1 条记录　已选择行数:1　　　　　　　　　　　　　　　□选中合计

☑	存货编码	存货名称	主计量	订货数量	已开票数量	原币单价	原币金额	原币税额	原币价税合计	订单号
☑	1101	百盛男夹克	件	500.00	0.00	318.00	159,000.00	20,670.00	179,670.00	ZC01001
☑	1152	嘉伟男风衣	件	600.00	0.00	658.00	394,800.00	51,324.00	446,124.00	ZC01001
合计										

图4-115　"拷贝并执行"窗口

专用发票

业务类型　直运采购	发票类型　＊ 专用发票	发票号　＊ 32307967
开票日期　＊ 2025-01-30	供应商　＊ 天津惠阳	代垫单位　天津惠阳
采购类型　直运采购	税率　13.00	部门名称　采购部
业务员　徐晓辉	币种　＊ 人民币	汇率　＊ 1
发票日期	付款条件	备注

	存货编码	存货名称	主计量	数量	原币单价	原币金额	原币税额	原币价税合计	税率	订单号
1	1101	百盛男夹克	件	500.00	318.00	159000.00	20670.00	179670.00	13.00	ZC01001
2	1152	嘉伟男风衣	件	600.00	658.00	394800.00	51324.00	446124.00	13.00	ZC01001
3										

图4-116　采购专用发票

5.销售发票审核并生成凭证

2025年1月30日,由赵凯杰(W02)登录企业应用平台。在U8企业应用平台,依次单击"业务工作→财务会计→应收款管理→应收处理→销售发票→销售发票审核"菜单,打开"销售发票审核"窗口。单击工具栏的"查询"按钮,系统弹出"查询条件-发票查询"对话框,单击"确定"按钮,打开"销售发票审核"窗口。

双击"21327519"单据号,打开要审核的发票,单击工具栏的"审核"按钮,系统提示"是否立即制单?",单击"是"按钮,系统自动打开"填制凭证"窗口。单击工具栏的"保存"按钮。关闭当前已打开窗口。

借:应收账款/人民币(北京汇鑫)　　　　　　　　　　　　　　1 015 192.00
　贷:主营业务收入　　　　　　　　　　　　　　　　　　　　　898 400.00
　　　应交税费/应交增值税/销项税额　　　　　　　　　　　　　116 792.00

6.采购发票审核并生成凭证

在U8企业应用平台，依次单击“业务工作→财务会计→应付款管理→应付处理→采购发票→采购发票审核”菜单，打开“采购发票审核”窗口。单击工具栏的“查询”按钮，系统弹出“查询条件-发票查询”对话框，“结算状态”栏选择“未结算完”，单击“确定”按钮，打开“采购发票审核”窗口。

双击“32307967”单据号，打开要审核的发票，单击工具栏的“审核”按钮，系统提示“是否立即制单?”，单击“是”按钮，系统自动打开“填制凭证”窗口，单击工具栏的“保存”按钮。关闭当前已打开窗口。

借：在途物资	553 800.00	
应交税费/应交增值税/进项税额	71 994.00	
贷：应付账款/一般应付账款（天津惠阳）		625 794.00

7.直运销售记账，生成凭证

（1）直运销售记账。在供应链的“存货核算”子系统，依次单击“记账→直运销售记账”菜单，系统弹出“直运采购发票核算查询条件”对话框，单击“确定”按钮，系统打开“未记账单据一览表”窗口，如图4-117所示。单击直运采购发票、直运销售发票左侧的“选择”栏，再单击工具栏的“记账”按钮，系统提示记账成功，单击“确定”，完成记账工作。关闭当前窗口。

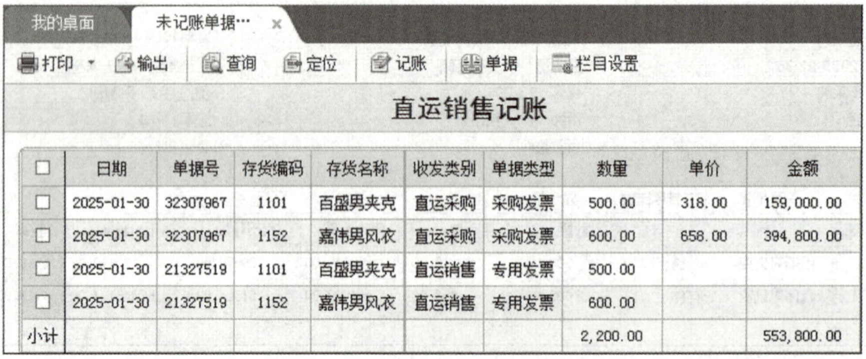

□	日期	单据号	存货编码	存货名称	收发类别	单据类型	数量	单价	金额
□	2025-01-30	32307967	1101	百盛男夹克	直运采购	采购发票	500.00	318.00	159,000.00
□	2025-01-30	32307967	1152	嘉伟男风衣	直运采购	采购发票	600.00	658.00	394,800.00
□	2025-01-30	21327519	1101	百盛男夹克	直运销售	专用发票	500.00		
□	2025-01-30	21327519	1152	嘉伟男风衣	直运销售	专用发票	600.00		
小计							2,200.00		553,800.00

图4-117　未记账单据一览表

（2）生成凭证。在“存货核算”子系统，依次单击“凭证处理→生成凭证”菜单，系统打开“生成凭证”窗口。单击工具栏的“选单”按钮，系统弹出“查询条件-生成凭证查询条件”对话框，单击“确定”按钮，系统打开“选择单据”窗口，如图4-118所示。

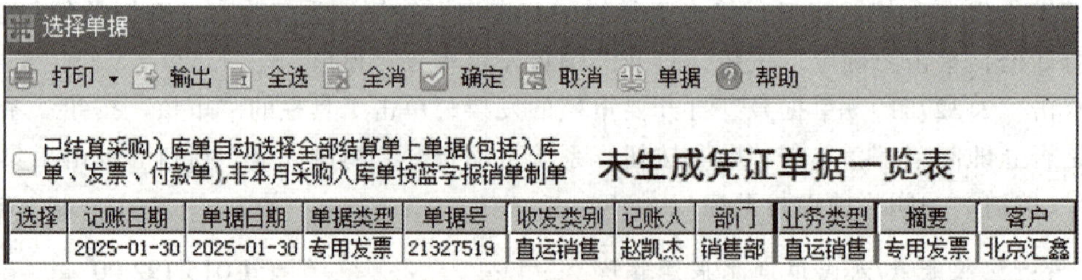

选择	记账日期	单据日期	单据类型	单据号	收发类别	记账人	部门	业务类型	摘要	客户
	2025-01-30	2025-01-30	专用发票	21327519	直运销售	赵凯杰	销售部	直运销售	专用发票	北京汇鑫

图4-118　选择单据

单击工具栏的“全选”按钮，再单击工具栏的“确定”按钮，系统自动关闭“选择单据”窗口并返回“生成凭证”窗口。单击工具栏的“合并制单”按钮，系统打开“填制凭证"窗口并自动生成凭证。单击工具栏的"保存"按钮。

| 借：主营业务成本 | 553 800.00 |
| 贷：在途物资 | 553 800.00 |

8.选择收款

2025年1月31日，由贺青春（W03）登录企业应用平台。在U8企业应用平台，依次单击"业务工作→财务会计→应收款管理→选择收款"菜单，系统弹出"选择收款-条件"窗口。在该窗口的"客户"栏选择"北京汇鑫"，单击"确定"按钮，打开"选择收款-单据"窗口。单击工具栏的"全选"按钮，再单击"确认"按钮，系统弹出"选择收款-收款单"窗口。根据图4-108，"结算方式"选择"电汇"，"票据号"输入"16381769"，如图4-119所示。单击"确定"按钮，完成选择收款。

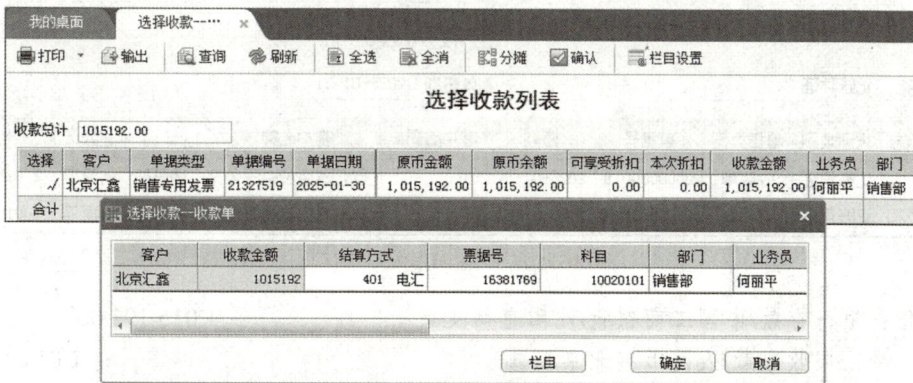

图4-119　选择收款

9.选择付款

在U8企业应用平台，依次单击"业务工作→财务会计→应付款管理→付款处理→选择付款"菜单，系统弹出"选择付款-条件"对话框，供应商选择"天津惠阳"，单击"确定"，打开"选择付款-单据"窗口。在32307967号采购专用发票的"付款金额"栏输入"625794"，再单击"确认"，打开"选择付款-付款单"窗口。根据图4-109，"结算方式"选择"电汇"，"票据号"输入"36257075"，如图4-120所示。输入完毕单击"确定"按钮，完成选择付款。

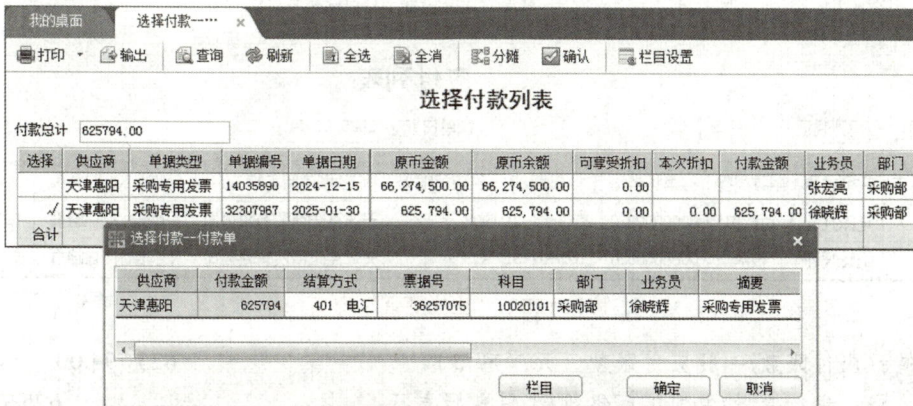

图4-120　选择付款

10.收款生成凭证

2025年1月31日，由赵凯杰（W02）登录企业应用平台。

在U8企业应用平台，依次单击"业务工作→财务会计→应收款管理→凭证处理→生成凭证"菜单，系统弹出"制单查询"对话框，勾选"收付款单""核销"，单击"确定"按钮，打开"生成凭证"窗口，如图4-121所示。依次单击工具栏的"合并""制单"按钮，系统自动打开"填制凭证"窗口，单击工具栏的"保存"按钮。关闭当前已打开窗口。

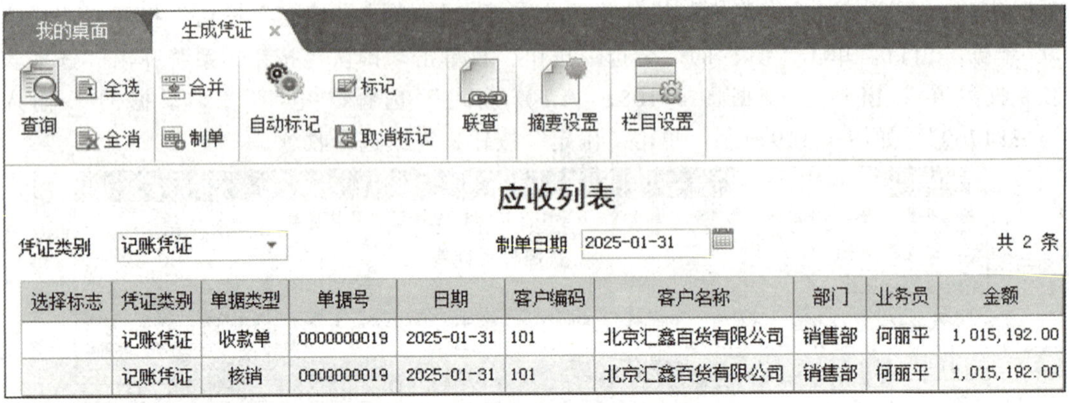

应收列表

凭证类别 记账凭证   制单日期 2025-01-31   共2条

选择标志	凭证类别	单据类型	单据号	日期	客户编码	客户名称	部门	业务员	金额
	记账凭证	收款单	0000000019	2025-01-31	101	北京汇鑫百货有限公司	销售部	何丽平	1,015,192.00
	记账凭证	核销	0000000019	2025-01-31	101	北京汇鑫百货有限公司	销售部	何丽平	1,015,192.00

图4-121   "生成凭证"窗口

借：银行存款/中国工商银行/沈阳皇姑支行   1 015 192.00
    贷：应收账款/人民币（北京汇鑫）   1 015 192.00

11.付款生成凭证

在U8企业应用平台，依次单击"业务工作→财务会计→应付款管理→生成凭证"菜单，系统弹出"制单查询"对话框，勾选"收付款单""核销"，单击"确定"按钮，打开"生成凭证"窗口，如图4-122所示。依次单击工具栏的"合并""制单"按钮，系统自动打开"填制凭证"窗口，单击工具栏的"保存"按钮。

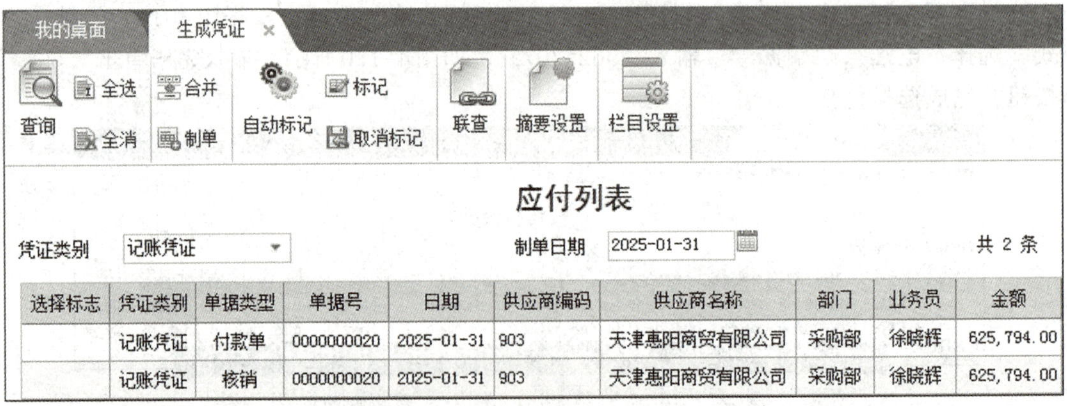

应付列表

凭证类别 记账凭证   制单日期 2025-01-31   共2条

选择标志	凭证类别	单据类型	单据号	日期	供应商编码	供应商名称	部门	业务员	金额
	记账凭证	付款单	0000000020	2025-01-31	903	天津惠阳商贸有限公司	采购部	徐晓辉	625,794.00
	记账凭证	核销	0000000020	2025-01-31	903	天津惠阳商贸有限公司	采购部	徐晓辉	625,794.00

图4-122   "生成凭证"窗口

借：应付账款/一般应付账款（天津惠阳）   625 794.00
    贷：银行存款/中国工商银行/沈阳皇姑支行   625 794.00

根据测试，直运采购发票即使在应付系统不审核、制单，在存货核算系统也能"直运销售记账"。直运采购发票在应付系统制单后，在存货核算系统仍须"直运销售记账"，但不能"生成凭证"。删除应付系统的凭证后，存货核算系统则能"生成凭证"。

总结：采购发票只能选择在应付系统或存货核算系统之一进行制单。那么，我们在制作题库的时候该凭证的系统来源不应设为评分点。

4.4　本章常见数据表

本章常见数据表见表4-14。

表 4-14　　　　　　　　　　　　本章常见数据表

序号	系统编码 （SystemID）	系统名称 （SystemName）	表名称 （TableName）	表定义 （TableDefine）	备注
1	IA	存货核算	IA_EnSubsidiary	发出商品明细账	
2	SA	销售管理	SA_SettleVouch	委托代销结算单主表	
3	SA	销售管理	SA_SettleVouchs	委托代销结算单子表	

【素养提升点睛】

【复习思考题】

1.受托代销结算后为何要进行结算成本处理？

2.简述代销手续费的处理方式。

3.试述具有融资性质的分期收款业务的处理流程。

4.已销受托代销货物发生质量问题而退货，应如何处理？

5.简述直运业务的信息化处理流程。

第5章
特殊购销类型业务

1.债务重组

债务重组，是指在不改变交易对手方的情况下，经债权人和债务人协定或法院裁定，就清偿债务的时间、金额或方式等重新达成协议的交易。

（1）债权人的处理。

① 债权人受让金融资产。债权人受让包括现金在内的单项或多项金融资产的，应当按照《企业会计准则第22号——金融工具确认和计量》的规定进行确认和计量。金融资产初始确认时应当以其公允价值计量，金融资产确认金额与债权终止确认日账面价值之间的差额，记入"投资收益"科目。

② 债权人受让非金融资产。债权人初始确认受让的金融资产以外的资产时，应当按照下列原则以成本计量：a.存货的成本，包括放弃债权的公允价值，以及使该资产达到当前位置和状态所发生的可直接归属于该资产的税金、运输费、装卸费、保险费等其他成本。b.固定资产的成本，包括放弃债权的公允价值，以及使该资产达到预定可使用状态前所发生的可直接归属于该资产的税金、运输费、装卸费、安装费、专业人员服务费等其他成本。c.无形资产的成本，包括放弃债权的公允价值，以及可直接归属于使该资产达到预定用途所发生的税金等其他成本。放弃债权的公允价值与账面价值之间的差额，记入"投资收益"科目。

（2）债权人的处理。

债务重组采用以资产清偿债务方式进行的，债务人应当将所清偿债务账面价值与转让资产账面价值之间的差额计入当期损益。

① 债务人以金融资产清偿债务。债务人以单项或多项金融资产清偿债务的，债务的账面价值与偿债金融资产账面价值的差额，记入"投资收益"科目。偿债金融资产已计提减值准备的，应结转已计提的减值准备。

② 债务人以非金融资产清偿债务。债务人以单项或多项非金融资产清偿债务，或者以包括金融资产和非金融资产在内的多项资产清偿债务的，不需要区分资产处置损益和债务重组损益，也不需要区分不同资产的处置损益，而应将所清偿债务账面价值与转让资产账面价值之间的差额，记入"其他收益——债务重组收益"科目。偿债资产已计提减值准备的，应结转已计提的减值准备。

2.非货币性资产交换

非货币性资产交换，是指企业主要以固定资产、无形资产、投资性房地产和长期股权投资等非货币性资产进行的交换。该交换不涉及或只涉及少量的货币性资产（即补价）。非货币性资产交换具有商业实质且公允价值能够可靠计量的，应当以换出资产的公允价值和应支付的相关税费作为换入资产的成本，除非有确凿证据表明换入资产的公允价值比换出资产的公允价值更加可靠。

企业以存货换取客户的非货币性资产（如固定资产、无形资产等）的，换出存货的企业相关的会计处理适用《企业会计准则第14号——收入》。非货币性资产交换中涉及由《企业会计准则第22号——金融工具确认和计量》规范的金融资产的，金融资产的确认、终止确认和计量适用《企业会计准则第22号——金融工具确认和计量》和《企业会计准则第23号——金融资产转移》。

3.以旧换新

以旧换新，是指纳税人在销售自己的货物时，有偿收回旧货物的行为。根据增值税法律法规的规定，采取以旧换新方式销售货物的，应按新货物的同期销售价格确定销售额，不得扣减旧货物的收购价格。

4.售后回购

售后回购，是指企业销售商品的同时承诺或有权选择日后再将该商品（包括相同或几乎相同的商品，或以该商品作为组成部分的商品）购回的销售方式。对于不同类型的售后回购交易，企业应当区分下列两种情形分别进行会计处理：

（1）企业因存在与客户的远期安排而负有回购义务或企业享有回购权利的，表明客户在销售时点并未取得相关商品控制权，企业应当作为租赁交易或融资交易进行相应的会计处理。其中，回购价格低于原售价的，应当视为租赁交易；回购价格不低于原售价的，应当视为融资交易，在收到客户款项时确认金融负债，并将该款项和回购价格的差额在回购期间内确认为利息费用等。

（2）企业负有应客户要求回购商品义务的，应当在合同开始日评估客户是否具有行使该要求权的重大经济动因。客户具有行使该要求权重大经济动因的，企业应当将售后回购作为租赁交易或融资交易，按照上述第（1）种情形进行会计处理；否则，企业应当将其作为附有销售退回条款的销售交易进行会计处理。

5.附退回条件销售

对于附有销售退回条款的销售，企业应当在客户取得相关商品控制权时，按照因向客户转让商品而预期有权收取的对价金额（即不包含预期因销售退回将退还的金额）确认收入，按照预期因销售退回将退还的金额确认负债；同时，按照预期将退回商品转让时的账面价值，扣除收回该商品预计发生的成本（包括退回商品的价值减损）后的余额，确认为一项资产，按照所转让商品转让时的账面价值，扣除上述资产成本的净额结转成本。

6.商业折扣销售

商业折扣销售，是指销货方在发生应税销售行为时，因购货方购货数量较大等原因而给予购货方的价格优惠，例如，购买5件商品，销售价格折扣10%；购买10件商品，折扣20%等。根据增值税法律法规的规定，纳税人发生应税销售行为，如将价款和折扣额在同一张发票上的"金额"栏分别注明的，可按折扣后的销售额征收增值税。

7.非货币性福利

企业以其生产的产品作为非货币性福利提供给职工的，应当按照该产品的公允价值和相关税费，计量应计入成本费用的职工薪酬金额，相关收入的确认、销售成本的结转和相关税费的处理，与正常商品销售相同。以外购商品作为非货币性福利提供给职工的，应当按照该商品的公允价值和相关税费计入成本费用。

本章总体流程如图5-1所示。

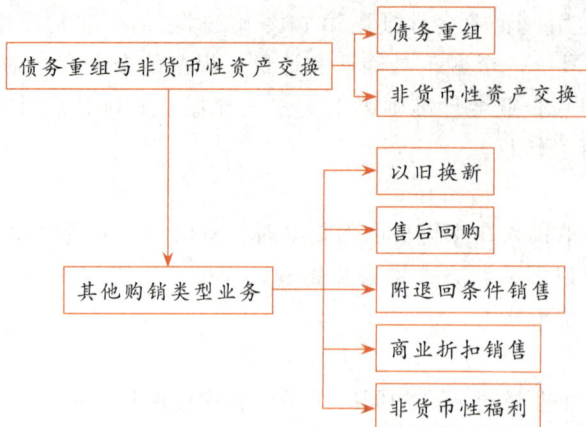

图5-1　本章总体流程

5.2.1　债务重组

【实验资料】

2025年1月31日，我公司与广西玉宝协商进行债务重组。该应收账款已计提3 390元坏账准备。（业务员：刘晓洺）

相关凭证如图5-2和图5-3所示。

债务重组协议

甲方（债权人）：辽宁恒通商贸有限公司

乙方（债务人）：广西玉宝商贸有限公司

截至2025年1月31日，乙方共欠甲方货款人民币陆拾柒万捌仟元整（¥678 000.00）。鉴于乙方目前已无法持续经营，经友好协商，甲、乙双方达成如下协议：

1.乙方于2025年1月31日前一次性支付人民币陆拾伍万元整（¥650 000.00），甲方免除乙方剩余欠款人民币贰万捌仟元整（¥28 000.00）。

2.甲方承诺对其放弃的债权享有独立、合法、完全的处分权。在乙方按照本协议约定的期限和数额偿还本息后，甲、乙双方的债权债务关系同时终止。

3.本合同自各方授权代表人签字并加盖公章后生效。

甲　方（盖章）：辽宁恒通商贸有限公司　　乙　方（盖章）：广西玉宝商贸有限公司

授权代表（签字）：刘晓洺　　　　　　　　授权代表（签字）：李宝库

日　　　　期：2025年1月31日　　　　　日　　　　期：2025年1月31日

图5-2　债务重组协议

中国工商银行　电汇凭证（收账通知）　4　　39649658

☑普通　☐加急　　委托日期　2025年1月31日

汇款人	全　称	广西玉宝商贸有限公司	收款人	全　称	辽宁恒通商贸有限公司
	账　号	2111702010422009265		账　号	2107024015890035666
	开户银行	兴业银行玉林市东门支行		开户银行	中国工商银行沈阳皇姑支行
金额	人民币（大写）	陆拾伍万元整		亿千百十万千百十元角分	¥65000000
此汇款已收入收款人账户。				支付密码	
				附加信息及用途：	货款
汇入行签章				复核　记账	

中国工商银行沈阳皇姑支行 2025.01.31 转讫 (8)

此联为开户行给收款人的收账通知

图5-3　电汇收款凭证

【实验过程概览】

本业务的操作过程概览见表5-1。

表5-1　实验过程概览

序号	操作日期	操作员	系统	操作内容
1	2025-01-31	W02赵凯杰	应收款管理	坏账发生
2	2025-01-31	W03贺青春	应收款管理	收款单据录入
3	2025-01-31	W02赵凯杰	应收款管理	收款单据审核、手工核销和生成凭证

【实验过程】

债务重组

1.坏账发生

2025年1月31日，由赵凯杰（W02）登录企业应用平台。在U8企业应用平台，依次单击“业务工作→财务会计→应收款管理→坏账处理→坏账发生”菜单，系统弹出“坏账发生”对话框，“客户”选择“广西玉宝”，单击“确定”按钮，打开“坏账发生”窗口，如图5-4所示。在广西玉宝的“本次发生坏账金额”栏输入“3390”，单击工具栏的“确认”按钮，系统提示“是否立即制单?”，单击“是”按钮，系统自动打开“填制凭证”窗口，单击工具栏的“保存”按钮。

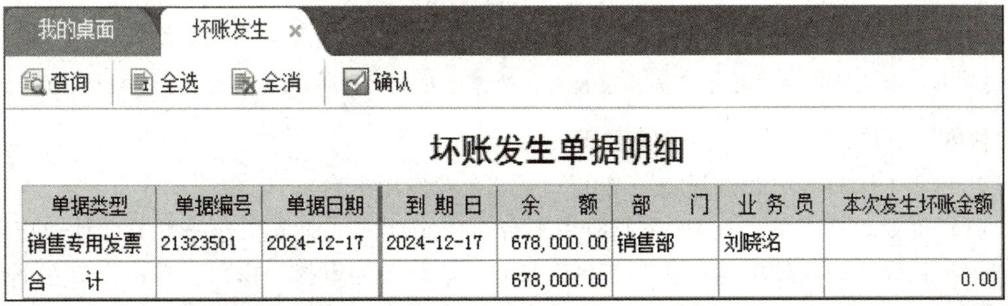

单据类型	单据编号	单据日期	到期日	余额	部门	业务员	本次发生坏账金额
销售专用发票	21323501	2024-12-17	2024-12-17	678,000.00	销售部	刘晓洺	
合　计				678,000.00			0.00

图5-4　“坏账发生”窗口

借：坏账准备　　3 390.00

　贷：应收账款/人民币（广西玉宝）　　3 390.00

2.收款单据录入

2025年1月31日，由贺青春（W03）登录企业应用平台。在U8企业应用平台，依次单击“业务工作→财务会计→应收款管理→收款处理→收款单据录入”菜单，打开“收款单据录入”窗口。单击“增加”，根据图5-3填制收款单，填制完毕保存该收款单，结果如图5-5所示。

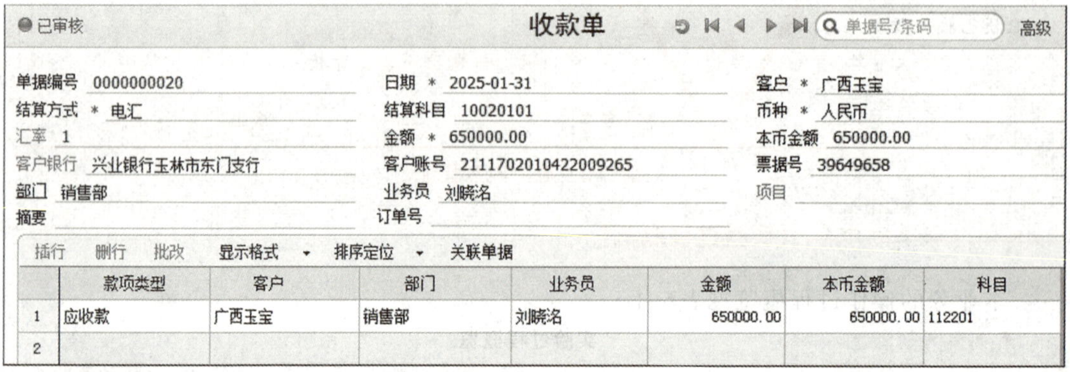

已审核　收款单　单据号/条码　高级

单据编号 0000000020　日期 * 2025-01-31　客户 * 广西玉宝
结算方式 * 电汇　结算科目 10020101　币种 * 人民币
汇率 1　金额 * 650000.00　本币金额 650000.00
客户银行 兴业银行玉林市东门支行　客户账号 211702010422009265　票据号 39649658
部门 销售部　业务员 刘晓洺　项目
摘要　订单号

插行　删行　批改　显示格式　排序定位　关联单据

	款项类型	客户	部门	业务员	金额	本币金额	科目
1	应收款	广西玉宝	销售部	刘晓洺	650000.00	650000.00	112201
2							

图5-5　收款单

在“收款单据录入”窗口，单击工具栏的“复制”按钮，系统复制出一张新的收款单，将表头的“结算方式”改为“其他”，“结算科目”改为“6111”，表头和表体的“金额”均改为“24610”，保存该收款单，结果如图5-6所示。

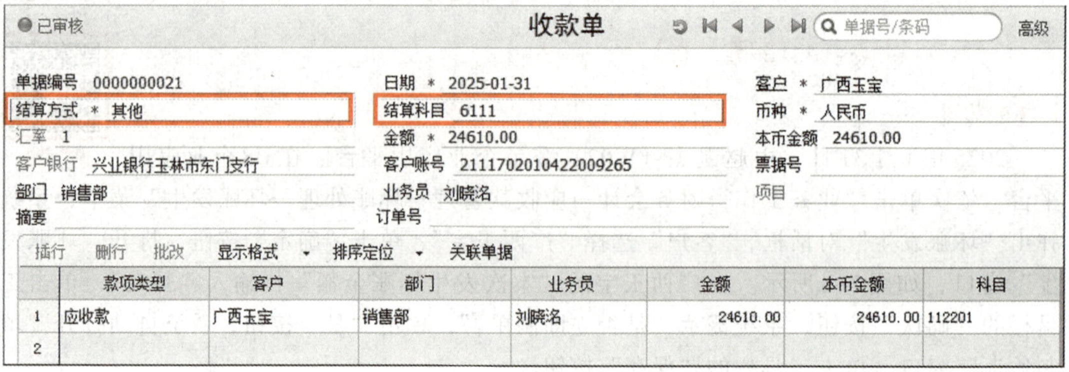

已审核　收款单　单据号/条码　高级

单据编号 0000000021　日期 * 2025-01-31　客户 * 广西玉宝
结算方式 * 其他　结算科目 6111　币种 * 人民币
汇率 1　金额 * 24610.00　本币金额 24610.00
客户银行 兴业银行玉林市东门支行　客户账号 211702010422009265　票据号
部门 销售部　业务员 刘晓洺　项目
摘要　订单号

插行　删行　批改　显示格式　排序定位　关联单据

	款项类型	客户	部门	业务员	金额	本币金额	科目
1	应收款	广西玉宝	销售部	刘晓洺	24610.00	24610.00	112201
2							

图5-6　（虚拟）收款单

提示

该收款金额24 610元为债务重组损失，计算过程为：678 000−650 000−3 390=24 610（元）

3.收款单据审核、手工核销和生成凭证

2025年1月31日，由赵凯杰（W02）登录企业应用平台。

（1）收款单据审核。在U8企业应用平台，依次单击“业务工作→财务会计→应收款管理→收款处理→收款单据审核”菜单，打开“收款单据审核”窗口。单击窗口左下角的“查询”按钮，结果如图5-7所示。选中收取广西玉宝货款的两张收款单，单击“审核”按钮，单击“确定”按钮。关闭当前窗口。

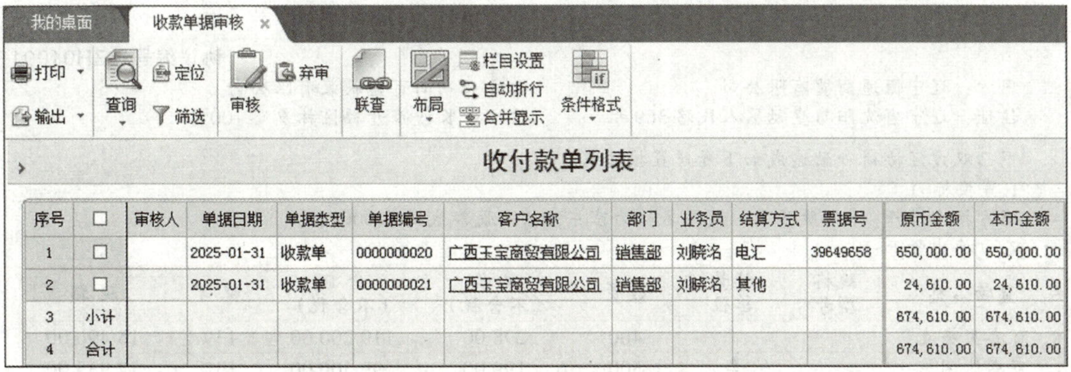

序号	☐	审核人	单据日期	单据类型	单据编号	客户名称	部门	业务员	结算方式	票据号	原币金额	本币金额
1	☐		2025-01-31	收款单	0000000020	广西玉宝商贸有限公司	销售部	刘晓洺	电汇	39649658	650,000.00	650,000.00
2	☐		2025-01-31	收款单	0000000021	广西玉宝商贸有限公司	销售部	刘晓洺	其他		24,610.00	24,610.00
3	小计										674,610.00	674,610.00
4	合计										674,610.00	674,610.00

图5-7 “收款单据审核”窗口

（2）手工核销。在应收款管理系统，依次单击“核销处理→手工核销”菜单，系统弹出“核销条件”对话框，客户选择“广西玉宝”，单击“确定”按钮，打开“手工核销”窗口。在该窗口下方专用发票的“本次结算”栏录入“674610”，如图5-8所示。单击“确认”，完成核销处理。关闭该窗口。

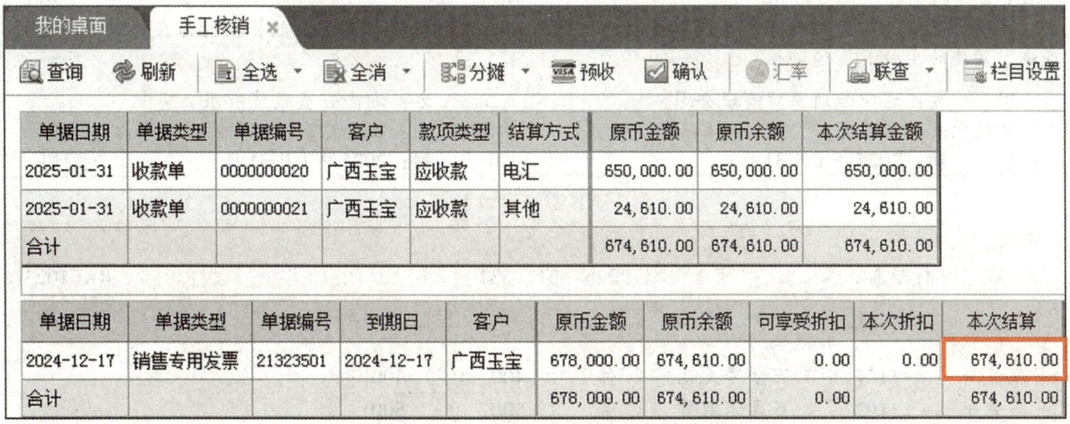

单据日期	单据类型	单据编号	客户	款项类型	结算方式	原币金额	原币余额	本次结算金额
2025-01-31	收款单	0000000020	广西玉宝	应收款	电汇	650,000.00	650,000.00	650,000.00
2025-01-31	收款单	0000000021	广西玉宝	应收款	其他	24,610.00	24,610.00	24,610.00
合计						674,610.00	674,610.00	674,610.00

单据日期	单据类型	单据编号	到期日	客户	原币金额	原币余额	可享受折扣	本次折扣	本次结算
2024-12-17	销售专用发票	21323501	2024-12-17	广西玉宝	678,000.00	674,610.00	0.00	0.00	674,610.00
合计					678,000.00	674,610.00	0.00		674,610.00

图5-8 “手工核销”窗口

（3）生成凭证。单击应收系统的“生成凭证”菜单，系统弹出“制单查询”对话框，勾选“收付款单”“核销”，单击“确定”，打开“生成凭证”窗口。单击工具栏的“合并”“制单”按钮，生成一张记账凭证，单击“保存”按钮。

借：银行存款/中国工商银行/沈阳皇姑支行	650 000.00	
贷：投资收益		−24 610.00
应收账款/人民币（广西玉宝）		674 610.00

5.2.2 非货币性资产交换

【实验资料】

2025年1月31日，我公司与湖南百盛达成资产置换协议，以我公司所持股票与对方存货进行置换。（业务员：张宏亮）（换出股票填制付款单，收到补价填制应付系统收款单）

相关凭证如图5-9至图5-12所示。

资产置换协议

协议编号：ZH01001

甲方：辽宁恒通商贸有限公司　　　　　　　乙方：湖南百盛服装有限公司
住址：辽宁省沈阳市皇姑区人民路369号　　住址：长沙市开福区林夕路100号

甲乙双方经协商一致达成如下资产置换协议：

1.置换标的

甲方换出资产：8万股股票。股票名称为京东方A，股票代码为000725。

乙方换出资产：

货物名称	规格型号	计量单位	数量	单价（不含税）	金额（不含税）	税率	税额
百盛男夹克		件	400	298.00	119 200.00	13%	15 496.00
百盛休闲裤		条	500	199.00	99 500.00	13%	12 935.00
合 计					¥218 700.00		¥28 431.00

2.置换范围和方式

甲乙双方聘请资产评估机构以2025年1月31日为资产置换评估基准日进行评估，甲方换出资产的公允价值为260 000.00元，乙方换出资产的评估价值为218 700.00元（不含税）。本次资产置换以评估结果为依据作价。本次资产置换补价部分12 869.00元由乙方向甲方支付现金。

3.置换的生效

置换自置换的生效日起正式生效。置换的生效日期为本协议签订日。虽然置换行为在协议签署后才实施，置换的生效具有追溯性。

甲　　方：辽宁恒通商贸有限公司　　　　　乙　　方：湖南百盛服装有限公司
授权代表：张宏亮　　　　　　　　　　　　授权代表：王志广
日　　期：2025年1月31日　　　　　　　　日　　期：2025年1月31日

图5-9　资产置换协议

入库单

供应商：湖南百盛　　　　　　2025年1月31日　　　　　　单号：RK01023

验收仓库	存货编码	存货名称	单位	数量 应收	数量 实收	单价	金额
服装仓	1101	百盛男夹克	件	400	400		
服装仓	1102	百盛休闲裤	条	500	500		
合 计							

部门经理：略　　　　　会计：略　　　　　仓库：略　　　　　经办人：略

图5-10　入库单

电子发票（增值税专用发票）

发票号码：25432000000083051466
开票日期：2025年01月31日

购买方信息	名称：辽宁恒通商贸有限公司 统一社会信用代码/纳税人识别号：91210105206917583A	销售方信息	名称：湖南百盛服装有限公司 统一社会信用代码/纳税人识别号：91430105276531895L

项目名称	规格型号	单位	数量	单价	金额	税率/征收率	税额
*服装*百盛男夹克		件	400	298.00	119 200.00	13%	15 496.00
*服装*百盛休闲裤		条	500	199.00	99 500.00	13%	12 935.00
合 计					¥218 700.00		¥28 431.00

价税合计（大写）	⊗ 贰拾肆万柒仟壹佰叁拾壹元整	（小写）¥247 131.00

备注	购买方开户银行：中国工商银行沈阳皇姑支行　　银行账号：2107024015890035666 销售方开户银行：中国银行长沙开福支行　　　　银行账号：1012093710651047815

开票人：温艳

图5-11　增值税专用发票

图5-12 电汇收款凭证

【实验过程概览】

本业务的操作过程概览见表5-2。

表5-2　　　　　　　　　　实验过程概览

序号	操作日期	操作员	系统	操作内容
1	2025-01-31	G01 张宏亮	采购管理	填制采购订单
2	2025-01-31	G01 张宏亮	采购管理	参照采购订单生成到货单
3	2025-01-31	C01 李泽伟	库存管理	参照到货单生成采购入库单
4	2025-01-31	G01 张宏亮	采购管理	参照采购入库单生成采购专用发票
5	2025-01-31	W02 赵凯杰	应付款管理	采购发票审核并生成凭证
6	2025-01-31	W02 赵凯杰	存货核算	正常单据记账，生成凭证
7	2025-01-31	W03 贺青春	应付款管理	付款单据录入
8	2025-01-31	W02 赵凯杰	应付款管理	付款单据审核、手工核销和生成凭证

【实验过程】

1.填制采购订单

2025年1月31日，由张宏亮（G01）登录企业应用平台。在U8企业应用平台，依次单击"业务工作→供应链→采购管理→采购订货→采购订单"菜单，打开"采购订单"窗口。单击工具栏的"增加"按钮，根据图5-9填制采购订单，填制完毕保存并审核该订单，结果如图5-13所示。关闭"采购订单"窗口。

图5-13 采购订单

2.参照采购订单生成到货单

在"采购管理"子系统，依次单击"采购到货→到货单"菜单，打开"到货单"窗口。

执行工具栏的"增加→采购订单"命令，系统弹出"查询条件-单据列表过滤"对话框，单击"确定"按钮，系统弹出"拷贝并执行"窗口。单击ZH01001号订单最左侧的"选择"栏，再单击"确定"按钮，系统返回"到货单"窗口，生成一张到货单。保存并审核该到货单，结果如图5-14所示。关闭该窗口。

● 已审核			到货单		↻ ⏮ ◀ ▶ ⏭	Q 单据号/条码		高级

业务类型	* 普通采购		单据号	* 0000000023		日期	2025-01-31
采购类型	非货币性资产交换		供应商	* 湖南百盛		部门	采购部
业务员	张宏亮		币种	* 人民币		汇率	1
运输方式			税率	13.00		备注	

	存货编码	存货名称	主计量	数量	原币含税单价	原币单价	原币金额	原币税额	原币价税合计	税率	订单号
1	1101	百盛男夹克	件	400.00	336.74	298.00	119200.00	15496.00	134696.00	13.00	ZH01001
2	1102	百盛休闲裤	条	500.00	224.87	199.00	99500.00	12935.00	112435.00	13.00	ZH01001
3											

图5-14 到货单

3.参照到货单生成采购入库单

2025年1月31日，由李泽伟（C01）登录企业应用平台。在U8企业应用平台，依次单击"业务工作→供应链→库存管理→采购入库→采购入库单"菜单，系统打开"采购入库单"窗口。参照上一步生成的到货单生成一张采购入库单。根据图5-10，修改采购入库单表头项目"入库单号"为"RK01023"，"仓库"选择"服装仓"，其他项默认，保存并审核该采购入库单，结果如图5-15所示。

● 已审核			采购入库单		↻ ⏮ ◀ ▶ ⏭	Q 单据号/条码		高级

入库单号	* RK01023		入库日期	* 2025-01-31		仓库	* 服装仓
订单号	ZH01001		到货单号	0000000023		业务员	
供货单位	* 湖南百盛		部门	采购部		业务员	张宏亮
到货日期	2025-01-31		业务类型	普通采购		采购类型	非货币性资产交换
入库类别	非货币性资产交换入库		审核日期	2025-01-31		备注	

	存货编码	存货名称	规格型号	主计量单位	数量	本币单价	本币金额
1	1101	百盛男夹克		件	400.00	298.00	119200.00
2	1102	百盛休闲裤		条	500.00	199.00	99500.00
3							

图5-15 采购入库单

4.参照采购入库单生成采购专用发票

2025年1月31日，由张宏亮（G01）登录企业应用平台。在U8企业应用平台，依次单击"业务工作→供应链→采购管理→采购发票→采购专用发票"菜单，打开"专用发票"窗口。参照上一步的RK01023号采购入库单生成一张采购专用发票。根据图5-11，修改表头项目"发票号"为"83051466"。单击工具栏的"保存""复核"按钮，再单击"结算"按钮，结果如图5-16所示。

5.采购发票审核并生成凭证

2025年1月31日，由赵凯杰（W02）登录企业应用平台。在U8企业应用平台，依次单击"业务工作→财务会计→应付款管理→应付处理→采购发票→采购发票审核"菜单，打开"采购发票审核"窗口。单击工具栏的"查询"按钮，系统弹出"查询条件-发票查询"对话框，单击"确定"按钮，返回"采购发票审核"窗口。

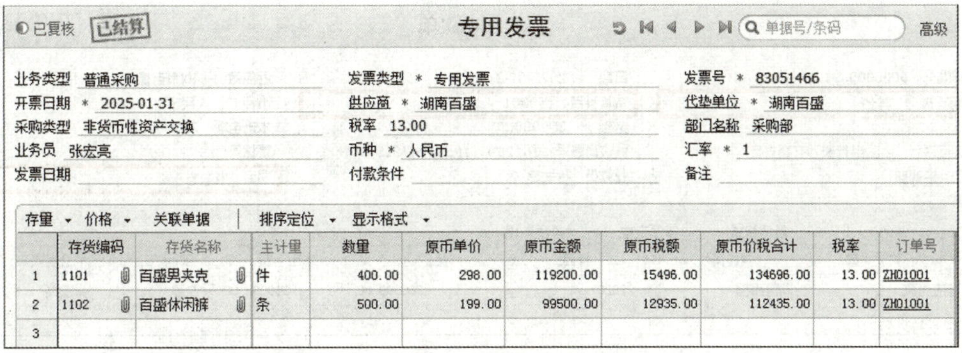

图5-16 采购专用发票

双击"83051466"单据号,打开要审核的发票,单击工具栏的"审核"按钮,系统提示"是否立即制单?",单击"是",系统自动打开"填制凭证"窗口,单击工具栏的"保存"按钮。关闭并退出已打开的窗口。

借:在途物资 218 700.00
　　应交税费/应交增值税/进项税额 28 431.00
　　贷:应付账款/一般应付账款(湖南百盛) 247 131.00

6.正常单据记账,生成凭证

(1)正常单据记账。在供应链的"存货核算"子系统,依次单击"记账→正常单据记账"菜单,系统打开"未记账单据一览表"窗口,单击窗口左下角的"查询"按钮,系统显示未记账单据。单击RK01023号采购入库单的"选择"栏,单击工具栏的"记账"按钮,完成记账工作。关闭当前窗口。

(2)生成凭证。单击"存货核算"子系统的"凭证处理→生成凭证"菜单,打开"生成凭证"窗口。单击工具栏的"选择"按钮,系统弹出"查询条件"对话框,单击"确定"按钮,系统打开"选择单据"窗口。单击工具栏的"全选"按钮,选中已记账的RK01023号采购入库单,再单击工具栏的"确定"按钮,系统自动关闭"选择单据"窗口并返回"生成凭证"窗口。单击工具栏的"合并制单"按钮,系统打开"填制凭证"窗口并自动生成凭证。单击工具栏的"保存"按钮,保存该记账凭证。关闭当前窗口。

借:库存商品 218 700.00
　　贷:在途物资 218 700.00

7.付款单据录入

2025年1月31日,由贺青春(W03)登录企业应用平台。

(1)付款单据录入。在U8企业应用平台,依次单击"业务工作→财务会计→应付款管理→付款处理→付款单据录入"菜单,打开"付款单据录入"窗口。单击工具栏的"增加"按钮,根据图5-9填制付款单,填制完毕保存该付款单,结果如图5-17所示。

(2)付款单据录入(应付系统收款单)。在应付款管理系统,依次单击"付款处理→付款单据录入"菜单,系统打开"付款单据录入"窗口。单击工具栏的"收款单"按钮,再单击"增加"按钮,根据图5-12填制一张应付系统收款单。填制完毕保存该收款单,结果如图5-18所示。

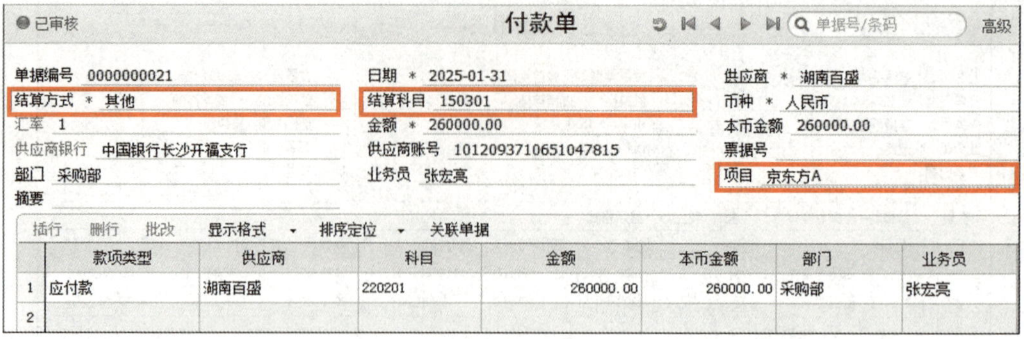
●已审核　付款单　单据号/条码　高级

单据编号 0000000021　日期 * 2025-01-31　供应商 * 湖南百盛
结算方式 * 其他　结算科目 150301　币种 * 人民币
汇率 1　金额 * 260000.00　本币金额 260000.00
供应商银行 中国银行长沙开福支行　供应商账号 1012093710651047815　票据号
部门 采购部　业务员 张宏亮　项目 京东方A
摘要

插行　删行　批改　显示格式　排序定位　关联单据

	款项类型	供应商	科目	金额	本币金额	部门	业务员
1	应付款	湖南百盛	220201	260000.00	260000.00	采购部	张宏亮
2							

图5-17　付款单

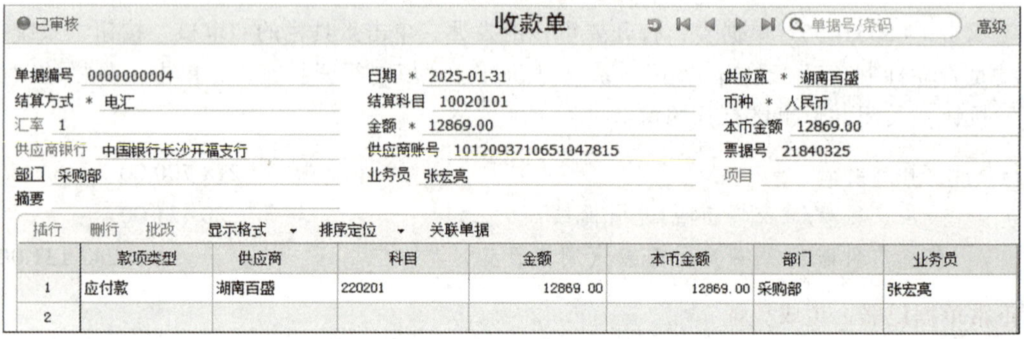
●已审核　收款单　单据号/条码　高级

单据编号 0000000004　日期 * 2025-01-31　供应商 * 湖南百盛
结算方式 * 电汇　结算科目 10020101　币种 * 人民币
汇率 1　金额 * 12869.00　本币金额 12869.00
供应商银行 中国银行长沙开福支行　供应商账号 1012093710651047815　票据号 21840325
部门 采购部　业务员 张宏亮　项目
摘要

插行　删行　批改　显示格式　排序定位　关联单据

	款项类型	供应商	科目	金额	本币金额	部门	业务员
1	应付款	湖南百盛	220201	12869.00	12869.00	采购部	张宏亮
2							

图5-18　应付系统收款单

8.付款单据审核、手工核销和生成凭证

2025年1月31日，由赵凯杰（W02）登录企业应用平台。

（1）付款单据审核。在U8企业应用平台，依次单击“业务工作→财务会计→应付款管理→付款处理→付款单据审核”菜单，打开“付款单据审核”窗口。单击窗口左下角的“查询”按钮，选中湖南百盛的收款单和付款单。单击工具栏的“审核”按钮，单击“确定”按钮。

（2）手工核销。在应付款管理系统，依次单击“核销处理→手工核销”菜单，系统弹出“核销条件”对话框，供应商选择“湖南百盛”，单击“收付款单”选项卡，单据类型选择“收款单”，单击“确定”按钮，打开“手工核销”窗口。在采购专用发票的“本次结算”栏输入“247131”，在窗口下方收款单的“本次结算”栏输入“12869”，如图5-19所示，单击“确认”。退出该窗口。

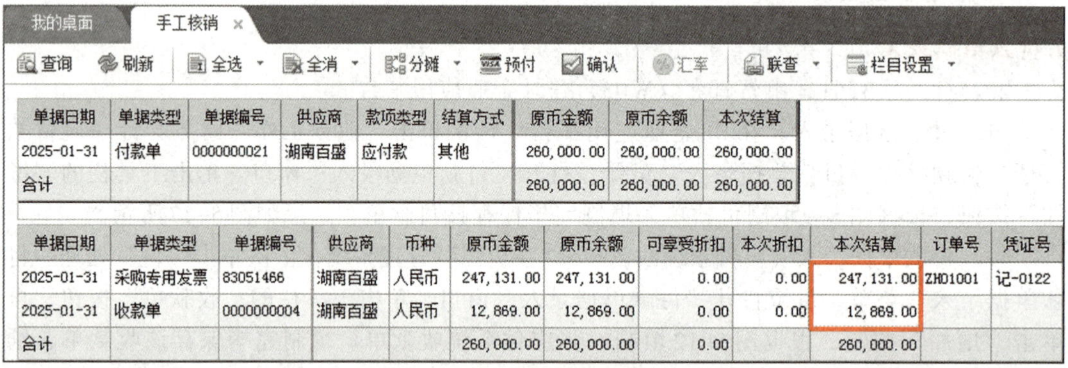
我的桌面　手工核销

查询　刷新　全选　全消　分摊　预付　确认　汇率　联查　栏目设置

单据日期	单据类型	单据编号	供应商	款项类型	结算方式	原币金额	原币余额	本次结算
2025-01-31	付款单	0000000021	湖南百盛	应付款	其他	260,000.00	260,000.00	260,000.00
合计						260,000.00	260,000.00	260,000.00

单据日期	单据类型	单据编号	供应商	币种	原币金额	原币余额	可享受折扣	本次折扣	本次结算	订单号	凭证号
2025-01-31	采购专用发票	83051466	湖南百盛	人民币	247,131.00	247,131.00	0.00	0.00	247,131.00	ZH01001	记-0122
2025-01-31	收款单	0000000004	湖南百盛	人民币	12,869.00	12,869.00	0.00	0.00	12,869.00		
合计					260,000.00	260,000.00	0.00		260,000.00		

图5-19　“手工核销”窗口

（3）生成凭证。在应付款管理系统，依次单击"凭证处理→生成凭证"菜单，系统弹出"制单查询"对话框，勾选"收付款单""核销"，单击"确定"，打开"生成凭证"窗口，依次单击"合并""制单"按钮，系统生成记账凭证，将"其他权益工具投资/成本"的贷方金额改为240 000元，单击回车后输入投资收益科目及金额。单击"保存"按钮。

借：应付账款/一般应付账款（湖南百盛）	247 131.00
贷：银行存款/中国工商银行/沈阳皇姑支行	−12 869.00
其他权益工具投资/成本	240 000.00
投资收益	20 000.00

5.3　其他购销类型业务

5.3.1　以旧换新

【实验资料】

2025年1月31日，销售部刘晓洺与沈阳金泰签订以旧换新销售合同。

相关凭证如图5-20至图5-25所示。

购销合同

合同编号：TX01001

卖方：辽宁恒通商贸有限公司
买方：沈阳金泰商贸有限公司

为保护买卖双方的合法权益，根据《中华人民共和国民法典》的有关规定，买卖双方经友好协商，一致同意签订本合同，并共同遵守合同约定。

一、货物的名称、数量及金额：

货物名称	规格型号	计量单位	数量	单价（不含税）	金额（不含税）	税率	税额
恒久男表		只	500	6 666.00	3 333 000.00	13%	433 290.00
合计					¥3 333 000.00		¥433 290.00

二、合同总金额：人民币叁佰柒拾陆万陆仟贰佰玖拾元整（¥3 766 290.00）。

三、以旧换新销售条件：若买方提供同品牌旧手表，每只可作价800元，买方交差价即可换回所换购的同品牌同数量全新产品。签订合同当日，卖方即向买方发货并收回同品牌旧手表，买方当日支付货款。付款结算方式：转账支票。

四、交货地点：辽宁恒通商贸有限公司。

五、发运方式与运输费用承担方式：由卖方发货，买方承担运输费用。

卖　方：辽宁恒通商贸有限公司
授权代表：同刘晓洺
日　期：2025年1月31日

买　方：沈阳金泰商贸有限公司
授权代表：同刘春雨
日　期：2025年1月31日

图5-20　购销合同

电子发票（增值税专用发票）

发票号码：25212000000021327520
开票日期：2025 年 01 月 31 日

购买方信息	名称：沈阳金泰商贸有限公司 统一社会信用代码/纳税人识别号：91210103291938726E	销售方信息	名称：辽宁恒通商贸有限公司 统一社会信用代码/纳税人识别号：91210105206917583A

项目名称	规格型号	单位	数量	单价	金额	税率/征收率	税额
*手表*恒久男表		只	500	6 666.00	3 333 000.00	13%	433 290.00
合　计					¥3 333 000.00		¥433 290.00

价税合计（大写）	⊗ 叁佰柒拾陆万陆仟贰佰玖拾元整	（小写）¥3 766 290.00

备注：
购买方开户银行：中国银行沈阳百花支行　　银行账号：5830611580626927622
销售方开户银行：中国工商银行沈阳皇姑支行　银行账号：2107024015890035666

开票人：赵凯杰

图5-21　增值税专用发票

中国工商银行　进账单（收账通知） 3

2025 年 1 月 31 日

出票人	全　称	沈阳金泰商贸有限公司	收款人	全　称	辽宁恒通商贸有限公司
	账　号	5830611580626927622		账　号	2107024015890035666
	开户银行	中国银行沈阳百花支行		开户银行	中国工商银行沈阳皇姑支行

金额	人民币（大写）	叁佰叁拾壹万肆仟贰佰玖拾元整	亿	千	百	十	万	千	百	十	元	角	分
				¥	3	3	1	4	2	9	0	0	0

中国工商银行
沈阳皇姑支行
2025.01.31

票据种类	转账支票	票据张数	1
票据号码	36248309		

转讫
(8)

复核　　　记账　　　　　　　收款人开户银行签章

此联为银行交给收款人的收账通知

图5-22　进账单

出库单

沈阳金泰		2025　1　31				CK01026

发货仓库	存货编码	存货名称	单位	应发	实发	金额
手表仓	1252	恒久男表	只	500	500	
合　计						

部门经理　略　　　会计　略　　　仓库　略　　　经办人　略

图5-23　出库单

入库单

供应商：沈阳金泰　　2025 年 1 月 31 日　　单号：RK01024

验收仓库	存货编码	存货名称	单位	数量		单价	金额
				应收	实收		
废旧品仓	1252	恒久男表	只	500	500		
合计							

部门经理：略　　会计：略　　仓库：略　　经办人：略

图5-24　入库单

电子发票（增值税专用发票）

发票号码：25212000000018733213

开票日期：2025 年 01 月 31 日

购买方信息	名称：辽宁恒通商贸有限公司 统一社会信用代码/纳税人识别号：91210105206917583A	销售方信息	名称：沈阳金泰商贸有限公司 统一社会信用代码/纳税人识别号：91210103291938726E

项目名称	规格型号	单位	数量	单价	金额	税率/征收率	税额
*手表*恒久男表		只	500	800.00	400 000.00	13%	52 000.00
合　　计					¥400 000.00		¥52 000.00
价税合计（大写）	⊗ 肆拾伍万贰仟元整					（小写）	¥452 000.00
备注	购买方开户银行：中国工商银行沈阳皇姑支行　　银行账号：2107024015890035666 销售方开户银行：中国银行沈阳百花支行　　银行账号：5830611580626927622						

开票人：吴佳倩

图5-25　增值税专用发票

【实验过程概览】

本业务的操作过程概览见表 5-3。

表 5-3　　实验过程概览

序号	操作日期	操作员	系统	操作内容
1	2025-01-31	X01 刘晓洺	销售管理	填制销售订单
2	2025-01-31	X01 刘晓洺	销售管理	参照销售订单生成销售专用发票
3	2025-01-31	C01 李泽伟	库存管理	参照发货单生成销售出库单
4	2025-01-31	W02 赵凯杰	应收款管理	销售发票审核并生成凭证
5	2025-01-31	W02 赵凯杰	存货核算	正常单据记账，生成凭证
6	2025-01-31	G01 张宏亮	采购管理	填制采购订单
7	2025-01-31	G01 张宏亮	采购管理	参照采购订单生成到货单
8	2025-01-31	C01 李泽伟	库存管理	参照到货单生成采购入库单
9	2025-01-31	G01 张宏亮	采购管理	参照采购入库单生成采购专用发票
10	2025-01-31	W02 赵凯杰	应付款管理	采购发票审核并生成凭证
11	2025-01-31	W02 赵凯杰	存货核算	正常单据记账，生成凭证
12	2025-01-31	W02 赵凯杰	应付款管理	应付冲应收
13	2025-01-31	W03 贺青春	应收款管理	选择收款
14	2025-01-31	W02 赵凯杰	应收款管理	生成凭证

1.填制销售订单

2025年1月31日，由刘晓洺（X01）登录企业应用平台。在U8企业应用平台，依次单击"业务工作→供应链→销售管理→销售订货→销售订单"菜单，打开"销售订单"窗口。单击工具栏的"增加"按钮，根据图5-20填制销售订单，填制完毕保存并审核该订单，结果如图5-26所示。关闭"销售订单"窗口。

	存货编码	存货名称	主计量	数量	含税单价	无税单价	无税金额	税额	价税合计	税率（%）	预发货日期
1	1252	恒久男表	只	500.00	7532.58	6666.00	3333000.00	433290.00	3766290.00	13.00	2025-01-31
2											

订单号 TX01001　**订单日期** 2025-01-31　**业务类型** 普通销售
销售类型 以旧换新　**客户简称** 沈阳金泰　**付款条件**
销售部门 销售部　**业务员** 刘晓洺　**税率** 13.00
币种 人民币　**汇率** 1　**备注**
必有定金 否　**定金原币金额**　**定金累计实收原币金额**
定金比例（%）　**定金本币金额**　**定金累计实收本币金额**

图5-26　销售订单

2.参照销售订单生成销售专用发票

在"销售管理"子系统，依次单击"销售发票→销售专用发票"菜单，系统打开"销售专用发票"窗口。单击工具栏的"增加"按钮，系统弹出"查询条件-参照订单"对话框，单击"确定"按钮，系统打开"参照生单"窗口。选择上一步的TX01001号订单，生成一张销售专用发票。根据图5-21，修改发票表头项目"发票号"为"21327520"，表体第1行单元格的"仓库名称"选择"手表仓"，依次单击工具栏的"保存""复核"，结果如图5-27所示。

发票号 21327520　**开票日期** 2025-01-31　**业务类型** 普通销售
销售类型 以旧换新　**订单号** TX01001　**发货单号** 0000000019
客户简称 沈阳金泰　**销售部门** 销售部　**业务员** 刘晓洺
付款条件　**客户地址** 沈阳市铁西区百花路2号　**联系电话** 024-65308833
开户银行 中国银行沈阳百花支行　**账号** 5830611580626927622　**税号** 91210103291938726E
币种 人民币　**汇率** 1　**税率** 13.00
备注

	仓库名称	存货编码	存货名称	主计量	数量	含税单价	无税单价	无税金额	税额	价税合计	税率（%）	退补标志
1	手表仓	1252	恒久男表	只	500.00	7532.58	6666.00	3333000.00	433290.00	3766290.00	13.00	正常
2												

图5-27　销售专用发票

3.参照发货单生成销售出库单

2025年1月31日，由李泽伟（C01）登录企业应用平台。在U8企业应用平台，依次单击"业务工作→供应链→库存管理→销售出库→销售出库单"菜单，系统打开"销售出库单"窗口。执行工具栏的"增加→销售发货单"命令，系统弹出"查询条件-销售发货单列表"对话框，单击"确定"按钮，系统打开"销售生单"窗口。参照上一步自动生成的发货单生成一张销售出库单。根据图5-23将出库单表头的"出库单号"改为"CK01026"。保存并审核该销售出库单，结果如图5-28所示。

已审核	销售出库单	高级

出库单号 * CK01026 　　　出库日期 * 2025-01-31 　　　仓库 * 手表仓
出库类型 以旧换新出库 　　业务类型 普通销售 　　　业务号 21327520
销售部门 销售部 　　　　业务员 刘晓铭 　　　　客户 * 沈阳金泰
审核日期 2025-01-31 　　备注

存量 ▼ 货位 关联单据 排序定位 ▼ 显示格式 ▼

	存货编码	存货名称	规格型号	主计量单位	数量	单价	金额
1	1252	恒久男表		只	500.00		
2							

图5-28　销售出库单

4.销售发票审核并生成凭证

2025年1月31日，由赵凯杰（W02）登录企业应用平台。在U8企业应用平台，依次单击"业务工作→财务会计→应收款管理→应收处理→销售发票→销售发票审核"菜单，打开"销售发票审核"窗口。单击工具栏的"查询"按钮，系统弹出"查询条件-发票查询"对话框，单击"确定"按钮，返回"销售发票审核"窗口。

双击"21327520"单据号，打开要审核的发票，单击"审核"，系统提示"是否立即制单？"，单击"是"，系统自动打开"填制凭证"窗口并自动生成记账凭证，单击"保存"按钮。关闭当前已打开窗口。

借：应收账款/人民币（沈阳金泰）　　　　　　　3 766 290.00
　　贷：主营业务收入　　　　　　　　　　　　　　　　　3 333 000.00
　　　　应交税费/应交增值税/销项税额　　　　　　　　　　433 290.00

5.正常单据记账，生成凭证

（1）正常单据记账。在供应链的"存货核算"子系统，依次单击"记账→正常单据记账"菜单，系统打开"未记账单据一览表"窗口，单击窗口左下角的"查询"按钮，系统显示未记账单据，如图5-29所示。对21327520号专用发票进行正常单据记账。记账完毕关闭该窗口。

我的桌面	未记账单据… ×	

打印 ▼ 定位 记账 单据 汇总 栏目设置 条件格式 ▼
输出 查询 布局 自动折行

正常单据记账列表

□	日期	单据号	存货编码	存货名称	单据类型	仓库名称	收发类别	数量	单价	金额
□	2025-01-31	21327520	1252	恒久男表	专用发票	手表仓	以旧换新出库	500.00		
小计								500.00		

图5-29　正常单据记账列表

（2）生成凭证。在"存货核算"子系统，依次单击"凭证处理→生成凭证"菜单，系统打开"生成凭证"窗口。将已记账的21327520号发票生成记账凭证并保存。

| 借：主营业务成本 | 2 777 500.00 |
| 贷：库存商品 | 2 777 500.00 |

6.填制采购订单

2025年1月31日，由张宏亮（G01）登录企业应用平台。在U8企业应用平台，依次单击"业务工作→供应链→采购管理→采购订货→采购订单"菜单，打开"采购订单"窗口。单击工具栏的"增加"按钮，根据图5-20填制采购订单，填制完毕保存并审核该订单，结果如图5-30所示。关闭"采购订单"窗口。

● 已审核	采购订单	↺ ◄◄ ◄ ► ►► 🔍列表联查 ✕ 高级
业务类型 普通采购	订单日期 * 2025-01-31	订单编号 * TX01001
采购类型 以旧换新	供应商 * 沈阳金泰	部门 销售部
业务员 刘晓名	税率 13.00	付款条件
币种 * 人民币	汇率 * 1	备注

关闭 打开 存量▾ 价格▾ 需求源▾ 关联单据 排序定位▾ 显示格式▾

	存货编码	存货名称	主计量	数量	原币含税单价	原币单价	原币金额	原币税额	原币价税合计	税率	计划到货日期
1	1252	恒欠男表	只	500.00	904.00	800.00	400000.00	52000.00	452000.00	13.00	2025-01-31
2											

图5-30 采购订单

7.参照采购订单生成到货单

在"采购管理"子系统，依次单击"采购到货→到货单"菜单，打开"到货单"窗口。单击工具栏的"增加"按钮，参照上一步的采购订单生成一张到货单。保存并审核该到货单，结果如图5-31所示。

● 已审核	到货单	↺ ◄◄ ◄ ► ►► 🔍单据号/条码 高级
业务类型 * 普通采购	单据号 * 0000000024	日期 * 2025-01-31
采购类型 以旧换新	供应商 * 沈阳金泰	部门 * 销售部
业务员 刘晓名	币种 * 人民币	汇率 * 1
运输方式	税率 13.00	备注

关闭 打开 存量▾ 价格▾ 关联单据 排序定位▾ 显示格式▾

	存货编码	存货名称	主计量	数量	原币含税单价	原币单价	原币金额	原币税额	原币价税合计	税率	订单号
1	1252	恒欠男表	只	500.00	904.00	800.00	400000.00	52000.00	452000.00	13.00	TX01001
2											

图5-31 到货单

8.参照到货单生成采购入库单

2025年1月31日，由李泽伟（C01）登录企业应用平台。在U8企业应用平台，依次单击"业务工作→供应链→库存管理→采购入库→采购入库单"菜单，系统打开"采购入库单"窗口。参照上一步生成的到货单生成一张采购入库单。根据5-24，修改表头项目"入库单号"为"RK01024"，"仓库"选择"废旧品仓"。保存并审核该采购入库单，结果如图5-32所示。

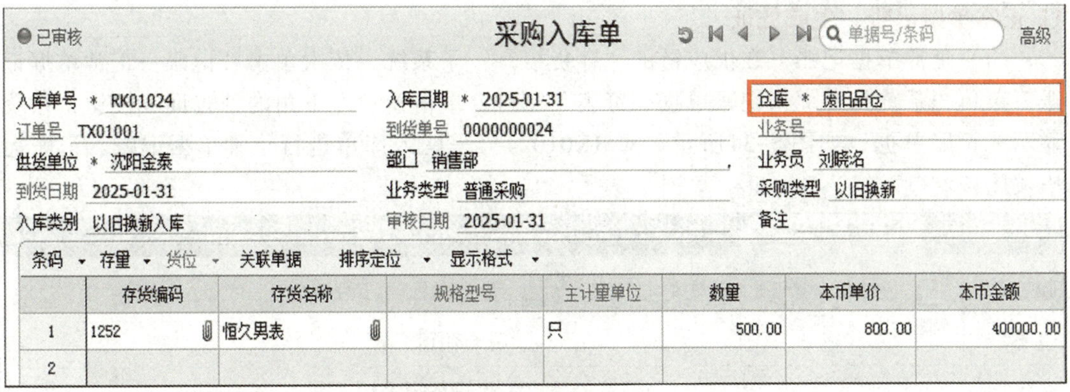

图5-32　采购入库单

9.参照采购入库单生成采购专用发票

2025年1月31日，由张宏亮（G01）登录企业应用平台。在U8企业应用平台，依次单击"业务工作→供应链→采购管理→采购发票→采购专用发票"菜单，打开"专用发票"窗口。参照上一步的采购入库单生成一张采购专用发票。根据图5-25，修改表头项目"发票号"为"18733213"。保存并复核该发票后，单击工具栏的"结算"按钮，结果如图5-33所示。关闭该窗口。

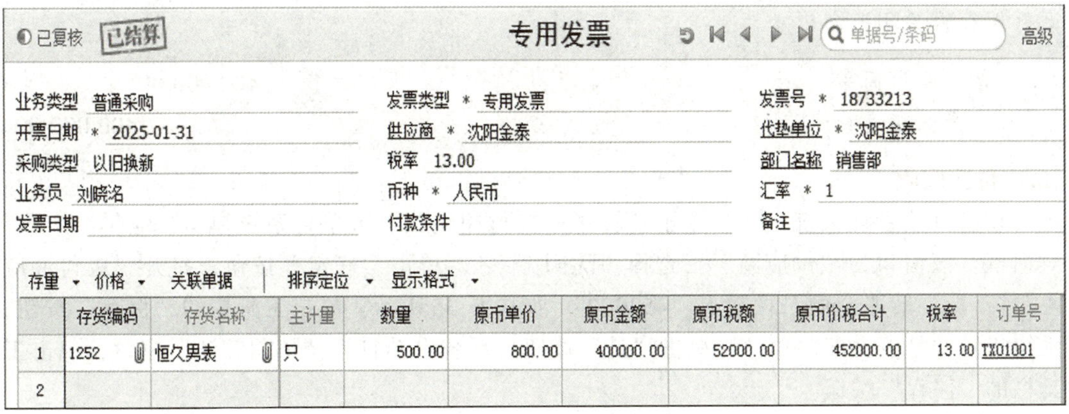

图5-33　采购专用发票

10.采购发票审核并生成凭证

2025年1月31日，由赵凯杰（W02）登录企业应用平台。在U8企业应用平台，依次单击"业务工作→财务会计→应付款管理→应付处理→采购发票→采购发票审核"菜单，打开"采购发票审核"窗口。单击工具栏的"查询"按钮，系统弹出"查询条件-发票查询"对话框，单击"确定"按钮，返回"采购发票审核"窗口。

双击"18733213"单据号，打开要审核的发票，单击工具栏的"审核"按钮，系统提示"是否立即制单?"，单击"是"，系统自动打开"填制凭证"窗口，单击工具栏的"保存"按钮。关闭并退出已打开的窗口。

借：在途物资	400 000.00	
应交税费/应交增值税/进项税额	52 000.00	
贷：应付账款/一般应付账款（沈阳金泰）		452 000.00

11.正常单据记账，生成凭证

（1）正常单据记账。在供应链的"存货核算"子系统，依次单击"记账→正常单据记账"菜单，系统打开"未记账单据一览表"窗口，单击窗口左下角的"查询"按钮，系统显示未记账单据，如图5-34所示。对RK01024号采购入库单进行正常单据记账。记账完毕关闭该窗口。

	日期	单据号	存货编码	存货名称	单据类型	仓库名称	收发类别	数量	单价	金额
□	2025-01-31	RK01024	1252	恒久男表	采购入库单	废旧品仓	以旧换新入库	500.00	800.00	400,000.00
小计								500.00		400,000.00

图5-34 正常单据记账列表

（2）生成凭证。在"存货核算"子系统，依次单击"凭证处理→生成凭证"菜单，系统打开"生成凭证"窗口。把上一步正常单据记账的RK01024号采购入库单生成记账凭证并保存。关闭该窗口。

借：库存商品	400 000.00	
贷：在途物资		400 000.00

12.应付冲应收

在应付款管理系统，依次单击"转账→应付冲应收"菜单，系统弹出"应付冲应收"对话框。该窗口的"供应商"栏选择"沈阳金泰"，单击"确定"按钮，打开"应付冲应收"窗口。"转账金额"栏输入"452000"，如图5-35所示。单击工具栏的"保存"按钮，系统提示"是否立即制单？"，单击"是"按钮，系统自动打开"填制凭证"窗口，单击工具栏的"保存"按钮。

单据日期	单据类型	单据编号	原币余额	合同号	合同名称	项目编码	项目	转账金额
2025-01-31	采购专用发票	18733213	452,000.00					452,000.00
合计			452,000.00					452,000.00

单据日期	单据类型	单据编号	原币余额	合同号	合同名称	项目编码	项目	转账金额
2025-01-31	销售专用发票	21327520	3,766,290.00					452,000.00
合计			3,766,290.00					452,000.00

图5-35 "应付冲应收"窗口

借：应付账款/一般应付账款（沈阳金泰）	452 000.00	
贷：应收账款/人民币（沈阳金泰）		452 000.00

13.选择收款

2025 年 1 月 31 日，由贺青春（W03）登录企业应用平台。在 U8 企业应用平台，依次单击"业务工作→财务会计→应收款管理→选择收款"菜单，系统弹出"选择收款–条件"窗口。在该窗口的"客户"栏选择"沈阳金泰"，单击"确定"按钮，打开"选择收款–单据"窗口。单击工具栏的"全选"按钮，再单击"确认"按钮，系统弹出"选择收款–收款单"窗口。根据图5-22，"结算方式"选择"转账支票"，"票据号"输入"36248309"，如图 5-36 所示。单击"确定"按钮，完成选择收款。

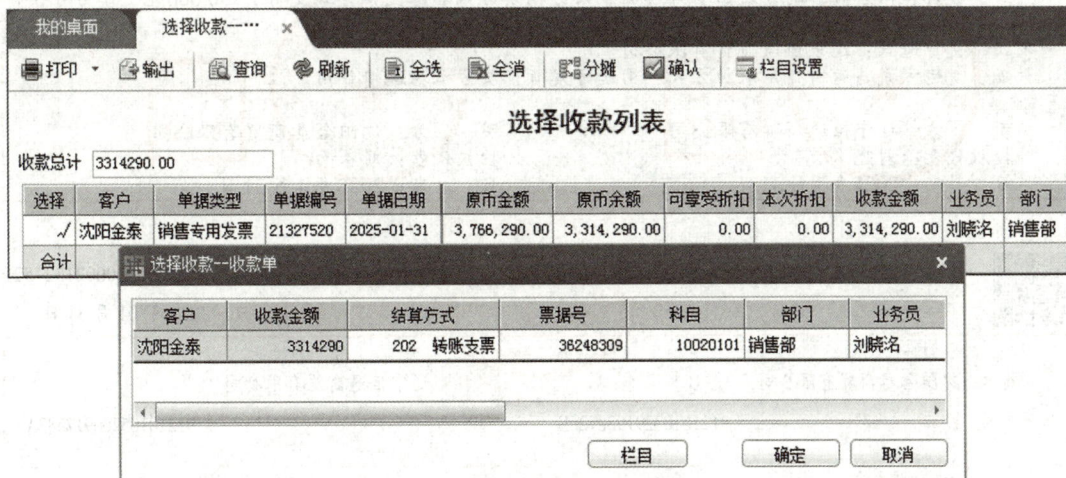

图5-36 选择收款

14.生成凭证

2025 年 1 月 31 日，由赵凯杰（W02）登录企业应用平台。

在 U8 企业应用平台，依次单击"业务工作→财务会计→应收款管理→凭证处理→生成凭证"菜单，系统弹出"制单查询"对话框，勾选"收付款单""核销"，单击"确定"按钮，打开"生成凭证"窗口。依次单击"合并""制单"按钮，系统自动打开"填制凭证"窗口，单击工具栏的"保存"按钮。关闭当前已打开窗口。

借：银行存款/中国工商银行/沈阳皇姑支行	3 314 290.00	
贷：应收账款/人民币（沈阳金泰）		3 314 290.00

5.3.2 售后回购

【实验资料】

2025 年 1 月 31 日，销售部刘晓洺与沈阳金泰签订售后回购销售合同。

相关凭证如图 5-37 至图 5-40 所示。

购销合同

合同编号：TX01002

卖方：辽宁恒通商贸有限公司
买方：沈阳金泰商贸有限公司

为保护买卖双方的合法权益，根据《中华人民共和国民法典》的有关规定，买卖双方经友好协商，一致同意签订本合同，并共同遵守合同约定。

一、货物的名称、数量及金额：

货物名称	规格型号	计量单位	数量	单价（不含税）	金额（不含税）	税率	税额
百盛男套装		套	2 000	500.00	1 000 000.00	13%	130 000.00
合计					¥1 000 000.00		¥130 000.00

二、合同总金额：人民币壹佰壹拾叁万元整（¥1 130 000.00）。

三、签订合同当日，卖方发出全部货物，买方向卖方以转账支票方式支付1 130 000元。卖方于5个月后以1 100 000.00元的价格（不含税）将所售商品购回。

四、交货地点：辽宁恒通商贸有限公司。

五、发运方式与运输费用承担方式：由卖方发货，买方承担运输费用。

卖　方：辽宁恒通商贸有限公司
授权代表：刘晓涛
日　期：2025年1月31日

买　方：沈阳金泰商贸有限公司
授权代表：刘春雨
日　期：2025年1月31日

图5-37　购销合同

电子发票（增值税专用发票）

发票号码：25212000000021327521
开票日期：2025 年 01 月 31 日

购买方信息	名称：沈阳金泰商贸有限公司	销售方信息	名称：辽宁恒通商贸有限公司
	统一社会信用代码/纳税人识别号：91210103291938726E		统一社会信用代码/纳税人识别号：91210105206917583A

项目名称	规格型号	单位	数量	单价	金额	税率/征收率	税额
*服装*百盛男套装		套	2 000	500.00	1 000 000.00	13%	130 000.00
合　计					¥1 000 000.00		¥130 000.00

价税合计（大写）	⊗ 壹佰壹拾叁万元整	（小写）¥1 130 000.00

备注	购买方开户银行：中国银行沈阳百花支行　　银行账号：5830611580626927622 销售方开户银行：中国工商银行沈阳皇姑支行　　银行账号：2107024015890035666

开票人：赵凯杰

图5-38　增值税专用发票

中国工商银行　进账单（收账通知）

3

2025年1月31日

出票人	全　称	沈阳金泰商贸有限公司	收款人	全　称	辽宁恒通商贸有限公司	此联为银行交给收款人的收账通知
	账　号	5830611580626927622		账　号	2107024015890035666	
	开户银行	中国银行沈阳百花支行		开户银行	中国工商银行沈阳皇姑支行	
金额	人民币（大写）	壹佰壹拾叁万元整			亿 千 百 十 万 千 百 十 元 角 分 ¥ 1 1 3 0 0 0 0 0 0	
票据种类	转账支票	票据张数	1	转讫(8)		
票据号码		36248310				
复核　　　　记账				收款人开户银行签章		

图5-39　进账单

出库单

客户：沈阳金泰　　2025 年 1 月 31 日　　编号：CK01027

发货仓库	存货编码	存货名称	单位	数量		单价	金额
				应发	实发		
服装仓	1104	百盛男套装	套	2 000	2 000		
合计							

部门经理：略　　会计：略　　仓库：略　　经办人：略

图5-40　出库单

【实验过程概览】

本业务的操作过程概览见表5-4。

表 5-4　实验过程概览

序号	操作日期	操作员	系统	操作内容
1	2025-01-31	X01 刘晓洺	销售管理	填制销售订单
2	2025-01-31	X01 刘晓洺	销售管理	参照销售订单生成销售专用发票（现结）
3	2025-01-31	C01 李泽伟	库存管理	参照发货单生成销售出库单
4	2025-01-31	W02 赵凯杰	应收款管理	销售发票审核并生成凭证
5	2025-01-31	W02 赵凯杰	存货核算	正常单据记账，生成凭证
6	2025-01-31	W02 赵凯杰	总账	填制凭证——计提利息费用

【实验过程】

售后回购

1.填制销售订单

2025年1月31日，由刘晓洺（X01）登录企业应用平台。在U8企业应用平台，依次单击“业务工作→供应链→销售管理→销售订货→销售订单”菜单，打开“销售订单”窗口。单击工具栏的“增加”按钮，根据图5-37填制销售订单，结果如图5-41所示。单击“保存”，再单击“审核”。关闭“销售订单”窗口。

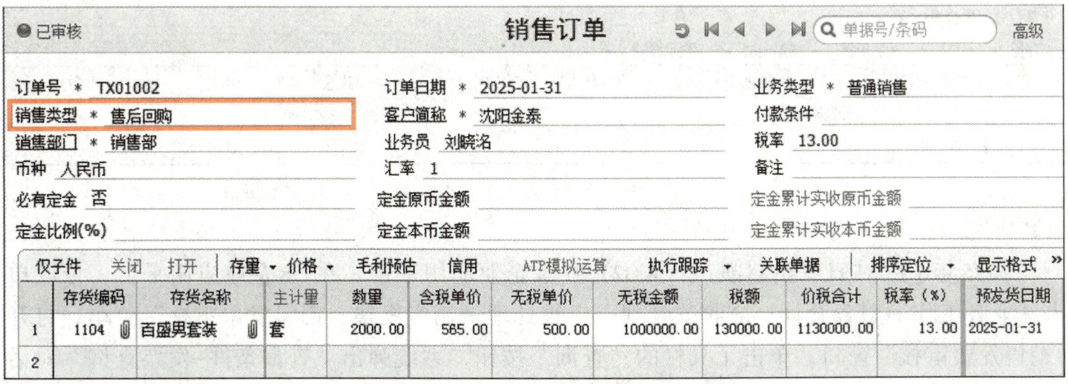

图5-41　销售订单

2.参照销售订单生成销售专用发票（现结）

（1）在“销售管理”子系统，依次单击“销售发票→销售专用发票”菜单，系统打开“销售专用发票”窗口。单击工具栏的“增加”按钮，系统弹出“查询条件-参照订单”对话框，单击“确定”按钮，系统打开“参照生单”窗口。选择上一步的销售订单生成一张销售专用发票，根据图5-38，修改发票表头项目“发票号”为“21327521”，表体第1行“仓库名称”选择“服装仓”，单击“保存”按钮。

（2）现结。单击工具栏的“现结”按钮，打开“现结”窗口。根据图5-39，“结算方式”选择“转账支票”，“原币金额”输入“1130000”，“票据号”输入“36248310”。单击“确定”，完成现结并返回发票窗口，单击“复核”按钮，结果如图5-42所示。

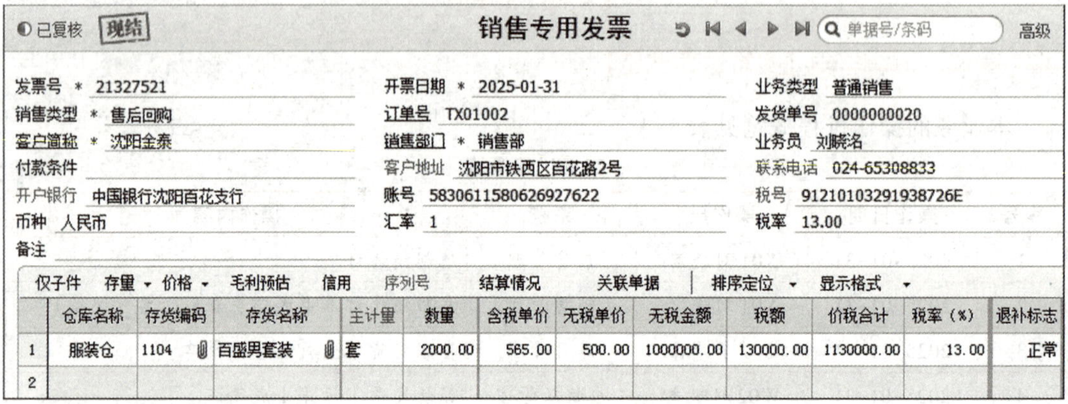
已复核 现结 销售专用发票 单据号/条码 高级

发票号 * 21327521　开票日期 * 2025-01-31　业务类型 普通销售
销售类型 * 售后回购　订单号 TX01002　发货单号 0000000020
客户简称 * 沈阳金泰　销售部门 * 销售部　业务员 刘晓洺
付款条件　客户地址 沈阳市铁西区百花路2号　联系电话 024-65308833
开户银行 中国银行沈阳百花支行　账号 5830611580626927622　税号 91210103291938726E
币种 人民币　汇率 1　税率 13.00
备注

仅子件 存量 价格 毛利预估 信用 序列号 结算情况 关联单据 排序定位 显示格式

	仓库名称	存货编码	存货名称	主计量	数量	含税单价	无税单价	无税金额	税额	价税合计	税率（%）	退补标志
1	服装仓	1104	百盛男套装	套	2000.00	565.00	500.00	1000000.00	130000.00	1130000.00	13.00	正常
2												

图5-42　销售专用发票

3.参照发货单生成销售出库单

2025年1月31日，由李泽伟（C01）登录企业应用平台。在U8企业应用平台，依次单击“业务工作→供应链→库存管理→销售出库→销售出库单”菜单，系统打开“销售出库单”窗口。参照上一步自动生成的发货单生成一张销售出库单。根据图5-40，将表头项目“出库单号”改为“CK01027”。保存并审核该出库单，结果如图5-43所示。

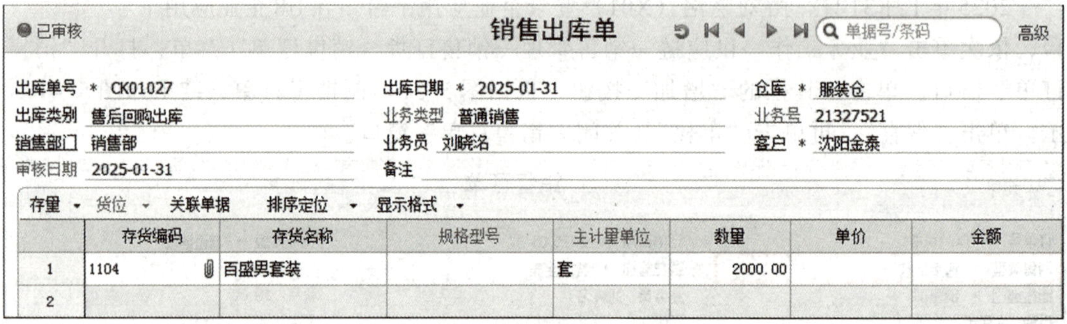
已审核 销售出库单 单据号/条码 高级

出库单号 * CK01027　出库日期 * 2025-01-31　仓库 * 服装仓
出库类别 售后回购出库　业务类型 普通销售　业务号 21327521
销售部门 销售部　业务员 刘晓洺　客户 * 沈阳金泰
审核日期 2025-01-31　备注

存量 货位 关联单据 排序定位 显示格式

	存货编码	存货名称	规格型号	主计量单位	数量	单价	金额
1	1104	百盛男套装		套	2000.00		
2							

图5-43　销售出库单

4.销售发票审核并生成凭证

2025年1月31日，由赵凯杰（W02）登录企业应用平台。在U8企业应用平台，依次单击“业务工作→财务会计→应收款管理→应收处理→销售发票→销售发票审核”菜单，打开“销售发票审核”窗口。单击工具栏的“查询”按钮，系统弹出“查询条件-发票查询”对话框，“包含已现结发票”栏选择“是”，单击“确定”按钮，返回“销售发票审核”窗口。

双击“21327521”单据号，打开要审核的发票，单击“审核”，系统提示“是否立即制单?”，单击“是”，系统自动打开“填制凭证”窗口。调出所生成凭证的第2行的“辅助项”对话框，“供应商”选择“沈阳金泰”，单击“确定”。单击“保存”按钮。关闭当前已打开窗口。

借：银行存款/中国工商银行/沈阳皇姑支行	1 130 000.00	
贷：其他应付款/应付售后回购款（沈阳金泰）		1 000 000.00
应交税费/应交增值税/销项税额		130 000.00

5.正常单据记账，生成凭证

（1）正常单据记账。在供应链的“存货核算”子系统，依次单击“记账→正常单据记账”菜单，系统打开“未记账单据一览表”窗口，单击窗口左下角的“查询”按钮，系统显示未记账单据，如图5-44所示。对21327521号发票进行正常单据记账。记账完毕关闭该窗口。

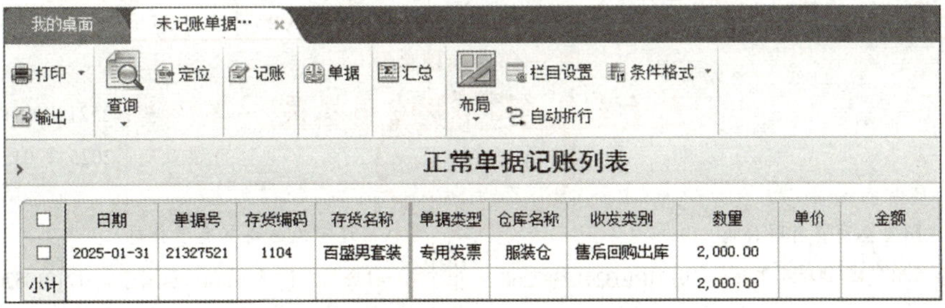

□	日期	单据号	存货编码	存货名称	单据类型	仓库名称	收发类别	数量	单价	金额
□	2025-01-31	21327521	1104	百盛男套装	专用发票	服装仓	售后回购出库	2,000.00		
小计								2,000.00		

图5-44　正常单据记账列表

（2）生成凭证。在“存货核算”子系统，依次单击“凭证处理→生成凭证”菜单，系统打开“生成凭证”窗口。把上一步正常单据记账的21327521号发票生成记账凭证并保存。关闭当前已打开窗口。

借：发出商品	656 000.00	
贷：库存商品		656 000.00

6.填制凭证——计提利息费用

在U8企业应用平台，依次单击“业务工作→财务会计→总账→凭证→填制凭证”菜单，系统打开“填制凭证”窗口，单击“增加”，填制一张计提本月利息费用的记账凭证。

借：财务费用/利息支出	20 000.00	
贷：其他应付款/应付售后回购款（沈阳金泰）		20 000.00

提示

若售后回购业务合同约定“全部商品不发出”，则直接在总账系统填制凭证即可。

5.3.3　附退回条件销售

【实验资料】

2025年1月31日，销售部刘晓洺与沈阳金泰签订销售合同。(无法估计退货率)

相关凭证如图5-45至图5-48所示。

购销合同

合同编号：TX01003

卖方：辽宁恒通商贸有限公司
买方：沈阳金泰商贸有限公司

为保护买卖双方的合法权益，根据《中华人民共和国民法典》的有关规定，买卖双方经友好协商，一致同意签订本合同，并共同遵守合同约定。

一、货物的名称、数量及金额：

货物名称	规格型号	计量单位	数量	单价（不含税）	金额（不含税）	税率	税额
嘉伟女风衣		件	800	598.00	478 400.00	13%	62 192.00
合 计					¥478 400.00		¥62 192.00

二、合同总金额，人民币伍拾肆万零伍佰玖拾贰元整（¥540 592.00）。
三、签订合同当日卖方发出全部商品，买方支付全部货款 2月23日前，买方有权退货。
四、交货地点：辽宁恒通商贸有限公司。
五、发运方式与运输费用承担方式：由卖方发货，买方承担运输费用。

卖　方：辽宁恒通商贸有限公司　　　　买　方：沈阳金泰商贸有限公司
授权代表：刘晓洺　　　　　　　　　　授权代表：刘春雨
日　　期：2025年1月31日　　　　　　日　　期：2025年1月31日

图5-45　购销合同

电子发票（增值税专用发票）

发票号码：25212000000021327522
开票日期：2025 年 01 月 31 日

购买方信息	名称：沈阳金泰商贸有限公司 统一社会信用代码/纳税人识别号：91210103291938726E	销售方信息	名称：辽宁恒通商贸有限公司 统一社会信用代码/纳税人识别号：91210105206917583A

项目名称	规格型号	单位	数量	单价	金额	税率/征收率	税额
*服装*嘉伟女风衣		件	800	598.00	478 400.00	13%	62 192.00
合　计					¥478 400.00		¥62 192.00

价税合计（大写）	⊗ 伍拾肆万零伍佰玖拾贰元整	（小写）¥540 592.00

备注：购买方开户银行：中国银行沈阳百花支行　　银行账号：5830611580626927622
销售方开户银行：中国工商银行沈阳皇姑支行　　银行账号：2107024015890035666

开票人：赵凯杰

图5-46　增值税专用发票

中国工商银行　进账单（收账通知）

3

2025年1月31日

出票人	全　称	沈阳金泰商贸有限公司	收款人	全　称	辽宁恒通商贸有限公司
	账　号	5830611580626927622		账　号	2107024015890035666
	开户银行	中国银行沈阳百花支行		开户银行	中国工商银行沈阳皇姑支行

金额	人民币（大写）	伍拾肆万零伍佰玖拾贰元整		亿	千	百	十	万	千	百	十	元	角	分
						¥	5	4	0	5	9	2	0	0

票据种类	转账支票	票据张数	1	转讫（8）
票据号码		36248311		

复核　　　记账　　　　　　　　　　收款人开户银行签章

图5-47　进账单

出库单

客户：沈阳金泰　　　　2025 年 1 月 31 日　　　　单号：CK01028

发货仓库	存货编码	存货名称	单位	数量		单价	金额
				应发	实发		
服装仓	1151	嘉伟女风衣	件	800	800		
合　计							

部门经理：略　　会计：略　　仓库：略　　经办人：略

图5-48　出库单

【实验过程概览】

本业务的操作过程概览见表5-5。

表 5-5　　实验过程概览

序号	操作日期	操作员	系统	操作内容
1	2025-01-31	X01 刘晓洺	销售管理	填制销售订单
2	2025-01-31	X01 刘晓洺	销售管理	参照销售订单生成销售专用发票（现结）
3	2025-01-31	C01 李泽伟	库存管理	参照发货单生成销售出库单
4	2025-01-31	W02 赵凯杰	应收款管理	销售发票审核并生成凭证
5	2025-01-31	W02 赵凯杰	存货核算	正常单据记账，生成凭证

【实验过程】

附退回条件销售

1.填制销售订单

2025年1月31日，由刘晓洺（X01）登录企业应用平台。在U8企业应用平台，依次单击“业务工作→供应链→销售管理→销售订货→销售订单”菜单，打开“销售订单”窗口。单击工具栏的“增加”按钮，根据图5-45填制销售订单，填制完毕保存并审核该订单，结果如图5-49所示。关闭“销售订单”窗口。

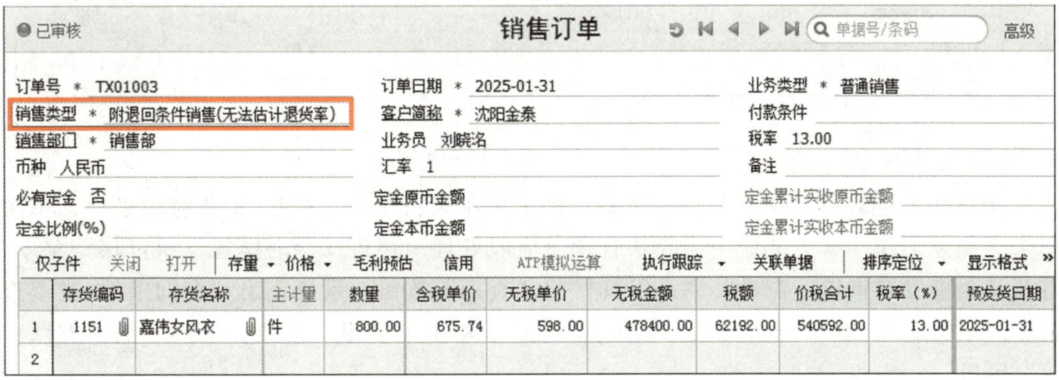

图5-49　销售订单

2.参照销售订单生成销售专用发票（现结）

（1）在“销售管理”子系统，依次单击“销售发票→销售专用发票”菜单，系统打开“销售专用发票”窗口。单击工具栏的“增加”按钮，系统弹出“查询条件-参照订单”对话框，单击“确定”按钮，系统打开“参照生单”窗口。选择上一步的销售订单，生成一张销售专用发票。根据图5-46，修改发票表头项目“发票号”为“21327522”，表体第

1行单元格“仓库名称”选择“服装仓”，单击“保存”按钮。

（2）现结。单击工具栏的“现结”按钮，打开“现结”窗口。根据图5-47，“结算方式”选择“转账支票”，“原币金额”输入“540592”，“票据号”输入“36248311”。单击“确定”，完成现结并返回发票窗口，单击“复核”按钮，结果如图5-50所示。

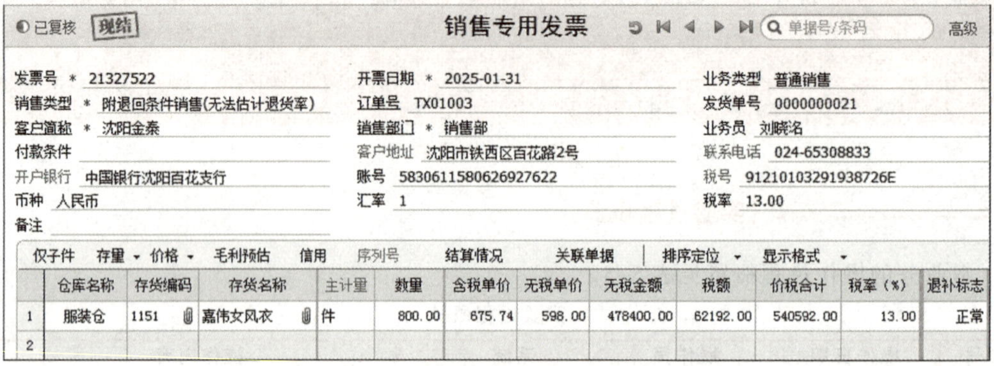

已复核 现结 销售专用发票 单据号/条码 高级

发票号 * 21327522　开票日期 * 2025-01-31　业务类型 普通销售

销售类型 * 附退回条件销售(无法估计退货率)　订单号 TX01003　发货单号 0000000021

客户简称 * 沈阳金泰　销售部门 * 销售部　业务员 刘晓洺

付款条件　客户地址 沈阳市铁西区百花路2号　联系电话 024-65308833

开户银行 中国银行沈阳百花支行　账号 5830611580626927622　税号 91210103291938726E

币种 人民币　汇率 1　税率 13.00

备注

仅子件　存量　价格　毛利预估　信用　序列号　结算情况　关联单据　排序定位　显示格式

	仓库名称	存货编码	存货名称	主计量	数量	含税单价	无税单价	无税金额	税额	价税合计	税率（%）	退补标志
1	服装仓	1151	嘉伟女风衣	件	800.00	675.74	598.00	478400.00	62192.00	540592.00	13.00	正常
2												

图5-50　销售专用发票

3.参照发货单生成销售出库单

2025年1月31日，由李泽伟（C01）登录企业应用平台。在U8企业应用平台，依次单击“业务工作→供应链→库存管理→出库业务→销售出库单”菜单，系统打开“销售出库单”窗口。参照上一步自动生成的发货单生成一张销售出库单。根据图5-48，将表头项目“出库单号”改为“CK01028”。保存并审核该出库单，结果如图5-51所示。

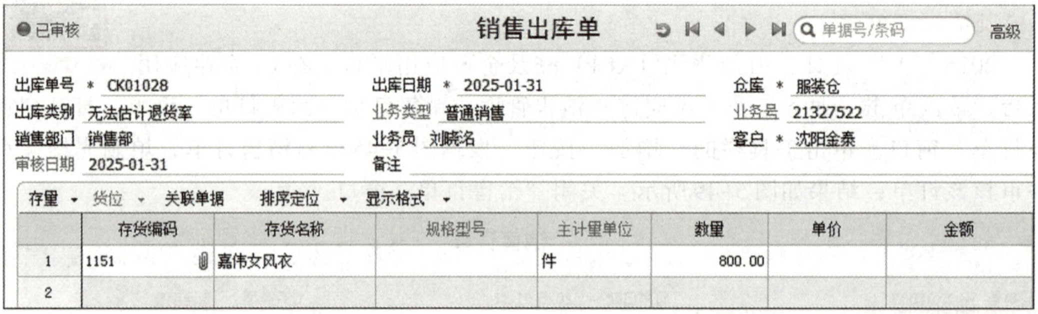

已审核 销售出库单 单据号/条码 高级

出库单号 * CK01028　出库日期 * 2025-01-31　仓库 * 服装仓

出库类别 无法估计退货率　业务类型 普通销售　业务号 21327522

销售部门 销售部　业务员 刘晓洺　客户 * 沈阳金泰

审核日期 2025-01-31　备注

存量　货位　关联单据　排序定位　显示格式

	存货编码	存货名称	规格型号	主计量单位	数量	单价	金额
1	1151	嘉伟女风衣		件	800.00		
2							

图5-51　销售出库单

4.销售发票审核并生成凭证

2025年1月31日，由赵凯杰（W02）登录企业应用平台。在U8企业应用平台，依次单击“业务工作→财务会计→应收款管理→应收处理→销售发票→销售发票审核”菜单，打开“销售发票审核”窗口。单击工具栏的“查询”按钮，系统弹出“查询条件-发票查询”对话框，“包含已现结发票”栏选择“是”，单击“确定”按钮，返回“销售发票审核”窗口。

双击“21327522”单据号，打开要审核的发票，单击“审核”，系统提示“是否立即制单?”，单击“是”，系统自动打开“填制凭证”窗口，单击“保存”按钮。关闭当前已打开窗口。

借：银行存款/中国工商银行/沈阳皇姑支行	540 592.00	
贷：预收账款/附条件销售款（沈阳金泰）		478 400.00
应交税费/应交增值税/销项税额		62 192.00

5.正常单据记账，生成凭证

（1）正常单据记账。在供应链的"存货核算"子系统，依次单击"记账→正常单据记账"菜单，系统打开"未记账单据一览表"窗口，单击窗口左下角的"查询"按钮，系统显示未记账单据，如图5-52所示。对21327522号专用发票进行正常单据记账。记账完毕关闭该窗口。

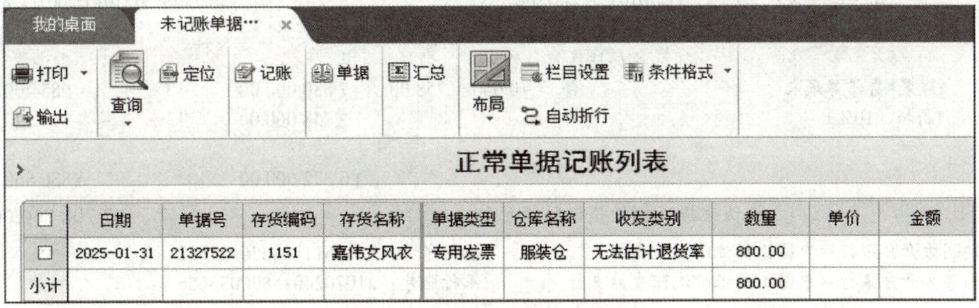

	日期	单据号	存货编码	存货名称	单据类型	仓库名称	收发类别	数量	单价	金额
	2025-01-31	21327522	1151	嘉伟女风衣	专用发票	服装仓	无法估计退货率	800.00		
小计								800.00		

图5-52　正常单据记账列表

（2）生成凭证。在"存货核算"子系统，依次单击"凭证处理→生成凭证"菜单，系统打开"生成凭证"窗口。把上一步正常单据记账的21327522号专用发票生成记账凭证并保存。

借：发出商品		398 400.00
贷：库存商品		398 400.00

5.3.4　商业折扣销售

【实验资料】

2025年1月31日，销售部刘晓洺与沈阳金泰签订含商业折扣的销售合同。

相关凭证如图5-53至图5-56所示。

购销合同

合同编号：TX01004

卖方：辽宁恒通商贸有限公司

买方：沈阳金泰商贸有限公司

　为保护买卖双方的合法权益，根据《中华人民共和国民法典》的有关规定，买卖双方经友好协商，一致同意签订本合同，并共同遵守合同约定。

　一、货物的名称、数量及金额：

货物名称	规格型号	计量单位	数量	单价（不含税）	金额（不含税）	税率	税额
嘉伟男风衣		件	10 000	758.00	7 580 000.00	13%	985 400.00
合　计					¥7 580 000.00		¥985 400.00

　二、合同总金额：人民币捌佰伍拾陆万伍仟肆佰元整（¥8 565 400.00）。

　三、签订合同当日卖方发出全部商品，买方支付全部货款。卖方给予买方10%的价格折扣。

　四、交货地点：辽宁恒通商贸有限公司。

　五、发运方式与运输费用承担方式：由卖方发货，买方承担运输费用。

　　卖　方：辽宁恒通商贸有限公司　　　　　买　方：沈阳金泰商贸有限公司

　　授权代表：刘晓洺　　　　　　　　　　　授权代表：刘春雨

　　日　　期：2025 年 1 月 31 日　　　　　日　　期：2025 年 1 月 31 日

图5-53　购销合同

电子发票（增值税专用发票）　发票号码：25212000000021327523

开票日期：2025 年 01 月 31 日

购买方信息	名称：沈阳金泰商贸有限公司				销售方信息	名称：辽宁恒通商贸有限公司		
	统一社会信用代码/纳税人识别号：91210103291938726E					统一社会信用代码/纳税人识别号：91210105206917583A		

项目名称	规格型号	单位	数量	单价	金额	税率/征收率	税额
*服装*嘉伟男风衣		件	10 000	758.00	7 580 000.00	13%	985 400.00
*折扣（10%）					−758 000.00	13%	−98 540.00
合　计					¥6 822 000.00		¥886 860.00

价税合计（大写）	⊗ 柒佰柒拾万柒仟捌佰陆拾元整	（小写）¥7 708 860.00

备注	购买方开户银行：中国银行沈阳百花支行　　银行账号：5830611580626927622
	销售方开户银行：中国工商银行沈阳皇姑支行　　银行账号：2107024015890035666

开票人：赵凯杰

图5-54　增值税专用发票

中国工商银行　进账单（收账通知）　3

2025年1月31日

出票人	全　称	沈阳金泰商贸有限公司	收款人	全　称	辽宁恒通商贸有限公司										此联为银行交给收款人的收账通知
	账　号	5830611580626927622		账　号	2107024015890035666										
	开户银行	中国银行沈阳百花支行		开户银行	中国工商银行沈阳皇姑支行	亿	千	百	十	万	千	百	十	元	角	分
金额	人民币（大写）	柒佰柒拾万柒仟捌佰陆拾元整					¥	7	7	0	8	8	6	0	0	0
票据种类	转账支票	票据张数	1												
票据号码		36248312		转讫（8）											
	复核　　　记账					收款人开户银行签章									

（进账单中部盖章：中国工商银行沈阳皇姑支行 2025.01.31 转讫）

图5-55　进账单

出库单								
客户 沈阳金泰			2025 1 31 日				单号	CK01029
发货仓库	存货编码	存货名称	单位	数量		单价	金额	
				应发	实发			
服装仓	1152	嘉伟男风衣	件	10 000	10 000			
合计								
部门经理 略		会计 略		仓库 略		经办人 略		

图5-56　出库单

═══ 【实验过程概览】

本业务的操作过程概览见表5-6。

表 5-6

实验过程概览

序号	操作日期	操作员	系统	操作内容
1	2025-01-31	X01 刘晓洺	销售管理	填制销售订单
2	2025-01-31	X01 刘晓洺	销售管理	参照销售订单生成销售专用发票（现结）
3	2025-01-31	C01 李泽伟	库存管理	参照发货单生成销售出库单
4	2025-01-31	W02 赵凯杰	应收款管理	销售发票审核并生成凭证
5	2025-01-31	W02 赵凯杰	存货核算	正常单据记账，生成凭证

【实验过程】

插行
删行
行拆分
复制当前行
单据批改
总额分摊商业折扣
查看现存量
刷新表体存量
信用余额表
PTO选配
定位记录

图5-57 选择"总额
分摊商业折扣"

1.填制销售订单

2025年1月31日，由刘晓洺（X01）登录企业应用平台。在U8企业应用平台，依次单击"业务工作→供应链→销售管理→销售订货→销售订单"菜单，打开"销售订单"窗口。单击工具栏的"增加"按钮，根据图5-53填制销售订单，在输入表体"无税单价"时，先输入"758"，右键单击该行，调出如图5-57所示的对话框，选择"总额分摊商业折扣"，系统弹出"总额分摊商业折扣"对话框，"折扣率"栏输入"90"，单击"确认"，返回"销售订单"窗口。保存并审核该订单，结果如图5-58所示。关闭"销售订单"窗口。

销售订单

订单号	TX01004		订单日期	2025-01-31		业务类型	普通销售
销售类型	正常销售		客户简称	沈阳金泰		付款条件	
销售部门	销售部		业务员	刘晓洺		税率	13.00
币种	人民币		汇率	1		备注	
必有定金	否		定金原币金额			定金累计实收币金额	
定金比例(%)			定金本币金额			定金累计实收本币金额	

	存货编码	存货名称	主计量	数量	无税单价	无税金额	价税合计	税率（%）	折扣额	折扣率（%）	预发货日期
1	1152	嘉伟男风衣	件	10000.00	682.20	6822000.00	7708860.00	13.00	856540.00	90.00	2025-01-31
2											

图5-58 销售订单

2.参照销售订单生成销售专用发票（现结）

（1）在"销售管理"子系统，依次单击"销售发票→销售专用发票"菜单，系统打开"销售专用发票"窗口。单击工具栏的"增加"按钮，系统弹出"查询条件-参照订单"对话框，单击"确定"按钮，系统打开"参照生单"窗口。选择上一步的销售订单，生成一张销售专用发票。根据图5-54，修改发票表头项目"发票号"为"21327523"，表体第1行"仓库名称"选择"服装仓"，单击"保存"按钮。

（2）现结。单击工具栏的"现结"按钮，打开"现结"窗口。根据图5-55，"结算方式"选择"转账支票"，"原币金额"输入"7708860"，"票据号"输入"36248312"。单击"确定"，完成现结并返回发票窗口，单击"复核"按钮，结果如图5-59所示。

图5-59 销售专用发票

3.参照发货单生成销售出库单

2025年1月31日，由李泽伟（C01）登录企业应用平台。在U8企业应用平台，依次单击"业务工作→供应链→库存管理→出库业务→销售出库单"菜单，系统打开"销售出库单"窗口。参照上一步自动生成的发货单生成一张销售出库单。根据图5-56，将销售出库单表头项目"出库单号"改为"CK01029"。保存并审核该出库单，结果如图5-60所示。

图5-60 销售出库单

4.销售发票审核并生成凭证

2025年1月31日，由赵凯杰（W02）登录企业应用平台。在U8企业应用平台，依次单击"业务工作→财务会计→应收款管理→应收处理→销售发票→销售发票审核"菜单，打开"销售发票审核"窗口。单击工具栏的"查询"按钮，系统弹出"查询条件-发票查询"对话框，"包含已现结发票"栏选择"是"，单击"确定"按钮，返回"销售发票审核"窗口。

双击"21327523"单据号，打开要审核的发票，单击"审核"，系统提示"是否立即制单？"，单击"是"，系统打开"填制凭证"窗口并自动生成记账凭证。单击"保存"按钮。关闭当前已打开窗口。

借：银行存款/中国工商银行/沈阳皇姑支行　　　　　　　　7 708 860.00
　　贷：主营业务收入　　　　　　　　　　　　　　　　　　　　6 822 000.00
　　　　应交税费/应交增值税/销项税额　　　　　　　　　　　　 886 860.00

5. 正常单据记账，生成凭证

（1）正常单据记账。在供应链的"存货核算"子系统，依次单击"记账→正常单据记账"菜单，系统打开"未记账单据一览表"窗口，单击窗口左下角的"查询"按钮，系统显示未记账单据，如图5-61所示。对21327523号专用发票进行正常单据记账。记账完毕关闭该窗口。

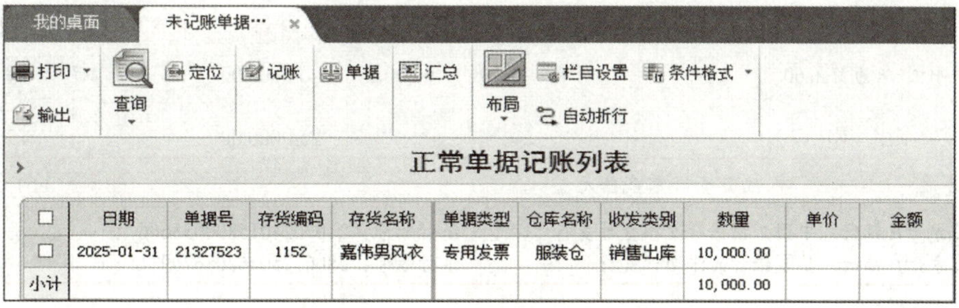

	日期	单据号	存货编码	存货名称	单据类型	仓库名称	收发类别	数量	单价	金额
	2025-01-31	21327523	1152	嘉伟男风衣	专用发票	服装仓	销售出库	10,000.00		
小计								10,000.00		

图5-61　正常单据记账列表

（2）生成凭证。在"存货核算"子系统，依次单击"凭证处理→生成凭证"菜单，系统打开"生成凭证"窗口。把上一步正常单据记账的21327523号专用发票生成记账凭证并保存。

> 借：主营业务成本　　　　　　　　　　　　　　　　　　　　6 480 000.00
> 　　贷：库存商品　　　　　　　　　　　　　　　　　　　　　　　　6 480 000.00

5.3.5　非货币性福利

【实验资料】

2025年1月31日，为庆祝公司实现上年营业目标，公司购入一批华为mate60手机作为福利发放给公司员工。

相关凭证如图5-62至图5-64所示。

员工福利发放登记表

2025年1月31日

部门	姓名	商品名称	计量单位	数量	领取人签名	发放人签名
行政部	李成喜	Mate60	部	1	李成喜	李泽伟
财务部	王钰茹	Mate60	部	1	王钰茹	李泽伟
财务部	赵凯杰	Mate60	部	1	赵凯杰	李泽伟
财务部	贺青春	Mate60	部	1	贺青春	李泽伟
销售部	刘晓洺	Mate60	部	1	刘晓洺	李泽伟
销售部	何丽平	Mate60	部	1	何丽平	李泽伟
采购部	张宏亮	Mate60	部	1	张宏亮	李泽伟
采购部	徐晓辉	Mate60	部	1	徐晓辉	李泽伟
仓储部	李泽伟	Mate60	部	1	李泽伟	李泽伟
合计				9	—	—

图5-62　员工福利发放登记表

电子发票（增值税专用发票）

发票号码：25122000000032307975

开票日期：2025 年 01 月 31 日

购买方信息	名称：辽宁恒通商贸有限公司 统一社会信用代码/纳税人识别号：91210105206917583A	销售方信息	名称：天津惠阳商贸有限公司 统一社会信用代码/纳税人识别号：91120104572036908U

项目名称	规格型号	单位	数量	单价	金额	税率/征收率	税额
*手机*华为Mate60		部	9	6 000.00	54 000.00	13%	7 020.00
合　　计					¥54 000.00		¥7 020.00

价税合计（大写）	⊗ 陆万壹仟零贰拾元整	（小写）¥61 020.00

备注
购买方开户银行：中国工商银行沈阳皇姑支行　银行账号：2107024015890035666
销售方开户银行：华夏银行天津南开支行　银行账号：2806725046208670931

开票人：李丹

图5-63　增值税专用发票

中国工商银行
转账支票存根
21003365
21562396

附加信息

出票日期：**2025 年 01 月 31 日**

收款人：**天津惠阳商贸有限公司**

金　额：**¥61 020.00**

用　途：**购手机款**

单位主管 **李成喜**　　会计 **赵凯杰**

图5-64　转账支票存根

【实验过程概览】

本业务的操作过程概览见表5-7。

表 5-7　　　　　　　　　　实验过程概览

序号	操作日期	操作员	系统	操作内容
1	2025-01-31	W02 赵凯杰	总账	填制凭证——计提非货币性福利
2	2025-01-31	W02 赵凯杰	总账	填制凭证——购入手机发给职工

【实验过程】

1. 填制凭证——计提非货币性福利

2025 年 1 月 31 日，由赵凯杰（W02）登录企业应用平台。在 U8 企业应用平台，依次单击"业务工作→财务会计→总账→凭证→填制凭证"菜单，系统打开"填制凭证"窗口，单击"增加"，填制一张计提非货币性福利的记账凭证，保存该记账凭证。

借：管理费用/职工薪酬（行政部）	6 780.00
管理费用/职工薪酬（财务部）	20 340.00
管理费用/职工薪酬（采购部）	13 560.00
管理费用/职工薪酬（仓储部）	6 780.00
销售费用/职工薪酬（销售部）	13 560.00
贷：应付职工薪酬/非货币性福利	61 020.00

2.填制凭证——购入手机发给职工

在总账系统填制一张购入手机发放给职工的记账凭证，保存该凭证。关闭该窗口。

借：应付职工薪酬/非货币性福利	61 020.00
贷：银行存款/中国工商银行/沈阳皇姑支行	61 020.00

5.4　本章常见数据表

本章常见数据表见表5-8。

表 5-8　　　　　　　　　　　本章常见数据表

序号	系统编码（SystemID）	系统名称（SystemName）	表名称（TableName）	表定义（TableDefine）	备注
1	GL	总账	GL_accvouch	凭证及明细账	
2	GL	总账	GL_accass	辅助总账	
3	GL	总账	GL_accsum	科目总账	

【素养提升点睛】

【复习思考题】

1.结合知识点"5.2.1 债务重组"，试分析不同债务重组方式下的信息化处理流程。

2.结合知识点"5.2.2 非货币性资产交换"，如果我公司换出固定资产，应如何进行处理？

3.结合知识点"5.3.3 附退回条件销售"，假设2月23日对方退回200件，应如何进行处理？

4.试比较商业折扣、现金折扣与销售折让的销售业务。

5.如果将已入库的外购存货发放职工福利，应如何进行处理？

第6章
库存与存货系统业务

6

━━━ ■ **6.1 概述**

1.内部调拨

调拨业务主要处理存货在公司内部不同仓库或不同部门之间的转移。调拨业务通过调拨单来完成，它可以手工填制，也可以参照调拨申请单生成。若调拨单的部门相同但仓库不同，则表示仓库调拨业务；若仓库相同但部门不同，则表示部门调拨业务。

调拨单可按特殊单据记账也可按正常单据记账。全月平均法下，若选择特殊单据记账，则调拨单生成的其他出入库单按存货上月的平均单价计算成本。若选择正常单据记账，则调拨单生成的其他出入库单按存货当月的平均单价计算成本。此时，其他出库单的仓库完成期末处理后，入库单在记账时才能按当月的平均单价计算成本。

对调拨单生成凭证时，只能点击"合并制单"按钮进行制单。

2.存货盘点

存货盘点主要通过盘点单来完成。盘点单是用来进行仓库存货的实物数量和账面数量核对工作的单据。盘点单审核时，系统自动根据盘点单生成待审核的其他出入库单，业务号为盘点单号，单据日期为当前的业务日期。所有盘盈的存货自动生成一张其他入库单，业务类型为盘盈入库。所有盘亏的存货自动生成一张其他出库单，业务类型为盘亏出库。盘点单弃审时，同时删除自动生成的其他出入库单。若其他出入库单审核完毕，则对应的盘点单不可弃审。

3.存货减值

根据企业会计准则相关规定，资产负债表日，存货应当按照成本与可变现净值孰低计量。当存货成本低于可变现净值时，存货按成本计量；当存货成本高于可变现净值时，存货按可变现净值计量，同时按照成本高于可变现净值的差额计提存货跌价准备，计入当期损益。

根据会计学原理，资产负债表债务法下，计提存货跌价准备后应考虑该事项对企业所得税的影响，即递延所得税问题。

全月平均法核算的存货必须在期末处理后计提跌价准备。

4.期末结账

期末结账的主要思路：先对供应链各系统月末结账，再对应付系统和应收系统月末结账，总账系统最后结账。

本章总体流程如图6-1所示。

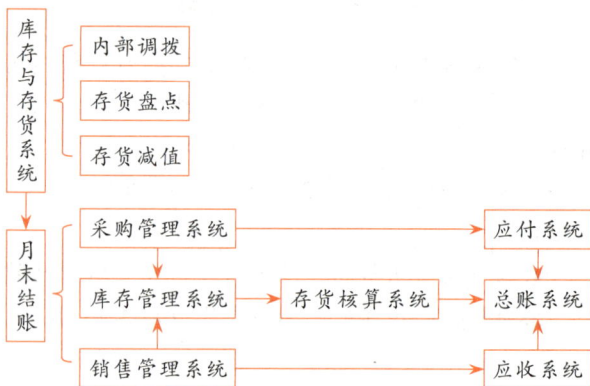

图6-1 本章总体流程

【实验资料】

2025年1月31日，服装仓因漏水进行修缮，临时将5 000件百盛男夹克转移至手表仓。（注：成本价298元）

相关凭证如图6-2所示。

<table>
<tr><td colspan="9" style="text-align:center">调拨单</td></tr>
<tr><td colspan="7" style="text-align:center">2025 年 1 月 31 日</td><td colspan="2" style="text-align:right">单号：DB01001</td></tr>
<tr><td>转出仓库</td><td>转入仓库</td><td>存货编码</td><td>存货名称</td><td>单位</td><td>调拨数量</td><td>单价</td><td>金额</td></tr>
<tr><td>服装仓</td><td>手表仓</td><td>1101</td><td>百盛男夹克</td><td>件</td><td>5 000</td><td></td><td></td></tr>
<tr><td></td><td></td><td></td><td></td><td></td><td></td><td></td><td></td></tr>
<tr><td></td><td></td><td></td><td></td><td></td><td></td><td></td><td></td></tr>
<tr><td colspan="5" style="text-align:center">合　计</td><td></td><td></td><td></td></tr>
<tr><td colspan="2">部门经理：略</td><td colspan="2">合计：略</td><td colspan="2">仓库：略</td><td colspan="2">经办人：略</td></tr>
</table>

图6-2　调拨单

【实验过程概览】

本业务的操作过程概览见表6-1。

表 6-1　　　　　　　　　　　　　　实验过程概览

序号	操作日期	操作员	系统	操作内容
1	2025-01-31	C01李泽伟	库存管理	填制调拨单
2	2025-01-31	C01李泽伟	库存管理	审核其他出库单和其他入库单
3	2025-01-31	W02赵凯杰	存货核算	特殊单据记账
4	2025-01-31	W02赵凯杰	存货核算	生成凭证（调拨单制单）

【实验过程】

内部调拨

1.填制调拨单

2025年1月31日，由李泽伟（C01）登录企业应用平台。在U8企业应用平台，依次单击"业务工作→供应链→库存管理→调拨业务→调拨单"菜单，打开"调拨单"窗口。单击"增加"按钮，表头"单据号"输入"DB01001"，转出部门和转入部门均选择"仓储部"，"转出仓库"选择"服装仓"，"转入仓库"选择"手表仓"，出库类别选择"内部调拨出库"，入库类别选择"内部调拨入库"。

根据图6-2，调拨单表体"存货编码"输入"1101"，"数量"输入"5000"。录入完毕保存并审核该调拨单，结果如图6-3所示。关闭"调拨单"窗口。调拨单审核后自动生成其他出库单、其他入库单。

2.审核其他出库单和其他入库单

在U8企业应用平台，依次单击"业务工作→供应链→库存管理→其他入库→其他入库单"菜单，打开"其他入库单"窗口。单击工具栏的"▶|"（末张）按钮，找到根据调拨单生成的其他入库单，单击"审核"，结果如图6-4所示。关闭该窗口。

图6-3　调拨单

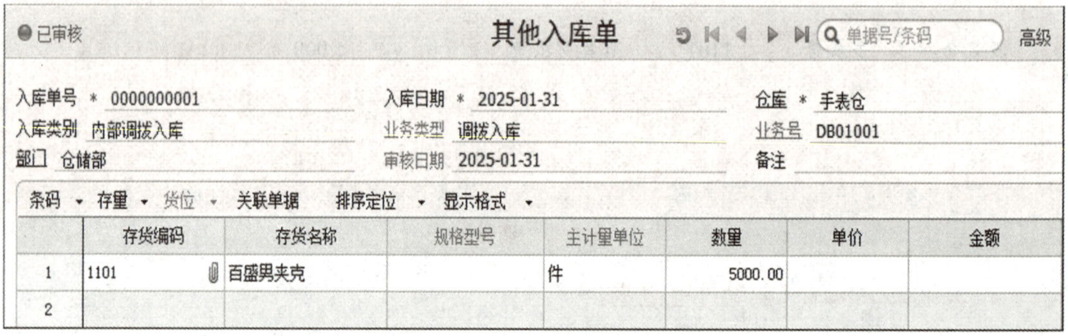

图6-4　其他入库单

按此方法到"库存管理→其他出库→其他出库单"中找到并审核根据调拨单生成的其他出库单，结果如图6-5所示。关闭该窗口。

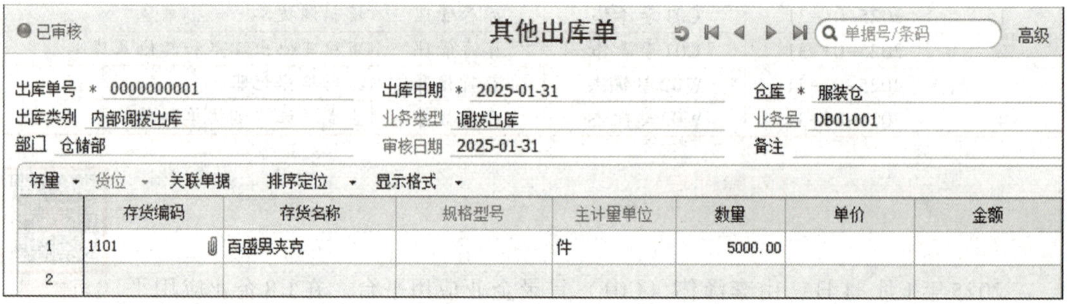

图6-5　其他出库单

3.特殊单据记账

2025年1月31日，由赵凯杰（W02）登录企业应用平台。在供应链的"存货核算"子系统，依次单击"记账→特殊单据记账"菜单，系统弹出"特殊单据记账条件"对话框，单击"确定"按钮，系统打开"未记账单据一览表"窗口，如图6-6所示。对上一步的DB01001号调拨单进行特殊单据记账。记账完毕关闭该窗口。

4.生成凭证（调拨单制单）

在"存货核算"子系统，依次单击"凭证处理→生成凭证"菜单，系统打开"生成凭证"窗口。单击工具栏的"选单"按钮，系统弹出"查询条件-生成凭证查询条件"对话框，单据类型选择"（12）调拨单"，单击"确定"按钮，系统弹出"选择单据"窗口，如图6-7所示。

特殊单据记账

选择	单据号	单据日期	转入仓库	转出仓库	转入部门	转出部门	审核人	制单人
☐	DB01001	2025-01-31	手表仓	服装仓	仓储部	仓储部	李泽伟	李泽伟
小计								

图6-6 未记账单据一览表

选择单据

☐ 已结算采购入库单自动选择全部结算单上单据(包括入库单、发票、付款单),非本月采购入库单按蓝字报销单制单

未生成凭证单据一览表

选择	记账日期	单据日期	单据类型	单据号	仓库	收发类别	记账人	部门	业务单号	业务类型	计价方式	摘要
	2025-01-31	2025-01-31	其他出库单	0000000001	服装仓	内部调拨出库	赵凯杰	仓储部	DB01001	调拨出库	先进先出法	其他出库单
	2025-01-31	2025-01-31	其他入库单	0000000001	手表仓	内部调拨入库	赵凯杰	仓储部	DB01001	调拨入库	先进先出法	其他入库单

图6-7 选择单据

单击“全选”按钮，再单击“确定”按钮，系统返回“生成凭证”窗口，如图6-8所示。单击“合并制单”按钮，系统生成记账凭证。

凭证类别 记 记账凭证

选择	单据类型	业务类型	单据号	摘要	科目类型	科目编码	科目名称	借方金额	贷方金额	存货编码	存货名称
1	调拨单	调拨出库	DB01001	调拨单	存货	1405	库存商品		1,490,000.00	1101	百盛男夹克
		调拨入库			存货	1405	库存商品	1,490,000.00		1101	百盛男夹克
合计								1,490,000.00	1,490,000.00		

图6-8 “生成凭证”窗口

借：库存商品　　1 490 000.00
　贷：库存商品　　1 490 000.00

6.3 存货盘点

【实验资料】

2025年1月31日，按仓库对存货进行盘点，根据盘点单编制库存商品实存账存对比表。

相关凭证如图6-9所示。

库存商品实存账存对比表

盘点单位：仓储部各仓库　　盘点日期：2025年1月31日　　单位：元

商品名称	单位	账面结存数量	实际盘存数量	升溢/损耗			升溢/损耗原因
				数量	单价	金额	
嘉伟女风衣	件	15 245	15 235	-10	499.33	-4 993.30	仓储工作人员失职
嘉伟男风衣	件	10 750	10 755	5	638.60	3 193.00	收发计量差错
合计						-1 800.30	

单位主管：李成喜　会计：赵凯杰　复核：张宏亮　监盘：王钰茹　物资负责人：李泽伟

图6-9 库存商品实存账存对比表

【实验过程概览】

本业务的操作过程概览见表6-2。

表 6-2　　　　实验过程概览

序号	操作日期	操作员	系统	操作内容
1	2025-01-31	C01 李泽伟	库存管理	填制盘点单
2	2025-01-31	C01 李泽伟	库存管理	审核其他出库单和其他入库单
3	2025-01-31	W02 赵凯杰	存货核算	正常单据记账，生成凭证
4	2025-01-31	W02 赵凯杰	总账	填制凭证

【实验过程】

1.填制盘点单

存货盘点

2025年1月31日，由李泽伟（C01）登录企业应用平台。在U8企业应用平台，依次单击“业务工作→供应链→库存管理→盘点业务→盘点单”菜单，打开“盘点单”窗口。单击“增加”，盘点单表头的“盘点仓库”选择“服装仓”，出库类别选择“盘亏出库”，入库类别选择“盘盈入库”。单击工具栏的“盘库”，系统提示“盘库将删除未保存的所有记录，是否继续？”，单击“是”，自动打开“盘点方式”窗口，单击“确认”，返回“盘点单”窗口。

根据图6-9，将嘉伟女风衣的“盘点数量”改为“15235”，将嘉伟男风衣的“盘点数量”改为“10755”，并输入原因。保存并审核该盘点单，结果如图6-10所示。关闭“盘点单”窗口。普通仓库盘点的盘点单审核时，根据盘点单生成其他出库单、其他入库单。

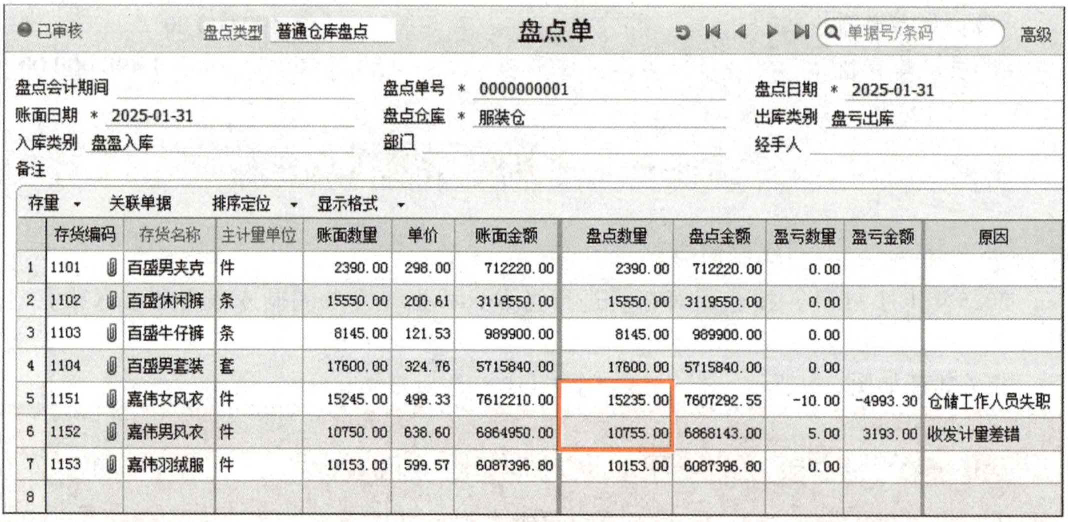
已审核　盘点类型 普通仓库盘点　盘点单　单据号/条码　高级

盘点会计期间　　盘点单号 * 0000000001　　盘点日期 * 2025-01-31
账面日期 * 2025-01-31　　盘点仓库 * 服装仓　　出库类别 盘亏出库
入库类别 盘盈入库　　部门　　经手人
备注

存量　关联单据　排序定位　显示格式

	存货编码	存货名称	主计量单位	账面数量	单价	账面金额	盘点数量	盘点金额	盈亏数量	盈亏金额	原因
1	1101	百盛男夹克	件	2390.00	298.00	712220.00	2390.00	712220.00	0.00		
2	1102	百盛休闲裤	条	15550.00	200.61	3119550.00	15550.00	3119550.00	0.00		
3	1103	百盛牛仔裤	条	8145.00	121.53	989900.00	8145.00	989900.00	0.00		
4	1104	百盛男套装	套	17600.00	324.76	5715840.00	17600.00	5715840.00	0.00		
5	1151	嘉伟女风衣	件	15245.00	499.33	7612210.00	15235.00	7607292.55	-10.00	-4993.30	仓储工作人员失职
6	1152	嘉伟男风衣	件	10750.00	638.60	6864950.00	10755.00	6868143.00	5.00	3193.00	收发计量差错
7	1153	嘉伟羽绒服	件	10153.00	599.57	6087396.80	10153.00	6087396.80	0.00		
8											

图6-10　盘点单

2.审核其他出库单和其他入库单

在U8企业应用平台，依次单击“业务工作→供应链→库存管理→其他入库→其他入库单”菜单，打开“其他入库单”窗口。单击工具栏的“▶|”（末张）按钮，找到盘盈的其他入库单，单击“审核”，结果如图6-11所示。关闭该窗口。

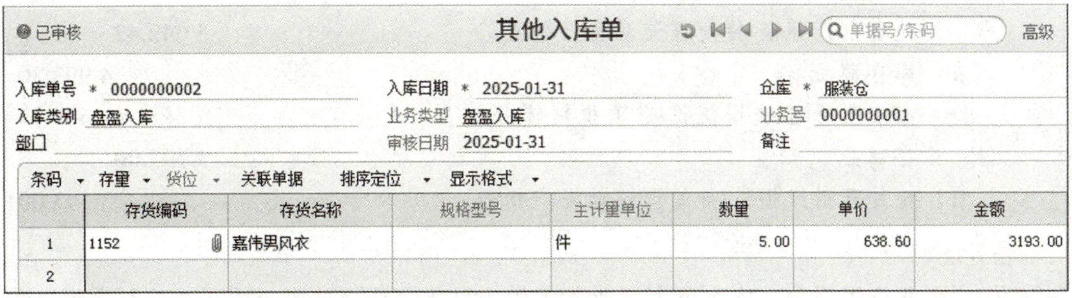

已审核　其他入库单

入库单号 * 0000000002　入库日期 * 2025-01-31　仓库 * 服装仓

入库类别 盘盈入库　业务类型 盘盈入库　业务号 0000000001

部门　审核日期 2025-01-31　备注

	存货编码	存货名称	规格型号	主计量单位	数量	单价	金额
1	1152	嘉伟男风衣		件	5.00	638.60	3193.00
2							

图6-11　其他入库单

按此方法到“库存管理→其他出库→其他出库单”中找到并审核根据盘点单生成的其他出库单，结果如图6-12所示。关闭该窗口。

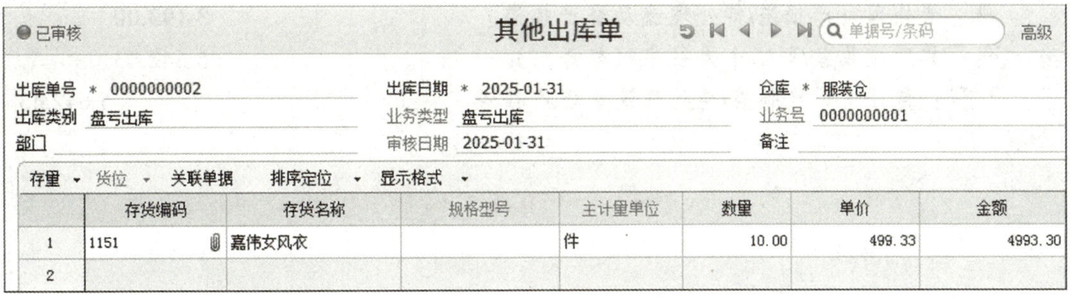

已审核　其他出库单

出库单号 * 0000000002　出库日期 * 2025-01-31　仓库 * 服装仓

出库类别 盘亏出库　业务类型 盘亏出库　业务号 0000000001

部门　审核日期 2025-01-31　备注

	存货编码	存货名称	规格型号	主计量单位	数量	单价	金额
1	1151	嘉伟女风衣		件	10.00	499.33	4993.30
2							

图6-12　其他出库单

3.正常单据记账，生成凭证

（1）正常单据记账。2025年1月31日，由赵凯杰（W02）登录企业应用平台。在供应链的“存货核算”子系统，依次单击“记账→正常单据记账”菜单，系统打开“未记账单据一览表”窗口，单击窗口左下角的“查询”按钮，系统显示未记账单据，如图6-13所示。对上一步的其他出库单、其他入库单进行正常单据记账。记账完毕关闭该窗口。

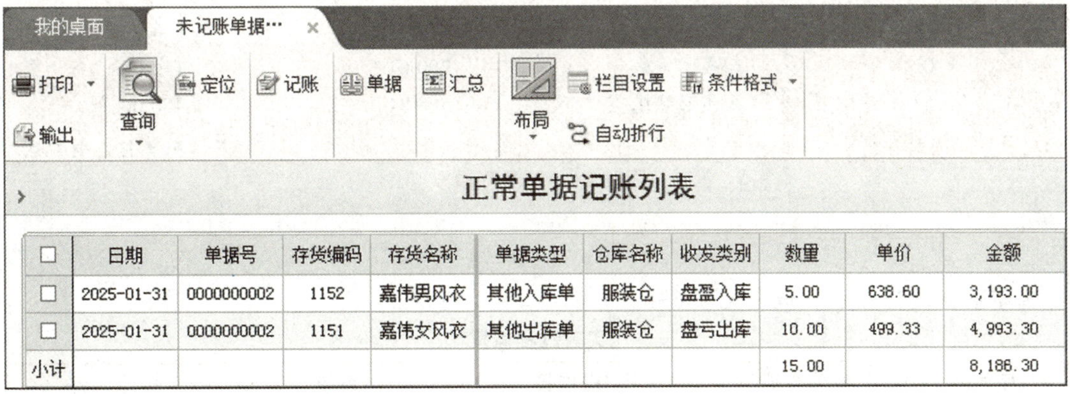

正常单据记账列表

	日期	单据号	存货编码	存货名称	单据类型	仓库名称	收发类别	数量	单价	金额
□	2025-01-31	0000000002	1152	嘉伟男风衣	其他入库单	服装仓	盘盈入库	5.00	638.60	3,193.00
□	2025-01-31	0000000002	1151	嘉伟女风衣	其他出库单	服装仓	盘亏出库	10.00	499.33	4,993.30
小计								15.00		8,186.30

图6-13　正常单据记账列表

（2）生成凭证。在“存货核算”子系统，依次单击“凭证处理→生成凭证”菜单，系统打开“生成凭证”窗口。把上一步正常单据记账的其他出库单、其他入库单生成记账凭证，其中其他出库单所生成的凭证须在贷方手工补充录入会计分录“应交税费/应交增值税/进项税额转出”，保存两张记账凭证。关闭当前已打开窗口。

借：待处理财产损溢/待处理流动资产损溢   5 642.43
  贷：库存商品   4 993.30
    应交税费/应交增值税/进项税额转出   649.13
借：库存商品   3 193.00
  贷：待处理财产损溢/待处理流动资产损溢   3 193.00

4.填制凭证

在U8企业应用平台，依次单击"业务工作→财务会计→总账→凭证→填制凭证"菜单，系统打开"填制凭证"窗口，单击"增加"，填制两张记账凭证，保存该记账凭证。

借：管理费用/存货盘点   -3 193.00
借：待处理财产损溢/待处理流动资产损溢   3 193.00
借：其他应收款/职工个人往来（李泽伟）   5 642.43
  贷：待处理财产损溢/待处理流动资产损溢   5 642.43

6.4 存货减值

【实验资料】

2025年1月31日，经财务部减值测试，部分库存商品期末可变现净值低于成本，按要求计提存货跌价准备。

相关凭证如图6-14所示。

财务部通知

经全面清查，由于市场物价异动，下列商品期末预计可变现净值的单价如下：

存货编码	商品名称	成本价（元）	可变现净值单价（元）
1102	百盛休闲裤	200.61	115.00
1153	嘉伟羽绒服	598.74	450.00

财务部：赵凯杰

图6-14 财务部通知

【实验过程概览】

本业务的操作过程概览见表6-3。

表6-3   实验过程概览

序号	操作日期	操作员	系统	操作内容
1	2025-01-31	W02赵凯杰	存货核算	计提跌价准备
2	2025-01-31	W02赵凯杰	存货核算	跌价准备制单

【实验过程】

1.计提跌价准备

2025年1月31日，由赵凯杰（W02）登录企业应用平台。在U8企业应

存货减值

用平台，依次单击“业务工作→供应链→存货核算→跌价准备→计提跌价准备”菜单，打开“计提跌价处理单”窗口。单击“增加”，表头项目“部门”选择“财务部”。根据图6-14，表体选择“百盛休闲裤”和“嘉伟羽绒服”，前者的“可变现价格”输入“115”，后者的“可变现价格”输入“450”。输入完毕保存并审核该处理单，结果如图6-15所示。关闭该窗口。

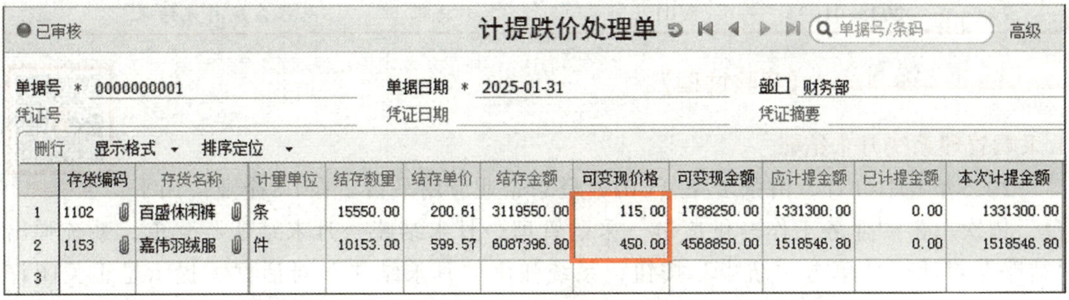

	存货编码	存货名称	计量单位	结存数量	结存单价	结存金额	可变现价格	可变现金额	应计提金额	已计提金额	本次计提金额
1	1102	百盛休闲裤	条	15550.00	200.61	3119550.00	115.00	1788250.00	1331300.00	0.00	1331300.00
2	1153	嘉伟羽绒服	件	10153.00	599.57	6087396.80	450.00	4568850.00	1518546.80	0.00	1518546.80
3											

图6-15　计提跌价处理单

2.跌价准备制单

在“存货核算”子系统，依次单击“跌价准备→跌价准备制单”菜单，系统打开“生成凭证”窗口。单击“选择”，系统弹出“查询条件”窗口，单击“确定”，打开“选择单据”窗口，单击“全选”，再单击“确定”，系统自动关闭“选择单据”窗口并返回“生成凭证”窗口。单击工具栏的“合并制单”按钮，系统打开“填制凭证”窗口并自动生成凭证。单击工具栏的“保存”按钮，保存该记账凭证。关闭该窗口。

借：资产减值损失　　　　2 849 846.80
　贷：存货跌价准备　　　　　　2 849 846.80

6.5　期末处理

6.5.1　月末结账

【实验资料】

2025年1月31日，对采购管理、销售管理、库存管理、存货核算、应收款管理、应付款管理以及总账等7个子系统进行月末结账。

【实验过程概览】

本业务的操作过程概览见表6-4。

表6-4　实验过程概览

序号	操作日期	操作员	系统	操作内容
1	2025-01-31	G01张宏亮	采购管理	采购管理系统月末结账
2	2025-01-31	X01刘晓洺	销售管理	销售管理系统月末结账
3	2025-01-31	C01李泽伟	库存管理	库存管理系统月末结账

序号	操作日期	操作员	系统	操作内容
4	2025-01-31	W02赵凯杰	存货核算	存货核算系统月末结账
5	2025-01-31	W02赵凯杰	应收款管理	应收款管理系统月末结账
6	2025-01-31	W02赵凯杰	应付款管理	应付款管理系统月末结账
7	2025-01-31	W01王钰茹	总账	总账系统月末结账

【实验过程】

1.采购管理系统月末结账

2025年1月31日，由张宏亮（G01）登录企业应用平台。在U8企业应用平台，依次单击"业务工作→供应链→采购管理→月末结账→月末结账"菜单，系统弹出"结账"对话框。单击"结账"按钮，系统弹出"月末结账"对话框，提示是否关闭订单，单击"否"，完成月末结账。

2.销售管理系统月末结账

2025年1月31日，由刘晓泫（X01）登录企业应用平台。在U8企业应用平台，依次单击"业务工作→供应链→销售管理→月末结账→月末结账"菜单，系统弹出"结账"对话框。单击"结账"按钮，系统弹出"销售管理"对话框，提示是否关闭订单，单击"否"，完成月末结账。

3.库存管理系统月末结账

2025年1月31日，由李泽伟（C01）登录企业应用平台。在U8企业应用平台，依次单击"业务工作→供应链→库存管理→月末处理→月末结账"菜单，系统弹出"结账"对话框。单击"结账"按钮，系统弹出"库存管理"对话框，提示"库存启用月份结账后将不能修改期初数据，是否继续结账?"，单击"是"，完成月末结账。

4.存货核算系统月末结账

2025年1月31日，由赵凯杰（W02）登录企业应用平台。在U8企业应用平台，依次单击"业务工作→供应链→存货核算→记账→期末处理"菜单，系统弹出"期末处理-1月"对话框，单击"确定"按钮，系统提示"期末处理完毕!"对话框，单击"确定"。

在"存货核算"子系统，依次单击"记账→月末结账"菜单，打开"结账"对话框，单击"结账"，系统提示"月末结账完成!"

5.应收款管理系统月末结账

在应收款管理系统，依次单击"期末处理→月末结账"菜单，系统弹出"月末处理"对话框。双击1月份的"结账标志"栏，单击"下一步"，再单击"完成"，系统提示"1月份结账成功"。

6.应付款管理系统月末结账

在应付款管理系统，依次单击"期末处理→月末结账"菜单，系统弹出"月末处理"对话框。双击1月份的"结账标志"栏，单击"下一步"，再单击"完成"，系统提示"1月份结账成功"。

7.总账系统月末结账

2025年1月31日，由贺青春（W03）登录U8企业应用平台，对所有凭证进行出纳签字。

2025年1月31日，由王钰茹（W01）登录U8企业应用平台，对所有凭证进行审核。

2025年1月31日，由赵凯杰（W02）登录U8企业应用平台，对所有凭证进行记账。

2025年1月31日，由王钰茹（W01）登录企业应用平台。在U8企业应用平台，依次单击"业务工作→财务会计→总账→期末→结账"菜单，打开"结账——开始结账"窗口。单击"下一步"按钮，打开"结账——核对账簿"窗口。单击"对账"按钮，系统进行对账。

对账完毕，单击"下一步"按钮，打开"结账——月度工作报告"窗口。单击"下一步"按钮，打开"结账——完成结账"窗口，系统提示可以结账。单击"结账"按钮，1月份结账完毕。

6.5.2 账表查询

【实验资料】

查询2025年1月份百盛男套装的存货明细账。

【实验过程概览】

本业务的操作过程概览见表6-5。

表6-5 实验过程概览

序号	操作日期	操作员	系统	操作内容
1	2025-01-31	W02赵凯杰	存货核算	账表查询

【实验过程】

账表查询

2025年1月31日，由赵凯杰（W02）登录企业应用平台。在U8企业应用平台，依次单击"业务工作→供应链→存货核算→账簿→明细账"菜单，系统弹出"明细账查询"对话框，"仓库"选择"服装仓"，"商品编码"选择"1104"（百盛男套装），单击"确定"，结果如图6-16所示。

明细账

仓库：(01)服装仓
商品：(1104)百盛男套装　　　　　　　　　　　规格型号：
计量单位：套　　　　　　　　　　　　　　　　存货代码：
最高存量：　　　　　　　最低存量：　　　　　安全库存量：
批号：

记账日期	2025年 月	日	凭证号	摘要 凭证摘要	收发类别	收入 数量	单价	金额	发出 数量	单价	金额	结存 数量	单价	金额
				期初结存								20,000.00	328.00	6,560,000.00
2025-01-06	1	6	记15	采购入库单	采购入库	100.00	358.40	35,840.00				20,100.00	328.15	6,595,840.00
2025-01-15	1	15	记46	红字回冲单	采购入库	-20,000.00	328.00	-6,560,000.00				100.00	358.40	35,840.00
2025-01-15	1	15	记47	蓝字回冲单	采购入库	20,000.00	325.00	6,500,000.00				20,100.00	325.17	6,535,840.00
2025-01-19	1	19	记64	专用发票	销售出库				500.00	328.00	164,000.00	19,600.00	325.09	6,371,840.00
2025-01-31	1	31	记132	专用发票	售后回购出库				2,000.00	328.00	656,000.00	17,600.00	324.76	5,715,840.00
				1月合计		100.00		-24,160.00	2,500.00		820,000.00	17,600.00	324.76	5,715,840.00
				本年累计		100.00		-24,160.00	2,500.00		820,000.00			

图6-16　百盛男套装存货明细账

6.6　本章常见数据表

本章常见数据表见表6-6。

表 6-6

本章常见数据表

序号	系统编码 （SystemID）	系统名称 （SystemName）	表名称 （TableName）	表定义 （TableDefine）	备注
1	ST	库存管理	TransVouch	调拨单主表	
2	ST	库存管理	TransVouchs	调拨单子表	
3	ST	库存管理	CheckVouch	盘点单主表	
4	ST	库存管理	CheckVouchs	盘点单子表	
5	ST	库存管理	RdRecord08	其他入库单主表	
6	ST	库存管理	rdrecords08	其他入库单子表	
7	ST	库存管理	RdRecord09	其他出库单主表	
8	ST	库存管理	rdrecords09	其他出库单子表	
9	IA	存货核算	IA_DecReady	跌价准备单主表	
10	IA	存货核算	IA_DecReadys	跌价准备单子表	
11	IA	存货核算	JustInVouch	出入库调整单主表	
12	IA	存货核算	JustInVouchs	出入库调整单子表	
13	IA	存货核算	IA_Subsidiary	存货明细账	
14	IA	存货核算	IA_Summary	存货总账	
15	ST	库存管理	CurrentStock	现存量汇总表	
16	AS	公共	GL_mend	各系统结账标志	

【素养提升点睛】

【复习思考题】

1. 试比较内部调拨与销售调拨。
2. 简述转销已销商品跌价准备的信息化处理流程。
3. 试比较现金盘点、存货盘点及固定资产盘点的信息化处理流程。
4. 除内部调拨业务，还有哪些业务需使用特殊单据记账？
5. 简述存货核算系统中"期末处理"功能的重要作用。

主要参考文献

［1］罗姆尼，施泰因巴特，萨默斯，等．会计信息系统［M］．15版．北京：中国人民大学出版社，2022.

［2］陈旭．会计信息化［M］．北京：高等教育出版社，2018.

［3］艾文国，孙洁，张华，等．会计信息系统［M］．4版．北京：人民邮电出版社，2020.

［4］毛华扬，李帅，李圆蕊．会计信息系统原理与应用——基于用友新道U8+V15.0版［M］．2版．北京：中国人民大学出版社，2021.

［5］王海林．财务管理信息化［M］．3版．北京：电子工业出版社，2021.

［6］李吉梅，杜美杰．场景式企业财务业务综合实践教程（用友ERP-U8 V10.1）［M］．北京：清华大学出版社，2016.

［7］甄阜铭，刘媛媛．会计信息系统——ERP基础［M］．3版．大连：东北财经大学出版社，2024.

［8］梁毅炜，方倩，桂玉敏．会计信息系统实训——供应链篇（用友U8 V10.1）［M］．2版．北京：电子工业出版社，2021.

［9］杜素音．用友ERP供应链管理系统实训教程（U8 V10.1版）［M］．北京：清华大学出版社，2018.

［10］黄辉．会计信息系统实务教程：业财一体化视角（用友ERP-U8 V10.0版）［M］．2版．大连：东北财经大学出版社，2021.

［11］袁凤林．会计信息化应用教程［M］．2版．大连：东北财经大学出版社，2024.

［12］宋红尔．会计信息化——财务篇（用友ERP-U8 V10.1版）［M］．3版．大连：东北财经大学出版社，2022.

［13］宋红尔．会计信息化综合实训（用友ERP-U8 V10.1版）［M］．2版．大连：东北财经大学出版社，2022.

［14］中国注册会计师协会．会计［M］．北京：中国财政经济出版社，2024.

［15］中国注册会计师协会．税法［M］．北京：中国财政经济出版社，2024.

［16］戴德明，林钢，赵西卜．财务会计学［M］．14版．北京：中国人民大学出版社，2024.

［17］万寿义，任月君．成本会计［M］．6版．大连：东北财经大学出版社，2022.

［18］王红云．税法［M］．11版．北京：中国人民大学出版社，2023.

［19］杨定泉，王进朝．会计信息系统［M］．2版．北京：清华大学出版社，2020.

［20］沈清文，吕玉林，王欢．会计电算化［M］．北京：清华大学出版社，2019.

［21］狄建红，胡梨花．业财一体化应用——用友ERP-U8 V10.1（微课版）［M］．3版．北京：人民邮电出版社，2023.

［22］王新玲．用友U8（V10.1）财务业务一体化应用［M］．3版．北京：人民邮电出版社，2022.

［23］宫兆辉，叶怡雄．会计信息系统实验教程［M］．北京：经济科学出版社，2021．

［24］崔红，袁建华．会计信息系统［M］．北京：清华大学出版社，2019．

［25］王新玲．用友ERP供应链管理系统实验教程（U8 V10.1）［M］．3版．北京：清华大学出版社，2023．

［26］李吉梅，李康．场景式企业供应链应用高级教程（用友ERP–U8 V10.1）［M］．北京：清华大学出版社，2016．

［27］张莉莉，武刚．企业财务业务一体化实训教程（用友U8 V10.1）［M］．北京：清华大学出版社，2019．

［28］牛永芹，曹芳林，宋士显．ERP供应链管理系统实训教程［M］．5版．北京：高等教育出版社，2023．

［29］张瑞君，殷建红，蒋砚章．会计信息系统——基于用友新道U8+V15.0［M］．9版．北京：中国人民大学出版社，2021．

［30］李爱红，许捷．会计信息系统应用（用友U8 V10.1版）［M］．北京：高等教育出版社，2022．

［31］王珠强．会计信息化——用友ERP–U8 V10.1版（微课版）［M］．3版．北京：人民邮电出版社，2021．

［32］王忠孝，饶艳超，陈强兵．业财一体信息系统应用（基于用友Yon BIP）［M］．北京：高等教育出版社，2024．